*Libro de los huéspedes*
(Escorial MS h.I.13):
A Critical Edition

MEDIEVAL AND RENAISSANCE
TEXTS AND STUDIES

VOLUME 349

# *Libro de los huéspedes*
# (Escorial MS h.I.13):
# A Critical Edition

*by*

John K. Moore, Jr.

ACMRS
(Arizona Center for Medieval and Renaissance Studies)
Tempe, Arizona
2008

*The publication of this volume has been greatly assisted by grants from the Program for Cultural Cooperation between Spain's Ministry of Culture and United States' Universities and the Arts and Humanities Faculty Development Grant program of the University of Alabama at Birmingham.*

---

© Copyright 2008
Arizona Board of Regents for Arizona State University.

**Library of Congress Cataloging-in-Publication Data**

Moore, John K.
  Libro de los huéspedes (Escorial MS H.I.13) : a critical edition / by John K. Moore, Jr.
     p. cm. -- (Medieval and Rensiaance texts and studies ; v. 349)
  Includes bibliographical references.
  ISBN 978-0-86698-397-6 (alk. paper)
  1. Escorial. Real Biblioteca. Manuscript. H-I-13. 2. Christian saints--Legends--History and criticism. 3. Legends, Christian--Spain--History and criticism. 4. Spanish literature--To 1500--History and criticism. 5. Christian pilgrims and pilgrimages--Spain--Santiago de Compostela. I. Title.

BX4662.M66 2008
270.092'2--dc22

2008030881

*Cover image:
Folio 14va of the "Libro de los huéspedes" (Escorial MS h.I.13)
Copyright © Patrimonio Nacional*

∞
This book is made to last.
It is set in Adobe Caslon,
smyth-sewn and printed on acid-free paper
to library specifications.
Printed in the United States of America

*To the memory of Grandmother*

*Josita Schumacher Mitchell (1906-1995)*

# Contents

*Acknowledgments* — *ix*

*List of Photographs* — *xi*

*Introduction* — *xiii*
   *Description of the Manuscript* — *xxiv*
   *Editorial Norms* — *xxxvi*

*Libro de los Huéspedes* (Escorial MS h.I.13) — 1
   Maria Madalena — 3
   Santa Marta — 11
   Maria Egiçiaca — 25
   Costantino — 41
   Plaçidas — 63
   Gujllelme — 83
   Otas de Roma — 115
   Vna santa enperatris que ouo en Rroma — 207
   Carlos Maynes — 251

*Appendix* — 309

*Glossary* — 313

*Works Cited* — 347

# Acknowledgments

The present edition would not be possible without the work and generosity of Thomas Spaccarelli. His book *A Medieval Pilgrim's Companion: Reassessing "El libro de los huéspedes" (Escorial MS h.I.13)* has been my constant companion and his transcription of MS h.I.13 an indispensable tool in the preparation of this edition. I am grateful for his friendship, hospitality, and support of this project.

Frank Domínguez is a dedicated teacher, scholar, and friend. The quality, rigor, and promptness of his feedback are unparalleled. His excellence also resides in the wise counsel he consistently provides.

It has been both a rigorous and a rewarding experience to work with those associated with the Arizona Center for Medieval and Renaissance Studies (ACMRS). Director Robert Bjork never failed to be receptive and helpful, while Managing Editor Roy Rukkila guided my submission during every stage of its progress toward publication. The two outside readers provided invaluable suggestions for the improvement of this edition, and the members of the ACMRS Editorial Board likewise offered constructive feedback. Finally, the renowned scholar Leslie MacCoull, Editorial Assistant at the ACMRS, meticulously copyedited the revised final submission and provided many important references. I am indebted to all of these individuals. I additionally thank Todd Halvorsen and the other ACMRS staff members who played a role in the creation of this edition.

Others also have contributed to the present edition in a variety of important ways. William Ilgen's recommendations and Edward Montgomery's expertise in scholarly editions contributed to the introduction. Lucia Binotti and Monica Rector made me think about the nature of my edition and suggested relevant sources. Father José Luis del Valle, head librarian of San Lorenzo de El Escorial, took time to discuss the codex and the Library's history with me and gave me permission to arrive before the Library opened and to stay after it closed in order to maximize my time in El Escorial. Gilles Chosson helped in translating the Old French portion of Saint Martha's story, which was indispensable in reconstructing the contents of the first lacuna of Escorial MS h.I.13. Emily Francomano took the time to proof an early draft of the introduction, offer suggestions, and share her own research on MS h.I.13 with me. Cristina González sent me an advance copy of her recent work on the manuscript and offered me an important piece of advice on a later draft of the introduction to the present edition. Margaret Parker gathered and forwarded me bibliographic information on Catherine of Alexandria's martyrdom. Rita Fulton helped me format this edition and thus gave "style" to my work. John Jeremiah Sullivan kindly proofread some pages recently added to the introduction. I am also grateful to Libby Chenault of the Rare Book Collection of Wilson Library, who shared her knowledge of codicology with me and helped me choose the best and most affordable types of portable tools to use in my examination of the codex, and to Pablo Pastrana-Pérez and David A. Wacks, who facilitated my research of some word usages.

Many members of the faculty and staff in the Department of Foreign Languages and Literatures at the University of Alabama at Birmingham (UAB) and in the Department of Romance Languages at the University of North Carolina at Chapel Hill (UNC-CH) have been supportive of this project in a variety of ways. I thank each of them. I also express my gratitude to the staff of Sterne Library at UAB and of Davis Library at UNC-CH for their patience, to the Department of Foreign Languages and Literatures and School of Arts and Humanities at UAB and to the Department of Romance Languages at UNC-CH for their financial support of my research and travel, and to the Servicio de Gestión Fotográfica at Patrimonio Nacional, Madrid, for permission to reproduce the photographs of Escorial MS h.I.13 found in and on the cover of this edition. I especially thank Matthew Bailey, the other members of the Modern Language Association Committe on Scholarly Editions, and the outside reader for all the time and effort they spent evaluating my work for the Committee's seal.

In particular, I would like to convey my deep appreciation to the Program for Cultural Cooperation between Spain's Ministry of Culture and United States' Universities and to Dean Bert Brouwer of the UAB School of Arts and Humanities. Both provided generous grants to subsidize publication of this volume. Their support of this volume has greatly facilitated the publication process.

Above all, I want to acknowledge the debt I owe my wife, Jennifer. She, more than anyone, cared for our children, Cleo, Lucas, and Gabriel, when I could not be present, and she, more so than anybody else, helped me weather the storms inherent in the process of completing an edition. My love for Jennifer is greater for the sacrifices she has made.

# List of Photographs

Folios 106v-107r                                  *xxv*

Folio 1r                                          *xxviii*

Folio 14va                                        *xxxi*

# Introduction

This is an edition of Escorial MS h.I.13, traditionally known as a *Flos sanctorum*[1] and more recently dubbed the *Libro de los huéspedes* (*LH*).[2] The *LH* is a late fourteenth- to early fifteenth-century codex that contains nine Castilian translations of medieval French tales known as miracle, martyrdom, and romance. The present edition is the only critical edition of the entire manuscript with all of its parts. In 1996, Thomas Spaccarelli prepared a transcription of the complete codex[3] according to the semi-paleographic norms of the *Dictionary of the Old Spanish Language* (*DOSL*)[4] project of the Hispanic Seminary of Medieval Studies, which appeared on microform. All other editions of the *LH* are partial

---

[1] The text "Flos sanct*orum* / vidas de algunos s*a*ntos e otras historias" appears on the bottom left underneath the border bar of folio 1r, a title given to the book when it was bound in the library of El Escorial: Emily Francomano, "Manuscript Matrix and Meaning in Castilian and Catalan Anthologies of Saints' Lives and Pious Romance," *Bulletin of Hispanic Studies* 81 (2004): 139–53, here 141. As a result, the codex historically has been known as the *Flos sanctorum* in criticism. See the following sources, for example: Cristina González, "*Vna santa enperatris*: novela esquizofrénica," in *Homenatge a Josep Roca-Pons: Estudis de llengua i literatura*, ed. Jane White Albrecht, Janet Ann De Cesaris, Patricia V. Junn, and Josep Miquel Sobrer (Barcelona: Publicacions de l'Abadia de Montserrat and Indiana University Press, 1991), 153–65, here 153; José María Viña Liste, ed., *Textos medievales de caballerías* (Madrid: Cátedra, 1993), 278. Because the *Flos sanctorum* was a general designation, many medieval books bear the title *Flos sanctorum*.

[2] Thomas Spaccarelli, *A Medieval Pilgrim's Companion: Reassessing "El libro de los huéspedes" (Escorial MS. h.I.13)* (Chapel Hill: University of North Carolina Department of Romance Languages, 1998). Spaccarelli has conferred the title *Libro de los huéspedes* upon Escorial MS h.I.13 to convey coherence among its contents (*Medieval Pilgrim's Companion*, 11 n. 1, 15). The term *huésped* means both "guest" and "host," a duality that was common during the Middle Ages. Both usages are present in this anthology, and the dynamic of hospitality and recognition that takes place between those who are pilgrim wanderers and those who provide lodging is prevalent throughout the codex.

[3] Idem, ed., *Text and Concordance of "El Libro de los huéspedes" (Escorial MS. h.I.13)* (Madison: Hispanic Seminary of Medieval Studies, 1996).

[4] For a complete elaboration of these norms, see the following sources: Victoria Burrus, *A Manual of Manuscript Transcription for the Dictionary of the Old Spanish Language*, ed. David Mackenzie, 4th ed. (Madison: Hispanic Seminary of Medieval Studies, 1986); David

(i.e., editors have used individual tales in the manuscript in their editions of one or more of the legends it contains). These editions have tended to standardize linguistic variants around the characteristics of a single story, and thus obstruct comprehension of the *LH* as a whole book. Furthermore, all the legends in the codex are linked textually and linguistically, and the manuscript appears to have been carefully adapted and purposefully compiled.

The legends contained in the *LH* (as named in its rubrics), together with the normalized *incipit* and *explicit* of each tale, are:

**De santa Maria Madalena**, henceforth *Maria Madalena* (fols. 1ra–2vb), which begins, "Despues q*ue* n*ues*tro Sen*n*or Jesu Xp*is*to, q*ue* fue medianero" and ends, "Agora fablaremos de su vida e de su fin" before a lacuna;

**Com*m*o santa Marta partio lo q*ue* auja [en] s*er*uiçio de Dios**, henceforth *Santa Marta*[5] (fols. 3ra–7rb), which begins, "Aquella lo crio njn*n*o e esta dio de comer"[6] following the aforementioned lacuna and ends, "Santo Sp*irit*u p*ar*a sienp*r*e syn fin. Amen";

**Aq*u*i comjença la estoria de santa M*ar*ia egiçiaca**, henceforth *Maria Egiçiaca* (fols. 7rb–14va), which begins, "De mja sen*n*ora santa Maria egipçiana uos q*u*iero dezir la vida" and ends, "e s*er*a por todo t*ien*po jamas";

**Del enp*er*ador Costantino**,[7] henceforth *Costantino* (fols. 14va–23va), which begins, "Las estorias nos ensen*n*an" and ends, "onrra e gloria por todos los sieglos delos sieglos syn fin";

**De vn cauall*er*o Plaçidas q*ue* fue despues c*r*istiano e ouo no*n*bre Eustaçio**, henceforth *Plaçidas* (fols. 23va–32ra), which begins, "Enel tienpo de Troyano, el enp*er*ador de Roma" and ends, "este don les dio N*ues*tro Sen*n*or q*ue* bjue e regna syn fin. Amen";

---

Mackenzie, *A Manual of Manuscript Transcription for the Dictionary of the Old Spanish Language*, 3rd ed. (Madison: Hispanic Seminary of Medieval Studies, 1984).

[5] Because of the first lacuna, we do not know what the first heading of *Santa Marta* is in Castilian. The one I list here is from fol. 3rb and is the first one found for this tale in the *LH*.

[6] In this instance, the *incipit* consists of the first words of the folio and come before the rubric.

[7] John R. Maier and Thomas Spaccarelli indicate that this title is erroneous ("MS. Escurialense h-I-13: Approaches to a Medieval Anthology," *La Corónica* 11 [1982]: 18–34, here 20), as does Leonardo Romero Tobar (*"Fermoso cuento de una enperatriz que ovo en Roma*: entre hagiografía y relato caballeresco," in *Formas breves del relato*, ed. Yves-René Fonquerne [Zaragoza: Universidad de Zaragoza, 1986], 7–18, here 7 n. 2). Although the subsequent rubric does read *De santa Cataljna*, it is this one that begins the *passio*.

Aquj comjença la estoria del rey Gujllelme, henceforth *Gujllelme* (fols. 32ra–48ra), which begins, "Dizen las estorias de Ynglaterra q*ue* vn rey ouo" and ends, "Aq*u*i se feneçe la estoria e el cue*n*to del rey G*u*illelme de Jnglaterra";

Aq*u*i comjença el cue*n*to muy fermoso del enp*er*ador Otas de Roma e dela jnfante Florençia su fija e del bue*n* cauall*er*o Esmero, henceforth *Otas de Roma* (fols. 48rb–99va), which begins, "Bien oystes en cuentos e en roman-ços q*ue* de todas las çibdades del mundo" and ends, "Dios nos de buen conseio atodos. Amen";

Aq*u*i comjença vn muy fermoso cue*n*to de vna s*an*ta enp*er*atris q*ue* ouo en Rroma e de su castidat, henceforth *Vna santa enperatris que ouo en Rroma* (fols. 99va–124rb), which begins, "El sabidor nos diz e nos muestra q*ue*l libro dela sabençia" and ends, "olujdo todo el mundo por pensar enla gloria espiritual, e ally dio ssu alma a Dios";

Aq*u*i comjença vn noble cue*n*to del enp*er*ador Carlos Maynes de Rroma e dela buena enp*er*atris Seuilla, su mugi*e*r, henceforth *Carlos Maynes*[8] (fols. 124rb–152ra), which begins, "Sen*n*ores, agora ascuchat e oyredes vn cue*n*to marauilloso" and ends, "e encome*n*do a el e ssu enp*er*io a Dios e a s*an*ta M*ar*ia. E al p*ar*tir" before the manuscript folio is cut off where the legend is nearing its end.[9]

---

[8] In *El desarrollo de los géneros: La ficción caballeresca y el orden religioso*, Fernando Gómez Redondo observes that *Carlos Maynes* "otorgaba, en su título, una falsa primacía a Carlos Maynes, cuando la verdadera protagonista es su esposa, la reina Sevilla.... Pero, en el siglo XIV, aún bajo el amparo del pensamiento molinista, lo que importaba era la corte de Carlomagno, la figura del monarca y la posición que él desempeñaba en ese entramado político-moral": *Historia de la prosa medieval castellana*, 2 vols. (Madrid: Ediciones Cátedra, 1999), 2:1605. That is to say, political circumstances required the *LH* to *look* conservative, even if the underlying message was not. The same statement also could be applied to *Costantino* and *Otas de Roma*, given the principal roles of Catherine of Alexandria and Florencia respectively.

[9] The normalized *dictiones probatoriae* of the *LH* are as follows:
los llegaron, leuantarase ya la Magdalena. | Ella era muy fermosa e de (fol. 1ra–b); la ssanta Magdalena le aparesçio | en ssuen*n*os e dixole q*ue* pues ella era (fol. 1rb–va); ternja por mejor de fazer lo q*ue*la bendita | Magdalena nos pedrica e dize, ca a- (fol. 1va–vb); sen*n*al dela cruz enlas ssus | espaldas, q*ue* el diablo non los pudie- (fols. 1vb–2ra); monte q*u*ando fue echada tan mesq*u*iname*n*- (fol. 151ra); -das las cruzes dela çiudat. Much*os* | ricos dones presentaron aq*ue*l dia al jn- (fol. 151ra–b); -te a Barroqu*er* de pan*n*os e de cauallo e | de armas e de todo q*u*anto menester ouiese (fol. 151rb–va); q*ue* aq*u*i touistes en v*uest*ra casa tan luengo | tienpo e q*ue* andaua ta*n* pobre me*n*te. E (fol. 151va–b); muy bien, e fuese con su mensagero al | palaçio. E q*u*ando lo sopo el infante, salio (fols. 151vb–152ra); enp*er*io a Dios e a s*an*ta M*ar*ia. E al p*ar*tir (fol. 152ra).

The legends can be divided by genre in order of appearance: three stories of saints' miracles (*Maria Madalena, Santa Marta,* and *Maria Egiçiaca*); two martyrdoms (*Costantino* and *Plaçidas*); and four romances (*Gujllelme, Otas de Roma, Vna santa enperatris que ouo en Rroma,* and *Carlos Maynes*).[10] The *Bibliografía Española de Textos Antiguos (BETA),* a bibliography of Old Spanish texts in *Philobiblon,*[11] and Fernando Baños Vallejo's *Coordinación de la Edición de la Hagiografía Castellana (CEHC)*[12] show that some of the tales appear in separate manuscripts and incunabula. For instance, the complete legend of *Maria Madalena* is located in the fifteenth-century Escorial MS K.II.12;[13] another version is in Juan de Burgos's *Leyenda de los santos* (ca. 1497, British Library IB 53312); and yet another is in the late fourteenth- to early fifteenth-century MS 8 of the Biblioteca de Menéndez Pelayo in Santander. The life of Martha is included in the same manuscript, as well as in the mid-sixteenth-century incunabulum R-13032 of the Biblioteca Nacional in Madrid, known as *Flos Sanctorum.*[14] Castilian manuscript witnesses of the life of Mary of Egypt can be found in both prose and verse form: three prose versions in Biblioteca Nacional MS 780 (previously F 34), early to mid-fifteenth-century;[15] in Escorial MS h.III.22;[16] and in Biblioteca de Menéndez Pelayo MS 8;[17] and one verse version in the fourteenth-century Escorial MS K.III.4.[18] Print

---

[10] Most of today's readers are unaware that the legends gathered in the *LH* are found within the same codex: George D. Greenia, Review of Spaccarelli, *Medieval Pilgrim's Companion, Hispanic Review* 70 (2002): 270–71, here 270; and few contemporary students of medieval Spanish literature read the stories at all: Emily C. Francomano, "'Lady, You Are Quite a Chatterbox': The Legend of St. Katherine of Alexandria, Wives' Words, and Women's Wisdom in MS Escorial h-I-13," in *St. Katherine of Alexandria: Texts and Contexts in Medieval Europe,* ed. Jacqueline Jenkins and Katherine Lewis (Turnhout: Brepols, 2003), 131–52, here 133. Although these results certainly have something to do with the fact that the tales of the codex are translations, the lack of a critical edition of all of the manuscript's contents cannot be overlooked as a factor either.

[11] Charles Faulhaber, ed., *Philobiblon* (The Regents of the University of California, 1997), http://sunsite.berkeley.edu/Philobiblon/phhm/html.

[12] Idem, *Coordinación de la Edición de la Hagiografía Castellana (CEHC)* (Universidad de Oviedo), http://web.uniovi.es/CEHC/index.htm.

[13] Faulhaber, ed., *Philobiblon, BETA* Manid 1608.

[14] Baños Vallejo, *CEHC.*

[15] Faulhaber, ed., *Philobiblon, BETA* Manid 1327.

[16] B. Bussell Thompson and John K. Walsh, eds., *"La vida de Santa María Egipçiaca": A Fourteenth-century Translation of a Work by Paul the Deacon* (Exeter: University of Exeter Press, 1977), xxvi. See pages xxiv–xxxi in the same source for a description of BN MS 780 and Escorial MS h.II.22.

[17] Baños Vallejo, *CEHC.*

[18] Faulhaber, ed., *Philobiblon, BETA* Manid 1407. See María S. Andrés Castellanos, ed., *"La vida de Santa María Egipciaca," traducida por un juglar anónimo hacia 1215* (Madrid: Anejos del Boletín de la Real Academia Española, 1964), 16, for her listing of the various editions of this manuscript, including R. Foulché-Delbosc's paleographic edition of the verse *Vida*

*vitae* of Mary of Egypt can be found the in the late fifteenth-century incunabulum British Library IB 53312, as well as in incunabulum R-23859 of the Biblioteca Nacional in Madrid, also known as *Flos Sanctorum*, which dates from 1516.[19] *Santa Catalina*, a verse version of *Costantino* in Escorial MS k.II.26, dates from around 1500;[20] the version in the incunabulum known as *Leyenda de los santos* (British Library IB 53312) possibly dates from 1497;[21] and Hernando de Ávila's *Comedia de Sancta Catharina* (MS M-325 in the Toledo Provincial Archive of the Jesuits in Alcalá de Henares) dates from the very end of the sixteenth century.[22] The circa 1497 incunabulum British Library IB 53312 contains a version of *Plaçidas*.[23] A print version of *Gujllelme* entitled the *Chrónica del rey don Guillermo, rey de Ynglaterra y duque de Angeos, y de la Reyna doña Beta, su mujer* was edited in 1500 and printed in Toledo in 1526. Another edition was printed in Seville in 1553.[24] Four print versions of *Carlos Maynes* circulated, generally under the heading *Hystoria de la Reyna Seuilla*: Toledo, 1498, Biblioteca de Catalunya, Barcelona (*I*); Seville, 1532, Österreichische Nationalbibliothek, Vienna (.66.G.30.

---

*de Santa Maria Egipciaqua: Edición conforme al códice del Escorial* (Barcelona: L'Avenç, 1907). As far as I know, the latest edition of Mary of Egypt's poetic *vida* in Castilian is José Luis Charcán Palacios, ed., *Vida de Santa María Egipciaca* (Madrid: Miraguano, 2002).

[19] Baños Vallejo, *CEHC*. In addition to those in Castilian, vernacular versions of Mary of Egypt's story appear in Dutch, Old and Middle English, French, German, Irish, Italian, Norse, and Portuguese. These attest the popularity of the legend: Hugh Magennis, ed., *The Old English Life of Saint Mary of Egypt: An Edition of the Old English Text with Modern English Parallel-text Translation* (Exeter: University of Exeter Press, 2002), 12.

[20] Faulhaber, ed., *Philobiblon*, *BETA* Manid 1245.

[21] Baños Vallejo, *CEHC*.

[22] Julio Alonso Asensio, ed., "Orfeo y Eurídice: Entretenimiento de la *Comedia de Santa Catalina* de Hernando de Ávila," *Teatresco* 0 [sic] (2202[sic]-2004): 1–144, here 1–3, 5, http://parnaseo.uv.es/Ars/teatresco/textos/Orfeo.pdf. Margaret Parker, based on a list she received from Jane Connolly, informs me that additional manuscript witnesses of Catherine of Alexandria's martyrdom are found in: BN 12689 (fols. 201d–210c); Esc h.II.18 (fols. 250c–259a); Esc h.I.14 (fols. 310b–312d); Lázaro 419 (fols. 151b–153c); BN 5548 fols. 410v–418r; and MP 9 (fols. 55d–56d). Additionally, there are at least thirteen poems and plays that either contain references to Catherine of Alexandria, such as in the *Poema de Fernán González* (*PFG*) (fol. 9v; John S. Geary, ed., *"Historia del Conde Fernán González": A Facsimile and Paleographic Edition with Commentary and Concordance* [Madison: Hispanic Seminary of Medieval Studies, 1987], 10), or are dedicated to her, such as Sor Juana Inés de la Cruz's "Santa Catarina" (in the second volume of her *Obras completas*, eds. Alfonso Méndez Plancarte and Alberto G. Salceda, 4 vols. [Mexico: Fondo de Cultura Económica, 1951]).

[23] Baños Vallejo, *CEHC*.

[24] Hermann Knust, ed., *Dos obras didácticas y dos leyendas: Sacadas de manuscritos de la biblioteca del Escorial* (Madrid: Dalas á luz, La sociedad de bibliófilos españoles, 1878), 295; Viña Liste, *Textos medievales*, 227.

[6.] bzw. MF 818); Burgos, 1551, Biblioteca Nacional, Madrid (R11908);[25] and Burgos, 1553, Bayerische Staatsbibliothek (Rar. 1807).[26] No medieval or Renaissance Castilian versions of *Otas de Roma* or *Vna santa enperatris que ouo en Rroma* other than those found in the *LH* appear to be extant; additionally, no other known manuscript contains all of the legends in this codex. These distinctions make the *LH* unique in Castilian literary history.

Critics tended to think of the *LH* as a textual mishmash until 1982,[27] when Maier and Spaccarelli first made an argument for the codex as a coherently organized anthology of legends ("Approaches to a Medieval Anthology," 20). Since then, this view has gained general scholarly consensus.[28] The manuscript shows evidence of a clear progression from the saints' miracles and martyrdoms to the romances. Although this trajectory forms a natural arc from stories that are more devotional to ones that are more secular in nature, many critics identify not only an affinity but indeed an utter lack of generic distinction between hagiography and romance in this anthology, with portions of saints' lives mingling indiscriminately with chivalric narratives.[29] The legends are also arranged chronologically from biblical times forward and geographically from the Middle East westward.[30] Furthermore, the motifs, character types, and basic textual patterns found throughout the book create a tightly woven web of correspondences.[31]

---

[25] This printing of the tale is edited in Agustín C. Amezúa, ed., *La historia de la reina Sevilla* (Madrid: La Arcadia, 1948).

[26] Thomas Spaccarelli, "Recovering the Lost Folios of the *Noble cuento del enperador Carlos Maynes*: The Restoration of a Medieval Anthology," *Romance Quarterly* 43 (1996): 217–33, here 218, 223–24.

[27] The *LH* has been described as an "apparently heterogeneous collection of nine tales": Roger M. Walker, ed., *El cavallero Pláçidas (MS Esc. h-I-13)* (Exeter: University of Exeter Press, 1982), ix; and the order of the manuscript's hagiographic stories was thought possibly to be dependent upon prior legendaries: Sister Eleanore Michel, ed., "*Vidas de Santa Maria Madalena y Santa Marta*: An Edition of the Old Spanish Text" (Ph.D. diss., University of Chicago, 1930), cii. Critical thought has since come to recognize what are thought to be the compilers' strict criteria for the inclusion and ordering of the tales in the manuscript.

[28] For instance, see the final paragraph of this section of the introduction (p. xxiii) for the arguments of Francomano, Gómez Redondo, González, and Spaccarelli as to the manuscript's purpose.

[29] See the following sources, for instance: Francomano, "Manuscript Matrix"; Shirley Liffen, "The Transformation of a *passio* into a Romance: A Study of Two Fourteenth-century Spanish Versions of the Legends of St. Eustace and King William of England," *Iberoromania* 41 (1995): 1–16; John R. Maier, "Sainthood, Heroism, and Sexuality in the *Estoria de Santa Maria Egipçiaca*," *Revista Canadiense de Estudios Hispánicos* 8 (1984): 424–35; Romero Tobar, "*Fermoso cuento*"; and John K. Walsh, "The Chivalric Dragon: Hagiographic Parallels in Early Spanish Romances," *Bulletin of Hispanic Studies* 54 (1977): 189–98.

[30] Spaccarelli, *Medieval Pilgrim's Companion*, 23, 41.

[31] Francomano, "'Lady'," 138.

The motifs in the *LH* include the *imitatio Christi* and *contemptus mundi* topoi and what has been termed "Guest/Host Theology,"[32] among others.[33] The *imitatio Christi* motif is represented by Martha's death, which occurs at the canonical hour of None, the same hour of Christ's passing. Her body is buried three days after her death, paralleling the amount of time Christ spent in the Harrowing of Hell. Martha is, of course, a saint, and thus expected to be Christ-like, but the afflictions of even the secular heroines in the *LH* mirror Christ's passion. Florencia, for instance, suffers for three days at the hands of the traitorous Millon (also called Miles). She repeats the words of Christ on the cross—"Dios Padre poderoso, ¿com*m*o me auedes oluidada?" (fol. 82ra)—and is hung from a tree, reflecting Christ's martyrdom on the hill at Calvary. An analogue to Christ's subsequent resurrection occurs during Easter—"en*e*l ti*e*npo de Pascua de Resureçion" (fol. 129vb)—when Queen Sevilla is finally able to elude the clutches of the sinister Macaire in *Carlos Maynes*. This escape from peril and her subsequent return to power redeem not only the queen but all those in her company, reenacting the dynamic of salvation for all of Christ's followers.

The *contemptus mundi* topos is first exemplified when Mary Magdalen chastises the prince of Marseille for pampering himself while ignoring the poverty of his people. The ruler subsequently offers lodging to Mary Magdalen and her "s*an*ta conpan*n*a" of Christ's disciples (fol. 1vb), travels to seek instruction from Saint Peter, and returns home to spread Christ's Gospel. The male protagonists of *Plaçidas* and *Gujllelme* likewise abandon their worldly *thesoros*—*oro*, *plata*, and *donas* (called "vanjdades del sieglo")—for "las cosas de Dios," such as service to the poor, and "riqu*e*zas çelestial*es*" (fols. 25va and 32vb). Finally, the empresses who reluctantly lose their possessions in *Vna santa enperatris que ouo en Rroma* and *Carlos Maynes* later regret the importance they once placed on earthly goods.

The motif of Guest/Host Theology, occurring in the *LH*, foregrounds the provision of lodging to strangers and establishes a relationship of mutual benefit and reconciliation between visitor and host. This tradition is not limited to the Middle Ages but is, in fact, age-old. *Hospes* in Latin and *xenos* (ξένος) in Greek mean both "guest" and "host," and the Hellenic system of ethics specifically governed this type of interaction. Zeus himself ensured a proper carrying out of

---

[32] See Spaccarelli for a full treatment of this motif in the *LH* (*Medieval Pilgrim's Companion*, 31–34).

[33] Other motifs include that of the calumniated wife, prominent in the last three romances in the *LH* (for the importance of this theme in other manuscripts, see Nancy B. Black, *Medieval Narratives of Accused Queens* [Gainesville: University Press of Florida, 2003]), the folk motif of the wild man (see John R. Maier, "Of Accused Queens and Wild Men: Folkloric Elements in *Carlos Maynes*," *La Corónica* 12 [1983]: 21–31, here 26–28), and the litany known as the *ordo commendationis animae*. Cf. Harriet Goldberg, *Motif-Index of Medieval Spanish Folk Narratives*, MRTS 162 (Tempe: ACMRS, 1998), 109–10; eadem, *Motif-Index of Folk Narratives in the Pan-Hispanic Romancero*, MRTS 206 (Tempe: ACMRS, 2000), 58–59.

hospitality, for reciprocity was considered sacred. Indeed, "[t]hat an individual, a household, or a city must offer hospitality to a stranger is one of the primary tenets of nearly all ancient moral and ethical systems."[34] The classic example of Guest/Host Theology appears in Luke 24:13–35. Luke tells of the appearance of the risen Christ to two of the disciples on the road to Emmaus from Jerusalem. Although His identity is not revealed during the journey, Christ is "known to them in the breaking of the bread" after they extend hospitality to Him (Luke 24:35).[35] This story illustrates "the continual presence of Christ whenever hospitality is offered to a stranger" and epitomizes medieval attitudes regarding the provision of lodging and food to pilgrims who sought it[36]—extending Christian goodwill to others becomes a direct path to the living Christ. In His words to Martha: "'E alla do yo moro y moraras tu, ca tu me resçibiste en tu posada, e yo te resçibire en mj çielo'" (fol. 5vb). Christ's message echoes not only the Bible but also the Benedictine Rule and provides the basis of the norms governing Christian hospitality in the *LH*.

The *LH* features a variety of character types—loyal helpmates and faithless traitors; repentant sinners turned miraculous saints; prudent kings and cruel rulers; virtuous brothers of noble extraction and those without virtue—but, above all, the codex gives prominence to wise women. The wisdom of women is a very common theme in classical literature. The word "wisdom," after all, is feminine in Greek (*sofia*, or σοφία),[37] as it is in Latin (*sapientia*). In every tale of the *LH*, the female protagonists possess *seso*, or "prudence, spiritual knowledge, and discernment."[38] This wisdom is due to the unique character of their relationships with Christ and the Virgin Mary, which give them unmitigated access to Christian teaching and evangelical truth.[39] It is largely for this reason that in the legends contained in the *LH*, "el predominio de las figuras femeninas es absoluto."[40] For example, the translators and compilers of the *LH* amplified the French source of *Plaçidas* to increase the importance of Placidus's wife, Teospita,[41] whose heightened significance is not to be found in other versions of the tale.[42] The addition allows *Plaçidas* to "more easily take its place alongside

---

[34] Byrne Fone, *Homophobia: A History* (New York: Picador USA, 2000), 81.

[35] The version of the Bible cited here is in Herbert G. May and Bruce M. Metzger, eds., *The New Oxford Annotated Bible with the Apocrypha: Revised Standard Version* (New York: Oxford University Press, 1962).

[36] Spaccarelli, *Medieval Pilgrim's Companion*, 27–28.

[37] For a discussion of the Sophia figure, see the prologue in Bárbara Mujica, *Women Writers of Early Modern Spain: Sophia's Daughters* (New Haven: Yale University Press, 2004).

[38] Spaccarelli, *Medieval Pilgrim's Companion*, 65.

[39] Francomano, "'Lady'," 147.

[40] Gómez Redondo, *Prosa medieval*, 2:1350.

[41] Walker, ed., *Pláçidas*, xxxiii–v.

[42] Gómez Redondo, *Prosa medieval*, 2:1352.

the other tales in the Escorial MS h-I-13" due to the compilation's overall emphasis on female figures.[43] And indeed, strong female protagonists—from saints who perform miracles, evangelize, and debate to queens who heal others and reemerge triumphant after being unjustly slandered—are found in every tale of this codex.

All of the important female figures in the *LH* are in some form of exile, either literal or symbolic, as are many of the more sympathetic male protagonists, and the narrative patterns of exile and return and of family separation and reunion are introduced at the very beginning of the *LH* and recur throughout the compilation. For instance, the bulk of Mary Magdalen's story is an adaptation of the Apollonius of Tyre legend, in which a husband and wife on pilgrimage are separated at sea and brought back together after years of trials and tribulations. This narrative presents marriage as a "spiritual pilgrimage" in which the couple's collective and individual suffering leads to purification.[44] In *Maria Madalena*, while the dead body of the wife of the ruler of Marseille must be left behind at a certain point along the journey (all the while miraculously providing sustenance to the couple's child), Mary Magdalen allows the woman's spirit to accompany her husband on pilgrimage, a fact unbeknownst to him until the couple's eventual physical reunion. This narrative structure is recast on a larger scale in *Plaçidas*, itself a variation on the Job story.[45] The legend of Placidus is analogous not only to that of the sovereign of Marseille in *Maria Madalena* but also to those of more secular Job figures such as Guillelme and the unnamed empress of Rome. In *Gujllelme*, the members of an exiled family must part during their travels; by the legend's conclusion, however, they reunite. In *Vna santa enperatris que ouo en Rroma*, the unnamed empress of Rome compares her suffering to that of Placidus, dubbed Eustace upon his conversion to Christianity: "Nunca Job nin ssant Estaçio tanto perdieron commo yo | perdi" (fols. 112vb–113ra).[46] Thus, while the

---

[43] Walker, ed., *Pláçidas*, xxxiv.

[44] Francomano, "'Lady'," 148; eadem, "Manuscript Matrix," 146.

[45] "Allegorized as an Iliadic spiritual battle and an Odyssean spiritual journey back to the Fatherland, the history of patient Job, sorely tried and ultimately victorious, stands parallel to the heroic narratives of both pagan and Christian saints and mediates between them": Ann W. Astell, *Job, Boethius, and Epic Truth* (Ithaca and London: Cornell University Press, 1994), 97. See chapter four in the same source for more on Job in hagiographic romance. In the *LH*, Placidus likewise serves as a transitional figure between the saints in the first part of the codex and the secular figures in the second part.

[46] In the forty-second chapter of the *Libro del caballero Zifar*, when making an appeal to God, the knight Zifar compares himself not only to Placidus (as Eustace) but also to his wife, Teospita: Charles Philip Wagner, ed., *El libro del Cauallero Zifar (El Libro del Cauallero de Dios)*, Part I (Ann Arbor: University of Michigan Press, 1929), 90–91. However, the extent to which the Eustace legend has been recreated in the *Libro del caballero Zifar* has been debated. For an overview of relevant and authoritative critical opinion, see the introduction to Cristina González, ed., *Libro del caballero Zifar*, 3rd ed. (Madrid: Cátedra, 1998), 16–20. For a

legend of Mary Magdalen establishes the narrative framework for such stories as *Gujllelme* and *Vna santa enperatris que ouo en Rroma*, the martyrdom *Plaçidas* connects the miracle-tales to the codex's romances.

The continuing trajectory of exiles in all the manuscript's tales is manifest in the narrative image in the bishop's dream toward the end of *Santa Marta*:

> E Ih*e*su X*risto* le mostro vn libro q*ue* tenja abierto en sus manos, e en todo aq*ue*l libro no*n* auja esc*ri*pto mas de vn bielso q*ue* dizia: "En mja remenbrança p*er*durable s*er*a mj huespeda, | e no*n* duldara njngu*n*t mal al postrem*ero* dia." Desy cato todas las fojas del libro e non fallo y al, synon este vielso escripto en cada foja. (fol. 6va–vb)

Francomano views this repeated inscription in the bishop's book as a metaphor for the reiteration of the same model of earthly behavior in each text of the codex.[47] And indeed, symbolic pilgrimage is the primary context in which this continually repeated message appears. For instance, in addition to those protagonists in the *LH* already discussed, Mary of Egypt's penitential pilgrimage in the desert is recast in the forcing into exile of Florencia, of the unnamed empress of Rome, and of Sevilla.[48] It also finds its parallel in the *vita eremetica* of Mary Magdalen, in Martha's severe asceticism, and in the sister-saints' exiles from Jerusalem. Even Catherine of Alexandria's *passio*, in which there is no physical form of exile, can be seen as a metaphorical passage from this world to the next: "'Este mundo es asy com*m*o vna carçel muy escura e en*e*ste mu*n*do no*n* ha nin-gu*n*o q*ue* no*n* muera, mas enla çelestial t*ier*ra, por q*ue* om*m*e despreçia el mundo, es vna çibdat enq*ue* sienp*r*e ha sol, enq*ue* ni*n*gu*n*t pesar no*n* ha ome nj*n* ni*n*gu*n*t trabajo, mas p*er*durable bona andança e alegria sin fin'" (fol. 20rb). These metaphorical parallelisms have two levels, intratextual and spiritual: Catherine of Alexandria is not only like her fellow martyr Placidus and connected to Mary Magdalen, Martha, and Mary of Egypt but is Christ-like, as well—in the end, all return to their heavenly home. From the structure of exile and return to that of family separation and reunion, it is the journey that serves as the template for

---

summary of *Zifar* and its connection with other stories, see Knust, ed., *Dos obras*, 88–93. For a thorough interpretation of *Plaçidas* in relation to *Zifar*, see Roger M. Walker, *Tradition and Technique in "El libro del cavallero Zifar"* (London: Tamesis Books, 1974), 56–62. For a discussion of the prayer of the unnamed empress of Rome and of the knight Zifar in terms of hagiography and romance, see Walsh, "Chivalric Dragon," 190. The source of both *Plaçidas* and the *Zifar*, a no-longer-extant Indian prototype that spawned a gargantuan family tree of tales, is definitively established in Alexander Haggerty Krappe, "La leggenda di S. Eustachio," *Nuovi Studi Medievali* 3 (1926–1927): 223–58.

[47] Francomano, "Manuscript Matrix," 150; eadem, "'Lady'," 151–52.

[48] Francomano, "'Lady'," 137. Black observes that in English and French tales similar to the *LH*'s final three romances, the pattern of exile and return occurs twice in each legend (*Medieval Narratives*, 187).

each of the *LH*'s legends. These observations regarding the manuscript's thematic interweavings, parallel character types, and deep narrative structure indicate the strong likelihood that the legends contained in the *LH* were adapted and organized in a purposeful manner.

Critics differ as to what the codex's purpose was. Francomano calls the *LH* a *speculum dominarum*, or collection of exemplary females, that could have served not only as a defense of women but also as a "household manuscript" for the edification of married noblewomen or wives-to-be.[49] Gómez Redondo suggests that the codex was created for Queen María de Molina's court at the end of the fourteenth century in accordance with her anti-materialistic ideology.[50] González believes, given the cruelty of many male figures and the tremendous suffering attributed to married life in the *LH*, that the codex possibly served to recruit nuns and to discourage them from marriage.[51] Spaccarelli argues that the creation of the manuscript's parts shared the common ideological goal of strengthening pilgrimage communities and proposes that the text was intended for the edification, instruction, and entertainment of pilgrims who were on the way to the shrine at Compostela,[52] as may have been the case with Gonzalo de Berceo's *Milagros de Nuestra Señora*.[53] In light of the importance of females in both the text and illustrations of the *LH*, Spaccarelli and I suggest a primarily feminine makeup of such a pilgrim audience.[54] This array of interpretations is partly a result of the *LH*'s multifaceted nature and of its various motifs and teachings. But whatever the manuscript's provenance and original purpose, the most recent critical thought supports the view that this codex constitutes a carefully planned whole.

---

[49] Francomano, "'Lady'," 131, 134, 136–37; eadem, "Manuscript Matrix," 144.

[50] Gómez Redondo, *Prosa medieval*, 2:1936–37.

[51] González, "*Vna santa*," 165; eadem, "*Otas* a la luz del folklore," *Romance Quarterly* 35 (1988): 179–91, here 182.

[52] Spaccarelli, *Medieval Pilgrim's Companion*, 16–17.

[53] Joe Snow, Review of Spaccarelli, *Medieval Pilgrim's Companion*, *Hispania* 84 (2000): 803–4, here 804. For the importance of the pilgrim audience in the miracle of the *romero a Sanctiago*, see E. Michael Gerli, "Poet and Pilgrim: Discourse, Language, Imagery, and Audience in Berceo's *Milagros de Nuestra Señora*," in *Hispanic Medieval Studies in Honor of Samuel G. Armistead*, ed. idem and Harvey L. Sharrer (Madison: Hispanic Seminary of Medieval Studies, 1992), 139–51.

[54] John K. Moore, Jr. and Thomas Spaccarelli, "*Libro de los huéspedes* (Escorial MS h.I.13): A Unified Work of Narrative and Image for Female Pilgrims," *La Corónica* 35 (2006): 249–70.

## Description of the Manuscript

The *LH* is written by a single scribe. The book hand is the sole determining factor that has been used to date the manuscript. Based on the characteristics of the script, most critics date the *LH* from the late fourteenth to early fifteenth century. This is the view of Díez Borque, who examined the script of three of the *LH*'s nine tales, and García Villada.[55] More precise are: Amador de los Ríos, who dates two of the legends from the second half of the fourteenth century; Zarco Cuevas, who dates the hand of the codex, the so-called "*letra de privilegios*," from the fifteenth century; Viña Liste, who dates the production of the Castilian manuscript witnesses of the individual tales in the *LH* earlier than any other critic, between 1300 and 1325; Maier and Spaccarelli, who date the handwriting mid-fourteenth century; and Michel, who indicates that the hand is probably from the start of the fifteenth century.[56]

The manuscript is a large-format codex that consists of 152 parchment folios with two columns of writing on each side. The size of the lettering ranges from three to seven millimeters and is a combination of red capital letters inside text boxes (throughout most of the manuscript), empty text boxes in which the red capitals were never completed, and black text. The folios measure about 39 by 28.5 cm gathered in four-leaved quaternions, or eight folios per quaternion. Since the top corner of folio 133 has not been cut, it may be that the folios originally possessed broader dimensions. The corner of folio 133 is folded over, but when unfolded, it shows that the folios would have been roughly 1.6 cm taller (3.2 cm including top and bottom) and up to 1.75 cm wider than they are today. In other words, the original folio dimensions were approximately 42.2 by 30.25 cm before being cut during the binding process. Thus, this large-format book was even more impressive when it was first created.

---

[55] J. M. Díez Borque, *Historia de la literatura española: I. La Edad Media* (Madrid: Taurus, 1980), 165; Zacarías García Villada, *Paleografía española: v. 1 t. I-II* (Barcelona: Ediciones el Albir, 1974), 2:329.

[56] José Amador de los Ríos, ed., *Historia crítica de la literatura española*, vol. 5 (Madrid: José Fernández Cancela, 1864), 53 n. 2; P. Fr. Julián Zarco Cuevas, *Catálogo de los manuscritos castellanos de la Real Biblioteca de El Escorial: Dedicado a S. M. El Rey Don Alfonso XIII; I:a.I.--H.III.29* (Madrid: Imprenta Helénica, 1924), 187; José María Viña Liste, *Cronología de la literatura española* (Madrid: Cátedra, 1991), 51–52; Maier and Spaccarelli, "Approaches to a Medieval Anthology," 19; Michel, ed., "*Vidas*," xcviii. John Dagenais has called for a more complete codicological description of the *LH*: Review of Spaccarelli, *Medieval Pilgrim's Companion*, *Speculum* 77 (2002): 994–95, here 995. Brief descriptions of this manuscript are included in the various sources cited in this section of the introduction, but all are incomplete. What follows is a more comprehensive overview of the codex.

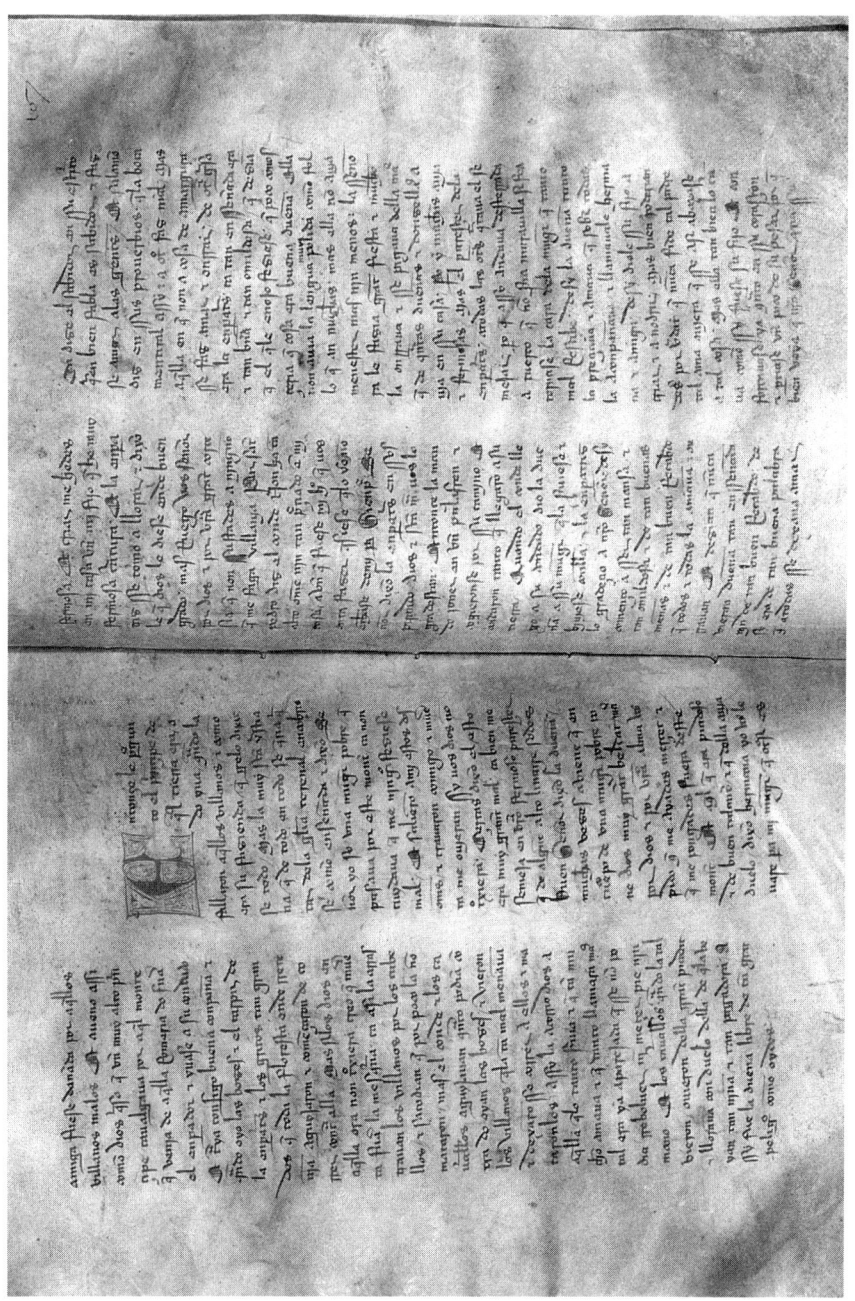

Figure 1
Fols. 106v–107r
Copyright © Patrimonio Nacional

The folios have been paginated in Arabic and Roman script by two hands, the latter of which is older. In two instances, breaks in the Roman numeral sequence indicate a lacuna of four folios, whereas the Arabic numerals are continuous. However, the numeration can be established by examining the legible Roman pagination and interpolating the missing numerals. The first lacuna appears between a folio without Roman pagination and Roman numeral vii (or between Arabic numerals 2 and 3). The second lacuna is between what is thought to be the Roman numeral cxlvii and clii (or between Arabic numerals 142 and 143). When I examined the codex, the Roman numerals could not be clearly seen in most instances because they were cut off in the binding process. In fact, thirty-seven are missing entirely, fifty-two partially remain, and sixty-two completely remain. The lacunae are confirmed by two quaternions that are missing internal folios and by gaps in the storyline.

John Rees Smith fills the entire first lacuna with text derived from two Old French manuscripts, MS Thott 517 of the Danish Royal Library in Copenhagen (MS C) and MS 734-456 of the Musée Condé in Chantilly (MS F).[57] Walsh and Thompson have reconstructed approximately three-quarters of the missing text of the first lacuna using MS K.II.12 of El Escorial.[58] Spaccarelli has restored the second lacuna using Toledo, 1498 (*I*), an incunabulum of the Biblioteca de Catalunya of Barcelona ("Recovering"). In footnotes to my edition of the text of the *LH*, I use the reconstructions of Walsh and Thompson and of Spaccarelli to fill the lacunae; in an appendix, I use the reconstruction of Rees Smith to the same effect. The last folio, which corresponds to Arabic numeral 152, has been cut and as a result, does not have more than part of the first column of the *recto* side. As far as I know, there has been no attempt to restore this final piece. The text is winding down to a close because no writing is present on the *verso* side.

The manuscript is bound in well-worn tan leather and has alternately been described as in a deteriorated condition (Maier and Spaccarelli, "Approaches to a Medieval Anthology," 19) or generally well preserved (Michel, "*Vidas*," xcia). However, the *LH* itself is neither in pristine condition nor has it suffered excessive damage. The codex does appear to have been heavily used. The leather cover of the manuscript is not original to the codex. The Escorial emblem (the gridiron supposedly used to martyr Saint Lawrence, for whom the monastery and palace of San Lorenzo de El Escorial are named) can be found in the center of the front and back covers. The cover has five evenly spaced rope stitchings along the outer spine and two additional smaller bits at each end underneath the leather cover. An interior layer of parchment along the spine aids in binding. The impression of

---

[57] John Rees Smith, ed., *The Lives of St. Maria Madalena and St. Marta (MS Esc. h-I-13)* (Exeter: University of Exeter Press, 1989).

[58] J. Walsh and B. Thompson, eds., *The Myth of the Magdalen in Early Spanish Literature (with an Edition of the Vida de Santa Maria Madalena in MS. h-I-13 of the Escorial Library)* (New York: Lorenzo Clemente, 1986).

the decorative seal from the front is visible inside the front cover. There are two sheets of paper inside the front and back cover, before the parchment begins and after it ends. The edges of the folios have been gilt. The Arabic numeral thirteen, part of the call number h.I.13, adorns the fore edge of the closed codex.

The number thirteen also appears in the upper left corner *verso* side of the second sheet of paper inserted inside the front cover. The call number j.h.13 appears in the upper-middle portion of the same page. An abbreviated list of the *LH*'s contents appears below it:

Vidas de Santos – 1

Estoria del Rey Guillelme – 32

Cuento de un Emperador – 48

Cuento de una Emperatriz – 99

Cuento Carlo Magno y Sevilla – 124

Underneath this list, two roughly-cut parchment fragments have been pieced back together and taped onto the paper. The text they contain appears to have once been a part of an Old French manuscript on Saint Thomas. The writing on the tape itself is difficult to read, but the Roman numerals XIII and XIV are clearly visible and possibly indicate the date of this manuscript fragment. The number XIII and the two illegible words on either side have been stricken through. Underneath, also on the tape, is written "St. Thomas," a name that appears repeatedly throughout the manuscript fragment. The hand is clearly not that of the *LH*'s scribe. Perhaps this fragment was added because it is a portion of a saint's life.

Folio 1r is the most worn of all the folios, possessing general deterioration and a significant tear from the bottom right toward the bottom center. Underneath the tear is what appears to be a gloss by a different hand that is illegible except for the characters "IIIII," which possibly represents the number five. There are three wormholes through this part of the folio and areas along the border where the parchment is worn.

The words "Flos sanct*orum* / vidas de algunos s*an*tos e otras historias" appear underneath the border surrounding the main body of text (left-center-bottom) on folio 1r and are written in a later cursive hand. This title was given when the book was bound in the Escorial library.[59] Walsh and Thompson note the later insertion of the subheading and believe it was given based on a cursory glance at

---

[59] Francomano, "Manuscript Matrix," 141.

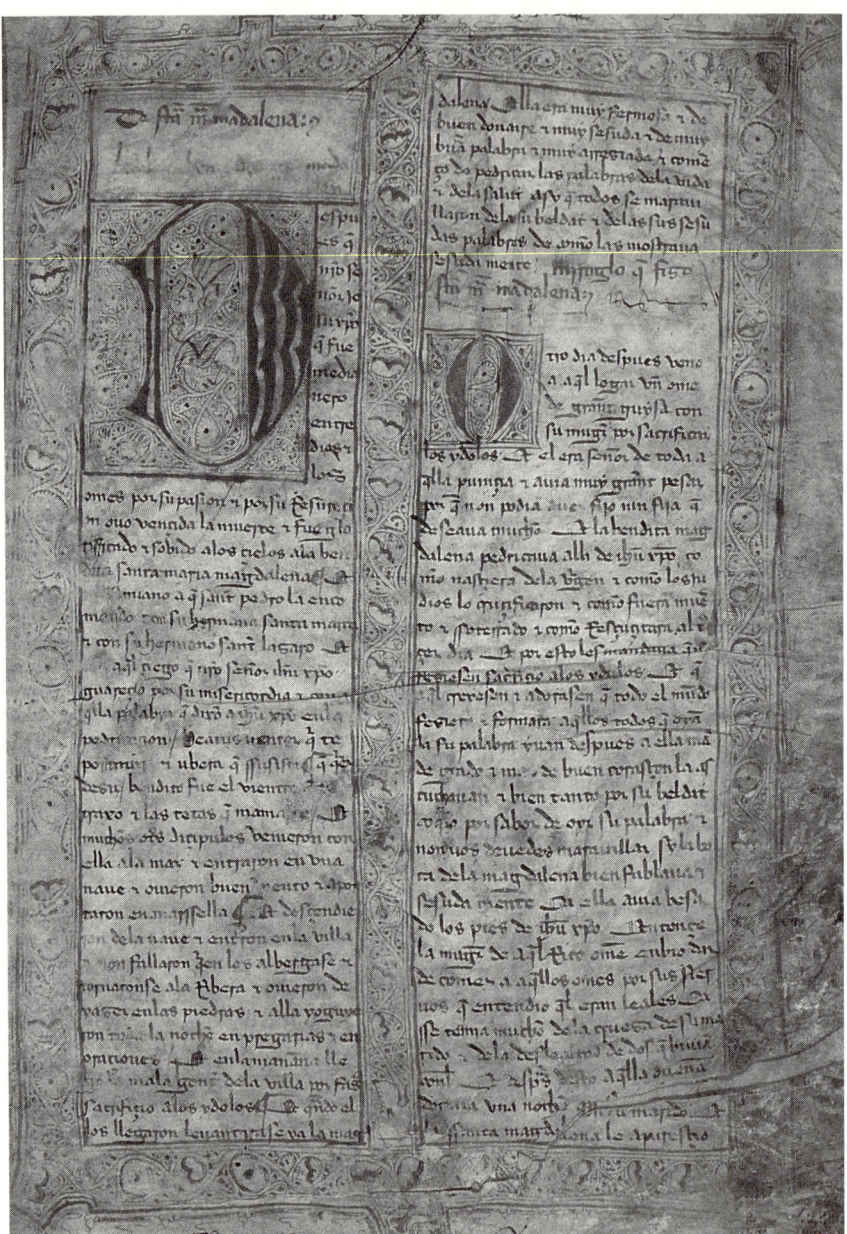

Figure 2
Folio 1r
Copyright © Patrimonio Nacional

the first tales of the manuscript, which would have led to the erroneous conclusion that the codex principally consists of *vitae*.[60] Nonetheless, it is this title that caused Amador de los Ríos to speculate that the *LH* "es quizá el comprendido en el núm. 46 de la Biblioteca de la Reina Católica,"[61] a notion that Michel later disproved. She observed that book numbered forty-six in Queen Isabel's library was written in French, which "precludes the possibility of confusing the volume with h-I-13."[62] The prevalence of other collections named *Flos sanctorum* (because the title is such a broad designation) is likely to have caused confusion.

At the right bottom center of folio 1r, there is a symbol that appears to be the Greek letter Alpha (ά), indicating that the person who wrote this letter possibly understood this folio to be the first of the text. At the top center, written in yet another hand, appears "16 9." To the right of these numbers appears "I M.4," also in another hand. Both may represent previous call numbers. At the top right, also outside the border, and also in a different hand, is the word "Mago."[63] The top right corner seems to have broken off or, more likely, to have been cut off.[64]

Some manuscript leaves contain discolorations, which appear to be due to the parchment's middling quality. Other stains appear caked on one side of a folio. This phenomenon is most likely leftover from the skin preparation process. Many parts of the folio that stand out as defects are due to the parchment itself. The ink was often not able to penetrate the parchment and has rubbed off more easily than it might have otherwise done. In most instances, the wearing away of the ink appears to be due to normal use. Some folios are torn. Many of the tears could have been caused by turning the folio during the reading process.

There is some minor water damage that occurs on a few folios of the codex, and some leaves are wrinkled as a result of exposure to moisture and humidity. However, some wrinkles to the parchment may be partially attributed to the nature of the material itself. In other instances, writing is hidden from view and/or heavily altered by a wrinkle.

Many of the stains found throughout this manuscript seem the result of handling and may antedate the codex's arrival at the Escorial library. For instance, folios 130v and 131r contain discolorations that form a mirror image on two

---

[60] Walsh and Thompson, eds., *Myth of the Magdalen*, 19.

[61] Amador de los Ríos, ed., *Historia crítica*, 54 n. 2.

[62] Michel, ed., "*Vidas*," ci n. 1.

[63] There is one *mago* in this manuscript. He is Griomoart, from *Carlos Maynes*.

[64] Two folios contain odd features: on folio 131v, there is a type of transparent, nearly invisible ink whose writing, although more visible with ultraviolet light, remains indecipherable; on folio 152v, the head of a roughly drawn horse is depicted, and it, too, is more visible under ultraviolet light. Here there is also some text that cannot be deciphered except for the word *señor*.

opposing folio sides. It is impossible to say with certainty the exact origin of these stains, but they do indicate that the manuscript was heavily used.

Illustrations and decorations are present throughout the *LH*.[65] The iconographic program includes a total of 237 initial boxes. Of these, 157 contain initials with designs (i.e., with filigree: many of these initials are inhabited),[66] seventy-four include initials without decorative features, and the final six were left blank. In all of the drawings, black and red are the only colors used. All are simple in nature and are routine enough to allow us to safely assume that they were adapted from modelbooks. It is not clear how many artists worked on the manuscript decorations or who they were.

Where the *LH* was created is open to scholarly speculation. Walsh suggests that the codex was produced in Astorga (*Relic and Literature: St. Toribius of Astorga and his "Arca Sancta"*, ed. Alan Deyermond and B. Bussell Thompson, Fontaine Notre Dame Series 2 [St. Albans: David Hook, 1992], 15), while Spaccarelli points to Sahagún (*Medieval Pilgrim's Companion*, 24). Neither of these assertions is supported by concrete evidence.

Why the *LH* was made is also debatable. Spaccarelli argues that the codex may have been produced for reading aloud to groups of pilgrims in a monastic setting in northern Spain. He considers its large size—in contrast to the

---

[65] The following sources partially address the program of initials in the *LH*: Francomano, "'Lady'," 132 n. 3; the introduction to Michel, ed., "*Vidas*"; and the introduction to Walker, ed., *Plaçidas*.

[66] In a separate study, Spaccarelli and I describe the decorative features and interpret their relationship to the text of the codex (Moore and Spaccarelli, "*Libro de los huéspedes*"). Here I list the inhabited and partially foliated initials in the order of their appearance: The first rubric *D* ("Despues que nuestro Sennor") on folio 1ra is populated with four heads (three female, one of an unidentified beast). The border bar of folio 1r contains forty-five female heads, the head of one dog, and a bird. The initial *D* ("Despues que ellos fueron") on folio 2ra encloses two female heads. There are two semi-arabesque initials on folio 7r, *D* ("Despues desto, aueno vna cosa") and *O* ("Ora pues, buenos hermanos"). The latter contains an inverted female head. The initial *D* ("De mja sennora santa Maria egipçiana") on folio 7va is partially foliated. The initial *L* ("Las estorias nos ensennan") on folio 14va contains two female heads—one upright, the other inverted—and a disembodied hand. The initial *L* ("La bendita virgen entro") on folio 15va holds similar figures and a similar hand. On folio 23va, a king and a gesturing queen inhabit the initial *E* ("Enel tiempo de Troyano"); an additional disembodied hand is also present. The initial *E* ("Entonçe se fue ala frontera") on folio 28vb encloses the head of a bearded male. The initial *L* ("Los mercaderos que los njnnos criauan") on folio 38rb holds one female head. On folio 44rb, the initial *E* ("Entonçe se partio el rey") contains two bearded male faces. On folio 116vb, the initial *Q* ("Quando el conde vio") encloses the head of another bearded male. Folio 124va has a partially foliated initial *S* ("Sennores, agora ascuchat"). On folio 125ra, the initial *U* ("Un dia se leuanto el rey") circumscribes the face of yet another bearded male. The initial *M* ("Mucho fue el donzel alli aspro e ardit") on folio 141ra contains two hands.

*Introduction* xxxi

PHOTOGRAPH 3
Folio 14va
Copyright© Patrimonio Nacional

small-format books typically created for the personal libraries of the nobility, and thus for private reading—evidence that this manuscript was most likely destined for communal readings in such a place as a monastic refectory.[67] This view is at odds with the notion that the manuscript may have been prepared for the private reading of a fifteenth-century Castilian nobleman.[68] Francomano believes that the MS's "wide parchment margins . . . indicate a commissioner or patron who did not need to economize"[69] and could have been a member of a wealthy and/or

---

[67] Spaccarelli, *Medieval Pilgrim's Companion*, 25, 54 n. 4. George D. Greenia cites several examples other than the *LH* to show that the larger the manuscript, the more likely the reading of its text was destined for a group: "The Bigger the Book: On Oversize Medieval Manuscripts," *Revue Belge de Philologie et d'Histoire* 83 (2005): 723–45.

[68] Dagenais raises the possibility of noble patronage (Review of Spaccarelli, *Medieval Pilgrim's Companion*, 995), basing his opinion on the codicological description in Maier and Spaccarelli ("Approaches to a Medieval Anthology," 18–20).

[69] Francomano, "Manuscript Matrix," 142. Although the *LH* does contain artistic elements, they are not nearly so luxurious or decorated as either those of the *códice rico* of Alfonso X's *Cantigas de Santa María* or those of the Paris manuscript of the *Libro del caballero Zifar*. See the facsimile editions of these manuscripts: Alfonso X, *"Cantigas de Santa María"*:

noble household ("Manuscript Matrix," 144, 151; eadem, "'Lady'," 134). Walker, in turn, believes that the codex's translator wrote for private readers due to the nature of the translation process from French to Castilian.[70] The text of the *LH* tells the reader that the codex's language "de latin[71] fue trasladado en frances, e de frances[72] en gallego" (fol. 99vb) before being translated from Galician to Castilian.[73] The quoted statement may account for the amount of Galician vocabulary throughout the codex:

*Edición facsímil del Códice T.I.1 de la Biblioteca de San Lorenzo el Real de El Escorial, siglo XIII* (Madrid: Edilán, 1979); *Libro del caballero Zifar: Códice de París*, 2 vols. (Barcelona: Moleiro Editor, 1996).

[70] Roger Walker, "From French Verse to Spanish Prose: *La Chanson de Florence de Rome* and *El cuento del enperador Otas de Roma*," *Medium Aevum* 49 (1980): 230–43, here 240.

[71] In response to Spaccarelli's claim that the *LH* served as entertaining edification for pilgrims, Greenia notes that a number of church officials who also would have been travelling along the Road to Santiago would have spoken Latin. Additionally, texts such as the *Miracula Sancti Jacobi* also may have been coherent sources created for spiritual entertainment. Greenia therefore envisions "a literary enterprise that started as enrichment for the learned and then [was] adapted for lay travelers. . . . We cannot afford to overlook the incessant, looming presence of Latin" (Review of Spaccarelli, *Medieval Pilgrim's Companion*, 271). A comparison of similar Latin hagiographies with the *LH* is an area yet to be thoroughly investigated.

[72] According to Dagenais, "a look at French textual history may hold the key to the origins and core meaning of this pilgrim anthology" (Review of Spaccarelli, *Medieval Pilgrim's Companion*, 995). Using Hermann Knust's 1890 edition of *La vie seinte Marie L'Egypciene*, in *Geschichte der Legenden der h. Katharina von Alexandrien und der h. Maria Aegyptiaca* (Halle: Niemeyer, 1890)—based on MS 6524 of the British Museum—and Jessie Murray's 1929 edition of *La vie de Saint Eustace*, in *La vie de Saint Eustace: Version en prose française du XIIIe siècle* (Paris: Librairie Ancienne Honoré Champion, Éditeur, 1929)—based on MS 2464 of Paris's Bibliothèque nationale—I compared the keywords relating to pilgrimage used in the French and Castilian prose versions of *Maria Egiçiaca* and *Plaçidas* in order to establish a more definitive correlation between the French and Castilian renderings. In the past, F. C. Gardiner demonstrated how lexical repetitions and groupings can illustrate the dominance of the pilgrimage theme in Latin Easter plays (*The Pilgrimage of Desire: A Study of Theme and Genre in Medieval Literature* [Leiden: E. J. Brill, 1971]), just as Spaccarelli did in the *LH* (*Medieval Pilgrim's Companion*). The Castilian and French legends use nearly identical words in relation to pilgrimage and hospitality: *romero, pelegrino/pelerin*; *tierra estranna/estrange terre, estrange pais*; *desierto/desert, gastine*; *floresta/forest*; *yermo/gastine*; *omme estranno/home d'estrange terre*; *albergar/herbergiez*; *huespede/oste*. Although it seems possible that, directly or indirectly, the origins of the interrelatedness of the *LH*'s tales could be traced to French literary tradition, the French examples come from separate manuscripts. This fact underscores the potential importance of a future discovery of a French book containing the same parts in the same order as those in the *LH*, should such a manuscript exist.

[73] Although Old Leonese has been cited as an additional influence, here I exclusively address the *translatio* in accordance with the process the text itself describes. For the influence of Old Leonese on the language of the *LH*, see the following sources: Faulhaber, ed., *Philobiblon*, *BETA* Manid 1303; Manuel Alvar, ed., *Vida de Santa Maria Egiciaca: Estudios, vocabulario,*

i.e., *arame/n* (fols. 31rb and 31vb); *aynda* (fols. 68ra and 68vb); *ca* used as a comparative (fols. 17vb, 64va, and 91rb); *dessouado* (fol. 135ra); *lanpada/s*;[74] *miragle/s* (fols. 5vb, 19ra, and 47vb); *egleja* (fol. 6va); *ledo/a(s)*;[75] *meu* (fol. 8va); *menjn*na (fol. 15ra); *outores* (fol. 18rb); the use of the masculine article *el* before *sennal*;[76] words that retain a final *e* after a *d* such as *beldade* (fol. 8ra), *virtude* (fol. 18va), *huespede*,[77] *salude* (fol. 72vb), and *volun*tade (fol. 84vb); days of the week such as Wednesday (*quarta feria* at fol. 22ra), Thursday (*quinta feria* at fol. 22va), and Friday (*sesta feria* at fol. 23va); *morrer*[78] and several of its forms;[79] *boy*[80] (fols. 31rb and 31vb [two occurrences]);

---

*edición de los textos*, 2 vols. (Madrid: Consejo Superior de Investigaciones Científicas, 1972), 1:123–24; Herbert L. Baird, Jr., ed., *Análisis lingüístico y filológico de "Otas de Roma"* (Madrid: Anejos del BRAE, 1976), 177–82; Michel, ed., "*Vidas*," xcv–clxxiii; Walker, ed., *Plácidas*, xi–xv; and idem, ed., *Estoria de Santa María Egiçiaca (MS Escurialense h-I-13)*, 2nd ed. (Exeter: University of Exeter Press, 1977), xxii–xxv. The language has much in common with Old Galician, and it is commonplace for both languages to be rather imprecisely described under the generic moniker "Western."

[74] See folios 5va (two occurrences), 5vb, 83vb, and 85rb.

[75] See folios 8ra, 10rb, 11ra, 12ra, 13va, 13vb, 17ra, 20rb, 25rb, 30va, 31vb, 33rb, 35va, 39rb, 39vb, 43ra, 44vb, 45ra, 45rb, 46vb, 53vb, 58va, 66va, 68ra, 76rb (two occurrences), 84ra, 88vb, 89ra, 89vb, 90vb, 95ra, 95vb, 97ra, 98va, 103vb, 104va, 108ra, 108rb, 111va, 112va, 115ra (two occurrences), 135rb, 135va, 136vb, 143va, 147ra, 148rb, 149rb, 149va, 149vb, 150rb, and 152ra.

[76] See folios 2vb, 5vb, 13ra, 17ra, 24va, and 28va.

[77] See folios 5rb, 43vb, 45ra, 89rb, 90vb, and 139rb.

[78] *Morrer* means "to die." Perhaps its most famous usage in medieval Galician-Portuguese songs is the *cantiga de amigo* from the court of the Portuguese king Dom Dinis in which a mother asks her daughter, "De que morredes, filha, a do corpo velido?": *Cancionero*, ed. Nuno Júdice (Lisbon: Editorial Teorema, 1997), 60. This verb also makes its way into medieval Castilian texts such as Don Juan Manuel's *El conde Lucanor* and Juan Ruiz's *Libro de buen amor* (*LBA*). See the following editions, for instance: Don Juan Manuel, *Libro de los enxiemplos del Conde Lucanor e de Patronio*, ed. Alfonso I. Sotelo, 19th ed. (Madrid: Cátedra, 1997) and Juan Ruiz, *"Libro del arcipreste": También llamado "Libro de buen amor"*, ed. Thomas McCallum and Anthony N. Zahareas (Madison: Hispanic Seminary of Medieval Studies, 1989).

[79] See folios 16va, 17ra, 21rb, 22va, 22vb, 33va (two occurrences), 64rb, 95va, 102rb, 107va, 111vb, 138va, and 148vb.

[80] *Boy*—from *bovem* > *boe* (Edwin B. Williams, *From Latin to Portuguese: Historical Phonology and Morphology of the Portuguese Language* [Philadelphia: University of Pennsylvania Press, 1938], 66)—is more conservative than the Castilian diphthongized form, *buey*. That both are used alongside one another illustrates that the scribe(s) and/or translator(s) did not give priority to consistency of form (Spaccarelli, *Medieval Pilgrim's Companion*, 120).

*omels*;[81] forms with tildes such as *reyn*na,[82] *mjnjn*nez[83] (fol. 11vb), *connosçer* and many of its conjugated forms,[84] *montan*nero (fol. 39vb), and *vyn*no (fol. 72vb).[85]

---

[81] See folios 1ra, 1rb, 1va, 4rb (two occurrences), 4va, 4vb, 10vb, 13va, 13vb, 14vb, 15ra (two occurrences), 15va, 15vb (two occurrences), 16ra (two occurrences), 16rb, 16vb (three occurrences), 19rb, 19va, 20rb, 21va (two occurrences), 21vb, 22ra, 22vb, 26rb, 26va, 27rb, 28rb, 28va, 28vb, 29ra, 29rb, 34va, 35rb (two occurrences), 37va, 37vb (two occurrences), 38rb, 41va, 46ra, 46va, 48vb (two occurrences), 49va (two occurrences), 49vb, 50va, 51ra, 51rb, 51va (two occurrences), 51vb, 53ra (two occurrences), 53va, 55rb, 56rb, 56vb (two occurrences), 57vb, 58ra, 58rb (two occurrences), 58vb, 59vb, 60va (two occurrences), 60vb (three occurrences), 64rb (two occurrences), 64va, 65vb, 66va, 67ra, 67rb, 68rb, 68vb, 69ra (two occurrences), 69rb, 69va (two occurrences), 69vb (three occurrences), 70rb, 71rb (two occurrences), 71va (two occurrences), 72va, 73vb, 74ra, 74rb (two occurrences), 75rb, 75vb, 76ra, 78va (two occurrences), 78vb, 81ra, 83ra, 85vb, 87rb, 87vb, 88rb (two occurrences), 90ra, 96ra (two occurrences), 98vb, 100rb, 101vb, 104vb, 105ra, 105vb, 106ra, 106vb, 107vb, 109va, 112rb, 116ra, 116va, 120vb, 122ra (two occurrences), 124ra, 124va, 24vb, 126rb, 127ra, 127va, 132ra, 132rb, 133vb (two occurrences), 134rb (two occurrences), 134va, 135ra, 135va (two occurrences), 136va, 138va, 139rb, 142rb, 144rb, 144va (two occurrences), 145ra, 147ra, 147rb, 148va, 148vb, 149ra, 149va, 150va (three occurrences), 150vb (two occurrences), 151ra, 151rb, 151vb, and 152ra (three occurrences).

[82] See folios 9rb, 10ra, 19rb, 19va, 19vb (two occurrences), 20ra (three occurrences), 20rb (two occurrences), 21va (three occurrences), 21vb (three occurrences), 22ra, 31ra, 32rb, 33ra (two occurrences), 33rb, 34ra, 34rb, 34vb, 36va, 36vb, 44va, 34vb (two occurrences), 36va, 36vb, 44va, 45vb (two occurrences), 46rb, 46vb (three occurrences) 47rb, 54rb, 54va, 70rb, 79vb, 83rb, 84ra, 84rb, 86vb, 88rb, 90va, 90vb, 124vb, 125ra, 125rb (three occurrences), 125va (two occurrences), 125vb, 126ra (two occurrences), 126rb (two occurrences), 126va, 126vb, 127rb, 127va, 127vb (two occurrences), 128va, 128vb (two occurrences), 129ra, 130ra (two occurrences), 130rb, 130va, 130vb (two occurrences), 131ra (three occurrences), 131va (two occurrences), 131vb (two occurrences), 132ra (three occurrences), 132rb, 133rb, 134vb, 136ra, 138rb (two occurrences), 138vb (four occurrences), 139rb, 139va (two occurrences), 139vb, 140vb, 141vb (two occurrences), 144ra, 148ra, 149va, 150ra, 150vb (two occurrences), 151rb, 151va, and 151vb (two occurrences).

[83] Walker believes that the inclusion of this palatized form can be explained by its presence in a lost Galician-Portuguese original (*Estoria*, xxv). The possible survival of such a tome has enticed many critics, but the volume, if extant, has not yet appeared.

[84] See folios 21va, 24va, 25ra, 28va, 34vb, 40ra, 40vb, 41va, 44vb (two occurrences), 45va, 55va, 62vb, 69vb, 75va, 76rb, 85rb, 88rb, 99rb, 101vb (two occurrences), 108vb (two occurrences), 115rb, 117vb, 128va, 133vb, 136vb, 143va, 144ra (three occurrences), and 145vb.

[85] In terms of vocabulary, at least, Spaccarelli is right to claim that the codex's language is "marked by Galician influence . . . from beginning to end" (*Medieval Pilgrim's Companion*, 114). He cites many of the Galician lexemes in the *LH* throughout his book (*Medieval Pilgrim's Companion*, 124–25, for example).

Some verb forms also may be understood in terms of Galician influence: *es* used as the second person singular present tense of the infinitive "to be" (fols. 14ra, 21rb, and 61va); *llegarmos*[86] (fols. 42vb and 72rb); and the command *vay*,[87] or *bayte* (33ra).[88] However, certain morphosyntactical features in common with Old Galician are difficult to explain in terms of Galician influence because the elements are also found in Castilian.[89] For instance, a loss of the final *–e* in the third person of the future subjunctive (i.e., *pudier* [fols. 96vb, 137rb, and 144va]; *fuer*;[90] and *partier*[91] [fol. 127vb]) is not an uncommon medieval Castilian feature, and conditional and future forms that retain the pretonic vowel (i.e., *auere*;[92] *aueria*;[93] *podera*;[94] *poderia*;[95] and *sabera* [fols. 101vb and 134va]) routinely alternate with their contracted counterparts in Old Spanish. Additionally, verb forms such as *fue*, employed as the first person singular preterite (fols. 27ra and 144va), and *folgardes* (fol. 1vb) are analogues to other medieval Castilian forms.[96] While Old Galician may not have had an impact on the deep structure of the codex's language, the number of lexical borrowings nonetheless demonstrates a persistent Galician influence throughout the *LH*.

---

[86] The *-armos* ending is the first person plural of the Portuguese personal infinitive. Old Spanish did not retain the Portuguese personal endings (Williams, *Latin to Portuguese*, 179, 182).

[87] See folios 24vb, 82rb, 89vb, and 148vb.

[88] For more on the history of Galician, see Manuel Ferreiro, *Gramática histórica galega*, 2 vols. (Santiago de Compostela: Edicións Laiovento, 1997).

[89] Maier and Spaccarelli attempt such an interpretation and include the two linguistic features that follow ("Approaches to a Medieval Anthology," 25–26).

[90] See folios 12rb, 12va, 16va, 34vb, 39rb (two occurrences), 42ra, 44rb, 51ra, 77vb, 90rb, 130vb (three occurrences), and 137rb.

[91] Identical forms in the first person are also present but not included here.

[92] See folios 17rb, 50va, 53ra, 66va, 71va, 73va, 89vb, 98va, 101vb, 112vb, 113ra, 121vb, 140vb, 145va, 145vb, 148va, and 148vb.

[93] See folios 8va, 57vb, 70va, 74va, 77rb, 78vb, 83va, 90rb (two occurrences), 96va, 100ra, 108vb, 111rb, 117vb, 128va, 129ra, 129vb, and 150vb.

[94] See folios 51vb, 52ra, 76ra, 101rb, 108va, and 136ra.

[95] See folios 4va, 9ra, 10vb, 12vb, 13va (two occurrences), 14ra, 18ra, 19vb, 24rb, 31ra, 31rb, 31vb, 33va, 35ra, 39ra, 40va, 41vb (two occurrences), 46ra, 52rb, 52va (three occurrences), 52vb, 53rb, 57ra, 60ra, 66va, 71vb, 82ra, 84ra, 87va, 88ra, 91va, 93rb, 96va, 100vb, 102vb, 104va, 105rb, 105vb, 108va (two occurrences), 108vb (two occurrences), 114ra, 116ra, 118rb, 119rb, 138ra, 147vb, and 148vb.

[96] Ralph J. Penny, *Gramática histórica del español*, ed. José Ignacio Pérez Pascual (Barcelona: Editorial Ariel, 2001), 198–200, 211.

## Editorial Norms

The stories contained in the *LH* have been separately edited.[97] Only Spaccarelli's transcription of the *LH* edits the manuscript in full (*Text and Concordance*), but according to the norms of the Hispanic Seminary's *DOSL* (Burrus, *Manual of Manuscript Transcription*; Mackenzie, *Manual of Manuscript Transcription*) and using its difficult markup language that seeks to describe the total manuscript. Nonetheless, Spaccarelli's transcription is the only edition to treat the complete text to date.

This edition has been transcribed directly from the *LH*. It has the following characteristics:

Punctuation is added or deleted as needed to facilitate comprehension.

The preposition "d" (for "de") is separated from proper names by the addition of an apostrophe (i.e., "ob*is*po d'Ais, e Trofins d'Arles, e Eutropoles d'Urasica" [fol. 5va]).

Accentuation is not employed, but I provide quotation marks where needed.

I modernize capitalization, including Roman numerals. At the start of a sentence or proper noun, *rr* is capitalized as *Rr*, *R* as *R*, and *ss* as *Ss*; otherwise, *R* is reduced to *r*.

Scribal abbreviations are expanded in italics (i.e., "Despues q*ue* n*ues*tro Sen*n*or Jesu Xp*isto*" [fol. 1ra]). I thus resolve "n" under a nasal bar as "n*n*." Likewise, "m" under a tilde stands for "m*m*," even though the latter "*m*" has no phonetic value (as in "om*m*e," found throughout the codex).

Rubrics and main headings appear in bold print, and the headings are separated from the rest of the text by a line. (Paragraph breaks agree with the placement of rubrics and/or initials in the manuscript.)

---

[97] Spaccarelli reviews these editions and concludes that they perpetuate the false impression that the *LH* is a narrative hodgepodge (*Medieval Pilgrim's Companion*, 122–36). Many of the editions have other reviews, as well: Israel Burshatin, Review of Lasry, ed., *Critical Edition*, *Speculum* 59 (1984): 114–17; James Ray Green, Review of Lasry, ed., *Critical Edition*, *Hispanic Review* 52 (1984): 527–29; Carlos Gumpert Melgosa, Review of Maier, ed., *El Rrey Guillelme, El Crotalón: Anuario de Filología Española* 2 (1985): 581–87; María Morrás, Review of Rees Smith, ed., *The Lives of St. Mary Magdalen and St. Marta*, *La Corónica* 21 (1992–1993): 115–21; Margherita Morreale, Review of Walker, ed., *Estoria de Santa Maria Egiçiaca*, *Zeitschrift für Romanische Philologie* 90 (1974): 400–4; Thomas Spaccarelli, Review of Lasry, ed., *Critical Edition*, *Journal of Hispanic Philology* 8 (1982): 61–65; and Roger M. Walker, Review of Lasry, ed., *Critical Edition*, *La Corónica* 13 (1984): 298–301.

*Introduction* *xxxvii*

Emendations to the text of the manuscript are made within square brackets (i.e., corrections such as "[Pe]rigort" [for the manuscript's "Rorigort" (fol. 5ra)] and additions such as in "ouo muchos buenos fechos [fecho]" [fol. 5rb]).

Folio numbers are listed in the right-hand margin, line numbers along the left-hand side of the text.

Column and folio breaks are indicated in the text with a vertical line (i.e., "e la ssanta Magdalena le aparesçio | en ssuen*n*os e dixole" [fol. 1rb–va] and "sola|ment*e*" [fols. 10vb–11ra]).

I do not alter word separation when it appears to be an orthographic variant, as opposed to a mere scribal ligature (i.e., both "sesudamente" and "sesuda mente" [fol. 1rb]).

In transcribing Greek letters, x represents Chi (χ) while p stands for Rho (ρ). For example, the manuscript's "Xp*isto*" (fol. 1ra) or "Xr*isto*" (fol. 1rb) are not modified to read "Cristo" because this edition privileges the way the scribe writes the text over modernizing the orthography (with one exception, which follows here).

I transcribe both "&" and "e" as "e" because the scribe uses them interchangeably. For instance, in the codex itself, the ampersand is used not only as the conjunction meaning "and" (i.e., "Dios & los omes" [fol. 1ra]) but also as a vowel (i.e., "&lla" [fol. 1rb]). "E" has the same dual function (i.e., "de fanbre e de sed" [fol. 1va]).

Each tale begins on a new page.

Notes to the text are used to provide critical and philological commentary, the readings of other editors, and the filling in of the lacunae, as well as to indicate emendations and deletions, text reconstructed with ultraviolet light,[98] scribal insertions above the main line of text, and superscript letters. Ellipses, which stand for text not capable of being reconstructed or gaps in the text, are additionally clarified in a note.

An appendix is used for the reconstruction of the first part of *Santa Marta* because this material is too long to fit in a note.

A glossary provides low-frequency forms and/or meanings for students.

---

[98] As concerns any lacunae in the text where graphemes are not visible even with ultraviolet light, I follow the reconstruction in Spaccarelli's transcription (*Text and Concordance*) without mention.

The present edition is critical in the sense that it has the apparatus of a critical edition[99] (in this case, the introduction, notes, appendix, glossary, and, of course, the presentation of the text of the manuscript with the editorial criteria listed above); yet this edition does not attempt to standardize the manuscript's language.[100] In the case of the *LH*, regularization of the language likely would suppress the influence of Galician vocabulary found from beginning to end. This fact alone justifies the use of conservative editorial norms when editing this codex as a whole.

My editorial standards maintain the integrity of the orthography, lexicon, and morphosyntaxis in the *LH*. In addition to conserving the codex's language, the consistent application of these norms facilitates the reading process. Such an approach allows the reader to become well acquainted with the contents of this unique manuscript.

---

[99] A critical edition in the technical sense seeks to provide the "reprodução mais correta possível de um original, numa tentativa de alcançar com a maior fidelidade imaginável a última forma desejada pelo seu autor": Segismundo Spina, *Introdução à Edótica: Crítica textual*, 2nd ed. (São Paulo: Ars Poetica, 1994), 86. While this neo-lachmannian method may define the truly critical edition, other approaches are more flexible. See the following sources, for example: Keith Busby, "Doin' Philology while the –isms Strut," in *Towards a Synthesis? Essays on the New Philology*, ed. idem (Amsterdam: Rodopi, 1993), 85–96; idem, "*Variance* and the Politics of Textual Criticism," in *Towards a Synthesis?*, 29–45; John Dagenais, "That Bothersome Residue: Toward a Theory of the Physical Text," in *Vox intexta: Orality and Textuality in the Middle Ages*, ed. A. N. Doane and Carol Braun Pasternack (Madison: University of Wisconsin Press, 1991), 246–62; Alfred Foulet and Mary Blakely Speer, *On Editing Old French Texts* (Lawrence: The Regents Press of Kansas, 1979); William D. Paden, "Is There a Middle in This Road? Reflections on the New Philology," in *Towards a Synthesis?*, 119–30; Eckehard Simon, "The Case for Medieval Philology," in *On Philology*, ed. Jan Ziolkowski (University Park and London: Pennsylvania State University Press, 1990), 16–19; and Hajo J. Westra, "New Philology and the Editing of Medieval Latin Texts," in *Towards a Synthesis?*, 49–58.

[100] Although Pedro Sánchez-Prieto Borja makes a sustained case for heavy editorial emendations to any medieval text in a critical edition, including the regularization of multiple forms of the same word (i.e., *iuez*, *juez*, *ivez*, and *jvez*: *Cómo editar los textos medievales: Criterios para su presentación gráfica* [Madrid: Arco Libros, 1998], 52), following his advice in the present edition would diminish the distinctiveness of this manuscript. As Dagenais states, "Without the intervention of other, opposing forces, we could imagine the Borgesian eventuality of a text in which every word was the same word": *The Ethics of Reading in Manuscript Culture: Glossing the "Libro de buen amor"* (Princeton: Princeton University Press, 1994), 133.

Libro de los Huéspedes
(Escorial MS h.I.13)

## | De sa*n*ta Mar*i*a Madalena 1RA

La b . . . en dj . . . a Madalen[1]

Despues q*ue* n*ues*tro Sen*n*or Jesu Xp*ist*o, q*ue* fue medianero entre Dios e los omes por su pasion e por su sureçion, ouo vençida la muerte e
5 fue glorificado e sobido a los çielos ala bendita santa Maria Magdalena e Massimiano,[2] a q*ue* sant Pedro la encomendo con su hermana santa Marta e con su hermano sant Lazaro[3] e con[4] aq*ue*l çiego q*ue* n*ues*tro Sen*n*or Ih*e*su Xp*ist*o guareçio por su misericordia e con aq*ue*lla palabra q*ue* dixo a Ih*e*su Xp*ist*o enla pedricaçion: "Beatus uenter q*u*i te portauit
10 e ubera q*uae* ssusiste,"[5] q*ue* q*u*ier dezir, "Bendito fue el vientre q*ue* te traxo e las tetas q*ue* mamaste." E muchos o*t*ros diçipulos venieron con ella ala mar e entraron en vna naue, e ouieron buen viento e aportaron en Marssella. E desçendieron de la naue e ent*r*aron enla villa, e non fallaron q*u*ien los albergase e tornaronse ala ribera, e ouieron de yazer enlas
15 piedras ealla yoguyeron toda la noche en pregarias e en oraçiones. E enla man*n*ana llego la mala gent*e* dela villa por faz*er* sacrifiçio a los ydolos.

---

[1] Michel's idea that the letters here constitute a subtitle appears to be correct ("*Vidas*," 32). Where I have placed ellipses, the parchment is too heavily worn to decipher any letters, even under ultraviolet light. This is probably because the parchment leaf is an outermost folio that has lacked protection from rubbing at some point in its history.

[2] The letters *Massi* were reconstructed with ultraviolet light. Spaccarelli's transcription provides question marks in these hard-to-read spaces. Walsh and Thompson provide *Maximiano* (*Myth of the Magdalen*, 28). Most editors correctly transcribe the word: Michel, ed., "*Vidas*," 1; Rees Smith, ed., *Lives*, 3; Jole Ruggieri, ed., "Frammenti castigliani delle leggende di SS. Marta e Maddalena," *Archivum Romanicum* 17 (1933): 189–204, here 191. The ultraviolet light also reveals a *calderón* that appears between the ampersand and *Massimiano*.

[3] Rees Smith omits every word from *su hermano* through *sant Lazaro* (*Lives*, 3).

[4] This word was reconstructed with ultraviolet light. Most editors transcribe *con*: Michel, ed., "*Vidas*," 1; Rees Smith, ed., *Lives*, 3; Walsh and Thompson, eds., *Myth of the Magdalen*, 28. Spaccarelli's transcription supplies only question marks (*Text and Concordance*). Ruggieri omits the word ("Frammenti castigliani," 191).

[5] Luke 11:27.

E quando ellos llegaron, leuantarase ya la Magdalena. |⁶ Ella era muy 1RB
fermosa e de buen donaire e muy sesuda⁷ e de muy buena palabra e muy
arreziada. E començo de pedricar las palabras dela vida e dela salut, asy
20 que todos se marauillaron dela su beldat e delas sus sesudas palabras de
commo las mostraua sesudamente.

### Mjraglo que fizo santa Maria Madalena

Otro dia despues veno a aquel logar vn ome de grant guysa con su mugier⁸
por sacrificar a los ydolos. E el era sennor de toda aquella prouinçia e
25 auia muy grant pesar por que non podia auer fijo nin fija, que deseaua
mucho. E la bendita Magdalena pedricaua alli de Ihesu Xpisto, commo
nasçiera dela Virgen e commo los judios lo cruçificaron, e commo fuera
muerto e ssoterrado, e commo resçuçitara al terçer dia. E por esto les
mandaua que non feziesen sacrifiçio a los ydolos. E que Aquel creyesen e
30 adorasen que todo el mundo feziera e formara. Aquellos todos que oyan
la su palabra yuan despues a ella mas de grado. E mas de buen corasçon
la ascuchauan e bien tanto por su beldat commo por sabor de oyr su
palabra. E non uos deuedes⁹ marauillar syla boca dela Magdalena bien
fablaua e sesuda mente, ca ella auia besado los pies de Ihesu Xristo.¹⁰

---

⁶ The words "Flos sanctorum / vidas de algunos santos e otras historias," written in a later cursive hand, appear left of center underneath the border bar surrounding the text on the bottom portion of this folio. See the description of the manuscript in the introduction (pp. xxvii–xxix) for a discussion.

⁷ See the first part of the introduction for a discussion of women's wisdom in the *LH*.

⁸ Walsh and Thompson repeatedly expand this abbreviation to *muger* (*Myth of the Magdalen*); however, *mugier* is the only way this word is written when not abbreviated.

⁹ This manner of direct address of the speaker to an audience—the first among myriad examples in the work—causes one to question whether or not this manuscript was intended to be read aloud to a group or to be read to oneself. The answer depends on whether this type of expression possessed a practical function for a *recitador*, or whether it was merely a vestige of orality. Both scenarios would have been possible in the late fourteenth to early fifteenth century.

¹⁰ Citing examples from Pope Gregory the Great, Tertullian, Berceo, and the Arcipreste de Hita, Raymond S. Willis notes that it was frequent in the Middle Ages to conflate the identity of the biblical Mary Magdalen with those of Mary of Bethany and an unnamed female sinner who washes Christ's feet: "Mary Magdalene, Mary of Bethany, and the Unnamed Woman Sinner: Another Instance of Their Conflation in Old Spanish Literature," *Romance Philology* 24 (1970): 89–90. The *LH* is in keeping with this medieval tradition because this tale's objective is to fuse the identities of this saved sinner, who, in the medieval mind, stood for the hope

35 Entonçe la mug*i*er de aq*ue*l rico om*m*e enbio dar de comer a aq*ue*llos
om*m*es por sus sieruos q*ue* entendio q*ue*l eran leales, ca sse temja mucho
dela crueza de su marido e dela deslealtad de dos q*ue* biuia*n* con*e*l. E
desp*ue*s desto, aq*ue*lla duen*n*a dormia vna noche con su marido, e la
ssanta Magdalena le aparesçio | en ssuen*n*os e dixole q*ue* pues ella era  1va
40 tan rica, q*ue* por q*ue* dexaua morir de fanbre e de sed alos santos om*e*s.
E amenazola synon lo dixiese çedo[11] a su marido q*ue* les feziese algu*n*a
cosa. E la duen*n*a desp*er*to, mas no*n* oso dezir a su marido su vision. E
a otr*a* noche despues vino a ella com*m*o de ante, mas la duen*n*a nonlo
oso dezir. Otrossy la terçera noche la bendita Magdalena apareçio muy
45 san*n*uda a anbos e muy temerosa, e semejaua su Rostro com*m*o si fuese
fuego o asi com*m*o sy la casa ardiese. E dixoles: "Om*m*e de gra*n*t crueza,
tu e tu mug*i*er q*ue* estouo tanto q*ue* te no*n* dixo lo q*ue* le mande, tu
fuelgas q*ue* eres enemigo dela cruz de Ih*es*u Xp*is*to, e crias tu cue*r*po
con muchas maneras de come*r*es e de beue*r*es, e dexas morir los sieruos
50 de Dios de fanbre e de sed e de otras coitas, e yazes tu en tu palaçio
enbuelto en pan*n*os de seda, e ellos yazen en mesq*u*indat e en lazeria.
Tu ves q*ue* ellos son desconfortados e non los confortas, tu ves q*ue* no*n*
an posada e non gela das, tu pasas por ellos e non los catas. ¡Ay, desleal!
Tu no*n* escaparas asy, ante conpraras lo q*ue* tanto tardaste en fazer les
55 bien."[12] Despues q*ue* esto dixo, la bendita Magdalena fue se, e la b*ue*na
duen*n*a desp*er*to e començo luego a ssospirar, e ssu marido le pregunto
por q*ue* ssospiraua, e ella dixo: "Sen*n*or, ¿vistes lo q*ue* yo vy?" "Ssy," dixo
el, "Vi lo, e marauillo me mucho mas, ¿q*ue* faremos ende?"[13] E ella dixo:
"Yo lo q*ue*rria e ternja por mejor de fazer lo q*ue*la bendita | Magdalena  1vb
60 nos pedrica e dize, ca aueremos la ssan*n*a de Dios, ca ssin razo*n* non nos

---

of salvation (Gómez Redondo, *Prosa medieval*, 2:1938–39). For the construction and evolution of Mary Magdalen and her cult in the Middle Ages, see Katherine Ludwig Jansen, *The Making of the Magdalen: Preaching and Popular Devotion in the Later Middle Ages* (Princeton: Princeton University Press, 2000).

[11] Rees Smith (*Lives*, 5) and Walsh and Thompson (*Myth of the Magdalen*, 28): *todo. Çedo* means "luego" or "presto," meaning "at once" or "quickly."

[12] This preoccupation with obtaining salvation may have to do with the expectations of the listeners of the *LH*, which were embedded in a religious context. For Gómez Redondo, the spirituality of the initial saints' miracles; the forsaking of wealth in *Plaçidas* and *Gujllelme*; the revindication of virtue in *Otas de Roma, Vna santa enperatris que ouo en Rroma*, and *Carlos Maynes*—all of these themes are in harmony with *molinismo*, the value system espoused by the widowed Queen María de Molina and the members of her court toward the end of the fourteenth century (*Prosa medieval*, 2:1936–37). Since the time of her reign was the era of the *LH*'s production, it is certainly possible that the thinking of this queen and her court would have influenced this manuscript. It is all exegesis of Matthew 25:34–45.

[13] The letters *remos en* were reconstructed with ultraviolet light.

dixiera aqu*e*lla, e fagamos les bien e digamos ala Magdalena q*ue* ruegue al su Dios q*ue* yo pueda concebir." E el sen*n*or sse otorgo en co*n*sejo de su mug*ie*r e mando que diesen a la s*an*ta conpan*n*a posada¹⁴ e lo q*ue* les fuese menester, e asy fue fecho. Despues desto, acabo de poco, aueno
65 qu*e*l sen*n*or yogo co*n* su mug*ie*r, e ella conçebio, e muchos ouieron ende gra*n*t plazer.

### Com*mo* se fue la mug*ie*r del cauall*er*o co*n* el

Luego q*ue* esto aueno, g*u*isose el sen*n*or de yr a saber si era verdat delo que la Magdalena pedricaua de Ih*es*u Xp*is*t*o*. Quando lo su mugier sopo,
70 dixole: "Ssen*n*or, ¿q*ue* es esto? ¿Cuydades uos yr alla ssin mj? Ssy a Dios plaze, esto no*n* auerna. Ssy uos fuerdes, yre yo; ssy vos venierdes, verne yo; ssy uos folgardes,¹⁵ folgare yo." "Non s*er*a assi," dixo el sen*n*or, "Mas uos fincaredes en casa e endereçaredes v*ues*tras cosas, q*ue* si me yo fuere, non finqu*en* mal endereçadas. Demas, las carreras sson luengas e malas
75 de andar, e la mar es de gra*n*t peligro, e vos ssodes flaca e pren*n*ada, e podriades muy ayna caer en gra*n*t peligro." E la duen*n*a contra aq*ue*llo non dixo cosa, p*er*o no*n* mudo lo q*ue* en el corasçon tenja, antes sse dexo caer a pies de ssu marido e lloro tanto fasta q*ue* su sen*n*or le otorgo su yda. Desi fueronse ala Magdalena e metieron en su guarda sus t*ie*rras e
80 sus heredades, e ella les puso la sen*n*al dela cruz enlas ssus | espaldas,¹⁶  2RA q*ue* el diablo non los pudiese estoruar de ssu p*ro*ponimiento, e ensen*no*les que por sant Pedro, p*r*inçipe de los apostolos, podrian saber de Ih*es*u Xr*is*to lo q*ue* les ella ant*e* dixiera.

### Com*mo* pario la duen*n*a

85 Despues q*ue* ellos fueron cruzados e ap*r*endieron q*ue* de sant Pedro podrian saber aq*ue*llo, tomaron mucho oro e mucha plata e muy ricos pan*n*os de muchas g*u*isas, e entraron en vna naue e andaron vn dia e

---

¹⁴ Note that providing lodging is the first good deed the husband thinks to do. This gesture is the first manifestation in the *LH* of Guest/Host Theology. See Spaccarelli (*Medieval Pilgrim's Companion*, 31–34) and the first part of the introduction for a discussion. Cf. Matthew 25:35, 43.

¹⁵ Rees Smith: *folgaredes* (*Lives*, 7).

¹⁶ Pilgrims and crusaders often wore a cloth cross as a badge, which was a pre-twelfth-century practice that can be found in several chronicles of the First Crusade. Robert of Saint Rémi notes that this symbol of faith and of victory is placed upon one's back upon the fulfillment of one's vow (Michel, ed., "*Vidas*," 55 n. 5.14).

vna noche por la mar a buen belar. E el biento començo a crescer e la mar a engrosar, e a poca de ora fue la tenpestad muy grande, e todos
90 aquellos que enla naue andauan ouieron grant pauor quando vieron las ondas quebrar, e ouieron muy grant cuyta. E la duenna, que era prennada e muy cansada e que començo que queria auer ssu fijo, fue en muy grande coyta. E el parto fue tan fuerte que morio ende. E el njnno que nasçiera buscaua la teta, e en baladrando e en llorando en grant dolor
95 fue el njnno nado e la madre muerta. Oujera el njnno de morir por que non auia quien lo criar. ¡Ay, Dios! ¿Que fara nuestro romero[17] que ya su mugier es muerta e el njnno demandar teta en llorando? E la tenpestad era tan grande, e los marjneros dar bozes e dezir: "Echat fuera dela nao este cuerpo, ca demjentre y andar, non quedara la tenpestad." | E sabed   2RB
100 que[18] esto es verdat e cosa bien prouada que la mar non quier ensy cosa muerta. E quando los seruientes dela nao quesieron tomar el cuerpo por lo echar enla mar, el rromero les dixo: "Amigos, por Dios, sofrid uos vn poco. E sy uos non queredes sofrir por mj njn por la duenna que avn esta caliente, sofrid uos por el njnno que demanda la teta. E esto non es synon
105 de crueza lançar enla mar vn cuerpo medio muerto. E nunca fue omme que tan pequenno cuerpo quesiese matar. Sofrid uos vn poco e veremos si la duenna acordara del trabajo que ouo enel parto."

---

[17] Spaccarelli believes the identification of this man as a pilgrim underscores his evolution to a sympathetic figure. This critic lists words that cluster around the theme of pilgrimage in the *LH*: *floresta, desierto, tierra gasta, yermo, pelegrino, romero, palmero, huesped, huespeda, tierra estranna, albergar* (*Medieval Pilgrim's Companion*, 30). Sometimes these words appear in conjunction with literal pilgrimage; in others, they emerge in a symbolic context. This section of Mary Magdalen's story is an adaptation of the Apollonius of Tyre legend, also adapted in *Plaçidas* and *Gujllelme* (Francomano, "'Lady'," 148; eadem, "Manuscript Matrix," 146). See the first section of the introduction (pp. xiii–xxiii) for more on the way the *LH*'s tales interrelate.

[18] Gómez Redondo believes that "E sabed que" is part of a series of formulae that structure the narrative and give emphasis to significant elements of the plot. Oral techniques such as interjections to the listeners and plot summaries are present in the French poem of the thirteenth century and may have had some practical use for the listeners of the Castilian version, as well. Otherwise, for Gómez Redondo, any of the *LH*'s compilers would have suppressed such useless formulae (*Prosa medieval*, 2:1661).

## Commo mamaua el njnno seyendo su madre muerta

110 Despues que el esto ouo dicho, cato e ujo la naue yr por çerca de vna montanna, e penso que dexase alli ala madre e al njnno antes que los comiesen peçes. E dixo a los marjneros: "Tomad de mj auer quanto uos quesierdes. Poned me la duenna e el njnno en aquella montanna por quelos pueda soterrar." Quando los marjneros oyeron la promesa del auer
115 que deseauan asy commo el peçe desea la ysca, otorgarongelo e fizieron su voluntad. E el quiso soterrar la duenna e fallo el suelo tan duro e tan pedregoso quela non pudo soterrar. E fuela poner en vn logar apartado dela sierra e puso alli el njnno alas tetas. "¡Ay, santa Maria Madalena!" dixo el, "e, ¿por que veniste tu nunca al puerto de Marsella? Por mi
120 destroimiento | e por mi desterramiento veniste tu y. E yo, ¡catiuo!, ¿por 2va que te[19] crey de començar esto? ¿Rogaste tu por esto tu Dios que my mugier conçebiese por se perder lo que traxiese? Ora son perdidos anbos, el conçebido e la que conçebio, ca la madre es muerta con las coytas e con los dolores que sufrio, e el ninno nasçio por morir, que non ha quien lo
125 crie. E esto es lo que yo gane por tu ruego, a que encomende todas mjs cosas. Yo te demando e rruego que ruegues a tu Dios que sy El es tan poderoso commo tu pedricas, que aya merçet dela alma desta duenna e que por tu ruego aya piadat de aqueste njnno que se non pierda." Despues que esto dixo, cobrio la duenna e el njnno de su manto e tornose a la naue
130 enel batel. Despues que entro enla naue, los marineros tornaron a guyar su naue. ¡Ay, que misericordia de Ihesu Xpisto! ¡Ay, que meresçimiento dela Madalena! ¡Ay, que bendita partera ella escogio que fue pedricar en tierra! E le dio conforte e ayuda al romero que por su conforte non se desesperase. E ella lo conforto que non fallesçiese por su llorar. Ella
135 estudo al parto dela madre; ella fizo el ofiçio dela maestra; ella conforto la duenna en sus dolores. Ella conforto el njnno que lloraua; ella fizo el ofiçio de ama; ella le dio la leche. ¿Quien oyo nunca estas cosas? Ella ensennaua e pedricaua en tierra e la consejaua en mar. Ella era maestra. Ella era ama; ella confortaua el romero que non dexase lo que comen-
140 çara. Ella criaua el njnno que lloraua por lo confortar | e lo quitar de 2vb llorar. El cuerpo dela madre yaz syn alma e da leche al njnno. E otra cosa que es maraujlla, la alma dela duenna fue en romeria por conplir lo quel cuerpo auja començado. E ninguno non la veya, mas ella veya a todos. E el cuerpo della jazia asy commo vn vaso vazio, e de aquel vaso
145 vazio tomaua el njnno leche. E el vaso era sennalado del sennal dela cruz santa, e jazia tan seguro que njn viento njn elada njn enbierno njn calentura non le enpesçia, njn fanbre njn sed non auja, njn podresçio njn se

---

[19] Scribal insertion: *te*.

perdio. E sabet q*ue* asi son guardadas las cosas q*ue* sson encomendadas a santa M*ari*a Magdalena.

150     **Com*mo* el rom*er*o fallo el njn*n*o t*r*ebejando rribera dela mar**

Ora tornaremos a n*uest*ro rromero, e no*n* ayades enojo de oyr el conforte q*ue* le ella dio de su desco*n*forte e q*ue* fizo por su rruego, e com*m*o su tristeza fue tornada en alegría. La naue ouo bue*n* vie*n*to e llego çedo
155 al puerto q*ue* deseaua, e salieron fu*er*a. E despues a poca sazon topo con sant Pedro. E q*u*ando el vendito apostol vio el rrom*er*o cruzado, e p*r*eguntole por cuyo mandado prendiera la cruz e por q*ue* venjera ally. E sant Pedro entendio muy bien q*ue* donde el venjera q*ue* pedricaria alla la palabra de Ih*es*u Xp*ist*o. E el rom*er*o le conto todas las cosas q*ue*l aue-
160 nieran en t*ier*ra e en mar e por cuyo mandado tomara la cruz e la razon por q*ue* ally veniera. Q*u*ando ssant Pedro esto . . .[20]

---

[20] This is the first of the two four-folio lacunae addressed in the description of the manuscript in the introduction (p. xxvi). Walsh and Thompson use MS K-II-12 to reconstruct what happens at this point until the end of the tale (*Myth of the Magdalen*, 31–35):

"[T]he ruler of Marseille leaves his nearly dead wife on the island, with the son at her breast, and sails to find St. Peter. For a period of two years, Peter instructs him in the faith, and takes him to Jerusalem. On the return voyage to France, he stops at the island where he had left his lifeless wife: on the beach, he sees a comely child who runs toward the mother's breast. The wife comes to life and reveals the Magdalen's miraculous intervention: while she was 'dead' her soul had followed her husband on his pilgrimage. The reunited family returns to Marseille to proclaim the wonders of the Magdalen. The pagan temples are destroyed, churches are built in their place; Lazarus is named bishop of the city; Aix is converted and Maximinus elected its bishop."

"The miracle is followed by the *vita eremitica* of Mary Magdalen . . . : led by the angels to a remote cave at Ste. Baume, she lives alone and without earthly food during thirty years; shortly before her death, a holy monk (who comes to fast near the cave of the Magdalen) has a vision of her lifted heavenward by the angels; overcoming his fear, he speaks with the Magdalen, who reveals her identity and asks him to tell St. Maximinus she will soon die; Maximinus arrives with his priests, and gives her Communion before she expires . . . ; St. Maximinus constructs a church and monument in her honor . . . ; later, he is buried beside the Magdalen" (eidem, eds., *Myth of the Magdalen*, 22–23).

The events recounted in this portion of MS K-II-12 constitute "the probable missing contents of the missing portion of MS h-I-13" (Rees Smith, ed., *Lives*, vi). See Rees Smith for his reconstruction using MS Thott 517 (MS C), a manuscript in Old French that belongs to the Danish Royal Library in Copenhagen (*Lives*, 12–22).

## [De santa Marta]

...¹ | Aquella lo crio njnno e esta dio de comer a omme de treynta 3ʀᴀ
annos,² onde pareçe muy bien que esta creyu la ley de los profetas e la
confesion de los apostolos e que la touo por verdadera, e por ende es en
5 los çielos conpannera destos. E por que todas las cosas puede auer el
que bien crey, por ende ouo esta lo que deseo de nuestro Sennor. Lo que
desseo ouo, ca ouo su hermano de muerte que rresuçito a voz de nuestro Sennor, quele dixo: "Lazaro, ve fuera."³ E asy fue. Entonçe fezieron
grant alegria e grant yantar en casa de Ssimjon el gafo judios e xristia-
10 nos. E Marta les seruia, e por este mjraglo non ser en dubda, Lazaro fue
vno delos que ala mesa comjeron. E por esto, deue omme creer que asi
commo nuestro Sennor rresuçito a Lazaro por santa Marta, asi cada vn
pecador que se de sus pecados dolier e de buen coraçon la llamar, sera de
sus pecados libre e saluo, ca ella rrogara por el al su bendito Huesped. E
15 bien pareçio commo nuestro Sennor amo a Marta, ca asy commo queso
folgar entre los braços de su madre, asi dexo las casas delos rreys e delos
otros prinçepes do podiera posar. E quiso posar e comer e beuer e folgar
en casa de santa Marta. E alli estableçio el toda rreligion e abrio los sac-
ramentos de | santa eglesia.⁴ E en aquella casa fizo el vna eglesia de dos 3ʀʙ

---

¹ The first portion of *Santa Marta* is also missing. Rees Smith uses MS 734-456 (MS F) of the Musée Conde in Chantilly to provide it (*Lives*, 23–28). This portion of the Old French *vie* essentially chronicles the events of the corresponding section of the *Sanctarium* of Mombritius (recounted in Michel, ed., "*Vidas*," 66). See the appendix (pp. 309–11) for a loosely translated portion of MS 734-456 (MS F).

² This passage concludes a comparison between Martha and the Virgin in relation to Christ. *Aquella* refers to the Virgin and *esta* to Martha (Michel, ed., "*Vidas*," 66).

³ John 11:43.

⁴ Michel confesses that she is not sure what this portion of the text may mean ("*Vidas*," 74). Here, *rreligion* is used in the concrete sense Joan Corominas provides, "comunidad o vida religiosa": *Diccionario crítico etimológico de la lengua castellana*, 6 vols. (Madrid: Editorial Gredos, 1980–1991), 4:867. In Spaccarelli's view, the *LH*'s *comunidad religiosa* is closely identified with the "guest/host community" (*Medieval Pilgrim's Companion*, 49). Since *abrir* (from the Latin verb *apperio, aperire*) means "hacer patente" (Sebastián de Covarrubias Orozco, *Tesoro de la lengua castellana o española*, ed. Felipe C. R. Maldonado [Madrid: Editorial Castalia, 1994], 7), or

20 maneras de vida que llaman en latin "contenplatiua" e "actiua." Contenplatiua vida es de los çielos, e actiua vida es del mundo. E dio las a estas ermanas anbas, la contenplatiua a santa Maria Madalena e la[5] actjua[6] a santa Marta. E otrosi las dio a todos aquellos que despues vernan que beujr querran segunt el estado de santa eglesia. Enestas dos vidas son
25 todas las reglas de rreligion e de orden e los ensennamjentos del Viejo Testamento e del Nueuo, por que los santos e los amigos de Dios son ydos e yran alos çielos. Sy nos amaremos nuestro proximo asi commo a nos mesmo e ayudarmos segunt nuestro poder, aueremos la vida actiua con santa Marta. E sy nos amaremos a Dios mas que a todas las otras
30 cosas e despreçiaremos las cosas terrenales, aueremos la vida contenplatiua con santa Maria Madalena. Fasta agora dixiemos dela huespeda de Ihesu Xpisto[7] quanto ende sabiamos por los Euangelios. Agora fablaremos de su vida e de su fin.[8]

## Commo santa Marta partio lo que auja [en] seruiçio
35  de Dios

Quando santa Marta oyu e entendio el jujzio que nuestro Sennor diera quando dixo: "Todos aquellos que dexaran padre o madre o mugier o fijos o posesiones por mj nonbre, çient doblado lo aueran. E aueran la vida perdurable,"[9] ella partio en tres partes lo que auja. La primera dio
40 a su hermana santa Maria Madalena de que podiese gouernar a nuestro Sennor Ihesu Xpisto e alos apostolos e aquellos que lo seruian. E la otra dio a su hermano Lazaro. La terçera retouo para sy de que fiziese bien a los apostolos e aquellos que serujan a nuestro Sennor. E despues dela açension de nuestro Sennor, ofreçio la su parte alos apostolos, ca
45 aquella sazon quantos creyan en nuestro Sennor non aujan proprios njn-

---

"manifestar," this passage could mean that Christ established a religious community centered on hospitality and thus made the Church's sacraments known, arguably, for the first time. This interpretation suggests that Christianity is making its debut here.

[5] Deleted: the scribal insertion *a* between *la* and *actjua*.

[6] The letters *ac* are superscript. This is the traditional exegesis of Luke 10:38–42.

[7] This expression becomes Martha's moniker. For Gómez Redondo, Martha's spiritual wealth is directly connected to her status as Christ's *huespeda* (*Prosa medieval*, 2:1948).

[8] This story is structured as a "díptico narrativo" whose two parts (life and death) are further subdivided into three sections each (Gómez Redondo, *Prosa medieval*, 2:1947).

[9] Mark 10:29–30.

gunos, ante era todo en comun. E todos aujan vn coraçon e vna alma.[10]
E asi fue santa Marta apostolessa con | los apostolos e diçipula con los  3va
deçipulos. E assi commo yua creçiendo el cuento delos xristianos, asy
yua creçiendo la braueza de los judios,[11] asy que los echaron fuera de
50 su tierra. E algunos otros, asi commo a sant Pedro, e a otros metieron
en presion, e algunos apedrearon, asi commo a sant Esteuan, e algunos
mataron, asi commo a Santiago. E algunos metieron en barcas sin velas
e sin remos e sin gouernarios e sin viandas, e enbiaron los por la mar a
auentura. E aquellos dio Dios mas bien enlas tierras agenas que enlas
55 suyas, e enrriqueçiolas de villas e de castiellos e de otras cosas. E mas
los enrriqueçio que les dio las rriquezas del parayso enel çielo. El dio a
Trofinus, Aclarte; a sant Paulo, Narbona; e Tolosa e Gascuenna a san
Sadornjn; [e][12] Limoges a sant Marçal; e Santonna e Peito e Eutrople, e
el condado de Alemanna [e][13] Bretanna a sant Jullian; Borges [a][14] Ant-
60 regisalo; Torssa [a] Garçien; Leon a Yreno; Besanço a Ferud; Perigort
a Fronte; Bergelay a Jorge; toda Françia a sant Dionjs; toda Espanna a
Santiago.[15] Agora podedes ver commo el buen talante de nuestro Sennor

---

[10] Acts 2:44, 4:32. This passage's inclusion fits in with the egalitarian tone of much of the manuscript.

[11] The antisemitism of the *LH* may be part of the *molinismo*, or conservative ideology, of this codex—for example, in the later stories of the compilation, the cloaking of a chivalric story in the garb of conservative religious discourse described in Gómez Redondo (*Prosa medieval*, 2:1356–57). And it may reflect Spaccarelli's "show/tell structural principle" (*Medieval Pilgrim's Companion*, 79); that is, in order for the *LH*'s egalitarianism to have been palatable for medieval authorities, the text would have had to appear to be socially closed even if below the surface it is not.

[12] MS: *A*.

[13] Spaccarelli's transcription (*Text and Concordance*) does not provide the addition of *e*.

[14] MS: *e*.

[15] Michel describes in detail the historical and geographical information surrounding the names of these bishops, priests, and saints together with the bishoprics, dioceses, and episcopal cities ("*Vidas*," 86–101). The saints here are from the second through the fifth centuries, but they are not listed in chronological order. Because these men are assumed to be of the same period as Mary Magdalen and Martha, the list is therefore "fine proof of how medieval writers were little disturbed by chronological differences" ("*Vidas*," 86). Walsh and Thompson use Vincent of Beauvais' *Speculum historiale* to reconstruct the confusing text of the *LH* and note that the phrase "toda Espanna a Santiago" appears to be a scribal addition exclusive to the Castilian version that is ironic due to the attempt of some of the French shrines to rival that of Compostela (*Myth of the Magdalen*, 22, 36 n. 20). Michel attributes this mention of Saint James, the patron saint of Spain, to patriotic fervor ("*Vidas*," 101). Yet if Rees Smith is correct that the attribution of the *Speculum*

faze bien a los suyos en estra*n*nos logares. Avn agora los pueblos demandan la çeniza dellos e los huessos, e vie*n*en a sus fiestas. Ellos son muer-
65 tos e ayudan los biuos en sus andanças, los enfermos alli son sanos, los çiegos ally rreçiben lunbre, los coxos ally son endereçados, los[16] | q*ue* an   3vb
pesar alli resçiben plazer, los pecados delos pecador*e*s alli so*n*[17] p*er*donados. E por esto non q*u*iso Dios dar a estos santos man*er*a por q*ue* fuesen
a Iher*usa*lem, mas q*ue* a otro lug*a*r non les q*u*iso dar en t*ie*rra p*er*durable
70 heredat, mas enlos çielos, asy com*m*o dixo a Abrahan: "Sal fu*e*ra de
tu t*ie*rra onde eres natural e vee ala tierra q*ue* te yo mostr*a*re. E ally te
fare cresçer en grant gente."[18] Asy fezo El al p*ri*mer om*m*e, echolo del
p*a*rayso e metiolo en*e*l mundo desy en el jnfierno despues en paraiso. E
asy fizo El alos fijos de Ysrrael, q*ue* los leuo por lo MarRuvio a tierra
75 deleytosa. E asy fezo asy mesmo, ca El desçendio de su santo Padre enla
Virgen, e dela V*i*rgen enel mundo, e del mundo sobio e*n*la cruz, e dela
cruz desçendio al jnfierno, e resçuçito e torno a los çielos.[19] Asy da a
cada vno de nos n*ue*s*t*ro Sen*n*or tres moradas, e dela vna nos conbie*n* yr
ala otr*a*. El nos da el mundo enq*ue* somos, El nos da las cueuas enq*ue*
80 los cu*er*pos podreçen, El nos da el çielo enq*ue* beujremos por sienp*re*.
Enel mu*n*do es n*ues*tr*a* conpan*n*era la muerte, enla cueua los gusanos,
en*e*l çielo los angel*e*s. Asy fezo n*ues*tro Sen*n*or a santa Marta, su bendita
huespeda, desp*ues* q*ue* ella ouo p*a*rtidas sus riq*u*ezas, fizola en t*ie*rras
estran*n*as[20] rica e de grant poder.

---

*historiale* as a source text is mistaken (*Lives*, vi), then perhaps Walsh and Thompson's and Michel's observations are meaningless. Rees Smith has only transcribed the part of what he determined to be the correct source text of *Santa Marta*, MS 734-456 (MS F), that constitutes the missing portion of the *LH*. Therefore, the complete text of the correct French source cannot be compared with this one without making a trip to the Musée Conde in Chantilly.

[16] Deleted: an additional occurrence of *los* after this instance.

[17] The n in *son* has been reconstructed. With ultraviolet light, one can only see a dot on top of a wrinkle, over and to the right of the *o*. The dot appears to be what remains of a scribal abbreviation. Spaccarelli's transcription does not present the letter as the expansion of an abbreviation.

[18] Genesis 12:1–2.

[19] Abraham, Adam and Eve, and even Jesus in His descent into Hell are symbolic exiles from Heaven, in a life that is a pilgrimage that takes them to death and back to Heaven. These examples provide a sounding board for many protagonists of the *LH*. They are in keeping not only with medieval literary tradition but also with what Spaccarelli believes to be the goals of the codex's compilers—to recreate, arrange, and use their translations and adaptations to further pilgrimage (*Medieval Pilgrim's Companion*, 113).

[20] Spaccarelli's transcription does not include the extra *n* supplied by the tilde.

## Commo Jhesu Xristo encomendo a santa Marta a sant Maximjano

| Assy commo nuestro Sennor Ihesu Xristo encomendo a su madre a ssant Iohan Euangelista[21] asi dio El a santa Marta e a santa Maria Magdalena su hermana a sant Maximiano en conpannja, que aquel que las bautizara las pudiese leuar alos çielos. Ellos entraron enla mar con muchos otros e oujeron buen viento, e aportaron en Marsella e fueronsse para Ays, e alli pedricaron e tornaron el pueblo, que bien non creya ala fe de Ihesu Xpisto. E nuestro Sennor dio graçia a santa Marta de guareçer todas enfermedades, e grant abondança de pregar. Ella era muy bien fecha enel cuerpo e muy fermosa enel rostro e de muy buen donayre, e auja aguda la lengua e era ssesuda en fablar.[22] Assy que ante todas las grandes gentes loaua omme ssu palabra. E ante todos los otros tornaua ella el pueblo, asy que en pedricando ella e sant Maximjano e santa Maria Magdalena, fue grant pueblo tornado a Ihesu Xpisto.

## Commo santa Marta ato el drago[23]

En aquel tienpo entre Arles e Aujnnon sobre vna grant penna que estaua sobre el Rio de Rodano, auja en vna mata vna animalia a que llamauan dragon contra oçidente. Pero que la meytad della era aue e la | otra meytad peçe, e comja los omes e las bestias que pasauan por aquel logar, e entornaua las barcas enel rio. E venian y gentes armadas por lo matar e echauanlo dela mata, e el yuasse afondar enel agua. E era mas grueso que vn buey e mas luengo que vn cauallo, e auja la cabeça e la boca de

---

[21] John 19:26–27.

[22] Martha is clearly an intelligent and persuasive individual. In fact, the spiritual elevation of the female protagonists in the *LH* shows feminine loquaciousness to be a virtue, not a vice. Francomano argues that such a focus on "preaching women" in the codex may indicate the book's possible engagement in the medieval debate on the ability of women to serve as disciples and preachers ("'Lady'," 142–43). Cf. "apostolessa con | los apostolos e diçipula con los deçipulos" (fols. 3rb–3va above).

[23] Gómez Redondo sees this episode as a possible source for that of the *endriago* in the *Amadís* cycle (*Prosa medieval*, 2:1948). Yet for Walsh, this latter dragon, in spite of some points in common with Martha's dragon, possesses original flourishes on top of a standard narrative passage. This critic believed that the episode in the *Amadís* was most likely informed by ecclesiastical legends and *vitae* ("Chivalric Dragon," 194–95). The dragon represents any sin or evil that would keep one from salvation; that it would be adversely affected by holy water in the following passages is an indicator of the dragon's demonic origin. The story is aetiological for Tarascon.

leon e cabellos com*m*o de cauallo e los dient*es* agudos e tajador*es* com*m*o
espada, e piernas com*m*o cauallo e el espinazo assi agudo com*m*o segur,
e los cabellos del cu*er*po assi agudos com*m*o espinas de erizo cachero,
110 e pies de leon e un*n*as de hueso e rrabo com*m*o de bjuora e ssus palmas
com*m*o de cauallo, e gran*n*ones de vna p*a*rte e de ot*r*a, q*ue* doze om*es*
e doze leones non lo poderian vençer. Q*u*ando los labradores dela t*ie*rra
vieron q*ue*lo non podian vençer, oyeron dezir q*ue* santa Marta fazia
muchos miraglos. E fueron a ella e rogaronle q*ue*les tolliese aq*ue*l dragon
115 dela tierra. E la bu*e*na huespeda, q*ue* sse fiaua e*n* El su buen Huesped,
fue alla, e leuo agua bendita e vna cruz, e fallolo q*ue* estaua comiendo
vn o*m*me, e mostro le la cruz e echole del agua bendita. E el dragon
assy com*m*o ven*ç*ido estouo, q*u*edo e mansso, e ella lo ato con su çinta.
E aq*ue*l logar llamaua*n* las gentes dela tierra Tesacar, e por aq*ue*llo le
120 llama*n* agora Terascon.

### Dela vida q*ue* passaua s*a*nta M*a*rta

| Despues desto, por el grant ruego delos altos omes e del pueblo dela   4vA
t*ie*rra, pedio ella leçençia a Maximiano su maestro e asu hermana s*a*nta
M*a*ria Magdalena q*ue* fincasen en ayunos e en oraçion*es*. E non vos
125 poderia om*m*e contar q*u*anta lazeria alla sofrio e paso, e las enfermedades e las p*er*secucion*es* de fanbre e de ot*r*as coytas q*ue* ouo. E enlos
p*r*imeros siet*e* an*n*os non vjujo ssyno*n* de vellotas e de landes e de raizes
e de yeruas crudas e de frutas montesas. Despues aueno q*ue* yunto con-
vento de ssus hermanos q*ue* tornara*n* ala fe de Ih*es*u Xp*ist*o e fizo alli vna
130 muy fermosa egl*es*ia a onrra de N*ue*st*r*a Sen*n*ora ss*a*nta M*a*ria. E alli fizo
muy dura vida, ca ella non comja carne njn hueuos njn q*ue*so, njn beuja
vjno nj*n* comja mas de vna vez en*e*l dia. Enel jnbierno bestia v*n* pellote
e cobria v*n* çulame. Enla calent*u*ra vestia vna garnacha e vna camisa de
can*n*amo. E sienp*r*e andaua descalça e traya enla cabeça vna cofia blanca
135 e tenja vna cy*n*ta de sedas de cauallo gruesa, e apretauase tanto en*e*lla
q*ue*la podreçia, assy q*ue* muchas vezes le cayan gusanos. E ssu cama
fazia de sarmientos o de ot*r*os ramos, e alli folgaua e dormia. Ella estaua
sienp*r*e en oraçion*es* e cataua cont*r*a el çielo. Ella no*n* era segura delas
terenal*es* cosas. Ella era en cuerpo e el alma en*e*l çielo. Ella fincaua los
140 jnojos çient vezes ent*r*e el dia e la noche por derecha fe | de esperança e   4vB
de claridat e de otras vi*r*tudes. Ella auia alli gra*n*t hospedado asi com*m*o
en Bretan*n*a.[24] Ssu mesa era comunal a todos. Ella pedricaua, ella obraua

---

[24] In transcribing this legend, Walsh and Thompson change this word to *Betaña* based on the *Speculum historiale*'s reading, *Bethaniam* (*Myth of the Magdalen*, 37 n. 22). Rees Smith eliminates the *r* from the manuscript's *Bretaña* based on some

de sus manos. Ella era a menudo con su conuento. Ella pedricaua a ssus gentes, e lo que les dezia mostrauagelo por miraglos. E faziendo esto,
145 graue seria de contar quantos torno ala fe de Ihesu Xpisto.

### De vn miraglo que fizo santa Marta

En quanto ssanta Marta pedricaua en vn logar entre la puerta de Aujnnon[25] e el Ruedano[26] e guareçia las enfermedades, vn mançebo que estaua allende el rio vido grant gente aderredor della que la ascuchauan.
150 E ouo tan grant sabor de pasar alla por la ver que sse metio por el rio a nado, ca non pudo auer barca.[27] E quando llego a medio dela corriente del rio, que era muy fuerte, fuese a fondo. E todos los omes dela villa lo buscaron todo aquel dia e non lo pudieron fallar. E otro dia fallaron el cuerpo ssyn alma, e tomaronlo e echaron lo ante los pies de santa Marta.
155 E luego la amiga de Ihesu Xpisto ouo piadat en su coraçson, e dixo al pueblo que fincase las rodillas e rrogasen a nuestro Sennor que por su buen talante resuçitase aquel buen mançebo. Ella se echo en cruz çerca del muerto e rrogo a nuestro Sennor desta guisa: "Adonay, Ihesu Xristo de buen talante, que por tu bien ressuçitaste a mi hermano sant Lazaro,
160 que tienes las llaues dela muerte e dela | vida, que mandas ala muerte 5RA que fuja e fuge, que llamas los muertos e lieuanse. Buen Huespede, cata ala fe e al ruego destos que te aquj rruegan, e aue merçet e rressuçita este muerto, que todos aquellos que te vieren e oyeren tus virtudes te crean e te oren." Tanto que ella esto dixo, luego sentio venjr la virtud del
165 çielo. E tomo la mano del mançebo e dixole: "Lieuate enel nonbre de Ihesu Xpisto." E el se leuanto luego bien sano e bien alegre, e rresçibio martirio enel nonbre de la Trinjdat. Bien fue aquella bendita que mundo el jnfierno. E el mançebo rresuçito en cuerpo e en alma. E quando los dela çiudat esto vieron, bautizaron se, e desde alli adelante la touieron
170 mas en caro.

---

of the French manuscripts' readings, *Betanie* (*Lives*, 37). Yet even though Bethany is more "correct" from the biblical perspective and from that of source texts, the compilers of the *LH* may have known of the cult of Martha in Brittany, which possibly would have had greater meaning to medieval listeners and readers.

[25] It is not clear whether the *puerta* refered to here is in Tarascon or a way to Aviñón in another city, much like the Puerta de Toledo in Madrid (Michel, ed., "*Vidas*," 123–24 n. 19.12).

[26] From the Latin *Rhodanum* (Michel, ed., "*Vidas*," 124). It is the Rhone river.

[27] The letters *bar* were reconstructed with ultraviolet light.

### Commo fue sagrada vna eglesia a su onrra

En aquel tienpo Maximiano, que era obispo d'Ais, e Trofins d'Arles, e Eutropoles d'Urasica, estos tres, sin ruego de njnguno e sin saber vno de otro, la fueron ver. E por su rruego le sagraron vna eglesia a onrra de
175 Ihesu Xpisto e dela su bendita Madre. Esto fue quinze dias por andar de dezienbre. E ala noche ala çena falleçioles el vino e tornoseles entonçe el agua en vjno. Entonçe le enbio dezir su hermana por Maximjan, quela vernja ver, mas esto seria seyendo muerta mas non biua. Despues desto, non tardo mucho que sant Frontes fue obispo de [Pe]rigort[28] e Jorge
180 de Bergelay.[29] E porque las gentes de sus ciudades se auenjan conellos mal, metio y | paz e grant concordia santa Marta, ca de aquellos que 5RB en aquella tierra creyan entonçe en Ihesu Xpisto era ella madre e ama. Despues confeso se ella a sant Frontes e dixole el dia de su muerte, e el prometio que seria y, sy Dios le diese vida. Mas por que seria grant cosa
185 de contar los mjragles que fizo allen mar e a quen, fablar uos hemos commo passo.

### Commo se confesso santa Marta

Despues quela bendita huespeda de Ihesu Xpisto ouo muchos buenos fechos [fecho], su Huespede le queso dar su galardon, e fizole saber por
190 el angel bien vn anno ante[30] la[31] su muerte. E ella lo dixo asus hermanos e a sus ermanas, e en todo aquel anno ouo ella fieure. E a ocho dias ante que moriesse vio ella los angeles que leuauan alos çielos el alma de su ermana, e dixo a su conpanna: "Erguideuos e estad a derredor demj, ca ueo a los angeles a grant alegria leuar la alma de mj ermana." Entonçe le
195 dixo: "Ay, buena ermana e sabrosa, ¿Por que non me veniste ver por me alegrar?" Ella dixo: "Yo quiero bien que uos vayades con vuestro huespede." E quan manno amor auia entre amas las ermanas alli pareçio, ca la vna fue muerta ante que la otra ocho dias. E desde alli començo ella a enfermar, e llamo a su conpanna e manifestose e ordeno sus cosas, e
200 conforto sus gentes e confirmolas en tener la fe de Dios e resçebio el cuerpo del Sennor. E rogo aquellos quela velasen noche e dia fasta que muriese, e ellos asy lo fezieron muy de grado.

---

[28] MS: *Rorigort*.
[29] Jorge refers to George, the first bishop of Velay. Michel takes Bergelay to be a mistake for Puy-en-Velay ("*Vidas*," 222–24).
[30] Deleted after *ante*: *de*.
[31] Scribal insertion: *la*.

### Commo los diablos entraron en su camara

| Aueno asy que vna noche ante de aquella que se oujese[32] de pasar las 5va
205 guardas que eran agrauadas de velar, adormeçieronse, e entro vn viento
enla camara do ella yazia que mato grandes siete çirios e tres lanpadas
que ardian. E quando ella vio los diablos ante sy, começo rrogar a Jhesu
Xpisto e dixo: "Buen Padre, buen Huesped, estos diablos son aqui por
me leuar e tienen en escrito los males que yo fize, e dizen: 'Vayamos
210 la tomar, ca Dios la desanparo, e non ha quien nos la defienda.' Sennor Dios, non te aluengues demj, mas se en mj ayuda, e non te mjenbres delos pecados que fize en mj mançebia njn demjs desconoçençias.
Mucho so toruada; guardame e ayudame."

### Commo santa Marta fizo oraçion e fino

215 Quando ella esto dixo, las guardas se despertaron e demandauan fuego
e non lo pudieron fallar. E en quanto lo non pudo fallar, vido a su hermana Magdalena quela[33] venja ver. E traya[34] en su mano vna llama de
fuego de que açendio las candelas e las lanpadas. E tanto commo esto
fue fecho llamo la vna ala otra por su nonbre, e Ihesu Xpisto veno a
220 ella e dixole: "Buena huespeda, | sal del catiuerio dela[35] carne e ven al 5vb
palaçio delos çielos. E alla do yo moro y moraras tu, ca tu me resçibiste
en tu posada, e yo te resçibire en mj çielo.[36] E la graçia que te yo dy de

---

[32] Walsh and Thompson: *oviera* (*Myth of the Magdalen*, 39).
[33] Deleted after *quela*: *podia*.
[34] Rees Smith: *tenya* (*Lives*, 41).
[35] Deleted scribal insertion after *dela*: *palacio*.
[36] This passage has biblical resonances and is reminiscent of the Benedictine Rule on the provision of hospitality. The Rule of Saint Benedict places a fundamental importance on the welcoming of strangers by requiring monks to take in pilgrims: Jonathan Sumption, *Pilgrimage: An Image of Mediæval Religion* (London: Faber and Faber, 1975), 198. This basic concept of monastic hospitality holds that when one provides for a stranger, that person is essentially extending hospitality toward Christ himself: Gerhart B. Ladner, "*Homo Viator*: Mediæval Ideas on Alienation and Order," *Speculum* 42 (1967): 233–59 (again based on Matthew 25:35–40), here 242. Offering one's home to a guest was considered a fundamental act of Christian goodwill in the Middle Ages. For example, Book V of the *Codex Calixtinus*, a pilgrim's guide to Santiago de Compostela, illustrates the official attitude toward hospice:
  "Pilgrims, whether poor or rich, who return from or proceed to Santiago, must be received charitably and respectfully by all. For he who welcomes them and provides them diligently with lodging will have as his guest not merely the Blessed James, but the Lord himself, who in His Gospels said: 'He who welcomes you,

confortar los desconfortados non tela tirare despues de tu muerte. Todos aquellos que venieren al tu monjmento bien manifestados con alguna
225 coita, yo los oyre por tu amor."[37] E quando ella lo quiso tanner, dixole: "Sey segura, ca yo verne a ty." Quando esto fue dicho e que se fue Ihesu Xpisto [a][38] la Magdalena, las guardas llegaron, e non traxieron fuego e marauillaronse quien ençendiera las lanpadas e las candelas que ellos dexaron muertas, ca ellos non sabian cosa del miragle. Mas ella les conto
230 todo commo auenjera. Aquella noche vido ella bien que otro dia auja de morir, e mando quela sacasen de casa e quela leuasen so vn arbor que estaua antel monesterio, asy que pudiese ver el çielo. E ally se fizo echar en çeniza e cobrirse de vna poca paja e de vna estramenna, e fizo el sennal dela cruz ante sy e rrogo alos fraires e alas frairas que Rogasen por
235 ella. Despues que esto ouo dicho, cato contra el çielo de todo su coraçson e el pueblo otrosy. Ella fizo su oraçion: "Hely, nuestro Padre, Adonay, fijo de Dios perdurable, fijo dela Virgen que por nos quesiste nasçer e sofrir coita e morir. E pues rresuçitaste e subiste alos çiclos, tu resçebiste el mj spiritu en tu | santa folgança, e non sufras que los angeles negros
240 me lieuen. Mas asy commo Tu quesiste albergar en mj posada, asy me resçibe en tu santo parayso, buen Huesped. Sennor, guarda tu pobre amiga, e guarda todos aquellos que eneste lugar fueren despues de mj muerte. E dales gualardon segunt su meresçimiento." Entonçe mando que le leyesen la pasion de Ihesu Xpisto que ella troxiera de Iherusalem
245 escripta en ebraico.[39] E despues que fue leuada dixo: "Buen Padre, en tus manos encomiendo el mj spiritu."[40] Entonçe espiro, e sant Migel tomo el alma ensus manos e leuola alos çielos e apresentola ante Ihesu Xpisto. ¡Ay, quien oyo tan fermosa manera de muerte! Mas esto non fue muerte, ante es vitoria. E quando ella morio, auja LXV annos. E esto
250 fue enlas calendas de agosto en dia de sabado a ora de nona en tal ora qual Ihesu Xpisto tomo muerte.[41] E ella se fue ala alegria delos angeles do fuelga en plazer con su buen Huesped Ihesu Xpisto. E estos son

---

welcomes me.'" (William Melczer, trans., *The Pilgrim's Guide to Santiago de Compostela* [New York: Italica Press, 1993], 132.)

It is the "Christ within" each of us that establishes the foundation for all hospitable action.

[37] This tale's intent to promote pilgrimage to Martha's shrine is evident here (Gómez Redondo, *Prosa medieval*, 2:1950–52).

[38] MS: *e*.

[39] This interesting detail mirrors Christ's revelation to Paul in Hebrew on the Damascus Road (Acts 26:14).

[40] Luke 23:46.

[41] The shared hour of death is a manifestation of *imitatio Christi*, a principle that acts upon protagonists in all of the *LH*'s parts. Even secular heroines such as

los que fueron asu enterramiento con vn obispo: ssant Syndes e Sistes, Encodes e sant Jepnan,[42] e Pafras e Sostenes, que fueron sergentes de
255 sant Paulo, e Palmenas e Marçilla,[43] amigas de santa Marta. E fincaron | en su lugar e fezieron[44] sus mortajas e soterraronla çerca de aquella 6RB eglesia que feziera ella. E velaron en aquel lugar tres dias e tres noches[45] con otras muchas conpannas que venjeron de todas partes con muchas candelas e con muchos çirios.

260            **Commo sant Frontes fue asus onrras**

El domingo despues que fue soterrada e fue y el pueblo asonado e grandes conpannas enderredor della a fazer le su ofiçio asy commo es derecho, los vnos rezauan salmos e los otros oraçiones, e otros llorauan. Aquel dia el obispo sant Fronte[46] cantaua su misa en Perigort, e quando fue
265 bien la pistola dicha, adormeçiose estando en su cadera. E nuestro Sennor le aparesçio e dixole: "Buen amigo Fronte, sy tu quesieres conplir lo que prometiste atu amiga santa Marta, ve toste al ofiçio de su muerte." Estonçe se fueron anbos a Tarascon[47] e entraron enla eglesia con aquellos que fazian el ofiçio, e cantaron e fezieron el ofiçio fasta ençima. Tenjan
270 los libros en las manos e los otros les respondian e les ayudauan. E ellos anbos metieron | el cuerpo enla fuesa.[48] En quanto ellos esto fazian, 6VA el que auja de dezir el euangelio en Perigort demando la bendiçion al obispo que estaua enla cadera, e tannjolo, mas el nonle respondio cosa. La clerezia e todos aquellos que oyan la misa se marauillaron mucho de

---

Florencia imitate Christ through their deeds and words. See the first part of the introduction (p. xix) for more on this motif in the *LH*.

[42] This *p* stands for the Greek letter Rho (ρ).

[43] See Michel for a detailed explanation of those present with Martha's body after her death ("*Vidas*," 146–51 n. 26.5). Michael has here (lines 246–48) his customary role of *Psychopompos*, accompanying the soul to the other world.

[44] The letters *ez* have been reconstructed with an ultraviolet lamp.

[45] According to ancient tradition, three days would not be an unusual amount of time to pass between death and burial (Michel, ed., "*Vidas*," 151 n. 26.10). However, given the importance of *imitatio Christi* to this codex, the symbolism of three days and three nights seems too clear to overlook (Matthew 12:40).

[46] Deleted scribal insertion after *Fronte*: *lloraua*.

[47] There was a cult of Martha at Tarascon that had attempted to create a rival to Mary Magdalen's shrine at Vézelay (Walsh and Thompson, eds., *Myth of the Magdalen*, 22).

[48] A form of *fosa* (i.e., *sepultura*) (Michel, ed., "*Vidas*," 192). *Fuesa* was used through the Middle Ages, but ultimately not retained in Modern Spanish.

275 commo el obispo asy dormja, e el obispo que recordo⁴⁹ asy commo sy despertase de sabroso suenno les dixo: "Buenos hermanos, ¿que fezistes? ¿Por que me despertastes?, ca muy grant marauilla me aueno agora. Ihesu Xpisto me tomo e leuo al enterramjento de santa Marta su huespeda, e yo la soterre conel, asy commo le antanno prometimos. E vaya alla vn
280 mandadero corriendo que nos traga nuestra sortija e nuestras luas que di a guardar al sacristan quando metimos el cuerpo enla cueua. E olujdaron seme quando saly dela eglesia. ¿Por que me despertastes tan ayna?" Los mandaderos que alla fueron fallaron que era asy commo el obispo dixiera, e troxieron le la sortija e vna delas luas, ca el sacristan touo ensy la
285 otra por testimonjo. Despues que esto, dixo el obispo: "Quando nos oujmos el cuerpo soterrado e nos partimos dela egleja, vn frade que era buen clerigo nos seguyo e pregunto quien era Ihesu Xpisto, o commo auja nonbre. E Ihesu Xristo le mostro vn libro que tenja abierto en sus manos, e en todo aquel libro non auja escripto mas de vn bielso que dizia: 'En
290 mja remenbrança perdurable sera mj huespeda, | e non duldara njngunt  6vb mal al postremero dia.' Desy cato todas las fojas del libro e non fallo y al, synon este vielso escripto en cada foja.⁵⁰ E esto semeja que la buena huespeda de Ihesu Xpisto [es] enla conpannja delos angeles. E por esto non duldara ella quando Dios dira enel dia del juyzio: 'Yd, malditos, al
295 jnfierno.'⁵¹ Pues bien semeja que su logar es en paz e su morada en Sion, e bien paresçe que Ihesu Xristo amo mucho el alma de santa Marta quando le soterro el cuerpo."

### De vn mjraglo que fizo

Quan muchos enfermos, çopos,⁵² çiegos, mudos, sordos, sandios, e de
300 todas otras enfermedades, alli sanaron que njnguno nonlo sabria contar. E entre estos, Clodoueus, que fue el primero rey xristiano de Françia e de Lemoges, que sant Remjr bautizo, quando oyo las nueuas delas virtudes que fazia santa Marta, fue ay. E tanto que tannjo enel monjmento, fue luego sano de vna grant enfermedat que auja delos lomos de que ante

---

⁴⁹ This usage of *recordar* is similar to that in the opening line of Jorge Manrique's *Coplas*, or *Dezir por la muerte de su padre*: "Recuerde el alma dormida": in, for example, *[Coplas] de Don Jorge Manrique por la muerte de su padre: Poesía*, ed. Jesús-Manuel Alda Tesán (Madrid: Cátedra, 1998). The meaning, "to awaken," was typical in the Middle Ages.

⁵⁰ Francomano understands this repeated inscription in the bishop's book as analogous to the recurrence of the same model of earthly behavior found in each of the *LH*'s tales ("Manuscript Matrix," 150; eadem, "'Lady'," 151–52).

⁵¹ Again Matthew 25:31–46, here 41.

⁵² MS: *çojpos*.

305 non podia fallar melezina.⁵³ E por esto dio el a santa Marta e a aq*u*el
lugar tres leguas enderredor de vna p*a*rte del Ruedano e dela ot*r*a, las
carreras, las villas, los castiellos, e sello ende p*r*iuillejo con su anjllo en
q*ue* t*r*aya su sello. E fezo el logar e la eglesia cotada e q*ui*ta de todo fu*er*o,
e | q*ui*so que fuese q*ui*ta de toda justiçia de legos.     7ʀᴀ

310          Com*m*o auja*n* penjtençia los q*ue* mal fazian en
                     aq*ue*l logar

Despues desto, aueno vna cosa q*ue* no*n* deuemos callar, ca en su tienpo
despues sy alg*u*no fazia furto o robo, o diese falso juyzio, o jurase false-
dade, o feziese fornizio, o feziese alg*u*na sandeçe en aq*ue*l lugar, a poco
315 tie*n*po venja la be*n*gança de Dios sob*r*e ellos. E sy tan ayna non venja,
mayor era despu*e*s la bengança, ca ningu*nt* bien no*n* puede s*er* q*ue* no*n*
sea gualardonado nj*n* el mal otrosy q*ue* su gualardon no*n* aya. Agora
bjue*n* en paz los q*ue* en aq*ue*l logar son, e dexan sus follias. Marçilla e
Syntex e Epafras, leales e buenos, se fueron dally a Esclauonja e pedri-
320 caron ally el nonb*r*e de Dios, e bjujeron en buen*a*s obras. E Marçilla
vjujo despues de santa Marta diez an*n*os. E Sintex esc*r*iujo su vida en
vn q*u*aderno pequen*n*o. Mas Encodes e Parmenas e German e Sostenes,
q*ue* santa Marta c*r*iaran, s*er*ujeron en aq*u*ella egl*e*sia dola sepultu*r*a de
santa Marta era mjent*r*e bjujero*n*. E ally finaron.
325 | Ora pues, buenos hermanos, nos q*ue* auemos oyda la vida dela   7ʀʙ
be*n*dita santa Marta, vamos alla ensu reme*n*brança, e fagamos le n*ues*-
t*r*os ruegos e n*ues*tras oraçion*e*s, q*ue* se mjenb*r*e denos ant*e* Dios Ih*es*u
Xp*i*sto, n*ues*tro Saluador, q*ue* nos faga yr do ella es. Ora sabed todos
q*ue* aq*u*i es la vida de santa Marta, la bendita huespeda de Ih*es*u Xp*i*sto,
330 q*ue* nos mostro las buenas fazan*n*as dela vida actiua, ca bien pareçio por
ella e por sus ob*r*as q*ue* los q*ue* resçebieren su castigo, q*ue* resçibiran
los pobres en sus posadas asy com*m*o deue*n* syn dubdar ningu*n*a cosa e
yran al regno delos çielos, alli o Dios les dira: "Venjd adelant*e*, benditos
amigos de mj padre, e tomad el regno delos çielos q*ue* uos tien aparejado.

---

⁵³ Similar to Florencia's power to heal in *Otas de Roma*, the curative powers of Martha's tomb reveal the divine favor that shines down upon Martha (Gómez Redondo, *Prosa medieval*, 2:1672 n. 609). Saint Rémi had already baptized Clovis a Christian before the events of this passage supposedly took place. The legend of Saint Martha in Jacobus de Voragine's *Legenda Aurea*, a possible source for this version of the story, likewise tells that Clovis besought Saint Martha's tomb for his ailing kidneys to be healed. For example, see *"The Golden Legend": Readings on the Saints*, trans. William Granger Ryan (Princeton: Princeton University Press, 1995), 2:23–26.

335 Q*u*ando yo oue fa*n*bre, uos me distes a comer."[54] El q*u*al regno Ih*e*su Xp*isto* nos de a todos, q*ue* bjue e regna con su Padre e con Santo Sp*iri*tu p*a*ra sienp*r*e syn fin. Amen.[55]

---

[54] Matthew 25:34–35.

[55] This passage is reminiscent of the quotation from the *Codex Calixtinus* found in the thirty-sixth note to the text of this tale. For Spaccarelli, it shows that "the act of receiving the poor in one's home is a manner of taking possession here and now of the Kingdom of God." In the context of Guest/Host Theology, such an act implies finding Christ in others, specifically in "the poor of Jesus Christ" (Spaccarelli, *Medieval Pilgrim's Companion*, 50). *Vamos alla ensu remenbrança* may illustrate *Santa Marta*'s possible intent to promote pilgrimage. *Auemos oyda* could indicate this text's possible oral delivery, while *hermanos* (a term that could refer to both *hermanos* and *hermanas*) might imply that a monastery or convent could have been a setting for the manuscript's performance. Whatever the case, the passage and others like it demonstrate the importance of the Benedictine Rule to the *LH*. In fact, the "Come, ye blessed of my Father . . ." quotation (lines 333-35) is often used in medieval manuscript colophons in many traditions.

## Aqui comjença la estoria de
## santa Maria egiçiaca.[1]

| De mja sennora santa Maria egipçiana uos quiero dezir la vida, mas ante uos quiero dezir por que fue llamada egipçiana. Ella fue natural de Egipto e ally fue criada e resçibio bautismo, mas su padre e su madre la criaron e la ensen[n]aron malamente entre su conpanna. E por el mal ensennamjento que ouo, torno ligera de su cuerpo en ssu mançebia, nin auja verguença njn pesar de cosa que feziese. E era asy presa de luxuria, que non entendia en otra cosa, asy que todo su entendimiento e todo su cuydado non metia en al. Mucho era fermosa a marauilla e muy bien tajada e muy fresca e muy pagadora de todas otras fechuras, asy que njngunt non le auja en que trauar por razon de profaço. E por que se sentia tan fermosa, por ende fazia toda su voluntad e mas, abondaua su cuerpo a todos aquellos que la querian, avnque fuesen hermanos o parientes o cunnados, e non se cataua de ninguno. E creo que en[2] aquel tienpo non auja njnguna mugier[3] tan ligera de su cuerpo commo aquella era para fazer follia. Ssu padre e su madre eran entonçe bjuos e aujan tan grant pesar de que la veyan tan mala vida fazer que a pocas non morian. E castigauanla mucho a menudo, mas ella non los queria | escuchar, que non 7ᵛᴮ preçiaua cosa quel[4] dixiesen. E su madre venja a ella e deziale: "Buena fija, yo uos rruego por Dios que uos quitedes desta maldat, ca sy uos ende quesierdes[5] quitar nos, uos casaremos muy rica mente, ca non es derecho que uos andedes asy perdida por mengua de nuestra ajuda. Fija, uos sodes de grant ljnaje, e grant mal seria si uos asy perdiesedes por ligereza de vuestro cuerpo. Vuestro padre es sannudo e a tan grant pesar que maldize la ora en que fue nado." E quando Maria oyo su madre asy fablar, non lo pudo sofrir. Mas tanto que vio que auja doze annos, quiso fazer su voluntad e abaldonarse, asi commo uos dixe, a todos aquellos que pecar querian conella. E porque queria fazer su voluntad, fuyo de

7ᵛᴬ

---

[1] For a black and white facsimile of this tale, see Alvar, ed., *Vida de Santa Maria Egiciaca*, 2:431–46.
[2] Scribal insertion: *en*.
[3] Alvar: *mugi*er (*Vida de Santa Maria Egiciaca*, 2:151).
[4] Read *que le*.
[5] Alvar: *quisieredes* (*Vida de Santa Maria Egiciaca*, 2:151).

30 casa de su padre e de todo el rregno, e fuese a otro, e dexo todo su ljnage
en tal guysa que nunca njnguno dellos despues la vio. E fuyo a furto syn
mandado de su padre e de su madre, e fuese sola syn njnguna conpannja
fasta que llego a Alexandria. E albergo en la rua de las malas, e alli se
baldono al comun de la gente que la queria, e auja grant sabor en pecar de
35 dia e de noche. | Ella era muy fermosa, asi commo uos dixe, e deseauan  8RA
la mucho los mançebos dela tierra. Todo su cuydado era de bien comer e
de bien beuer e de ser sienpre en luxuria. E los mançebos de la villa eran
tan ençendidos en su amor que fazian mucho a menudo grandes peleas
ante su puerta por cobdiçia de la auer. E ella, que esto veya, non fazia
40 synon reyr se, e non daua ren sy se matasen todos, que por vno que muriese venjan y dos, e sy fuese llagado, non lo catauan, njn ella dexaua por
eso de se reyr e ser leda. Esta Maria de que uos fablo era en Alexandria,
e fazia tal vida e grant plazer de su voluntad, e moro ally luengamente,
asy que la villa era ende muy mal trecha e muy denostada. E toda la tierra
45 enderredor era tornada en maldat. Grant beldade ella auja, asy commo
oystes. Ella se guisaua bien e bestia de los mejores pannos e de los mas
fermosos que podia fallar, asy que todos los de Alexandria e de ajubre que
la veyan se açendian en | su amor. E dezian los mas que en mal punto  8RB
fuera fecha aquella beldat de aquella mugier, ca bien semejaua que era fija
50 de rey o de enperador e que por su beldat la deuja tomar por mugier fijo
de vn rey o de enperador.

Aueno que en vn dia de mayo estaua ella en los muros de la çiudat, e
cato contra el puerto e vio aportar vna galea toda llena de romeros viejos
e de mançebos. E querian yr a Iherusalem, e coitauanse quanto podian
55 por ser y a la fiesta de santa Cruz, que deuja ser enel tenplo de Nuestro
Sennor, que en cada vn anno la[6] amostrauan el dia de aquella fiesta,
e venjan y muchos romeros de muchas tierras por rrogar la verdadera
cruz. E aquellos romeros salieran de la galea e andauan por tierra, e por
la ribera los mas mançebos. E quando esto vio Maria, començo a reyr
60 e pregunto avn omme que estaua cabo della a qual parte yuan aquellos
romeros e sy podria yr conellos, quele non plazia de mas morar en aquella
tierra. E el omme bueno le dixo que yuan a Iherusalem: | "E si touierdes  8VA
que les dedes, podedes yr conellos." Ella respondio: "Yo so fermosa man-
çeba e menjna. Meu cuerpo les abaldonare, que non he al que les dar,
65 que sol non he vn djnero." Quando el omme bueno oyo su follia, reyose e
partiose luego della. E ella se fue derecha mente al naujo que estaua en la
ribera, que tan sola mente non cato por su posada njn por sus huespedas,
e començo a fablar con vnos mançebos que andauan trebejando por la
ribera e dixoles: "Sennores romeros, Dios vos guarde e vos de voluntad,

---

[6] Scribal insertion: *la*.

70 que me fagades algunt bien. Yo so aqui una pobre mugier e so venjda
de tierra estranna, e non he oro njn plata, njn casa njn rriqueza, e aueria
grant sabor de vuestra conpanna. E sabed que so natural de Egipto, e
esto commo desanparada enesta tierra, e non he amigo njn pariente, e
vame porende peor. E sy me quesiesedes leuar enesta barca, serujr[7] uos
75 ya quanto yo pudiese." E los mançebos respondieron: "Venjd conusco, ca
mucho nos plazera." Entonçe la fezieron sobir en la galea, e erguyeron[8]
las ancoras e metieron se en alta mar, e alçaron sus belas e corrieron toda
aquella noche, que oujeron buen viento. Mas non ouo y tal que nunca
dormjese, | njn viejo njn mançebo, ca Maria non los dexo, njn quedo de  8vb
80 los trastornar e de los abraçar. Asy que non ouo y viejo njn mançebo que
aquella noche non pecase con ella. Enpero ella veya las ondas e el tiempo
fuerte, e non sse desmayaua por ende, mas todavia confortaua los de la
barca quanto podia. Mas el diablo la tenja asy presa, que toda la noche
yogo en camisa en vn lecho sola por fazer su sabor abaldonada mente.
85 E syn falla ella tenja el diablo en sy, que la matara en aquella agua, mas
Nuestro Sennor non quis que la guardo, que todauia fuese en saluo a
derecho puerto.

Quando Maria aporto, estouo muy coitada en la ribera, e sospiro
e penso, e non sabja que feziese, ca ella non conosçia ally omme njn
90 mugier. E cuydo que yria a la çiudat de Iherusalem, e faria alla su menester, ca su corasçon non se le mudaria. E fuese a Iherusalem, e non se
quito njn tardo de pecar, ante fue peor que de primero. E aparejo tales
a los de la çiudat e alos de la villa ante que venjese el dia de la açension,
en que la santa Cruz mostraua ser adorada,[9] que ella ouo toda su follia
95 conplida, | asy que toda la mançebia de la tierra era ençendida por su  9ra
beldat e todos eran cofondidos por ella. E non tardo mucho despues quel
dia dela fiesta veno el dia dela açension, e fue y fecha muy grant proçesion de pelegrines que pasaron alla daquende la mar e delos de la tierra
otrosy que yuan orar al tenplo. E Maria, que esto vio, entro en su con-
100 panna e non por buena entençion. Mas aquellos quela veyan non sabian
su voluntad, ca sy la supiesen non le sufririan de yr en su conpanna. E
ellos sobieron por las gradas e entraron enel tenplo, mas Maria non pudo
entrar, ca quanto mas queria entrar tanto mas non podia. E metiase en
la mayor priesa por entrar, mas non le tenja pro. E semejaua le que veya

---

[7] MS: serujar. The imperfect forms seruja and serujan probably forced this orthographic error.

[8] Alvar: ergureyeron (Vida de Santa Maria Egiciaca, 2:153).

[9] The cross is traditionally associated with Ascension Day because Christ's ascent into Heaven completes the process of salvation initiated with the Crucifixion forty days prior. Now even such a sinner as Mary of Egypt is not beyond redemption.

105 cauall*er*os q*ue* tenjan espadas desnudas en las manos e q*ue*le vedaua*n* la entrada. Entonçe se fue meter en un rencon e començaua a pensar q*ue* podia s*er* aq*ue*llo q*ue* no*n* podia ent*r*ar. E a la çima touo q*ue* era por su pecado q*ue*la destoruaua. E luego començo a sospirar de todo corasçon, desy a llorar e rronper sus cabellos, ca çierto es q*ue* Dios le era san*n*udo.
110 Mas ella no*n* le osaua pedir m*er*çet, mas mucho plan*n*ja, e se dolia de sus pecados e dezia: "En tan mal dia nasçio esta mesq*u*ina q*ue* por sus pecados p*er*dio su C*r*iador. E no*n* Le osa pedir m*er*çet. Mas q*ue*rria s*er* muerta q*ue* | vjua." Mucho era grande el sospirar q*ue* fazia, porq*ue*   9RB non podia ent*r*ar en*e*l te*n*plo. E bien era segura q*ue* por sus pecados le
115 auenja.

Ella faziendo asy su duelo cato a su diestro e vio pintada vna ymagen de N*ues*t*r*a Sen*n*ora santa M*ar*ia,[10] e començola a catar muy fuert*e* mente e dixo: "Sen*n*ora Regna, Sen*n*ora santa M*ar*ia q*ue* en tu cu*er*po troxiste tu padre e tu fijo q*u*ando el angel Graujel fue mensagero e dixote: 'Dios
120 te salue, M*ar*ia. Tu eres llena de gra*ç*ia de Dios,[11] el fijo de Dios dela magestad q*ue* prendera humanidat enty.' Sen*n*ora, asy com*m*o yo esto creo, te ruego q*ue* me ayudes cont*r*a el. E aq*u*i me p*ar*to del diablo e de su conseio e de todas sus carreras, asy q*ue* jamas no*n* s*er*e con*e*l. E p*r*ometolo asi v*er*dadera ment*e* a Dios e meto aty por prenda e por fiador q*ue*
125 a todo t*ien*po tu fijo s*er*virey e jamas no*n* dexare a El nj*n* su conpan*n*a, mas dexare toda la mala vida e s*er*e todo t*ien*po en penjtençia. Sen*n*ora Vi*r*gen Reyn*n*a, yo se bien q*ue* non ha cosa sy la tu dema*n*dar q*ue*sieres

---

[10] In this post-iconoclastic, post-eighth-century form of the story, the Virgin is personified in this painting. After Mary of Egypt prays to the Virgin, the Virgin responds aloud—a speaking image. Catherine Brown Tkacz shows that terms equivalent to the *LH*'s *ymagen* in other versions of this legend, such as the Latin *imago*, could be translations intended to convey that the image is not merely a portrait of the Virgin but rather that it is technically an icon: "Byzantine Theology in the Old English *De Transitu Mariae Ægyptiace*," in *The Old English Life of Mary of Egypt*, ed. Donald Scragg (Kalamazoo: Medieval Institute, 2005), 9–29, here 14–15. For the history of the iconoclastic debate, see: Daniel B. Clendenin, *Eastern Orthodox Christianity: A Western Perspective*, 2nd ed. (Grand Rapids: Baker Academic, 2003), 71–93; John Meyendorff, *Byzantine Theology: Historical Trends and Doctrinal Themes*, 2nd ed. (New York: Fordham University Press, 1979), 42–53.

[11] Medieval contemporaries probably would have recognized these words as part of the *Ave Maria* prayer (Luke 1:28). In the next tale, Catherine of Alexandria says a prayer that recalls this one. Spaccarelli sees these lines as pivotal in Mary of Egypt's transformation from sinner to penitent. The transformation is embedded in the context of a medieval debate on the nature of women, that is, whether she is more like the fallen Eve or the virtuous Holy Virgin Mary: "The text presents the transformation of EVA into AVE and in so doing ends on a pro-feminine note" (*Medieval Pilgrim's Companion*, 62).

*Maria Egiçiaca* 29

que tu fijo non la faga sin ninguna tardança. Sennora, yo creo bien que tu fijo fue ante tu naçençia, e despues conçebiste seyendo virgen e | priso  9va
130 en ty carne e non perdiste por el tu virginidat. E El fue tu padre e tu fijo, e Tu le fuste[12] fija e madre. Sennora, Tu fuste sienpre en castidat e yo en luxuria. Tu oujste sienpre el diablo por enemigo e yo por amigo, e seruilo sienpre. Sennora, yo cuydo bien que tu fijo veno en tierra por saluar el mundo que era maltrecho por el pecado del primero padre, que tan ayna
135 commo el omme muria tan ayna yua el alma al jnfierno.[13] Tu fijo fue por nos cruçificado e muerto a grant dolor en cruz, e a terçer dia resuçito de muerte a vida. E fue al jnfierno derecha mente por sacar dende sus amigos que el diablo tenja pobrado. Despues fue al monjmento e tomo su cuerpo, e aparesçio a los apostolos e fue conellos quarenta dias. E
140 amostro les la nueua ley. Desy sobio asu padre. Desy el dia de Pentecoste enbioles el Santo Espiritu por los confortar por que aprendieron todos los lenguajes. Agora es a la diestra de su padre e Tu eres en su conpanna. E El verna el dia del juyzio en forma de onbre e juzgara los muertos e los vjuos. E los buenos yran al paraiso e los malos al jnfierno.[14] Sennora, asy
145 commo esto | creo, te rruego que ayas de mj merçet."  9vb

Desque Maria ouo conplida su oraçion, leuantose luego con grant fe, fiando en Nuestro Sennor. E entro enel tenplo syn njngunt destoruo e oyo la misa. E adoro la cruz[15] e despues que adoro, entro asi[16] el amor de Dios enella que de todo lo al non auja cura. Estonçe salio del tenplo e
150 bien le semejo que era tan aljujada de sus pecados que bolaria. E tornose ala jmagen e parose en derecho della, ca toda su fiança de su penitençia era enella. E demandole consejo que faria o para qual tierra yria. Entonçe le fablo una boz quele dixo: "Vete derecha mente al monesterio de sant Iohan e resçibe tu saluador. Desy, yr te as al desierto e y andaras
155 en quanto bjujeres[17] e alynpiar te as de todos tus pecados." Quando la

---

[12] Walker: *f[u]ste* (*Estoria*, 11). At El Escorial, I was able to confirm Spaccarelli's observation that folio 9v must be pressed from behind in order to uncurl the wrinkle that makes the *u* otherwise appear as an *i* here (*Medieval Pilgrim's Companion*, 125). The form therefore need not have been reconstructed.

[13] Alvar: *ynfierno* (*Vida de Santa Maria Egiciaca*, 2:155).

[14] This passage clarifies the expiatory importance of the pilgrimage. As a symbolic pilgrim, the traveler, who undergoes numerous travails in a strange land, needs to placate Christ in Judgement. Spaccarelli argues that this passage and others like it may have stimulated medieval pilgrims to think of various church tympana depicting Matthew 25:31–46 (*Medieval Pilgrim's Companion*, 53, 56).

[15] Scribal deletion after *cruz*: *syn njngunt destoruo*.

[16] Scribal insertion: *asi*.

[17] Mary of Egypt is portrayed as an early pilgrim in the sense that "medieval thought had derived from its early Christian sources not one, but two ideas of

voz esto dixo, començose de synar, e metiose luego al camjno. E vn
pelegrino le salio delante que le dio tres dineros. E ella fue conprar tres
panes daquellos tres djneros, e daquellos tres panes fue su mantenençia
en quanto ando en el desierto. E ando tanto enel *primero*[18] dia que llego a
160  flumen Jordan muy | lasa e muy cansada por la grant jornada que feziera.   10RA
E quando ella y llego, era noche. Aquella noche llego a çerca del monesterio de sant Johan, e comjo medio de vn pan de aquellos que traya e beujo
del agua del flume. Desy lavo su cabeça e su rrostro, e echose e yogo
ally toda la noche, mas dormjo muy poco, que era el lecho muy duro.
165  Grant mannana levantose e fuese al monesterio oyr misa, e resçebio y el
cuerpo de Nuestro Sennor. E desque comulgo metiose en vn batel e paso
el flume. Desque fue allende, entro en la floresta e fuese por medio del
desierto, e rrogo mucho a menudo a la Reynna Virgen santa Maria que
a ella diera por prenda e por fiadora que la guardase del diablo, ca auja
170  en ella muy grant fiança.

Agora comiença Maria su penitençia,[19] e non auja cura de se rre-
pentir, ante querria ser muerta. Ella non leuo consigo mas de dos panes
e medio. E de aquellos non poderia ella beujr syla Dios non ayudase. E
ando tanto por el desierto contra el oriente quanto mas pudo, e tanto
175  andudo por el desierto | que semejaua bestia saluaje.[20] Pero nunca se le   10RB

---

alienation . . . : estrangement from God and estrangement from the world" (Ladner,
"*Homo Viator*," 237–78). Here she is soon to become a stranger to the world, a state
that has positive associations.

[18] Walker: *por* (*Estoria* 13).

[19] Gómez Redondo points out that the careful structural planning of *Maria
Egiçiaca* has received surprisingly little attention. He suggests that the first seven
divisions of this version comprise a thematic cluster centered around *pecado-arre-
pentimiento* and that the second seven relate to notions of *penitencia-santidad*. The
author therefore must have carefully organized the story around these four basic
ideas (Gómez Redondo, *Prosa medieval*, 2:1344–46). In Jungian terms, Maier
describes Mary of Egypt's penitence as a type of purgatory into which she descends
in order to meet the self. This interpretation is bolstered by the repeated mention of
her journey to the East later in the text (Maier, "Sainthood, Heroism," 27). In historical terms, the focus on penitence in this version of Mary of Egypt's life is a newer
development stemming from the emphasis on confession introduced at the Lateran
Council of 1215. This emphasis on repentance is not prominent in the French *vie*,
which pre-dated the council, but the penitence theme is important not only here
but also in the verse *vida* of *Maria Egiçiaca*: Enrica J. Ardemagni, "Hagiography in
Thirteenth-century Spain: Intertextual Reworkings," *Romance Languages Annual* 2
(1990): 313–16, here 313–15.

[20] Mary of Egypt's ugliness is possibly a sign of her holiness, a trait found in
other characters later in the codex (Spaccarelli, *Medieval Pilgrim's Companion*, 58).
Her inner beauty increases the more decrepit her physical self becomes.

*Maria Egiçiaca* 31

olujdo santa Maria, ante se le menbraua de la jmagen que ella metiera
en fiaduria. E todos los dias del mundo rogaua a santa Maria que oujese
della merçet e piadat. Quando sus pannos todos e sus çapatos fueron
vsados e rrotos, ella finco toda desnuda e muy coitada, e su carne que era
180 blanca commo nieue finco toda negra caruon por la friura del jnbierno
e por la calentura del verano. Ssus cabellos tornaron blancos, ssu rostro
torno anpollado e su boca quebrada, e sus ojos fueron couados e su pecho
prieto e aspro, que semejaua cuero de caçon,[21] e los braços e las manos e
los dedos auja mas secos que podia ser, e las vnnas auja luengas e el vien-
185 tre traya caydo, e sus pies eran resquebrados e muchas llagas por ellos,
ca ella nunca se guardaua delas espinas njn de otro peligro en quanto
ando por el desierto, ante le semejaua que quando alguna espina la feria
que entonçe perdia vno de ssus pecados, e era ende muy leda. E non
era marauilla si ella era[22] fea, ca mucho fazia aspra vida e fazia catiua
190 despensa commo aquella que non auja consigo mas de dos panes non muy
grandes. E de aquellos vjujo ella muy | luengo tienpo. Enel primero anno  10va
se fizieron ellos tan duros commo piedra, e cada dia tomaua del pan un
poco. E despues que fueron comidos, bjuja delas yeruas asy commo las
bestias. Pero non se desconforto de cosa ninguna, e echause a beuer
195 commo bestia, ca non auja vaso con que beujese, e diez e ocho annos
bjujo de yeruas e de raizes enel yermo. Desy bjujo XXX annos que non
comjo cosa njnguna sy el angel non gelo traya. El primer anno la veno
a tentar el diablo por muchas vezes, e faziale venjr emjente los buenos
manjares e las buenas cosas en que solia auer sabor e los grandes viçios en
200 que solia beujr. Mas despues fue tan bien auenturada que nunca le nenbro njn vio nunca despues omme njn bestia saluaje. E en muchos logares
fazia su morada e bjuja spiritual mente.

Agora vos dexare de fablar de Maria e tornar uos he a fablar de vna
abadia que estaua ala entrada de la floresta por do ella paso al desierto. En
205 aquella abadia auja conpanna religiosa asy commo uos dire. Ellos seruian
Nuestro Sennor e cada vno bestia estamenna | e andauan descal[ç]os,[23] e  10vb
bjujan fuerte vida e tenjan muy bien su rregla por se aljnpiar de sus pecados. Ellos non dormian en lecho de noche njn de dia. Ellos eran todo
el dia en la eglesia en oraçion saluo quando aujan de comer. Ellos bjujan

---

[21] Although this comparison between Mary of Egypt's chest and the skin of a dogfish may seem strange, it is a logical one nonetheless because the dogfish is a type of shark, which are creatures that have sandpaper-like skin whose roughness is due to the presence of dermal denticles.

[22] Alvar leaves out every word from *marauilla* through *era* (*Vida de Santa Maria Egiciaca*, 2:157).

[23] MS: *descalcos*.

210 fuert*e* vida de pan dordio[24] e de nuezes e de bellotas, e beujan muy mala agua. Ent*r*e ellos no*n* auja pu*n*to de symonja nj*n* de enbidia njn de descordança, nj*n* auja*n* cuydado de oro nin de plata. En Dios metia*n* todo su cuydado e toda su ente*n*çio*n*. Njngu*n*o no*n* auja p*r*opio e todos era*n* de vna volu*n*tad. No*n* uos poderia om*m*e dezir la bondade q*ue* en*e*llos auja.
215 Tanto eran de santa vida q*ue* q*u*ando venja la q*u*aresma el p*r*imero dia, comulgaualos todos el abad. Despues q*ue* resçebian el cue*r*po de Dios, lauauales los pies a todos. Desy yuan fazer oraçion e el abad fazial*e*s su s*er*mon. Desi faziales a todos tomar paz. Desy acomendaualos a Dios e enbiaualos a la floresta, e despues q*ue* los s*a*ntos om*e*s monges eran
220 entrados ala floresta, p*ar*tianse e yua*n* cada vno asu p*ar*te. E dos dellos fincaua*n* enla egl*e*sa[25] por fazer el s*er*uiçio de Dios demjentra los otros andaua*n* fuera. E los monges q*ue* en la buena floresta andauan bjuja*n* de las yeruas e del fruto de los aruores. E q*u*ando se fallauan vno co*n* ot*r*o fuyan e alongauanse, q*ue* sola|mente non se fablauan. E en    11RA
225 q*u*alq*u*i*e*r logar q*ue* la noch*e* los tomaua se echauan, siq*u*ier en la yerua, si q*u*ier en la t*ier*ra. Q*u*ando venja de gra*n*t man*n*ana, leuantauanse e comendauanse a Dios, e non sabia*n* por do andauan. E llorauan muy durament*e* q*u*ando les menbraua del dia del juyzio do todos los angeles tremeria*n* de pauor q*u*ando verna el fijo de Dios en su majestad, e veran
230 el fuego p*er*durable do los malos s*er*an tormen*t*ados p*er*durable ment*e*. Por esto fazian los monges tal peniten*ç*ia q*ue* escapasen del peligro,[26] e desp*ue*s q*ue* asy bjujan toda la q*u*aresma al postrem*er*o dia, tornauanse al mon*e*sterio todos. El abad era muy ledo q*u*ando los veya todos tornar e fazialos tornar al monest*er*io e mandaua çerrar las pu*er*tas, q*ue* njngu*n*t
235 om*m*e estran*n*o[27] no*n* entrase entre ellos.

---

[24] The *i* is superscript. Walker: *ordo* (*Estoria*, 16).

[25] Some editors transcribe *egl*esa as *egl*esia (Alvar, ed., *Vida de Santa Maria Egiciaca*, 2:158; Walker, ed., *Estoria*, 16).

[26] That these monks are motivated by a fear rather than by a love of God seems to be an implicit criticism of their attitude. Furthermore, the abbot's closure of the monastery eliminates the possibility of contact with others and shows that the monks "are curiously incomplete even as their dedicated style of life would suggest the opposite" (Maier, "Sainthood, Heroism," 429).

[27] Alfonso X's definition of *pelegrino* in the *Siete partidas* uses these same words, "o*n*bre estraño": *ADMYTE* (*Archivo de manuscritos y textos españoles*) *II* (Madrid: MICRONET, 1999), CD-ROM, fol. 72v. The pilgrim's destination here is not important, but his status as an individual protected by the crown was significant. The monks' failure to provide hospice to pilgrims can be seen as negligence of a basic duty (for it can be assumed that even though Alfonso X was not king at the time of the *LH*'s production, his laws represent the general feeling toward pilgrims in his day and afterwards), not to mention a foreclosure of one of the major ways by which God enters men's hearts. The author or authors seem to be emphasizing the

El primero dia de la quaresma aueno que cada vno de los frayres se auja a salir de su logar. E el abad los echo fuera asy commo solia. E vn frayle auja y que era de muy santa vida e auja nonbre Zozimas e sienpre andaua muy pobre mente vestido, mas mucho amaua su pobreza mas que
240 si fuese | conde o rey. E este entro en la floresta e nunca quedo de andar 11RB fasta que ouo andadas XXX jornadas, ca pensaua que fallaria algunos hermitannos. E queria dellos aprender su vida. E quando vio que non podia, que non fallo njnguno, tornose e fizo su oraçion a Dios muy de corasçon. E desque la ouo fecha, cato a diestro contra oriente e vio vna
245 sonbra de omme o de mugier, asy le semejo. E esta era de Maria egipçiana, que Dios troxiera ally por descobrir su vida. E quando la Zozimas vio, ouo pauor e cuydo que era encantamento o anteparança, e començo de rrogar a Dios quelo defendiese de mala tentaçion. E despues que fezo su oraçion, tornose contra aquella parte do vio la sonbra e vio llana
250 mente Maria, sus cabellos que le colgauan contra los pies que eran todos blancos. Otra bestidura non auja, e la carne por desuso era negra por la calentura e por la elada. Quando Zozjmas la vio, començo a yr contra ella muy ayna. E ella, quelo vio venjr contra sy, començo a fuyr lo mas que pudo. E non ouo verguenna de su vejez e de que era desnua de yr
255 en pos ella, ante se esforço quanto pudo de correr. E llamola a menudo e dixo: "Duenna, yo te conjuro de parte de Dios que tu non vayas mas fasta que fables comigo." Quando ella se vio conjurar de parte de Dios, començo a llorar de piadat e a loar a Dios e dixo: "Sennor | Dios, Tu 11vA seas loado e bendito, que ya quarenta annos[28] ha que fuy aqui que non oy
260 fablar de ty, e agora me enbiaste vn santo omme a que non oso tornar el rostro porque so desnua." Estonçe se asento la duenna e començo a fablar e dixole: "Zozjmas, sy tu quieres que yo me torne aty e fable contigo, echame vna bestidura desas que traes, ca de verguença non oso yr a ty. E entonçe poderas comigo fablar."
265 Quando Zozjmas oyo su nonbre, sopo muy bien que Dios la fazia fablar, ca ella non podia saber su nonbre si por Santo Spiritu non. E lançole vna bestidura de sus pannos e ella cobrio la vna parte desy. Entonçe se llego a el e dixole: "Buen amigo, ¿que venistes aqui buscar? Puedes ver vna catiua que eneste desierto faz su penitençia por sus pecados,
270 que fezo graues e auorreçidos a desmesura muy mas que njngunt omme

---

abbot's isolationism in order to contrast it with Zozimas's interaction with Mary of Egypt in the following folios.

[28] Although it may be the product of a scribal error (Walker, ed., *Estoria*, xxvii), the number forty nonetheless strongly resonates with the life of Christ. For instance, Christ spent forty days in the desert, where Mary of Egypt happens to be. Both were tempted by the devil in this hostile environment. This passage, then, seems to initiate a series of parallels between Christ and her.

podria pensar." Quando el omme bueno la oyo fablar, començo a llorar de piadat, e echosele luego a los pies e pediole que lo bendixiese. E ella a el otrosy echosele a los pies e pediole merçet, otrosy quela bendixiese. E el omme bueno | yogo quedado en tierra e llorando muy fieramente, 11vb
275 tal coyta ouo, e sudo asy quel sudor le desçendio por todo el cuerpo. E la duenna le rogo mucho que rogase por todo el pueblo e que le diese su bendiçion. "Ca sennor," dixo ella, "non era razon que yo primera mente bendiçion te de, ca tu eres clerigo de misa, e por ende es mas razon que la tu des a mj ante que yo aty.[29] E sabe que Dios me ensenno toda tu vida,
280 e tu lo meresçiste bien de tu mjnjnnez,[30] e bien puedes auer enEl grant fiuza, ca mucho te ende dara grant gualardon. Mas agora te ruego que me des tu bendiçion." E Zozimas respondio: "Dona, tu non auras mj bendiçion fasta que me des la tuya. Njn de aqui non me levantare fasta que la aya." Quando Maria oyo que non se levantaria synon oujese su
285 bendiçion, cato escontra oriente e rogo a Dios e dixo: "Padre de los çielos, yo Te loo e adoro. Sennor, bendito seas Tu e todas tus virtudes. Rey de piadat, perdona nos todos nuestros pecados e da nos tu bendiçion." Entonçe se erguyo Zozimas e començose a quexar que era muy laso. E Maria le fablo e entrecatauanse mucho. E ella començole de demandar
290 delos reys e de los condes e de los prinçipes de la tierra sy aujan paz o guerra, despues de los obispos e de los prelados de santa Eglesia, commo se mantenjan. "Sy Dios me ayude," dixo | Zozimas, "por todo el mundo 12ra ha paz e njnguno non osa fablar de guerra. Mas la santa Eglesia ha menester que tu ruegues por ella que Dios le de paz perdurable." E Maria
295 respondio: "Dios la guarde por ssu virtud." E ella cataua contra oriente e endereço sus manos contra el çielo e rogaua a Dios baxa mente, asy que semejaua que non dezia nada. E los ojos tenja en alto contra los çielos. E Zozjmas la cato e viola estar alta enel ayre mas de vn cobdo a dos pies e medio, que non llegaua a tierra. E quando Zozjmas la vio asy estar, ouo
300 grant pauor e començo a llamar a Dios muy fuerte mente porquela vio

---

[29] Spaccarelli sees this episode as an example of an important motif of the *LH*: "the absence of any difference between clerics and laypersons, particularly in terms of learnedness, one aspect of the *LH*'s case for egalitarianism" (*Medieval Pilgrim's Companion*, 55). This equality between Zozimas and Mary of Egypt is at odds with the typical image of him as morally superior to her, as in an early twelfth-century church fresco in Asinou, which portrays Zozimas administering communion to this female saint: Carolyn L. Connor, *Women of Byzantium* (New Haven: Yale University Press, 2004), 92. For more on this and related parts of Mary of Egypt's legend, see Robin Norris, "*Vitas Matrum*: Mary of Egypt as Female Confessor," in *The Old English Life of Mary of Egypt*, ed. Donald Scragg (Kalamazoo: Medieval Institute, 2005), 79–109.

[30] Alvar: *mjnjnez* (*Vida de Santa Maria Egiciaca*, 2:160).

estar asy alta sobre tierra. E tanto ouo grant pauor que se començo a yr, ca
bien cuydo que era anteparança.[31] Quando ella lo vio yr, llamolo e dixole:
"Padre Zozjmas, ¿por que as pauor de vna mugier? Sabe tu bien que yo
so xristiana bautizada e creo bien en Dios e he enEl toda mj creençia.[32]
305 E so aqui por me espulgar de mjs pecados grandes, e de aqui non me
partirey fasta la muerte." E ella erguyo su diestra mano e fizo la cruz
en su fruente. E quando el hermjtanno vio todo esto, echose a sus pies e
ella lo erguyo. E entonçe ella començo a llorar de cabo. "Duenna," dixo
el. "¿Donde sodes uos | o de qual regno? Descobrit me vuestra fazienda e    12RB
310 non mela encubrades, mas dezidme la confesion."

"Sennor," dixo santa Maria egipçiana, "pues tu me vyste[33] desnua,
la mj vida non te sera encobierta, mas todo te lo descobrire, que non te
encobrire nada." Mas sabed que ella auja grant verguença de lo contar.
E despues que le ella conto toda su vida, el loo a Nuestro Sennor de todo
315 su coraçon. E despues dixole con grant amor: "Duenna, ¿por que uos
dexastes caer a mjs pies? Yo uos ruego que uos leuantedes, ca yo non he
en mj tan grant bondat, segunt lo que uos oyo contar, que tan sola mente
catar uos osase, njn jamas nunca vos falle par. Ante uos digo, por Dios,
que ayades merçet demj e me digades sy podere morar convusco." "Non,
320 Zozimas," dixo ella, "ante te yras, e guarda que non digas a njnguno
mj vida synon despues de mj muerte. Mas diras a Iohan e el abad que
prenda guarda de sus ouejas, ca tales y ha que se fian mucho en sy. E
meta y mjentes, que Dios gelo verna demandar, quando fuer de aqui avn
anno a esta sazon tu seras enfermo, e la quaresma[34] verna. E tus conpan-
325 neros salyran [a][35] la floresta, asy commo suelen, e tu yaras en tu lecho
e | non poderas salir conellos. E quando venjer el dia de la çena que la    12VA
quaresma fuer acabada, tu seras guarido. E yo te ruego que entonçe ven-
gas a mj, e trae contigo el cuerpo de Nuestro Sennor. E yo saldre contra
ty al flume Jordan e ally me comulgaras. E sabe bien que despues que
330 yo pase el flume Jordan, non resçebi mj criador, njn vy omme, saluo aty.
Agora me vo yo, e ruega por mj." Entonçe se fue Maria para el desierto.
E quando el santo omme la vio yr, catola mjentra la pudo ver, e pesole

---

[31] This term replaces the French *fantoisme* with a more peninsular form (Alvar, ed., *Vida de Santa Maria Egiciaca*, 1:118).

[32] Mary of Egypt's role is transformative, from erotic woman to Christian teacher. In fact, Mary of Egypt will help bring Zozimas closer to God (Maier, "Sainthood, Heroism," 430). The positive associations of her supernatural powers parallel the kinds of white magic used by female protagonists such as Florencia and the unnamed empress of Rome later in this codex.

[33] MS: *veyste*. The *y* is superscript.

[34] Alvar: *queresma* (*Vida de Santa Maria Egiciaca*, 2:162).

[35] MS: *de*.

mucho porque la perdia. Desy finco los jnojos en tierra e vio muy sabrosa mente el logar do ella estaua. E loo a Dios quanto pudo e dixo: "Buen
335 Sennor Dios, Tu seas loado e adorado, e ayas graçias de que Tu en mugier pusiste tal virtud e que mela diste a fallar." Entonçe torno al monesterio e entro con sus conpanneros. E quando el abad Iohan los vio tornados, ouo ende grant plazer. E cada vno guardo de dezir lo que viera, ca se non querian glorificar en contar nueuas. Mucho los aguardo bien el abad
340 Iohan, mas quando el anno fue pasado e el primero dia de quaresma veno en que cada vno de los fraires auja de yr a la floresta, asy commo lo aujan de costunbre, Zozjmas enfermo e non pudo yr alla. E asy | 12vb sopo que era verdat lo que la santa Maria egipçiana dixiera, ca le dixiera que maguer sus conpanneros moujesen que el non poderia yr dally. E
345 despues quela quaresma fue pasada e veno el dia de la çena, fue Zozimas guarido. Entonçe priso el cuerpo de Nuestro Sennor e el preçioso sangre en vn vaso por fazer lo que la santa duenna le rrogara quando se partiera della. E saliose del monesterio e leuo consigo garuanços e lentejas, ca non auja y punto de otro pan. E fuese al flume Jordan e asentose cabo
350 de la ribera por atender la santa duenna. E quando ally llego, era ora de biespra. E el la cuydo luego fallar ally, mas avn ella non venjera. E digo uos bien que el non dormja, ante cataua daca e dalla por saber sy la veria venjr commo la cosa del mundo que mas deseaua ver. E temja que sus pecados gela tolliesen, o temja que fuera ya ella y e que estudiera ally
355 mucho e que se fuera por enojo de la atender. E dizia contra sy mesmo: "¡Ay, Dios, sy veno ella agora aqui e fuese porque me non fallo!"
En quanto el asy cuydaua, lloraua muy fieramente e erguyo los ojos contra el çielo e dixo: "Buen Sennor Dios, yo Te ruego que me non dexes aqui desanparado,[36] e dexame ver aquella que me mostraste, ca sy
360 la yo avn non veo, yo morre | con pesar. E sy ella conmigo non viene 13ra fablar, ¿commo pasare yo el flume Jordan, do non[37] ay ninguna barca?, o,[38] ¿commo verna ella a mi? ¡Ay, catiuo! ¿Quien me tollio aquella santa semejança que yo vy?" E santa Maria egipçiana, que ya estaua de la otra parte quando entendio por[39] el Espiritu Santo que se quexaua, començo
365 a llorar, e salyo de vna xara e mostrose le. E quando Zozimas la vio, erguyose e fue ende muy ledo. E ella fizo el sennal de la cruz e bendyzio el agua e paso asy commo sobre tierra.[40] Quando Zozimas esto vio, fue

---

[36] Alvar: *desamparado* (*Vida de Santa Maria Egiciaca*, 2:163).
[37] Spaccarelli's transcription: *que no*n (*Text and Concordance*). The letters *do no* were reconstructed with ultraviolet light.
[38] Walker: *e* (*Estoria*, 25).
[39] Scribal insertion: *por*.
[40] In light of this passage, Maier states, "The analogy with Christ's walk on the sea of Galilee is obvious" ("Sainthood, Heroism," 430).

muy espantado. E ella llego a el, que nunca sus pies mojo, e finco los
ynojos e saluolo con grant humildat. E ella le demando su bendiçion,
370 e el omme bono la erguyo de tierra e lloro mucho con piadat. E nonla
oso santiguar porque vio que Dios fazia por ella miraglos, e la feziera
yr sobre el agua. E ouo ende grant pauor, e espantose e dixo: "Verdadera mente non mentio Dios que prometio que aquellos lo semejarian
que se espulgauan de sus pecados. Sennor, Tu seas glorificado, que me
375 mostraste por esta mugier que yo non era tan acabado commo cuydaua."
En quanto el esto dezia, el le mando que dexiese el Credo jn[41] Deum e el
Pater Noster. E ella lo dixo e el le dio paz, asy commo era costunbre. E
despues desto, diole el cuerpo de Nuestro Sennor, e ella lo resçebio muy
omildosamente. E tendio sus manos contra el çielo e sospiro, e lloro e
380 dixo: "Buen Sennor Padre queme criaste e me fezieste | a tu forma, yo te  13RB
ruego que tu oyas mi oraçion. E dame tal gualardon demi seruiçio, qual
te proguier yo. Te servy quarenta e seys annos. Ora te ruego que ayas de
mi merçed e que fagas demi tu voluntad. Yo querria de oy mas morir,
mas sy te proguier que mas biua, yo non resçelo esta vyda, ante la quiero
385 en quanto tu quesieres." Estonçe dixo a Zozimas: "Tornate a tu monesterio, que de aqui adelante a esta sazon [vengas] avn ami aquel logar
onde me primera mente fallaste. E ruegote que non dexes de venir ay por
cosa ninguna. E ally me veras, asy commo Dios quesier." E Zozjmas le
dixo: "Sennora, sy te proguiese, yo me yria contigo, ca de grado querria
390 contigo beuir sy ser podiese. Mas non puede ser. Yo te Ruego que comas
deste manjar que aqui trayo."[42] E mostrogelo, e ella le tomo tres lentejas
e metiolas en la boca e comiolas. E dixo que asaz y auia, ca abondaua la
graçia del Santo Espiritu que le guardaua el su cuerpo linpio. E luego
dixo al viejo omme que rrogase por ella, e cayole a los pies e besogelos
395 en llorando.[43] E rogole que rogase por santa Eglesia e por el pueblo e por
ella e por si mesmo. Estonçe la dexo yr llorando e faziendo grant duelo,
e el non la osaua detener, e sy la quesiese detener non podria. E ella
bendixo el agua de Jordan e sobio | en ella e paso allende, asy commo  13VA
ante feziera. E el viejo ome se torno estonçe muy ledo e con grant alegria
400 tremiendo, e pesarale mucho porque le non demandara por su nonbre.
Mas tanto auja de conforte que esperaua que otra vegada gelo demandaria otro anno, quando ally veniese.

---

[41] Alvar: nj (*Vida de Santa Maria Egiciaca*, 2:164).

[42] The smudged *y* of *trayo* has been reconstructed with ultraviolet light.

[43] The lives of Mary Magdalen and Mary of Egypt share a similar trajectory: both were once women of ill repute turned saints. *Maria Egiçiaca* is thus a companion tale to Mary Magdalen's story in the *LH*. For a further description of the shared characteristics and patterns in these two legends and in *Vna santa enperatris que ouo en Rroma* see Gómez Redondo (*Prosa medieval*, 2:1941).

Quando el anno fue conplido, don Zozimas veno ally aquel logar, asy commo auia de costunbre, e deseaua ver lo que ante viera. E começo
405 de andar por el desierto de vna parte a otra, e ando mucho por saber sy poderia fallar el logar o ante fuera. E começo de catar a diestro e a syniestro commo faz el caçador quando desea fallar su prea que dexa enel monte, e desque cato mucho e non fallo ende cosa, começo a llorar. E erguio los ojos en alto e rogo enesta guysa: "Buen Sennor Dios Padre,
410 muestra me el thesoro ascondido que me ante mostraste, e muestra me el cuerpo que todo el mundo non poderia conprar." E despues que dixo esta oraçion llego a vna rribera e paro se en çima. E cato contra suso e vio el cuerpo de la santa mugier yazer muerto claro commo el rrayo | 13vb del sol que luze clara mente. E yazia tornado contra oriente sus manos
415 en cruz sobre su pecho, asi commo conujen a muerto. E el ome bono fue luego alla e començole de lauar sus pies conlas lagrimas, ca ninguno de los otros mjenbros non le oso tanner.[44] E começo a encomendarla e rezar sobrella su ofiçio, commo conuiene a muerto, e dixo asy en su coraçon: "Por aventura non le plaz desto que le yo fago." En quanto el asy
420 pensaua, vio escripto en tierra letras que dezian asy:

"Padre Zozimas, mete so tierra el cativo cuerpo de Maria. Da ala tierra lo que es suyo, e rruega por mi." Esto fue nueue dias andados de abril ante de Pascua.[45] E quando el buen omme vio las letras e las leyo, marauillose mucho quien las escriuiera y, que ella le dexiera que nunca
425 lyera. E el fue muy ledo de que ya sabia su nonbre, e bien sopo que ella fuera muerta aquel dia que el ally llegara. Estonçe se tomo Zozimas a llorar sobre el cuerpo e loo aDios de aquello que veya, e dixo: "Tienpo he de fazer aquello que me es encomendado. Mas, ¿que fare?, laso mesquino, que non tengo cosa con que faga la cueua." En quanto el asi
430 dezia, contra sy vio yazer vn | baston pequenno en tierra. E fuesse luego 14ra tomarlo e começo de cauar conel. Mas la tierra era tan dura e tan fuerte que non podia entrar enella, demas que era muy desuaneçido del ayuno. Era laso e muy feble del andar de la carrera, que fuera muy luenga, e de las grandes jornadas que el fiziera. Pero toda via se trabajaua de cauar,
435 sospirando mucho e gemiendo e cobierto de suor. En quanto el asy estaua en esta coyta cauando, cato e vio estar vn leon grande çerca del cuerpo santo, llanbiendole las suelas de los pies. Quando el esto vio, começo

---

[44] Mary of Egypt's association with Christ is furthered by virtue of having her feet washed.

[45] That Mary of Egypt's death occurs on Easter is no mere coincidence, for as Maier notes, resurrection is the substructure of this tale: "Mary's death is symbolic of a resurrection to a higher life" ("Sainthood, Heroism," 432). For an analysis of the structure of this legend in relation to both Eastern and Catholic church calendars, see Tkacz, "Byzantine Theology," 17–19.

a tremer con pauor daquella bestia, e avn mas por quela santa mugier le dixiera que nunca viera bestia saluaje despues que fuera en aquel desierto. E començo se de signar, pero creo bien quela virtud de aquella santa fenbra lo poderia guardar e saluar de mal. E el leon se començo de omjllar contra Zozimas, e fezole sennal commo su saluaje. Entonçe le dixo Zozimas: "Do es[46] tu bestia saluaje, por que es aqui la tu benjda de parte de Dios[47] para me ajudar soterrar este cuerpo, yo te mando que lo sotierres, que yo so tan viejo que non puedo ya cauar, njn he conque." E el leon començo | tan toste a cauar con sus vnnas, asy commo le mando 14RB Zozjmas. E fizo la cueua en tal guisa asy commo conuiene para soterrar cuerpo. E el viejo Zozimas estaua todo el dia çerca el cuerpo, e lloraua e rrogaua ala santa mugier que ella rrogase a Dios por todo el mundo. E entre el e el leon, tomaron el cuerpo e metieron lo en la cueua todo desnudo asy commo lo fallaron, ca ella non tenja njnguna vestidura, synon vna cobertura quele diera Zozjmas quando la viera de la primera, quele fincara ende conque cobria alguna parte del cuerpo. E desque ouieron el cuerpo soterrado, partieronse del lugar. El leon se fue tan paso por ese desierto que semejaua vna oueja.[48] E Zozimas, el buen omme, se torno para su monesterio, bendiziendo mucho Nuestro Sennor, cantando hymnos e loando Nuestro Sennor Ihesu Xpisto. E tanto que llego al abadia, conto al abad e a los fraires todo quanto viera e oyera. E desque el conto todas estas maraujllas, ellos fueron maraujllados e espantados, e oujeron mayor fiança en Nuestro Sennor por ende. E a grant deuoçion cantaron todos misa por el cuerpo de santa Maria egipçiana. E de allj adelante fezieron grant fiesta enel dia de su fjnamiento. El abad don Iohan | començo a emendar en alguno de sus fechos, asy commo santa 14VA Maria egipçiana le enbiara dezir por Zozimas el anno ante de aquel. E don Zozimas bjujo en aquel monesterio çient annos. Entonçe dio el alma a Ihesu Xpisto, que es enla gloria del parayso con Dios su padre e con Santo Spiritu, e sera por todo tienpo jamas.

---

[46] Walker: *eres* (*Estoria*, 30).

[47] Morreale interprets this passage as follows: "'Aunque tú eres una bestia salvaje, ya que vienes de parte de Dios'" (Review of Walker, ed., *Estoria*, 403).

[48] Maier: "The pacification of this beast is certainly symbolic of the very same transformation that Mary had undergone in her passage from concupiscence and instinct to *caritas* and spirit" ("Sainthood, Heroism," 432).

## Del enperador Costantino[1]

Las estorias nos ensen*n*an q*ue* Costa*n*tin rresçebio[2] de Costanty*n* su pad*r*e el sen*n*orio del enperio e touo lo XXJX an*n*os. E regiolo sesuda ment*e* e metio paz[3] enlas egl*e*sias. Dio paz alos *x*ristianos q*ue* ant*e* auja*n*
5 grandes coitas e grandes trabajos por mucho mal q*u*eles fazian los paganos e otras malas gent*e*s. Esto començo a fazer Costanty*n*, despues q*ue* regn*n*o diez an*n*os.

Despues desto, aueno q*ue* este Costanty*n* ma*n*touo bien e esforçada ment*e* Fra*n*çia e todos los derechos de Roma. E | mjent*r*e q*ue* el esto 14vb
10 fazia, erguyeron los altos om*e*s de Roma Maussençia, el fijo de Ercules, por enp*e*rador, e llamaronle Augusto. Aq*ue*l Maussençia moro en t*i*erra de Luca, e desq*ue* fue enp*e*rador, metiole el diablo en coraçon de fazer mal alos *x*ristianos, e puso en su coraçson delos echar dela tierra por onrra de sus ydulos, e a fazer les mal, e a desfazer las egl*e*sias, e tornar los
15 *x*ristianos a fazer los sac*r*ifiçios, o por don*e*s o por torme*n*tos. E aueno asy q*ue* el paso ala çiudat d'Alexandria, e mando por todas las t*i*erras enderredor q*ue* todos los *x*ristianos sac*r*ificasen alos dioses delos ydulos o moriesen[4] por graues martirios. Atales t*i*erras e atales mandados enbio por todas las t*i*erras en derredor d'Alexandr*i*a en*e*sta g*u*isa: "La n*ues*t*r*a
20 enperial majestad ma*n*da venjr anos ricos e pobres todos q*u*antos moran en n*ues*t*r*o mundo por oyr la ssent*en*çja delo q*ue* nos ma*n*damos e deujsamos. E sy algunt fuere tan orgulloso q*ue* yr q*u*iera contra n*ues*t*r*o mandamiento, sepa q*ue* el lo conprara por la cabeça q*ue* p*er*dera y." Q*u*ando el mandado del brauo enp*er*ador fue oydo, los pueblos venjeron e aju*n*-
25 taronse[5] ant*e*l rey. Aq*u*el dia q*ue* los pueblos venjeron, el enp*er*ador seya en su real cadera e fizo dar plegon q*ue* todos se fuesen p*ar*a el tenplo de sus dioses. E aq*ue*lla ora q*ue* el su preste ençensase todos los altares e el diese su sacrifiçio, fincasen todos los jnojos ant*e* los ydulos e ofreçiesen | 15RA todos segu*n*t su poder, los ricos toros bjuos, los pobres bjuas ouejas. E el

---

[1] This rubric marks the start of *Costantino*, the story of Catherine of Alexandria.

[2] In his transcription, Knust (*Geschichte*) does not use cedillas before *e* and *i*.

[3] Knust: *pas* (*Geschichte*, 232).

[4] Knust: *muriesen* (*Geschichte*, 234).

[5] Knust: *ayuntaronse* (*Geschichte*, 234).

30 enperador, rreal mente bestido e çercado e onrrado de caualleros, ofreçio primera mente, desy los reys, desy los ricos omes, despues los jnfançones, despues los caualleros que aujan sabor de ganar el grado e el amor de su sennor. Todos ofreçian alos dios⁶ las mas fermosas bestias que podian fallar, por su onrra e por conplir su voluntad. E los que eran pobres, que
35 non podian auer bestias, ofreçian carneros e ouejas e cabras e aues, e por toda la çiudat oyriades desuariad[a]s⁷ bozes de omes e desuariados bramidos delas bestias e delos otros ganados. E por todo era grande el son de cantos e de danças e destromentos. Asy que semejaua que toda la tierra tremja o que se mouja con pesar delo que enella fazian.

40 De santa Cataljna

Enesta çiudat de Alexandria auja vna njnna de XVIIJo annos muy fermosa, mas lo que era grant cosa era en fe muy santa. Esta fue fija del rey Costantin, e non auja mas. E finco syn consejo del padre, que ya era muerto. E auja nonbre Cataljna. Esta perdio su padre e su madre, que
45 eran muertos. Pero que ella era muy menjnna⁸ e sabia muy bien mantener su casa | e sus gentes quele fincaran por heredat, pero non que   15RB
ella ouiese grant sabor de heredat, njn de gente, njn de donzeles, njn de donzelas que ha omme sabor de criar. Mas por que cuydaua que erraria e seria pecado suyo que resçebio de su padre dexar se morir de fanbre e de
50 lazeria, ca ella non auja cuydado de auer cosa enel mundo, mas todo su cuydado era en Dios e fuera del mundo. Esta donzella pusiera su padre a ler de que fuera pequenna por aprender las artes. E ella era tan bien ensennada e tanto sabia que en aquel tienpo nonla podria ningunt maestro engannar por engenno de ssofismo. E guardaua su virginidat muy
55 bien.⁹ E quando ella [oyo] delos tenplos las bozes delas bestias dela vna parte, e las tronpas e los estrumentos dela otra, espantose e marauillose que podia ser. E envio preguntar que era. E desque sopo la verdat de su mensagero, tomo de su conpanna los que quiso, e fuese luego al tenplo. E

---

⁶ In some instances, this form used as a plural for what is *dioses* in Modern Spanish.

⁷ MS: *desuariades*.

⁸ Knust: *menina* (*Geschichte*, 237).

⁹ This passage illustrates Catherine of Alexandria's most significant traits: learnedness, astuteness, and virginity. The *passio* therefore establishes what Francomano sees as the model for women's speech not only in *Costantino* but also in *Gujllelme*, *Otas de Roma*, *Vna santa enperatris que ouo en Rroma*, and *Carlos Maynes*: "the heroines . . . must preserve their chastity with the only weapons they have at their command: their tongues and their special relationships with God and the Virgin Mary" ("'Lady'," 139).

fallo y gentes que llorauan muy dolorosa mente, que eran xristianos, mas
60 con pauor de muerte fazian los desleales sacrifiçios. E desto fue ella muy
sannuda e ouo ende grant pesar, e fezo su oraçion de corasçon verdadero.
Despues, signose dela sennal dela verdadera cruz e fuese luego para ante
el enperador, ally olo vio estar sobre los otros, entre los montones delas
bestias que yazian lyxosas de su sangre.
65 | La bendita virgen entro antel enperador e dixole: "Enperador, 15vA
la onrra de tu orden e carrera de razon me moujo que te salue, mas
estas onrras que tu fazes alos diablos mucho te estaria mejor delas fazer
a onrra de tu Saluador, que entendiesedes que su majestad seria ende
onrrada, e de fazer seruiçio [a] Aquel porque los reys rregnan[10] e por que
70 los elementos son gouernados, ca non ha sabor en muerte de bestias, que
njngunt mal non fazen. Mas ha sabor en guardar fe e los comendamjen-
tos de salut, ca mucho paresçe mal esta sangre en que te enbuelues. E sy
esto feziesses asy, seria derecho en te saluar. Aquel Dios non se asanna
mas de njnguna follia ca deque faz la criatura, que es rrazon, e este es
75 ome que faz onrra aquien la non deue fazer e a cosa que non ve njn siente,
e dexa de fazer onrra ala magestad de Dios, que sienpre ha de fincar. Los
dios non son muchos, mas vn Dios, formador de aquellos, que naçio e
que viujo,[11] e que fizo e crio todas las cosas del mundo, e partio e deuiso
por su mandamiento."
80 En quanto la donzella fablaua asy, el enperador callose e escuchola
bien e fue maraujllado de su beldat e de su paresçer e del afincamiento
| de sus palabras. E sienpre touo los ojos enella fincados, e comença a 15vB
dezirle e a falagarla, primera mente por buenas palabras, enesta guisa:
"Donzella, yo non se tu nonbre njn tu ljnaje njn qual maestre oujste en
85 Françia[12] enlas artes, mas tu beldat da testimonio que tu eres de grant
ljnaje, e tu seso e tu palabra loa tu maestro sy en vna cosa non menguases,
que tu con tu palabra non abaxases los dios mala mente, que son poderosos de todas cosas." E la donzella respondio: "Ssy tu quieres saber mj
nonbre, saber lo as. Yo he nonbre Cataljna e sso fija del rey Costantyn. E
90 he en sennorio altos omes e nobles de tanto commo monta la vanegloria,
mas de todos estos sennorios non quiero yo auer remenbrança njn quien
me menbre, ca non puedo yo por ellos auer ensennamjento que me lieuen
njn que me gujen a la bien auenturada vida. E despues que el santo nonbre de Ihesu Xpisto entro en mj, luego dexe las tenjebras dela noche del
95 falso ensennamjento, ca yo oy la bendita boz de Ihesu Xpisto a que me

---

[10] Proverbs 8:15.
[11] Knust emends *naçio* and *viujo* to *nacen* and *viven*, respectively, which are emendations that change the subject to *aquellos* instead of *Dios* (*Geschichte*, 241).
[12] This is an interesting detail.

yo luego rendy e otorgue p*ar*a sienp*r*e aq*u*i por esposa e por mallada,[13] de cuya misericordia el p*r*ofeta ant*e* q*ue* el venjese, por la v*er*tut de Dios, dixo asy: 'Yo destruyre la çiençia delos sabidor*e*s e reçelare el seso delos sesudos.'[14] E oy ot*r*a p*r*ofeçia q*ue* dixo: 'N*uest*ro Sen*n*or es en*e*l çielo,
100 e todas las cosas q*ue* q*u*ier faz*er*, las jmagen*e*s delos paganos son oro e plata e obras de manos de om*e*s.[15] E otra p*r*ofeçia diz: 'Todos los dios | delos paganos son diablos.'[16] Enp*er*ador, o tu esto cres, o cuydas q*ue*  16RA estas cosas q*ue* por manos de om*e*s son fechas, q*ue* son dios. Estos q*ue* tu adoras e te estiendes a ellos e omjllas tu rostro a t*ie*rra, muestrame
105 algu*n*a çertidunb*r*e p*r*ouada de su poder. E pues tu me costrin*n*es q*ue* yo aore com*m*o Dios obra de manos de om*e*s, fecha en fuste e en piedra, q*ue* semejan[17] aq*u*ellos q*ue* vida an e sen, e pues q*ue* tu dizes q*ue* tus obras son dios, luego no*n* ay al synon q*ue* ssus bocas fablen e sus ojos vean e sus orejas oyan, e q*ue* mueuan ssus manos,[18] e q*ue* fagan aq*u*el menester
110 q*ue* om*m*e faz por natura o en otra g*u*isa. E vana cren*ç*ia e falsa e sandez es de creer atal cosa, com*m*o a tales dios auer les om*m*e a fazer el plazer, nj*n* la onrra de Dios de todo poderoso, ca aq*u*ellos q*u*elos onrran com*m*o ssus dios, no*n* pueden ellos fazer njngu*n*t bien, nj*n* aq*u*ellos dios no*n*se pueden vengar de aq*u*ellos q*ue* los asan*n*an. Desto mas marauillo, q*ue*
115 no*n* saben sylo son o[19] non."

"¡Ay, Dios! ¿Commo aquellos dios deujan ser onrrados?, que non saben dar buen grado aquellos que les fazen onrra, njn bien nin mal a quien los despreçia. Ay, commo son bien auenturados oradores de tales[20] | . . .[21] coitas daquellos que los onrran quando los llaman, njn- 16RB
120 los defienden de njngunt peligro." El enperador fue todo espantado de commo la donzella [fablaua], e dixo: "E[22] quanto omme puede entender de tu palabra, semejame que sy tu morases e aprendieses en estudio de pequenna con nuestros filosofos, non fallaria ome mas sesuda que tu, njn dirias que nuestros dios eran vanos njn quitos de onrra njn de

---

[13] This word appears in red ink.
[14] 1 Corinthians 1:19.
[15] Psalm 115:3–4, 135:15.
[16] Psalm 96:5.
[17] Knust: *semeja a* (*Geschichte*, 246).
[18] Cf. Psalm 115:5–7, 135:16–17.
[19] This letter was reconstructed with ultraviolet light.
[20] Knust: *tantos dios* (*Geschichte*, 247).
[21] The first line is cut from the folio side. Knust provides the missing text using a French source: "'Ha come sont beneureus li aoreur de tieus dex qi . . . ne (secorent) mie en besoing ceus qui les aeurent qant il les apelent, ne en troublement ne s['] seqeurent, ne en peril ne s' deffendent.'" (*Geschichte*, 247.)
[22] Knust: *de* (*Geschichte*, 248).

125 poder, mas agora me convien ala çima fazer nuestros sacrifiçios. E tu
atenderas e yras connusco a nuestro palaçio. E sy tu quesieres obedeçer
los nuestros mandados, seras onrrada e ensalçada delos reales dios." En
quanto el enperador esto dezia, llamo vn mensagero encobiertamente,
e enbio vnas letras selladas de su anjllo rreal para las tierras aderredor a
130 todos los filosofos que sabian las artes, que todos venjesen a Alexandria,
e ende al non feziesen. E por los fazer venjr mas toste,[23] prometioles
grandes donas e grandes onrras sy ellos pudiesen vençer vna donzella de
lo que dizia, e se venjese ende el enperador a onrra deste vençimiento,
que mucho deseaua. Asy que el denuesto que ella dezia delos dios feziese
135 el enperador tornar sobre su cabeça, que ella connosca desy quela orden
dela razon es que ella sea vençida ante por arte de filosofia onde se ella
faz mucho orgullosa, e que sy despues denostar nuestros dios, que muera
por dolorosos tormentos. El mandadero | del enperador que fue por las  16vA
tierras o auja de yr troxo consigo L maestros de muy grant nonbrada,
140 que aujan mas de toda la sabençia del mundo de quantos maestros auja
en Egipto njn en Françia. E desque los troxo antel enperador, el enperador
les començo a demandar de su saber e delas artes. E ellos le rrespondieron
a muchas cosas e dixieronle: "Enperador, uos nos deuedes dezir,
¿por que enbiastes por nos?" E el dixo: "Aqui ay vna donzella de muy
145 pocos dias, mas mucho abondada de buena palabra e de seso, asi que
non ha su par. E semejanos que ella vençio en desputando vnos clerigos,
e diz nos çierta mente de que me pesa mas, que la onrra que fazemos
a nuestros dios, que es en vano. E mas, diz que nuestras jmagines son
diablos. E bien la podria yo fazer sacrificar o matar por martirios, mas
150 mejor me semejaria que fuese vençida e confesa por razon, e tornada ala
carrera dela verdat. E sy ella, despues desto que fuer vençida, se quesier
atener alo que diz, yo la fare morrer por tormentos. E sy uos la podedes
vençer, enbiar uos he a vuestras tierras muy ricos de auer e de donas, o sy
quesierdes, fazer uos he los mayores de mjs priuados." A esto respondio
155 vno dellos por grant desden e por grant sanna: "Agora ay aqui alto consejo,
que por vna pobre desputaçion de vna moça, fezo aqui venjr los mas
altos maestros del mundo, e de luengas tierras. Asaz fuera de enbiar por
vno de nuestros | garçones que desputase conella. E por vna moça[24] fezo  16vB
tanto trabajo prender atan sesudos omes, mas qual quier que sea aquella
160 que tu dizes, venga ante nos, al menos que connosca que nunca jamas vio
njn oyo omme sesudo fuera aqui."

---

[23] *Toste* is an archaic way of saying *rápido* that is the equivalent of *ayna* in this codex.

[24] Deleted after *moça*: *moça*.

En quanto esto aueno, dixieron ala santa virgen que se auja a desputar con çinquenta maestros muy sesudos. Entonçe le veno vn mensaje que demannana auja a desputar con aquellos çinquenta maestros, mas la donzella non fue por eso espantada njn torujada,[25] ante se[26] comendo syn njngunt espanto njn trabajo de su calauera a Nuestro Sennor: "Ay, buen Ihesu Xpisto, sabençia de virtud que delos altos çielos quieres guarneçer los tus caualleros de conforto en tal que non dulden njn que sean turbados de aquellos que contra ellos sson. E dixiste: 'En quanto estoujerdes ante los reys e ante los prinçipes, non uos ynchal de cuydar commo o en qual guisa respondades, ca yo vos dare boca e seso, asy que vuestros auersarios non se podran defender contra uos.'[27] Sennor, se comigo e mete en mj boca buena palabra sesuda e fermosa, asy que aquellos que aqui son por abaxar el tu santo nonbre non ayan fuerça contra mj, e ayan sus sesos menguados, e sean vençidos por la virtud de tu palabra, o sean conuertidos,[28] e den gloria al tu santo nonbre." La virgen santa non ovio conplir estas palabras quando el angel del çielo veno a ella e dixole: "Donzella, non ayas pauor, ca a Dios fazes plazer, mas mantienete esforçada mente, ca Nuestro Sennor es contigo,[29] por cuyo nonbre tu començaste esta batalla, ca El abondada mente metera en tu boca la fuerça de su palabra, asy que tus auersarios non se poderan defender contra ty. E todos seran vençidos e cofondidos por vna manera despanto, e asy seran tornados a Ihesu Xpisto muchos. E tu feneçeras a pequenno tienpo, e seras leda por sienpre entu esperança, que jamas non morreras, e[30] seras resçebida enla conpannja delos angeles. Yo so Micael, Arcangelo del testamento de Dios, e envio me Dios a ty por te dezir esto."

Despues que le el angel esto dixo, partiose della. E por esta boz fue la virgen de Ihesu Xristo confortada e esforçada, e atendia quela llamasen al trabajo de su batalla. El enperador fizo fazer su asentamjento enperial e mando que venjesen los filosofos antel. Desy mando que troxiesen la donzella. E quando ella esto oyo, fizo ante sy el sennal dela cruz, que Dios le diese vitoria. Entonçe se fue syn pauor al palaçio, e todos los dela çiudat corriendo en pos ella, e todos se ayuntaron por

---

[25] *Torujada* is a form of the verb *enturbiar*, as opposed to *toruada*, which would correspond to *turbar*. Since *enturbiar* and *turbar* have meanings that are easily confused, *torujada* is not likely to be a scribal error.
[26] Scribal insertion: *se*.
[27] Matthew 10:18–19; Mark 13:9, 11; Luke 21:12–15.
[28] MS: *conuertitujdos*.
[29] Similar to Mary of Egypt's prayer, these words "have the ring of the 'Ave Maria'" (Spaccarelli, *Medieval Pilgrim's Companion*, 60).
[30] Knust: *a* (*Geschichte*, 253).

oyr la desputaçion. [E][31] los filosofos seyan dela vna parte orgullosos e
loçanos hauon[32] | . . .[33] dela otra parte estaua la donzella, que auja grant  17rb
fiança en Ihesu Xpisto. El brauo enperador se ensennaua por que espendian el dia en callando. E la donzella le dixo: "Tu, enperador, non quieres que esta batalla sea por derecho juyzio, que metes contra vna donzella
çinquenta filosofos. E prometes les por gualardon sy me vençieren que
les daras reales dones, e sy los yo vençier, non prometes a mj nada. Sabe
bien que non me sera delongado luenga mente, que yo auere el gualardon
desta batalla, qual gualardon quier que tu a ellos des, ca Aquel me sera
gualardon en cuyo nonbre entro eneste canpo por conbater me por Ihesu
Xpisto, que es esperança e corona delos que por el se conbaten.

"Una cosa te demando, que me tu por derecho non puedes negar,
que syla auentura amj da la vitoria, que yo non tarde adorar mjo Dios
quando quesier." Destas palabras ouo el brauo enperador grant pesar, e
touolo por desden e dixo: "Tu non as sobre nos a meter ley, mas faze lo
que as de fazer e nos cataremos sy el tu Dios te otorgara esta vitoria."
Entonçe se torno la donzella a los filosofos e dixo: "Sennores, pues uos
sodes aqui ayuntados por desputar e por uos ver[34] razonar comigo, e
vedes aqui los viejos omes e el pueblo ayuntado, todos por entender e
por oyr nuestra razon. Non paresçe bien que tan sesudos omes pierdan
su prez por callar, mas sy alguno y ha de uos | . . .[35] çejo lo que piensa en  17va
su coraçon." Entonçe respondio vno dellos, que semejaua que nasçiera
ante que los otros, e mas sesudo que los filosofos, e dixo: "Nos te deuemos primera mente oyr que tu anos, ca tu eres la razon por que nos
otros somos coytados de aprender esta carrera trabajosa." "Yo," dixo la
donzella, "resçele los puntos e los sesos e las sotilezas fuertes e llanas
de palabra de [O]mero e de Aristotiles e de Platon des que començe a

---

[31] There is a blank space here.

[32] The text "hauon" is only part of a word, the rest of which is missing. The letters may correspond to the first portion of "hauon[dados]," which would fit with Knust's insertion at the start of the following folio column (see the next note).

[33] The first line of this column has been cut from the MS. Knust inserts "abon . . . dados de su elocuencia." He appears to be translating from the French: "orguilleus de l'abondance d'eloquence" (*Geschichte*, 254–55).

[34] The words *uos ver* are scribal insertions. *Ver* is written in red ink.

[35] The first line of this column is missing. Knust interposes "dotado del buen decir atico o provisto del latino diga en con" for the missing text, which he took from the French: "Se nul i a de vos qi soit sages ou de moralitez ou d'art d'eloquence ou bien apris de latine parole die en apert ce q'il a pense en son corage" (*Geschichte*, 256).

entender los sacramentos de Ihesu Xpisto,[36] e des que entendy el yerro e la descrençia delos paganos. Pero yo so tan ensennada e tanto apris que nunca falle quien mas supiese que yo nin tanto,[37] mas por que es vana cosa e estranna, de verdadera buena andança destrue todas estas cosas e
225 esforçe me contra uos e contra vuestro seso, e digo que non se otra cosa fuera.[38] Aquel que es verdadero Dios e verdadera çiençia e perdurable buena andança, que oue duelo que omme, omme[39] que era formado en los sabores del parayso, ende fue deytado por el diablo.[40] E por esto en este postremero tiempo, priso carne dela Virgen[41] aquel que era Dios, que
230 omme non podia ver,[42] e por aquella carne nos dio quelo viesemos. E en aquella carne por las maraulilosas sennales de sus obras e por la prueua de natura de omme que es[43] sofridor de afan, asy nos mostro El, verdadero Dios e verdadero omme. Este es mjo Sennor, Este es mja filosofia, Este es my vitoria. E sy menester me fuer, en nonbre d'Este vençere a

---

[36] It is perhaps because of passages like these that this saint is the great model of Christian women in the pro-feminine treatises and poetry of the fifteenth century: B. Bussell Thompson, "'Plumbei cordis, oris ferrei': La recepción de la teología de Jacobus a Voragine y su *Legenda aurea* en la Península," in *Saints and Their Authors: Studies in Medieval Hispanic Hagiography in Honor of John K. Walsh*, ed. Jane E. Connolly, Alan Deyermond, and Brian Dutton (Madison: Hispanic Seminary of Medieval Studies, 1990), 97–106, here 103. Catherine of Alexandria is exemplary for her prudence and eloquence; her gift for debate enables her to conquer an emperor and his wise men. For Gómez Redondo, Catherine of Alexandria's rejection of earthly knowledge—a motif found throughout the *LH*'s legends—has its origin in *molinismo*: "su presencia en la miscelánea h-i-13 sólo ponga de manifiesto que había una expectativa de recepción, común a todos estos textos, que satisfacer. En todos ellos, aparece la misma valoración religiosa del 'saber' y el rechazo a erradas posiciones de conocimiento" (*Prosa medieval*, 2:1955). Spaccarelli observes that the women in the *LH* are wise women "whose education and expertise in many of the arts was hard won and, in the case of Catalina de Alexandria, blessed by God" (*Medieval Pilgrim's Companion*, 60–61). In this case, learnedness is not to be mistaken with acquired knowledge removed from the spiritual aspirations of her soul.

[37] Catherine of Alexandria's confidence stems from her faith in the absolute truth of Christianity. As Francomano observes, her prayers for persuasive speech have indeed been granted. ("'Lady'," 140).

[38] This word was written in a later hand. There are some places in the manuscript where the older ink has faded and someone else has come along to fill in the faded portion.

[39] This repetition of "omme" after my insertion of the comma is used for rhetorical emphasis and to initiate this dependent clause.

[40] Knust: *diable* (*Geschichte*, 257).

[41] Galatians 4:4.

[42] John 1:18.

[43] Scribal insertion: *es*.

235 todos | aquellos que contra mj fueren njn venieren. E esto es muy ligera 17vb
cosa a El de fazer de saluar en mucho e en poco a todos aquellos que
enEl creyeren." E non uvio la santa virgen acabar su palabra quando vno
de aquellos se començo a rreyr a mala fe e dixo a muy grandes bozes,
desdennando e desdiziendo lo que ella dixiera: "¡Ay, çibdadanos! ¡Ay,
240 alta nobleza del enperio de Roma! ¿Fasta quando denostara e abaxara
nuestros dios esta sandia e falsa donzella, por su secta de los xristianos?
Nos cuydamos della oyr alguna alta palabra, que es tan preçiada ca[44] el
sennor dela çiudat de Roma [mando venir aquj][45] todos los mas grandes
filosofos del mundo. E ella puso començamiento de su palabra en vn
245 Ihesu de que los xristianos chufan que es su Dios, e que fue traido por
vno de sus diçipulos de noche, e afirman e dizen que despues que fue
muerto tres dias enel sepulcro que resuçito e vençio la muerte. E por mas
afirmar sus mentiras testimonian que sobio alos çielos."
   A esto respondio la bien auenturada virgen assy: "Yo començe dere-
250 cha mente mj palabra de Aquel que es començamiento e fuente de todos
bienes con que Dios Padre formo el mundo, que ante non era, que fue
muy graue cosa de fazer. Aquel es en que e por que todas cosas son e
seran que omme puede ver." El filosofo dixo: "Sy asy es commo tu dizes,
que El es Dios, ¿commo pudo morir? O | sy era omme, ¿commo pudo 18ra
255 vençer muerte?" Entonçe le respondio la santa virgen e dixo: "La soti-
leza de vuestra auersia es que non queredes crer que Ihesu Xpisto es Dios
e omme, e sy era Dios, que non podia ser omme. Enpero yo uos otorgue
dos dones. Uos non queredes crer que es vno e otro, e non queredes otorgar que es Dios e omme. E uos dezides asy que çierta cosa es que Dios
260 es poderoso de todas cosas, e que por su poder crio todo demjentra que
este Dios non podia tomar forma de omme, e que en forma de omme
non poderia ser venido njn sofriria que[46] moriese. Mas grant marauilla
es del poder dela dignidat que torna las almas alos cuerpos que son
muertos, pero non por encantamento, mas por el su grant poder. E por
265 la su grant virtud an salut los parliticos e andan los coxos, e los gafos son
mondados, e los dolientes son sanos de todas sus enfermedades.[47] E este
mesmo Ihesu Xpisto e Dios que muerte preso en carne commo omme, e
Este fue omme que por su grant poder destroyo la muerte commo Dios.
E asy aueno quela muerte non mato a Ihesu Xpisto, mas Ihesu Xpisto
270 mato la muerte por sy. E sy vos nos non queredes otorgar la creençia de
nuestra fe, cred alos diablos que vos orades commo Dios, ca mucho es

---

[44] Knust: *que* (*Geschichte*, 259). Here, *ca* functions as a comparative conjunction.
[45] This suggestion is Knust's (*Geschichte*, 259).
[46] Deleted scribal insertion after *que*: *veniese*.
[47] Cf. Matthew 11:5; Luke 7:22.

gra*n*t verguen*n*a a om*m*e de negar verdat e conosçer se alos diablos e
otorgar se ensu conosçençia. Mas yo non | quiero q*ue* me tengades por 18RB
vençida, ca yo uos q*u*iero dar por testimonio los v*u*est*r*os sp*i*rit*u*s lixosos
275 q*ue* uos orades, q*ue* son diablos. Otrosy uos q*u*iero dar los v*u*est*r*os outo-
res⁴⁸ por testimo*n*io por p*r*ouar la fe de Ih*e*su Xp*i*st*o*, ca yo puedo asaz
fallar mejores testimonios b*u*enos e ljnpios de santa escriptu*r*a, q*ue* es
fecha por Santo Sp*i*rit*u*. E muy fermosa cosa me semeja e grant vitoria
e onrrada de vençer om*m*e sus enemigos por sus armas mesmas e liarlos
280 con sus lazos e confo*n*derlos por testimo*n*io de sus outo*r*es, ca uos non
reçelaredes los testimonios delos q*ue* creedes."
 A esto respondio el filosofo, e dixo: "Sy Ih*e*su Xp*i*st*o* es Dios e om*m*e,
e fizo estos miraglos q*u*e tu dizes e q*u*e nos mandas creer, ¿com*m*o El
resçebio m*u*erte enla cruz, e por q*u*al g*u*isa El resuçitara los mu*e*rtos
285 a vida, q*u*ando El p*r*iso muert*e*?" A esto respondio la bendita v*i*rgen
e dixo: "En esto eres tu engan*n*ado e das falso testimo*n*io, asy com*m*o
diste en otras cosas, q*ue* tu cuydas q*ue* Ih*e*su Xp*i*st*o* prendio muert*e* en
cruz q*u*anto a Dios, ca tu lo sabes esto, ca⁴⁹ Dios no*n* puede prender
martirio njn morir q*u*anto a Dios. E sabe bien q*ue* nat*u*ra çelestial non
290 sentio la mu*e*rte nj*n* la coyta dela cruz, mas sentio la febreza dela carne
q*u*e Dios p*r*iso enla V*i*rgen. E por esto es v*e*rdat q*ue* el om*m*e morio enla
cruz, e no*n* Dios. E el om*m*e p*r*iso carne en*e*l madero | por q*ue* es om*m*e 18VA
por madero. E asy escapo el om*m*e de mano del diablo, p*er*o q*ue* pudiera
Dios derribar el diablo por vn angel o por q*u*al q*u*ier v*i*rtude çelestial
295 q*ue* le ploguyese. Mas Dios, q*ue* todas las cosas fizo, co*n* rrazon tomo
esta vitoria ensy por esta man*e*ra, q*ue* aq*u*el q*ue* engan*n*ara el om*m*e fuese
engan*n*ado por onbre." En q*u*anto la bendita v*i*rgen esto dezia, fueron
los filosofos espa*n*tados e q*u*antos otros y estaua*n*, e non sopieron cosa
q*ue* responder, ant*e* mudeçieron todos por la v*i*rtud de Dios, e fueron
300 toruados e confondidos. E vno tan*n*jo otro.⁵⁰
 Desto ouo grant pesar el enp*e*rador e dixo por grant san*n*a: "¿Por
q*ue* sodes uos tan perezosos e tan malos, e auedes los sesos p*e*rdidos?
¿Com*m*o sodes asy vençidos por vna pequen*n*a mugi*e*r, e las fuerças de

---

 ⁴⁸ The forms *auctor, autor,* and *otor* are all Castilian forms, as are *octoridad, otoridad, autoridad,* and *auctoridad;* yet Castilian lacks the diphthong *ou*. There are, however, several fourteenth-century Portuguese documents that include the forms *outor* and *outoridade*: see Mark Davies and Michael J. Ferreira, eds., *O Corpus do Português,* http://www.corpusdoportugues.org. See pp.xxxii–xxxv in the introduction for a discussion of Galicianisms.
 ⁴⁹ Knust: *que* (*Geschichte,* 264).
 ⁵⁰ The reciprocal use of *tan*n*er* in this sentence means that the philosophers touch one another, probably in an effort to console each other as they become aware of their impending loss in the debate with Catherine of Alexandria.

vuestros sesos enflaqueçieron?" Entonçe respondio vno dellos que todos
305 tenjan por grant maestro, e dixo al enperador: "Enperador, vna cosa te
digo yo. Ante que esta donzella se tomase connosco a rrazonar, non ouo
tal denos que non toujese que la vençeria muy toste, mas desto es otra
cosa e otra rrazon muy longada de las otras. E que te yo verdat quesiese
dezir, esta mugier non fabla por spiritu terenal, mas çierta mente fabla
310 ella por spiritu del çielo, que non semeja de omme mortal.[51] E aquel
spiritu nos ha tales | parados e asy nos espanto que non a[y] cosa que   18vb
sepamos responder contra Ihesu Xpisto onde ella fabla, e sylo sabemos,
non podemos. E dezimos te llana mente que sy tu non nos muestras otra
carrera que sea prouada e mostrada por mas abiertas demostranças, que
315 esta carrera que fasta aqui touiemos, adorar alos dios que fasta aqui ado-
ramos, que la dexemos e tornemos todos a Ihesu Xpisto. E manjfestando
que Aquel es Dios, fijo de Dios, que tanto bien fezo a omme mortal, asy
commo nos oymos e entendemos por esta santa virgen que aqui es."[52]

Tanto quel enperador esto oyo, fue muy sannudo, e fizo fazer vn
320 grant fuego en medio dela çiudat, e mando tomar los çinquenta filosofos
e atarles los pies e las manos e echarlos en medio de aquel fuego. E en
quanto los leuauan alla, vno dellos castigo a los otros: "Pues que Nuestro
Sennor ouo merçet de nuestros pecados e nos quiso llamar a su graçia,
nos non somos engannados por desconoçençia de su nonbre. Ha menes-
325 ter que seamos renouados del agua del santo bautismo ante que salgamos
de nuestras vidas." A estas palabras rrogaron todos de vn coraçon ala
bendita virgen, que los feziese bautizar. Entonçe les dixo Cataljna: "Non
ayades pauor, fuertes sieruos de Ihesu Xpisto, ca vuestra sangre que el
fuego fara salir deuos vos sera bautismo | e salut." Tanto que ella aquesto   19ra
330 ouo dicho, llegaron los monteros del enperador que tomaron los santos
martires de Dios e dieron conellos en medio dela llama. E ellos en grant

---

[51] Although the confusion Catherine of Alexandria provokes in her male audience invokes the commonplace of females as the perplexers of males found in classical and medieval misogynist writings, in this case her ability to confuse the philosophers proves her holiness. Despite the stereotype, therefore, Catherine of Alexandria's loquaciousness, and that of the romance heroines who follow her in the compilation, is a virtuous trait (Francomano, "'Lady'," 140–42): "This concentration of preaching women in the anthology also suggests that the compilers may have wanted to engage the related debate about women's potential as disciples and preachers that concerned theologians throughout the Middle Ages" (Francomano, "'Lady'," 142–43).

[52] Gómez Redondo observes the division of this tale into two halves of four nuclei each. The first revolves around the debate regarding the vanity of the world; the second illustrates the martyrdom of Maxençio's victims as a path to salvation (Gómez Redondo, Prosa medieval, 2:1957 and ff). This section of the legend is the transition between the two main sections of the tale.

calentura e en grant ardor llamauan, e manefestauanse segura mente a Nuestro Sennor, e fueronse coronados a Ihesu Xpisto por el bendito martirio. E esto fue treze dias andados de noujenbre. E ally aparesçio vn
335 fermoso miragle, que non ardio de todos ellos panno njn cabello njn al.⁵³ E sus rostros eran tan claros e tan fermosos en color commo rrosa, asy que bien semejaria a quien quier que los viese que dormjan e que non eran muertos. E por estos tornaron muchas gentes a Dios, e creyeron. E los xristianos fallaron los cuerpos de noche e soterraronlos. E el enperador,
340 despues que esto, vio que la santa virgen, syn mudar su coraçon, tenja firme mente su fe. E vio que por amenaza njn por pauor non la podia tornar. Penso entonçe quele moueria su coraçson por alguna arte e que le faria por promesas sacrificar alos dios, e dixo: "¡Ay, virgen dalto ljnaje! ¡Ay, beldat marauillosa! ¡Que bien meresçias tu ser vestida de purpura
345 enperial! Mete consejo en tu mançebia, e seras segunda despues la reyna en mj palaçio. E todas las faziendas de mj reyno seran fechas por ty commo tu deujsares." Penso vn poco la virgen e dixo: "Dexa, enperador, de oy mas de dezir estas | cosas, que sola mente en pensar las, los omes 19RB son desleales. Jhesu Xpisto me ha conquisa por esposa, e yo so junta a
350 Jhesu Xpisto commo esposa, por tal pleito que non puede desfecho ser njn desliado. Aquel es mj gloria, Aquel es mj alteza. Aquel es mj plazer, Aquel es mj amor. Aquel es mj sabor, Aquel es mj amistad. A Aquel so yo dada vna vez, njn de Aquel non me poderian ya partir falagamien- tos de cosas terenales⁵⁴ njn tormento que omme pueda pensar." Entonçe
355 fue Maxentius⁵⁵ tan sannudo que semejaua sandio, e mandola tomar a sus seruientes e desnudarla e ferir la con correas nudosas, desy echar la en vna carçel mucho escura. E asy fue la virgen en carçel⁵⁶ otra vez.

---

⁵³ This miracle parallels the story of Shadrach, Meshach, and Abednego, the *tres ninnos de Babjlonia* (Daniel 3) mentioned throughout the *LH*.

⁵⁴ Gómez Redondo believes that the moral thrust of this tale resides in its intention to show the nature of "true" knowledge and the importance of renouncing one's worldly goods (*Prosa medieval*, 2:1962).

⁵⁵ This figure is the same as Maussençia (fol. 14vb).

⁵⁶ Knust omits "carçel mucho escura. E asy fue la virgen en carçel" (*Geschichte*, 274). The image of the world-as-prison was a *topos* handed down to religious writers in Imperial Spain such as Teresa de Jesús, in *Vivo sin vivir en mi*, for example:

¡Ay qué larga es esta vida!,
¡qué duros estos destierros!,
¡esta cárcel, estos hierros,
en que el alma está metida. (Teresa de Jesús, *La poesía de Santa Teresa*, ed. Ángel Custodio Vega, 2nd ed. [Madrid: Biblioteca de Autores Cristianos, 1975], 241–42.)

The analogy places this tale in the framework of symbolic pilgrimage because the prison represents exile.

E mando el enperador quela tormentasen de fanbre e de sed, que non comiese njn beujese por XIJ dias njn viese claridat del çielo njn de otra
360 cosa synon tinjebras. Mas Ihesu Xpisto nunca falleçio a su esposa enesto njn en al, ca los angeles del çielo fueron conella, que Dios le enbio que la confortaron. E metieron dentro tan grant claridat e tan grant resplandor que marauilla era, asy que las guardas que desuso estauan e guardauan la carçel eran ende mucho marauillados e fuera de su seso.

365 Entonçe aueno que Maxençio, el enperador, por quel era mucho menester, fue luenne de aquella tierra. Entre tanto entendio la reynna las cruezas que ssu sennor | mando fazer ala bendita Cataljna, e commo 19va la feziera açotar e commo la mandara guardar muy fuerte mente enla carçel, e que por XIJ dias non comiese njn beujese. Quando la reynna
370 esto entendio, pero que avn era enel yerro delos paganos, mucho ouo grant sabor de ver ala virgen e de fablar conella, mas mucho se duldaua delo saber su marido. Ella, enesto pensando, andaua sola por el palaçio. Aueno que vn alto prinçipe, sennor de muchos caualleros, todos deujsados, que auja nonbre Porfiro, omme de grant poder, prouado en lealtad,
375 e que bien encobria poridat de su amigo, veno contra ella. E a ella plogo mucho con el e llamolo a parte, e descubriole toda su voluntad e rrogole que tolliese las guardas dela carçel o que les diese tanto por que se callasen, despues venjria a la virgen e fablaria conella, e dixo: "Porfiro, en ty me descobry por que fuy esta noche muy trabajada de vna vision que vy.
380 E veya esta donzella onde fablamos sser ante la carçel, e resplandeçia marauillosa mente, asy que omme non la podia bien ver. E aderredor della seyan muchos omes blancos a que yo non podia ver el rostro. E tanto commo yo la vy, dixome que me llegase mas a ella. E vno de aquellos que estaua ante ella tomo en su mano vna corona de oro e puso la en
385 mj cabesça e dixo me estas palabras:

| 'Ay, enperadriz, mj sennor Jhesu Xpisto te enbia del çielo esta 19vb corona.' Desta vision fuy yo mucho espantada e non pude despues dormjr njn folgar sol vna ora. Tal sabor metio en mj pensar, e tal cuydado dela ver, que nueuo sabor de amor he en aquella virgen." "Sennora," dixo
390 el, "en vos es, e commo mandardes fare yo. Aqui non ha otro fueras yo e uos. Vamos alas guardas e metamos las en nuestro consejo, e que nos encubran." Entonçe fue Porfiro alas guardas e fizoles que consentiesen a plazer dela reynna. E ala noche, ante el primer suenno, la reynna e Porfiro venjeron ala carçel, e cataron dentro e vieron ala virgen resplandeçer
395 de tan grant claridat que njnguno non la podria asmar, e fueron tan espantados dela grant lunbre que vieron que se dexaron cae[r] en tierra. E luego veno vn olor tan sabroso que njnguno non lo poderia cuydar, e confortolos de maraujllosa esperan[ç]a.[57]

---

[57] MS: *esperanca*.

"Leuantad uos," dixo la virgen e la noble Cataljna. "Non ayades
400 pauor, ca Ihesu Xpisto uos llama a su corona." Ellos se leuantaron e cataron muy afincada mente la donzella, que seya entre los angeles de Dios, que las llagas e las feridas dela carne | la vntaua con vnguentos despeçias que dauan marauilloso olor, onde la carne e el cuero se canbiaua en beldat e en claridat marauillosa. E vieron los angeles en derredor siendo,
405 e dauan tan grant claridat que ninguno non lo podria dezir. De vno de aquellos que ante ella estauan, priso la virgen gloriosa vna corona de oro e puso la enla cabeça ala rreynna, e dixo alos angeles: "Esta es la reynna de mio sennor, por que yo auja rogado que ella fuese conpannera de nuestra caualleria e de nuestra corona, e queremos, asy que aquel caua-
410 llero que con ella es, que sea escripto enel nonbre e enla parte de nuestra caualleria."

A esto rrespondio aquel aquela corona tomara: "¡Ay, Cataljna, preçiosa virgen de Ihesu Xpisto! Aquel rresçebio el tu ruego, por cuyo amor tu non dubdaste, los açotes e los espantos dela carçel, e mas, te ha
415 dado Dios para sienpre que aquel por que tu rrogaras, qual quier que sea o quele pidieres, auer lo as. E sabe bien que aquellos que aqui te venieron ver que son rreçebidos enel çielo con aquellos meresçimjentos que Dios da por tu trabajo. E aquellos resçibiran al rregnno de los çielos coronados por vitoria de sus martirios." A estas palabras començo la bendita virgen
420 de confortar ala reynna e dixo le: "Des oy mas, | reynna, sed fuerte de tu coraçon, ca de aqui a terçer dia yras a Dios. E por esto te castigo yo que non temas cosa de los martirios de vna ora, ca los trabaios e las coytas deste tienpo non puede por ellos omme auer la gloria que ha de venjr,[58] pero por estos trabajos tenporales ha omme galardon de Ihesu Xpisto."[59]
425 A estas palabras quela virgen bendita dixo, Porfiro pregunto: "¿Qual es el galardon que Ihesu Xpisto da asus caualleros por los trabajos tenporales?" E la bendita virgen dixo: "Porfiro, entiende me. Este mundo es asy commo vna carçel muy escura e eneste mundo non ha ninguno que non muera, mas enla çelestial tierra, por que omme despreçia el mundo,
430 es vna çibdat enque sienpre ha sol, enque ningunt pesar non ha ome njn ningunt trabajo, mas perdurable bona andança e alegria sin fin.[60]

---

[58] Romans 8:18.

[59] Catherine of Alexandria's advice to the queen seems contradictory with regard to one's ability to obtain salvation by means of suffering and works; nonetheless, it is likely that Catherine of Alexandria is counselling the queen that her impending martyrdom will not be in vain.

[60] The importance of this passage is its resonance with symbolic pilgrimage. Spaccarelli notes that it is the language of this tale that ties it in with the other stories of the *LH* in spite of the fact that there is no explicit pilgrimage undertaken in the legend (*Medieval Pilgrim's Companion*, 66–67). Here, Catherine of Alexandria

Mucho es esto poco q*ue* yo digo[61] co*n*tra aq*ue*llo q*ue* tu p*r*ouaras q*u*ando aq*ue*lla alegria sentieres tanto q*ue* p*er*seueres fasta en la çima."

La rreyna e Porfiro se p*ar*tiero*n* dela carçel muy ledos e de q*ue* 435 vieran los çelestiales çibdadanos e del conforto dela bendita virgen. E los caualleros pregu*n*taro*n* entre sy, "Porfiro, ¿do estudiera toda aq*ue*lla noche con la rreyn*n*a?" E el les dixo: "No*n* pregu*n*tedes do toda esta noche estoue, mas sabed q*ue* ha[62] muy gra*n*t bien e ha muy gra*n*t pro se uos tornara si q*u*esierdes crer mj consejo | e sy deseades auer co*n*migo 20va 440 sie*n*pre alegria, e sy q*u*esieredes dexar los ydolos q*ue* son vanos q*ue* fasta aq*u*i oramos, e q*u*esierdes el verdadero Dios, q*ue* todas las cosas fizo orar en verdadera crençia." E los caualleros aq*ue* Porfiro esto dezia era*n* bien dozie*n*tos e mas, e luego dexaro*n* los ydulos e tornaro*n* se a Ih*es*u X*pis*to. En q*u*anto Cataljna virge*n* era enla carçel bie*n* guardada por mandado 445 del enperador, q*ue* ma*n*dara q*ue* no*n* comiese por doze dias, mas el Confortador del çielo la co*n*forto, e no*n*le fallesçio q*ue* comjese, a*n*te q*u*iso confortar e criar la donzella por vn bla*n*co palomo q*ue*l enbiara del çielo, aq*ue*l Dios q*ue* dio a comer a Danjel el p*r*ofecta enla cueua delos leone*s*.[63] E qua*n*do los doze dias fuero*n* conplidos, apareçio Ih*es*u X*ris*to ala s*a*nta 450 virge*n* co*n* grant conpa*n*na de angeles e de virgene*s*, q*ue* ni*n*gu*n*o no*n* podria co*n*tar qu*a*ntos le aguardaua*n*. Estonçe le dixo N*ues*t*r*o Sen*n*or: "Fija, conosçes tu tu C*r*iador, por cuyo no*n*b*r*e tomaste este peq*ue*n*n*o trabajo, se firme, e no*n* ayas pauor, ca yo so contigo e no*n* te dexare en ni*n*gu*n*a ora." Q*u*ando el esto ouo dicho, fuese p*ar*a el çielo.

455 Desq*ue* el enperador ouo fechas sus fazie*n*das alla, o fue fuera dela tierra, tornose [a] Alle*n*xa*n*dria e mando q*u*ele leuasen dela*n*te la bendita virge*n*. Entonçe sacaro*n* a s*a*nta Cataljna dela carçel e leuaro*n* la ant*e*l, e el catole el rrostro e vio g*e*lo mas fresco e | mas fermoso q*ue* 20vb solia, p*er*o cuydaua el q*ue*la fallaria magra e fea por los ayunos de tan- 460 tos dias. E e*n*tonçe cuydo q*ue* la diera algu*n*o a comer asco*n*dida mente sobre su defendimiento, e mando q*ue* martiriasen los carçeleros fasta q*ue*

---

acknowledges the ephemerality of this world and the permanence of the celestial home. Like any good pilgrim, the goal of her life is to imitate Christ to the extent that she will attain eternal salvation upon her arrival in the Beautiful City.

[61] Deleted after *digo*: a redundant instance of *que yo digo*.

[62] The use of *ha* in "ha muy grant bien e ha muy grant pro" is not a form of the transitive verb *haber*, meaning "to have" or "to possess," but rather is the preposition meaning "towards," the equivalent of *hacia* in contemporary Castilian.

[63] This reference to Daniel (Daniel 6:21) marks the first of several that occur when the *LH*'s characters are in trouble. Spaccarelli sees the repeated mention of this biblical figure (and others, such as the Babylonian children) as part of "a grid of textual and visual correspondences" that may have served as a means of fostering morale among the pilgrim listeners (*Medieval Pilgrim's Companion*, 42).

manefestasen quien le diera a comer. La virgen de Jhesu Xpisto rrespondio al enperador por que non queria que las guardas fuesen martiriadas por razon della, pero que le era graue de dezir, ca non queria que lo
465 sopiese ninguno. E dixo asy: "Enperador, sabed llana mente que yo non prise de ninguno comer, nin alguno non melo dio, sy Aquel non[64] que sus caualleros non sabe dexar en fanbre nin en coyta, Aquel progo de dar a mi, su sierua, a comer por su angel dela vianda çelestial." A estas palabras dixo el enperador que la deslealtad tenia enel coraçon por non tener
470 los que estauan enderredor del, que era brauo: "Donzella, pues asy fue que yo quis[65] mas guardar te e saluar te que matar te. Dinos que consejo presiste eneste plazo que te di, ca te convien auer consejo en tu fazienda e de escoger e de tomar destas dos cosas qual quesieres, o que tu fagas sacrifiçio alos dios, o que tu cuerpo sea despedaçado por graues marti-
475 rios, e asy tu pierdas e non bjuas." Estonçe rrespondio la bendita virgen: "Çiertas yo deseo beujr, ca en moriendo por Ihesu Xpisto yo he fiança que gane el guala[r]don de vida que non ha fyn."[66] | Estonçe estrennjo los   21RA dientes Maxentius e regannno asy commo leon de grant crueza. E mando quela tormentasen por tormentos de muchas maneras e que asy moriese.
480 Entonçe veno vno que auja nonbre Corsates, clerigo dela çiudat, e era endiablado omme. Aquel metio el rey en nueuas desuariadas e fizo dar ala donzella martirios sobre martirios, e dixo: "¿O es,[67] tu grant enperador? ¿Non es verguença que en tan luengo tienpo non puedes matar vna mugier?
485 "Derecho enperador, avn yo non veo manera de tormento enque esta sea marteriada por que se acuerde de sacrificar alos dios, mas faz lo que te yo dixier. Manda fazer quatro ruedas enestos quatro dias, asy commo las yo deujsare. Las ruedas sean llanas de dentro e de fuera de fierros menudos e bien tajantes, e otrosy los brazos delas ruedas. Entre
490 estas ruedas metan a Cataljna toda desnua, e catara e vera la coyta e el espanto delas ruedas. E quando vera el mouer delas ruedas e el retennjr delos fuertes fierros agudos, tornar se ha, e sacrificara alos dios e querra beujr. Synon, fagan mouer las ruedas, e sea despedaçada e morrera ental guisa, e espantar se an los xristianos por fazanna de muerte que

---

[64] Read *sino Aquél*.
[65] This form was reconstructed with ultraviolet light.
[66] Deleted after *fyn*: *eft.ve*, in which the period stands for a letter that cannot be read even with ultraviolet light and in which the first *e* has possibly been struck out. The sentence would make sense ending with *fyn*, and what follows may be an adjective modifying it. Spaccarelli's transcription: *ef[??]te* (*Text and Concordance*).
[67] My reading of this passage totally differs from that of Knust: "'¿O, tu grant enperador, non as verguença[?]'" (*Geschichte*, 292–93). The *es* above is once again the second person singular, but that which follows is the third person.

490 nunca fue oyda." El brauo enperador mando fazer a grant priesa lo que
le el falso maestre ensenno, mas esto fue por mal delos descreyentes. E
desque llego al palaçio enque el tormento auja de | ser fecho, el brauo
enperador mando que tomasen la virgen e quela liasen, e sy mas quesiese
porfiar njn contradezir los mandados del enperador, que moujesen las
495 ruedas e que su cuerpo fuese despedaçado, asy que los otros xristianos
ende sean espantados por la crueza desta muerte, dixo el. El maestre
obediente alos mandados del diablo fizo armar las ruedas enel palaçio
e todos aquellos que las catauan aujan dellas muy grant espanto, mas
la santa virgen de Ihesu Xpisto non fue espantada de njngunt apareja-
500 miento de martirio. El tormento delas ruedas era fecho en tal guisa que
las dos yuan para ayuso e las dos para suso, asy que vnos fierros deçian
e otros subian por desfazer quanto fallasen. En tanto, la virgen erguyo
los ojos contra el çielo e fizo su oraçion e dixo: "Dios poderoso de todas
las cosas, que acorres de verdadera ayuda a todos aquellos que te llaman
505 en peligro, acorre a mj, Sennor, que te llamo en esta coyta, e faz, Sennor, que este fuerte tormento sea destroido e despedaçado por golpe de
corisco, ental que todos aquellos que aqui estan vean aujerta mente el
tu grant poder e puedan glorificar el tu santo nonbre, que es bendito in
secula seculorum.[68] Amen. Tu, Sennor, sabes que yo non te ruego por
510 pauor que yo aya de pasion, ca yo deseo mucho venjr aTy e ver Te por
qual quier manera de muerte que venjr pueda, e desto he yo sabor en mj
coraçson, mas por esto Te ruego yo, Sennor, que todos aquellos que en
Ty creyeren por mj sean mas çercanos de tu vida e mas confirmados en
la confesion de tu santo nonbre."
515 | Avn la santa virgen non uviara conplir sus palabras quando los
angeles deçendieron delos çielos e quebrantaron las ruedas con vn grant
golpe de corisco, e echaron las pieças por çima del pueblo por tan grant
fuerça que quatro mill omes y fueron muertos. Aquesta vengança fizo
Aquel que fizo enfriar el forno de Baujlonna o los tres njnnos fueron
520 metidos. La reynna estaua y, e vio la vengança e tan maraujllosa sennal. E ouo grant coyta por pauor de su marido, e fue a el toste e dixole:
"Omme catiuo, ¿que cuydas tu? ¿Cuydas te tomar con Nuestro Sennor?
Tu puedes connosçer sy al non commo el Dios delos xristianos,[69] que el
poder que ha te confonde, que por vn golpe solo de viento, mato agora
525 tantos de omes." Grant parte delos paganos, que y estauan, quando vieron tan grant miraglo, tornaron se a Ihesu Xpisto, e creyeron e dixieron
ellos: "Verdadera mente grande es el Dios delos xristianos, e nos mane-
festamos que de oy mas adelante seamos mas sus sieruos, ca, enperador,

---

[68] Note the formulaic Latin phrase.
[69] Read *sino otro que el Dios de los cristianos*.

los tus dios son vanos e syn pro, que non pueden ayudar asy nin alos que
530 los sieruen." Quando el brauo enperador esto oyo, fue muy sannudo contra ellos e mas contra la reynna, e dixole: "Reynna, ¿commo fablas asy? ¿Por ventura engannote ya algunt xristiano por encantamento commo los otros?[70] Reyna, yo te juro por el sennorio delos grandes dios que sy te toste | non quitas desta follia e non fazes sacrifiçio alos dios, yo te fare
535 oy eneste dia tajar la garganta e echar la cabesça aluenne, e el cuerpo alas bestias saluajes e alas aues para que te coman." E mando luego asus omes que tomasen vil mente ala Reynna e quele metiesen fierros agudos enlas tetas e gelas arrencasen del pecho, e la leuasen al logar del martirio.[71] Ella cato contra santa Cataljna e dixole: "¡Ay, virgen de Ihesu Xpisto!,
540 que deue omme onrrar. Ruega a Nuestro Sennor por mj, por cuyo nonbre yo tome esta batalla e esta lucha, que El confirme mj coraşcon enla obra deste martirio que me llego, asy que la mj feble carne faga feble pensar de fallleçer, que yo por pauor non pierda la corona de que tu das testimonio que Ihesu Xpisto promete asus caualleros." La preçiosa virgen respondio
545 ala reynna e dixo: "¡Ay, reynna onrrada e amada de Dios!, non ayas pauor, mas mantienete esforçada mente, ca oy en aqueste dia faras canbio del reyno que se pasa por el reyno perdurable. E ganaras vida que non morra en logar de vida mortal."

Por esta boz fue la onrrada duenna mas esforçada en su batalla, e
550 dezia alos seruientes que desoy mas, non tardasen[72] de fazer los mandados de su brauo rey. Entonçe la leuaron los seruientes para fuera dela çiudat e leuaron fierros con quele quitasen las tetas e ataronla. | Desy arrencaron le las tetas del pecho, e despues echaron le [la] cabeça aluenne. E esto fue veynte dias andados de nouienbre vn dia de quarta feria.[73] E Porfiro
555 tomo de noche el cuerpo con aquellos a quien su coraşcon descobria, e fuelo soterrar a vn logar que auja nonbre Aromaques. E otro dia de mannana pregunto el enperador: "¿Quien leuo el cuerpo dela reynna?" E priso por ende muy grant gente e quisolos matar. E quando Porfiro esto vio, fue al enperador e dixole: "¿Por que mandas tu matar njn martiriar

---

[70] To a medieval audience, this passage might have been interpreted as the emperor projecting his own trickery onto others. His behavior is a less extreme example of the false accusations of Miles in *Otas de Roma*, of the brother-in-law in *Vna santa enperatris que ouo en Rroma*, and of Mançions in *Carlos Maynes*. See Spaccarelli's analysis of these three cases (*Medieval Pilgrim's Companion*, 63–65).

[71] This cruel ruler imposes an unfair punishment similar to those of the emperors in *Vna santa enperatris que ouo en Rroma* and *Carlos Maynes*. They are hagiographic topoi.

[72] MS: *taradsen*. The letters *ad* are superscript.

[73] As indicated in the last part of the description of the manuscript in the introduction (p. xxxiii), *quarta feria*, *quinta feria* (fol. 22va), and *sesta feria* (fol. 23va) are Portuguese for Wednesday, Thursday, and Friday.

omes que nunca erraron? Ante que estos se pierdan, que non erraron, te digo bien que tu judgues por errados los que soterraron la martel de Ihesu Xpisto, ca yo non temo tal manera de yerro, ca yo manefiesto bien abierta mente que yo la soterre e que so vasallo de Ihesu Xpisto."[74] Desto fue el endiablado llagado en su coraçson muy fiera mente, asy commo de llaga muy alta. E en logar de pensar, dio vna boz muy loca, onde todo el palaçio fue toruado, e dixo: "¡Ay, yo mesquino, catyuo, onde todas las gentes deuen auer piadat por que meten natura[75] enesta culpada vida! Agora so contrecho por quanto yo auja a gouernar mj jnperio, e ala çima esta perdido mj jnperio." Entonçe mando que troxiesen antel todos los conpanneros de Porfiro e todos sus caualleros, e saco los a vna parte por tomar con | ellos consejo sobre Porfiro. E en quanto esto quiso fazer, todos ellos dixieron a vna boz que eran xristianos e que por njnguna manera de muerte non se partirian dela fe de Ihesu Xristo njn dela conpanna de Porfiro.

Entonçe mando el endiablado que tomasen martirios e que los martiriasen por que bien cuydaua que tornaria a alguno dellos a su creençia por martirios. Quando Porfiro vio que los leuauan al logar dela muerte, ouo pauor que fuesen turbados por mjedo del martirio, e dixo al enperador: "Enperador, ¿que quieres tu fazer, que me non dexas en paz?, ca yo prinçipe so e sennor destos cauall*e*ros. E a mj mesmo e atodos estos fazes mal, e bien sabe que tu trabajo es perdido enestos sy ante non vençieres a mj." Entonçe le dixo el enperador: "Tu eres cabeça e prinçipe destos cauall*e*ros, asy commo tu dizes. E por ende ha menester que tu les des fazanna de ty mesmo, e menester ha que te partas primero desta follia e beujras connosco gloriosa mente, synon, bien sabe que tu primera mente morras que ellos por espada ante todos." Desque esto dixo, mando que sacasen fuera dela çiudat a Porfiro con todos aquellos, e que les tajasen las cabeças e que los cuerpos non fuesen soterrados, mas que asy fincasen sobre tierra ental que los comiesen los canes e las aues. E esta | pasion fue en vn dia de quinta feria XXIIIJo dias andados de nouienbre.

Otro dia en la mannana que esto fue fecho, seya el enperador en su cadera, e que avn non era farto de sangre de martires. E mando quele troxiesen delante la bendita virgen santa Cataljna e dixol asy: "Pero la culpa es tuya de todos aquestos que aqui son muertos por ty e por tu encantamento. Sy quesieres tornar tu coraçson desto que tienes e te ofreçieres a nuestros dios, poderas avn reynar connosco bien auenturada

---

[74] The feudal terminology employed here not only illustrates the medieval perception that the earthly hierarchy mirrored the heavenly one but also aligns the emperor with Satan by opposing him to Christ. Maxentius's subsequent identification as *endiablado* further underscores this relationship.

[75] Here, I interpret *natura* as meaning "human weakness."

mente, e seras la primera e la mas alta e la mas adelantada en todo nuestro regno, e non lo deluengues mucho. Dy qual quieres, o sacrifica alos dios, o oy eneste dia sera partida la cabesça de tu cuerpo. E se piadosa en
600 meter mjentes enel pueblo." La bendita virgen respondio: "Ssy tu fazes esto que dizes, esto non sera consejo donde omme deua auer duelo. Mj cabeça es en logar de mj fin, e por muerte atiendo yo gloriosa naçençia, e por morrer, gozo, e por llorar, lediçia,[76] e por tristeza, perdurable alegria. Endiablado malo, yo non quiero mas delongar, mas faz quanto
605 tienes en tu coraçson, e tu me veras aparejada de sofrir quanto mal me podras fazer, ca por esto mereçere yo auer lugar entre las conpannas delas virgenes."

| Quando la el asy vio fablar, fue tan sannudo que a pocas non 22vb ensandeçio,[77] e mando quela quitasen delante e quela sacasen fuera dela
610 villa e quela descabeçasen alla, e ella asy, yendo para la muerte. Algunas gentes que aujan della piadat por se non perder tan fermosa criatura dezian que mas ayna deueria obedeçer el mandado del enperador que por su sandez perder flor de su mançebia: "¡Ay!", dizian ellos, "¡flor de beldat e de virgen! ¡Ay, semejança de claridat del sol! Dexa esta locura tan
615 grande e mete mjentes que eres de tan grant ljnaje, e que te dan riquezas e onrras, e quieres ante morrer quelas tomar. ¡Ay, virgen, que bien vales vn enperio! Mete consejo en tu mançebia, que agora esta en flor, e nonlo des a esterramjento la maraujlla de tu beldat, e non la dexes perder por muerte, que te non cunple." A esto respondio la virgen onrrada: "¡Ay,
620 omes e mugieres! Tollet vuestros vanos duelos que fazedes de mj beldat, que non val nada, mas sy piadat de natura se uos mueue contra mj, fazet mas alegria que duelo, ca yo veo a Ihesu Xpisto, que me llama, que es mj amor e mj bien e mj espejo, que es conplimiento de santos e que es preçioso auer e onrra e corona de las virgenes. Mas uos tornad en vos
625 mesmos este pleito que en mj perdedes. Asy quel postremero dia non vos falle eneste yerro en que sodes, que beujredes por ende en perdurable lloro."

| Desque esto les ouo dicho, pedio a aquel que la auja de matar espaçio 23ra de fazer oraçion, e el gelo otorgo. Ella erguyo los ojos e las manos con-
630 tra el çielo, e dixo: "¡Ay, Ihesu Xpisto, buen Sennor, onrra e salut delos

---

[76] Knust omits all of the text following *naçençia* through *lediçia* (*Geschichte*, 307).

[77] The terminology used here to describe the reaction of the emperor is the same as that used to describe the depravity of male characters in *Vna santa enperatris que ouo en Rroma* and *Carlos Maynes*. *Costantino* uses the motif to contrast feminine purity and wisdom with masculine treachery and contamination (Spaccarelli, *Medieval Pilgrim's Companion*, 66).

creyentes, espejo⁷⁸ e gloria delas virgenes! Yo te do graçias, por que tu me quesiste contar enla conpannja delas tus sieruas. Faz esta misericordia sobre mj. Yo te ruego que todos aquellos e aquellas que en tu loor e en tu gloria fezieron remenbrança de mj pa[sion],⁷⁹ en qual quier coyta
635 que ayan e quando les salieren las almas delos cuerpos, Tu las resçibe e acorrelas por grant piadat. E Tu, mjo Sennor Ihesu Xpisto, por que yo conply el trabajo de mj batalla e atiendo la espada e el golpe del feridor, resçibe mj spiritu.⁸⁰ Esto te ruego yo, e manda que sea puesta por manos de los tus santos angeles enel asentamjento dela perdurable folgança con
640 las otras virgenes." Avn non auja la bendita virgen su oraçion conplida quando vna alta boz de vna alta nuue le dixo: "Vente, mj amiga e mj esposa. La puerta del parayso te esta aujerta, e la morada dela perdurable folgança te esta aparejada, e la conpanna delas virgenes te bien resçebir, que an grant alegria por que | vençiste. Pues vente, e non duldes 23ʀʙ
645 cosa delo que demandaste, ca todos aquellos que tu pasion guardaren e onrraren e oujeren en remenbrança por buenas obras, prometeles Dios las donas que tu demandaste."

Despues desto, la esposa de Ihesu Xpisto tendio la cabeça e el cuello, blanco commo la njeue,⁸¹ e dixo a aquel que la auja a matar: "Ves que
650 mjo Sennor Ihesu Xpisto me llama. Desoy mas, cunple toste lo que te manda tu sennor." E el erguyose e degollo la. Eneste fecho aparesçieron dos cosas que deue omme auer en remenbrança, la vna fue que en logar de sangre, salio leche della, tanto quela tierra enderredor del cuerpo se mojo, la otra fue que los angeles venjeron por el cuerpo e leuaronlo
655 alto por el ayre, e soterraronlo en vn monte que ha nonbre Synay. Aquel monte es luenne donde ella fue muerta, XX jornadas o mas. En aquel logar do su cuerpo yaz, ay bien e a loor de Dios e a su gloria tantos fermosos miraglos que njnguno non los podria contar. Entre estos miraglos ay vna fermosa virtud, que de su monjmento corre sienpre olio. E al
660 viene avn agora y, que cada anno y vienen tantos estornjnos que es por marauilla, e aduzen sennas oljuas en los picos e ponen las sobre el mon-

---

⁷⁸ Based on the French source text (*espous*), Knust emends *espejo* to *esposo* (*Geschichte*, 309). Yet Walker's observation that the translator consciously manipulated the imagery in *Maria Egiçiaca* possibly holds true here, as well (*Estoria*, xii–xiii). Furthermore, Catherine of Alexandria describes Christ as a mirror only a few lines above (623).

⁷⁹ MS: *pamaren*.

⁸⁰ Cf. Acts 7:59.

⁸¹ A French source says that her neck is "blanc come let" (Knust, ed., *Geschichte*, 311).

jme*n*to, e fazen dellas azeyt*e*, q*ue* alunbra*n* todo el an*n*o en aq*ue*l logar, e los dolient*e*s vnta*n*se del e reçibe*n* ende salut.⁸²

| La bendita vi*r*gen santa Cataljna fue martiriada en*e*l mes de noujenbr*e* en sesta feria, XXX dias andados del mes, a ora de terçia, ental dia com*m*o Ih*e*su Xp*is*t*o* p*r*iso pasion a q*ue* es onrra e gloria por todos los sieglos delos sieglos syn fin.

23va

665

---

⁸² The presence of Catherine of Alexandria's tomb reminds us of the ending of Martha's tale because both attract pilgrims; yet if any propagandistic aims behind the description of her tomb are present, they clearly are not as evident here as in the other tale. Gómez Redondo considers the message of salvation to be the main purpose of the *passio* (*Prosa medieval*, 2:1953).

### De vn cauall*ero* Plaçidas q*ue* fue despues c*r*istiano e ouo no*n*bre Eustaçio[1]

Enel tienpo de Troyano, el enp*er*ador de Roma,[2] auja el diablo gra*n*t poder, q*ue* por sy, q*ue* por aq*ue*llos q*ue*lo s*er*uian, ca les fazian orar alos
5 ydulos e descon*n*oçer[3] e desamar a N*uest*ro Sen*n*or Ih*es*u Xp*ist*o, e marteriar e matar todos aq*ue*llos q*ue* | enE*l* creyan. En*e*ste tienpo q*ue* uos 23vB yo digo, ouo vn rico om*m*e de muy gra*n*t ljnaje e sen*n*or de muchos cauall*ero*s q*ue* auja nonbr*e* Plaçidas. Este era de b*ue*nas man*er*as e de b*ue*nas costunbres, asy q*ue* por su bondat lo feziera el enp*er*ador maes-
10 tre de su caualleria toda. E syn todas buenas man*er*as q*ue* auja, fazia mucho bien por Dios, ca acorria a todos aq*ue*llos q*ue* aujan menester ayuda, alos coytados, alos mal amigados, e avn alos q*ue* meresçian por derech*o* mue*r*te. A todos daua el consejo a todo su poder. Vestia los desnudos, daua a comer alos q*ue* auja*n* fa*n*bre, mantenja las biudas e
15 los huerfanos, pagaua las debdas por los cuytados debdores a cauall*ero*s e a duen*n*as pobres, acorria bie*n* a sus coytas, e avn alas q*ue* pr*e*ndia*n* por Ih*es*u Xp*ist*o fazia el mucho algo con piadat. ¿Q*ue* uos direy mays? P*ar*tia su auer e sus cosas por todos los q*ue* lo auja*n* menest*er*, asy q*ue* sse semejaua bien con vn santo om*m*e q*ue* auja nonbr*e* Cornelio q*ue* ssant
20 Pedro conuertiera.[4] El auja su mug*i*er q*ue*lo semejaua en b*ue*nas mane*r*as, mas p*er*o eran anbos gentil*e*s e no*n* conosçian N*uest*ro Sen*n*or Ih*es*u Xp*ist*o. Estos anbos auja*n* dos fijos q*ue* amaua*n* muy de corasçon. Avn

---

[1] Spaccarelli classifies this tale as "an up-dated Job story on the theme of the 'man tried by fate'" (*Medieval Pilgrim's Companion*, 67). Gómez Redondo considers *Plaçidas* to be the central narrative of the *LH* in that it sets the tone for all of the other legends, regardless of their genre (*Prosa medieval*, 2:1342 n. 148). Both this story and *Gujllelme* create a transition from the hagiographic narratives in the *LH* to the compilation's romances (Liffen, "Transformation of a *passio*," 1). The *LH*'s movement from the saintly to the secular provides models for both religious behavior and knightly conduct (Gómez Redondo, *Prosa medieval*, 2:1342).

[2] While *Plaçidas* does furthers the generally westward progression of the codex's action, for the setting is no longer the Middle East (Spaccarelli, *Medieval Pilgrim's Companion*, 41), the tale does not advance the *LH*'s chronology because Trajan came before Maxentius.

[3] Walker: *desconoçer* (*Pláçidas*, 3).

[4] Acts 10.

vos diremos mas daqueste fidalgo. El era muy buen cauallero darmas
e muy sesudo enellas, e era muy bien razonado e justiçioso, e era tan
25 sabidor de guerra que metia todos sus enemigos e de ssu sennor so su
poder. E era | tan sabidor de aues e de canes, e de caça de monte e de   24ra
ribera que sabia e fazia quanto y auja menester. E auja y tan grant sabor
que yua y cada dia, mas Nuestro Sennor, el poderoso e de buen talante,
que sabe e ve quales ha de llamar e de tirar, asy[5] non touo en desden las
30 buenas obras de aquel alto omme, pero era cobierto de nuue, de yerro, e
de descrençia. Non quiso dexar sus buenos fechos syn gualardon, ca asy
commo dize la Santa Escriptura todas las maneras delas gentes que Dios
temen e aman e que entienden, derecho e razon plaze a Nuestro Sennor.[6]
Por esto ouo El piadat daquel alto omme, e quisolo saluar en qual guisa
35 uos agora diremos.

Un dia aueno que aquel rico omme fue a caça commo solia, con muy
grant conpanna de caualleros e monteros mas abaldonada mente que
el pudo. Quando llegaron a vna montanna, vieron vna grant conpanna
de çieruos que atrauesauan la carrera por ante ellos. E tan toste partio[7]
40 su monte, quales fuesen e por o, e quales fincasen e do estoujesen. E el
e los que oujeron luego de yr corrieron enpos los çieruos. E cada vno
atendiendo su caça, ahe aqui vn çieruo grande a maraujlla, mayor e mas
fermoso que todos los otros. E paso por antel, e partiose de | los otros,   24rb
e fuese meter enla mas espesa xara que fallo. E Plaçidas, quelo vio e lo
45 cobdiçio, partiose de su conpanna e fuese enpos aquel çieruo lo mas que
pudo. E asy veno que andido todo aquel dia enpos su caça, asy commo
Dios queria. E su cauallo non le canso, njn por xaras njn por canpos[8] njn
por matas de yr en pos el çieruo. E despues quel çieruo fue mucho alon-
gado de la conpanna, sobio alto sobre vna penna,[9] e torno su cabeça por
50 ver el que venja en pos el, asy commo es costunbre delos çieruos quando
entienden que non viene[n][10] njngunos çerca los que en pos ellos corren.
El buen fidalgo se llego, asy commo andaua solo al çieruo, e cato por
do poderia sobir que oujese su caça. Mas Aquel que ha todo sen e todo
saber, por su merçet e por su piadat caço aquel que el çieruo queria caçar
55 por sy mesmo, ca non por otri,[11] non asy commo El fezo conberter el

---

[5] Walker: *a sý* (*Pláçidas*, 5).

[6] Acts 10:35.

[7] MS: *parotio*. The letters *tio* are superscript.

[8] Walker: *capos* (*Pláçidas*, 6). The nasal bar is partially covered by a wrinkle on the manuscript folio.

[9] MS: *pequenna*.

[10] Deleted after *viene[n]*: *njn*. The word appears to be a scribal error, for it occurs at the end of a line just before *njngunos* (Walker, ed., *Pláçidas*, 42 n. 10).

[11] Walker: *otro* (*Pláçidas*, 6).

*Plaçidas* 65

alto om*m*e Cornello por[12] la plegaçion de sant Pedro, mas asy com*m*o
conuertio sant Paulo por su demostrança.[13] El bue*n* cauall*e*ro Plaçidas
estouo much*o* catando el çieruo e marauillandose de com*m*o era grande
e fermoso, mas seso e poder le falleçio delo tomar. E mucho le pesaua
60 por q*ue* lo no*n* podia tomar, mas N*ue*st*r*o Sen*n*or Ih*e*su X*r*ist*o* le fezo q*ue*
no*n* començase cosa de q*ue* se no*n* podiese ayudar. E asy com*m*o fizo
el asn[o][14] fablar a Balaam[15] en q*ue* | yua q*u*ando le dixo la neçedat q*ue*   24va
q*ue*ria fazer, asy mostro El a este bendito cauall*e*ro entre los cuernos de
aq*ue*l çieruo el sen*n*al dela v*e*rdadera cruz, mas clara e mas luzient*e* q*ue*l
65 rrayo del sol. E enla cruz estaua la ymagen de Ih*e*su X*p*ist*o* q*ue* fezo el
çieruo fablar com*m*o om*m*e, e dixo le: "Plaçidas, ¿por q*ue* vas tu cont*r*a
mj? ¿Q*ue* me q*u*ieres o q*ue* me demandas? Sabe q*ue* por amor de ty te
me most*r*e ent*r*e los cuernos desta bestia, asy com*m*o tu ves. Por q*ue* me
con*n*osçies*e*s,[16] yo so Ih*e*su X*p*ist*o* q*ue* tu sierues, e tu no*n* sabes ende
70 cosa. Yo veo bie*n* las ljmosnas q*ue* tu cada dia fazes a pobres e a coytados.
E vyne aq*u*i mostrar te me por este çieruo, e tu echastete a caçarlo, e yo
alcançar*e* aty. Tu no*n* ataras njn p*r*enderas el çieruo, mas yo leuare aty
preso e liado, ca no*n* es derecho njn razon q*ue* mj amigo, q*ue* tantas faz
de buenas obras, sierua desoy mas alos diablos, njn q*ue* adorelos[17] ydolos
75 q*ue* no*n* an seso njn saber de acorrer a ninguno, njn del fazer ajuda. E
por esto vjne yo e*n* tierra por saluar el mu*n*do."[18] E q*u*ando Plaçidas
oyo esto, fue muy espantado, e ouo tan grant pauor q*ue* se dexo caer en
tierra del cauallo. E q*u*ando acordo, erguyose e q*u*iso ver mas conplida
ment*e* aq*ue*lla marauilla q*ue*l era demostrada. E dixo ent*r*e sus dient*e*s:
80 "¡Q*ue* marauilla e q*ue* vision es esta q*ue* veo! Bue*n* Sen*n*or, descubre me
bien e muestra me lo q*ue* dizes, sy q*u*ieres q*ue* yo crea en ty." E N*ue*st*r*o
| Sen*n*or le dixo estonçe:   24vb
"Plaçidas, entiende me. Yo so Ih*e*su X*r*ist*o* q*ue* fize el çielo e la t*i*erra
e los q*u*atro eleme*n*tos, e p*a*rtilos por q*u*atro lugar*e*s. Yo fiz el dia, yo fiz
85 la noche. Yo fiz la lunbr*e*, yo fiz el escuro. Yo fiz la man*n*ana paresçer,
yo fiz el sol arrayar. Yo fiz la luna luzir de noche, yo fiz las estrellas por
onrrar el çielo. Yo fiz los an*n*os, yo fiz los tienpos. Yo fiz los meses, yo
fiz las semanas. Yo fiz los dias, yo fiz las oras. Yo fiz los rratos, yo fiz el

---

[12] Deleted after *por*: *por*.
[13] Acts 9:3–8.
[14] MS: *asna*.
[15] Numbers 22:21–35.
[16] Walker: *conosçieses* (*Pláçidas*, 7).
[17] MS: *adorenlos*.
[18] Cf. John 18:37.

omme de tierra.[19] Yo fuy puesto en cruz, yo fue[20] soterrado. Yo resuçite a
90 terçer dia de muerte a vida." Quando esto oyo Plaçidas, echose en plegaria e beso la tierra antel, e dixo: "Buen Sennor, yo creo que Tu eres Aquel que todas las cosas feziste, e que metes en carrera todos los descarrerados." "¡Ay, Plaçidas!", dixo Nuestro Sennor Ihesu Xpisto, "sy tu esto cres, vete ala çiudat e faz lo que te mandar el obispo delos xristianos, e pidele
95 bautismo." "Buen Sennor," dixo Plaçidas, "sy me mandardes, contare esto amj mugier e amjs fijos, ca en toda guisa quiero yo que enty crean." "¡Vay!", dixo Ihesu Xpisto, "e cuentagelo todo. Desy tomad todos bautismo e dexat uos dela mala vida que fasta aqui feziestes. Desy torna aqui amj e mostrar te he lo que te auerna e por que aueras verdadera salut."
100 | Entonçe salio Plaçidas dela montanna e fue se asu casa e conto a 25RA su mugier quanto viera e oyera. E desque lo ouo contado todo, su mugier dio bozes e dixo: "Buen sennor e buen amigo, ¿vistes uos el cruçificado que los xristianos creen e oran? Sabed uos verdadera mente que Aquel es el muy grande Dios e el verdadero Dios,[21] que non a otro fuera El, que
105 asy mete los que son descarrerados en carrera, e faz creer alos descreidos. E esta noche que fue, lo vy yo otrosy, e me dixo esto mesmo: 'Mannana yredes tu e tu marido e tus fijos en vno amj.' Agora se yo bien que este Ihesu Xpisto se uos quier avn mostrar en aquella forma enla verdadera cruz por que en toda guisa quier que sepades su fuerça e su poder, e que
110 todos creamos enEl. Ora vamos toste demandar el santo bautismo delos xristianos, ca por el bautismo son suyos quitos[22] aquellos quelo cren." "Bien[23] otrosy dixo el amj," dixo Plaçidas luego en esa noche syn mas tardar e syn saber lo omme de su casa. Fueron se ellos al obispo delos xristianos, e contaron le quanto vieran e oyeran, e fizieran e dixieran, e
115 quando se connosçieran,[24] que todos creyan en Jhesu Xpisto. | Bautizo- 25RB los luego el obispo, e fue muy ledo e dio graçias a Nuestro Sennor, que cosa non quier perder, ante lo quier todo saluar.[25] E quando los bautizo, pusoles otros nonbres. A Plaçidas puso nonbre Eustaçio, e a su mugier, Teospita, e al fijo mayor, Agapito, e al menor, Teospito. E despues que-
120 les castigo e les pedrico commo avian de tener la fe delos xristianos.

---

[19] Walker points out that the translator increases the number of rhetorical elements found in this passage when compared with the tale's French source, the prose *Vie de Saint Eustace* (*Pláçidas*, xxxi). The translator's additions make the structure of these utterances more parallelistic.

[20] Walker: *fu[y]* (*Pláçidas*, 6, 18).

[21] Deleted scribal insertion after *Dios*: *e Dios*.

[22] Walker: *quantos* (*Pláçidas*, 10).

[23] Walker: *buen* (*Pláçidas*, 10).

[24] Walker: *conosçieran* (*Pláçidas*, 10).

[25] Cf. 1 Tim. 2:4; John 17:12, 18:9.

Comendolos a Dios e dixoles: "Nuestro Sennor Ihesu Xpisto sea convusco. Yo bien se que el fijo de Dios es en vuestra conpanna, e por Dios vos ruego quando vos fuerdes enla gloria del parayso, que uos nenbredes demj commo me yo nenbrare deuos sy ante alla fuer. Ora vos yd, e seades
125 comendados a Dios e a sant Iohan Bautista."

Quando fue enla mannana Eustaçio, non se con quantos caualleros,[26] fuese ala montanna faziendo grandes enfyntas de caçar. E quando llego çerca del logar do viera la vision, partiose desus caualleros lo mas sesuda mente que pudo, e fuese solo ala penna. E vio su vysion en aquella mesma
130 guisa que la ante viera, e desçendio muy ayna de su cauallo, e echose en oraçion e beso la tierra e dixo a grandes bozes: "Mjo Sennor Ihesu Xristo, yo se bien que tu eres Dios e que tu eres fijo de Dios. Ora creo yo enel padre e | enel fijo e enel Spiritu Santo, e ruego te que me muestres lo que me prometiste."
135 Nuestro Sennor le respondio: "Es[27] tu bien auenturado, Eustaçio. Tu reçebiste el santo bautismo. Agora eres tu entregado del don dela perdurable vida. Ora vençiste el diablo que te luenga mente touo engannado. Sy crees muestralo por obras, ca fe syn obra muerta cosa es.[28] E bien sabe tu quel diablo te guerreara por la enbidia e por el pesar
140 que ha de ty por que lo dexaste, e demandara arte e engenno por que te pueda tentar e fazerte mal, mas muchas cosas te conuerna a sofrir por vençer. Tu fasta aqui fueste onrrado e ensalçado, e saliste sienpre bien delos grandes fechos del sieglo, e fuste mucho abondad[o][29] delas riquezas del mundo. Ora te convien que te omjlles e que dexes el orgullo
145 e la vfana e las vanjdades del sieglo. E despues adelante seras ensalçado enlas riquezas çelestiales. Pues agora te guarda que fuerça njn bondat de ty non fallesca do te fuere menester, njn te njenbres del grant amor que oujste al mundo. Mas asy commo te tu trabajaste de bien fazer en armas e de guerrear bien tus enemigos e delos vençer por fazer plazer
150 a tu enperador, que es mortal, otrosy se rezio e fuerte en | te defender, del cometer, e del asse[s]tar del diablo, e por guardar mj amor, que so Enperador del perdurable jnperyo. Ca asy ha de ser que tu seras tentado

---

[26] Gómez Redondo cites four heterogeneous influences on *Plaçidas*: epic formulas designed to capture the attention of a listening public; realism that lends itself to credibility; the *planctus* of Eustaçio that underscores the power of divine speech; and language befitting a narrative genre. For this critic, the interjections of the *recitador* are the thread that weaves all of these influences into a unified pattern (*Prosa medieval*, 2:1356).
[27] Walker: *eres* (*Pláçidas*, 43 n. 20).
[28] "So faith by itself, if it has no works, is dead" (James 2:17). Charity to the poor and hospitality would be chief among good works in this anthology.
[29] MS: *abondada*.

commo fue tentado Job e tu vençeras el diablo por verdadera paçiençia. Ora te guarda bien que non pienses[30] maldades, njn seas engannado en
155 cuydado njn en fecho, ca desque fueres bien quebrado e bien omjllado, yo tornare a ty, e fazer te he cobrar toda tu primera onrra e tu primero plazer, e despues darte la alegria del paraiso."

Desque Nuestro Sennor Ihesu Xpisto dixo esto, sobiose alos çielos, mas ante dixo a Eustaçio: "¿Quieres agora reçebir las tentaçiones
160 o en çima de tu vida? Escoge qual ante quesieres." E Eustaçio le respondio: "Buen Sennor, ruegote que sy asy es que yo non puedo escusar las temtaçiones asy commo las tu deujsaste, damelas luego, que ante las quiero agora sofrir que despues. Mas dame poder e fuerça de sofrençia, que mj auersario non me pueda por fecho njn por dicho echar de tu
165 creençia njn reuoluer me el corasçon, njn el cuydado." E Ihesu Xpisto le respondio: "Xristiano, sse fuerte e vençeras, ca mj graçia sera toda via contigo, que uos guardara las almas." Entonçe se torno Eustaçio a su casa e conto a su mugier quanto le Ihesu Xpisto dixiera. Estonçç sc echaron en oraçion anbos en jnojos e rogaron a Nuestro Sennor en | esta   26RA
170 guisa: "Buen Sennor Ihesu Xristo, la vuestra voluntad sea fecha,[31] e fazed denos lo que uos ploguier." E non tardo mucho despues desto que toda su conpanna le enfermo, e morieron a poco tienpo todos, asy serujentes commo caualleros. E enesto entendio don Eustaçio que era comienço de sus tentaçiones. E en reçebiendo las, gradeçiendolas e dando loor a
175 Dios, e rrogo asu mugier muy de corasçon que por esto njn por al, non le falleçiese sofrençia. A vn poco despues desto, cayo mortandat ensus cauallos e en todas sus bestias e en todo su ganado, asy que le non finco nada.

Esta tentaçion sofrio Eustaçio muy de buena mente e syn pesar.[32]
180 E despues, partiose desu casa con su mugier e con sus fijos muy ascondida mente. E quando esto sopieron sus malos vezinos, e commo dize el proberujo, que quien a mal vezjno a mal matyn,[33] asy fezieron ellos. Entraron les denoche enla casa e tomaron les todo quanto y fallaron, asy que les non finco de quantas riquezas aujan saluo lo que trayan bes-
185 tido. Despues adelante, veno vn dia quel enperador e todos los romanos fazian | grant fiesta por vna buena andança que oujeron de vna lid que   26RB vençieron en Persia. E cuydauan que Plaçidas fuese aquella fiesta por que era maestre e cabdillo e prinçipe de todos los alcaides. Buscaronlo e nonlo fallaron. E mucho se maraujllaron todos que se feziera del tan

---

[30] Walker: *piensas* (*Pláçidas*, 12).
[31] Again from the Lord's Prayer; Matthew 6:10, Luke 11:2.
[32] This is indeed a parallel to Job 1:21–22.
[33] Walker observes that this proverb appears only in the Castilian version of the text (*Pláçidas*, 43 n. 25).

*Plaçidas*

190 syn sospecha, que njn ael njn a su mugier njn cosa delo que aujan non pudieron fallar. Mucho ouo ende grant pesar el enperador e todos los altos omes, e maraujllaron se mucho de tal auentura. Teospita dixo a ssant Eustaçio: "¿Que atendemos aqui? Venjd e tomemos nuestros fijos, que tanto nos finco de quanto aujamos, e partamos nos de aqui, ca todos
195 nos despreçian quantos nos conosçen." Tanto que fue noche, tomaron sus fijos e fueron se contra Egipto.[34] E tanto andudieron por sus jornadas que llegaron al mar. E fallaron y vna naue que estaua guisada de yr para alla, e quisieron entrar dentro. E el maestre de aquella naue era gentil e destranna tierra, e de mala parte e syn piadat, pero toda via
200 entraron conel. E quando el vio la mugier de Eustaçio tan fermosa e tan pagadora, codiçiola mucho. E quando fueron a tierra, demandole el preçio del pasaje. E por que ellos non aujan cosa de quelo pagar, tomo el marjnero la duenna por el pasaje, e Eustaçio, a quien pesaua mas, rrogole mucho e muy de[35] | corasçon quelo non feziese. E el marjnero   26va
205 mando asus omes quelo echasen enla mar. Quando Eustaçio esto entendio, dexole su mugier, e tomo sus fijos entre sus braços e fuese fuyendo conellos, cuydando que gelos tomarian, e otrosi por non ver desonrra de su mugier. E fue asy fasta vn grant rio que fallo, toda via llorando e faziendo su grant duelo en esta guisa: "Mios sabrosos fijos, ¡quanto mal
210 a venjdo auos e a my!, ca vuestra madre ha marido estranno." El cato el rio e violo tan grande e tan ancho que non oso pasar con anbos los fijos en vna vez. E echo el vno alas cuestas e el otro dexo ribera del rio. E desque paso el moço allende, pusolo enla ribera. Desy torno por el otro. E quando llego a medio del rio, cato e vio salir vn leon de vn mato, e tomo
215 le el fijo por quel yua,[36] e tornose al mato conel. E quando el vio que auja perdido su fijo, torno por yr al otro, e tanto que bolujo la cabeça, touo mjentes e vio que vn lobo que leuaua el otro.[37] E estando asy en medio del rio, dio salto en sus cabellos, e començo a tirar por ellos e a rronper sus pannos, e a llaner e a llorar, e ouo tan grant coyta que se quesiera
220 echar enel rio. Mas Nuestro Sennor lo guardo por su graçia, quele fizo sofrir en paçiençia su perdida e su danno.

---

[34] As Spaccarelli notes, the "flight of the Holy Family into Egypt . . . [is] one of the biblical episodes commonly seen as a pilgrimage" (*Medieval Pilgrim's Companion*, 68). These characters re-enact it as a parallel.

[35] Every letter but *d* of the words *muy de* were reconstructed with ultraviolet light.

[36] The letters *ua* of *yua* were reconstructed with ultraviolet light.

[37] As Knust notes, in *Gujllelme* a wolf takes one of Guillelme's sons while the other is found in a boat (*Dos obras*, 135 n. *a*).

| Ora uos dexaremos[38] de fablar de sant Estaçio e de su perdida, e tornar uos hemos a sus fijos.[39] El leon que tomo primero su fijo dexolo sano e saluo, ca asy quiso Dios. E dezir vos hemos commo caçadores que andauan por aquel lugar, quando vieron al leon leuar el njnno, començaron a correr conel con lanças e dando bozes, e coitauanlo con sus canes. E el leon, que non quiso Dios quelo tannjese en carne e quelo leuaua por sus pannos, quando lo coytaron mucho, puso lo en tierra sano e saluo. E otrosy caruoneros, que fazian caruon enel monte, vieron al lobo leuar el otro fijo. E corrieron tanto conel que gelo fezieron dexar syn dapnno que resçebiese el njnno. E los caçadores e los caruoneros eran todos de vna villa. E los sennores de aquellos tomaron los njnnos e criaron los muy bien, mas el padre non sabia nada desto, ante se yua llorando e sospirando e fablando consigo enesta guisa:

"¡Ay, catiuo coytado! Tal fuy yo commo el fermoso aruol auondado de fojas e cargado de fruto, agora so pobre | e agora so mendigo. ¡Ay, catiuo!, que ya fue sazon que fue[40] onrrado e que fuy rico. Ora so desonrrado, ora so desconfortado, ora so despreçiado. ¡Ay, catiuo!, que fuy maestre e cabdillo de caualleros, e fuy rico de amigos e fuy onrrado de vezinos. Ora so astroso, ora so syn conpannja,[41] ora so syn consejo. Pues mjs fijos he perdidos, que ya non me finca conforto. Buen Sennor Dios, non me dexes ala çima njn despreçies mjs lagrimas, ca bien me njenbra que me dexiste que seria tentado commo Job. Enpero sy el perdio sus riquezas e sus posesiones, al de menos fincole vn muradal enque pudiese ser e yazer. Mas yo so en tierra estranna[42] con otra tanta coyta commo el ouo. El fincaua con amygos quelo confortauan, yo ando solo por el yermo entre bestias fieras, que me tollieron quanto conforto auja mios fijos que he perdidos. El ouo quien lo seruiese e quien lo aguardase. Ouo su mugier enque auja su conforto, mas yo, catiuo, finque coitado syn consejo e syn conpanna, njn veo amigo nin pariente, e so atal commo

---

[38] The letters *mos* are superscript.

[39] This type of transition, used in several other places of this manuscript, was frequently employed in the thirteenth century. See Knust for a listing of several Castilian and French examples (*Dos obras*, 137–38 n. *a*).

[40] *Fue* is used as the first person singular form here.

[41] Walker: *conpaña* (*Pláçidas*, 18).

[42] Spaccarelli believes that the terms *tierra estranna* and *yermo*, the latter of which follows, link the context of Placidus's suffering and exile to that of pilgrimage. In particular, the use of *tierra estraña* underscores Placidus's status as a foreigner, or wanderer away from his homeland (*Medieval Pilgrim's Companion*, 68). His exile makes him a pilgrim in the figurative sense in the same way that Adam and Eve, Mary and Joseph, and the Cid are symbolic pilgrims.

la can*n*a en*e*l mont*e* q*ue* el viento la aballa de todas p*a*rtes.[43] Piadoso Sen*n*or, no*n* te pese sy me creçen muchas palabras, ca he gra*n*t pesar, e creçe mj san*n*a e digo mas cosas q*ue* no*n* son de dezir. Buen Sen*n*or Dios, guardame e çierra mj boca e mj corasçon, q*ue* mj corasçon no*n* piense | nj*n* q*ue* mj boca diga cosa q*ue* te desplaga. Dame, sy te plugier,[44] folgança demjs coytas." El esto diziendo e llorando, e sospirando e faziendo gra*n*t duelo, llego a vna villa q*ue* avia nonbr*e* Dadisa. Ally finco e ally se trabajo de ganar su pan. Lue*n*go tienpo le plogo de beujr ally. E puso co*n* los regidor*e*s dela villa q*ue* le diesen a guardar los pan*n*es e las vjn*n*as, e dierongelo. E fue allj guardador q*u*inze an*n*os, e sus fijos fueron c*r*iados en*e*l aldea com*m*o uos dixiemos. Mas njngu*n*o no*n* sabia sy eran h*e*rmanos. Ora vos dexaremos a fablar del padre e delos fijos e tornar vos hemos ala duen*n*a.

El marinero, onde uos dexjmos,[45] q*u*iso auer aq*ue*lla noche conpan*n*a conla duen*n*a. Mas el N*ues*t*r*o Sen*n*or guardo la, asy q*ue* no*n* pudo el m*a*rjnero cosa fazer de q*u*anto deseaua. Asy rrogara ella a N*ues*t*r*o Sen*n*or q*ue* la guardase de desonrra e de ocasion. E q*u*iso la Dios ende guardar, e dire uos com*m*o. Aq*ue*lla noche mando el m*a*rjnero fazer su lecho b*ue*no, e fezo y echar la duen*n*a. E q*u*ando se el q*u*iso echar, tomole vn mal ta*n* fuert*e* q*ue*lo mato luego. E q*u*ando esto vieron los om*e*s del maestre dela naue, oujeron muy gra*n*t miedo, ca entendiero*n* q*ue* esto fu*e*ra por v*i*rtud de N*ues*t*r*o Sen*n*or, e no*n* se | osaron acostar a ella por le fazer pesar. E leuaronla a vna duen*n*a q*ue* y auja, q*ue* era sen*n*ora de vn castiello, e dieron g*e*la en s*e*ruiçio, e ella dioles [gracias][46] por ende su don, q*u*al touo por bi*e*n. E la se*n*nora del castiello paro mjent*e*s en*e*lla, e semejole por el senblante q*u*el*e* vio fazer q*ue* auja p*a*rte en bie*n*, e q*ue* no*n* podia s*e*r q*ue* de algu*n*t bue*n* logar no*n* venjera. E por ende le pregu*n*to de q*u*al t*i*erra era o de q*u*al ljnage. E ella dixo le la tierra, mas no*n* le q*u*iso dezir el ljnaje, ant*e* le q*u*iso dezir[47] q*ue* era mug*i*er pobre e q*ue* bjuja de su men*e*ster. Entonçe le demando la duen*n*a q*u*al menester auja, e ella le dixo q*ue* non auja men*e*ster, syno*n* q*ue* sabia guardar las huertas e q*ue* sabia y c*r*iar las yeruas e q*ue* saberia y c*r*iar gaujlanes e estas c*r*ianças de casa. E todo esto dezia la santa mug*i*er por q*ue* ella no*n* entendiese q*ue* ella era de alto logar, ca se entendia q*ue* la onrraria mas por ende, ca

---

[43] Matthew 11:7.

[44] Walker: *plug[u]ier* (*Pláçidas*, 19).

[45] Expressions of oral discourse such as these are frequent in the *LH*. Walker maintains that many of these were added to the Castilian version of this tale (*Pláçidas*, xxvii–xxviii).

[46] I follow Walker's emendation, which he makes on the basis of the appearance of *dieron gracias a Dios* on folio 30va (*Pláçidas* 18, 44 n. 35).

[47] Deleted after *dezir*: *ante*.

285 ella no*n* cobdiçiaua njng*un*a onrra del mundo, pues q*ue* su marido auja
pe*r*dido. Entonçe la duen*n*a, con duelo della, dio le vna ortalia çerca
dela villa e*n* q*ue* bjujese. E ella fizo y su choça enq*ue* bjuja. E asy q*ui*so
Dios q*ue* desde ally adelant*e* fue aq*ue*lla huerta ta*n* mucho p*ar*a bie*n*, q*ue*
entoda aq*ue*lla tierra no*n* auja tan buena nj*n* q*ue* ta*n*to preçiasen. Ora uos
290 dexaremos a fablar dela duen*n*a, co*n* tal consejo fynco q*u*al Dios le diera.
E tornar vos hemos a contar de sant Eustaçio com*m*o le aueno despues | 27vb
q*u*e*l*e tomaro*n* su mug*i*er, e las coitas por q*ue* paso, e com*m*o torno despues a su onrra enq*ue* ant*e* era, asy com*m*o le p*r*ometiera N*uest*ro Sen*n*or,
q*ue* despues de sus tentaçion*es* tornaria a su gra*n*t onrra.[48]
295    Despues aueno, e non tardo mucho, q*ue* vna gent*e* corrio aq*ue*lla
tierra dola duen*n*a era. E la t*i*erra era delos romanos, e la guerra cresçio
muy grande entre ellos e sus enemigos, asy q*ue* ouo el enp*er*ador, q*ue*
era aca en Roma, de saber ende las nueuas. E nenbrole del maestre de
los cauall*er*os, q*ue* era muy sesudo e*n* armas, e pesole mucho por q*ue* lo
300 p*er*diera asy. E llamo sus cauall*er*os e preguntoles sy sabian cosa dc su
muert*e* o de su vida. E desq*ue* no*n* pudo auer delas nueuas, ma*n*do lo
buscar por todas las çibdades e por todas las villas q*ue* era*n* del sen*n*orio
de Roma. E p*r*ometio grant onrra e grant riq*ue*za a q*u*ien lo fallase e g*e*lo
troxiese. Entonçe venjero*n* ant*e*l dos cauall*er*os, Antiocus e Agnachis,
305 q*ue* era*n* mucho amigos del maest*r*e delos cauall*er*os. E p*r*ometiero*n* al
rey q*ue* g*e*lo yrian buscar, entonçe caualgaron. Andodyeron[49] ta*n*to ala
ventura q*ue* llegaron ala villa o era sant Eustaçio. E ta*n* longe com*m*o
los vio, conosçiolos. Entonçe le nenbro de com*m*o solia beujr p*r*ime*r*a
ment*e*, e fue touado vn poco e moujdo, | e fezo su oraçion en tal g*u*isa: 28ra
310 "Buen Sen*n*or Dios, q*ue* libras tus amigos de todas coytas, asy com*m*o yo
era, agora ver aq*ue*llos q*ue* nu*n*ca ver cuydaua, asy manda Tu por tu plazer, q*ue* avn yo[50] vea tu sierua mj mug*i*er, ca bie*n* se yo q*ue* mjs fijos son
p*er*didos por mj pecado. E buen Sen*n*or, dame este don q*ue* te demando,
q*u*el dia del juyzio, aq*ue* todos auemos de resuçitar, q*ue* yo vea mjs fijos."
315 E non ubio acabar su oraçion q*u*ando vna boz del çielo le dixo: "Eustaçio, se seguro, q*ue* tu vernas[51] çedo al tu p*r*ime*r*o estado e aueras tu

---

[48] The entirety of the two preceding paragraphs constitutes a major addition made by the translator, and the only one of such magnitude to be found in this version of the tale. Its incorporation increases Teospita's significance in the tale, as do the minor translation changes that were made regarding her role in the story (Walker, *Pláçidas*, xxxiii–xxxv). See the first part of the introduction (pp. xx–xxi) for a discussion of this *amplificatio*.

[49] The letters *an* have been reconstructed using the ultraviolet lamp, while the second letter *d* is superscript.

[50] Deleted scribal insertion after *yo*: *sier*.

[51] The *n* of this word is superscript.

*Plaçidas*                                                                                                  73

mug*i*er e tus fijos. E el dia de la comunal resureçion, aueras muy mayor*e*s cosas, ca aueras vida p*er*durable e la lediçia del p*a*rayso, e tu nonbr*e* s*er*a ensalçado por todo el mu*n*do q*u*anto el durara." Eustaçio, q*u*ando esto
320  oyo, asentose e fue todo espantado, mas q*u*ando los cauall*er*os se fueron, llega*n*do a el, erguyose e fue cont*r*a ellos. E q*u*anto se mas llego a ellos, tanto los conosçio mejor. Mas ellos no*n*lo conosçieron e dixieronle: "Bue*n* amigo, Dios te salue." "Buenos sen*n*ores," les dixo sant Eustaçio, "Dios uos vendiga." "Dj nos," dixieron ellos, "sy tu viste de t*ie*n*po aca
325  vn om*m*e estran*n*o q*u*e auja no*n*bre Plaçidas con su mug*i*er e con sus fijos. Ssy nos lo tu ensen*n*ases, nos te dariamos gra*n*t auer." | "¿E por   28RB q*u*e," dixo el, "lo demandades uos?" "Por q*u*e era," dixieron ellos, "muy n*u*est*r*[o] amig[o],[52] e q*u*eriamos lo muy de grado ver, ca mucho ha gra*n*t pieça q*u*elo no*n* vjmos." "Non vy," dixo el, "aqui tal om*m*e, njnlo conosçy.
330  P*er*o yd oy comigo albergar, ca yo ot*r*osy so de t*ie*rra estran*n*a."

Entonçe los leuo co*n*sigo asu posada, e fue corriendo por vjno q*u*e les diese a beuer, ca mucho fazia gra*n*t calentura. E dixo av*n* su bue*n* huespede con q*u*e posaua: "Amigo, yo con*n*osco[53] estos om*e*s anbos, e por esto los troxe aca. E ruego vos q*u*e me enprestedes vjno e lo al q*u*e
335  oujer men*e*ster por q*u*e los pueda tener viçiosos, q*u*e yo vos pagare muy bie*n* delo q*u*e he ganado." E el huesped le enpresto de grado q*u*anto ouo menester, com*m*o qu*i*er q*u*elos cauall*er*os feziesen.[54] Sant Eustaçio no*n* se podia sofrir de llorar por q*u*e le nenbraua de su p*r*imera vida, e saliose fu*er*a de casa e lloro muy fyera me*n*te. E desq*u*e lloro mucho, lauo su
340  faz, e torno a casa e s*er*ujo los cauall*er*os, e los cauall*er*os lo cataron e recataro*n*,[55] e fuero*n* lo conosçiendo poco a poco. E dixo el vno en poridat al ot*r*o: "Mucho me semeja este om*m*e aq*u*el q*u*e nos demandamos." "V*er*dadera me*n*te," dixo el ot*r*o, "nu*n*ca vy cosa q*u*e mas me semejase. Agora metamos mjent*e*s e catemos sy tiene vna sen*n*al | enla tiesta de vn   28VA
345  golpe q*u*e le diero*n* en vna batalla. E sylo tien*e*, este es el q*u*e nos demandamos." Entonçe lo cataro*n* de mas çerca, e vierole la sobre sanadura dela llaga,[56] e ergu*i*eronse corriendo, e fuero*n* lo abraçar, e fezieron con*el* gra*n*t fiesta e grant alegria. E preguntaro*n*le en llora*n*do: "Sen*n*or, sodes uos el maestre delos cauall*er*os del enp*er*ador." E el en llorando ot*r*osy
350  dixo: "No*n*." "¿No*n*?", dixieron ellos, "ca uos vemos el sen*n*al dela cabeça por q*u*e uos conosçemos." E com*m*o qu*i*er q*u*e el negase, juraua*n* ellos q*u*e

---

[52] MS: *nuest*ra amiga.
[53] Walker: *conosco* (*Pláçidas*, 24).
[54] Walker: *feziesen [fiesta]* (*Pláçidas*, 24).
[55] Walker: *rrectaron* (*Pláçidas*, 24).
[56] This mark serves as Northrop Frye's "talisman of recognition" (Liffen, "Transformation of a *passio*," 15; Spaccarelli, *Medieval Pilgrim's Companion*, 69). The classical ancestor is, of course, Odysseus' recognition scene.

aquel era Plaçidas el cauallero, cabdillo de los caualleros. E ellos le preguntaron por su mugier e por sus fijos e por otras muchas cosas. E sant Eustaçio seles fizo entonçe connosçer.[57] E dixo quela mugier e sus fijos eran muertos. Ellos asy fablando, sopieron las nueu[as][58] ende por la villa, e todo el pueblo fue y ayuntado. E los caualleros les contaron toda la ventura e la onrra e la alteza de aquel omme, e los quelo oyan dezian: "¡Dios, que marauilla de tan alto omme commo este que nos serujo tan luenga mente e nunca del pudjmos cosa saber!" Entonçe contaron los caualleros a sant Eustaçio el mandado del enperador. Desy bestieronlo muy rica mente e dieron le muy buen[59] palafren e acogieron se al camjno. E todos los buenos omes dela villa salieron conellos e fezieron les mucha onrra. E al partir, abraço los el, e comendolos aDios. E los | caualleros, yendo asy caualgando, contoles el commo auja nonbre Eustaçio e todas las auenturas por que pasara.

Tanto andudieron por sus jornadas que a quinze dias llegaron do el enperador era. E los caualleros anbos fueron delante e dixieron lo al enperador que fallaran a Plaçidas, e que venja. El enperador salio contra el con muy grant plazer e abraçolo, e preguntole en llorando por que se partiera del tan syn sospecha. E Eustaçio conto ael e alos altos omes commo perdio su mugier e sus fijos e todas sus coytas e todas sus andanças. Mucho fue la grant alegria e grant fiesta que fue por toda la çibdat de Roma, ca mucho era amado de todos. E el enperador lo fizo maestre e cabdillo delos caualleros commo ante por lo enbiar contra sus enemjgos. E el cato e vio bien que aquellos caualleros non eran tantos por que pudiese fazer conellos a su plazer guerra contra sus enemigos.

Entonçe se fue ala frontera onde auja de guerrear, e mando por todas las çibdades e por todas las villas de aquella tierra que le leuasen caualleros e peones, e quantos leuasen de cada logar. | Onde aueno que de aquella villa donde sus fijos fueron criados le oujeron a enbiar dos omes asu soldada. E todos los dela villa se acordaron de enbiar aquellos dos mançebos que eran estrannos e grandes, e arreziados e muy bien fechos. E anbos los mançebos fueron ala hueste de grado, e desque todos fueron llegados, ayuntaronse antel maestre delos caualleros, e el fizo vna sennal acada vno en las espaldas. Mas los dos mançebos, por que los vio grandes e fermosos e bien fechos, e que le semejaron de buen corasçon,

---

[57] Walker: *conosçer* (*Pláçidas*, 25). Spaccarelli argues that preceding scene is thematically important due to its resonance with the moment of emotional recognition in the Emmaus story. In terms of Guest/Host Theology, it is notable that "our exiled protagonist, a guest himself, plays the role of host, thus combining in a single character the two roles" (Spaccarelli, *Medieval Pilgrim's Companion*, 69).

[58] MS: *nueue*.

[59] Walker: *bien* (*Pláçidas*, 25).

tomolos p*ara* q*ue*lo s*er*uiesen, ca le semejaro*n* fidalgos e om*e*s de b*ue*na p*ar*te. Ta*n*to los amo e preçio q*ue* los fizo ser asu mesa. Despues q*ue*l ouo fecha su fazienda e sus cosas g*u*isadas, moujo contr*a* sus enemigos.
390 ¿Q*ue* uos yremos mucho contando? Q*u*anta tierra los barbaros tomara*n* a Roma, toda la cobro.
   Despues[60] q*ue* el ouo conq*u*ista la tierra desus enemigos de su sen*n*or, fuese a vn rio q*ue* ha nonbr*e* Jaspes, por lo pasar e por yr a su t*ie*rra delos barbaros por conq*ue*rir e por lo meter todo so poderio de Roma.
395 E q*u*iso Dios asy q*ue* de aq*ue*lla yda entr*o* e*n*la tierra do era su mug*ie*r, q*ue* Dios guardara bien del m*ar*jnero. La duen*n*a guardaua vna huerta de | aq*ue*lla duen*n*a con q*u*ien era, e seya en vna choça. El sen*n*or delos 29rb cauall*er*os llego ally e poso enla ribera daq*ue*l rio, q*ue* era muy fermoso e muy sabroso de huertas e de todo otr*o* viçio. E aveno assy por aue*n*tura
400 q*ue*la tienda de aq*ue*l sen*n*or fue armada en aq*ue*lla huerta mesma q*ue* la duen*n*a guardaua, e mas aueno q*ue* los fijos posaron enla choça de su madre. E a ora de medio dia, fue asy q*ue* los ma*n*çebos começaro*n* a fablar en su fazienda e de sus auenturas por q*ue* pasaran, de q*ue* se nenbraua*n* bien. E la madre seya con*e*llos, q*ue* les oya de grado sus razones.
405 E el mayor dixo al menor: "Q*u*ando yo era njn*n*o, njenbrame agora e sienp*re* me nenbrara q*ue* mj padre era sen*n*or de cauall*er*os e q*ue* mj madre era buena duen*n*a e muy fermosa a marauilla. E de seys fijos q*ue* oujera no*n* auja otr*o* synon yo e otr*o* menor q*ue* yo. E aueno asy q*ue* se saliero*n* dela tierra e leuaron consigo amj e aq*ue*l otro, mj h*er*mano. E
410 fueron*se* al mar e fallaron y vna naue g*u*isada de se yr. E entramos y, mas yo no*n* sabia do se ellos q*ue*rian yr. Q*u*ando saljmos dela naue, n*u*est*r*a madre no*n* salio con*n*usco, ca no*n* se por q*u*al razon finco y. Mas n*u*estro padre leuonos anbos e vilo al salir dela naue llorar muy fuert*e* ment*e*. E yendo asy llorando, llego a vn rio, e paso ençima desus espaldas a mi
415 hermano, q*ue* era menor, allende el rio. E | desq*ue* lo puso enla ribera, 29va torno amj. E el en medio del rio, vjno vn lobo, e tomo amj h*er*mano e fuese con*e*l. E vn leon leuo amj. E los porq*ue*rizos q*ue* andaua*n* dela vna p*ar*te e dela otra del rio guardando ganados, libraro*n* amj del leo*n* e amj h*er*mano del lobo." Q*u*ando el menor h*er*mano vio asy fablar al mayor,
420 començo a llorar. E dixo en llorando: "P*ar*a el Dios delos xristianos, semejame por lo q*ue* dezides q*ue* sodes mj h*er*mano, ca muchas vezes me dixo aq*ue*l q*ue* me criaua q*ue* me tolliera en*e*sa g*u*isa avn lobo." E la madre, q*ue* esto oyo, bien sopo q*ue* era v*er*dat lo q*ue* dezian delo q*ue*les auenjera fasta la salida dela naue, o ella fincara por el preçio del pasaje al
425 m*ar*jnero. E começo a pensar sy poderia*n* por auentura s*er* aq*ue*llos sus fijos, e mas por aq*ue*llo q*ue*les oyera dezir q*ue* fuera*n* fijos de vn cabdiello

---

[60] Walker: *Desqués* (*Pláçidas*, 28).

de cauall*e*ros, e q*ue* su madre fuera dexada enla naue. P*er*o sofriose ende fasta enla man*n*ana. Ot*r*o dia enla man*n*ana fue al p*r*inçipe e alos cauall*e*ros, e dixole asy: "Por Dios te ruego, buen sen*n*or, q*ue* me lieues amj
430   t*ie*rra, ca yo so natural de Roma, e t*r*oxiero*n* me catiua en*e*sta tierra. E por ende te pido m*er*çet q*ue* me lieues ala mja."

   | Ella esto diziendo, paro bien mjent*e*s en*e*l, e vio le vna sen*n*al en*e*l 29vb rostro q*ue*le muchas vezes viera, e conosçiolo luego, e echosele alos pies e dixole: "Buen sen*n*or, no*n* uos pese de fablar convusco, mas escuchat
435   me. E pido uos por m*er*çet q*ue* me digades vn poco de v*ue*stra fazienda, ca bien cuydo q*ue* uos sodes Plaçidas, el cabdiello delos cauall*e*ros del enp*er*ador de Roma, aq*ue*l q*ue* despues ouo nonb*r*e Eustaçio q*ua*ndo el Saluador del mu*n*do le aparesçio en cruz ent*r*e los cuernos del çieruo e lo p*ar*tio de ssu descrençia. E le dixo q*ue* sofriria por el muchos pesares, e
440   caeria por el en muchas tentaçiones. E el tomo entonçe su mug*ie*r e sus fijos, e fuese a Egipto en vna naue. Yo so aq*ue*lla ssu mug*ie*r, q*ue* fynq*ue* entonçe con*e*l mal m*ar*jnero por el p*r*eçio del pasaje, e t*r*oxome a esta t*ie*rra. E Dios, q*ue* es guarda de sus amigos, me guardo ental g*u*isa q*ue* do el q*ue*ria fazer su plazer demj, fizolo morir mala muerte. Agora uos
445   dixe v*er*daderas sen*n*ales de mj fazienda e dela v*ue*stra. Agora me dezit sy uos conosçedes en vos. Yo vos conjuro por la fe de Ih*es*u Xp*ist*o, v*ue*stro Saluador."

   | Quando Eustaçio [esto][61] oyo, finco los ojos en*e*lla, e parole muy 30ra bie*n* mjent*e*s, e cato la bien, e conosçio la luego. E tomola por la mano, e
450   fuese con*e*lla asu tienda, e ouo tan gra*n*t plazer q*ue* se tomo a llorar muy de rezio. E el besar e el abraçar duro mucho e muchas vezes. E gradeçieron mucho a Dios q*ue* los ayu*n*tara, e loaro*n* el Saluador del mundo, q*ue* acorre e ayuda a todos logar*e*s e en todas coytas sus s*er*uient*e*s, e los libra de pesar e de mala andança. E q*u*ien Dios q*u*ier ayudar, njngu*n*o no*n* le
455   puede nozir.[62]

Entonçe le dixo la duen*n*a: "Buen sen*n*or, ¿do son los v*ue*stros fijos?" "Çiertas," dixo el, "bestias brauas los comjero*n*." Desy contole com*m*o le auenjera e contole[63] mas todas las cosas por q*ue* Ih*es*u X*r*isto lo feziera pasar. E ella dixo entonçe: "Sen*n*or, com*m*o Dios, por su m*er*çet, fizo
460   q*ue* vno de nos conosçio al ot*r*o e nos yu*n*to, asy fara por la ssu gra*ç*ia q*ue* aueremos | n*ue*stros fijos." "¿E no*n* vos digo yo," dixo el, "q*ue* las bestias 30rb brauas los comjero*n*?" "Non vos desesperedes, sen*n*or," dixo ella, "dela m*er*çet de Dios, q*ue* El vos porna co*n*sejo a todo, e yo vos dire q*ua*nto me

---

[61] Walker's edition includes this insertion (*Pláçidas*, 31).
[62] Cf. Romans 8:31.
[63] Walker elides everything from the previous instance of *contole* through this one (*Pláçidas*, 32).

ende ya aueno. Yo seya en vna choça desta huerta que yo guardaua, e dos
465 mançebos de vuestra casa posaron comigo, e començaron se de preguntar e de fablar de su fazienda e todas aquellas cosas que auenjeron anos e
a ellos fasta que fueron quitados alas bestias. Todas las cosas contaron, e
en su cuento fallaronse por hermanos.[64] E por quanto les yo oy, se bien
que aquellos son vuestros fijos. E estas nueuas aprendy yo del mayor. Ora
470 podedes vos bien entender e saber commo es grande el poder de Dios
e commo es sabroso que fizo que asy conosçiese el vno al otro. Sennor,
enbiad agora por ellos, e preguntadlos ende." E el asy lo fizo. Enbio por
ellos e preguntoles de su fazienda. E ellos gelo contaron, asy commo
uos ya dexiemos. Entonçe sopo Eustaçio çierta mente que aquellos eran
475 los sus fijos. Desy tomo el vno, e abraçolo e besolo, e desy al otro, e su
madre otrosy. E sy Eustaçio e la duenna e sus fijos oujeron consigo muy
grant plazer, esto non nos semeja de demandar. E loaron | a Dios, e  30va
yoguyeron en oraçion desde ora de terçia fasta medio dia gradeçiendole
mucho el grant plazer que ouieron daquella ventura.
480   Dela fallada e delos fallados fueron las nueuas dichas por toda la
hueste. E fueron todos marauillados commo Dios asy los juntara. E
por la grant alegria que ende oujeron fezieron grant fiesta. E por que
aujan conquistos sus enemigos, fezieron en otro dia mayor fiesta e mayor
lediçia. E dieron graçias a Dios Nuestro Sennor por el su grant poder e
485 por la su grant piadat. Desque ouo el buen cauallero cobrada la tierra que
perdiera e conquistos sus enemigos, tornaron se con grant alegria e con
grant onrra e con grant ganançia. Mas aueno asy que ante que Eustaçio
tornase a Rroma quel enperador Troyano, quel amaua mucho, su sennor fue muerto. E posieron otro enperador en su logar que auja nonbre
490 Adrien. Este enperador fue gentil e fue de grant crueza, e puso mal su
fazienda, e fue peor contra los xristianos que el de ante. Quando Eustaçio se torno a su tierra, salio el enperador a resçebirlo mucho onrrada
mente e muy luenne. E fue muy ledo conel, e fizo conel grant fiesta por  30vb
| sus enemigos que auja conquistados. E el yantar fue muy grande, e las
490 mesas fueron puestas, e asentaronse a comer. E toda via entre manjar
e manjar preguntaua el enperador e dizia: "Don Plaçidas, contadnos
commo uos aueno de vuestra guerra e commo fallastes vuestra mugier e
vuestros fijos." E por esto se delongo mas el jantar, ca el le conto lo mas
de sus auenturas.

---

[64] Spaccarelli sees a parallel between this recognition of the brothers through their stories and Pope Gregory's concept of pilgrimage (*Medieval Pilgrim's Companion*, 70), which expresses that the divine exists in others and their words (Gardiner, *Pilgrimage of Desire*, 19).

495 De mannana fue el enperador al tenplo por fazer sacrifiçio asus ydolos e por gradeçer a sus dios la conquista que Plaçidas feziera. E entro enel tenplo de Apollo, que era su mayor dios. Mas Eustaçio non quiso entrar, ante se tiro bien a fuera. E el enperador le llamo e preguntole por que non queria fazer onrra a sus dios, que le dieran tan fermosa auentura
500 e le fezieran tanto bien, por que cobrara su mugier e sus fijos. E el respondio al enperador syn pauor e toste: "Yo onrrare e onrro a mj Sennor Ihesu Xpisto, aEl fago yo sacrifiçios de mjs oraçiones e demjs ruegos, a El do yo graçias e loor que ouo de mj piadat. E me sofrio e me conforto en mjs coytas, e me fizo cobrar mjs perdidas e mjs dapnnos. Otro dios
505 non se yo, otro dios non sieruo yo, otro dios non oro yo fuera Aquel del çielo, que faz maraujllas e miraglos quales quier."

| El enperador fue muy sannudo e muy brauo e fezo meter den- 31RA tro ael e asu mugier e sus fijos. E fezolos estar ante sy e menazolos mucho, mas todo nonle valio nada. Quando vio el brauo enperador que
510 non poderia quitar los de su crençia, mandolos leuar a vna grant plaça que ha nonbre Reynna.[65] Aquella plaça era logar desgremir los que esgremir querian, e de fazer danças, e de fazer alegrias, e de bofordar, e de todo trebejo. E ally fazian sus batallas los retados e los que sse aujan de conbatir por alguna razon vno por vno o dos por dos. Ally jogauan los
515 que jogar querian tablas e axedrez[66] e todos los otros juegos. Por estos juegos e por estos trebejos e por otras cosas muchas sse ayuntauan ally por fazer fiestas los dela çibdat de Roma. El enperador mando que le troxiesen vn leon, e fezo lo meter en vn corral que y aujan fecho para matar toros e para fazer y otras cosas tales, e que metiesen ally con el
520 leon aquellos quatro. E esto fue fecho e quando el leon llego alos amigos de Ihesu Xristo, baxo la cabeça, e omildoseles, e adorolos.[67] Desy saliose

---

[65] Walker believes this word to be a mistranslation of the French *l'areinne*, or "sand" (*Pláçidas*, 45 n. 47), i.e., the arena.

[66] The game of chess in this context is a fabulous anachronism.

[67] Since the lion is frequently associated with royalty, the beast's humility before the Christians here underscores the folly of the emperor's paganism. This scene has obvious parallels with Daniel in the lions' den and also with the opening of the third *cantar* in the *Cantar de Mio Cid* (*CMC*) in which a lion bows down before the hero. See the following edition, for instance: Ramón Menéndez Pidal, Alfonso Reyes, Martín de Riquer, and Juan Carlos Conde, eds., *Cantar de Mio Cid*, 20th ed. (Madrid: Espasa Calpe, 1999). For more on the symbolism of the lion and the importance of the lion incident in the *CMC*, see the following sources: Cesáreo Bandera Gómez, *El "Poema de Mío Cid": Poesía, historia, mito* (Madrid: Editorial Gredos, 1969), 82–114; James F. Burke, *Structures from the Trivium in the "Cantar de Mio Cid"* (Toronto, Buffalo, and London: University of Toronto Press, 1991), 77–78, 117–18, 121–23; Edmund de Chasca, *The Poem of the Cid* (Boston: Twayne

*Plaçidas* 79

del corral e de toda la plaça, e fuese. E esto touo el enp*er*ador | e los ot*r*os  31RB
por gra*n*t marauilla, por q*u*el leo*n* no*n*los comjo todos.

Mas por toda esta marauilla, no*n* los q*u*iso el dexar, ant*e* mando
525 fazer muy gra*n*t fuego dent*r*o e fuera en vn buey darame,⁶⁸ q*u*e era fecho
p*a*ra m*a*rtiriar aq*u*ellos q*u*e de su fe se q*u*itase*n*. E despues q*u*e aq*u*el boy
fue bie*n* ferujent*e*, mando y echar los q*u*atro amigos de Ih*es*u Xp*i*s*t*o.
E todos los de Roma, x*r*istianos e paganos, fuero*n* y ayu*n*tados por ver
com*m*o los martiriaua*n*.⁶⁹ Mas ant*e* q*u*e los marteriase*n*, rogo sant Eus-
530 taçio alos q*u*e los auja*n* de m*a*rtiriar q*u*elos dexasen fazer su oraçio*n*, e
ellos g*e*lo otorgaro*n*. Estonçe tendio sant Eustaçio sus manos cont*r*a el
çielo, e fizo su oraçio*n* en tal g*u*isa: "Ih*es*u X*r*isto, q*u*e as tal poder e tal
v*i*rtud q*u*e om*m*e nj*n* al non poderia auer, e q*u*e nos asy com*m*o Tu deui-
saste vjmos despues n*u*est*r*os pesar*e*s e despu*e*s todas n*u*est*r*as coytas, e
535 q*u*e por tu piadat nos q*u*esiste juntar despues n*u*est*r*os dap*n*nos e despues
n*u*est*r*as p*er*didas, e q*u*e por auer la conpan*n*a delos tus s*a*ntos,⁷⁰ queremos resçebir martirio. Buen Sen*n*or Dios, asy com*m*o los tres njn*n*os
de Babilon*n*a fueron metidos en fornalla ardient*e* e p*r*ouaron se y ta*n*
bie*n* q*u*e nu*n*ca te negaro*n*, asy nos q*u*ieras tu p*r*ouar en*e*ste fuego, q*u*e te
540 podamos dar en*e*ste martirio n*u*est*r*as almas | ljnpias e esmeradas, e q*u*e 31VA
nos podamos fenesçer n*u*est*r*a vida en tu s*e*ruiçio. E Sen*n*or, q*u*e ayamos
tal g*r*açia por tu plazer q*u*e todos aq*u*ellos q*u*e remenbrança algu*n*a fezieren denos en q*u*anto nos rogaren e demandaren ayuda de buen coraşçon,
e todos aq*u*ellos q*u*e nos onrra fezieren, ayan p*a*rte e conpan*n*a conusco
545 en*e*l çielo, e aca en tierra conplimjento de todos bien*e*s. Ssy fueren en
peligro de mar o de ot*r*a agua e nos llamaren, libralos e de todo otro

---

Publishers, 1976), 60, 66, 142, 156; and Francisco López Estrada, *Panorama crítico sobre el "Poema del Cid"* (Madrid: Editorial Castalia, 1982), 235–36. In Christian martyrdom hagiographies, numerous lions act gently toward the Christians. Tatiana's torturers, for example, apparently leave her at the mercy of a lion who refuses to hurt her (*Neobyzantine Web Site* [Neobyzantine Movement, 1997], http://www.neobyzantine.org/orthodoxy/hagiographies/jan/12.php). By the same token, a lioness befriends Saint Thecla and defends her against other wild beasts: Stephen J. Davis, *The Cult of Saint Thecla: A Tradition of Women's Piety in Late Antiquity* (Oxford: Oxford University Press, 2001), 10. Finally, Jerome's *Vita Pauli*, on Paul of Thebes, has a pair of lions that miraculously appear to bury Paul after his death. "Lion (or lioness) to the rescue is . . . a stock motif in Christian as well as non-Christian tales": Virginia Burrus, "Queer Lives of Saints: Jerome's Hagiography," *Journal of the History of Sexuality* 10 (2001): 442–79, here 458.

⁶⁸ Although *arame* can also mean wire, the French text reads *arain*, or bronze (Walker, ed., *Pláçidas*, 45 n. 49). Martyrdom by means of a bronze bull is also known in other tales.

⁶⁹ MS: *martirriaua*n.

⁷⁰ Cf. Hebrews 12:1.

peligro otrosy. E sy cayeren en pecado mortal, ajudales e ave dellos merçet, e traelos a verdadera confesion, e ayudalos e acorrelos en todas sus coytas. E ruegote, Sennor, que este fuego torne frio commo elada e
550 desque las almas fueren partidas de nuestros cuerpos, que nuestros cuerpos finquen en vno e que se non partan por otros lugares."
Sant Eustaçio, desque ouo fecha su oraçion, dixo le vna boz del çielo: "Asy seras commo tu demandas e avn mas. E por que vos prouastes en vuestras tentaçiones tan bien commo oro en fornalla,[71] vos aueredes
555 por lloro, lediçia e por lazeria, viçio e por el pesar que resçebiestes enel | mundo, aueredes grant plazer enel paraiso."[72] Tanto que los amigos de Dios oyeron esta boz, dexaron se yr muy ledos al boy de aramen e entraron dentro. E el fuego torno frio commo elada. E ellos dieron, en cantando e en loando Dios, sus buenas almas a el. E ally poderia omme ver
560 grant marauilla, ca yazian en medio del fuego asy commo sy yoguyesen en buenos lechos o estrados de frescas rosas, njn les paresçia en[73] pannos njn en cabellos njn en al cosa de quemadura.[74] A tres dias despues,[75] veno y el enperador e mando abrir el boy por ver commo yazian. E quando el e los otros que fueron conel vieron los cuerpos asi yazer, cuydaron que avn
565 eran bjuos, e fezieron los sacar fuera. Mas mucho se maraujllaron que tan sola mente non vieron filo de ropa njn cabello quemado, e que vieron los cuerpos tan blancos commo la nieue e que resplandeçian commo rayo de sol. E el enperador ouo tan grant pauor que fuyo dally, e fue se para su palaçio. E todos aquellos que y estauan dixieron a altas bozes: "Grande e
570 poderoso es el Dios delos xristianos, e non ha Dios sy El non,[76] que tales virtudes e tales miraglos[77] faze quando quier commo buen sennor."
| Despues desto, vinieron los xristianos ascondida mente, e tomaron los cuerpos delos amigos de Dios, e leuaron los muy onrrada mente

31vb

32ra

---

[71] Proverbs 17:3, 27:21.

[72] *Costantino* and *Plaçidas* are both *passiones* due to the martyrdoms of the protagonists in each tale. Both Catherine of Alexandria and Placidus are true to the path towards their heavenly dwelling place, never forsaking their Christianity in the face of oppression, and relinquishing any earthly reward for an eternal one (Gómez Redondo, *Prosa medieval*, 2:1953).

[73] Deleted scribal insertion after *en*: *ol*.

[74] This description (after Daniel 3:27) recalls the episode of the *judezno* in Gonzalo de Berceo, *Los milagros de Nuestra Señora*, ed. Brian Dutton (London: Tamesis, 1971).

[75] The use of this iconic number (a topos) parallels their experience with the Harrowing of Hell.

[76] This is a turning of the tables of the Muslim profession of "no God but God" (itself derived from the *Shema*).

[77] Cf. Psalm 136:4.

a vn muy fermoso logar, e soterraron los y. E quando oujeron tienpo,
575 fezieron sobre ellos vna capilla, e[78] fezieron su fiesta dos dias andados
de nouienbre.[79] Tal fue la vida e tal fue la fyn del bendito sant Eustaçio
e de ssu conpanna. E bien sepan todos aquellos que se dellos nenbraren,
e que los onrraren en tierra, e quelos llamaren en sus coytas, quier sea
en peligro del cuerpo, quier sea peligro del alma, aueran luego consejo
580 e ayuda tanto que sean bien manjfestados, ca este don les dio Nuestro
Sennor que bjue e regna syn fin. Amen.

---

[78] Walker omits the entire preceding subordinate clause, as well as this *e* (*Pláçidas*, 40).

[79] Today, Saint Eustace's Day is 20 September, though this date has often changed over time (Knust, *Dos obras*, 157 n. *a*).

### Aquj comjença la estoria del rey Gujllelme.[1]

| Dizen las estorias de Ynglaterra que vn rey ouo que ouo nonbre rey   32RB
Guillelme. Este rrey amo mucho a Dios e asu ley, e onrro mucho la santa
Eglesia. E fizo vna promesa que jamas non perderia maytines njn mjsa
5  mjentra pudiese auer quien las dixiese. Este rey ouo ensy grant caridat.
Este rey fue muy omildoso. Este rey fue muy mesurado.[2] Este rey fue
muy piadoso. Este rey fue muy justiçiero. Este rey touo mucho en paz
ssu tierra. Este rey fue muy amado e muy temido de sus pueblos. Este
rey ouo muy fermosa mugier e muy sesuda e de ljnaje de reys, mas non
10 cuenta ende la estoria mas. Esta reyna ouo nonbre Graçiana e fue buena
cristiana a marauilla. El rey la amo mucho e sienpre le[3] llamo sennora.
E la reynna amo su sennor bien tanto o mas, e sy el ouo muchas buenas
maneras, non ouo ella menos. E sy el amo a Dios e Lo creyo, ella non
menos, ca sy el bien oya maytines, nunca los ella perdio mjentra ouo
15 salut. Sseys annos bjbieron asy que nunca podieron auer fijo njn fija. E
al setymo[4] aueno que la reyna conçebio. Quando lo sopo el rey, plogole
mucho e fizola muy bien seruir e guardar. E el mesmo se trabajo mucho
dele fazer todo plazer, e en quanto fue ligera | que su fexe non le podia   32VA
enpereçer, sienpre yua oyr sus maytines asy commo solia. Quando lo el
20 rey vyo, penso enello,[5] ca ouo pauor quel noziese e non quiso que alla

---

[1] The placement of this story within the compilation has structural importance. First, it is a repetition of the plot of the previous tale. At the same time, it is the initial romance of the final four outwardly secular pieces of this anthology. For Spaccarelli, the Christ-like actions in *Gujllelme* were models for the actions of the *LH*'s audience as its members figuratively followed the spiritual path of the saints (*Medieval Pilgrim's Companion*, 70–72). The legend epitomizes what Maier calls "secular hagiography" ("Sainthood, Heroism," 424). As Gómez Redondo explains, *Gujllelme*'s trajectory is hagiographic in the sense that Guillelme strives to follow the religious path; yet he never completely abandons his earthly role as king of England (*Prosa medieval*, 2:1359).

[2] The preceding two sentences are omitted in John R. Maier, ed., *El Rrey Guillelme* (Exeter: University of Exeter Press, 1984), 3.

[3] Knust: *la* (*Dos obras*, 172).

[4] Maier: *setemo* (*Guillelme*, 4). This is another clue that we are in the realm of fairy-tale.

[5] Maier: *en ella* (*Guillelme*, 4).

fuese, e fizola fincar e el fuese. E aueno vna noche que el desperto asu derecha ora, e marauillose commo non tannjan alos maytines. E quando se quiso tornar a dormjr oyo vn toruon muy grande, e espertose. E erguyo la cabeça en alto e cato por la camara, e vio vna tan grant claridat que de la ver fue todo espantado. Despues oyo[6] vna boz quele dixo: "Rey, lieuate e vete esterrar, que telo mandan dezir." El rey fue marauillado desto que oyo, e erguyose e fuese ala eglesia.[7] E despues que oyo los maytines, llamo vn su capellan que era omme bueno. E fablo conel su vision e rogole quele diese consejo. E el consejole lo mejor que pudo e dixole: "Sennor, de esta vision que vos vistes non se sy veno de Dios njn vos nonlo sabedes, mas tanto se yo bien que uos feziestes muchas cosas syn derecho. Fazed dar pregol[8] que sy alguno ha deuos querella que venga auos e que gelo emendaredes. Este es el mj consejo, que vos quitedes de todo mal que auedes fecho, ca temome desta vision que fue ante parança." E el rey, que ouo sabor de fazer aquello que le aquel consejaua, fizo su corte con aquellos que eran conel, e mando dar el pregon, e fizo sacar sus tesoros. | E los querellosos fueron pagados asu voluntad. 32vb Quando llego la noche, echose el rey a dormjr, e ala media noche vio la claridat e oyo la boz asy commo ante. E sygnose por la maraujlla que viera. E leuantose lo mas toste que pudo, e fuese ala eglesia orar e ferir sus culpas en sus pechos. E desque oyo los matynes, apartose en vna capiella con su capellan, e dixole que Dios lo mandaua yr commo de ante. E el capellan non gelo quiso desdezir, mas tanto le dixo: "Atendet avn esta noche, e sy vierdes esta vision tened que por Dios bien.[9] E desde allj non atendades mas njn atendades consejo, mas sy la terçera vez esto oyerdes, ruego vos que de ally adelante despreçiedes el mundo e auos mesmo, e amad a Dios sola mente. Vuestro oro e vuestra plata e vuestras donas todo sea enpleado en pobres e enlas cosas de Dios, asy que valia de vna castanna non finque convusco fuera lo que vestides. E Dios ala çima vos lo dara çiento doblado."[10] Quando el rey oyo lo quele dezian, que era verdat e buen consejo, dixo le: "Por Dios, sennor, que sea poridat asy commo confesion." E el capellan lo otorgo. E el Rey se salio de la eglesia e nonsele olujdo lo que le el capellan dixo, ca luego mando traer antesy todos sus thesoros. E enbio por los abades e por los perlados, e por su consejo partio por ellos su auer a pobres e a byudas e a huerfanos e a iglesias fazer e enrrequeçer, e a caualleros e a duennas pobres, | asy 33ra

---

[6] Maier leaves out every word from *vn toruon* through *oyo* (*Guillelme*, 4).

[7] Maier omits the portion of the text from *e eguyose* through *eglesia* (*Guillelme*, 4).

[8] Maier: *prego[n]* (*Guillelme*, 4).

[9] Meaning "comes," this form is the equivalent of *viene* in contemporary Castilian.

[10] Cf. Matthew 19:29, Mark 10:30.

que de todo su auer se partio. E la Reynna, que otrosy viera la claridat e oyera la boz aquellas dos noches, partio su auer e sus donas e ssus pannos. Aquella noche dormjeron muy poco e atendian de ver la claridat e de oyr la boz. E asu derecha ora vieron e oyeron anbos lo que atendian, e loaron a Dios. E la boz dixo: "Rey, bayte.[11] Yo te so mandadero dela parte de Dios que te vayas en esterramiento,[12] e por que tanto tardas este Dios ya sannudo." El Rey se erguyo luego e signose e plogole de mandado. E bestiose e calçose, e non muy rica mente. E la reynna otrosy erguyose. E al rey peso que se cuydara syn ella yr, mas non fue, ca toda via ouo con el a yr e tener le conpanna a qual quier cosa que despues les aveno. E el que la vio leuantar preguntole que queria fazer. "¿E vos que?", dixo ella. "Yo," dixo el, "querria yr alos maytines asy commo solia." "Non es asy," dixo ella. "Sy es," dixo el. "Rey sennor," dixo ella, "çertas non val ren vuestra encobierta, certas non vos partiredes asy demj, que me ante non digades lo que queredes fazer. Synon, dezir lo he yo." "Dezit," dixo el, "sylo sabedes." "De grado," dixo ella. "Vos non vistes estas dos noches njnguna cosa que yo non sabia. Yo vy la claridat e oy la boz que dixo que vos fuesedes esterrar." "Verdat es," dixo el. "E nonlo puedo asconder njn deuo, e Dios pensara | demj. E yo lo mejor que podier quiero fasta mj muerte prender afan enlo seruir." "Dios vos lo dexe acabar," dixo la Reyna, "mas mucho me marauilla commo syn mj consejo lo osastes prouar a que estoujesedes enel exido. Çiertas yo muerta seria sy me dexasedes sola. Çiertas jamas non fuera leda pues que tan poco dauades por mj. ¿Que cosa non vos falleçia fuera yo?[13] Par Dios, sennor, graue penjtençia fuera esta e este departir, mas ante se me partira el alma dela carne que me yo asy de uos parta." E el rey la rogo muchas vegadas quelo

---

[11] As noted on p. xxxv of the introduction, this command—a variant of the more frequent *vay* in the *LH*—is a Galicianism.

[12] To gain some idea of what exile meant in the Middle Ages, it is fruitful to examine Alfonso X's *The Text and Concordance of "Las siete partidas de Alfonso X" Based on the Edition of the Real Academia de la Historia, 1807*, ed. Jerry R. Craddock, John J. Nitti, and Juan Carlos Temprano (Madison: Hispanic Seminary of Medieval Studies, 1990). In this document, the term *desterramiento* is used sparingly, occurring only 15 times in all (Alfonso X, *Concordance*, 508). This selective application is understandable when one learns that *desterramiento* adheres to Roman codes of law, representing "mors civilis," or civil death ("death of the citizen," but not that of the person; Alfonso X, *Text*, 923). The repeated association of *desterramiento* with the death penalty underscores its severity: "sentencia contra el de muerte o de desterramiento para siempre" (Alfonso X, *Text*, 1215). Exile is therefore a punishment among the worst of punishments. Here the penalty takes an ironic turn because, as the text indicates, it is God who is banishing a king from his own kingdom.

[13] Knust attributes this line to Guillelme (*Dos obras*, 178).

dexase yr, e la reynna, que era muy sesuda, dixo: "En toda manera anbos a dos de consuno faremos esta conpannia, e con grant razon, ca nos de consuno ovjmos[14] mucha riqueza e mucho plazer e mucho viçio. Ora mas deuemos auer de consuno pobreza e pesar e lazeria. E por ende quiero partir ygual mente convusco lediçia e tristeza, e bien e mal." "Ay," dixo el rey, "sennora, merçet. Por Dios, fincat, ca vos non podredes sofrir el trabajo dela carrera, ca sodes prenne e pesada, e non querria por çient mill marcos de oro que prendiesedes algunt dapnno enestos montes yermos, ca çerta estades de auer vuestro fijo. E aqui non podriades auer ayuda njn njngunt viçio, ante seria dura vuestra vida de lazeria e de mengua, e muy ayna seriades muerta. Agora fincad, mas aued piadat de vuestro fijo que çedo aueredes, e dexaldo beujr, ca sy el morier, vuestra sera la culpa. E yo, ¿que | poderia despues fazer? Ssyn falla yo morreria de duelo despues de la muerte de vos anbos. E asy uos matariades a vuestro fijo e auos e amj, e por vos sola morreriamos todos tres. ¿Por que uos queredes matar? Mucho valdria mas que fincasedes en vuestra posada e en[15] vuestro lecho, e que toujesedes auos e a vuestro fijo que agora nasçera muy viçiosos. Fol es quien ssu consejo da a quien lo creer non quier, sy se despues mal fallar es derecho. Mal va el conçeio el quelo non cren. E sy vos yo derecho non consejo, nonlo creades." "Sennor," dixo la reyna, "vos dezides bien, mas yo he desto buena esperança de quien quier que aya fiuza en Dios, non podra ser desconsejado. E por ende uos ruego que me non echedes[16] de vuestra conpannja, e sienpre se Dios nenbrara denos e guardara amj e a uos e al njnno que deuos nasçera. E vamos de consuno enel nonbre de Dios, e roguemos Le que nos tenga en su guarda." "Duenna," dixo el rey, "a qual quier cosa que ende auenga, sofrir me conuiene vuestra voluntad quando fincar non queredes. Ora vamos enel nonbre de Dios, e Dios nos guye." Entonçe se partieron dela camara por vna feniestra. E la noche era muy escura, ca non fazia lunar, e andaron tanto fasta que llegaron a vna floresta[17] | muy espesa. E el leuaua su espada çinta, e de todo el auer del mundo non leuauan cosa, mas confortauanse en sus buenos coraçones que aujan fuertes e enteros. E non yuan por carreras njn por senderos, ante yuan desujados por non fallar quien los tornase. E asy fueron andando toda la noche. E sy enojo

---

[14] Maier: *avimos* (*Guillelme*, 6).
[15] Deleted after *en*: *en*.
[16] Maier: *echades* (*Guillelme*, 7).
[17] Similar to his observations on *Plaçidas*, Spaccarelli sees Guillelme and Graciana as pilgrimage figures analogous to Mary and Joseph in their exile to Egypt, especially considering Graciana's state of pregnancy (*Medieval Pilgrim's Companion*, 72). And like the journey of Placidus and Teospita, that of Guillelme and Graciana lacks a predetermined destination (Liffen, "Transformation of a *passio*," 10).

o mal prendian, mucho lo tenja*n* por viçio, ca lo q*ue* Dios alunbra e lo en q*ue* mete su sp*irit*u, toda cosa amarga terna por dulçe, e toda lazeria terna por viçio.

120     Quando la mannana llego, sus gentes despertaron e marauillaronse del rey commo senon leuantara e que fuera del, ca muy de mannana se solia leuantar e mucho pesaua alos mas, mas mas les pesara sy sopieran la verdat, pero non pensauan cosa que les fuese graue, ante atendian que se leuantase. E asy atendieron fasta medio dia. E quando entonçe vieron
125 que se non leuantara, oujeron grant pesar. E fueron ala puerta dela camara e fallaron la çerrada, e llamaron e puxaron. E quando de dentro non fablo njnguno, callaron se e estudieron asy vna pieça e ascucharon. E quando entendieron que njnguno y non[18] yazia, quebraron la puerta. E non fallaron el rey njn la | rreyna. E marauillaron se que podria ser. E   34RA
130 fallaron la fenjestra abierta por que[19] se derribaron. Entonçe pensaron que eran ydos, mas ante que njnguna cosa sopiesen, tomaron quanto fallaron enla camara, maletas e arcas, e sacaron las al palaçio, mas non fallaron y nada. E vn moço cato e vio so el lecho vn cuerno dalmafy quel rey sienpre solia leuar quando yua a caça. E el moço por trebejar tomo el
135 cuerno e diolo asu madre, e su madre lo cato mucho. Entonçe non sopieron que cuydar, pues a caça non era. ¿Que uos diremos dela fama que viene toste?[20] Fizo saber del rey que era salido de su tierra, e el reyno fue todo toruado. E a todos peso comunal mente, e buscaronlo e fizieronlo buscar por toda la tierra, mas al rey e la reynna que se andauan por
140 aquella floresta commo bestias e comjan delas landes e delas yeruas e delas frutas delos aruores, e beujan del agua, mas toda su lazeria sofrian con paçiençia. Asy[21] andaron por ese monte fasta que llegaron al mar. E en riba del mar fallaron vna penna enque auja vna penna cueua, e ally se metieron e yoguieron ally aquella noche asy commo pudieron. Alli oujeron
145 duro lecho e lazeria asaz, | mas la reyna fue muy cansada, e luego se   34RB adormeçio e non fue marauilla. E quando desperto, llegole tienpo de auer su fijo. E llamo a Dios e a santa Maria e los santos e las santas, mas de tanto le veno bien que non ouo menester mugier asu parto, ca el rey por su buen talante fizo y quanto ella deujso, fasta que ouo su fijo, muy
150 fermosa criatura. E el Rey cato dolo echaria o quele faria, e saco su espada e tajo la diestra parte desu garnacha e enbolujola[22] enella. E echolo en tierra e asentose cabo del. E pusole la cabeça sobre sus jnojos

---

[18] Maier omits *non* (*Guillelme*, 9).
[19] Maier: *porque* (*Guillelme*, 9): "Maier lee un *porque* causal que es en realidad un claro relativo *por que*" (Gumpert, Review of Maier, ed., *El Rrey Guillelme*, 585).
[20] Knust inserts an *e* here (*Dos obras*, 183).
[21] Knust: *e* (*Dos obras*, 183).
[22] MS: *enbiolujola*.

commo omme piadoso e sabroso e de buen talante, fasta que la reyna adormeçio, que trabajara mucho. E quando desperto, dio bozes e dixo:
155 "Gloriosa santa Maria que vuestro fijo e vuestro padre generastes seyendo uos su fija e su madre, catad esta vuestra vasalla de vuestros piadosos ojos." Tanto rogo enesta guisa ala gloriosa Virgen que ouo otro fijo. E el Rey tajo la otra parte e enbolujolo y, e pusolo çerca del otro. E pusola cabeça ala reynna sobre sus jnojos e adormeçio fasta enla man-
160 nana, e quando desperto, ouo tan grant fanbre que nunca ouo mayor, e dixo al rey: "Sennor, sy non oujer agora que coma sere sandia, ca tanto he grant fanbre que me conuerna comer vno demjs fijos." E el rey se leuanto luego, e non sopo que feziese fuera tanto que penso | del dar de  34va
comer delos muslos de sus piernas. Entonçe trauo su pierna por le dar
165 della e la reyna, que rabiaua de fanbre. Quando vio su grant piadat, ouo del duelo e dixo: "Sennor, esto non puede ser agora al. Buscad que me dedes a comer, ca par sant Pedro Apostol, la mj carne non comera la vuestra." "Par Dios," dixo el rey, "duenna, sy faredes, ca yo quiero saluar muerte de mj fijo. Ora comet de mj carne quanta vos abonde, ca Dios
170 me dara salut, e cobrare çedo mj llaga, mas muerte de mj fijo non podria cobrar. E a Dios pesaria mucho sy vuestro fijo comiesedes. E este pecado sola mente vos mataria." "Sennor," dixo ella, "ora vos callat. Yo sofrire mj fanbre lo mejor que pudier e vos entre tanto yd buscar sy falleredes quien, por Dios, vos de alguna cosa." "Duenna," dixo el, "de grado."
175 Entonçe se salio dela cueua e cato contra ribera dela mar e vio vna naue de mercaderos que y aportara. E fue a ellos e dixoles: "Sennores, ruego vos, por Dios, que sy traedes alguna cosa de comer que me dedes dello que el vos de buena andança e ganançia deso que leuades." E vno delos mercaderos le respondio sannuda mente: "Truhan lixoso, vete de aqui,
180 ca mal te verna daqui sy mas estas." E entonçe le dixo el otro mercador: "Por Dios, amigo, non vos yncal. Lexaldo yr en paz, que asy an de beujr los pobres demandando por los omes buenos, ca este su | menester nonlo  34vb
començo agora, njn dexar non lo querra, ca non sabe al fazer por que bjua." "Ay," dixo el rey, "omme bueno, por Dios, aue merçet. Sy Dios me
185 ayude yo non lo començe agora, njn aqui non auera fyn, que asi quiso Dios que fuese. E conviene me delo fazer, pues Dios quier, pero toste auera fyn, sy yo tan grant coita non ouiese commo he, e non demj, mas de otri demj mugier que yaz parida de dos fijos, e ha tan grant fanbre que los quier comer." "Ay," dixo el, "ffalso truhan, ¡commo mentides!, ca
190 nunca fue mugier que sus fijos quesiese comer." "Pero," dixieron ellos, "leuad nos alla, synon fuer luenne daqui, e veremos o yazen los njnnos." Entonçe se fueron conel XXV, e el los leuo alli lo mas toste que pudo, e vno dellos que sse preçiaua mas cato la reynna e dixo: "Par Dios, non es

esta desanparadera[23] njn desanparada non sera. Don truhan, ¿do fal-
195 lastes vos tan fermosa mugier?" "Sennor," dixo el, "yo so su marido."
"Par Dios," dixo el mercador, "yo so escarnjdo quando me uos osades
mentir. Vos uos ende fallaredes çedo mal, e, par Dios, sandia era ella que
tal villano tomaua por marido. E consejo uos que me non digades mentira, ca çertas en vuestro casamiento nunca ouo clerigo de misa. E con-
200 nosçed me," dixo el al Rey, "donde la oujstes." "Ay, sennor," dixo el rey,
"nonlo digades, asy fuese yo quito de todos los otros pecados commo ella
es mj mugier leal mente." "Por buena fe," dixieron ellos, "esto non podria
ser, | mas syn falla furtaste la ajubre." E la duenna les dixo: "Çertas, sen-  35RA
nores, yo so su mugier, resçebida de mano de clerigo de misa." "Çertas,"
205 dixieron ellos, "mucho uos abaldonastes a mentir e non auedes ende
verguença. Mas non uos val ren, ca nunca uos su mugier fuestes, e en
mal punto sylo sodes e que tan mucho fuestes ensu poder." "Mas sy Dios
me ajude," dixo el mercador, "fuera sodes ende agora, ca uos leuaremos
muy manso a nuestra naue, e guardar uos hemos muy bien e tener uos
210 hemos muy viçiosa, bien que uos plega o que uos pese. E el sandio que
uos aqui troxo non auera desoy mas envos parte, mas los fijos seran suyos
que le seran buenos para arlotar[24] con ellos, mas auos guardar uos hemos
de guisa que non ayades njnguna lazeria." Quando el rey oyo su soberuja,
fue tan sannudo que non poderia mas. E cato en tierra do tenja su espada
215 e quisiera la tomar, e dieron enpuxones e alongaronlo della. E vno dellos
le dio vna punnada enel rostro. E otro tomo la espada e los otros fezieron
vnas amenazas en que leuaron la reyna ala naue a mal grado del rey e
della. E sy ella entonçe ouo grant pesar e se fizo grant duelo, esto njnguno non lo demande.[25] E el que de buena mente vengara su pesar viose
220 tan solo que se non oso tomar con ellos. Pero quanto pudo fazer fizo. |  35RB
Fue tirando por ellos e enbargando los fasta quela metieron enla naue.[26]
E vn omme bueno que y andaua ouo piadat del. E metio çinco marcos
de oro en vna bolsa, e dixole: "Amigo," dixo el ome bueno, "tomad estos
marcos, ca menester los aueredes en alguna parte." "Sennor," dixo el,[27]
225 "de vuestro auer non he cura. Vuestros sean, ca non ha guisa enel mundo
por que los tome." "Amigo," dixo el omme bueno, "o vos sodes de grant
corasçon o sandio o desdennoso que çinco marcos non queredes tomar,
mas dexar los he aqui e tornar hedes por ellos sylos oujerdes menester."
Entonçe colgo la bolsa de vn arbol. Desy entraron todos enla naue e
230 erguyeron las velas e fueronse, e el rey finco con grant pesar. E lloro

---

[23] Maier: *desanparada* (*Guillelme*, 11).
[24] Maier: *arlortar* (*Guillelme*, 12).
[25] Maier: *demandó* (*Guillelme*, 13).
[26] Maier: *en nave* (*Guillelme*, 13).
[27] Maier leaves out every thing from *ome bueno* through this *el* (*Guillelme*, 13).

mucho e fizo grant duelo e grant llanto. Desy tornose ala penna cuydando enlo que auja de fazer. E reçelo de tornar asu regno, ca penso que los ricos omes quelo farian buscar fasta que lo fallasen. Desy penso que entraria con sus fijos en vn batel que estaua enla rribera e yria por esa
235 mar asi commo lo Dios quesiese guiar. Entonçe tomo vno de sus fijos en sus braços e el otro dexo enla penna. E metio aquel enel batel e tornose luego por traer el otro. E quando cato, vio vn lobo q*ue*lo leuaua e ouo muy grant pesar. E fue en pos el[28] corrie*n*do, lançando piedras e palos, mas todo le touo poca pro, ca lo no*n* pudo alcançar. E finco ta*n* cansado
240 que se ouo de asentar çerca de vna penna. E del cansa[n]çio adormeçiose, | mas el lobo q*ue* el njn*n*o leuaua non canso, ante se acogio con*e*l a v*n* 35va camjno mucho andado. E aueno q*ue* entonçe pasauan por y m*er*cadores. E q*u*ando viero*n* el lobo q*ue* leuaua el njn*n*o, corriero*n* con*e*l lançando palos e piedras, asy q*ue*l lobo les ouo a dexar su prea. E ellos, q*ue* deseaua*n*
245 mucho ver lo q*ue* leuaua, llegaro*n*se e viero*n* q*ue* era njn*n*o, e fuero*n* muy ledos de q*ue* lo fallaro*n* sano e toujero*n* lo por gra*n*t miraglo. E vno dellos, q*ue* auja nonbr*e* Gloçelins, rrogo a todos q*ue* g*e*lo diesen, e c*r*iar lo ya, ca no*n* auja fijo. E ellos lo otorgaro*n*, e el dixo: "Yo resçibolo por fijo." Entonçe se fuero*n* al batel do el rey metiera el ot*r*o. E el p*r*imero q*ue*
250 llego e lo vio rrogo alos otros q*ue* g*e*lo dexasen, e c*r*iar lo ya, e q*ue* g*e*lo gradesçeria mucho. E este auja nonbr*e* Flochel. E todos dixiero*n* q*ue* el don era bie*n* enplegado, e otorgaro*n* g*e*lo e dixiero*n* q*ue* tenja*n* por bie*n* de q*ue* fuesen t*r*aidos anbos en vno. Desy fuero*n* se los mercaderos p*ar*a aq*ue*l logar o deseaua*n* yr. Ora vos dexaremos de fablar dellos, e tornare-
255 mos al rey.
| El rey, q*u*ando desp*er*to, fue muy coitado e dixo: "¡Ay, Dios, com*m*o 35vb me trayero*n* e mataro*n* los mercaderos q*ue* me tomaron la reyna, e el lobo q*ue* me tomo el fijo! ¡Ay, lobo, en mal pu*n*to fuste nado! Mucho te desujaste.[29] Agora bien q*ue* me comiste mj fijo, mucho te cresçio agora por
260 ende tu fuerça. Mucho eres agora por ende mas grueso. ¡Ay, lobo, bestia mala, desamada bestia! Rica presa as fecha. Mataste vno que nu*n*ca fezo mal a njn*g*uno. P*er*o semejame q*ue* bien me aueno del ot*r*o q*ue* me finco." Entonçe se fue cont*r*a el ot*r*o q*ue* dexo en*e*l batel, e q*u*ando llego dolo dexara e no*n* lo fallo, falleçiole la fuerça e cresçiole el pesar. E toruosele
265 la sang*r*e e enferueçio le el coraçson, mas nu*n*ca por su mala anda*n*ça en desesp*er*ança cayo. Entonçe aueno q*ue* le ne*n*bro dela bolsa q*ue* le el mercador q*ue*siera dar e dixo q*ue*la q*ue*ria tomar e guardar la. Entonçe se fue cont*r*a aq*ue*lla p*ar*te, e do tendia la mano p*ar*a tomar la, dexo se correr

---

[28] Maier omits *en pos el* (*Guillelme*, 13).
[29] Knust replaces this word with *desayunaste* (*Dos obras*, 192).

vna aguyla ael e tolliogela,[30] ca le dio tal ferida danbas las alas en medio
del rrostro que le fizo caer de dientes en medio del[31] canpo. E quando se
erguyo dixo: "Agora | veo que Dios me es sannudo por que pense grant
flaqueza de corasçon, que dexe la onrra e el sennorio demj reyno. E agora
priso me asy el pecado que oue de cobdiçiar vn poco dauer. ¡Mal oujera
de ser escarnido e muerto! ¡Ay, cobdiçia, cosa desleal! Tu eres de todos
los males rrayz,[32] ca el que tu prendes quanto mas ha, tanto mas querria
auer. En ty es su martirio, ca el que mucho ha, aquel es pobre asy commo
Tantalus enel jnfierno. Tantalus fue escançiano e çatiquero. E por que
fazia falsa mente su menester, quando murio fue al jnfierno. E tien en
derecho dela boca vna mançana dulçe e madura, e muere por comerla.
E quando quier poner la boca enella, fuye la mançana. E otrosy esta en
muy sabrosa agua fasta enlas quexadas, e muere de sed. E quando meçe
la boca por beuer, fuye el agua. E este cae mucho amenudo enesta mala
ventura, e enesta coita esta el mesquino. Otrosy fazen los cobdiçiosos.
Mal fazen todos aquellos que se della pagan. E digo vos que non es sennor de su auer el quelo tiene ascondido, mas aquel quelo despiende e lo
da, aquel lo ha e aquel lo deue auer." Asy denostaua el rey la cobdiçia e
esmoreçia se a menudo por su mugier e por | sus fijos. Tanto era sannudo
e tan grant pesar auja que non sabia que feziese njn fallaua logar o le diese
el corasçon de fincar. Su pesar lo traya ora aca, ora alla. E quanto fazia,
todo le pesaua. Ora se asentaua, ora se erguia. Ora entraua enel monte,
ora se salia. En esto duraua toda la noche e todo el dia otrosy, ca non
fallaua logar do podiese asosegar. Ora queria estar, ora queria ser. Ora
queria yr, ora queria venjr. Non sabia en qual guisa se mantoujese, mas
tanto ando por ventura suso e juso e aca e alla que fallo en vn prado vna
conpanna de mercaderos que seyan comiendo. E llegose a ellos e saluolos. E ellos, que tomaron enojo del, dieron bozes: "¡Tomaldo, tomaldo,
mataldo! Non vos escape aquel diablo, que al menos non lo firades mal,
ca este es el maestre dela orden delos omezianos e delos ladrones e delos
tenedores de carrera. Aqueste es aquel que todos los otros guia e non
beno aqui synon por esculcar nuestro auer, quelo lieuen denos. Andat
toste a el." E rapazes salieron. E el rey, que ouo pauor, començo a fuyr,
que non torno a ellos synon otro dia mannana ala ora que ellos querian
mouer dally. E echose el rey a sus pies e pidioles merçet, por Dios, que
lo leuasen consigo en su naujo, e tanto perseuero en ssu ruego que | ellos
gelo otorgaron. E entraron en su barcha e entraron en alta mar. E tanto

---

[30] For an interesting discussion of parallel versions of this motif, see Knust, ed., *Dos obras*, 192–94 n. *a*.

[31] Maier does not include any portion of the text from *rrostro* through *del* (*Guillelme*, 15).

[32] 1 Timothy 6:10.

andaron que llegaron al puerto de Galuoya. E el rey se asento cabo de vn burges. E el burges ouo sabor de saber su nonbre, e preguntogelo. E el le dixo que gelo diria, e dixogelo, mas encubierta mente: "Yo," dixo el, "yo he nonbre Guy." Ora le dixo el: "Guy, ¿que sabes tu fazer? ¿Saberas tu sacar agua de pozo? ¿Saberas tu guardar mj casa? ¿Saber me as traer la carreta? ¿Saberas tu enlardar mjs aues quando las asares? Ssy tu esto sopieres fazer, bien me seruiras el algo que te fare." "Sennor," dixo el, "todo esto se yo fazer. E avn mas, que non me fallaredes njnguna loçanja por uos seruir a vuestra voluntad." Asy finco don Guy con aquel mercador, e seruiolo muy syn querella e mucho a su plazer. Nunca, por mala respuesta njn por menaza njn por denuesto njn por pesar quele dixiesen o quele feziesen, se estranno mas de seruir njn mostro triste contenente. Asy que el mercador fue del tan pagado que le dio sus llaues a tener e quelo fizo sennor de quanto auja, e mando le que de todo feziese su plazer. Agora vos tornaremos a fablar dela reynna, que derecho es.

| Los mercadores quela reyna leuaron andaron tanto que llegaron al puerto de Surlig.[33] E estudieron y tanto fasta que la reyna fue erguyda e guarida e tornada en su buen estado, asy que cada vno la queria auer, o por fuerça o por djneros, mas njnguno non fallaua razon por quela auer deujese. E leuantose entençion entre ellos, e fue contado antel sennor de la tierra que auja nonbre Gloelais. Este non era duque njn conde, ante era buen cauallero e de grant nonbrada, e era[34] viejo mucho. Quando Gloelais esto sopo, trabajose mucho de meter entre ellos paz. Asy quelos pago todos ygual mente, ca njnguno dellos non ouo nada. E con todo esto non fueron bien quitos, ca les tomo lo mas e lo mejor de ssu auer e diolo ala duenna, e leuola para su casa. E diola en guarda a su mugier que era otrosi vieja asi commo el, mas la reynna era muy fermosa e vergonnosa commo donzela. E quando la duenna la vio tan fermosa e tan vergonnosa[35] e tan mansa[36] e tan sesuda, pagose mucho della en su corasçon e el cauallero otrosy, mas sienpre lo encobrio mjentra su mugier fue bjua. E aueno que su mugier morio ante que el, e non aujan fijo | nin fija. Estonçe le semejo de tomar esta por mugier. E penso mucho que nunca cosa le quiso dezir, asy que le ouo a descobrir el amor que le auja. E sacola a vna parte e fablo conella. E rogole que fuese su mugier e su amiga, e que el seria su marido e su amigo mjentra fuese

---

[33] Knust observes that this place corresponds to the "islas Sorlingas," or Isles of Scilly, an island chain near Cornwall in southwestern England. As far as its size is concerned, the geographic description is basically accurate, for the territory is small (*Dos obras*, 197 n. a).

[34] Scribal insertion: *era*.

[35] Gumpert: *bergonnosa* (Review of Maier, ed., *El Rrey Guillelme*, 586).

[36] Maier omits all words from *e tan vergonnosa* through *mansa* (*Guillelme*, 18).

bjuo. "Sennora," dixo el, "yo uos otorgo e uos do mj tierra toda quita e amj asy agora commo despues demj muerte, que yo non he fijo njn fija a qui[37] finque, que uos syn rrazon faga despues que mj gente vos fezier omenaje. Yo non se que uos prometa mas, mas euat aqui amj e a quanto yo he." La duenna, quando esto oyo, meçio la cabeça e penso enlo quele responderia, e penso que ante querria tomar orden o otro qual quier escarnjo que se asy arrefezar commo mugier de tan grant guisa e tan bien casada a venjr a ser mugier de vn cauallero de vn escudo e de vna lança, njn por rruego njn por auer, e que otro cauallero non prenderia njn casamjento sy el suyo non. E dixo: "Sennor, ora me entendet. Que entienda Dios vuestros ruegos e vos de gualardon del bien que me fezistes. Catad agora rrazon, e ved sy es cosa guisada de tomar vos vna rrapaza por mugier, sandia e villana, e fazer | della sennora de tierra. 37RB Vos sodes buen cauallero e sennor de castiellos, e mjo padre fue vn villano. E yo so vna moça sandia e catiua, que he pecado por que ya tanto bjuo, ca la mj vida non ha njnguna pro, ca yo fuy monja, e por mj sandez saly de mj abadia. E fiz mala vida andando por las tierras asi commo mugier mala auenturada e mal acostunbrada, e abaldonada a quantos me querian,[38] que non reçelaua njnguno, mas, por Dios, pues mj confesion uos he dicha, non me descubrades ende, ca yo tal so commo uos digo e non deuo auer tan alto sennor commo uos. Avn uos mas dire. Otra razon ay mayor que esta sy uos osase dezir que me non quesiesedes por mugier, mas esta uos deue abondar." "Agora amiga," dixo el, "non digades agora, ca tanto vos amo que por beldat que por que sodes sesuda que todavia uos quiero por mugier. E por cosa que fasta aqui ayades fecha, non dedes nada. E yo otrosi erre en muchas cosas, que fiz mucho de mj voluntad. E ya por pecado njn por al. Non uos dexare de tomar por mugier. ¿Non sabedes uos que la castanna es dulçe e sabrosa pero sale[39] del orizo espinoso?[40] Yo non se sy vuestro padre fue rey o enperador,

---

[37] Maier: *a que* (*Guillelme*, 18).

[38] As Gómez Redondo points out, this passage echoes the early part of *Maria Egiçiaca*, except that Graciana's self-description is false (*Prosa medieval*, 2:1364). For this reason, the accusations she makes against herself ring as hollow as the untrue slander flung toward many of the female protagonists in the subsequent tales (Spaccarelli, *Medieval Pilgrim's Companion*, 73).

[39] The letter *a* was reconstructed with ultraviolet light.

[40] Spaccarelli suggests this passage as a key to unlocking the appearance-versus-reality dynamic in the *LH* (*Medieval Pilgrim's Companion*, 73). As Dayle Seidenspinner-Núñez shows in relation to Teresa de Cartagena's imagery, this inner/outer dichotomy is a hallmark of medieval hermeneutics, which tended to underscore the truthfulness of that which is hidden: "'El solo me leyó': Gendered Hermeneutics and Subversive Poetics in *Admiraçión operum Dey* of Teresa de Cartagena," *Medieva-*

370   mas muchos malos salen de buenos, e muchos buenos[41] de malos, amiga,
e sabroso vedes aqui amj, que so vuestro. E ruego uos que vos seades mja,
ca sabed que yo so vuestro de buen corasçon, que non ha y cosa de mal
talante. E mas digo | uos que por lo que feziestes, non uos amare menos,   37va
ca mucho ha grant onrra el que se castiga de su grado e desonrra el que
375   se non castiga. Ora puso uos Dios en tan alto grado, quiero que seades
mj mugier." Quando la reyna esto oyo, penso mucho e començo a llorar.
E non sopo que feziese, mas penso que sy lo non pudiese engannar asi
commo mugier suele fazer a ome, que le semejaria guisado que fuese
sennora dela tierra a que quier que auenjese, mas en otra manera querria
380   ante sser quemada o rastrada que yazer con el. Pero ala çima segurolo,
asy que le diese plazo, e que faria lo que el quesiese e que entera mente
le feziese entregar la tierra. E el, que la amaua mucho, otorgole quanto
ella dezia. "Sennor," dixo ella, "Entonçe yo te pido plazo, e dezir te he
por que. Yo fuy a Roma al Padre santo e manefestemele, e diome por
385   penitençia[42] que treze annos bjujese syn omme e que me quitase de todo
otro pecado. Ora he yo doze[43] annos que asy esto, ora so enel trezeno.
E auos semejara que atendedes mucho, pero fazer me hedes enello grant
plazer. E yo non pecare, e vos entonçe casaredes comigo syn pecado, mas
yo me tengo por sandia que esto creo, que bien tengo que uos reydes de
390   mj. E por Dios, ssy | escarnjo es, non melo encubrades, ca de escarneçer   37vb
de vna sandia non uos bien ay cortesia njn mesura." "Ay, amiga sennora," dixo el cauallero, "por Dios, non vos despreçiedes njn tengades
que por escarnjo vos lo digo." "Pues sennor," dixo ella, "ora me dat el
plazo que uos demando." E el respondio: "Yo uos lo do, mas non vos do
395   plazo que alonguemos el casamiento." "Plazme," dixo ella, "pues uos asy
queredes, mas non me busquedes mas." Entonçe mando el cauallero por
toda su tierra que venjesen todos los ommes buenos asu boda, ca el era
esposado e queria que todos y fuesen, e asy fue commo el mando. Venjeron caualleros, venjeron çiudadanos e omes buenos muchos, e clerigos
400   e fraires, e juglares e omes del sieglo. Desque estoujeron todos juntados,
fizo el venjr a Graçiana. E non ouo y tal dellos que non dixiese: "Non
es esta duenna sandia, que lieua la tierra de nuestro sennor, e el lieuala
en camisa. Pero non es marauilla que mucho es fermosa, e por ende ha
corasçon de nuestro sennor. Asy que el su yerro ha fecho asu voluntad,

---

lia 15 (1993): 14–23, here 14–17. I apply this paradigm to Teresa's use of the *meollo/
corteza* metaphor in defense of her intelligence and ability to write: "Conventional
Botany or Unorthodox Organics?: On the *Meollo/Corteza* Metaphor in *Admiraçión
operum Dey* of Teresa de Cartagena," *Romance Notes* 44 (2003): 3–12.

[41] MS: *bueenos*.
[42] Deleted after *penitençia*: *e diome por penitençia*.
[43] Deleted after *doze*: a superscript *XIJ*.

405 mas nuestro sennor mal erro. E, ¿quien le dio por consejo quela tomase
por mugier?, ca es tan moça que non ha mas de XV annos, e querra
fazer lo que se quesier, e non preçiara njn temera a nuestro sennor valia
de vn dinero, demas vedeslo ya muerto, ca estranna | mente es viejo." 38RA
Asy dezian los vnos. Otros trebejauan e fazian ssus joglarias. La lediçia
410 e la fiesta fue muy grande, e Gloelies resçebio su mugier por mano de
vn abat bendito. Todo aquel dia fezieron grandes lediçias e trebejaron e
folgaron, mas quando llego la noche cogieron se asu camara. Mas todo
fue asy commo la duenna lo deujso, ca non oujeron entresy cosa de pleito
de bodas. Mas quando la mannana llego, quiso asy Glolies que la duenna
415 resçebiese la tierra por suya e que ellos la resçebiesen por sennora e quele
feziesen todos omenaje. E asy fue commo el mando. E ella, que era muy
sesuda, trabajose quanto pudo delos auer por amigos, ca de guisa fizo
por su mansedunbre e por su grandeza, que delos ricos e delos pobres ouo
sus coraçones asu voluntad. Ora vos dexaremos de fablar dela duenna e
420 tornar vos hemos a fablar delos njnnos.

| Los mercaderos que los njnnos criauan prendieron puerto en 38RB
Catanassa,[44] e leuaron los ala eglesia e fezieronlos bautizar. E el vno ouo
nonbre Lobel por que lo leuaua el lobo quando lo ellos tomaron. E al
otro llamaron Maryn por que fue fallado sobre la mar. Desque los njn-
425 nos fueron bautizados, tanto mejoraron e tanto cresçieron que quando
llegaron alos XIJ annos non podria ome enel mundo fallar mas fermosos
dos njnnos mejor ensennados. E esto les venja por derecha natura que
vençe criazon e jamas non fallesçe, ca natura es dulçe e amargosa. Vna es
toruada, otra es llana. Vna es bieja, otra es nueua. Tal commo natura es
430 enel omme, tal es el omme. E esta es la çima, ca tan grant fuerça a la
natura que ella faz el omme bueno o malo, e sy natura se pudiese canbiar, los ninnos que eran criados de dos villanos non podrian ser tan
buenos. Mas la buena natura, donde venja los fazia ser tan buenos e tan
bien ensennados, e los fazia guardar de yerro, asy que non podian salir
435 ala criança delos males tanto eran de grant ljnaje.[45] Mas de tanto les
aueno bien que fueron de consuno criados por | que se conosçieron de su 38VA

---

[44] Caithness is a northerly Scottish province (Knust, ed., *Dos obras*, 204 n. *a*).

[45] Spaccarelli cites this passage as an example of what this legend promotes, even if only superficially: "a doctrine of *natura*," which emphasizes the significance of one's family extraction in determining that person's level of goodness (*Medieval Pilgrim's Companion*, 72). Liffen interprets *Gujllelme* in terms of this doctrine ("Transformation of a *passio*," 14). For Spaccarelli, however, this story presents one of several examples of what he calls the "show/tell structural principle" (*Medieval Pilgrim's Companion*, 79). This paradigm illustrates the falsity of what the doctrine says in light of the actions the characters perform. The principle in *Gujllelme* parallels what González sees as a schizophrenic operative behind *Vna santa enperatris*

njnnez,[46] mas non sabian que eran hermanos. E cuydauan por aquellos quelos criauan que eran[47] sus padres. E amauan se mucho e andauan sienpre de consuno. E dezian los quelos veyan: "¡Dios, commo se paresçen estos njnnos anbos! En todo anbos son de vna fechura mesma." E asy era que quien viese vno sin el otro non les podria estremar. E bien otrosy se paresçian en la palabra, pero non se llamauan hermanos. Ellos se querian atan bien que non dauan nada por conpanna de otros moços, e bien vos digo que non fueron de lynaje de Gloçelines nyn de Frochel. Quantos los conosçian amauan los mucho, e fazian grant derecho, que mucho eran fermosos e bien fechos e de buen donario, e bien en todo semajauan fijos dalgo. E todos dezian que non semajauan en cosa a Gloçelines njn a Frochel quanto se semejan el alano al mastin. Mas commo quier que los otros dexiesen los mercadores fablauan entresy a qual mester los darian, e dexieron que serian buenos para mercadores e que los diesen a pelliteria. E Gloçelins fablo con su criado Lobato,[48] quelo queria dar a coser en pelleteria, e el dixo que en ninguna guisa non yria alla sy Maryn su conpannero y non fuese. E otrosy dixo Maryn a Frochel que non entrari[a][49] a ningunt menester syn Lobato. E los mercadores fueron sannudos, e ferio cada vno el suyo en su casa a coçes e a varas, e despues que don Frochel ferio el suyo, llamole rrapaz e fijo de puta, que ella con su maldat lo dexara en vn vatel, e que por esto le posieron | nonbre Marin por que fuera fallado sobre mar. Agora se prouo el villano por qual era. Ora prouo bien su natura. ¡Maldita sea la lengua del villano! ¡Maldito sea su coraçon! ¡Maldita sea su boca! Quando Maryn se oyo denostar e se vio ferir, ouo grant coyta e grant pesar. E Frochel con grant sanna tomo vn pan e diogelo, e dixole quese fuese para do quesiese, pues su mandado non queria fazer. E el tomo el pan e metiolo so su capa. E tanto que le pudo escapar de manos, fuyole, enxugando su boca e sus ojos delas lagrimas que lloraua. Mas de su buen conpannero Lobato non sopo cosa, que otrosy lo firio Gloçelins por que non quesiera fazer su mandado. E denostolo muy mal, ca lo ferio e le façerio commo lo fallara enbuelto en vn cabe de vna[50] garnacha vieja. E dixole las peores palabras que pudo asy commo aquel que auja muy mala boca. E dio le vn

---

*que ouo en Rroma* ("*Vna santa*"), one that is also present in *Otas de Roma* and *Carlos Maynes*. See Spaccarelli for more details (*Medieval Pilgrim's Companion*, 73–81).

[46] Knust transcribes *s* for *z* (*Dos obras*, 205).

[47] Maier omits all of the text from *hermanos* through *eran* (*Guillelme*, 22–23).

[48] *Lobato* and *Lobel* refer to the same individual.

[49] MS: *entrario*.

[50] The letters *na* are superscript. The redundant letters *na* have been deleted after *vna*, as well.

470 pan e dixole commo auja[51] dicho su amo al otro. E esto fezo el bien, pero
que non metio y mjentes njn por bien non lo fazia, mas fazia lo por mal.
Mal fazia por quelo echaua desy, e bien por que plazia al moço. E Lobato,
que todo era mojado de sus lagrimas, finco los jnojos antel, e dixole:
"Buen sennor, vos me criastes muy sabrosa mente fasta aqui. Agora pues
475 me he a partir de uos. Pido uos merçet, que me dedes leçençia syn sanna,
ca çiertas yo so vuestro, e sere e deuo ser. E non deue omme desamar su
maestre sy | lo ferir por lo ensennar. E de natura biene a omme que se 39ra
non pierda con aquel que le bien faz. E uos que me tanto bien feziestes,
¿que aujades comigo? ¿Por que melo faziades sy uos de bondat non
480 venjese? E metistes en mj grant costa e grant afan, asy commo yo agora
primera mente aprendy, e diestes me vida, ca me tolliestes[52] al lobo. E
pues me le tolliestes, lo que yo bjuo e lo que yo so por vos es, e non poderia padre mas fazer por fijo. E por ende sabed que toda via sere vuestro
do quier que yo sea, ca desque deuos me partier, jamas non fallare otro
485 tal." Quando el mercadero vio que tan sabrosa mente le pidia merçet e
tan bien sele conosçia enel bien e enla criança quele feziera, dixole: "Fijo,
ora esta en paz, ca bien te perdono e mentira te dixe en quanto te dixe,
mas perdonar me deues, ca estaua sannudo. Tu non eres mal traydo de
cosa que te yo dixiese njn feziese, ca por tu pro telo fazia, e colpes de
490 lengua non fazen llaga. Finca comigo e aprende a gannar[53] commo yo
fago, ca el que es rico muchos amigos falla. E mucho es vil el que non ha
nada. Este non ha pariente, este non ha amigo, este non es preçiado. E
otrossy, sy tu eres pobre, todos te ternan por vil[54] e todos | te ternan en 39rb
poco, ca oy es el dia en que el sesudo sy pobre fuer en toda corte lo ter-
490 nan por torpe, e el torpe sy fuer rrico por sesudo. El costunbre dela tierra
este es. Por ende te consejo que ayas auer en qual quier guisa que pud-
ieres sy quesieres ser onrrado e semejar sesudo eneste sieglo. Ora me cree
e faras tu pro." De todo esto non ouo el moço cura, ca su natura gelo
defendia. E dixo: "Sennor, quier sea mentira, quier verdat lo que uos
495 dezides, perdonado uos sea. Mas toda via sabet que yo me yre syn espe-
dir me deuos sy uos de grado non me dexardes yr." E el le dixo: "Fijo,
fincat al menos fasta enla mannana." "Non lo faria," dixo el, "ca fasta
enla mannana podria yo ser luenne daqui." "Pues asy es," dixo el omme
bueno, "Yo te dare vnas abarcas de vaca e capa de lluuja, e espuelas e dos
500 rroçines, tanto quiero perder enty." "Non quiera Dios," dixo el, "quelo
perdades, e de amj poder que uos lo meresca e sirua." E diole luego capa

---

[51] Maier neglects to include every word from *muy* through *auja* (*Guillelme*, 24).
[52] Maier: *tolhestes* (*Guillelme*, 24).
[53] Knust: *ganar* (*Dos obras*, 208).
[54] Maier omits all words from *todos* through *vil* (*Guillelme*, 25).

e abarcas e espuelas viejas. El njnno fue muy ledo conel don. Desy diole dos roçines grandes e buenos enfrenados e ensellados, e diole vn moço que fue conel que auja nonbre Jordan, e diole vn arco. E fezole atar vn
505 carcax de saetas al arzon e diole vn marco de plata | en dineros. E dixole: 39va "Yo uos consejo que non finquedes synon vierdes vuestra pro, mas amj uos tornad." Asy se salio guisado Lobato, mas mucho auja grant pesar de que non auja conpanna de Maryn. E asi commo el cuydaua de Maryn, asy cuydaua Maryn del. E yendo asy Lobato cuydando, cato e violo
510 ençima de vn valle, mas nonlo conosçia, ca se non cataua de aquello. E començo a aguyjar contra el, e Jordan con el, asy que lo fueron alcançando. Maryn, que los asy vio venjr en pos desy, maraujllose, que bien cuydo que yuan en pos el por lo tornar, e por esto començo a foyr tan toste commo ssi corriese en pos el el marjno,[55] mas Lobato yua en tal
515 rroçyn quelo alcanço toste. E quando vio que era su conpannero, desçendio, e abraçolo e besolo, e dixo: "Yo cuydaua que erades con vuestro padre. Ora me dezit syle feziestes alguna cosa por que se vos asanno, ca uos veo del partido." E Maryn, que tenja los ojos en tierra, erguyo los quando vio que non sabia de su fazienda cosa. E quisole dezir su fazienda,
520 mas ouo verguença. Pero tanto le dixo que su padre lo firiera e lo echara de casa por que non queria ser pellitero.[56] "Por la fe que uos deuo," | dixo 39vb Lobato, "otro tal aueno amj mas, pero[57] partime del por su plazer. E sy yo sopiera que uos ante demj venjades, non me falleçiera cosa demj voluntad njn diera vna paja por la sanna de mj padre. Mas agora seria bien
525 que sopiesemos por donde auemos de yr." "¡Par Dios!", dixo el otro, "esto non se yo adeujnar, synon do nos leuar la ventura." E Lobel dixo: "Nos tenemos para esta semana[58] quanto podamos despender, e non pueden pasar veynte dias que non fallemos sennor con que fynquemos." E desy vieron salir de vna xara vn corço. E Maryn dixo a Lobel: "Tomad el arco
530 e matadlo." "Ssy fare," dixo el, "syn falla." Entonçe le dio el su escudero el arco e tendio vna saeta e fue contra el çieruo, e lançole la saeta e diole

---

[55] After cataloging some different names for Satan in the fifteenth-century Castilian literary tradition, Knust provides two possible reasons for the use of this term to describe the devil: "si no queremos admitir que la palabra *marino ó marin*, tal cual está, haya de tomarse por el verdadero apodo del diablo, podríamos suponer que en emplearla se sigue una costumbre, también conocida en Alemania, de no escribir ni pronunciar, por cierto sentimiento de miedo, el nombre mismo del enemigo de Dios, sino de suplirlo con otro por eufemismo, ó que *Marin y Marino* están por *malin, malino (maligno)*" (*Dos obras*, 211 n. a). Such an explanation matches the content of this passage ("as if the devil were pursuing him").

[56] Knust: *pellicero* (*Dos obras*, 212).

[57] *Pero* is suppressed in Knust's transcription (*Dos obras*, 212).

[58] MS: *seman*na.

e matolo. E el corço cayo syn esmoreçer. E Maryn fue muy pagado del golpe. E tomaron su corço e atáronlo tras Maryn. E Jordan sobio con Lobel, e fueronse muy ledos con ssu caça. E tanto andaron fasta que
535 llegaron a vna fuente clara e buena que corria ent*r*e vnas yeruas ve*r*des asy blanca com*m*o vna plata esmerada, e çerca la fuent*e* estaua vna choça fecha de nueuo. Ally deçendieron e ent*r*aron dent*r*o. E fallaron y colgado vn manto de vna percha, mas no*n* fallaron y al. La choça era bien çerrada de ramos | e bien cobierta por la lluuja. Alos menjnos progo 40ʀᴀ
540 mucho con tal posada e dixieron a Jordan, q*ue* sabia la ti*e*rra, q*ue* fuese a alg*u*na villa buscar fuego e pan e vjno e sal, e el dixo q*ue*lo faria muy de grado. Entonçe se fue a vna abadia q*ue* el sabia e llamo ala pu*er*ta. E los monges salieron e dieronle q*ua*nto demando, e vn moço q*ue* auja nonb*r*e Rroden, q*ue*le ayudase a leuar lo q*ue*le dieron. Los donzeles aca entera
545 ment*e* desollaron su corço, e g*u*isaron de fazer su cozina. E en esto cataron e veyero*n* venjr a Jorda*n*. Desy llegaronse e fezieron su cozina, mas ant*e* q*ue* la cozina fuese fecha llego vn montan*n*ero cuyo men*e*st*e*r era de guardar el mont*e*, q*ue* rico njn pob*r*e njn estran*n*o njn con*n*osçido non caçase. E q*ua*ndo ent*r*o enla choça, fallo y aq*ue*llos e fue muy san-
550 *n*udo. E Lobel e Maryn se erguyeron a el e saluaronlo, e el con san*n*a non respondio cosa a su saluaçion, ante les dixo: "Uos sodes presos e mu*er*tos, ca yo vos leuare tras al rey. E fazer uos he cortar las manos e sacar los ojos por su corço q*ue*le caçastes." E Lobato dixo: "Amigo, de uos nos podra Dios guardar, ca no*n* fezjmos cosa por q*ue* deuamos mal
555 pr*e*nder, | mas p*er*donad nos ja⁵⁹ esta noche, e man*n*ana leuad nos do 40ʀʙ q*ue*sierdes en tal q*ue* ayamos paz e t*r*egua co*n* vos. E dar vos hemos vn marco de plata, ca nos no*n* traemos mas." E el dixo q*ue*lo otorgaua, mas q*ue*le diesen luego la plata, e la plata le fue dada e fue dada la tregua. E dixoles: "De oy mas no*n* uos guardedes demj." Q*ua*ndo los nin*n*os fuero*n*
560 segurados, começaron a comer e a beuer e auer gra*n*t alegria. E echaron se a dormjr sob*r*e su rrama, e enla man*n*ana leuantose el montanero e desp*er*tolos. E Jorda*n* les g*u*iso las bestias e caualgaron. E el montanero, q*ue* sabia la carrera, g*u*iolos, e andaron fasta q*ue* llegaron a ora de viespras a Catanasa. E el montanero⁶⁰ leuo los njn*n*os ant*e*l rey e dixole:
565 "Estos moços falle caçando en v*ues*t*r*a floresta e tomaro*n* y vn corço. E trayo uos los p*or* q*ue* tomedes venga*n*ça, mas non me semeja de tan pequen*n*os moços e tales q*ue* deuen⁶¹ lazrar por tal cosa. E, por b*ue*na fe, yo no*n* los pr*e*ndiera synon por q*ue* jure." E el rey dixo: "Bien feziste lo

---

⁵⁹ Maier: *ya* (*Guillelme*, 28).

⁶⁰ Maier omits all of the text from *que sabia la carrera* through *E el montanero* (*Guillelme*, 28).

⁶¹ Scribal insertion: *que deuen*.

que ouiste de fazer. Yo bien veo los njnnos fermosos e buenos, e quiero
570  que fynquen comigo. E quieroles fazer mucho bien sy buenos quesieren
ser." E Lobel respondio: "Sennor rey, al andamos buscando, e muchas | 40va
merçedes delo que nos prometes." E el rey dixo: "Non te yncal, que en
buen punto venistes aqui tu e tu hermano, ca bien cuydo que anbos sodes
hermanos." E Lobel respondio: "Sennor, salua vuestra graçia. Non somos
575  hermanos njn parientes." E el Rey dixo: "Callate, ca esto non poderia ser,
pues uos tanto semejades. Syn falla hermanos sodes, mas nonlo osades
dezir. Quier seades hermanos, quier non, dezit me commo auedes nonbre." E el dixo: "Yo he nonbre Lobel, e mjo conpannero Maryn." El Rey
non les demando mas, mas llamolo[62] a vn su montero onrrado e dixole:
580  "Toma estos njnnos e guarda e piensa me dellos muy bien, e dales canes
e aues, e ensennalos, e lieualos contigo a monte e a ribera cada que fueres
caçar." E el montero asy lo fizo. E los njnnos cayeron en tan grant amor
conel rey que el rey les mando dar que vistiesen e quitaçiones asu voluntad. E fazia los yr consigo sienpre a monte por caçar. Ora uos dexaremos
585  a fablar de los njnnos e tornar vos hemos a fablar desu padre.

| El burges quelo prouo en todo e lo fallo tan leal asy en guarda de 40vb
su casa commo en despender sus dineros que jamas non le quiso tomar
cuenta, e el burges quelo amaua mucho por quelo vio leal, lamolo a vna
parte e dixole: "Sy tu quieres enprestar, te he yo trezientas libras con
590  que fueses ganar a Flandes o a Jnglaterra o ala Proençia o a Gascuenna.
E toda la ganançia sea tuya, mas que me des mj auer, e non puede sser
que non seas muy rico, ca bien ganaras y quinjentos marcos." E el rey
respondio: "Sennor, vuestra merçet, ora me dat los djneros, pues uos asy
queredes que yo venga a fazer lo que uos quesierdes. E bien sabed que yo
595  non dexare mercado njn feria a que yo non vaya, ca yo connosçido so
delos mercaderos, e connosco toda merchandia." E el mercador le dio los
dineros e el conpro los mercados, que sopo por pregunta quele valdrian
enlas ferias. E desque ouo todos sus dineros enpleados, fuese do sopo que
eran las ferias e los mercados. E fizo su fazienda lo mejor que pudo, asy
600  que de aquella merchandia gano mas quel mercador le diera de cabdal,
ca mejor andança ouo que todos los otros mercadores que alas ferias
fueron. El mercador, quando el rey a el llego, touo por grant marauilla
lo quele auenjera, ca estoujera poco e ganara | mucho. E amolo e preçiolo 41ra
por ende mas. E fizole mas onrra que solia, e dixole: "Yo quiero enbiar
605  convusco mjos dos fijos, que los ensennedes a ganar e que uos sieruan
e vos sean muy bien mandados. E dar uos he mj naue e mill o dos mill
marcos en auer e en djneros. E la primera carrera que fezierdes yredes

---

[62] Maier: *llamóle* (*Guillelme*, 29).

a Jnglaterra, ca esta otra semana a de ser la feria de Bertolt."⁶³ E el rey
dixo quele plazia. E el mercador le dio la naue e sus fijos, quele fuesen
610 muy bien mandados. E ellos asy lo fezieron. E el rey entro conellos en su
naue. E el maestre dela naue, que auja nonbre Terfez, tomo el gouernallo
e guio los a Bertolt. E el rey mando que tirasen todo el auer dela naue e
cauallos buenos que traya. E entraron demannana enla villa e tomaron
posadas.
615     Aquella sazon tenja vn mançebo la tierra toda e la corona en guarda
para su tyo el rey Guyllelme, ca aquel era el mas llegado pariente que
auja. El rey posaua enla villa con vn mercador | mucho a plazer desy, e   41ʀʙ
do estaua vn dia enel mercado vendiendo su auer, vio vn njnno que traya
vn cuerno, e lo vendia. E llamolo e preguntole sy queria vender el cuerno,
620 e el dixo: "Datme por el çinco soldos." E el rey gelos dio. Desy preguntole e dixole: "Ruegote que me digas donde oujste este cuerno." "Sennor," dixo el, "quando el rey Guilelme se partio desta tierra con su
mugier e se perdieron, las gentes dela villa fueron a su casa e rrobaronla.
E desque fue rrobada, mety me yo so vn lecho e falle este cuerno. Era yo
625 entonçe muy pequenno e era su criado, e por esto melo non tomo njnguno, njn yo non sabia sy erraua en ello. Mas fasta aqui lo guarde bien,
e ora quiero me yr en romeria a sant Gil. E andaua vendiendo el cuerno
por dar los djneros a pobres por alma de mjo sennor." E el rey dixo: "Bien
feziste, cuydo quete verna avn dende bien. Avn alguno verna que telo
630 gualardonara, que agora tu non cuydas." E dio el rey entonçe el cuerno
a vn su seruiente, quele diera los djneros por el, mas mucho le dixo que
mercara mal. E el donzel fue partiendo sus djneros por el mercado do
vio que era menester. Mas las gentes que su sennor connosçian e vian
aquel mercador, que lo semejaua, pasauan a | menudo a montones por   41ᴠᴀ
635 antel. E dellos seyan, e dellos estauan. E catauan lo para conosçerlo
mejor, asy quelo fueron dezir al rey: "Sennor, enla feria esta vn mercador
que semeja mas vuestro tio el rey, que nunca omme semejo el rey otro,
que sed çierto que aquel es el rey Guillelme mesmo." "¿E sabedes," dixo
el, "commo ha nonbre? ¿O preguntastes lo ya?" "Non, sennor," dixieron
640 ellos, "njn avn nonle preguntamos cosa." "Pues," dixo el, "quiero yo yr
alla e fablar conel. E sy me semejar mjo tio, en quanto el bjua beujremos
anbos de consuno. E quiero que bjua comigo en tal que me pueda nenbrar de mj tio cada que lo vier." Entonçe se cogio a vn grant cauallo de
castiella e caualgo enel, e pos el muchos omes buenos que aujan grant
645 sabor delo ver, ca XXIIIJº annos auja que se esterrara e non lo vieran. E
sy fallasen quel era, podedes creer quel viçio seria grande. El rey non

---

⁶³ This place may refer to Berton, an early Norman possession of Bristol that sustained a significant level of trade in the region's goods (Knust, *Dos obras*, 218 n. *a*).

quedo fasta que llego do estaua el mercador. E tanto que vio a su tio, desçendio e echole los braços al cuello, e saluolo e abraçolo, e dixole: "Mucho uos deseaua ver, ca sabor he de fablar convusco grant pieça. E ora sed comigo." El dixo: "A todo vuestro plazer sea todo, que a my plazera de quanto me dixierdes. Mas convusco non sere, ca alto omme me semejades." "Non temades," dixo el rey, "segura mente sed cabo mj, ca yo so rrey e vos rey. E semejades me mj tio mas que nunca otra cosa semejo otra. E por el uos amo yo tanto que a pocas non vos llamo tio, sennor rey. Esta es muy grant maraujlla. Ora vos yd comigo, que asaz verna quien venda grana e brasil e çera e todas otras vuestras merchandias, ca yo por esto vjne auos, que uos leuase a mj corte, e que uos feziese sennor de toda[64] mj tierra e de mj casa, que uos quiero fazer mj mayordomo." "¿Mayordomo?", dixo el. "Çertas," dixo, "non he cura, que toste poderia sobir en alto e caer de grado en grado, e fazer me yades tomar tal salto que me doleria mucho, ca ya yo vy de tales que vil mente cayeron donde cuydauan bien estar, e tornaron se onde venjeron. Por ende non me quiero desto trabajar. Otro bien me podedes fazer, ca yo quiero me tener mj menester. Mas ora me dezit, ¿non poderia ser quel rey perdido venjese? Pues, ¿que faria yo? Luego me convernja caer e tornaria mercador commo me so. De tal andança non quiero yo parte. Mas ora me dezit por vuestra bondade, vos que sodes rey, ¿que fariades sy el venjese?" "Ssy Dios me aya parte del alma, yo le daria la corona que le guardo, e el regno que para el tengo, ca yo non so ende synon vicario. E por amor del uos amo yo. E ruego uos que seamos buenos amigos e que uos non estrannedes[65] demj, que comades comigo cada dia vos e vuestra conpanna, e den uos para las bestias lo que fuer menester. E al partir aueredes vuestra quitaçion buena a vuestro plazer, e los costunbres e los portadgos quelos otros mercadores dan delo que conpran e venden, non lo daredes uos en todo mjo regno. Ora me dezit, e non uos pese, ¿do posades, e commo auedes nonbre?, que vuestra pro sera." "Sennor," dixo el, "yo he nonbre Guy de Galuoya. Yo he grant algo e tengo muchas merchandias." Entonçe se partio el rey de su tio commo bueno e de buena parte, e fizole mas de onrra e mas de seruiçio quele prometio mjentra fue en la villa. E las otras gentes tanto lo amauan e tan buen senblante le fazian que omme entenderia bien que sy se el quesiese fazer conosçer que syn dubda seria rey de Jngla terra commo de ante era. Esto non quiso el. E quando se ouo de yr tan sola mente, non se espedio asus amigos, ante se salio de muy grant madurgada[66] dela villa, e fuese ala

---

[64] Maier omits all of the text from *e* through *toda* (*Guillelme*, 33).
[65] MS: *estrannededes*.
[66] Maier: *madrugada* (*Guillelme*, 35).

685 naue que su maestre Terfes tenja ya aguysada e que estaua cargada de mucha rrica merchandia. E entro y ssu conpanna e alçaron las velas e alongaronse de tierra e entraron alta mar. E el viento se començo a esforçar e toruose la mar, e erguyeronse las ondas e ferieron enla naue, asy quel aballaron anbas las cuestas e que las plegaduras[67] todas fueron
690 floxas. E la mar, que primero era ygual, fue llena de montes e de valles, e las ondas engrosaron, e fezieron cuestas e valles. E todos dieron bozes: "¡Ayoz, ayoz!" El dia començo a escureçer e toruar se, e el ayre a espesar. Ora semejaua que menguaua, e el maestre fue muy espantado quando vio todos los quatro vientos conbatir se enel ayre e enla mar, e vio true-
695 nos[68] e turvones fazer. Entonçe desanparo la naue de llano e dexola yr ala ventura, e la naue ando en balax por las ondas, e las ondas la trayan commo pellota. Vna ora la ponja[69] enlas nuues, otra enlos aujsmos. E Terfes dixo: "Cala, cala." E los quatro vientos ferieron tan de rrezio que quebrantaron las cuerdas e la vela en çient pedaços, e el mastel quebro.
700 E los dela naue fueron | en grant coyta, e llamaron Dios e santa Maria, 42va e rrogaron a sant Njcolas[70] que rogase a Dios que les amansase aquellos brauos vientos que los asy guerreauan. "¡Que tan grant poder han enesta mar!", dixieron, "a ellos non faze mal su guerra, ante an y sabor, mas confondennos, e por el su sabor seremos nos destroydos. E asy catyuos
705 nos conpraremos este sabor. Ay, Dios Sennor, fazed folgar estos vientos que nos tienen en coyta de muerte e fazed que non moramos, e poned nuestra naue en saluo e apagadla sanna destos vientos sy vos ploguier, ca asaz fezieron fasta agora su poder." Asy llamauan Dios e los santos, mas con todo esto duroles la tormenta tres dias tan grande e tan desmesurada
710 que non sabian do eran, njn comjeron njn beujeron. Al quarto dia quando llego la mannana e fue el dia esclareçido, la mar amanso, e todos los vientos tomaron treguas, mas vn viento manso finco solo que aljnpio el çielo. Ora se puede alegrar Terfes sy sopiese en qual derecho de tierra estaua, ca eran en derecho de vna tierra estranna a que llamaua el rey que
715 la sabia Solasange.[71] "Maestre," dixo el, "¿do somos? ¿Conosçedes vos esta jnsola, sennor?" "Sy," dixo el, "mas aqui ay vna costunbre sy uos aqui queredes aportar, vos aqui venderedes mas caro que | en otro lugar, mas 42vb

---

[67] Deleted scribal insertion after *plegaduras*: *anbas*.
[68] MS: *truen*nos.
[69] MS: *ponn*ja.
[70] This saint, a bishop who attended the council of Nicea, once calmed a storm with his prayers during a sea voyage. Sailors since then would pray to him when in dangerous waters (Knust, ed., *Dos obras*, 224 n. *a*).
[71] This place is the same as Surlig and Sorlyna, named elsewhere in this tale (Knust, ed., *Dos obras*, 197 n. *a*). See above, p. 92, n. 33.

ante lo conpraredes muy bien, ca tanto que llegarmos[72] al puerto luego el sennor entrara en la naue e fillara asy delas donas commo del auer
720 quanto quesier delo que se pagar. Desy entrara su mugier e fara otrossy, desy el senescal. Esto faran ellos a quien quier, quel pese o quel prega, e este es costunbre malo. Desy los mercadores venderan lo mas caro que podieren, e jamas non fallaran quien les faga fuerça njn pesar." E el rey dixo: "Ya por auer non dexemos de aportar." Entonçe tomaron los mar-
725 jneros la naue e llegaron la avn castiello que y auja. E los del castiello enbiaron vn omme ala naue preguntar si era de mercadores, e el fue e pregunto lo. E el rey le dixo que eran mercaderos de Galuoya. E el omme sse torno luego para el castiello e dixo: "Ora toste, non uos detengades, ca mercadores son enel puerto." Aqui non ouo otra detenençia, synon
730 que caualgo la duenna que ya non auja marido, e su senescal con ella. E fueron ala naue por demandar el costunbre que y aujan,[73] asy commo solian. Quando la duenna llego e la el rey vio, salio toste contra ella. Mas non le plogo de que la non pudo ver a ssu guisa, ca ella traya el rrostro cobierto. Pero saluola e dixole: "Duenna, bien seades venjda. Deçendet,
735 ca bien | se yo lo que demandades e bien se la costunbre del puerto, que  43ra delas ricas merchandias que y venjeren, auedes uos a tomar lo que quesierdes. E plazer me ya amj mucho delas traer tales de que uos pagasedes." "Amigo," dixo ella, "conviene que vea lo que traedes. E desque vea todo vuestro auer, entonçe tomare aquello de que me mas pagar."[74]
740 Quando la duenna entro enla naue e vio el rey, el coraçson le començo a tremer, por que oyera ya dezir que era bjuo el rey e quelo vieran muchos. E el rey le fizo mostrar las mas ricas merchandias e las mejores que trayan, pannos tintos e pannos de seda a fojas, ofreses, tablas de plata, axedrez de oro. Mas con todo esto ella metia mjentes
745 enel cuerno e enel rey, e njngunt auer non preçiaua tanto. E nunca podia partir los ojos quando del rey, quando del cuerno. E llegose al mastel e tomo el cuerno, que non veya al de que se tanto pagase, e besolo e fizo conel grant alegria. E desque lo cato vna grant pieça, tornolo asu logar e callose, e tornose contra el rey. E touo que auja fecha buena carrera,
750 e asentose cabo del leda e catole todas las manos. E viole tener en vno delos dedos vn anjllo que fuera della, que avn el traya por su amor, | ca 43rb el dia que se desterro olujdosele, e leuolo liado en vna çinta de seda. Quando la duenna vio el anjllo, conosçiolo muy bien. E dixo: "Amigo,

---

[72] Knust: *llegar[e]mos* (*Dos obras*, 225).

[73] Spaccarelli's transcription represses this *n* in order to express *había* (*Text and Concordance*), but *aujan* could mean *tenían*, i.e., a "custom that they had there."

[74] The section of *Gujllelme* that ends here serves as the tale's structural axis. See Gómez Redondo for a detailed analysis of the legend's configuration (*Prosa medieval*, 2:1362–65).

sennor, non veo aqui cosa de que me yo pague synon dese anjllo[75] que
tenedes, e datmelo. E por tanto seredes quitos de costunbre." "Ay, sennora," dixo el rey, "por Dios, non lo digades, ca non querriamos nos que
uos quitasedes denos por tan poco, ca enesta naue anda tan grant auer
de que bien poderedes auer çient marcos. E esto poderedes tomar sy
quesierdes, ca el anjllo non vos valdria nada, ca entre el anjllo e la piedra,
non valen mas de vna onça de oro. Pero, para la fe que uos deuo, amolo
mucho, ca toda mj vida es en mj dedo, ca sy me uos quitades este anjllo
que trayo, asy me poderiades matar." "Ya sennor mercador, callad. Vos
fuestes aqui bien aportado que por vn tal anjllo vos yo quito toda la costunbre. E sabedes que pues[76] vos lo yo quiero tomar que por derecho non
melo podedes toller, njn escatima[77] non uos fago de njnguna cosa, pues
tan poco tomo deuos e mj follia es que yo tan pobre canbio fago, pues
quela costunbre es tal que cosa non me podedes defender que yo deuos
quiera tomar, de mas tan poco auer commo este." E el rey que a su grado
non faria syn razon dixo: "Por ende, esto non es seso que non tomades
el que uos valga mas, mas pues | el anjllo queredes, tomaldo, e sabed que
uos do muy grant don e quelo saco de mj corasçon muy syn mj grado, ca
en mj dedo nonlo tenja yo. Ora uos dj mj vida, e quiera Dios que nos fallemos ende bien uos e yo." E la duenna gelo gradesçio mucho, e tomo el
anjllo e metiolo en su dedo, e dixo: "Amigo, por gualardon deste anillo
posaredes comigo vos e toda vuestra conpanna, ca yo asy quiero e asy uos
lo ruego." E el rey gelo gradesçio mucho, mas quantos conella fueron
toujeron gelo por sandez, por vn anjllo dexar valia de çient marcos. Mas
el senescal non quiso dexar cosa de su derecho, ante tomo de quanto y
fallo delo mejor.

La duenna se fue para su castiello e leuo consigo el rey e toda su
conpanna, e fezolos seruir muy bien e a grant onrra. Mas mucho auja
el rey grant sabor dele ver el rrostro. E ella mando poner las mesas e
asentose a ellas, e descobrio el rrostro, que auja muy fermoso, e dieronle
agua alas manos, que auja muy blancas e muy fermosas. E el rey le fue
tener las mangas, e ella dixo en reyendo: "Mucho ha en vos, rico seru-
jente, para serujr tan pobre duenna | commo yo so, njn yo non valo njn
puedo tanto que uos lo pueda gradeçer. Ora, sennor mercador, leuad
uos asy segura mente commo sy llegasedes a lugar o cuydasedes que uos
deseauan ver." Entonçe lauaron se e asentaron se alas mesas. E la duenna
fizo ser su huespede cabo sy a par, e comieron anbos. E el cato a ella,

---

[75] Guillelme's horn and this "talisman of recognition" are similar to those found in *Plaçidas* (Spaccarelli, *Medieval Pilgrim's Companion*, 79).

[76] Maier omits all text after *anjllo* through *pues* (*Guillelme*, 37).

[77] Knust: *escatimo* (*Dos obras*, 228).

e ella a el, asy que el conosçio que aquella era su mugier.⁷⁸ E syn falla aquella era, pero mucho se encobrieron vno de otro. E fablaron en al que non en aquello que tenjan enlos corasçones. E enesto el rey, que solia auer grant sabor de caça, vio pasar canes por ante sy, e començo a cuydar.
795 E cayo en tan grant pensar que se adormeçio, e estando asy, sonno que andaua enla floresta. E fallaua y vn çieruo que tenja quinze ramos enlos cuernos, e corria conel con sus canes. E de commo estaua olujdado, daua bozes alos canes a cada vno por su nonbre: "¡Tomalo, tomalo!, ca se va el çieruo." E todos los que y seyan se reyan dello, e fezieron del escarnjo e
800 dixieron: "Sandio es este mercador." Mas la duenna a quien tannja mas tiro lo asy muy paso. E el acordo asy commo sy dormjese, e echole los braços al cuello asy commo ala cosa del mundo que mas amaua e dixole sabrosa mente: "¿Por que dauades agora tales bozes?" E el le dixo: | "Por 44ʀᴀ que me semejaua que andaua a caça, e fallaua vn çieruo mayor que nunca
805 vy, e cuydaualo tomar." La duenna era sesuda e buena, e non touo por mal lo quele su marido dezia, e començolo a abraçar. E las gentes, que non sabian cosa de su fazienda,⁷⁹ touieron la ende por sandia. Mas ella auja sabor dele fazer todo su plazer e dixole: "Sennor, sy uos yo guisar que vades a caçar, ¿gradesçer me lo hedes?" "Sy," dixo el, "ca non he tan
810 grant sabor de al, ca XXIIIJo annos ha que sienpre sofry enojo e mala ventura." "Yo uos juro," dixo ella, "par sant Paulo que, ante quela noche sea, veredes venjr vuestro suenno. E yo mesma vos fare y conpanna." Entonçe fezo meter los canes enlas traylllas e caualgar los⁸⁰ caçadores. E todos fueron guisados de mouer e fueronse a vna floresta do fallaron el
815 çieruo delos *qu*inze rramos, e soltaron los canes e dexaronse yr en pos el dando vozes e tan*n*jendo cuer*n*os, e fuye*n*do el çieruo, e latiendo los can*es*, e rreten*n*jendo los mont*es* e los valles. E la duen*n*a ouo su razo*n*

---

⁷⁸ Spaccarelli associates this scene with the moment of recognition in the Emmaus story, which he sees as the model for the action in *Gujllelme* (*Medieval Pilgrim's Companion*, 80). The fact that Graciana serves as Guillelme's host while she herself is in exile adds another dimension to the guest/host dynamic, for she herself is both a guest in another land and host to others in it. For Gómez Redondo, the configuration of this tale's episodes mirrors that of some of the *LH*'s other parts—*Plaçidas, Otas de Roma, Vna santa enperatris que ouo en Rroma*, and *Carlos Maynes*—while also reflecting similar narrative patterns from such stories as *Zifar*. This critic speculates that these configurations were incorporated to please a conservative (*molinista*) public who would have felt deprived had such elements as family separation, recognition, and reunion not been present (*Prosa medieval*, 2:1361). The idea of an orthodox audience that places demands on the text contrasts sharply with the heterodox community that Spaccarelli envisions.

⁷⁹ Deleted after *fazienda*: e.

⁸⁰ Maier omits *caualgar los* (*Guillelme*, 39).

*Gujllelme* 107

con*e*l rey e contole toda su fazienda, e el a ella la suya. E anbos, por el
grant amor q*ue* se | aujan, llorauan de plazer e de piadat. E dixo le ella: 44rb
820 "Sen*n*or, vn rey ay aqui, mj vezino, q*ue* me q*u*iere por mug*ie*r. E por
q*ue* lo non q*u*is ma*n*dome desafiar, e avn la guerra dura muy fuerte.
E, ¿sabedes por q*ue* uos lo digo? Sy el çieruo fuer *con*tra aquella p*a*rte e
pasar vna agua q*ue* p*a*rte esta floresta, consejo uos e ruego vos q*ue* no*n*
pasedes alla, ca son y v*ues*tros enemigos." E el rey dixo q*ue* asy lo faria. E
825 la reyna le dixo: "Ora vos yd caçar, e yre en pos uos mj paso."

Entonçe se p*a*rtio el rey della e echo su cuerno a cuestas, e entendio
q*ue* los can*e*s yuan en pos el çieruo, e el çieruo, con coyta delos can*e*s q*ue*
yuan en pos el, dexose correr con*t*ra el rio. E los caçadores fincaro*n*. E
el rey se fue en pos los canes q*ue* pasaran ya el agua. E por q*ue* le falleçio
830 el castigo dela reyna, paso en pos el çieruo, e los canes lo coitaron tan
bien q*ue*lo çercaro*n* enderredor. E los vnos le trauaro*n* delas narizes, e
los otros por los braços, e los otros por las piernas. E dieron con*e*l en
tierra. E el rey tan*n*jo de p*r*iesa bien tres vezes. E dos cauall*e*ros q*ue* se
| andauan por la floresta, q*ue* desamauan la reyn*n*a, oyeron el son del 44va
835 cuer*n*o e fueron p*a*ra alla q*u*anto mas pudieron. E aujan sabor de matar
o de prender om*m*e q*ue* diesen a ssu sen*n*or. E q*u*ando el rey los vio
venjr, nenbrole q*ue* pasara el mandado dela reyna. E vno tiro la espada
dela vayna, e el otro enbraço el escudo e tomo la la*n*ça. E amenazaronlo
e desafiaronlo, e dixieron: "Cauall*e*ro, ¿por cuyo mandado osastes caçar
840 aca dent*r*o?" E el rey, q*ue* estaua a pie, no*n* los oso atender a golpe. E fuyo
con*t*ra vn arbol por se defender ally, e leuo su cauallo consigo, e fizo del
caruallo[81] escudo. E ellos dixieron: "Cauall*e*ro, mucho vjujestes sy toste
uos non rendides preso, ca uos non poderedes defender contra nos. E
conviene q*ue* morrades o q*ue* vengades a m*e*rçet." E el q*ue* vio su muert*e*
845 ant*e* sus ojos dixo: "Sen*n*ores, no*n* q*u*iero, ca sabed q*ue* sy me matasedes
muy toste vos podriades fallar mal." "Ay, don cauall*e*ro, ¿en q*u*al g*u*isa?
Esto es menaza, pues amenazades, non vos valdra nada v*ues*tro ruego."
Despues dixo el vno al otro: "Fer, q*ue* jamas no*n* auera m*e*rçet denos
pues q*ue* nos amenazo. Despu*es* su muert*e*, faga me despues q*ue* lo yo
850 matar q*u*anto mal | podier." Entonçe se dexaro*n* anbos yr a el. E el Rey 44vb
q*ue* ouo miedo dellos metio ent*r*e ellos e sy el arbol, e dixo: "¡Par Dios,
sen*n*ores! Mal fecho q*ue*redes fazer en matar vn rey." "¿Rey?", dixieron
ellos. "Rey syn falla," dixo el, "rey de Ynglaterra."[82] "Pues," dixieron
ellos, "¿q*ue* venistes aq*u*i dema*n*dar, o q*ue* auent*u*ra vos y troxo?" "Yo
855 vos lo dire," dixo el. E ellos por sabor de oyr el auent*u*ra deçieron a pie

---

[81] *Caruallo* is derived from the Galican for oak tree (Corominas, *Diccionario crítico etimológico*, 1:856).

[82] Knust: *Inglaterra* (*Dos obras*, 233).

conel. Entonçe les començo el rey a contar con muchas lagrimas commo fuera esterrado e commo le tomaron su mugier e commo perdiera sus fijos anbos e todo quanto le auenjera. "Agora sennores," dixo el, "aved
860 demj merçet, ca toda la verdat uos he contada." Vno dellos dixo: "Sennor, sy Dios me ayude, digo uos que nunca connosçy mj padre, mas ala merçet de Dios agora lo connosco, ca syn falla vos sodes mjo padre e yo so vuestro fijo, ca el padre que me crio me dixo por sanna que me tomo avn lobo, e dixo me el logar do, e que me fallara enbuelto en vna falda
865 de vna garnacha, asy commo agora vos contastes. E mostrar uos he el panno. Entonçe sabredes la verdat sy so vuestro fijo o synon. E por el lobo a que me tomaron he nonbre Lobel." E el otro de quanto oyo fue marauillosa mente ledo, e dixo que nunca tal marauilla avenjera a omme: "Bendito sea Dios que me aqui troxo. Agora se yo lo que ante non | sabia, 45RA
870 que yo e mj hermano bjujiamos de consuno e non nos conosçiamos.[83] Ssyn falla nos somos hermanos e uos sodes nuestro padre, ca yo so el que fuy fallado enel batel. E desto ssabredes la verdat quando vos mostrar el pedaço del panno en que me fallaron enbuelto quando me leuaron." "Asi ha menester," dixo el rrey, "que me amostredes las faldas enque fuestes
875 fallados." Dixieron ellos: "Vamos e amostrar vos las hemos." Dixo el rey: "Vamos, mas ante desfagamos nuestro çieruo." "Fagamos," dixieron ellos. Estonçe lo desfezieron. Desy fueron se ala posada, e mostraron al rey los pedaços dela garnacha quele prometieron mostrar. Tanto quelas el rey vio, luego las conosçio e dixo: "Verdadera mente ora se que sodes
880 mis fijos." E su padre ouo conellos muy grant plazer e grant alegria, e los fijos conel. Esto non es de demandar. El padre abraço e beso sus fijos por muchas vezes, e non sabia que fazer conellos de alegria. E cataualos de alegria vna pieça e despues tornaualos abraçar e besar. E tanto fezieron grant alegria que el huespede dixo: "Bolsa auedes fallada." "Verdat
885 dezides," dixo Lobel, "ca nos fallamos huesped nueuo en vuestra casa que nos deujamos mucho onrrar e ser muy ledos. E sabed que es | rey e sen- 45RB nor de Yngla terra. Ora uos rruego que lo vayades dezir a nuestro sennor, el rey de Catanassa, que auera ende muy grant plazer, e fazer le ha mucha onrra e venjr lo ha ver a vuestra casa." E el non quiso tardar mucho. E
890 fuese luego al rey e contole las nueuas. E el rey, quelo touo por grant marauilla, fuese asu casa. E tanto que Lobel e Maryn lo vieron, tomaron a su padre por las manos e mostraron gelo. Desy contaronle todas las auenturas por que pasara, que cosa non finco por contar. E mostraron

---

[83] Spaccarelli believes that this moment is a reenactment of the Emmaus story in the sense that the brothers are now consciously aware of what had previously been an exclusively emotional and spiritual intimation of their relationship (*Medieval Pilgrim's Companion*, 80).

le los dos pedaços dela garnacha por sennal. E el rey se santiguo delas
895　marauillas que oyo e dixo: "Syn falla esta es la verdat connosçida. Mucho
fallastes fermosa ventura e deuedes ende ser muy ledos e gradesçer lo
mucho a Dios. E bien vos digo que, ante que yo de vuestro ljnaje cosa
sopiese, vy en vos tanta bondat e tanta lealtad e tan grant ardimento que
vos quesiera fazer caualleros, ca mucho me seruiestes en mj guerra con-
900　tra aquella duenna sandia e catiua que jamas non auera comigo paz fasta
que me tome por marido o me de su tierra." El rey Gujllelme respondio:
"Esto quiero yo meter en vuestra mano, ca yo vos la traere aqui de mannana syn otra pleitesia. E sy sus fijos vos ayudaron contra ella, fezieron
derecho, ca los criastes. Mas non lo fezieran | si su madre conosçiesen,　45va
905　ca mala mente yerra quien toma guerra contra su madre o que le faz
pesar. E quela asanna, contra este se asanna Dios e el mundo lo desama.
Mas tal lo faz que lo non sabe, asy fezieron ellos, ca la non connosçian.
E seruieron a uos que erades su sennor. E destruyeron e quemaron la
tierra de su madre. E asy en vn meesmo seruiçio eran leales e desleales,
910　e fazian bien e mal. Mas non deuen ser por ende culpados, ca lo vno o lo
otro les convenja fazer."

　　Quando Lobel e Maryn esto oyeron, marauillaron se e alinpiaron
sus ojos, ca mucho llorauan de alegria. E dixeron: "Mucho nos tarda el
dia que auemos de ver a nuestra madre e [que][84] le pidamos merçet de
915　quanto le erramos. Mas con todo esto non deuemos olujdar los mercaderos que nos criaron, njn el bien que nos fezieron. E njngunt debdo non
aujan conusco por que, e derecho es que los veamos sy quier que sepan
lo que fallaron e quien denostaron, e que ayan denos del bien que nos
fezieron gualardon ssy Dios a tienpo nos llega." Asy fablaron de vnas
920　cosas e de otras grant pieça dela noche. E el rey de Catanassa mando
muy toste fazer muy bien de comer. Mas agora | uos quiero tornar ala　45vb
reyna que fazia tan grant duelo que muriera a su grado. Dixo: "¡Catiua,
mal auenturada! ¡Que poco me duro el grant plazer de mj sennor! E el
mj grant plazer faz ser mayor mj duelo, ca el muy grant plazer que yo
925　perdy me faz esforçar e cresçer mj pesar. Mas convien que me esfuerçe
de guerrear bien mjs enemigos que amj sennor mataron o prendieron."
Desy dixo a su conpanna: "Ora toste, ora toste, ora toste, fagamos hueste
sobrellos. Guysad uos de mannana que non finque njnguno a pie njn a
cauallo, commo seades al vado de Bandona." E fizo dar desto su plegon.
930　E asy commo ella mando asy fue. A ora de prima fueron todos al vado,
e la Reyna fue y delante. E de ally se començaron a yr, mas al les aueno
que non lo que cuydaron, que non andaron mucho que non toparon

---

[84] This emendation is found in Knust, ed., *Dos obras*, 237.

conel rey Guyllelme e con sus fijos. E la reynna,[85] que ya delante tanto se llego que conosçio el rey, torno se con el. E fizo sus gentes estar. Mas el rey non ouo sabor de fincar e dixo ala reynna: "Duenna, bien seades uos venida." E ella dixo, "Tan buen dia convusco, e bendito sea Dios que uos aca troxo. Ora me dezit, ¿sodes preso o quito o sy demandan algunt auer por vos?, ca yo guisada vengo delo pagar sy su gente quier atender la mja." E el rey se tomo a reyr delo quele oyo, e sus fijos otrosy, e el rey de | Catanassa que yua conel. E el rey Guyllelme dixo: "Amiga, non sabedes lo que falle enesta carrera. Çertas yo falle eneste lugar anoche la mj alegria e la vuestra. En buen punto venjmos ala caça del çieruo, e en buen punto fue tomado,[86] e en buen punto fue muerto. Euad aqui el rey de Catanasa con todas sus gentes que bien ala vuestra merçet. Mas estos dos, ¿sabedes quien son?" "Sennor, sy," dixo ella, "estos son Lobel e Maryn que en mal punto por mj nasçieron. Estos me an muerta e cofondida. Estos me an tanto mal fecho que fuera del muro o de carcaua non me dexaron valia de çinco soldos. Estos fueron los primeros que me demandaron de casamiento de su sennor. Estos fueron desafiadores. Estos me mataron los omes. Estos fezieron la guerra toda. Estos rrobaron e quemaron e astragaron la tierra. Estos fezieron lo mas de mj mal. Estos me fezieron auer tanta sanna e tanto pesar que yo se bien que estos son los mas mortales enemigos que yo he." E el rey dixo: "Ante son vuestros carnales amigos." E ella dixo: "E esto, ¿commo poderia ser?" "Ca son nuestros fijos," dixo el. "¿E puede ser eso | verdat?", dixo ella. "Non y duldedes," dixo el rey. Quando la reynna esta marauilla oyo, fuelos abraçar. E de piadat asserrosele el coraçon que por vna grant pieça non pudo fablar. E ellos dixieron: "Sennora, conosçemos nos que vos erramos. Mas perdonat nos, ca lo non sabiamos." E la reyna dixo: "Ligero es este perdon. Bien vos deuo perdonar, ca vos me queriades dar mayor onrra que yo auja." E el rey de Catanasa dixo: "Duenna, yo non se sy uos erre, mas njngunt desamor non entiendo yo aqui en vos yo querer fazer reyna, mas desto auja despecho que me dezian. E yo cuydaua que uos erades mas baxa duenna, ca non cuydaua que erades de ljnage de reys. Ora vos pido[87] merçet." "Ssennor rey," dixo ella, "yo vos lo agradesco mucho. E por esta merçet que me pedides, perdonouos, e douos Sorlyna[88] de que fuy yo sennora grant tienpo. Pero esto fago yo toda via sy plogier amj sennor el rey." "Praz me," dixo el rey, "e tengo lo por bien, pero que me semeja poco." "Sennor," dixo ella, "yo dogela." Entonçe

---

[85] Knust: *rreyna* (*Dos obras*, 238).
[86] MS: *tomaado*.
[87] Deleted scribal insertion after *pido*: *por*.
[88] MS: *Sorly nade*. Sorlyna is the same place as the aforementioned Surlig, or Solasange (Knust, ed., *Dos obras*, 197 n. *a*). See above, p. 92, n. 33.

*Gujllelme*

970 gela dio e el la rresçebio. E luego sin otra detenençia se partieron dally mucho amigos e mucho bien avenjdos, e fezieron grant plazer fasta en Sorlina. E ally se espedieron della | los de Catanassa.

Lobel e Maryn, que se non oluidaron dela criança delos mercadores, enviaron por ellos, e andaronlos buscando tanto que los fallaron. E
975 pesauales mucho por que tanto tardauan, ca mucho deseauan seer con sus sennores en Londres e en Guynçestre[89] o en Njcola[90] do cuydauan que ya el rey tenja su corte. E desque los mercadores oyeron mandado de sus criados, fueronse con sus mandaderos e andaron tanto fasta que llegaron a vn castillo que auja nonbre Sorlyna, do avn era el rey. E tenja
980 y corte grande e buena, e la alegria que fezieron con los mercadores fue muy grande, ca Lobel e Maryn salieron contra ellos e trabajaronse deles fazer onrra lo mas que pudieron. E leuaron los antel rey e Lobel conto ante todos su fazienda, que dela contar non ouo verguença: "Sennores," dixo el, "destos omes buenos que aqui vedes fumos nos sanos e saluos, ca
985 este vno me libro del lobo e crio me ensu casa, e este otro fallo a Maryn enel batel e criolo muy bien otrosi. E jamas contra nos non oujeron pan so llaue. E sy Dios quesier, ellos | ende aueran buen gualardon e quien los amar e onrrar. Aquel ternemos por amigo." Mas la reynna, quando esto sopo, tarde le fue de enbiar por ellos, ca mucho deseaua fazer les
990 onrra e plazer, e ella, quando los vio, saluolos e resçebiolos muy bien. E fizolos muy rica mente bestir, e ellos fueron ende pagados e ledos. E quando vieron los pannos tan ricos dixieron quelos darian por dineros. E la reynna se reyo, e en reyendo dixoles: "Amigos, non uos cuytedes, ca yo quiero que vistades estos pannos por tal pleito que vos de yo de tales
995 muy a menudo, e esto vos prometo yo bien. E en cosa non vos falleçera jamas que lo non ayades syn detenençia, njn jamas[91] non yredes a ferias en toda vuestra vida, ca a uos e a todo vuestro ljnage quiero yo fazer ricos. Ca derecho es quelo faga, ca, par Dios, don[92] Groçelyn e don Frochel, mucho vos amo de corasçon." "Ssennora," dixieron ellos, "non nos ten-

---

[89] This city is Winchester, which was among England's most important cultural and governmental centers during the Middle Ages (Knust, ed., *Dos obras*, 241 n. *a*).

[90] Nicola was known to the Normans as Nichol, to the English as Lincoln, and to the Romans as Lincolina, a contraction of *Lindum colonia*: "Puede sospecharse que Nichol se haya formado por equivocacion de Incol o Lincol, o por la pronunciacion incorrecta de los normandos, como más adelante los franceses han corrompido muchos nombres propios ingleses" (Knust, ed., *Dos obras*, 241 n. *b*).

[91] Deleted scribal insertion after *jamas*: *es*.

[92] Spaccarelli interprets the bestowal of this title on these merchants as a sign of their perceived value, even if they are ridiculed in the court (*Medieval Pilgrim's Companion*, 77).

gades por sandios, ca, par Dios, si estos pannos fuesen nuestros, nos fariamos[93] dellos nuestra pro. Mas tomar non uos los queremos, pues que los non auemos a vender." E la rreynna era muy cortes e dixo quele non pesaua al de menos por se reyr delos villanos. E penso que ge los conpraria e que gelos daria | despues. E dixoles: "Amigos, ora me vendet estos pannos e despues vestid los que asy quiero yo." E ellos dixieron: "Tomar los queremos e vestirlos, mas uos pagaredes por ellos treynta marcos, non menos." "Plaze me," dixo ella, "que bien los valen, e sed ende seguros demj." "A buena ventura," dixieron ellos, "e atender vos hemos avn ocho o quinze dias sy quesierdes." E entonçe vistieron ellos los ricos pannos, mas su donayro era tan vil e tan mal se vistian dellos que semejaua que los trayan enprestados de otri.[94] Mucho estouieron ally los mercaderos muy viçiosos.

 El rey de Ynglaterra e el rey de Catanassa eran anbos en Sorljna, e acabo de veynte dias fue la tierra rendida al rey Guillelme, e las naues e los mandaderos fueron enel puerto, e Terfes en su naue, mas ante que el dallj moujese, enbio buscar su burges para lo leuar consigo a Jngla terra. E sabed que el rey tenja consigo los fijos del burges, e prometioles que les daria castiellos e villas. | Entonçe pasaron la mar mucho en paz. ¡Ay, Dios! ¡Tanto bien fazes aquien quieres! E, ¡commo es[95] desanparado el que tu desanparas! Quanto enojo estos sofrieron, agora an mucha alegria e mucho plazer. E enesto fueron se llegando ala penna donde era la cueua enque la reynna oujera sus fijos, e aportaron y. E el rey tomo el rey de Catanasa por la mano e leuo consigo la reyna e sus fijos, e don Frochel e don Gloçelin e los fijos del burges, e dixoles: "Vedes aqui el lecho e la camara do la reyna ouo sus fijos. E vedes aqui el logar por do yo corry enpos el lobo quando leuo Lobel. Vedes ally do me adormeçy yo quando canse. Vedes en aquel logar estaua el batel do yo eche Maryn. Ora he tan grant sabor de retraer el enojo que aqui prendy que non me partire deste lugar fasta que venga mj sobrino que agora es tenudo por rey." Entonçe posaron ally. E las nueuas ende fueron por toda la tierra. En diziendo esto salio dela cueua a vn llano pequennuelo que auja ante ella. E estando ally, començoles a dezir quan marauillosos eran los fechos de Dios e commo sabia castigar aspera mente alos que

---

[93] Deleted scribal insertion after *fariamos*: *os*.

[94] Spaccarelli believes this mockery of the merchants who hosted Guillelme and Graciana's sons, even if incongruous with their valued role as providers and caretakers of these boys, is meant to be humorous. Such irony is in keeping with the paradoxical descriptions of children who warred against their own mother (*Medieval Pilgrim's Companion*, 76).

[95] Scribal insertion: *es*.

amaua,⁹⁶ e commo auja merçet dellos, e amostraua les la mugier e los
fijos commo | los cobrara e los tenja consigo, asy que njnguna cosa non le  47vA
falleçia, e avn anbas las faldas dela garnacha enque los enbolujera. E avn
le feziera Dios otra merçet, que el cuerno suyo que le tomaran de so el
lecho, quando se el fuera, conque solia yr a monte, quelo auja ya cobrado.
Asy que non quesiera Dios que delo suyo njnguna cosa menguase synon
vna bolsa quel diera vn mercador quando lo viera asy desanparado que
perdiera la mugier e los fijos e todo quanto auja. E aquella bolsa era de
cuero vermejo, e auja enella çinco marcos de oro, e por quela non quesiera
tomar, quela atara el mercador de vn ramo de vn arbol, e el moujerase
dally. E andando con coita, commo sandio, por la mugier e por los fijos
que perdiera, menbrosele dela bolsa que el mercador le quesiera dar. E
tornose por yr tomarla, e do tendio la mano por tomarla dexose venjr
vna aguila a el por que cuydo que era carne, e diole delas alas enel rostro
muy grant ferida de guisa que dio conel en tierra, e leuo la bolsa por
quele mostro grant amor, que non quiso que⁹⁷ njnguna cosa conel fincase
synon aquello quele el diese por su merçet. E el esto deziendo al rey de
Catanassa e asu mugier e a sus fijos e a todos los otros que estauan | y  47vB
conel, oyeron suso enel ayre dar grandes bozes a dos aguylas cabdales. E
cataron contra do lo oyan, e vieron commo trauauan vna con otra muy
de rrezio. E tan fiera mente trabaron desy que se abaxaron muy çerca
de tierra bien sobre do ellos estauan. E el trauar que fazian era sobre
aquella bolsa mesma quel mercador diera al rey, que vna aguila traya, e
cuydando que era de comer por la color que auja, vermeja, e la otra cuydando eso mesmo venjera por gela toller,⁹⁸ e en trauandose asi vna contra
otra, quando se abaxaron, cayo la bolsa ante los pies del rey. E el rey la
tomo luego e conosçiola e fallo enella los çinco marcos doro, e mostro la
a todos. E dieron por ende loores a Dios, por que toujeron que era vno
delos miragles mayores del mundo. E el rey dixo entonçe: "Ora ved quan
manna es la piadat de Dios que sola mente non quiso que yo esta bolsa
perdiese." E estonçe posaron y por que eran çerca dela mar e por que auja
y buena posada. E sy ante resçebiera y mucho enojo e mucho pesar, ora
y resçebia mucho sabor e mucho plazer. E las nueuas desto fueron por
toda la tierra. E su sobrino veno e diole la corona e el regno. Entonçe se
fueron a | Londres a muy grant alegria, e fueron y rresçebidos marauil-  48rA
losa mente.

El rey estouo en Londres fasta que veno su burges de Galuoya. E
mando asus gentes que todos e todas le feziesen mucha onrra e mucho

---

⁹⁶ Hebrews 12:6.
⁹⁷ Maier omits all of the text from *mostro* through *que* (*Guillelme*, 50).
⁹⁸ Maier: *porque la toller* (*Guillelme*, 51).

amor, e ellos asy lo fezieron. El rey, q*ue*lo deuia fazer sobr*e* todos los otros, amolo e p*re*çiolo mucho, e fezolo muy su p*r*iuado e de ssu consejo. 1075 E fizo los fijos anbos cauall*ero*s, e caso vno dellos con fija de vn duq*ue* e el ot*r*o con fija de vn conde, e dioles t*ie*rras. E fizo su repostero el njn*n*o q*ue*l cuerno le vendiera enla feria de Bretol e q*ue* p*a*rtiera los djn*ero*s ant*e*l a pobres, e casolo muy rica ment*e*, asy q*ue* podia auer de cada an*n*o çient marcos de re*n*ta. E alos mercado*r*es puso en su[99] tierra mill marcos 1080 de renta cada an*n*o. E esta es la çima desta estoria. Yo no*n* se mas, ca mas no*n* ha.[100] Aq*u*i se feneçe la estoria e el cue*n*to del rey G*u*illelme de Jnglaterra.

---

[99] Scribal insertion: *su*.
[100] A traditional tag by the reciter.

| Aqui comjença el cuento muy fermoso del  48RB
enperador Otas de Roma¹ e dela jnfante
Florençia su fija e del buen cauallero Esmero.²

Bien oystes en cuentos e en romanços que de todas las çibdades del
5  mundo, Troya³ fue ende la mayor. E despues fue destroida e quemada,

---

¹ Due to its length, comprising a third of the entire manuscript, Spaccarelli calls *Otas de Roma* "arguably the most important tale in the collection" (*Medieval Pilgrim's Companion*, 81). González makes the same judgement based upon the female protagonist Florencia, whose success shines as a light amidst what this critic sees as the pessimism of the rest of the *LH*'s parts ("*Otas*," 188–89). Amador de los Ríos considered it one of the "peregrinos cuentos" of the fifth volume of his landmark literary history (*Historia crítica*, 344). Francomano notes that this and the other final tales of this anthology are all representatives of the *Crescienta Sage/Florence de Rome* and *Manekine* versions of a well-known medieval folktale. The stories contain the following essential components: a beautiful, married, pious, and noble protagonist with Griselda-like patience; her resistance to the disorderly sexual desire of a powerful male figure; the false accusation of murder, adultery, or sexual wantonness on the heroine's part; withstanding torture and/or other physical hardships; wandering in foreign lands; divine intervention, usually by the Virgin Mary; in the case of the *Crescentia Sage* and *Florence de Rome*, the miraculous healing powers of the heroine; and, lastly, a focus on marriage, reproduction, and lineage as essential to both feudal and spiritual order ("Manuscript Matrix," 144).

The suffering these female protagonists undergo is a recapitulation of that of their saintly (and codicological) predecessors such as Catherine of Alexandria and Mary of Egypt (Francomano, "Manuscript Matrix," 145). Ultimately, all are imitators of Christ's passion. Beyond the *LH*, Susanna is the closest Old Testament model of the virtuous noblewoman who is falsely accused. Several medieval textual analogues are found in: *Miracles de Nostre Dame* by Gautier de Coinci (an indirect source of the present legend); *La Manekine* by Philippe de Remi; the *Roman du Comte d'Anjou* by Jehan Maillart; tales by Chaucer, Gower, and Trevet on Constance and Custance; the *Series* by Hocccleve; and *La Belle Hélène de Constantinople*. In all of these legends, "the noble female victim, the social injustice that brings about her downfall, and her repeated suffering are constant themes" (Black, *Medieval Narratives*, 12, 14, and 186–87). Cf. again Goldberg, *Folk Narratives*, 152, and *Romancero*, 172–73.

² Baird: *Esmeré* (*Análisis lingüístico y filológico*, 13).

³ Classical antiquity serves as a framing device in this tale. Gómez Redondo observes that the setting of the action in such historical places as Troy, Babylon,

asy quel fuego ando enella siete annos. E de aquellos que ende escaparon, que eran sabidores e hardidos | e de grant proeza, esparzieron se 48va por las tierras, cada vno asu parte. E punnaron de guarir, e poblaron villas e castillos e fortalezas onde dize el cuento que Anthico el grande
10 poblo, primera mente Anthiocha. El rey Babilono, aquel que fue muy poderoso, poblo de cabo Babilonna de buena gente. Otrossi Africa poblo la çibdat de Cartajena que llaman Tunez. E Rromulu poblo Roma, asy commo paresçe avn agora, enque fue esparzida mucha sangre de martires por que todo el mundo obedesçe a Roma. Mas por vn rey Garsir, que
15 fue fuerte e fiero e orgulloso e muy conqueridor de tierras, priso grant danno el sennorio, asy commo agora oyredes.

La verdadera estoria diz que vn enperador fue en Roma aquella sazon que ouo nonbre Otas, muy poderoso e muy buen xristiano a marauilla. E auja vna fija a que dezian Florençia, que fue a marauilla de quantas
20 fueron en su tienpo de bondat e de paresçer. Por aquesta donzella veno despues a tan grant guerra que nunca y tan grande ouo desque Dios veno en tierra.

| Ora sy uos ploguier este cuento, vos dire de muy grant nobleza 48vb que fue de tienpo antiguo que non aueno mas noble en la xristiandat.
25 Aqueste Otas enperador de Roma, quando veno a vejez, que auja ya la cabeça acoruada, tenja esta su fija consigo, Florençia, de que vos fable, que era muy noble e muy fermosa a marauilla, e por esto la amaua mucho su padre e la tenja ençerrada. Quando esta Florençia naçio, asy plogo a Dios que la guardo bjua, e su madre fue luego muerta. E aquel dia aueno
30 tan grant marauilla en su naçençia que lloujo sangre, onde la gente fue muy espantada. E otrosy se conbatieron aquel dia todas las bestias que en aquel regno eran, e las aues enel ayre, asy que todas se pelaron. E esto dio a entender que era significança de la mortandat que auja de venjr por ella, que fue tan grande, asi commo dizen las estorias, que mas de çient mill
35 omes y perdieron las vidas. Mas esta Florençia, de que uos fablo de muy grant bondat, quando llego a hedat de quinze annos fue tan bella e tan cortes e tan bien ensennada que en todo el mundo nonle sabian par. Ya delas escripturas njn delas estorias njnguno non | sabia mas. Dela harpa 49ra e de viola e delos otros estromentos, njnguno non fue mas maestre, e
40 con todo esto le diera Dios tal donayre que non se abondauan las gentes

---

Carthage, and Rome lends a sense of authenticity to the story in spite of its ahistorical character (*Prosa medieval*, 2:1658–59). The opening words of this legend and of *Costantino* and *Gujllelme* are similar to one another in that they insist upon the verisimilitude of the subsequent events to be narrated; nonetheless, neither tale is grounded in historical circumstance. And yet the listeners are presumably aware of the true fact that the Christian empire was split into two, with a ruler at Rome and one at Constantinople.

de oyr su palabra, onde ella era mucho abondada e mucho *con*plida. El
su paresçer e el su donaire en*e*l mu*n*do no*n* le fallauan par. Assy q*ue*
dezia*n* aq*ue*llos q*ue*la mas afeme*n*çiauan q*ue* desq*ue* Dios formara Adan
e Eua q*ue* tan bella criatura no*n* naçiera, synon vna q*ue* nu*n*ca ouo par
45 njn auera.
    En este tienpo q*ue* me oydes, auia vn enp*e*rador en Costa*n*tinopla
aq*ue* llamauan Garsir, muy noble e de fiero poder a marauilla. Asy q*ue*
bien auja en su sen*n*orio ochenta çibdades con muchos castillos e co*n*
otras grandes tierras. E co*n* todo esto auja tan grant th*e*soro q*ue* e*n*el
50 mundo no*n* le sabian par. E por q*ue* era tan fuert*e* e tan rrico e tan
poderoso e tan desmesurado, era dultado por todo | el mundo, mas de   49RB
q*u*antos sabia*n*. P*e*ro con todo esto era ya cano e viejo e flaco e vsado, e
no*n* era marauilla, q*ue* bien pasaua ya de çiento an*n*os. Asy q*ue* los cabellos dela cabeça e dela barua eran ya mas blancos q*ue*la njeue. E traya
55 los cabellos trançados con filos de oro muy noble ment*e*. E maguer era
de tal hedat, nu*n*ca q*u*iso tomar mug*i*er.[4] Desy era sen*n*or de la mejor
cauall*e*ria q*ue* en aquel t*i*enpo e*n*el mu*n*do auja. E enbio por toda su
tierra q*ue* venjesen a su cort*e* todos sus grandes omes e sus gent*e*s. E
desq*ue* todos fueron juntados, el leuantose en pies asy co*mm*o pudo, asy[5]
60 co*mm*o ta*n* noble sen*n*or co*mm*o era, bestido de vna aljuba de pan*n*o
de oro listada a muy rricas piedras preçiosas de muchas naturas, ca ya
q*u*anto lo enbargaua el manto e tenjendo en su mano vn cuero[6] de oro a
q*ue* se acostaua co*n* muchas piedras de muy gra*n*t valor, e dixo: "Vasallos
e amjgos, ruego uos q*ue* me oyades." E desq*ue* esto dixo, asy se callaron
65 que non ouo y tal q*ue* cosa fablase. "Amigos," dixo el, "de vna cosa so
mucho agrauiado, q*ue* uos q*u*iero dezir. Yo nunca q*u*is tomar mug*i*er,
de q*ue* me | arrepiento mucho, mas enp*e*ro agora la q*u*iero auer, sy uos   49VA
q*ue*sierdes." E los om*e*s b*ue*nos respondieron e dixieron: "Sen*n*or, ¿que
es lo q*ue* nos dezides? Fazed nos lo entender." E el enp*e*rador les dixo:
70 "Yo vos lo dire. Asy es q*ue* Otas, el enp*e*rador de Roma, ha vna fija, la
mejor e mas fermosa e la mejor ensen*n*ada e de mejor donayre q*ue* nu*n*ca
ojos de om*m*e vieron. Ruego uos q*ue* m*e*la vades demandar, ca me es
muy menester. ¿Vedes por q*ue*? Yo so viejo e flaco e cano e baruudo, e so
enojado ya de torneos e de batallas e muy laso, asy q*ue* tanta pena y leue
75 que ya me trieme el cue*r*po e el corasçon de g*u*isa q*ue* me q*u*iero ende
dexar. E por ende uos rruego q*ue* me vayades demandar a Florençia.
E sy m*e*la troxierdes, q*u*iero con ella folgar en paz e en aleg*r*ia e dexar

---

    [4] Baird: *muger* (*Análisis lingüístico y filológico*, 15).
    [5] Scribal insertion: *asy*. Spaccarelli's transcription deletes this word (*Text and Concordance*).
    [6] *Cuero* was reconstructed with ultraviolet light. Baird: *bastón* (*Análisis lingüístico y filológico*, 15). He may have followed Amador's lead (*Historia crítica*, 393).

me de otra mala ventura." Ssus omes, quando aquesto oyeron, dixieron: "Sennor, nos vos la yremos demandar, pues auos plaze, ca otrosy
80 dizen que en todo el mundo non ha tan vella cosa, e esto es verdat. E quando auos ploguier, nos moueremos de aqui." "Amigos," dize el enperador, "vos bien sabedes que | el enperio de Costantinopla a muy grant[7] 49vb sennorio de muchas rricas villas e de muy buena tierra, e muy rica. E bien sabedes demj commo la mantoue fasta aqui, que non fue tal que
85 se comigo osar tomase. Por ende tengo por bien que vayan alla luego quales yo dire." Entonçe llamo vn grifon que llamauan Acaria, mucho onrrado omme e de grant ljnage, que era natural de Catenalie, e dixole: "Vos yredes a Roma, e leuaredes quarenta caualleros muy bien guisados e bestidos muy rica mente en vuestra conpanna. E aueredes auer para
90 vuestra despensa quanto querades. E leuar me hedes para el enperador Otas veynte camellos cargados de oro, e buenos cauallos e palafrenes, e mulas los mejores que podamos fallar, e muchos ricos pannos de seda. E saludar me hedes a el e a toda su conpanna. E dezir le hedes que me de a ssu fija Florençia por mugier e por amiga. E sy mela dier, que baratara
95 bien, e sy mela dar non quesier, juro par Dios, fijo de santa Maria, quele non fincara cosa de aqui fasta los puertos delas alpas que yo todo non conquira." Desque el enperador escogio aquellos que aujan de yr, dixo les que cosa non fincase que todo non lo dixiesen al enperador Otas, asy | 50ra commo les el mandaua. Desy fezo afleitar vna naue de todas aquellas
100 cosas quele menester serian. Desy metieronse enella con todo quanto leuauan. El tienpo fazia muy bueno, que era en estio. Los marjneros erguieron las velas e començaron de xinglar. E auenoles asy que pusieron vn mes en aquel viaje, e aportaron a Otreeuta derecha mente. Desy echaron sus ancoras e fezieron erguyr por la naue muchas ricas sennas.
105 E fezieron saber por la tierra que eran de el enperador de Costantinopla que enbiaua ssu mesage al enperador de Roma. Desy fezieron sacar de la naue sus cauallos e sus armas e todo su guisamiento, e los camellos e los palafrenes e todo aquello que leuauan en presente al enperador. E desque todo lo pusieron fuera, fezieron cargar los camellos e los soumeres. Desy
110 acogieron se por su camjno e começaron de andar, asy que atrauesaron Pulla e pasaron Benauente e toda la montanna, e andaron tanto que llegaron a Roma. E quando entraron por la çibdat, los burgeses e las gentes todos salian alas puertas e alas fenjestras por ver aquella conpanna que yua tan rrica mente guarnida, que era grant marauilla de ver, ca
115 todos | los quarenta caualleros yuan vestidos de pannos rricos de seda. E 50rb leuauan cauallos e armas frescas que reluzian al sol.[8] E leuauan treynta

---

[7] Deleted scribal insertion after *grant*: *ha muy grant*.
[8] Baird omits this sentence (*Análisis lingüístico y filológico*, 17).

cauallos al enperador, cubiertos de pannos de seda, e palafrenes e mulas
otrosy. E yuan muy apuesta mente los caualleros de dos en dos a par. E
asy fueron fasta que llegaron al palaçio del enperador. Ally desçendieron
120  delos palafrenes e delas mulas e subieron por las gradas e fueron antel
enperador, que seya en su alto asentamiento, e antel muchos condes e
omes de grant guisa. E alli seya su fija, la muy fermosa Florençia, que
todo su logar resplandeçia dela claridat della. E desque sele omillaron,
asy commo era costunbre, Acaria fablo e dixo su rrazon en tal guisa asy
125  commo aquel que sabia el lenguaje: "Dios salue el enperador Otas e su
fija e todos aquellos e aquellas quelos bien quieren." "Amigos," dixo el
enperador, "bien venidos seades. ¿Cuyos sodes o de qual tierra venides?"
"Ssennor," dize Acaria, "nos somos mensageros del enperador Garsyr
de Costantinopla, que venjmos auos con su mandado e con su presente.
130  Traemos vos aqui veynte camellos cargados de oro e de plata, e treynta
cauallos de preçio, todos de vna color, e muchos rricos pannos de oro e
de seda. El | enperador, nuestro sennor, pero que es ya en tal hedat, non   50va
quiso nunca tomar mugier. Mas agora por quanto bien oyo dezir dela
muy fermosa Florençia, vuestra fija, enbia vos la pedir e ruega uos que
135  gela dedes por mugier. E ssy gela dierdes, que bataredes bien, ssynon,
mandauos dezir asy que el verna sobre vuestra tierra con quanto poder el
ha, e quela conquirira deuos." E el enperador le respondio muy mansa
mente: "Ora vos yd folgar, e yo fablare entre tanto con mjs omes, e auere
mj consejo sobresto, e despues responder vos he delo que oujer de fazer."
140  Mas en quanto seyan ante[9] el enperador, pararon mientes en su fija que
seya mas rica mente guarnida que ser podia, vestida de vn rrico çiclaton
listado de oro e orlado a piedras preçiosas con ofreses. Mas del paresçer
della fueron todos maraujllados, asy que dezian que nunca le vieron par
de fermosura, e con todo esto tan sinple e tan cortesa e de tan buen
145  donayre que era la mayor maraujlla del mundo. E dela su clara faz e
delas piedras preçiosas onde auja mucho abondada mente por los pannos
e de | muchas naturas, esmeraldas e estopaças e rrobis, salia vna tan   50vb
grant claridat que todo el logar enderredor era alunbrado. En la cabesça
tenja vna guyrlanda de oro do eran engastonados muchos robis e muchas
150  çafiras de muy grant valor que paresçian bien. Mas pero bien dezian los
griegos que la catauan que todo non era nada contra el paresçer della,
de manera que bien se otorgauan que era la mas bella cosa del mundo.
Asy que dezian que Dios sela feziera con sus manos por su grant poder,
e bien cuydauan que syla pudiesen leuar a su sennor que buen gualardon
155  auerian del.

---

[9] Deleted scribal insertion after *ante*: *la fija*.

Mas pero los griegos eran de grant nonbreza, non osaron cosa dezir, synon Acaria, que sabia bien el lenguaje dela tierra. E dixo: "Enperador de Roma, oyd lo que uos quiero dezir. Esto me mando el enperador Garsyr que vos dixiese, que vos fazia çierto de su amor, que omme deste mundo non amaua tanto, e que por esto queria tomar vuestra fija por mugier, por vos la onrrar e guardar. Pues enbiad gela por nos luego, e bien vos digo que sy esto non queredes fazer, que partido es el vuestro amor e el suyo, | asy que el uos verna ver a vuestra tierra de guisa que auos non plazera, que uos non dexara vn palmo de tierra asi lo juro ante nos sobre toda su creençia, que jamas non folgaria njn quedaria deuos guerrear fasta que oujese Florençia en su poder."

El enperador de Rroma, commo era omme de buen seso, quando aquellos mensageros vio fablar tan atreuida mente, non quiso catar aquello, mas fue muy mesurado e muy sofrido. E mando al su mayor senescal queles fuese dar posadas muy buenas e quanto les fuese menester, e que los toujese muy viçiosos e a plazer de ssy. Entre tanto enbio el enperador por los mayores omes de su consejo, e fablo con ellos e con su fija: "Amigos," dixo el, "bien oystes lo que me dixieron estos mandaderos del enperador Gerssir.[10] Ora catad lo que me consejaredes, e lo que y fuer mas mja pro e vuestra." "Sennor," dixieron ellos, "bien podedes en vuestro corasçon entender que por esto que uos enbia dezir el enperador de Costantinopla que pues por fuerça quier auer a vuestra fija, que es achaque deuos fazer | guerra e deuos desheredar." "Çertas," dixo el enperador, "sy asi es, tuerto me faz, e bien me semeja que me demanda soberuja, ca sy esto fuese asy que gela non quesiese dar, el non deuja querer, seyendo tan viejo commo es, e tan flaco e tan desapoderado que sol non puede sobir en bestia." "Sennor, por Dios, merçet," dixo la jnfante, "ante me mandat tajar la garganta, ca este casamjento es muy descomunal. La njnna con viejo e la vieja conel njnno, esto es cosa por que anbos pueden parar mjentes a mal."

El enperador Otas ouo consejo con sus altos omes buenos e de buen recabdo sobre aquello. Desy partieron se dende e mucho bien fizo pensar delos mensageros. Otro dia enbio el enperador por ellos, e desque fueron antel dixoles: "Mensageros, non tengo por bueno el mensage que me vos troxiestes de vuestro sennor. Ante me semeja fuerça e orgullo e soberuja, e por esto, de quanto me el enbia dezir non fare nada, mas ssi el quier entrar en mj tierra por me fazer mal, yo gela defendere a todo mi poder, si Dios quesiere, de guysa que nunca fallo quien le | tanto diese a fazer. E si me el vençier en batalla, luego me le quiero rendir." "Enperador de

---

[10] Baird: *Garssyr* (*Análisis lingüístico y filológico*, 19). In this manuscript, Garsir, Garssir, and Gerssir all name the same individual.

195 Rroma," dixieron ellos, "çertas vos auedes fuerte corasçon quando uos tal guerra queredes començar, ca bien sabedes que non ha agora omme enel mundo tan poderoso commo el enperador Garsir. E tal cuyda estar bien que estara çedo mal. Quando vierdes vuestra tierra destroir, e matar e despedaçar vuestros omes, e destruyr e rrobar esta vuestra çibdat de
200 Roma, non uos auera ya menester vuestro repentimjento. E de aqui vos dezimos que nuestro sennor vos desafia, non vos lo queremos mas encobrir, pues que le non queredes dar vuestra fija. Bien uos fazemos saber que eneste primero estio que bien lo veredes aqui con mas de trezientas vezes mill omes de armas para sojornar en vuestra tierra aquien quier, que plega
205 o pese." "Ora," dixo el enperador Otas, "amigos, pensad de amenazar, ca Dios nos puede bien[11] ayudar, sy quesier. Yo bien se quel enperador Garsir es muy preçiado. E non digo yo que en mj tierra non podera entrar e fazer danno, mas bien cuydo que el perdera dos amigos que ama, e yo non lo aseguro sy el y | entra." "Sennor," dixo Acaria, "yo non uos quiero 51vb
210 losenjar njn traer, mas quiero uos desengannar. Fazet a vuestros omes derribar las puentes, ca nuestro sennor non demorara mucho que luego aqui sera, e non vos dexara vn palmo de tierra." E desque los mandaderos desafiaron el enperador de parte de su sennor, salieron se luego de palaçio. E desçendieron se por los andamjos, e todo su auer que troxieran
215 les fue dado, e los camellos e las bestias, que cosa njnguna non menguo. Desy salieronse dela villa, que non quesieron y mas estar. E fueron su carrera.[12] E el enperador, commo era omme bueno, mando por toda su tierra que non fuese tal queles feziese enojo, njn pesar njn destoruo njnguno, synon quelo mandaria enforcar, sy muy alto omme non fuese, por
220 que todo mensagero deue andar en saluo por do quier que andudiere.

Despues desto, el enperador Otas mando llamar sus caualleros e dixoles: "Amigos, bien oystes la soberuja que me enbio dezir el enperador de Costantinopla por sus mandaderos, que syle non diese mj fija asu voluntad que me tolleria mj tierra, e todo quanto enel mundo auja,
225 e | que destruyria Roma, esta noble çibdat. Mas fio en Dios e en vos 52ra e enel derecho que tengo, que non podera, de mas que los griegos non son tan osados darmas commo uos, njn saben tanto de guerra.[13] Loado

---

[11] Baird omits bien (*Análisis lingüístico y filológico*, 20).

[12] Baird leaves out this sentence (*Análisis lingüístico y filológico*, 20).

[13] The cowardly Greek is a western medieval stereotype. This negative portrayal has its roots in ancient Rome, which held "a deep-rooted antagonism . . . based upon cultural differences" with the Greeks: Harry Rosenberg, "The Western Attitude toward the Greeks during the Middle Ages," Ph.D. diss., University of California, 1959; anonymous review in *Church History* 29 (1960): 205. In medieval Castilian letters, the *locus classicus* of this mutual misunderstanding between the two cultures is the debate between the Greeks and the Romans in stanzas 44–63 of

Dios, grande tierra auemos e buena. E el es omme que se tiene mucho en su palabra, e dize que sera conusco aeste estio primero que viene, e
230 bien se que lo non dexara por njnguna guisa del mundo que y non venga, pues que lo ha jurado. Mas yo enbiare por toda mj gente, e fare la yuntar, e juntar me he conel en medio de el canpo. E aquien dios quesier dar la onrra, lieuela." Mucho fue sannudo el enperador de Roma del desafiamiento del enperador de Costantinopla, Garsir. E Agrauayn e
235 vn su hermano Sanson le respondieron asy: "Sennor enperador, ¿por que auedes uos sanna?, ca vos bien sabedes que los griegos sson la peor gente del mundo. Nuestro Sennor vos los traya aca por su merçet. ¿Cuydades uos que ha enel mundo poder contra el vuestro? Ya aca tantos non vernan que non mueran. Enbiad vuestros mensageros con vuestras cartas[14] por
240 toda vuestra tierra que vengan, | e non auera y tal que ose fincar quando 52RB vuestras cartas vieren." "Agreuayn," dixo el[15] enperador, "vos sodes buen vasallo e leal, e a vos dexo yo esto que lo fagades." Desque el enperador mando fazer las cartas, fizo dar pregon por toda su tierra, delos montes de Mongeu fasta Brandiz, que non y fincase omme darmas, por los ojos
245 dela cabeça, que a Roma non veniese.

Los mandaderos del enperador andudieron tanto por sus jornadas que llegaron a Costantinopla. E quando le contaron el recabdo que fallaron enel enperador de Roma, ouo ende grant pesar. E mucho les pregunto, que le dixiesen que cosa era Roma, e el estado della, e lo que les
250 semejaua del poder de Otas. E Acaria le dixo: "Sennor, bien oystes dezir muchas vegadas que sola copa del çielo non auja tan buena çibdat commo Rroma, e asy es verdad. Esta es la villa de la mayor nobleza que ha en el mundo. De quan manna es, non uos lo poderia omme deuisar, mas bien me semejo que ha enella vn grant dia de andadura de buen palafren.
255 Enla villa ay LX | duques muy poderosos que son a mandamiento del 52VA enperador. E ay bien quatro mill caualleros que an de yr bofordar cada dia ante el palaçio del enperador. De costunbre y ha siete mill turcos contados e otra gente que non ha cuento. Mas del palaçio del enperador Otas uos poderia omme contar marauillas, assy que todos los pilares
260 son de oro e de cristal. E Dios non fizo enel mundo cosa que omme ally non pueda ver, asy de bestias commo de aues, commo de todas las estorias que nunca fueron, asy que cuydo que en vn anno nonlo poderia omme bien saber. E corre por el palaçio vna muy grant agua, muy clara e buena. E quien aquel palaçio cato, bien se puede nenbrar que nunca otro

---

Juan Ruiz's *Libro de buen amor*. In the *LH*, yet another insult toward the Greeks is repeated just seven lines below.

[14] Deleted after *cartas*: *con vuestras cartas*.

[15] Scribal insertion: *el*.

tal vio. El enperador es muy granado a marauilla. Mucho se trabaja de
onrrar sus ommes e deles fazer con que les plega, asy que los puede auer
para su seruiçio cada que quisier. Los juyzios que se en Roma dan, estos
non puede njnguno falsar por auer que por ende diese, | njn losengero 52vb
njn mal omme con Otas non poderia guarir, asy que de todas buenas
cosas ha ende el grant parte. Por la çibdat de Roma va vn rrio aque llaman Tibre, por do entran naues con muchas merchandias, e naujos, que
es grant pro para la villa, e enque ha pescados de muchas naturas por que
es tan abondada que enel mundo non le sabe omme par. Mas que quier
que uos omme ende cuente todo, non es nada contra la marauilla dela
jnfante Florençia, ca a la su beldat njn al ssu paresçer nunca omme vio
par. ¿Quien uos poderia dezir de su apostura njn del buen donaire suyo,
njn quan conplida es de buena palabra e de mesura e de toda bien que
Dios puso en mugier? E bien creo que enel mundo otra tal non poderian
fallar. E quando yo vy que su padre non uos la queria dar, desafielo
de vuestra parte." "Çertas," dixo Garssir, "ante que pasen quatro meses
yo yre sobre el por mar o por tierra con quanto poder he, de guisa que
quando el vier mjs gentes, par estos mjs grannones blancos, que le pesara
comig[o]. E par aquella cruz enque Dios | prendio muerte, que del njn de 53ra
sus omes njnguna merçet non auere."

Grande fue la buelta por el palaçio quando el enperador esto juro, e
el commo era omme fuerte e[16] de fiera catadura. E auja la barua blanca,
que deçia fasta la çinta, e estaua vestido de vna purpura con muchas
esmeraldas, asy que los pannos eran muy ricos a marauilla. E de[17] commo
era tan grande e tan valiente, llamo sus omes. E juro par Dios del çielo e
por su fijo Ihesu Xpisto que el fara tan grant pesar al enperador de Roma
que yria sobre el, e que le tolleria la tierra e todo quanto auja, que cosa
n[i]nguna[18] non cataria fasta que del su fija non oujese, ca por al non
daria nada.

Despues quel enperador tal jura fezo, las cartas e los mandaderos
fueron por toda su tierra e por muchas otras tierras, que todos venjesen,
quantos armas pudiesen tomar, ca el enperador auja jurada aquella | gue- 53rb
rra e que luego moueria con su hueste. E por esto tanta gente fue ayuntada que del tienpo de Alexandre, que fue de tan gran poder que conquiso
Babilonna la grande e toda aquella tierra doriente fasta la mar salada,
nunca tan grant hueste fue ayuntada. Ally fueron çient mill caualleros
griegos, mas delas naues e delos nauios que y fueron ayuntados non uos
poderia[19] omme dezir el cuento. E que los naujos fueron basteados de

---

[16] The *e* was reconstructed with ultraviolet light.
[17] Baird omits this word (*Análisis lingüístico y filológico*, 22).
[18] MS: *nunguna*.
[19] Deleted after *poderia*: *non uos poderia*.

quanto aujan menester, de viandas e de cauallos e de armas. El enperador se metio dentro con toda su hueste sin tardança. Desi mandaron alçar
305 las velas por vna[20] grant mannana. El dia fazia muy claro e el viento muy rrezio, que daua en las velas por vna grant tormenta.[21]
    Grande fue la hueste delos griegos maraujllosa mente, asy que bien pensaron que auja y quatro çientas vezes mill | omes de armas. Asy 53vA corrieron la mar, mas enla naue del enperador yua ençima del mastel
310 vna carbuncla que luzia tan mucho que toda la hueste alunbraua por la muy escura noche, asy que todas las naues se veyan tan bien commo si fuese dia. Otrosi se podian guardar delas rocas e del peligro dela tierra. Mucho yuan fieros e orgullosos e a grant baldon, e amenazando mucho al rey Otas e a su gente, e que destruyrian la çiudat de Rroma. E jurauan
315 que sylo pudiesen coger ala mano, quele cortarian la cabeça, e que por onrra de su sennor, el enperador Garssir, quela leuarian a Costantinopla, e que enchirian toda la tierra, e traerian ende la muy fermosa Florençia su fija, asy commo ellos dezian. Esto era enel mes de mayo, quando el enbierno era salido e faz el tienpo muy bueno e[22] muy sabroso. E dexaron
320 al diestro la çiudat de Salerna, que era vna delas mas abondadas e delas mas deleytosas del mundo de aguas e de moljnos e de montes e de riberas e de todo otro viçio. Asy se yua el enperador Garsir con tan grant hueste commo oydes. E yendo asy por la mar, veno a ellos vna tormenta de traujeso tan fuerte que los mastes fueron quebrados e las velas despedaçadas.
325 Delos | cauallos que enlas naues yuan e delas otras bestias morieron 53vB muchos, e otros fueron mal feridos. Mucho fue Garssir desmayado quando aquesto vio. E desque asy andaron grant pieça en tal tormenta, dixo: "¡Ay, Dios! ¿Do ssomos, o en qual tierra? Sennor Ihesu Xristo, que dela santa cruz feziestes vuestro escudo quando quebrastes los jnfiernos
330 por fuerça dela vuestra virtud, guyad me, Sennor, a puerto de salut." "Sennor," dize Sinagons, "vos non fuestes bien aconsejado, njn a plazer de Dios non sacastes vuestra grant hueste, njn asu seruiçio. Mas, ¿que uos quito auos el enperador de Roma? Tal cuyda conquerir a otro que queda conquisto e que pierde y el cuerpo." "Synagons," dixo el enperador, "bien
335 uos entendy. Vos bien sabedes commo el rey Otas me desdenno tan mal. Mas dexad me, ca sy yo puedo venjr a puerto salua mente, mucho me aueno bien. Çertas el non me terna por viejo njn por rrecaido, que ante non aya çient castillos derribados e veynte mill romanos non sean despedaçados, o yo terne Florençia cabo mj." Asy fueron en aquel peligro

---

[20] The *a* is superscript.
[21] This word is red in the manuscript.
[22] Baird omits all words from *muy* through *bueno e* (*Análisis lingüístico y filológico*, 23).

*Otas de Roma*

340 fasta que la tormenta quedo. Entonçe fueron muy ledos quan[d]o[23] vieron la mar amansada, e ergieron sus velas e xinglaron todas en vno, mucho a sabor desy. E fueron se contra | tierra de Rroma derecha mente, e fueron por cabo de vna villa que auja nonbre Gaita. E fueron portar a vna villa a que dezian Olifante, que non era de Rroma mas de sseys leguas. Ally
345 salieron los griegos de sus naues, e pusieron los cauallos e las armas e la vianda fuera, e tan grant gente eran quelos montes e los valles cobrian. Ally tendieron la grant tienda del rey Garsir enla ribera de vna grant agua que por y corria en vn buen prado. La tienda era de ricos pannos de seda a bandas enque eran figurados quinze[24] pannos de oro e enla
350 cuenca[25] auja vna carbuncla que de noche daua muy grant lunbre. Las cuerdas eran de buena seda. Enella auja tantas figuras que nunca Dios fizo bestia njn aue njn pescado que allj non ouiese, njn çibdat njn castillo njn manera de gente que y non fuese fegurado todo a oro e a plata. La tienda estaua armada en vn cabeço alto, por que auja muy buena vista a
355 todas partes. Ally oyriades cauallos rrenjnchar, e tanner cuernos, e vozjnas e armas rreluzir al sol, e tal buelta que semejaua que todo el mundo era y ayuntado, | de guisa que non oyria y omme turbon.

Quando las nueuas llegaron a Roma de aquella grant hueste delos griegos que portaran en su tierra, dixo el enperador: "Ay, Dios, que dela
360 Virgen santa Maria naçiste en Bethllem, bendito seas Tu, ca agora aueran rromanos lo que tanto deseauan. Yo he muy grant thesoro, e dar lo he muy granada mente a mj gente,[26] ca por astroso tengo el que non despiende el su bien quando le es mucho menester, asy que los vasallos e los seruientes sean ende muy pagados." Mas ora vos dexare el cuento a fablar
365 desto, e tornara a fablar del rey d'Ongria. Vn rey ouo en Ongria que fue de grant poder, mas a morir le conveno, que por al non pudo pasar, onde dos fijos que auja lo fazian bien guardar, que eran muy fermosos donzeles. Mas la reynna, que oyera ya dende fablar, non los amaua por ende, e esposose con vn rey que moria por matarlos moços. Mas ellos
370 aujan vn buen ayo que fuyo conellos de noche, e fuese a estrannas | tierras, e ensennoles buenas mannas, e fizoles aprender tablas e axedrez e a bofordar, e fizo les vsar las armas e a justar vno por otro, asy que en aquella tierra non auja dos tan preçiados. El menor ouo nonbre Esmerado, que mucho era grande e fermoso e bien ensennado, e quanto mas
375 creçia, tanto se trabajaua mas de valer algo. Al mayor dezian Mjles, mas

---

[23] MS: *quanto*.
[24] Baird omits every word from *pannos* through *quinze* (*Análisis lingüístico y filológico*, 24).
[25] Baird: *cue[s]ta* (*Análisis lingüístico y filológico*, 24).
[26] Baird omits *a mi gente* (*Análisis lingüístico y filológico*, 25).

este fue malo e falso e de mal pensar.[27] E quando deujera parar mjentes a bien, detouolo la follonja. Mucho fue escarnidor e baratador e sabidor de mal, ca otrosy auja muy malas fechuras. Quando el rey Filipo fue muerto, sennor de Vngria, la reynna se desposo con vn rey de Suria, a
380 mal grado de sus vasallos. Mas los fijos salieron se dela tierra e fueronse al rey d'Esclauonja, quelos guyso muy rica mente e los fezo caualleros a vna fiesta de ramos que aquel rey touo su alta corte, asy que los jnfantes bofordaron y aquel dia en vn prado. E vno dellos traya el escudo pintado de maraujllosa pyntura, el canpo | de oro e vn palonbo blanco, e este era  54vb
385 Esmere.[28] E esto daua a entender que seria cortes e omildoso contra sus amigos. E Miles traya leon, que daua a entender que seria buen cauallero darmas. A atanto que veno vn palmero natural de Ongria que venja de sant Pedro de Roma. E quando vio los jnfantes, començo los a llamar a altas bozes, e dixoles: "E, ¿que fazedes aqui, gente esbafarida?" E quando
390 lo asy oyeron fablar, pararonse aderredor del por oyr las nueuas que contaua. "Sennores," dixo el palmero, "asy me vala Dios commo yo vengo de Rroma, e non dexare que vos non diga. Vna fija ha el enperador Otas, que nunca tan bella cosa vy en toda mj vida. Agora demandagela Garsir, el dela barua blanca, e quier leuar del la tierra de Lonbardia, onde sabed
395 quel enperador ha menester grant ayuda. E bien se que sy vos alla fuesedes, que vos daria grant auer a marauilla, e quanto quesiesedes." Quando esto entendio Esmere, llamo su hermano e rrogole que fuesen alla con tanta conpanna commo tenjan. "Çertas," dixo Miles, "yo non dexaria de | yr por me dar todo el oro de Taberia." Despues[29] desto, tornaronse los  55ra
400 jnfantes ala çiudat e fueron al rrey e dixeron le que se querian yr. Mucho peso ende al rey, pero otorgoles ayuda e dioles grant auer. Desy espedieronse, e leuaron ende veynte caualleros e treynta escuderos guysados. E andaron tanto por sus jornadas que llegaron ala mar, e fallaron vna naue presta e entraron enella. E oujeron tan buen tienpo, que fueron toste
405 dela otra parte. E desque salieron dela naue, cogieronse a su camjno, e andaron tanto que llegaron ala çiudat de Rroma. E desujaronse dela hueste e pasaron por vn prado, e entraron enla villa e fueron posar a casa de vn burges rrico e auonado. E despues que comieron començaron se a alegrar. E Esmere llamo el burges e dixolle: "Buen huesped, dezit me,

---

[27] Spaccarelli believes that the brothers Esmere and Miles, in spite of the sinister nature of the latter, are similar to those in *Plaçidas* and *Gujllelme* in that all are twins of noble extraction (*Medieval Pilgrim's Companion*, 86). Given the dual opposition of Esmere and Miles, they might also be seen as Cain and Abel figures (Gómez Redondo, *Prosa medieval*, 2:1668). However, unlike Cain, Miles's web of deceit and treachery fails him, and Esmere survives to rule his empire.

[28] This is Esmerado.

[29] Deleted after *despues*: *despues*.

410 por vuestra cortesia, del rey Otas. ¿Commo sse mantiene? ¿Quier dar
soldadas a caualleros, o ha en sy esfuerço para se defender?, ca nos por
esto venjmos a el. Yo | non uos lo quiero encobrir. Çertas, sy nos con el 55RB
fincamos, ante de vn mes le dare yo algunos griegos presos o muertos."
"Par mj fe," dixo el huesped, "uos auedes bien dicho. Ante uos digo que
415 plazera mucho convusco el enperador, ca el ha vna fija, la mas fermosa
criatura de toda la cristiandat, a que dizen Florençia, e quier la auer
del por fuerça Garsir. E veno aqui con tamanna hueste que bien troxo
quatro çientas vezes mill omes darmas. Pues uos yd a el e dezit le vuestra
fazienda. E bien sse que el vos dara auer quanto vos sea menester. Si
420 quier veredes la beldat dela donzella que uos digo." "Non lo he yo por su
auer," dixo el, "que asaz auemos merçet a Dios, que para estos siete annos
tenemos abondamiento por que mantengamos nuestra conpanna." "Con
auer," dixo el huesped, "uos podere yo bien acorrer sy comigo posardes
a vuestra voluntad. De batalla vos aueno bien, que oy ando el pregon
425 por toda la çiudat que demannana sean todos los caualleros armados e
las gentes, ca el enperador ha jurado que les de batalla." Asy folgaron ya
aquella noche, | e demannana tanto que amaneçio fueron armados los de 55VA
Costantinopla. E llegaron alas puertas dela çiudat bien diez mill delos
mucho ardidos. Aquestas nueuas sopieron Miles e Esmere, e el mayor
430 dixo: "Hermano, mucho nos aueno bien. Armemos nos todos e salgamos fuera e fagamos de tal guysa que todos ende fablen." E armaronse
luego ellos e los veynte caualleros, e salieron dela villa por vn postigo,
e todos leuauan armas frescas en que daua el sol, e fazialas rrelozir, que
semejaua que echauan llamas. El enperador seya entonçe a vnas fenies-
435 tras del su grant palaçio, e su fija cabo el, e cato contra riba del rio de
Tibre, e vio venjr los jnfantes por medio del canpo. Quando los vieron
los griegos moujeron luego contra ellos bien quarenta mucho orgullosos
que justaron conellos. Mas los griegos, que non eran tan vsados en armas,
non ouo y tal que en siella fincase. Quando esto vio el enperador, tomo
440 se mucho a rreyr, e despues dixo: "Ay, Sennor Dios, ¿e quien connosçe
aquellos caualleros? Dios, commo agora fueron | buenos, e que bien 55VB
guysados andan." Entonçe enbio alla vn donzel e dixole: "Sabe quien
es aquel cauallero que trae aquel escudo del canpo dorado e el palonbo
blanco, ca me semeja que nunca tan bien armado omme vy."
445   Assy commo oydes justaron Miles e Esmere con los griegos, e derribaron quarenta. Pero non eran ellos mas de veynte, delo qual fueron los
griegos muy desmayados. Entonçe moujeron dela hueste mas de trezien-
tos que se dexaron correr quanto los cauallos los pudieron leuar. E desque
quebraron las lanças, metieron mano alas espadas e començaron se a dar
450 muy grandes golpes por do se alcançauan. Mas Miles e Esmere juntaron
asy su conpanna, e rregieronse bien, ca sy en otra guysa lo feziesen, non
los pudieran durar. Mas Esmere puso las espuelas al cauallo, e apreto

su espada muy tajador en la mano, e fue ferir a vno dellos por çima del yelmo, quelo fendio todo fasta la çinta. Asy | que tajo el arzon dela siella 56ra
455 e el cauallo fue a tierra. Quando esto vieron los griegos, oujeron tal pauor del quelo non atenderian por njngunt auer del mundo. El enperador de Rroma, o seya alas feniestras de su palaçio, lo vio bien e su fija Florençia, que seya con el, dixole: "Por Dios, sennor, mandat los acorrer, e si quier sabremos quien es aquel cauallero que tan grant golpe dio a aquel grifon."
460 "Fija," dixo el rey, "yo vy bien que fue aquel cauallero que trae enel escudo vn palonbo blanco."

Entonçe llamo el rey a Grauays e a Sanson, que eran hermanos e los mas dos priuados desu casa. "Amigos," dixo el enperador, "ora me entendet. Tomad toste quatro çientos caualleros e acorred ayna aquellos,
465 quelos non perdamos, ca donde quier que sean sse que son de nuestra parte." Ellos dixieron que de grado lo farian, e salieron luego con ellos tales siete çientos caualleros, que non auja mejores enla çiudat, e fueronse a poder de cauallos. Aquella ora arrencaron | los griegos. Quando esto 56rb vio Esmere, puso las espuelas al cauallo e salio ante todos. Ally fue tal
470 ferir e tal golpear e acapellar e el martillar delas espadas e el quebrar delas lanças que las çentellas yuan al çielo. De aquella fueron derribados mas de mill griegos que jamas por clerigo nunca tomaran confesion,[30] e los otros començaron a fuyr syn tornar, que non quedaron fasta las tiendas. Asy quel enperador Garsir los vio bien, e meçio la cabeça e fue muy
475 sannudo e juro para el cuerpo de sant Lazaro que el meteria la çibdat de Roma a fuego e a llama que ante[31] non se partiria dende. Despues que los griegos asy dexaron el canpo e los otros y fyncaron muertos, cogieronse los jnfantes ala çiudat, e sus escuderos salieron contra ellos. E cada vno leuo de ganançia vn buen cauallo. Desy los otros fueronse asus posadas
480 desarmar. Mas el huesped veno ante los jnfantes por les dezir palabras de solaz e de alegria. E ellos[32] le dixieron: "Amigo, nos saljmos fuera por ganar, ca mucho nos es menester commo omes deseredados, mas por el buen acogimiento que nos anoche feziestes, tomad los mejores dos | 56va cauallos destos que y ganamos, e avn mas aueredes, sy Dios quesier." E el
485 huesped gelo gradeçio mucho, e ellos dixieron a su huesped que querian yr ver al enperador por fablar conel. Entonçe caualgaron los jnfantes con

---

[30] This statement reflects a conflict between Latin and Greek churches' practice that developed after the thirteenth century. In the West, the act of confession to a priest became a sacrament, the legitimate way to have one's sins absolved, while in the Eastern church, an individual's direct confession to God continued to be sanctioned: Tomáš Špidlík, *The Spirituality of the Christian East: A Systematic Handbook*, trans. Anthony P. Gythiel (Kalamazoo: Cistercian Publications, 1986), 190–91.

[31] The *a* has been reconstructed with ultraviolet light.

[32] MS: *dellos*.

*Otas de Roma*

ssus veynte caualleros, e fezieron leuar cauallos, e sus armas, asy commo era de costunbre de soldaderos, e asy se fueron al palaçio. Mas agora dexaremos de fablar dellos por fablar dela hueste.

490 Mucho fueron grandes las huestes quel enperador fizo juntar a Rroma, e los cauallos e las armas. ¿Quien viese tanto buen cauallo e tanta buena loriga, tanta lança, tanta espada, tantas ssennas desplegar al viento? Asy quela buelta e el rroido era y tan grande que toda la tierra ssemejaua que tronaua,[33] asy que se maraujllaria quien lo viese. Mas enel
495 palaçio del enperador aujan tan buena costunbre que quando el fablaua, non auja njnguno que osase nada fablar, por que le cortasen los mjenbros. "Amigos," dixo el enperador, "bien sabedes commo Garsir veno a my | 56vb tierra, e cuydanos destruyr todos e toller a mj la tierra. Mas vos pensad dela defender, ca yo uos dare auer quanto menester ayades. Mucho sodes
500 buenos caualleros de armas e que vos conbatiestes sienpre muy bien. Ora pues los griegos sson entrados en mj tierra por nos fazer mal. Bien he fiuza en Dios, que se non poderan dende partir tan ligera mente commo cuydan, que ante y dapnno non prendan. Pensad de ser buenos, e non temades cosa. Yo fare tirar la mj grant senna e quarenta mill caualleros
505 armados muy bien por nos conbatir con ellos. E non sea y tal que fuya, ca sy alguno fuyer, çierto sea que perdera la cabeça." Mucho fue grande por Rroma la buelta e el roido e el son delos cuernos e delos cascaueles. Desy fezieron tanner vn grant cuerno, commo era de costunbre, enel grant palaçio. Esto fue a vna fiesta de Pascua que los condes e los ricos
510 omes e los de grant guisa comjeron conel enperador. Ally veriades tanto prinçipe e tanto infançon, tantos sennores de castiellos e de fortalezas, e el enperador se asento a ssu muy alta mesa | e los otros quiso que se 57ra asentasen cada vno do auja de ser. El palaçio fue cobierto de rrosas e de flores e de muchas buenas yeruas que dauan buen olor. En todo esto ahe
515 vos aqui do vienen los jnfantes d'Ongria con sus veynte caualleros que entraron por el palaçio muy rica mente vestidos e adouados. Los cauallos e las armas fincaron a fuera. Ellos eran bestidos de vn rrico panno de çisimo. Nunca omme vio mejor. Anbos eran de vna hedat e de vna longura, de guisa que de mejor fechos dos caualleros non uos poderia
520 omme fablar. Asy se pararon antel enperador. Entonçe Miles, que era mayor de dias, fablo primera mente e dixo: "Sennor, nos somos anbos hermanos, e oymos fablar de vuestra guerra. E venjmos auos por vos ayudar e vos seruir." E el enperador les pregunto por ssus nonbres e onde eran. "Sennor," dixo Mjles, "amj dizen Mjles e amj hermano Esmere. E
525 fijos somos del rey Filipo, que fue sennor de Ongria. Mas aueno asy que el morio grant tienpo ha. E nuestra madre, que nos amaua poco o nada,

---

[33] The *t* of *tronaua* was reconstructed using ultraviolet light.

enbio luego por Justamont de Ssuria, e casose con el. E nos, | que era- 57RB
mos moços pequennos, echonos dela³⁴ tierra e quesieranos matar. Mas
vn³⁵ nuestro ayo fuyo connusco de noche, e por esto guarimos. Desy
530 este otro dia fezo nos caualleros el rey dEsclauonja por su merçet. E
entonçe oymos fablar de vuestra guerra, e por ende venjmos para uos.
E queremos fincar convusco." En quanto el esto dezia, todos los omes
que y seyan se callaron, e los catauan a marauilla. E desque ençemo su
razon el enperador le rrespuso que mucho le plazia conellos. Entonçe
535 veno el mayordomo e fezo les dar agua alas manos. E el enperador fizo
ser a Miles, que era mayor, cabo sy, e a Esmere sentaron cabo Florençia,
quelo resçebio muy bien. E en quanto seyan comiendo, paro mjentes
Florençia en Esmere, e violo tan bello e tan bien fecho, asy commo selo
Dios feziera. E que comja tan esforçada mente que dixo en su voluntad
540 que valiente deuja ser omme que asy comja. E asy lo fue despues, ca de
mejor cauallero darmas non uos sabria omme contar.

Assy seya catando la donzella el donzel. E el era grande e nenbrudo
e muy bien tajado, e cataua muy fermoso, e era blanco | commo flor 57VA
de lis e tan bien colorado que era marauilla. Los ojos auja verdes, las
545 sobreçejas bien puestas, cabellos de color de oro, ancho era despaldas,
e delgado en la çinta. E tanto se pago Florençia del que dixo: "Sennor
Ihesu Xpisto, que fuestes puesto en cruz por nuestro saluamiento,³⁶ sy
este donzel ouiese en sy tanta de bondat commo yo veo enel de beldat e
de paresçer, sy comigo casase, el libraria esta tierra ante de vn anno en
550 guisa quel viejo Garsir perderia y la cabeça." Mas ya tanto era enamorada
de Esmere que tenja que non auja mejor quel enel sieglo, e mucho fue
bueno, e su hermano Miles, mucho fue buen cauallero, si ensi ouiese fe
e lealtad. Mas mucho fue falso. Desque todos comieron asu plazer enel
palaçio prinçipal e las mesas fueron alçadas, griegos e armjnnos pararon
555 sus azes escontra la marisma por esos prados por mandado del enperador
Garssir, ca el queria saber del enperador Otas porque le non quesiera dar
su fija e por que despreçiara su mandado.

Entonçe le dixo vn rey de Greçia: "Par Dios, sennor, el enperador
Otas es de muy alto ljnage. ¿E por quele queredes destruyr su tierra e
560 matar | su gente fasta que fabledes con el? E enbiad³⁷ le dezir que venga 57VB
fablar convusco, e sy quesier fazer vuestra voluntad, synon, entonçe fazed
lo que por bien toujerdes." E Garssir dixo, "Esto non fare. E pues³⁸ me

---

³⁴ The *dela* was reconstructed using ultraviolet light.
³⁵ Spaccarelli's transcription places question marks here (*Text and Concordance*).
³⁶ MS: *saluamientto*.
³⁷ The *e* was reconstructed using the ultraviolet lamp.
³⁸ Baird: *p[or que]* (*Análisis lingüístico y filológico*, 31).

el porto mala fe, yo destruyre toda su nobleza. Ora via," dixo Garssir, "todos armados contra la çiudat de Roma, ca me la non puede defender
565 Otas." Ellos dixieron que farian su mandado. Y estaua entonçe vn omme natural de Roma que ando por esculca, que era vestido commo griego e andaua de aquella manera, e aprendiera bien el griego. E partiose dela hueste e metiose enla çiudat e fuese corriendo al palaçio del enperador. E dixole: "Sennor, mucho estades seguro, el enperador Garssir es muy
570 desmesurado. E agora estando antel vn rico rey de Greçia, que es muy su priuado, le dixo, oyendolo yo, que uos enbiase su mandado e que por que mataria vuestros omes njn destruyria vuestra tierra sy queriades fazer su voluntad. E el dixo que ya njnguna auenençia y non aueria, ante destruyria toda vuestra nobleza. Mas marauillome[39] do pudo ayuntar tanta
575 gente que mas de | çient[40] vezes mill omes armados vy agora estar antel." 58RA Quando esto oyo Miles, que estaua antel enperador, dixo: "Ssennor, vn poco me ascuchat. Por la fe que deuedes a Dios, fazet armar vuestra gente e suban enlos muros e enlas torres, e defendet vuestra çiudat, e guardat la." "Sennor, por Dios, merçet," dixo Esmere, "pero so tan mançebo, vn
580 poco me ascuchat. Mjo hermano es muy buen cauallero, mas sy uos plaz, nunca tal consejo tomedes, ca ayna seriades por ay vergonnoso e escarnido. Sabed que sylos uos asy aca dentro atendedes, yaziendo ençerrado, que esto non seria ley de cauallero. A vn pobre jnfançon estaria mal. Mas salgamos fuera, sylo vos mandardes, e conbatamos nos con ellos,
585 ca el derecho es vuestro e el tuerto suyo. Esto sabemos bien. E si Dios quesier, vençerlos hemos. Vos sodes mucho amado de vuestras gentes, e todos yran de buen corasçon e ayudar vos an quanto mas pudieren. Desy grifones son muy couardos. Yo los probe bien. E en poco de tienpo, los veredes fuyr commo puercos ante canes." Ally fue el jnfante muy
590 catado de | todos, e començaron a dezir antel e de tras del: "Por buena 58RB fe, syn enganno, buen omme fiera mente es Esmerado. Mejor consejo que este nunca omme podria dar." E dixieron al enperador: "Por Dios, sennor, non uos fagades desto a fuera." "Yo lo otorgo," dixo el enperador, "pues que auos plaz. Tiren fuera las sennas e salgamos a ellos." Florençia,
595 la fermosa fija del enperador, era muy njnna, e fue mucho espantada quando salio alas fenjestras del palaçio, que vio tan grant gente armada, que todos los canpos ende eran llenos. E vio yelmos lozir, e armas sonar, e tantas sennas e tanta gente, ouo ende grant pesar. E dixo: "Sennor Ihesu Xristo, ¿e do pudo tanta gente ser ayuntada commo yo aqui veo,
600 njn tan grant caualleria?" Entonçe fue al enperador e dixo le: "Padre, sennor, fazet me dar ante al enperador que non auer con el batalla, ca

---

[39] Baird: *maravíllame* (*Análisis lingüístico y filológico*, 32).
[40] Baird: *çien* (*Análisis lingüístico y filológico*, 32).

si fuer, non puede ser syn grant peligro e syn grant perdida. Yo non so mas de vna mugier e vos sodes mas de quinjentas vezes mill omes. Yo non querria que por mj se començase batalla enque poderian morir mas
605 de çient vezes mill omes a martirio e a dolor." "Fija," dixo el, "¿de que uos quexades? Dexat uos desto, ca despues | que yo fuer armado ençima del mj buen cauallo Bondifer e toujer la mj muy preçiada espada en la mano, veredes que dapnno les yo fare, que mas de quarenta yaran ende mal vaylidos."
610 "Sennores," dixo el enperador Otas, "oy mas non tardedes. Pensemos de salir fuera, e trabajad uos de dar de vuestras donas a los griegos quales las ellos meresçen. E aquel quelo y bien feziese, quando aca tornar, yo le dare tanto de auer e gelo gualardonare tan bien que el e su ljnage sera ende tan rico e ensalçado por sienpre. E por ende rroguemos
615 aquel Sennor que por nos priso muerte enla vera cruz, que el me de ende la onrra por la su santa piadat." Mjles fue desto muy ledo e Esmere mucho alegre. Desy salieron los jnfantes del palaçio. E los plegones fueron dados por la villa que todos saliesen e que aquel que fincase, que fuese çierto que seria escarnjdo de vno delos mjenbros. El enperador
620 Otas non quiso tardar mas e demando luego sus armas e dierongelas. E Florençia | su fija lo seruja e lo ayudaua a armar, e vestieronle vna loriga muy fuerte e muy bien guarnjda, e dieronle vn yelmo muy rico enque auja muchas piedras preçiosas de grant valor, e çennjeron le vna espada que de mejor non sabia ome parte. E despues que fue guarnido
625 de todas armas sobio enel su buen cauallo Bondifer, que ya estaua muy bien armado. Este cauallo fuera natural de Africa, e troxieronlo al enperador en presente. Este era el mas corredor e mejor adereçado que otro cauallo, e mas valiente. El enperador caualgo en su cauallo, e commo quier que era cano, non dexaua por eso de ser sano e arreziado, e yua
630 muy corajoso ala batalla. Desque el enperador fue ençima de su cauallo, bien semejo baron e esforçado. Entre tanto ahe aqui a Esmere e Miles con sus veynte conpanneros, que non auja y tal que non troxiese pendon enla lança o trenças. Mas Esmere era muy leal e syn follonja, e sy en Mjles non ouiese orgullo njn traiçion, non demandaria omme por
635 mejor cauallero que el. E anbos yuan armados de armas de sus sennales e sus coberturas tendidas muy apuesta mente. | E quando llegaron antel enperador, pagose mucho, e dixoles: "Semejades angeles que vienen del çielo por me ayudar." "Sennor," dixo vn su duque que llamauan Sanson, que era el mejor cauallero de su casa, "aqueste es Esmere e su hermano,
640 e estos otros sson sus conpannones." "O bien," dixo el enperador, "veo que estan bien guisados de batalla." "Sennor," dixo Esmere, "entendet mj razon. Por vuestra grant merçet vn don me otorgat." "O bien," dixo el rey, "de grado, Esmere." Dixo el enperador: "Tu me demandaste vn don, mas non se que se es." "Sennor," dixo Esmere, "yo vos lo dire. Esta es la

645 primera justa si mela lança non quebrar. Vos veredes fierro e fuste pasar
de la otra parte, e veredes que ante de medio dia, seran desbaratados en
guisa que vera Garsir tanta de mortandat de su gente que le non seria
menester por la çiudat de Frisa njn por tierra de França.[41] Vedes nos do
estamos aparejados yo e mj hermano para vuestro seruiçio." Mas la muy
650 fermosa Florençia, por la muy buena palabra que dixo Esmere tomose a
reyr e dixo entre ssus dientes muy paso: | "Deuos so pagada."     59RB

    Mucho se començo la guerra grande e fuerte, asy que se non acordaron y de paz njn de tregua. Quando el enperador salio dela çiudat,
leuo fermosa conpanna e mucho esforçada. Veynte mill soldaderos
655 aguardauan "oro e flama," la ssu senna cabdal,[42] e yuan todos corajosos.
Esmere, el donzel aquien fue otorgada la primera justa, fezo a guisa de
buen cauallero, e tan bien enplego su golpe e tan bien lo fezo aquel dia
que la corona de Roma fue por ende ensalçada. E Mjles se fue enpos el
con ssu conpanna por el grant sabor que [a]ujan de fazer mal a griegos.
660 Despues destos salieron los lonbardos, e de Milan, e de Plazençia, e
d'Aluerna, e de Pauia. Mas bien vos fago saber que aquel tienpo non
podrian fallar mejor cauallero que Esmere de Ongria. Esforçada mente
começaron su batalla aquel dia, e eran treynta mill de muy buenos
caualleros. Grande fue la buelta e el quebrar delas lanças enlos prados,
665 e esto fue de aquella gente enque se el rey | mas fiaua. Dela otra parte    59VA
estaua Garssir, el dela barua alua, que non auja mas sabidor omme enla
tierra, mas esto non era seso, commo quier que en boda canten, omme de
çient annos demandar amiga. Çertas, ante semeja grant sandeçe. Pero
muchas vezes esto aueno que vn sabidor omme comiença alas vezes grant
670 follia por su orgullo, e muy sin rrazon, fiandose en su seso. Mas sy a
Dios plaz, que todas las cosas tiene en poder, asi fara a este. Despues
desto, salieron persianos e genoueses e los d'Ancona e los delas galeas
d'Ossyne e los de Luca e toscanos e pulleses, de que fueron mas de tres
azes. Estos non venjan armados a guisa de burgeses. E los da marina,
675 que grant sabor auian de destruyr grifones. Noble ment venjan armados
a marauilla e muy bien regidos los cauallos d'Espanna, cubiertos de sus
coberturas. Asy pararon sus azes muy bien rregidas por ese canpo de
contra la marina. Vn rey salio de Roma que llamauan Bruybent, que era
sennor de Venneçia con todas sus pertenençias, pero que era moro el e

---

[41] Spaccarelli's transcription places two question marks inside of brackets after this word (*Text and Concordance*). The only symbol visible under ultraviolet light, however, consists of a raised dot followed by a virgule.

[42] This attribution is interesting because *l'orie flambe* is Charlemagne's famed battle standard in *Song of Roland* 225.3092–3095, where it is dubbed "Munjoie" after the battle cry: see, for instance, Gérard Moignet, ed. and trans., *La Chanson de Roland* (Paris: Éditions Bordas, 1969).

680 toda su gente. Mas tenja del rey Otas su tierra, e dauale de parias cada
anno | veynte mill marcos de plata. E oyera fablar de aquella guerra e 59vb
venjera en ayuda al enperador, e traya y bien quatro mill omes darmas.
Este paro su haz muy buena en ribera del rio e muy bien regida. Despues que estos salieron,⁴³ los naturales de Rroma en su haz. Esta fue la
685 postremera, por ende venjeron tan tarde. E Agrauayn e Berart venjan
por cabdiellos de la az, e Clamador, e Gaudius, e Genois de Pusarte, que
otrosy guyauan quarenta mill de muy buenos caualleros que rrogauan a
Dios muy de corasçon e alos santos que asy commo ellos tenjan derecho, que asy los ayudase e destroyese los que contra ellos venjan a tuerto.
690 Estos eran aquellos caualleros que aguardauan e guiauan la grant senna
cabdal⁴⁴ que llaman estandarte, que trayan sobre vn carro,⁴⁵ que trayan
por engenno e por arte. Mas non creades que fue de madera de bosco njn
de otra manera, ante fue de buen oro e de marfil e de argen. E y era vna
carbuncla que daua tan grant lunbre que semejaua que ardia.
695     Agora uos fablare dela grant senna del rey e del carro e de ssus
fechuras. El carro era | marfil muy grande e los exes de plata, e las 60ra
ruedas eran de oro, que eran quatro, con muchas piedras preçiosas por
ellas, bericles e de muchas naturas. E tirauanlo treynta cauallos mucho
arreziados. Los cauallos leuauan los collares muy fuertes, cobiertos de
700 palio. E las cuerdas eran de seda fina, e las clauijas de oro. E los que lo
trayan e guyauan non eran baujecas, njn venjan guisados commo rrapa-
zes, ca non auja y tal que non andase vestido de peliçon darminnos o de
briales de seda o de rico çicraton. E cada vno leuaua en su mano vna
verga de oro. Sobre el carro yua vn arbol de tal fechura que era todo de
705 oro e de plata, muy fermoso e muy alto, e ençima vna asta, asy que de
quatro leguas poderia omme ver el dragon que era figurado enla senna.
E esto demostraua la fereza del enperador Otas. Aderredor dela senna
yuan los nobles caualleros, mas de quarenta mill, todos escogidos, que
non auja y tal que non pensase de fazer lo mejor, que ya non fuyria por
710 pauor delos griegos. Del estandarte era tal razon que todos se acogian
ael, asy que non guariria | todo el oro del mundo que non perdiese la 60rb
cabeça a qual quier que fuyese. Dela otra parte eso mesmo moujo el
enperador Garsir, delos grannones blancos,⁴⁶ con su muy grant hueste
a marauilla. De tal manera que se venjan por grant fereza e por grant
715 baldon, e asy commo fallamos escripto, desde que Dios veno en tierra

---

⁴³ Deleted after *salieron*: *salieron*.
⁴⁴ Deleted after *cabdal*: *la grant senna cabdal*.
⁴⁵ Baird omits all text from *que* through *carro* (*Análisis lingüístico y filológico*, 36).
⁴⁶ The repeated epithets used to describe Garsir are reminiscent of those used in the *CMC* to describe the Campeador.

prender carne dela Virgen santa Maria por la salut del angel, nunca por vna mugier fue tan grant destroymiento commo fue por Florençia la fija del rey Otas. Sennores, aquesta estoria non es de oy njn de ayer, ante es de tienpo antiguo. El enperador Garsir era muy preçiado e era muy
720 buen guerrero, segunt cuenta la escriptura, de guisa que a su tienpo non fue njnguno[47] tan fuerte njn tan fiero, asy que se non tomo con tal quelo non metiese so su poder. El era destruidor de sus enemjgos e ensalçador de sus amigos. Mucho fue buen cauallero darmas en su tienpo. Enpero entonçe vistia vna muy buena loriga doblada. E el yelmo que leuaua era
725 de muy buen azero, e por el muchas ricas piedras preçiosas. E la su barua blanca le yua so los braços blanqueando, asy que paresçia sobre el cauallo de vna parte e de otra. En tal manera se yua contra la çiudat de Rroma. Mas desta guerra se deuja omme | marauillar, ca los grifones eran mas de çient e çinquenta mill omes darmas. Asy que caualgaua Garsir mucho
730 apoderada mente en tal manera que duraua su hueste bien dos leguas en luengo, e ya auja nueuas çiertas de auer su batalla con los rromanos, ca ya echaran su estandarte fuera de Roma. Mas Garssir non preçiaua esto sola mente vn djnero, ca por su grant hueste cuydaua destruir toda la tierra, e por esto cuydaua sser seguro.
735  El enperador de Roma llamo a Esmere, e Mjles, e Leonme, e Clamador el fuerte,[48] e Agrauayn, e Sanson, e el preçiado Josue, e delos mas altos omes dela tierra e de mayor ljnaje. "Amigos," dixo el, "nenbrat uos de commo sodes de alto linaje e muy buenos caualleros. Punnad de auer muy buenos coraçones. E prometo vos que aquel que lo mejor fezier oy
740 eneste canpo, que el ganara preçio para sienpre, de guisa que el sera rico e onrrado en toda su vida, ca yo le dare a Florençia mj fija, que es tan grant beldat. Asi quel sera sennor de Roma e de quanto yo he despues de mj muerte." Quando | esto oyeron los altos omes, esforçaronse muy fiera mente de guysa que el mas couardo sera[49] ardido por aquella buena pro-
745 mesa. "Ay, Dios," dixo Esmere, "Rey de magestat que enla cruz morte prendiestes de vuestro grado por nuestro saluamiento, çertas mucho seria de mal corasçon e de catiuo de tantos omes buenos que yo aqui veo, que bien ay mas de çient mill, el que se ende non entremetiese. Mas grant bien fara Dios a aquel que el prez ende leuara." Quando esto entendieron
750 los romanos, cataron se vnos a otros. Entre tanto se juntaron las azes, que non ouo y otra falla, e metieron las lanças so los braços e fueronse ferir. Mas Esmere yua delante, quelo mucho deseaua, el escudo enbraçado e la lança so el braço. E dela otra parte venjeron las azes delos grifones,

---

[47] Scribal insertion: *njng*uno.
[48] The *u* was reconstructed with ultraviolet light.
[49] Baird: ser[i]a (*Análisis lingüístico y filológico*, 38).

e vn turco y venja ante ssu faz que era tan duldado que non fallaua omme
755 que se conel osase tomar. E tenja la tierra de Moralla e de Siria.[50] E non
sabian tan buen cauallero en toda la tierra, de guisa que dos cuualleros
non sse atreujan a el. E venjera a su sueldo del enperador Garsir, e el
enperador le dio tanto de ssu auer que finco conel. Este moujo contra
Esmere, e era grande e fuerte e valiente, mas pero | por esto non lo    61RA
760 dubdo Esmere, e diole por el escudo rredondo que traya e falsole la
loriga. E metiole la lança por los pechos que paso dela otra parte. E dio
con el en tierra del cauallo, de guisa que sse non pudo leuantar. E quando
aquesto ouo fecho Esmere, dio bozes e dixo: "Ssennores, meted este en
cuenta." A estos pleitos moujeronse para acorrer de vna parte e de otra,
765 asy fue el torneo mezclado. Desta parte moujeron pulleses e los de Sse-
negaylla por acorrer a Esmere e alos suyos, e los griegos dela otra parte.
Despues desto, fue ferir Esmere al rey Otesanz, e quebro enel su la[n]ça.
Desy metio mano ala espada e començo a dar conella muy grandes golpes a diestro e a sinjestro, de guisa que contra su golpe non podian durar.
770 Asy se cometieron las azes en aquel canpo. E Agrauayns aguyjo su cauallo, e Clamador, e Berart Fauel,[51] e Sanson, e Mandoy. A atanto ahe
aqui do vien Eleame sobre su cauallo morzillo, e Gaudins otrossi, e el
duque d'Agenes, e Brunbans de Venneçia, e Brandinsor Bayarte, e Rener
sor Batel, e Galeran, e Iohan Traçel, e Saul de Viterna, e el duque
775 d'Atrierna, Soreaus Penna Vera, e el conde d'Arrondel, e Guy dela Mon-
tanna, e Sadoynes, Gaguel Sorpinel, e el | conde Jofre de Pisa, e Reyner   61RB
Amigante, e Rayer de Castil Blanco, e Ferramus Bauçent, e Angier
Corberel, e Iohan Pie de Cobre, e Felipe Fauuel,[52] e Adans Estelie, e
Guyllem Clauel. E Esmere de Ongria aguyjo ante todos, su escudo al
780 cuello enque era pintado vn palomo blanco, e muchas rricas piedras
preçiosas[53] por el e por el yelmo, que bien valian vn grant auer. El escudo
enbraçado e la lança enel punno, e conel venjan tales quatro çientos caualleros, que todos eran fijos de prinçipes e de altos omes e muy bien guisados, que leuauan pendones enlas lanças. E fueron ferir enla priesa tan
785 fiera mente que cada vno derribo el suyo, asy que bien veriades muchos
cauallos ser syn sennores por ese canpo. E desque quebraron las lanças,
metieron manos alas espadas, e començaron a dar muy grandes golpes.
Assy que rrios de sangre fazian ende salir. Dela otra parte lançauan
saetas tan espesa mente, e dardos, que esto era grant marauilla. Dela otra
790 parte y eran tales treynta mill que mucho eran preçiados. Desque las azes

---

[50] Baird: *Saría* (*Análisis lingüístico y filológico*, 38).
[51] Baird: *cav'él* (*Análisis lingüístico y filológico*, 38).
[52] Baird: *Fauvel* (*Análisis lingüístico y filológico*, 39).
[53] Baird omits this word (*Análisis lingüístico y filológico*, 39).

fueron mezcladas, veriades la tierra cobierta de gente, e los golpes que se
dauan delas espadas sobre yelmos e sobre escudos eran tan grandes e tan
espesos que non oyria y omme toruon por rezio que fuese. E el enperador
Garssir, que era de grant | poder, ordeno sus azes por tal guisa que çin- 61va
795 quenta mill caualleros y metio. E el fue por medio delas azes, aguyjando
muy fiera mente su cauallo, e llamando a grandes vozes: "¿Do es el rey
Otas? ¿Do es?[54] Non te convien asconderte. Bien puedes venjr a mj, si
quesieres. E esto sera cortesia, ca yo so enperador, e tu mucho as grant
sennorio, e sy eres cano, yo he otrosy la barua blanca. Ora rrenouemos
800 nuestra caualleria. Enpero mas viejo so que tu bien quarenta annos, non
dexare que contigo non juste." "Çertas," dixo el rey Otas, "desto plaz a
mi mucho." Entonçe aguyjo el su buen cauallo Bondifer, e Garssir el
suyo, que mucho era fuerte e corredor, e fueron se ferir quanto los cauallos los pudieron leuar. E Garsir dio a Otas tal lançada sobre el escudo
805 que era pintado a flores, quel falso, e la lança se detouo enla loriga, que
mucho era fuerte. E Otas ferio otrosi a Garssir en tal guisa que anbos
cayeron delos cauallos. E Garssir se erguyo primero, e metio mano a ssu
espada, e ferio a Otas sobre el yelmo que traya de Pauia, e oujera lo mal
llagado, mas la espada bolujo al senjestro. E dixole: "Ay, rey lleno de
810 grant locura, con esta espada, vos tollere Roma e Romanja, e fare dela
muy fermosa Florençia mi amiga, e tener la he en quanto | me pagar. 61vb
Despues dar la he al mj camarero Josias." "Par Dios," diz Otas, "ya yo
muchas cosas oy, e creo que sant Pedro de Roma non sofriria esto. Sy
quier avn non es partida la batalla de nos anbos, ante uos conviene a fazer
815 mas que cuydades." E saco luego su espada e fuele dar vn golpe sobre el
yelmo tal que le derribo ende las flores e las piedras preçiosas, e ator-
deçio de guisa que dio conel en tierra. Yo cuydo que la batalla de anbos
fuera fecha, mas acorrieron los griegos a Garsir. E Otas, que tenja su
espada enla mano, daua con ella muy grandes golpes por saluar su vida,
820 ca mucho le era mester ayuda. A atanto llego y el buen baron Esmere,
que Dios bendiga. Grande fue alli la batalla, e el acapellar e el ferir delas
espadas. El enperador Otas tenja su buena espada e firio enla priesa
quanto mas pudo, e muerto lo oujeron los griegos, que lo ençerraron
entre ssy, synon fuese y Esmere, que los abaldono a librarlo. E fue ferir
825 vn duque, fijo de vna griega, de vna lança que tenja de tal golpe que
escudo njn loriga non le presto que lança e pendon non fue dela otra
parte, e dio conel muerto del cauallo en tierra tan grant caida que la
tierra ende sono. Desy fue tomar el buen cauallo Bondifer del enperador
| por la rienda, e fuegelo dar. E dixole omildosa mente: "Sennor, 62ra

---

[54] This *es* is the Galician second person singular that appears elsewhere in the manuscript, i.e., "Do es tu bestia saluaje . . ." (fol. 14ra).

830 caualgat." E el enperador caualgo luego, e gradeçiogelo mucho, e dexo se yr alos griegos, e Esmere conel, quelo ouo muy menester. En todo esto ahe aqui Miles en medio dela priesa, e fue ferir vn buen cauallero, que dio conel del cauallo[55] en tierra. Mas tales dos mill lo vieron a que peso mucho que punnaron luego delo calomjar, ca se dexaron correr ael mas
835 de quarenta quelo ferieron por medio del escudo en tal manera que dieron conel del cauallo enel prado. E muerto lo oujeran, mas Esmere, quelo vio, aguyjo entre vnos aruoles quanto mas pudo e dixo quando lo vio yazer en tierra: "Ssennor Dios, que enla santa cruz muerte prendiste, da me mj hermano, ca yo non quiero daqui leuar cauallo njn palafren." Des-
840 pues que Miles fue a tierra, erguyose lo mas toste que pudo, e puso en su coraçon de se defender, e saco su espada e començo a dar della muy grandes golpes. Mas los griegos lo cometian de todas partes. Quando aquello vio Esmere, pesole de coraçon, e a vno quelo mas coytaua, aguyjo a el de mal talante, e baxo la lança e fuelo ferir, quelo non popo nada,
845 e alcançolo por so la | broca del escudo, e falso gelo e la loriga otrosi, de 62RB guisa quela tela del figado e del coraçon le fendio. E dio conel muerto en tierra, e asi paso por el. E este era omme de tan alto ljnage que muy grant duelo fizo por el Garssir. Despues Esmere metio mano a su espada e metiose enla priesa, e començo a dar golpes tan grandes que el que el
850 alcançaua, fecha era la suya, asy que mas de treynta grifones y prendieron muerte. E tanto fizo que libro asu hermano, e pusolo a cauallo. Mas los griegos se dexaron correr a el, e firieron lo de todas partes. ¡Ay, Dios, acorre lo que muy menester[56] le faz! Ally le mataron el cauallo e dieron conel en tierra, pero toste se leuanto. Mas si de alli podier escapar, mucho
855 bien le fara Dios. Quando Miles, su hermano, lo vio en tan grant peligro, plogole dende e dixo: "Esmere, ya vos y yazedes donde cuydo que nunca saldredes. Ora veo lo que mucho dessee. Mucho erades ssesudo e fuerte e sabidor, asy quel mj seso non se podia ygualar al vuestro. Dios confonda mucho aquien vos acorrier." Desi torno las riendas al cauallo e
860 començose de yr a grant galope, e fuese encobriendo de vnos arboles. E el asy enfurtando, se topo con Otas el enperador, que venja aguardado muy bien de | diez mill caualleros de sus naturales enque se el mucho 62VA fiaua. E quando vio a Miles, llamolo e pregunto le por su hermano Esmere, e dixole: "¿Do es aquel que mj cuerpo e mj vida saluo a merçet
865 de Dios? Jamas non se me olujdara la grant proeza que contra mj fezo en commo me acorrio." "Sennor," diz Miles, "vna cosa vos non quiero yo[57] encobrir. Çertas, el rey Garssir me enbio agora ssu mandado que me

---

[55] Baird omits *del cauallo* (*Análisis lingüístico y filológico*, 40).
[56] Baird: *menster* (*Análisis lingüístico y filológico*, 41).
[57] Baird omits *yo* (*Análisis lingüístico y filológico*, 41).

fuese para el, e que me daria muy grant auer. E yo non vos quise dexar.
Mas Esmere alla es ydo. En mal punto el naçio, que jamas nunca el bien
870 fara. Pues que tal traiçion fizo, yo cuydo bien que nunca el fue fijo de mj
padre, mas que algunt falso lisongero se llego a mj madre e lo fizo enella." Quando esto el enperador oyo, cato contra su conpanna e marauillose mas que de cosa que nunca oyese.
 Mucho fue Miles lleno de grant falsidat quando el asy erraua asu
875 hermano. Mas Esmere era leal e cortes e ardido, asy que mejor cauallero
non ouo que el aquel tienpo enla cristiandat. E sy bueno era a caua-
llo, fuerte e fiero fue quando se vio a pie, e despues tiro su espada | e   62vb
enbraço ssu escudo e començo a dar della muy grandes golpes a diestro e
a seniestro e a defender se muy fiera mente. E estando en tal priesa, fue
880 ferir del espada vn grifon al traues por la çinta, e cortolo todo, que fizo
del dos piezas. Quando aquello vieron los grifones, fiera mente fueron
espantados, e tiraron se a fuera del, marauillandose del golpe, e de alla
le lançauan sus espadas, asy que mas de treynta golpes le dieron enel
escudo, de tal guisa quele rronpieron la loriga en muchos logares, pero
885 mal nonlo llagaron. El asy estando, ahe aqui o viene el enperador Otas
sobre el su buen cauallo Bondifer, muy bien armado e con el bien veynte
mill caualleros. E firieron por las azes e rronpieron apriesa, asy que las
pasaron dela otra parte. E cataron e vieron el jnfante Esmere commo
se estaua conbatiendo, e connosçieron lo luego por el escudo dorado e
890 vn palomo blanco enel. "Por buena fe," dixo el rey Otas, "veo yo aculla
estar Esmere conbatiendo se a pie. Perdido ha el cauallo. Ora se bien que
me non dixo verdat su hermano. Ay, por Dios, caualleros, acorredlo."
Entonçe moujeron grant pieça de caualleros, e fueron ferir aquellos que
lo tenjan | entresy, de guisa que mas de mill derribaron ende por los pra-   63ra
895 dos. Ally fueron griegos fechos a fuera. E el enperador puso espuelas a su
cauallo e metio la lança so el braço e fue ferir vn grifon sobre vn escudo
quadrado que traya, quelo paso dela otra parte, e metiole la lança por el
cuerpo, asy que fierro e fuste puso del otro cabo, que el punno ouo ende
sangriento, e dio conel en tierra. Desy tomo el cauallo por la rienda, que
900 era muy bueno, e fuelo dar a Esmere. E Esmere caualgo luego e touogelo en muy grant merçet, e aguyjo por ese canpo. Grant pauor oujeron
griegos quando lo vieron a cauallo. E el tiro entonçe la espada de que
se bien sabia ayudar. Quien le entonçe viese griegos matar e espedaçar,
bien ternja quele deujan doler los braços delos muchos grandes golpes
905 que daua. "Dios," dezian los dela su parte, "este nuestro conpannon non
ha canas damenazar, ante punna de ensalçar nuestro prez. Bien seria de
ser nuestro senescal mayor, que oujese de aguardar la ssenna."
 | El dia fazia bueno e claro, sin viento e sin poluo. E la batalla   63rb
faziendo sse por aquellos prados, a tanto que veno Garsir dela cara ardida,
910 e quarenta mill aguardauan su senna, e fueronse ferir con sus enemigos

en tal manera que quebraron las lanças. Asy que las rrachas yuan ende al çielo, a diestro e a sinjestro, de guisa que vna grant legua duraua el canpo que non veria omme a todas partes synon lid e torneos, que nunca omme mas fuertes vio. Las ssennas estauan en medio del canpo. E tanto duro
915 la batalla que tantos yazian ya muertos por los prados que todo el canpo ende era sangriento. Mas los rromanos fueron fechos a fuera mas de vn trecho de arco, assy que se pararon a sola torre do seya la muy fermosa Florençia, fija del enperador Otas, a sus finjestras, e con ella sus donzellas, Audegons, e Gondree, e Aglantina, e Frandian, e la bella Salatree,
920 Blancha Flor, e Mahenz, e Gaudina la Mansa, e la bella Marimonda, que fue de Piedra Lada. Non auja y tal que non fuese de tan alto linage e tan fermosa que non deujese ser reyna coronada. E vieron la batalla quando se ayuntara, e | veyan entonçe commo se conbatian al pie dela 63vA torre muy fiera mente. E Florençia dixo: "Sennor Dios, que me feziestes
925 naçer por la vuestra piadat, fazet oy yr Garsir de aquj malandante, e que se vaya luego para su tierra, que nunca aquj mas venga." Entonçe cato contra los de su parte e vio entrellos a Esmere, quelo fazia mejor de quantos y eran, e daua tan fuertes golpes dela espada que traya enla mano que era grant marauilla, asy que toda ende era sangrienta. Entonçe
930 llamo Audegons e dixole: "¿Ves tu aquel cauallero del escudo dorado e del palomo blanco? Contra la parte do el torna non le dura njnguno. Semeja me que mucho duldan su espada." "Sennora," diz la donzella, "aquel es Esmere." "Par Dios," diz Florençia, "por su caualleria le otorgo yo mjo amor." "Sennora," diz Andegons,[58] "bien dezides, ca tanto es bel
935 e cortes que nunca ende seredes blasmada." Mucho fue grande la batalla ante la grant torre prinçipal. Garssir auja grant poder e la batalla non era en egual. Ally non tenjan lanças que ya las quebraran ensy, mas conbatianse alas espadas. Esmere aguyjo delante, su buena espada apretada enla mano, e fue ferir vn duque de tal | golpe quele fezo bolar la cabesça 63vB
940 de entre los onbros, que dio conella en vn canto dela torre. E Florençia le dixo entonçe a muy alta boz: "Sy me ayude Dios, amigo, vos sodes buen cauallero e leal." Entonçe cato Esmere contra suso a las ventanas e vio estar Florençia, mas blanca que vn cristal, e dixole: "Sennora, non melo tengades a mal. Aqueste es nuestro menester. Yo non he al por que
945 guaresca, mas vos me semejades tal commo vna estrella matinal." "E vos amj," dixo Florençia, "el mejor cauallero que nunca troxo armas njn sobio en cauallo. E la vuestra grant proeza me metio tal amor enel coraçson que sienpre uos querre bien. E avn, si Dios quesier, corona enperial ternedes en cabeça." "Sennora," dixo Esmere, "ora librare esta plaça por vuestro
950 amor, commo veredes."

---

[58] Baird: *Audegons* (*Análisis lingüístico y filológico*, 44).

*Otas de Roma* 141

Quando ouo entendido lo quele la muy fermosa Florençia dezia, mucho le cresçio mas por ende su coraçson e su ardimento, e fue ferir enla mayor priesa, asy que en poca de ora ouo y de muertos e derribados grant pieça. Entonçe dixo Florençia: "Santa Maria, ¿que se fizo de
955 Esmere, que en tan poca de ora lo perdimos?" | "Sennora," dize Aude- 64RA gons, "muy fuerte e rrezio es a marauilla, e de buen corasçon. Nunca omme de mejor vio." "Por buena fe," dixo Florençia, "mas querria sola mente la palabra de Esmere que el viejo de[59] Garsir con quanta riqueza el ha." Mas d'Esmere uos digo, que tanto entro enla priessa delos griegos
960 que fue esperdido, mas tales diez mill y aguyjaron delos rromanos por que fue bien acorrido, e ayudaron lo los suyos por que ouieron lo mejor. Otas el enperador de Roma fizo ayuntar su gente a su ssenna, de vna parte e de otra, e quando pararon mjentes en Esmere, commo lo fazia tan bien, derramaron a acorrerlo, e fueron ferir los enla priesa. Alli fue la
965 mortandat delos grieegos e delos armjnnos tan grande, e delos derribados e presos, que bien duro ende el alcanço vna legua. E yendo asy, aueno que el enperador Otas fue tan coitado de grant calura que fazia, que se tiro a vna parte por le dar el viento, e desarmose dela cofia e del yelmo. E do fueran ya de aquella los griegos muertos e perdidos fasta enla mar,
970 la ventura, de que se njnguno non puede guardar, guyso que vn ballestero fue por alli e lanço vna saeta. E, ¿do yria la ocasion e la mala ventura sy non que fue dar al enperador Otas enla cabeça que auja desarmada, | 64RB asy commo vos dixe, que toda la saeta le metio por ella? Asy que luego Otas se dexo caer sobre el cuello de su cauallo Bondifer, e perdio la vista
975 delos ojos. Quando esto vieron los omes buenos que y con el estauan, corrieron ael e tomaronlo por los braços e touieron lo que non cayese. Despues deçieron lo paso del cauallo e echaron lo en tierra. ¿Que uos dire mas? En tal guisa fue ferido que a morrer le conveno. Quando estos sus omes lo vieron ferido a muerte, començaron por el a fazer el mayor
980 duelo del mundo. Quando los romanos vieron el duelo e las bozes tan grandes, todos corrieron contra alla. E yuan se maraujllando, e dezian vnos a otros: "¡Santa Maria, val! ¿Esto que puede ser? Ora ya tenjamos el viejo de Garssir vençido e toda su gente presa. ¿Donde nos veno tan mala ventura, que tal dapnno prendimos?" E desque llegaron asu sen-
985 nor, començaron a llaner e a llorar e fazer el mayor duelo del mundo, e dezian: "¡Ay, corona de Roma, commo sodes derribada! Jamas enesta tierra non sera justiçia mantenida." E el enperador yazia esmoreçido, e ya auja la catadura turbada, de guysa que conla grant coita dela muerte el cuerpo le trasuaua. E grant pieça yogo asy el enperador | que non fablo. 64VA
990 E ante que muriese dixo vna palabra que fue de grant buena ventura, que

---

[59] Baird omits *de* (*Análisis lingüístico y filológico*, 45).

mando q*ue* diesen a Florençia su fija por mug*ie*r a Esmere. "E puede s*er*," dixo el, "la tierra defendida por el e la çiudat de Rroma, ca syno*n*, en ot*r*a guysa toda s*e*ria p*er*dida." Q*u*ando esto entendio Miles, a pocas se no*n* afogo. E dixo vna palabra, p*er*o q*ue* gela no*n* entendieron, q*ue* ante
995 el q*u*erria auer la garganta tajada ca⁶⁰ ssu h*er*ma*n*o cobrar ende ta*n* gra*n*t ssen*n*orio. Mucho por eso ouo gra*n*t pesar. E ot*r*ossy fazian los om*e*s b*ue*nos gra*n*t duelo por el enp*er*ador. E mient*r*a fazian aq*ue*l gra*n*t duelo, Esmere aguyjo por el torneo, e traya en su conpan*n*a bien q*u*atro mill de cauallo, q*ue* cada vno le p*r*ometia dele no*n* falleçer asu g*r*ado, por q*ue*lo
1000 veya*n* tan b*ue*no darmas. E dezian entressy q*ue* bien deuja s*er* el grant senescal de Roma e maestre de toda la caualleria. ¡Ay, Dios, q*ue* entonçe ellos no*n* sopieron la ocasion del enp*er*ador Otas,⁶¹ ca sse tornara*n*, mas no*n* q*u*iso Dios q*ue* lo sopiesen. E ellos asy aguyjando, fallaro*n* se con vn grifon a q*ue* dezian Synagog, mucho orgulloso, q*ue* era parient*e* de
1005 Garssir e much*o* su amigo, q*ue* traya en ssu conpan*n*a çient vezes mill grifon*e*s, q*ue* se | juntaro*n* con q*u*inze mill delos romanos. Ally veriades 64vb el torneo mezclado e rrenouado. Alli veriades tanta blanca loriga desmallada e falsada en muchos logares. Alli daua*n* tales golpes e tantos de espada sob*r*e yelmos e sob*r*e escudos q*ue* el rreten*n*jr ende oyria*n* mas de
1010 vna gra*n*t legua. Ally aguyjo Esmere e fue ferir vn grifon por el escudo dorado q*ue* traya, de guysa q*ue*l fierro dela lança le paso por las espaldas. E metiolo muerto en t*i*erra del cauallo. Q*u*ando esto viero*n* los g*r*iegos, dexaro*n*se correr ael tal*e*s treynta q*ue* pun*n*aron delo agraujar. E ferieron lo cada vno por do pudo, e dieronle tal*e*s feridas sob*r*e el yelmo, de
1015 espadas e de porras, q*ue*le q*u*ebraron el yelmo en q*u*atro p*ar*tes, de guysa q*ue* dieron con*e*l en t*i*erra. P*er*o erguyo se toste, com*m*o aq*ue*l q*ue* era de grant bondat de armas. E enbraço el escudo e saco su b*ue*na espada e començo a dar della muy gra*n*des golpes a ssus enemigos a diestro e a sinjestro, e estouose asy defendiendo gra*n*t pieça, q*ue* nu*n*ca se mejor
1020 defendia cauall*er*o. Mas la fuerça de los griegos era ta*n* grande sobre el q*ue*lo çercaron a todas | p*ar*tes, e lo apresaron en tal guysa q*ue* dieron 65ra con*e*l en t*i*erra. E muerto lo ovieran synon por q*ue* llego y Ssynagot, q*ue* les dio bozes q*ue*lo no*n* matasen. "E leuar lo hemos," dixo el, "bjuo al enp*er*ador Garsir a ssu tienda." E por tanto escapo de muert*e*. E posie-
1025 ro*n*lo en vn palafren, e asy lo leuaro*n* entressy, muy bien guardado. E los q*u*inze mill, q*ue* sse ant*e* tenjan muy ju*n*tos e bie*n* regidos por Esmere, tanto q*ue*lo p*er*dieron, luego fuero*n* desbaratados, e fuyero*n*. De oy mas mantenga Dios Rroma por su piadat e la muy fermosa Florençia, ca ssu padre le mataro*n* griegos e leuaron preso el bue*n* donzel Esmere.

---

⁶⁰ Here, *ca* functions as the comparative *que* does in contemporary Spanish.
⁶¹ Baird leaves out the emperor's name, Otas (*Análisis lingüístico y filológico*, 46).

1030 Mas Audegons, [segundo el curso de la luna] e delas estrellas[62] echara sus suertes por saber quien seria casado con Florençia, a que fincase el enperio de Rroma.

Mucho fue grande el duelo que fazian por el enperador Otas, e enbiaron por el apostoligo Symeon, que salio alla muy corriendo. E
1035 aveno tan bien al enperador que resçebio por el confesion e commonjon, e fue luego muerto, Dios le aya merçet del alma. Ally fueron grandes | 65RB las bozes e duelo maraujlloso, assy commo era guysado. Mas el fijo del rey d'Ongria, el mayor, a que dezian Miles, hermano de Esmere, estaua armado, e tenja el trançon desu lança enla mano. E mucho era buen
1040 caualleρο e bien fecho, e tenja su escudo, que asy era ferido e tajado que sol non deujsauan enel el leon que y fuera pintado. E desque se asento, dixo su rrazon, tal que todos cuydaron que era verdat e que lo dezia leal mente, que non sabian lo quel tenja en su coraçson, ca de tal non cuyda omme, que mucho mal yaz so su capirote. Miles era grande e fermoso e
1045 muy bien fecho, mas enel sieglo non auja tan follon. E adelante oyredes la traiçion que fizo a su hermano, que nunca tan estranna oystes en fabla njn en retraer. E dixoles: "Sennores, por Dios, ¿que faremos?, ca sy Garsir sabe la grant perdida que prendjmos, verna en pos nos enel alcanço. E Dios no[n] fizo hueste, desque el sennor an perdido, que valan cosa,
1050 njn se defiendan. Fazet fazer ayna vnas andas en que lo echen, e leuemos lo ala çiudat muy toste. E pensemos de nos acoger[63] y todos ante quela priesa delos griegos sea conusco." Aqueste consejo toujeron por bueno. "Sennores," dixo Miles, "por el amor de Dios, non fagades tan grant duelo, ca non ha aqui | quien se tanto deujese coitar commo yo, que perdy 65VA
1055 mj hermano Esmere." "Pensemos de nos acoger," dixo Guylem, "ca de fazer nos es este buen consejo, ca la su gente es mayor que la nuestra. E demannana salgamos todos, nuestras azes paradas. E si Dios e santa Maria me deparase ende Garsir, yo cuydaria leuar del la cabeça." Desy fezieron luego tajar dos palos e fezieron las andas, e echaron y el enpe-
1060 rador, e sobre el vn xamete muy rico. E leuaron lo con grant dolor e con

---

[62] On this folio, no excessive amount of space has been left between *Audegons* and *e*, but the language of the text is unclear without a reconstruction. Using the source text as his guide, Baird suppresses the *e* and adds "segundo el curso de" here (*Análisis lingüístico y filológico*, 47, 47 n. 6). This is close to correct because on folio 67ra–rb of the *LH* the expression "segundo el curso de | la luna e delas estrellas" appears in a similar context. It is likely that the *e* Baird suppresses was meant to appear in the same context, appearing after *luna* and before *delas*. I base my own insertion on the passage from folio 67ra–rb. This emendation eliminates the need to suppress the *e*.

[63] I interpret the meaning of *acogerse* here and that at the start of fol. 65va as "to reunite."

grant llanto ala çiudat, e fezieron tornar el estandarte. E veriades gentes acoger se a Roma. Quando Florençia vio las andas e el grant duelo que venjan faziendo con ellas contra la villa, signose e dixo, commo espantada: "Algunt omme bueno traen ally muerto, que tan grant duelo vienen faziendo conel, que non y ay tal que se non coyte. Omme es de alta guisa." Entonçe llamo Audegons, que era muy sesuda, e dixole: "Esta noche sunnaua vn suenno maraujlloso e fiero, e querria que vos me consejasedes. Veya venjr vn rrayo de alto, e feria en aquesta grant torre, e daua con ella en tierra, e menuzauala toda en guisa que salia ende muy grant poluo. Desy veya leuantar vn grant fumo, e baxauase | sobre Roma, en guisa que toda la çiudat se açendia e se quemaua. E veya al enperador mj padre yazer, flaco e amarillo, e non daua por ende nada. E quando cataua, veyalo estar en vn rroçin por so vn palio yndio, e echauase e adormeçia de guisa que nunca lo despues podia espertar. Desy partia me de aquel suenno, e acabo de vn poco començe a sonnar, e semejaua me que veya en vision que andaua a caça. E fazia leuar ante mj el mejor gauilan que yo auja. E caualgaua por riba deste rio de Tibre. E mandaualo echar, e venjan todas las aues a el, e ferianlo e desplumauanlo. E quando esto yo veya, maraujllaua me mucho. E el alçauase e posaua enlo mas alto ramo que fallaua. E por la elada que era grande, apertauase mucho, en guisa que nunca lo ende podia auer. Entonçe me tornaua e entraua en la çiudat, e venja me para el palaçio, e oya vn tal duelo que a pocas non moria de pesar. E este suenno me semeja, que es de grant peligro, e so ende fiera mente espantada." E ella esto deziendo, cato e vio venjr por ante sy el mortal duelo conlas andas. E veya alos grandes omes dela tierra carpir sus fazes e mesar sus baruas. E ante las andas trayan el buen cauallo Bondifer. Entonçe entendio | el su mortal dapnno e el su pesar. E dexose venjr por los andamjos corriendo commo mugier coitada e sandia por llegar alas andas. Mas ante que y llegase, la mesquina cayo esmoreçida. Ally non valia ya conforto.

Con tal pesar e con tal duelo entraron enla çiudat, e fueronse al grant palaçio, e deçieron y las andas. Ally renouaron los duelos todos los dela çiudat. Entonçe Clamador, natural de Tudela, puso su mano en su faz e començo a ementar el enperador Otas e a sus grandes noblezas e las muchas bondades que enel auja e su lealtad e su buena caualleria que por todo el mundo era nonbrada. El asy faziendo su duelo, aqui viene Florençia, la muy fermosa donzella, toda carpida e cuytada, e mesquina de duelo e de pesar. E desque llego, començo a ementar su padre. E dezia: "Padre, sennor, fablat me vos, que me tanto amauades. Oy uos partistes demj e dexastes me desanparada. E, ¿quien se dolera demj?" Ally era tan grande el duelo que se | non sabian consejo. Despues ella començaua su duelo e dezia: "Padre, pues uos sodes muerto, oy mas nos estruyra Garssir, e grifones e armjnnos seran entregados de nuestra tierra. E nos

seremos dende echados e desterrados. E los que y fincaren, fincaran en
serujdunbre. Mas Sennora santa Maria, madre de Ihesu Xpisto, dame
ante la muerte, que yo tan grant pesar non vea, njn llegue aquel dia."
Entonçe trauo en su cabeçon de vna piel armjnna e rronpiose toda e tiro
por sus cabellos e firio de los punnos ensus pechos, e tanto fue grande
el su duelo que fizo llorar a muchos. Grant duelo fue fecho enel palaçio,
de vna parte por el enperador, dela otra parte por su fija, que veyan
esmoreçer a menudo, e su color tal commo muerta yaziendo en tierra. E
dezian enel palaçio: "Se a mucho dexan mantener este duelo, non ay al
synon muerte." E cuenta la escriptura quela leuaron dende esmoreçida.
E fueronla echar en vna su camara muy rica enque auja muy ricas piedras
preçiosas que dauan muy grant claridat. Avn y uan agora demandar los
de Rroma las buenas çafiras e las otras buenas piedras, e fallan y dellas,
e fallaran fasta la fin del mundo. La camara fuera fecha por tan grant
sotileza | e de tal fechura que enel mundo non auja omme, que por muy  66va
sannudo que y fuese, o cuytado, que luego non perdiese pesar e duelo.
Allj echaron ala jnfante en vn lecho de marfil e dexaronla y.[64] E fueronse
ally do tenjan el cuerpo del enperador, e fezieronlo guisar e balsamar
muy marauillosamente. Desy metieron lo en su sepultura e comenda-
ronlo a Dios. E ally fizo Dios por el muchos fermosos miraglos. Mas
esto non se puede encobrir luenga mente que Garsir nonlo sopiese, ca
le contaron quel enperador, que tanto fuera conqueridor de tierras e tan
buen cauallero darmas, a qual ocasion fuera muerto, e que agora poderia
fazer de Roma e de Florençia su voluntad. Mucho fue ledo el vejaz con
tales nueuas. E de plazer començo a trebejar e deuanear conla cabeça, e
la barua traya tan luenga quele daua por la çinta, asy quel deçia al cuello
del cauallo. Mucho era de grant bondat de armas, e yuan se meneando
sus grannones. Desy dixo a sus omes: "Caualguemos tan fiera mente
que nos metamos por la villa todos, e catad que omme non uos escape
de muerte, ca par esta mj barua cana, non auere merçet dellos en toda
mj vida. E non sera tal que me por ende ruegue | a que yo la cabeça non  66vb
le taje con mj espada. E yo cuydo fazer tanto de Roma commo fizo
Menalao de Troya, que la quemo toda." Quando entendio Garssir que
muerto era Otas, enperador de Rroma, ssy el pensaua follonja, dixo a
guysa de cortes: "Per ma fe," diz enperador, "encortadas son tus chu-
fas, mas çertas, mucho es grant dapnno, ca muchos cauallos e muchas
armas auiades dadas, e mucho bien auedes fecho. E bien defenderiades

---

[64] These stones that remove Florencia's worries are, according to Gómez Redondo, "uno de los pocos episodios [de *Otas de Roma*] en que las artes mágicas son convocadas" (*Prosa medieval*, 2:1669). Episodes concerning white magic are also infrequent in the whole of the *LH*. These instances in the codex are all the more significant due to their infrequency in medieval Castilian letters.

vuestro cuerpo ssennera mente a tres caualleros. Mas grant peso tomastes quando comigo tomastes guerra, que non preçiastes nada mj mandado." Entonçe llamo Synagot e dixole: "Vasallo, yo me uos quito dela tierra d'Ancona, e vos do toda Lonbardia." Quando esto oyo Synagot,
1145 aguyjo vn buen cauallo morzillo enque estaua e desenuolujo la senna que tenja enla mano que era de diaspre, en que era figurado sant Jorge, e las cuerdas eran de orofreses. E aquella senna se tenjan los grifones e armjnnos. Quando los vieron los romanos, fueron muy espantados, e punnaron de defender su çibdat, lançando saetas e dardos e piedras. Asy
1150 se defendieron bien vn mes. Fiera mente los conbatian cada dia. Quando vieron los romanos que los tanto cuytauan, fueron en grant coita, ca mucho eran lasos e trabajados. Entonçe mando parar Garssir ssu çerco derredor | dela çiudat e acada puerta mando parar tres mill cauallerós 67RA armados. Quando esto vieron los de dentro, quisieron salir a ellos, mas
1155 los omes sesudos non los dexaron. Asy duro el çerco grant pieça. E los de fuera gastauan toda la tierra. E non era marauilla de auer fanbre dentro, ca el pan que ante valia vn djnero valia despues vn marco de plata. Grant fanbre aujan enla villa, mas de auer[65] aujan assaz. Mas la muy fermosa Florençia, que seya en ssu camara muy triste e muy coitada, llamo Aude-
1160 gons e dixole: "Amiga, consejat me, por Dios. Aquel que mato mj padre e me destroyo mj tierra me quier auer por fuerça. E dela muerte de mj padre he yo mayor pesar que de todas las otras cosas del mundo. Dela otra parte, los desta villa son muy yrados contra mj. Non oystes nunca fablar de tal maldat. E grifones nos tienen çercados e trauados de todas
1165 partes. E los passages nos an quitados, que non aueremos ya pan njn vjno njn vianda de njnguna parte. Yo pense asy que ssy vn cauallero de grant guisa oujese en esta tierra que convenjese para rey, que fuese tan bueno e tan sesudo que nos defendiese de Garssir, yo lo tomaria por marido." "Sennora," dixo Audegons, "yo oue echadas mjs suertes sobre vuestro
1170 casamiento, segund el curso de | la luna e delas estrellas, e falle que con 67RB vno destos aujades de sser casada,[66] non se con qual dellos.[67] Bien sabemos que son fijos de grant rey, e desta guerra ellos leuaron ende mejor prez. Mas bien vos digo que Esmere es mas fermoso e de mayor proeza e mas cortes." "Verdat es," dixo Florençia, "mas dixieron me que el otro dia
1175 quando mataron amj padre que llagaron a el de muerte." "Sennora," diz

---

[65] Since *auer* as a noun means "wealth" or "money," it is nothing that would keep the inhabitants of the besieged city from going hungry.

[66] Scribal insertion: *casada*.

[67] As Spaccarelli notes, the *suertes* are not clear, for the need to discern which is the better choice for a husband remains (*Medieval Pilgrim's Companion*, 86–87). From a medieval perspective, although white magic and astrology can allow humans to glimpse part of the future, only God's knowledge is complete.

Audegons, "vos tomad el mayor, ca mucho es buen cauallero. E envialde luego vuestro mensage. Mas guardat que esto ande en grant secreto, ca sy lo sopiesen los prinçipes e los ricos omes, non plazeria a algunos, e asi non poderiades fazer vuestra voluntad." "Amiga," diz Florençia, "bien
1180 auedes dicho. A este consejo me atengo."
 Del rey Garssir vos digo que fizo armar la su grant tienda en ribera de Tibre en muy buen logar, de que podian auer la agua, e abeurar las bestias, e auer el pescado de rio a su guisa. Vn dia aueno que seyendo Garssir ala mesa, ahe aqui do viene Sinagot su conestable, e troxole a
1185 Esmere el buen cauallero, que era grande e muy bien fecho. E quando lo vio, Garssir dixole: "Amigo, ¿donde eres tu? Dyme verdat, non me mjentas." "Sennor," diz Esmere, "yo sso | natural de Vngria, e fuy fijo 67va del rey Filipo, que era tan preçiado, commo podedes saber. Mas grifones, que son ricos e poderosos e fuertes, leuaron demj el cauallo, e
1190 finque a pie, e prendieron me." Quando esto oyo Garssir, fue marauillado e dixole: "Por Dios, amigo, ¿es verdat que fueste fijo del rey Filipe d'Ongria." "Ssy," dixo el, "syn falla. E he vn hermano que es muy buen cauallero. E deseredonos Justamont de Suria, e venjmos a esta guerra, ca non auemos de nuestro enque guareçer njn sol valia de vn djnero, sylo
1195 non ganarmos por nuestras armas." A esto respondio Ssynagot, e dixo: "Sennor, quitadlo e faredes grant cortesia." "Sinagot," diz Garssir, "para esta mj barua, que quando yo conquis las mjs parias d'Orcanja, mucho me valio y su padre, e me ayudo, que ssy por el non fuese, yo perdiera y la vida. E por amor de su padre, quito a el e su conpanna, e vayanse con
1200 todo lo suyo a buena ventura. E catad queles non mengue ende cosa." "Sennor," diz Esmere, "yo non vos querria engannar. Despues que yo fuer en Roma, salire fuera, e sy ganar cauallos o bestias o alguna cosa, non uos pese ende." E el enperador le respondio: "Follia dizes. Vete, e faz todo tu poder, ca ya porty non sera mj hueste destoruada, njn aty njn
1205 alos de Roma non preçio yo vna meaja, ca se non conplira vna semana que uos prendere | por fuerça. E fare quemar la villa toda." Mucho era 67vb Garssir atreujdo, e veya estar ante sy aquel que era tan preçiado. Mas tanto era desmesurado que lo non preçiaua cosa, ante le otorgo quelo feziese. Mas non tardo mucho quese le torno en pesar. A Esmere troxie-
1210 ron el su buen cauallo e la ssu buena espada quele aujan tomada, e todas las armas. E desque fue armado, caualgo e fue su carrera para la villa con su conpanna. Mas agora vos contare commo aveno a Florençia con Mjles, por que enbiara.
 Assy commo consejo audegons al jnfante Florençia, asi lo fizo ella,
1215 quelo non quiso detardar. E el, tanto que oyo su mandado, caualgo con ssus dos conpanneros e fuese. E quando llegaron al palaçio, deçieron e subieron por los andamios muy toste, e entraron enel palaçio. E fueron do seya la jnfante, e fincaron los jnojos ante ella. E Florençia tomo por la

mano a Miles e dixo: "Vos seredes cabo mj. Grant onrra vos esta apare-
1220 jada syla osardes tomar. Bien sabedes com*m*o los grifon*e*s me an mu*er*to
mj padre e nos gastaro*n* toda la t*ie*rra. E tien*en* nos çercados e afanbra-
dos. Ssy uos sentides en v*uest*ro corasçon tanta p*r*oeza q*ue* uos atreuades
a s*er* enp*er*ador de Roma, q*ue* podades defender la t*ie*rra e man|tener la, 68ra
yo vos resçibire por marido, e fazer vos he sen*n*or de todo. Mas catad,
1225 syno*n* cuydades sser bueno⁶⁸ e esforçado, q*ue* me no*n* tomedes. Bien vos
guardat ende, ca sy en vos non ouiese grant bondat e gra*n*t franq*ue*za,
gra*n*t enbargo tomariades p*ar*a vos." "Duen*n*a," dixo Miles, "dat me
agora plazo de aq*u*i enla man*n*ana, e consejar me he." "¿Com*m*o?", dixo
Florençia, "¿Plazo me demandades, com*m*o pleito de ot*r*a merchandia?
1230 ¡Dios me confonda ssy me vos nu*n*ca ya auedes!" Q*u*ando Miles esto
ente*n*dio, a pocas no*n* fue sandio de pesar, e por todo el oro del mu*n*do
no*n* q*u*esiera auer dicha aq*ue*lla palabra. Desy erguyose de ally e venose
por el palaçio ssan*n*udo e de ta*n* mal talante q*ue* por marauilla. Entre
tanto llego Esmere a Roma, armado en su cauallo.
1235 El dia fazia bueno e claro e el tienpo sabroso, ca era en*e*l mes de junjo,
q*u*ando los prados son verdes e cantan las paxarillas por los aruoles,⁶⁹
q*u*ando el llego ala çiudat, muy ledo e muy loçano. E juro para el cue*r*po
de sant Geruas⁷⁰ q*ue* aynda el faria a griegos⁷¹ | gra*n*t pesar. Mas q*u*ando 68rb
del sonaron las nueuas por la villa, mucho oujeron ende todos gra*n*t
1240 plazer. E Florençia metiose ensu camara con gra*n*t pesar de Miles, q*ue*
tenja por vil e por malo. "Sen*n*ora," diz Audegons, "el ama mucho la paz,
e por ende se no*n* q*u*ier encargar de tan gra*n*t cargo." Mucho fue grande
la aleg*r*ia q*ue* oujero*n* co*n* Esmere el bue*n* fidalgo. Asy q*ue* las nueuas
llegaro*n* ende a Florençia: "Sen*n*ora," dixo Audegons, "yo uos dixe auos
1245 ayer lo q*ue* me las suertes dezian, q*ue* me no*n* mentirian por cosa. Venido
es el bueno e el preçiado Esmere. E an ende todos grant plazer, caualleros e los om*e*s darmas, e fazen gra*n*t derecho, ca es muy b*ue*no e muy
esforçado en batalla. Asy q*ue*lo an fecho por ende alferez sob*r*e todos los
otros, e maestre. Sen*n*ora, fazet agora bien, e enbiadlo saludar, e enbia-
1250 dle dezir q*ue* uos venga ver e fablar convusco." "Yo lo otorgo," dixo la

---

⁶⁸ The *o* was reconstructed with ultraviolet light.

⁶⁹ The particular floweriness of this epigraph is a unique occurrence in this tale. Gómez Redondo believes that it shows authorial consciousness of the importance of this chapter as the central axis of the story (*Prosa medieval*, 2:1669).

⁷⁰ This is most likely a reference to Saint Gervasius, who was martyred with Saint Protasius in the second century. Ambrose dedicated the basilica of Milan to these "protomartyrs," whose relics are thought to reside under the principal altar there: Joseph Dahmus, *Dictionary of Medieval Civilization* (New York: Macmillan Publishing, 1984), 322.

⁷¹ MS: *griegros*.

jnfante. Entonçe llamo vn su priuado a que dezian Beringuel, e dixole: "Yd me a Esmere, e saludat melo, e dezilde quele ruego que venga fablar comigo." "Sennor," diz el, "bien fare vuestro mandado." Entonçe se fue el mandadero toste a Esmere, que lo fallo fuera dela villa, que saliera fuera
1255 armado por fazer alguna justa. | E auja derribado vn cauallero, e ganara 68va del el cauallo, e traya lo por la rienda. Quando lo vio el mensagero fue a el derecha mente e tirolo a vna parte e dixo le ala oreja: "Sennor, mucho uos deuedes de preçiar que la mas alta donzella del mundo, e la mejor, vos enbia dizer por mj, e rogar que vayades fablar con ella. E esta es la
1260 jnfante Florençia. Ora pensat de yr alla." Quando Esmere aquesto oyo, non se detouo cosa, e dio el cauallo luego que ganara al mensagero. Desy deçio e llamo a Sanson e Agrauayn, que eran muy buenos dos caualleros, e fueron se al palaçio. E non quiso yr por Mjles, su hermano, de que fue mas sabidor. Desy sobieron por los andamjos e fueronse ala muy
1265 rica camara do seya la jnfante, que cobria vn manto entonçe de vn rico çendal. Entre tanto entro Esmere, que aynda non sabia el coraçon dela jnfante. Ora lo defienda Dios de fablar follia mente e podra sser enperador, sylo non refusar.⁷²

Mucho fue buen cauallero Esmere de buen contenente, e de muy
1270 buenas mannas e muy | sabidor. E desque entro enla camara, e los dos 68vb ricos omes conel, fueron se ala jnfante, que seya enel lecho, que era de marfil muy bien obrado. E sobre el yazia vna colcha tendida de vn palio, muy rica. E quando Esmere vio la jnfante, tan fermosa criatura, omildose mucho contra ella e dixo: "Nuestro Sennor Dios, Rey de magestad, salue
1275 la muy fermosa Florençia." "Sennor," dize la jnfante, "Dios acresçiente en vuestra onrra." Entonçe se asentaron todos tres en vn estrado, e la jnfante començo a catar a Esmere e parar enel bien mjentes. E violo tan bel e tan bien fecho e tan bien tajado que se pago del mucho, e lo amo en su coraçon. E desque lo afemenço grant pieça, erguyose e fue lo tomar
1280 por la mano, e sobio suso conel a vna camara. E asentolo cabo ssy. E moujo le su razon enesta guisa: "Por buena fe, donzel, mucho vos fizo Dios fermoso e bien fecho. Desy diouos tan grant bondat de caualleria, segunt me contaron, asy que bien deujades a sser sennor de vn grant reyno." Esmere erguyo entonçe la cabeça e dixo: "Par Dios, ssennora, sy
1285 melo Dios diese, yo punnaria delo mantener." "Bien respondistes," dixo Florençia, "agora uos dire todo el mio | pensar. Esmere," dixo Florençia, 69ra "mucho he el coraçon quebrantado por la muerte de mjo padre, que me

---

⁷² Gómez Redondo sees the above section as the structural center of this tale. Four groups of seven chapters (twenty-eight in all) precede and follow this one. The organization pivots around Florencia's role, first as daughter, then as wife. See Gómez Redondo for a complete description of these thematic divisions (*Prosa medieval*, 2:1663–74).

tanto amaua. Desy griegos me gastan la tierra e la rroban, e por que uos sodes tan buen cauallero, bien cuydo que la corona de Roma sera en vos
1290 bien enpleada, ca non conviene synon para muy buen ome e muy conplido de todas bondades. Ssy uos sodes de tan buen corasçon que uos atreuades a mantener vuestra tierra, e adefender vuestro derecho, e destruir aquellos que contra nos vienen e nos tan grant danno an fecho, yo vos juro que yo casare convusco." "Sennora," dixo Esmere, "muy de grado. Luego
1295 sea fecho. E non seria bueno njn leal el que auos rrefusase por cosa del mundo. E vos, sennora, fazedes amj en esto grant bien e gra[n]t onrra e grandes merçedes, e Dios uos lo gradesca por mj. Mas guardat vos, sennora, que esto nonlo sepa njnguno, ca se deue fazer muy encubierta mente. E nos ssomos aquj tres cauallleros, yo e Clamador e Heleaume, e
1300 quiero los y meter. E quiero que sean primera mente mjs vasallos, ca son muy leales e quieren me bien. Desy enbiaremos por los otros, e commo llegaren, asy les faremos luego jurar el omenage despues, tres a tres. E desque los altos omes me ovieron fecho omenage, | la otra gente bien 69RB faran lo que les mandardes. E sy oujer y tal que el omenage non quiera
1305 fazer por vuestro mandado, amenazar lo he con esta mj espada, e con pauor auer lo ha de fazer, ca ssy enbiasedes por ellos todos de consuno, los mas ende non lo querrian otorgar." "Esmere," dixo Florençia, "nunca mejor cauallero vy que uos. E sy para esto armas auedes menester, yo vos las dare quales quesierdes, que ally ss[o]n[73] en aquella camara lori-
1310 gas e espadas e yelmos, e vos vestid vna buena loriga doblada e ençima vna piel. E yo enbiare luego por mjs omes, por Jufreu de Pisa, e Galter d'Espoliça, e sy quesieren fazer omenage, ssy non, mueran, ca yo non quiero amar njnguno que contra vos venga." Entonçe mando a Agrauays que entrase en aquella camara, e saco della muy buenas tres espadas. E
1315 vna dio a Esmere e otra a Ssanson, e otra tomo para sy. E ellos anbos metieronse tras la cortina, e mandaron a Clamador e a Eleaume que desque entrasen dentro aquellos dos prinçipes, que çerrasen las puertas bien. En tanto les dixo Florençia: "Amigos, entendet me lo que uos dire. Vos sabedes commo los griegos me an muerto mj padre e nos an
1320 las tierras astragadas[74] e destruidas, e tienen nos assi çercados commo vedes. Vedes aquj vn jnfante, que naçio en buen punto, aquien mando mj padre, quando fue llagado | a muerte, que me le diesen por mugier e que 69VA fuese sennor dela tierra. Ora uos ruego quele fagades omenage e que uos tornedes sus vasallos." "Dios," dixo Agrauayn, "buen grado ende ayas
1325 tu, ca este es el omme deste mundo que nos mas deseamos. Enperatris[75]

---

[73] MS: *ssen*.
[74] The second *a* was reproduced with ultraviolet light.
[75] Baird writes a z for the final *s* (*Análisis lingüístico y filológico*, 57).

de Roma, ¿por que encobrides esto? Por buena fe sylo agora sopiesen por la çiudat, farian todos comunal mente la mayor alegria del mundo." "Ay, Dios," dixo Florençia, "bendito sea el tu nonbre." Assy le fezieron todos omenage toste e de grado. En esta guisa fue sennor de todos ellos, tres a tres, e quatro a quatro, delos mas altos omes. Venjeron fazer la jura desy los otros, asy que en poca de ora veriades el palaçio lleno de gente. La alegria fue muy grande por el jnfante por el casamjento. E con tal alegria lo leuaron los altos omes al monesterio de sant Pedro. Ally lo asentaron enla silla de oro, e alli fue bendito e sagrado, e pusieron le vna corona de oro con muchas ricas piedras preçiosas enla cabeça. Mas quando esto sopo Miles, a pocas non raujaua de coita e de pesar, e dixo entre sus dientes: "El traydor de Esmere non seme puede guardar quelo yo non mate con vn cochiello."

| Mucho fue grande el alegria e la fiesta quando Esmere fue esleido. 69vb Desy fue luego esposado conla muy fermosa Florençia, que era tan bella cosa que non ha ome, por sesudo que fuese, que pudiese pensar la su beldat e el su garnjmento. Esmere eso mesmo era tan bel cauallero e tan bien fecho que bien semejauan anbos para en vno. Mas Miles, que esto veya, era todo tollido e esmarnjdo de pesar. E dezia paso entre ssus dientes: "Escarnido me ha el traidor connosçido. El non me preçia nada. Mas en mal punto fue esto bastido para el, ssy yo puedo, ca yo lo escarnire." Quando Esmere fue coronado e sagrado, todos los prinçipes dela tierra fueron sus omes. Desy fuese al grant palaçio, mas mucho eran pagados todos de su beldat e de su apostura, asi que dezian que Dios selo feziera enel su santo paraiso. Entonçe le dixo Florençia: "Sennor, desde agora en adelante seredes en alto prez. Pensat de mantener bien vuestras tierras e de ayudar vuestros amigos. Vos vedes commo griegos nos tienen çercados por su soberuja, e sabedes commo mataron el enperador mj padre. Catad que muy cuerda mente salgades a ellos. E digo uos que comigo | non uos juntaredes fasta que aquel viejo de Garsir ayades des- 70ra baratado." "Duenna," dixo el, "bien se quel enperador Garssir vos cuyda desonrrar e que uos querria leuar de buena mente a Costantinopla. Mas loado Dios, ya yo tengo comigo la flor con que el cuydaua gozar. Mas yo salire ael al canpo asy que el se vera muy ayna comigo." Entonçe se asentaron alas tablas. E en quanto sseyan comiendo, llego vn mandadero a Garssir que le dixo que Esmere d'Ongria, que el dexara yr, que era coronado por enperador de Roma e esposado conla muy fermosa Florençia. Quando esto oyo Garssir, toda la color mudo, e dixo: "Por[76] esta mj barua florida, ¡ora puede el escarnjr demj! Ssy yo esto sopiera quando Ssinagot melo troxo delante, mandara le yo ante cortar la cabeça

---

[76] Baird: par (*Análisis lingüístico y filológico*, 58).

quelo quitar. Mas çertas, sylo puedo jamas coger enla mano, quelo fare enforcar muy alto." Mas Garssir se podia auantajar de follia, ¿que uos dire mas? Despues que Esmere ouo yantado e las mesas fueron alçadas, llamo sus omes e dixoles: "Amigos, amj non me fezieron rey por me dar
1370 a folgura. Ora vos yd todos armar, e den amj luego mjs armas, | e armen 70RB me el buen cauallo Bondifer." Desy fizo dar pregon que todos saliesen fuera, quantos armas podiesen tomar. La gente fue muy grande que alli fue armada. E mucho fablauan los altos omes del, e dezian que aujan muy buen sennor. Entonçe les dixo Esmere: "Sennores, ¿sabedes que nos
1375 conviene de fazer? Es nos menester que salgamos ssyn sospecha e sin grant buelta e yremos ferir conellos, e fallar los hemos solazando. E yo e mj hermano yremos ferir enla tienda de Garsir, mas sy menester oujermos ayuda, acorret nos." E ellos dixieron que muy bien lo acorrerian, sy menester le fuese, o ante y todos prenderian muerte quelo dexar. Mucho
1380 eran ante los romanos desmayados e tristes, mas agora eran por Esmere esforçados e hardidos. E desque el buen rey Esmere fue bien armado, la reynna Florençia le presento la muy buena espada, e dixole: "Sennor,[77] tomad esta ental ora que Nuestro Sennor, por su grant piadat, vos de fuerça e poder sobre vuestros enemigos, e que non seades peor dEl que
1385 fasta aqui fuestes." E despues que touola espada çinta, e le Florençia paro mjentes, non se pudo tener que non sospirase, e lloro mucho delos ojos. E Esmere quela cato e la vio llorar, fue la abraçar mucho, e besola. Desi espediose della, e al partir dixole: | "Duenna, sabet que yo nunca fol- 70VA gare fasta que yo aya preso o vençido quien vos tanta soberuia ha fecha."
1390 Entonçe le dieron el buen cauallo Bondifer, e desque caualgo, Agrauain le leuo vna espada muy buena, e Ssanson vna muy preçiada lança. Asy se salieron dela çiudat. Mas non finco enla villa omme que y non saliese, synon fue fraire o clerigo. E desque salieron por la puerta tantos que bien eran çient mill a cauallo, dexaron se correr derrendon ala hueste,
1395 que non ouo y rienda tenjda. Ally veriades derribar tiendas e tendejones, tantos que fue grant maraujlla, e matar grifones, e llagar e espedaçar. E el roido era tan grande delas feridas que dauan, e el sson, que semejaua quel çielo se quebrantaua e la tierra se desfondraua. Mucho lo aueria por grant maraujlla quien lo viese. Ally fue la mortandat tan grande
1400 que nunca omme vio mayor en vn dia. Garssir, que desto ouo espanto, cogiose luego a cauallo e començo a fazer muy bien darmas, ca mucho era buen cauallero a marauilla. Mas, ¿que uos dire de Esmere? El falsaua escudos e derribaua caualleros e mataua, assy que el que el alcançaua a derecho golpe, fecha era la suya. E los griegos, que sse marauillauan por
1405 el, dezian que era sandio. "Non es," dezian otros, "ante es el preçiado

---

[77] Baird omits Sennor (Análisis lingüístico y filológico, 59).

*Otas de Roma*

Esmere que por ssu | proeza fue oy coronado en Roma del enperio. E al que su golpe alcança, librado es."

Fuerte fue la batalla por aquellos prados. Alli ouo tanta lança quebrada e tanto escudo despedaçado e fendido, tanta loriga falsada e rrota,
1410 que todo el canpo yazia lleno. A atanto, ahe aqui Agrauain, e Clamador, e Sanson, e Gaudin de Valle, e Oprol, e Esmere, e su hermano Mjles conel, e cada vno tenja buena lança, e fueron ferir. Mas Esmere fue ferir vn grifon por la tarja dorada tan fiera mente que gela paso e dio conel del cauallo en tierra. E cada vno delos otros derribo el suyo. Quando esto vio
1415 Esmere, mucho le plogo dende, e dixo entonçe vna muy buena palabra: "Ssy Dios quesier, çedo sera esta tierra libre delos griegos." Mucho lo fezo allj bien Mjles, que en todos ellos non ouo mejor cauallero darmas, f[u]era[78] ende Esmere sola mente, de que pesaua mucho a Mjles. A tanto, ahe aqui Ssinagot, que encontro Esmere e conosçiolo luego, ca este era
1420 el quelo prendiera e lo leuara ante Garssir, quelo oujera muerto. Mas este Ssinagot rrogara por el tanto quelo quito el enperador Garssir, e mandole dar su cauallo e ssus armas e todo lo ssuyo. | Miles fue ferir aquel sobre vn escudo bermejo que traya, de guisa que gelo falso, e Ssynagot firio a el de coraçon, mas Ssynagot fue a tierra. Miles tiro la espada e quesierale
1425 dar por la cabeça, mas Esmere, quelo vio, aguyjo toste e partiolos, e dixo a Ssynagot: "Amigo, bien uos aueno. Non ha enel mundo omme a que mas de grado yo feziese onrra e plazer que auos." E dio a Ssynagot el su buen cauallo de que fuera derribado, e dixole: "Yo vos tengo por amigo. Dezit a vuestro sennor, don Garssir, que la muy fermosa lo enbia saludar
1430 por mj." "Sennor," diz Ssinagot, "par Nuestro Sennor Ihesu Xristo, en mal punto vjmos el orgullo de aquel vejaz desconoçido, ca por el ssomos vençidos enesta batalla." Grande fue la batalla canpal ante la çiudat, mas los griegos fueron vençidos, e començaron a foyr. E rromanos fueron en pos ellos. E al pasar de vn grant rio fue la mortandat tan grande que todo
1435 el rio fue ensangriento. E de aquella fuyeron los que escaparon, que non tornaron mas. Quando aquello sopo Garssir, que se salio por vn valle bien con treynta mill, topo con los romanos. Del alcanço avn[79] passo de vna agua. E ally ouo tantos muertos que todo el canpo yazia cobierto, vnos | sobre otros. Quando el enperador Garssir vio tornar el dapnno tan
1440 mortal sobre los suyos, ouo ende grant pesar. E echo el escudo en tierra e començose a yr, e bien mill delos suyos con el, e asy fuyendo, llegaron al puerto do arribaran. "Amigos," dixo Garsir asu gente, "mal nos aueno, ca todos mjs omes son muertos e destruidos. Por el consejo de Ssinagot sso yo asy afollado, mas sy yo puedo llegar a Costantinopla, cara

---

[78] MS: *faera*.
[79] Baird separates these words (*Análisis lingüístico y filológico*, 61).

1445 mente sera conprado. Pero yo foy dela batalla canpal, non fuy por ende recreudo. Assy aueno ya muchas vezes a muchos omes buenos." Luego tan toste entraron en ssus naujos e endereçaron las velas e erguyeron las ancoras, e aujan tan buen viento qual querian. Atanto que llego el buen rey Esmere sobre el buen cauallo Bondifer, e los romanos conel, atreuj-
1450 dos e esforçados. E quando vieron las velas alçadas al viento e las llamas que daua la carbuncla del naujo del enperador Garssir, mucho fueron coitados de pesar, por que entendieron que les escapara Garssir. "Amigos," dixo Esmere, "en grant verguenna somos metidos, asy que quanto auemos fecho, todo non val vn djnero. Bien es sabido el convenente que
1455 yo fiz ala muy fermosa Florençia. Non puede ser negado. Cuyda me asy | escapar Garssir. Par el santo apostol sant Pedro, que el non me escapara 71va en mar njn en tierra, synon volar al çielo, ca synon, en otra manera yo lo auere por fuerça, e fare del lo que me quesier. ¿Vedes aqui los naujos prestos e aparejados e guisados de viandas que los grifones aujan basti-
1460 dos? Ora toste entremos ay a guisa de buenos." Quando esto entendieron los suyos, pesoles ende, ca al mas ardit tremja el coraçon. "Amigos," dixo Esmere, "semejame quel enperador Garssir va fuyendo. E cuydo que vos pesa por que vos assy escapo. Mas luego uos guisat commo vamos en pos el, ca bien se que tales y ha deuos que saben de mar. E es nos muy
1465 menester. E entre tanto endereçaran las velas e los aparejos delos naujos. Desy mandat luego meter los cauallos solas sotas, e vamos enpos Garsir, que non auemos que demorar. E auos, Miles, mj hermano, convien deuos tornar a Rroma por me guardar mj tierra e mj esposa Florençia, que es la cosa del mundo que mas amo. E contad le estas buenas nueuas, e
1470 confortar se ha ende. Otrosi yran convusco Agrauayn e Sanson, e encomiendouos los, ca sson omes en que me yo fio mucho, e en njnguna parte non poderia omme fallar mas leales dos omes delo que estos sson. | Ssy 71vb me Dios torna aca con salut, ellos seran sennores de mj tierra. E vos, Miles, mj hermano, que yo deuo mucho amar, avn vos yo tanto cuydo
1475 ensalçar que vos aueredes la corona de vn buen reyno." "Hermano," dixo Miles, "grandes merçedes." E con grant traiçion fizo enfinta de llorar. ¡Ay, cuytado, que el non sopo su corasçon njn su pensar! Mas non sse puede omme guardar dela traiçion. Mas Esmere, que bien se fizo temer a ssus gentes, mandolos entrar luego todos enlos nauios. Ally eran los
1480 vnos a meter cauallos, otros armas e escudos, tarjas, lorigas ala mayor priesa del mundo. Ellos se eran marineros, vnos alas cuerdas, otros alas ancoras o alas velas alçar. Desy ferio el viento enellas, e començaron a xinglar. Mas Ssanson e Agrauain se fueron con Miles. Estos anbos fueron al consejo del coronamiento de Esmere, e por tanto los amaua el de
1485 muy grant amor, e se fiaua enellos commo aquellos que eran muy leales.

Assy se fue Esmere enpos el enperador Garssir a grant xinglar. E el desleal su fermano Miles sse torno a Roma, e los çient conpanneros que

Esmere le diera con el. Mas non | ando mucho quando começo a pensar 72RA vna grant traiçion. E de los çient caualleros, llamo los veynte a parte de los mejores, mas non fueron y Ssanson njn Agrauayn, ca Miles era muy sabidor de mal, e duldaua los mucho. "Sennores," dixo el alos otros, "yo non vos lo quiero encobrir. Ssy me vos quesierdes otorgar vna cosa que vos yo dire, el mas pobre de vos fare yo que aya muy grant sennorio, assy que el e quantos del venjeren sienpre seran ricos e onrrados. Esmere, que y ua enpos Garssir, faze a guisa de fol. Yo bien creo que nunca el aca torne. Ante naçy yo que el, e por ende deuo regnar e ser sennor dela tierra de alla e de aca. E el que me esto otorgar, yo lo fare tan rico commo vn rey, ca le dare tanto quanto cada[80] vno deuos deuisar, oro e plata, e heredamientos e cauallos, e armas quanto quesierdes. Desy yo deuo auer Florençia e dezir vos he commo. Bien sabedes que ella enbio por mj primera mente, e dixo me que me amaua e que me queria tomar por marido. E por esto uos digo que nunca Esmere la auera. Ora sabed que mucho uos aueno bien, ca | toda la tierra quiero que sea vuestra." Quando 72RB esto oyeron aquellos, que les Miles prometia con cobdiçia, otorgaronlo. E el traidor Miles otorgo les ende que todo quanto les prometia, que todo gelo conpliria, e mas avn. E ellos le juraron quelo farian enperador. Ental manera commo oydes penso Miles aquella grant traiçion, e ouo omenage delos mejores veynte, ssynon destos dos, Ssanson e Agrauayn, por la lealtad que enellos sabia. E prometio a todos grandes onrras e grandes tierras, e que tomasen lo suyo do quier que lo fallasen. E ellos lo otorgaron todos que su mandado farian, e que ternjan conel: "Ora vos dire," dixo el, "que faredes quando llegarmos a Roma. Fazet muy grant llanto e dezit a Florençia que es muerto Esmere, ca lo mataron enla batalla. E quando fue llagado a muerte, que mando que casase yo con ssu esposa, e que me fincase la tierra. E sy uos ende non creyer,[81] juratgelo e des que la yo tomar por mugier, luego sera el casamiento." E ellos le dixieron que todo su mandado farian. Ora oyd la ssotileza e el engenno del diablo. Entonçe los llamo a conseio, e tanto les dixo e les prometio, que todos le juraron quelo farian coronar del enperio de Roma. Mas Ssanson el orgulloso, tanto era de bueno e leal, quelo non otorgo. | E tanto se fiaua 72VA en ssu bondat que dixo a Agrauayn: "Hermano, ¿commo faremos este omenage a este traedor?[82] Non plaga a Dios, que por nos priso muerte." Entonçe dixo a Miles:

"Traidor prouado, nunca mj sennor prendera deuos tan grant verguenna, que es el mejor omme que nunca naçio de pecadores. En mal

---

[80] Scribal insertion: *cada*.
[81] The words *de non creyer* are in a later hand.
[82] Baird: *traidor* (*Análisis lingüístico y filológico*, 64).

punto aquesto cuydastes. Çertas non sodes vos su hermano, njn fuestes nunca fi de su padre." "¡Calagrenton![83] ¡Lixoso!" dixo Miles, "¿por que eres tan desmesurado? Çertas, tu lo conpraras cara mente sy mas y fablares." Desto sse asanno mucho Ssanson e tiro luego ssu espada dela bayna
1530 e dexose correr a el, e muerto lo oujera, mas el traidor desujosele e saliole trajeso dela otra parte. "Sennores," dixo el alos otros, "¿por quelo non matades? Ya vos sodes todos mjs omes jurados." E ellos dixieron: "Luego fecho sea, pues gelo vos mandades." Entonçe sse dexaron correr ael las espadas desnuas, mas Ssanson se defendia a guisa de buen cauallero. E
1535 Agrauayn, ssu hermano, lo ayudaua bien, de guisa que mas llagaron ende de diez muy mal. Mas Ssanson fue muerto e espedaçado, e çercaron a Agrauayn de todas partes, e trauaron enel e dieron con el en tierra del cauallo. E dixieronle | que ssy el omenaje non jurase, que non auja al 72vb ssynon muerte. E despues que le tiraron la espada dela mano por forçia,
1540 los traydores dixieron le que muerto era. E el se començo a fazer llanto e dezia: "¡Ay, Esmery,[84] sennor! En vos non ha punto de engano. Aquel Sennor vos guye, que del agua fizo vynno en casa d'Arthederlion,[85] e vos torne a Roma con salude." E desy paro mientes a su hermano que yazia muerto, e esmoreçiosse. E quando acordo, dixo: "¡Ay, traydores! ¿Por que
1545 matastes el bueno Santson?[86] Ya peores sodes que moros.[87] Todos por el seredes enforcados." Despues dixo a Miles, "¿Commo cuydades vos a ser rrey por vuestro mal engano?" "Agrauayn," dixo Miles, "dexade vos de mal fablar, ca para aquel santo apostol que pelegrinos vienen orar,[88] se esta jura non queredes fazer, que vos non veredes la mannana, ca yo
1550 vos tajare la cabeça." Mucho fue espantado Agrauayn quando vio asu hermano yazer muerto e todo desfecho ante ssy enel canpo, e mucho auja ende grant coyta e grant duelo en su coraçon. E el yazia muy mal aparejado delos muchos colpes quele dieran, que non [auja][89] | poder 73ra enssy. E quando vio que tenjan las espadas sobre el por lo matar e que le
1555 amenazauan quele cortarian la cabeça tan toste ssy aquel sacramento non feziese a Miles dela corona del enperio, e dolo tenjan en tal coita, penso entonçe vna cosa en su coraçon, que commo quier que jurase conellos,

---

[83] Baird omits the abbreviated *n* here (*Análisis lingüístico y filológico*, 64).

[84] Baird: *Esmeré* (*Análisis lingüístico y filológico*, 64).

[85] The source of this apocryphal name is not clear, though it could be a deformation of the Latin word for "steward," *architriclinius*, he who samples (and enjoys) the water turned to wine in John 2:9–10.

[86] Baird: *Sansón* (*Análisis lingüístico y filológico*, 65).

[87] This is an interesting anachronism.

[88] Given the setting of this tale in Rome, this is a reference to Saint Peter (as that on fol. 71 va, p. 154, line 1456).

[89] Baird suggests this emendation (*Análisis lingüístico y filológico*, 65).

*Otas de Roma* 157

quelo descobriria ala jnfante Florençia, e que tomaria despues qual penjtençia le diese el apostoligo, ca bien veya su muerte ante ssus ojos[90] sy
1560 aquella jura non feziese. Entonçe les dixo que queria jurar ante que morir, pues y al non auja. Agrauayn dixo: "Pues asy es, pesa me de Sanson, nuestro hermano, que veo alli yazer. Mas dezir vos he lo que tengo por bien, que fagamos vnas andas e lo echemos y. E cubramos lo de vn rico panno de seda e leuemoslo ala çiudat de Roma con muy grant duelo
1565 faziendo, e digamos por toda la tierra que es Esmere, e creer nos lo an todos, demas quando amj vieren." E todos los traydores dixieron que era muy bien. Entonçe sse metieron en vn bosco, e con sus espadas e con ssus cochillos fezieron las andas | muy bien fechas, e metieron y dela 73RB rrama. E echaron y a Ssanson, e cobrieron le muy bien el rrostro de vn
1570 muy rico palio. Assy caualgaron toda la noche por el camjno e ala mannana llegaron a Roma. Florençia, que se leuantara muy grant mannana, seya alas fenjestras de su palaçio, vestida muy rica mente de vn baldoqui, e conella Audegons e Gontrade. Quando las andas entraron por la çiudat, los traidores començaron a fazer el mayor llanto del mundo e a dar
1575 muy grandes bozes. E antes que entrasen enla çiudat, Miles, el traidor, vio vn rroçin e matolo e fizo que ensangrentasen y todos sus espadas. E asy entraron en la villa. E commo yuan dando bozes los traidores conosçidos, e ementando el buen sennor Esmere, esto era marauilla. Mas quando Florençia entendio por quien era aquel duelo, amorteçiose e
1580 cayo en tierra enel estrado. E Audegons, que muy grant duelo auja della, fue la erguyr. Mas los traidores ssobieron al grant palaçio e posieron y las andas. Entre tanto veno Florençia. E quando llego ante las andas, començo a dezir: "¡Ay, mesquina! ¡Que mala vision veo! Yo tome este cauallero con que me esposara por ssu bondat e por su buena caua|lleria, 73VA
1585 que era fijo del rey de Vngria, que me defendiese mj tierra de Garssir e delos grifones, que me mataron mj padre e nos tenjan çercados. E ayer fue muerto enla batalla. ¡Mesquina, que tan poco me duro! ¡Ay, Sennor Dios, quanta mal andança me diste! ¡Mesquina! E, ¿quien me defendera njn anparara mj tierra? Ay, Ssennor Ihesu Xpisto, poco te doliste demj.
1590 Mas para aquel santo apostoligo aorado, jamas nunca otro sennor auere en toda mj vida. Ora defienda Dios e mantenga mj tierra por la su santa piadat." Quando Miles esto entendio metiose adelante e dixo el traidor: "Duenna, mucho he grant pesar dela muerte de mj hermano en mj coraçon, que me tan mucho amaua, mas vna cosa sabed que me dixo, e
1595 non vos lo quiero encobrir. El me rogo mucho quando estauamos enla

---

[90] Cf. *Rule of Benedict* 4.47. See, for example: John Chamberlin, ed., *"The Rule of St. Benedict": The Abingdon Copy*, TMLT 13 (Toronto: Pontifical Institute of Mediaeval Studies, 1982), 25.

batalla ally, o armjnnos e grifones lo llagaron a muerte, que vos tomase por mugier, e que al non feziese. Sennores caualleros, dezit le ende la verdat." E los traidores dixieron por su fe que asy era, e assy[91] lo juraron. Despues dixo el: "Sennora, yo vos tomare muy de grado. E catad commo cras enla mannana sea luego fecho." Quando esto entendio Florençia, meçio la cabeça. E sol non pudo responder vn veruo con pesar.

| Mucho ouo grant duelo Florençia de Esmere, pero quando cato el muerto e conosçio que era Ssanson, fue ya quanto confortada, e callo se ende. E los follones traidores tornaron a ella, e lo mas que pudieron, rrogauan la que por su merçet tomase a Miles por marido, que era muy buen cauallero de armas a marauilla, e de muy alto linage. "Par Dios," dixo Florençia, "mucho es omme de mala natura quando ve[92] asy yazer a su hermano muerto en medio de este palaçio, e tan apriesa se quier casar comigo. Mas para aquel apostol sant Pedro, jamas marido non tomare. E sy acaesçiese por auentura que lo yo tomase, por todo el oro del mundo a Miles non resçibiria, njn me fiaria enel, ca mucho me semeja follon."

"Duenna," dixo el traidor Miles, "par ssant Pedro de Roma, de follia pensades, ca por mugier uos tomare en toda guisa. E sy non quesierdes, vos lo conpraredes cara mente, ca los mas altos omes de Roma sson ya mjs vasallos." Entonçe llamo los traidores e dixoles: "Amigos, ora me entendet. Non ha aqui tal | de nos que non sea bien armado e que non tenga muy buena espada." E dixo contra Florençia, "para Aquel que muerte priso en cruz, njnguno non vos valdra que ende uos non faga mj voluntad." "Ssy aDios plaz," diz Florençia, "nunca uos ese dia veredes." Mas agora oyd delo que fizo Agrauayn commo aquel a quien se non olujdaua la muerte de su hermano. Lo mas toste que pudo, partiose de ally e fuese al apostoligo, e manefestosele e contole la traiçion toda, que cosa non le encobrio. E dixo: "Sennor, en grant barata es el buen Esmere. El es ydo enpos Garssir, e leuo consigo todos los altos omes dela tierra. E fezo nos tornar con Miles, su hermano. Ora el traidor falso quier ser rey de Roma. E ya le han fecho omenage bien çient traidores. E yo non le otorgara esto por cosa del mundo, synon que me querian matar despues que mataron a mj hermano, Sanson. E este es aquel que trayan en las andas, que fazen entender los falsos que es Esmere. Merçet, sennor apostoligo, que yo so perjuro, e verdadera mente muerto me oujeran ssylo non jurara." E el apostoligo le[93] dio tal respuesta: "Amigo, follia cuydades. Nunca uos pecados feziestes que vos todos non sean perdonados fasta ora. Mas Agrauayn, hermano, pensad deuos armar, e | yo yre convusco

---

[91] Baird: *allý* (*Análisis lingüístico y filológico*, 66).
[92] Scribal insertion: *ve*.
[93] Baird does not provide *le* (*Análisis lingüístico y filológico*, 68).

*Otas de Roma* 159

      con mill omes armados que los destoruedes." "Sennor," diz Agrauayn, "a
1635  Dios graçias." Quando el apostoligo oyo tal traiçion, fizo aguisa de buen
      perlado. Fizo armar mill omes muy bien, e vestieron ençima delas armas
      sus capas por yr mas encobierta mente. E fueron todos de pie. "Fijos,"
      diz el apostoligo, "vos fallaredes los traidores enel palaçio prinçipal. Vos
      non los matedes, mas prendetlos. E dat conellos bien fondo dela carçel
1640  fasta que venga el buen Esmere, que yo bien cuydo que el les dara mal
      dia, ca el que su hermano le matase, faria muy grant mal e tener gelo yan
      por traiçion." Entonçe mouieron todos, armados assy commo oydes, e
      fueronse al palaçio, e çerraron bien las puertas conlos çerrojos, e todos
      seyan en az. E non ouo y tal quese erguyese synon el traidor de Miles,
1645  que metio mano al espada commo aquel que sabia mucho mal. E juro
      par Dios que non auja y tal rico omme, njn cauallero, njn apostoligo,
      njn cardenal quelo prender quesiese, quele el non pagase el ostalage por
      quele cantarian la mjsa delos muertos. Todo el palaçio fue rebuelto, e los
      traidores luego fueron apertados e desmayados. Mas Miles, el traidor
1650  conosçido, erguyose toste e saco su espada dela bayna e començose a
      defender. Mas non fue ferido njn cometido de lança njn de | espada.  74va
      Ante defendieron que lo non matasen. E vno fue contra el por lo pren-
      der. Mas Miles, que era muy espantado, le dio tal espadada por çima
      dela cabesça quelo fendio todo. E ante que del tirase la espada, traua-
1655  ron del mas de siete a manos, e prendieronlo. "Miles," dixo Agrauayn,
      "preso sodes. Ora auerey yo vengança de mj hermano que me matastes.
      ¡Traidor! Avn agora non sodes esleydo por enperador. Vos me matas-
      tes mj hermano e yo tray auos. Agora sse llega el tienpo enque seredes
      escarnido." E el apostoligo non fue de mal entendimjento, ca se fue alas
1660  andas e erguyo el xamete de que eran cobiertas. E quando fallo muerto
      Ssanson, que era tan ardido, dixo a Agrauayn: "¡Par Dios! Agora veo que
      sodes verdadero. Par Nuestro Sennor, varones, a grant tuerto matastes
      este cauallero. Ay, Miles, traidor, escarnido seas tu. ¿E tu querias casar
      con Florençia? Jamas esta njn otra non aueras. Çertas, villana mente
1665  trayas a Esmere. Ssy tu hermano non fuese, non te aueria mester por ser
      sennor de grant tierra."[94] Quando esto entendio Miles, toda la sangre
      se le bolujo, e de verguenna perdio la color, e torno amarillo. Quando
      Florençia entendio aquella grant traiçion, | de grant pesar que auja, ouo  74vb
      grant alegria. E fezieron ençerrar a Mjles en vna grant torre. E metieron
1670  los otros en fondo de vna carçel. "Dios," dixo Florençia, "por tu merçet,
      que resuçitaste a Lazaro de muerte, assy commo prendiste muerte por

---

    [94] Based on French MS M, Baird interprets the *apostoligo*'s insult in this fash-
ion: "Si no fuese tu hermano, te mataría en seguida, de modo que no te haría falta un
gran reino, sino cuatro pies de tierra" (*Análisis lingüístico y filológico*, 69).

los pecadores saluar, asy me da tu a Esmere ssano e saluo, q*ue*le pueda yo esto contar."

 Assy fueron presos los traidores, q*ue* Dios maldiga, q*ue* nu*n*ca y tal fue q*ue* se pudiese escusar. Agora uos digamos de Esmere e del rey Garssir, com*m*o yua fuye*n*do con gra*n*t yra e muy espantado, e Esmere enpos el por lo p*r*ender. Mas no*n* curaua*n* de al ssyno*n* por llegar a su tie*r*ra, e rrogaua*n* q*ue* nu*n*ca Dios y troxiese a Esmere. Mas Esmere, q*ue* auja el viento bueno, dixo q*ue* los leuaria derecha me*n*te a Costantinopla, e q*ue* le plazia dende. "Ca y ha," dixo el, "muy gra*n*t thesoro de Garssir, q*ue* le q*ue*rre yo contradezir, ca vos aueredes el auer, e yo el ssen*n*orio de Costa*n*tinopla. Es vna çiudat de pue*r*to de mar, e los muros son puestos por vnos oteros com*m*o en . . .⁹⁵". E don Garssir, q*ue* fuya, yua con muy grant yra e mucho esmayado por ssu | gente, q*ue* p*er*diera ante la çiudat de Rroma, e de duelo q*ue* ende auja acostose al borno de la nao, e cato en pos desy e vio venjr los nauios q*ue* traya Esmere, q*ue*lo venjan alcançando qua*n*to podian. Entonçe llamo a Graçicn c Gaudient e Ganort, e dixoles: "Yo veo bien en mj suerte q*ue* no*n* puede njngu*n*t om*m*e regnar q*ue* tue*r*to tien." Desy pun*n*aron por pujar las velas por andar mas, ca veyan q*ue* sse llegaua*n* ssus enemigos, e enderesçaron derecha mente a Costantinopla, ca ya deujsauan las torres dela gra*n*t egle*s*ia, e los pilares e las bueltas dela Mirma*n*da⁹⁶ e del gra*n*t palaçio. Mas la naue del enp*er*ador era grande e pesada, e no*n* podia andar de rezio ssyn gra*n*t viento, e los otros naujos eran peq*ue*n*n*os e ligeros. E los rromanos yuan fiera mente esforçados. Asy xinglaron por cabo del braço de ssant Jorge,⁹⁷ q*ue* llegaron a çerca de Garssir q*u*anto vn trecho darco. E los grifon*e*s, q*ue* viero*n* q*ue* non podian foyr njn se alongar, fezieron enpoçon*n*ar las ssaetas e los dardos. "Amigos," diz Garssir, "esto no*n* nos es meste*r*. Via ala villa e echat las ancoras, ca me semeja q*ue* se | van los romanos al pue*r*to, e q*ue*rran nos entrar la villa. Pensad luego deuos armar, ca en barata somos con*e*llos. Mas catad q*ue* no*n* ssea y tal q*ue* fuya, q*ue* yo le cortare la cabeça. Mas val p*er*der om*m*e la onrra q*ue* ganar la desonrra." Mas a Esmere aveno tan bien q*ue* aportaro*n* de consuno griegos e romanos. Desy fueronse ala çiudat, e q*u*ando y fueron, començaron los caua*l*los a renjnchar, e los g*r*iegos saliero*n* fuera enlos prados, e los romanos otrosi. E desq*ue* q*u*itaron los caua*l*los delos naujos, caualgaron toste e fueron

---

  ⁹⁵ There is a blank space here.
  ⁹⁶ Mirmanda is the name of Garssir's castle.
  ⁹⁷ Although St. George's arm was a famous relic that attracted many pilgrims to Canterbury in the Middle Ages (Michael Collins, "St. George," *Britannia Internet Magazine* [Britannia.com, 1996], http://www.britannia.com/history/stgeorge.html), here the "braço" most likely refers to a peninsula along the coastline somewhere between Rome and Constantinople.

los ferir. Ally ouo tanto escudo quebrado e tanta loriga desmayada, e tantos omes muertos e llagados, que fue grant marauilla. E a muchos caua*ll*os yuan y rrastrando las tripas, assy que muchos dela vna parte
1710 e dela otra lo lazraron mal. E Esmere aguyjo el buen cauallo Bondifer con ssu senna desplegada, e los romanos conel, e ferieron por tan grant fuerça los griegos que la ssu az fue quebrada, e començaron de foyr, e dexaron el canpo, e rromanos en pos ellos. E entraron de buelta conellos por la villa, e esparzieron se por la çiudat, que era grande e muy rrica.
1715 E començaron a nonbrar ssant Pedro, e y trayan ssu senna. Asy fueron griegos fuyendo, que non ouo y njngunt anparamento. E quando Garsir | vio quelo non podia sofrir, començo de fuyr, ssu escudo quebrado enla 75va mano. E cogiose ala alta Mirmanda, que era grande e quadrada, e delos griegos conel, commo gente desmayada. Desy çerraron muy bien las
1720 puertas, e los rromanos los cometian. Mucho era grande el rroido e los baladros e los gritos, e los griegos se defendian, ca mucho les era mester, pero que se non temjan entre tanto quela vianda les durase. Mas romanos non quedauan cada dia delos conbater, e ellos punnauan dese defender quanto podian. Alli volauan dardos e saetas e piedras tan espesas que
1725 semejauan lluuja quando cae, asy que mucho escudo e mucha tarja y ouo quebrada, e mucho yelmo fendido e abollado. E Esmere llamo Sauarigo de Baldat[98] e dixole: "Quememos este palaçio, ca sylo asi non fazemos, nunca los tomaremos." E el otro le dixo que non seria bien, ca mucho era Garssir omme bueno, e non auja menester de se perder asy. E Garssir,
1730 que yazia entonçe laso a vna fenjestra del palaçio, oyolo e paro mjentes, e connosçio a Esmere enel rrico yelmo que traya, onde las piedras preçiosas dauan grant claridat. "Jnfante," dixo Garssir, "grant dapnno me as fecho. Quando te yo prise en Roma e me tu dexiste quien eras, yo te quite luego, e tu me desafiaste, mas yo que te no[n][99] preçiaua cosa,
1735 entonçe non di por ende nada.[100] Ora me veo que eres muy bueno, esto[101] connosco bien. | E este palaçio es tan fuerte que tu non lo podras tomar. 75vb Mas en tal que te vayas tu carrera, quiero te dar de mj thesoro quarenta mill marcos de oro, e mill camellos cargados de pannos de seda e de lana muy preçiados." E Esmere le respondio que se non quitaria asy del por le
1740 dar la çiudat de Baldat. Entonçe deçio de su cauallo e mando que ally le

---

[98] This place name almost certainly refers to Baghdad. In Petrus Alfonsi's *Disciplina clericalis* (ca. 1115), for instance, Baldach designates Baghdad: *Petri Alfonsi "Disciplina clericalis"*, ed. Alfons Hilka and Werner Söderhjelm, 3 vols., Acta Societatis Scientiarum Fennicæ 38 (Helsinki: Finnische Literaturgesellschaft, 1911), 1:4.

[99] Spaccarelli's transcription does not make this addition.

[100] The final letter *a* was reconstructed with ultraviolet light.

[101] This word was reconstructed with ultraviolet light.

armasen la tienda en vn canpo que y auia. E juro par Dios del çielo que sy sele Garssir non rendiese, que faria derribar a Mirmanda a engennos, e dixole que mucho seria desmaido quando viese sus omes ante sy matar e enforcar. Luego de aquella vez fueron tomadas todas las t[o]rres[102] dela
1745 villa, e las fortalezas. Quando Garssir esto vio, fiera mente fue espantado, e llamo Ssinagot, enquel se fiaua mucho. E preguntole quele ssemejaua de aquello o quele consejaua y fazer. "Yo vos lo dire," dixo el, "ssy yo creido fuese. Vos renderiades este alcaçar a Esmere, ca si nos prende por fuerça, muertos ssomos. Quanto mas que en toda vuestra tierra non
1750 auedes oy trezientos escudos. Enbiat vuestro mandado a Esmere, e mandat lo saludar, e dezirle que queredes tener vuestra tierra del e vuestros rregnos, e si asi fezierdes podedes auer su amor." "Pues, yd me vos alla," dixo Garsir, "e sed bien razonado, e contadle todo este pleito, que non seades esbafarido." Mal espantado era Garssir el baruj|cano del buen rey 76ra
1755 Esmere. E rreçelauase quel enforcaria sus omes asy commo lo juraua, otrosy que non tenja vianda. Tanto quelo Garssir mando, ssaliose Sinagot e fuese ala tienda. E fallo Esmere en grant priesa por conbater la torre con su gente. Quando Ssinagot veno ante el, omildosele mucho. Desy dixo le commo lo enbiaua saludar Garssir. "Sennor," dixo el, "grant
1760 onrra vos es cresçida fiera mente. El rey Garsir uos enbia dezir por mj que uos quier rendir ssu torre e a Mirmanda, e quier deuos tener todo su enperio. Sennor, fazed vos aquesto, sylo touierdes por bien." E Esmere respondio: "Aguysado me semeja." "Sennor enperador," diz Ssinagot, "el enperador Garssir es muy preçiado omme, e por el podedes uos auer toda
1765 la tierra e la conquerir. Ora me dezit, sennor, sy se podera fiar en vos desto que uos dixe." "Non y duldedes," dixo Esmere, "ca por todo el oro del mundo contra el njn contra otro yo non falsaria lo que prometiese. Mas yd uos e pensad de me fazer librar el palaçio, ca enla Mirmanda quiero tomar corona." E Ssinagot le beso los pies e las manos. Desy
1770 espidiose del e fue al rey Garssir, e contole las nueuas. | Quando lo el 76rb entendio, fue muy ledo. Entonçe mando abrir las puertas, e la ssenna de Roma fue puesta ençima dela grant torre. Mas si Esmere ende fue ledo, esto njnguno non lo demande.

Grant alegria ouo Esmere quando vio tanta buena caualleria armada
1775 derredor desy e la su[103] grant ssenna, "oro e flama,"[104] enla alta torre, tendida al viento. Antel palaçio auja vna grant plaça que duraua quanto podia ser vn trecho darco a todas partes, e grande assonada de prinçipes e de caualleros conel. A tanto a que ssal Garssir dela barua luenga, e bien

---

[102] MS: ttrres.
[103] Deleted scribal insertion after su: su.
[104] Cf. p. 133 n. 42.

connosçio a Esmere entre su conpanna. E fue antel e rendiole su espada.
1780 Desy enpresentole vna grant cosa de oro en significança de conquista de tierra. Este fue vno delos mas ricos reys que ouo de oriente fasta oçidente. Aquel dia tomo Esmere corona en Costantinopla. E Garssir metio asy e su auer e su tierra en su merçet e en su poder. E despues que comjeron, Esmere fablo con su conpanna e dixoles: "Amigos, amj ha menester de
1785 me tornar a Roma." Quando esto oyo su conpanna, fiera mente sse alegraron. E a ora de nona, tornaron sse alas naues e pensaron | de meter 76va y vianda. Entonçe llamo Esmere a Garssir e dixole: "Enperador, yo me quiero tornar a Roma, e non he que demorar por ver la muy fermosa Florençia. E mj hermano Miles, que yo amo mucho, que avn yo tanto lo
1790 cuydo ensalçar quelo fare coronar del reynno de su padre, sy me Dios del mal guarda." Mas, ¡ay, Dios!, que el non sabia su coraçson njn su pensar, e commo lo Florençia mandara meter en prision. Dios, e, ¿quien se puede guardar de traiçion? Desque Dios fizo çielo e tierra e mar e bestias e las aues, e metio a Adan enel paraiso, e Eua, do comjeron la mançana
1795 queles fuera defendida, por que fueron echados enlos trabajos e enlas coitas del mundo, nunca tal cosa aueno commo vos contare, njn resçebio omme njn mugier tal pena njn enduro commo Florençia por Esmere. E esto le fizo Miles, su hermano, que Dios maldiga. Garssir el enperador era de grant hedat, e traya su barua luenga, que alfage semejaua.
1800 E Esmere fablo conel e dixole: "Vos semejades omme bueno e de grant fecho, e por esto quiero que vayades comigo, e non por vuestra onta, mas por creçer mas por y mj onrra e mj nobleza, ca yo quiero tener corte eneste verano primero que viene. E desque uos y fuerdes, mucho sere yo mas onrrado." "Sennor," diz Garssir, "Dios uos de coraçon de me non
1805 fazer mal njn desonrra | e de me tener lo que prometiestes. Mouamos 76vb quando quesierdes," dixo Garsir. Entonçe fizo meter enel naujo vianda a grant abondamiento. Desy fueronse de consuno Esmere e Garssir al puerto, e entraron enlas naues, e fezieron erguyr las velas. Ora se va Esmere a guysa de cauallero e rico enperador e noble. El ouo ensy tales
1810 mannas que non preçio nunca orgullo de traidor, njn ascucho palabra de lisongero,[105] njn dexo omme bueno ensu corte mal judgar. Coronosse en Costantinopla por su grant valor, e leuo consigo Garssir por su prez ensalçar, e vase ala ssu noble çiudat de Rroma por endereçar su fazienda. Ora vos dexaremos de fablar delos que en mar sson entrados, e tornar vos
1815 hemos a fablar de Florençia, la jnfante de Roma.

Despues que ella sopo en qual guisa su esposo entrara enla mar con ssu gente e se fuera en pos Garssir, non quedaua de fazer sus oraçiones e sus ruegos a Dios por ellos. E dezia: "Glorioso sant Pedro apostol, por

---

[105] The letters *li* here are superscript.

la v*uest*ra bondat, vos me guardat aq*uel* q*ue* yo tan mucho amo, e melo
traed co*n* ssalud." Mas Esmere con su conpan*n*a tanto xinglaro*n* por la
mar q*ue* | llegaron al puerto. Desy salieron a t*i*erra e começaro*n* se de
yr, asy q*ue* en q*u*atro dias llegaron a Rroma. A tanto llego vn mandadero
a Florençia, q*u*ele dixo muy cortes mente: "N*u*est*r*o Sen*n*or, el Rey de
magestad, salue la muy fermosa Florençia de p*a*rte del muy noble varon
Esmere, su esposo. Sen*n*ora, sabed q*ue* el ha tomada a Costantinopla,
e conq*u*is toda la t*i*erra, e y tomo corona a pesar de q*u*ien pesase. E oy
en*e*ste dia aporto al puerto de son,[106] Cayte, con toda su conpan*n*a."
Q*u*ando esto oyo Florençia, erguyo las manos al çielo e dio graçias a
N*u*est*r*o Sen*n*or muy de coraço*n*. Desy dixo al mandadero: "Amigo,
buena ventura te de Dios, e por el buen mensage q*ue* me troxiestes vos
dare tanto de auer q*ue* en toda v*uest*ra vida vos ni*n* v*uest*ro lynage nu*n*ca
ayades pr*o*ueza." Mas agora oyd de Florençia en com*m*o obro por amor
de su sen*n*or. Ma*n*do tirar de presion su hermano Miles, e q*u*ando ella
entendio la su buena andança e la bondat de Esmere, com*m*o tomara a
Costantinopla por fuerça, e q*ue* traya consigo el enperador Garsir, dela
gra*n*t alegr*i*a q*ue* ouo cobro muy buena color. E por amor del esposo, fizo
tirar dela presion a Miles, | el traydor, e fizo lo venir ant*e* sy, e mando le
dar vn cauallo e dixo le: "Miles, sy tanto ouiese en vos de fe e de lealtad
com*m*o en v*uest*ro padre, no*n* auer*i*a mejor caualler*o* enla t*i*erra. Aqui
nos viene Esmere con gra*n*t alegr*i*a e muy bien andant*e*, e trae consigo
a Garsyr, q*ue* conq*u*iso. En gra*n*t duelo me metiestes por el, mas yo no*n*
q*u*iero catar a v*uest*ra foll*i*a, e[107] suelto vos dela presion. E yd escontra
el. E diran muchos q*ue* fuestes dolient*e*, mas guardat vos q*ue* otra torpe-
dat no*n* vos entre en*e*l coraçson, nj*n* tal sandez." "Sen*n*ora," dixo Miles,
"ya Dios no*n* me de onrra sy me esto no*n* fezieron fazer aq*ue*llos falsos
traidores."[108] Entonçe caualgo Miles, e fuese a gra*n*t pauor. Mas luego
penso la mayor follonj*a* del mundo, onde despues metio a Esmere en
gra*n*t pauor. Desq*ue* Miles caualgo, su espada çinta, saliose de Rroma
solo, sin ot*r*a conpan*n*a, e ando dos jornadas, asy q*ue* vio la hueste q*ue*
venia por vn valle. E delant*e* venja el bueno de Esmere, e Garsir cabo
el, e la gra*n*t caualler*i*a delos rommanos. A tanto q*ue* llego Miles, aq*ue*
se no*n* olujdaua la trayçio*n*. E desq*ue* llego ant*e* Esmere, dexose el tredor caer en*e*l prado, e começo a dezir a altas vozes: "M*e*rçed, sen*n*or
hermano." Q*u*ando esto oyo Esmere, | fue muy triste. E cato a Miles e
vio lo tan negro e tan amariello dela presion enq*ue* yoguyera q*ue* ouo del
duelo. E dixole: "Hermano, ¿q*u*ien vos fizo esto? No*n* melo encubrades."

---

[106] This usage of *son* is the preposition meaning "below."
[107] There is a hole in the parchment here, but the scribe wrote around it.
[108] Baird: *tredores* (*Análisis lingüístico y filológico*, 75).

"Par mi fe," dixo el, "no*n* vos lo dexare de dezir. Mucho me ha mal traydo Florençia, v*ues*tra amiga. E*n*el otro dia q*u*ando me enbiastes a Roma, q*u*ela guardase, leua*n*teme vn dia de grant ma*n*nana e fuy la
1860 ver, e falle[109] q*ue* yazia con ella en*e*l lecho Agrauayn. Esto vos juro par Ih*e*su Xpis*t*o, fi de s*a*nta Maria. E q*u*ando lo conosçy, dexeme correr a el, e q*u*esiera le cortar la cabeça co*n* mi espada. Mas dexaro*n* se venir ami mas de treynta villanos q*u*e los ag*u*ardauan, e çercaron me de todas p*a*rtes e presiero*n* me e echaro*n* me en presion, Dios los confonda, q*u*e
1865 nu*n*ca despues me dexaron dende salir. E ally sofri mucha lazeria. ¡Ay, q*u*anto mal me han fecho! E ante yer me sacaron dende. Mas sy tu ende no*n* tomas vengança, yo te desafio, q*u*e nu*n*ca demj ayas ayuda."[110] Mas q*u*ando aq*u*ello oyo Esmere, sol nol pudo fablar vna palabra, e dexose caer sobre el arzon delantero. Tanto ovo grant sa*n*na e grant pesar, e
1870 ta*n*to era san*n*udo q*u*e su conpa*n*na no*n* lo osaua*n* catar. Entre tanto ahe uos aq*u*i do viene Agrauayn corriendo por el canpo, aq*u*el q*u*e Millon[111] auia mezclado, e con el sesenta caualleros en buenos cauallos e | sus 77vb ricas coberturas tendidas q*u*e trebejaua*n* por el canpo. Entonçe aguyjo Agrauayn ant*e* su conpa*n*na q*u*anto seria vn trecho de vallesta, e veno
1875 ant*e* Esmere. Ora le faz menester su buen seso e su palabra. E fue por saluar a su sen*n*or. Mas q*u*ando lo vio Millon llegar, por miedo q*u*e ovo de lo descobrir, saco la espada de la bayna e fue por tras Esmere, su hermano, e dexose correr a Agrauayn por lo ferir. Mas q*u*ando Agrauayn vio venir la espada sobre sy, erguyo el braço con el manto*n* enbuelto.
1880 E Millon le dio tal espadada en*e*l q*u*e le corto ya q*u*antos doblezes, ca

---

[109] The hole in the parchment here affects the text such that the final *e* had to be reconstructed.

[110] This passage marks the beginning of the calumniated wife motif, which is dominant in the *LH*'s final tales. Gómez Redondo cites similar examples in *Vna santa enperatris que ouo en Rroma* and *Carlos Maynes* (*Prosa medieval*, 2:1659). Through these examples, Spaccarelli argues, the *LH* is "intent on creating in its audience an almost automatic understanding that the accusations and insults made by males against females apply to the males themselves" (*Medieval Pilgrim's Companion*, 65). This view is consonant with González's observation regarding the conflict in the *LH* between that which is said and that which is revealed by action: "*Lo que se dice* es que el mundo está lleno de mujeres peligrosas para los hombres, pero *lo que se muestra* es un mundo controlado por hombres peligrosos para las mujeres" ("*Otas*," 182). In the words of Anita Benaim de Lasry: "The conventional wisdom of the *sententiae* [found throughout the *LH*] presumes that women are weak. The conduct of the heroines, however, demonstrates the very opposite.... [Furthermore,] impetuous behavior is always associated with heroes, never with heroines": "Narrative Devices in Fourteenth-century Spanish Romances," *La Corónica* 11 (1983): 280–85, here 281–82. See again Goldberg, *Folk Narratives* and *Romancero*.

[111] I.e., Miles.

lo non alcanço a derecho. E Agrauayn deçio corriendo del cauallo en tierra, e saco su espada, e enboluio el manton enel braço, e dexose yr a Millon sin amenazar, e quesiera le desonrrar de grado lo que le feziera. Mas los romanos buenos que y estauan se metieron en medio e partieron los. "Sennores," dixo Esmere, "¿que puede esto ser? ¿Commo ante mi osaron boluer pelea? Marauillado so ende. Ora tened a Miles, que se non vaya, e catad que se uos non escape Agrauayn, e traed melos delante. E sabere que fue esto. E segunt lo que dexieren, e lo que fuer prouado por verdat par aquel Dios | que todos fizo, el que yo fallar por enculpado, non le valdra y fereza njn fidalguja que aya quelo yo non faga luego desfazer." Quando la conpanna vio su sennor tan ayrado, non fue y tal que sol osase fablar njn gemir, tan fiera mente lo duldauan.

Mucho fue bueno e preçiado Esmere, corajoso e ardido e muy duldado fiera mente. E dixo: "Varones, tan poble es mj corte que ante mj se tomaron aquellos dos a pelear. Mas para aquel sant Pedro apostol, a venjr es ala verdat." "Sennor," dixo Agrauayn, "merçet, por el amor de Dios. Yo vos lo contare todo, asy commo el ha obrado. E si vos sola mente metier[112] cosa alguna, manda me tajar la cabeça. Enel otro dia quando nos partimos de uos, que nos mandastes a çient caualleros, que eramos de alta guisa, que nos tornasemos con Millon e que feziesemos su mandado e que uos guardasemos vuestra esposa e la çibdat de Roma, non vyamos andar vna legua que tiro a parte veynte caualleros e fablo con ellos su poridat. E desque le otorgaron lo quel quiso, llamo los ochenta, mas yo njn mj hermano non fuemos y llamados. E tanto | les dixo e prometio quele otorgaron quelo farian enperador de Roma e que tomaria la jnfante Florençia por mugier e que faria della su voluntad. E quando contaron esto a mj e ami hermano, çertas, sennor, non gelo quesiemos otorgar, e sy poder oujeramos, bien gelo vedaramos. E quando vio que gelo non quesiemos jurar commo los otros, dexaron se los traydores correr a nos e nos nos defendimos quanto podimos, asy que llagamos ende diez dellos que algunos morieron ende. Mas a mi poco valio esto, ca me mataron a mi hermano, e dieron conmigo en tierra e tomaron me mi espada, e juro Millon que syla jura non feziese que non aueria[113] y al sinon la muerte. Estonçe me posieron las manos enel pecho e las espadas enla cabeça, e amenazaron me de guisa[114] que non ha enel mundo omme que grant miedo non ouiese. Desy que veya mi hermano yazer muerto e sangriento ante mi, e oue de fazer su voluntad. E agora veredes la grant trayçion que fizo Millon sobre esto. Fizo echar a mi hermano en vnas

---

[112] Baird: *me[n]tier* (*Análisis lingüístico y filológico*, 77).
[113] Baird: *averá* (*Análisis lingüístico y filológico*, 77).
[114] Baird: *quisa* (*Análisis lingüístico y filológico*, 78).

*Otas de Roma* 167

    andas, e enboluieron lo de vn çiclaton vermejo, e cobrieron las andas
1920 de vn rrico panno, e andaron asy con el toda la noche de guisa que otro
dia llegamos a Rroma. E |[115] ante que entrasemos enla villa, fezieron 78va
entender los tredores quelos griegos vos mataran en batalla, e todas vuestras gentes fueran y muertas. Despues fueron se conlas andas al palaçio,
e quisieron dar Florençia a Millon, asy commo auian consejado. Mas
1925 yo defurte me dellos commo ladron, e fuy me corriendo al apostoligo
Symeon, e contele toda esta trayçion. E el, çertas, fizo aguysa de omme
bueno, e perdono me todos mis pecados. E desy fizo luego armar mill
omes, e mandoles que fuesen todos luego al palaçio sin detenençia e
que prendiesen aquellos traydores e que los[116] metiesen todos enla carçel.
1930 E asy fue fecho. Mas por vuestro amor tiramos a Millon de presion.
E para aquel Sennor que muerte sofrio por los pecadores, que yo non
vos miento cosa." A esto rrespondieron aquellos que lo sabian, que conel
venieran, e juraron que era verdat lo que Agrauayn dezia. Quando esto
oyo Esmere, alço la cabeça, e quesiera tajar la cabeça al traidor, que non
1935 ouiera y al, sinon quelos omes altos e los condes se llegaron derredor del
e pidieron le merçet por el. E dexieronle: "Sennor, por el amor de Dios
e de santa Maria su madre, quelo non matedes, | ca se uos tornaria a 78vb
desonrra. Mas echad lo de vuestra tierra, e faredes grant cortesia, solo,
sin otra conpanna, que sol non lieue, synon su cauallo e su espada. E
1940 fazed le jurar que nunca jamas entre en toda vuestra tierra." "Varones,"
dize Esmere, "vos dezides follia. Non me desderia yo por todo el oro [de]
Baldat[117] que non faga y tal justiçia qual deuiese, ca nunca tal trayçion,
e tan grant, oy[118] qual ha fecha este traydor, que Dios maldiga." "Sennor," dixo Garsyr, "vos fuestes anbos fijos del rey d'Ongria. Todo vuestro
1945 sagramento yo lo tomo todo sobre mi." "Sylo por vos non feziese," dixo
Esmere, "semejame que[119] seria villanja."
    Verdat es grande que non se deue ome fiar enel traydor, ante se deue
aguardar del, ca sienpre el esta presto de fazer su enemiga, que jamas
non quedara fasta su muerte. Miles fue tan grant traydor que de quanto
1950 sagramento ally fizo que de todo se perjuro.[120] E Esmere lo desafio asy

---

[115] Deleted at the beginning of the *verso* side: *e*.
[116] Baird omits this word (*Análisis lingüístico y filológico*, 78).
[117] Cf. p. 161 n. 98.
[118] I.e., *oí*.
[119] Deleted after *que*: *que*.
[120] For Gómez Redondo, the main theme of *Otas de Roma* is "el poder que la traición puede llegar a alcanzar en las relaciones humanas," which is a warning the *recitador* gives time and time again. The theme also connects the tale with *Vna santa enperatris que ouo en Rroma* and *Carlos Maynes* (Gómez Redondo, *Prosa medieval*, 2:1662). Amador de los Ríos noted that the didacticism of *Carlos Maynes* lies in the

q*ue* si lo nu*n*ca fallase en su ti*er*ra, q*ue* todo el oro del mundo no*n*lo guardaria de muerte. Asy juro com*m*o oyestes q*ue* ffue[121] | deuisado. Desy 79RA mandaron q*ue* se fuese. E despues q*ue* fue metido en ssu camjno, luego començo a pe*n*sar ot*r*a estran*n*a traiçion. E dexo ssu camjno e tornose a
1955 diestro e fuese q*ua*nto se pudo yr *con*t*r*a la çiudat de Roma. E com*m*o yua bien encaualgado, fuese muy toste, e ando toda la noche, asy q*ue* llego a Rroma ot*r*o dia por la man*n*ana, q*ua*ndo el ssol rrayaua. Ento*n*çe le preguntaro*n* com*m*o sse tornara e ssy venja el enp*er*ador ta*n* bien com*m*o dezian. "Çertas, si," dixo Millon, "ora lo saberedes luego." Desy
1960 fuese al palaçio e deçio de ssu cauallo e sobio por los andamios e fue ant*e* la muy fermosa Florençia. E dixole: "Aq*ue*l Dios q*ue* p*r*iso muert*e* en cruz vos salue, buena reyna, asy com*m*o uos q*ue*rriades. Mj h*er*man*o* vos enbia dezir, el buen rey Esmere, q*ue* uos vistades delos mejor*e*s pan*n*os q*ue* pudierdes auer e q*ue* uos guysedes lo mas rica ment*e* q*ue* pudierdes e
1965 q*ue* salgades *con*t*r*a el, e q*ue* vaya *con*vusco el apostoligo e v*ue*st*r*as gentes, e q*ue*lo rresçibades ala mayor onrra q*ue* uos pudierdes. E por q*ue* uos el ama tan de coraçson, enbio uos amj por mensagero, ca no*n* auja el mejor." "Mjl*e*s," | dixo Florençia, "Dios sea ende loado. Avn mas valere- 79RB des ssy p*ar*a bien tirades." Luego los plegon*e*s fueron dados por Rroma
1970 q*ue* sse g*u*isasen todos com*m*o saliesen conla reyna e fuesen resçebir el rey Esmere, q*ue* venja con ssu hueste. Grant alegria fezi*er*o*n* en Roma q*ua*ndo sopieron q*ue* su sen*n*or venja con tan gra*n*t onrra. E el apostoligo caualgo co*n* su clerezia. Florençia salio de Rroma muy rica ment*e* guarnida a gra*n*t maraujlla. Ella yua en vna mula, la mejor q*ue* podria s*er*, con
1975 vnas sueras de vn palio, e leuaua vn muy rico pan*n*o de oro, e en ssu cabeçon vna brocha de oro con muy ricas piedras preçiosas en*e*lla, q*ue* auja tal v*i*rtud q*ue* no*n* auia en*e*l mundo dolor, do con ella tan*n*jesen, q*ue* sse luego no*n* q*u*itase. E ot*r*a auja y, q*ue* non ha donzella q*ue*la troxiese q*ue* pudiese p*er*der ssu v*i*rginidat.[122] Mucho daua la piedra gra*n*t casti-
1980 dat, e el apostoligo la diera a Florençia.[123] Ella era tan fermosa q*ue* en todo el mu*n*do no*n*le sabian par. Millon, el t*r*aidor, la tomo por la rienda en la mano, q*ue* yua en ssu cauallo e ssu espada çinta. E começo le a dezir yendo palabras de solaz e de plazer: "Sen*n*ora, çedo veredes el omm*e* del mundo q*ue* uos mas ama." E tanto le fue dezie*n*do | de tales 79VA

---

way it rewards virtue and punishes vice (*Historia crítica*, 68). Such is indeed the case in *Otas de Roma* and *Vna santa enperatris que ouo en Rroma*, as well.

[121] Deleted after *ffue*: q*ue fue*.

[122] Baird: *verginidat* (*Análisis lingüístico y filológico*, 80).

[123] An example of white magic, for having been given by the pope, the *piedra* is divinely sanctioned, which Spaccarelli notes is the furthest possible thing from Miles's later accusation that Florencia partakes of black magic (*Medieval Pilgrim's Companion*, 88). Cf. below, fol. 82ra–va (pp. 173–75, lines 2148–90).

cosas e fablando en Esmere, que seles oluido la follonja que de primero le quesiera fazer. En pos ella yua Audegons e Contrade e todas las otras donzellas, mas Mjles yua delante mas de vn trecho de arco. E ya non era luenne de la hueste quando fallaron vn monte e entraron por el. E el fuela leuando por desuiado dela carrera, e leuola por vn sendero poco andado, e fuela metiendo por el monte por do era mas espeso. E quando assy fueron vna grant pieça, que eran ya mucho alongados dela conpanna, Florençia cato en pos dessy. E quando non vio su gente, fue fiera mente espantada. "Miles," dize Florençia, "mal me guiastes." "Sennora," diz Miles, "mas muy bien, ca por aqui detajaremos mucho e llegaremos ayna, ca mj hermano uos desea mucho." Assy la fue leuando fasta que perdieron el ssendero, e entraron en vn valle muy fondo. Entonçe nenbro a Florençia la grant fellonja quele Miles quesiera fazer en Roma, e los cabellos ssele rrepilaron e la carne le tremja toda, e commo ssannuda dixo: "Miles, grant follia feziestes, que me tanto alongastes de mj conpanna." "Duenna," dixo Miles, "ssandia sodes. | Ssy mas y fablades, muerta sodes, ca jamas non la veredes, e sy sola mente fablades, par el Fijo de santa Maria, que uos cortare la cabeça con esta espada." Quando esto entendio Florençia, fiera mente fue espantada. E non respondio cosa, e esmoreçio e cayo en tierra. E quando acordo, començo a dar bozes e a dezir: "Ay, Esmere, buen amigo, jamas non me veredes. Ay, traidor," dixo ella, "e, ¿por que me as asi traida? Taja me la cabeça con tu espada." Entonçe sse començo a coytar e dezia: "Santa Virgen Maria, ¿commo me auedes oluidada? Ay, Ssennor Dios, que en mal punto nasçy." E erguyose en pies e començo a foyr por el monte. E Millon aguyjo en pos ella e alcançola e diole dela espada llana tal ferida enel pescueço que dio conella en tierra amorteçida. E quando acordo, dixo, llorando mucho: "Sennora santa Maria, Reynna delos çielos, auos me dy e rendi quita mente. Vos me guardat por vuestra merçet. Traidor," diz Florençia, "¡que mal me as ferida! Nunca telo Dios perdone. E taja me toste la cabeça." "Çertas," diz Mjles, "yo proue grant follia. Mas caualgat toste e vamos nos ayna, ca mucho auemos de andar des|de aqui fasta la viespra." Avn que non quiso, fizo la sobir enla mula. "Mjles," diz Florençia, "¿que me cuydas fazer, o que as pensado?" "Duenna," diz Millon, "mucho sodes parlera. Fare de vuestro cuerpo lo que quesier, ca esta es la cosa del mundo que mas deseo." "Traidor," diz Florençia, "e, ¿por que me as assy engannada? ¿Ssi quier sabes que tu hermano ha juras comigo? Yo creo en Ihesu Xpisto, que tanto ama saluar las almas, que la mj carne e la tuya nunca sera juntada." Asy caualgaron fasta viespra, de guisa que fueron mucho alongados dela hueste. Desy entraron en vn sendero, mas ella yua mucho llorando e matandose, e dezia: "Ay, Ihesu Xristo, Sennor que por nos sofriste pasion e muerte, non sufras que este greton falso, lleno de traiçion, aya en mj parte." E Miles coitauase de andar, quela leuaua. "Traidor, ladron," diz Florençia, que era muy ssannuda, "Aquel Sennor te confonda quel mundo saluo." "Duenna," dixo el, "mucho sodes villana, ca nos ssomos entrados en fuerte auentura." Toda la noche asi andaron, que pasaron aquella comarca. Mas el mal cauallo de Mjllon començo de cansar, e | ante dela luz, fallaron vna fuente. Alli fue Millon 80RB muy laso, e su cauallo muy cansado, e deçieron ally. "Dios," dixo Florençia, "por la vuestra grant virtud, uos me guardat que mj virginidat non sea perdida." "Çertas," dixo el traidor, que fue ende ssannudo, "bien me njenbra quando fuy en Roma preso que me non valio y lança njn escudo. Ante fuy desonrrada mente metido en tierra. E cuydo que melo rendiredes muy cara mente. E si sola mente fablardes para aquel Dios de virtud, toda uos abrire a espoladas." E echo enella mano e dio conella grant quebranto enel canpo. Desi fue a su cauallo e quitole la siella e el freno, e enbiolo a paçer. E el se tomo con Florençia a departir por grant ssanna. El monte era muy alto e muy espeso do ellos estauan. En tanto llego vn leon que salio de vna penna. El lunar fazia claro e vieron lo luego. E maguer que Millon era muy esforçado, ouo del espanto. Mas leuantose muy toste e saco su espada e echo el manto ante ssy. E el leon dexose correr a el, que era grande e velloso, e diole delas vnnas enel manto que traya de çendal, e rronpiogelo todo de cabo a cabo. E Miles le dio tal espadada enla cabesça quelos meollos le esparzio por tierra. Quando ouo | el malanante el leon muerto, ssol non dio ende graçias a Nuestro Sen- 80VA nor. Bien aueno a Millon el traidor quando asy mato aquel leon. E tanto auia trabajado aquel dia quese ssentio muy cansado, e sol non sele nenbro dela reyna. E echose enla yerua verde so vn arbol, e yogo asy. Mas a Florençia aueno, asy con miedo, que nunca fablo njn beruo, mas en su voluntat rrogaua a Dios que la acorriese e ala Virgen santa Maria. A atanto llegaron dos symjos que pasaron por ante la fuente, e saltaron enlos aruores. Mas quando los vio Millon, fue ende muy espantado, e erguyose toste, e fue tomar ssu cauallo. E llamo a Florençia, e mostro gelos. "Duenna," diz Millon, "tanto auedes orado que de todas partes vienen auos los diablos e las malas cosas."[124] Desy echo la siella a su cauallo e fizo caualgar a Florençia. Desy caualgo el, e pasaron por vn puerto, e andaron bien dos leguas que nunca el traidor fablo ala donzella palabra.

---

[124] Miles identifies the apes (*symjos*) that appear four lines above (2055) with evil and the demonic. His words here are reminiscent of the scene at Gethsemane (Matthew 26:36–56; Luke 22:39–65), in which Christ prays until He sweats blood (Luke 22:44) and in which Satan appears in Judas' person (Luke 22:3). The irony is that Miles is a Judas-figure and thus more akin to the Devil than are these fantastical monkeys.

Mucho fue llorando Florençia por aquel monte, commo mugier con grant pesar e con grant rencura. E dezia: "Glorioso Rey de mjsericordia, | Sennor, aued merçet demj, mesquina, ca muerta vo de fanbre e desuaneçida de llorar. Ay, Sennor Dios, non cuydo que oy enel mundo ha omme njn mugier tan coitada commo yo sso." E Miles ando conella todo aquel dia fasta enla noche. E quando llegaron avn valle, fallaron vna bella fuente e vna capilla cabella enque moraua vn hermjtanno viejo que seruia y[125] a Dios. Bien çient annos auia, e cantaua y su misa e ssus oras, e cabo dela capilla tenja su casa enque moraua, de madera e de ramos. Quando Millon vio la hermjta, fue contra alla. Mas el hermjtanno, que andaua en ssu ortizuela de que cogia sus verças que çenaua con vn quarto de pan de ordio, esta era ssu mantenençia. E quando vio a Florençia, fue ende marauillado. E desque ellos deçieron de las bestias, el hermitanno veno contra ellos e dixoles: "Buena conpanna, bien ha siete annos que aqui non vy omme njn mugier." E desque cato a Florençia, que vio tan triste e vestida de ricos pannos, e que se quexaua mucho, ca mucho mal sofria, dixo: "Duenna, yo creo que aquel Dios que uos fezo, quel mundo formo, çertas, pecado ha fecho quien vos mal fezo." "Sennor," dixo ella, "marauilla es commo me non mato. Yo so la jnfante de Roma, fija del enperador Otas, de que oystes fablar, | segunt creo. Mis rricos omes me esposaron con vn buen cauallero, e este su hermano me lieua asy a traiçion, commo vedes. E vo ya tan lassa e tan coitada de fanbre e de lazeria que non he ya poder de mj, que bien ha tres dias que non comj cosa." Quando esto entendio el hermitanno, ouo della grant piadat, e fue a ssu çesta e tomo vn pan, ca non auja ende mas. E saco su cochillo e partiolo, e troxole ally el medio e diogelo, e viola llorar de fanbre e de coita, e ouo della grant duelo. E desy dio el otro medio a Millon, en quien fue mal enpleado. E desque Florençia tomo el pan, comjo del vn poco, ca auia enel muy grandes argannas. E Miles comjo el suyo a todo ssu poder. Mas apocas sse non afogo conel primer bocado, ca era muy aspro, e dixo: "Maldita es la boca que te ha de comer, ca nunca le pro ternas." Florençia del ssu pan non comio mas de vn poco, ca non pudo. "Duenna," dixo el hermitanno, "marauillado sso, que sodes tan fermosa, de commo veniestes aqui, ca a este lugar nunca vienen gentes." "Sennor," dize Florençia, | "enel mundo non bjue mugier que tanto trabajo njn tanto enojo sofriese commo yo sofry tres dias ha.[126] El enperador Otas de Roma fue mj padre, e non ouo otro fijo njn otra fija ssynon yo. E

---

[125] Scribal insertion: *y*.

[126] Once again, the number three is symbolic. Spaccarelli is aware of Florencia's association with Christ, who spent three days in Hell in order to pave the way for salvation (*Medieval Pilgrim's Companion*, 83).

2100 finco amj toda su tierra, e fuy esposada con vn donzel. Nunca omme
mejor del vio, njn mas ardit njn mas esforçado. E este falso traidor que
vedes lieua me asi a fuerça." Quando esto oyo el hermitanno, ouo della
grant duelo. E Millon dixo: "Don monge, mucho sodes preguntador.
Mas, ¿que auedes uos y de ver? Dios uos confonda el pelo." "Çertas,"
2105 dixo el hermjtanno, que era ya viejo e cano, "ssi yo fuese tan bien sano e
tan arreziado commo era bien ha ochenta annos, vos non la leuariades
commo rrenegado." E Miles tiro la espada de la bayna. Mas quando
aquello vio el hermitanno, fuese meter enla capiella e çerro la puerta
enpos desy. E Miles, que fue en pos el e lo non pudo coger ala mano,
2110 echo ala puerta el çerrojo por de fuera. Desy puso fuego ala hermita
aderredor, e asy ardio la capiella e el hermjtanno dentro. Mucho fue
sannudo Millon el endiablado[127] por quel asy respondiera el ssanto
omme. E quando asy ouo quemada la hermita e a el, | Florençia, que esto   81va
vio, ouo grant miedo e grant pesar. "Dios," dixo ella, "por la vuestra
2115 virtud que Uos vengastes de Luçifer el traidor, que sse uos quiso egualar
en parayso, e lo derribastes de alla ssuso con quantos sse conel touieron,
que ante eran angeles e fueron perdidos, glorioso Rey espiritual, tu que
te asy vengaste, non sufras que este desesperado traidor me escarnezca,
e toma del vengança dela traiçion que fizo a ssu hermano, e del hermi-
2120 tanno que agora mato. Traidor," diz Florençia, "mal as fecho deste santo
hermitanno que as muerto, ca pesara ende a Dios. Ora puedes dezir que
mal erraste." "Çertas," dize Miles, "muchas ssandias palabras vos salieron oy de la boca, e cuydo quelas conpraredes cara mente." Asy fablaron
grant pieça por ssanna. E Miles yogo toda aquella noche antel fuego, e
2125 tenja ssu cauallo por la rienda. Ala mannana fizo caualgar a Florençia.
Desy caualgo el. E cogieron se por vn ssendero que yua por vn llano.
"Duenna," dize Miles, "bien me njenbra quanto me auedes dicho. Mas
uos me prometeredes agora que jamas en fecho njn en dicho non faredes
saber a njnguno que fuestes fija del enperador de Roma, njn esposa de
2130 Esmere. Synon, muerta sodes." E saco la espada dela bayna. E ella fizo
la jura con | miedo del. Despues metio la espada enla bayna. E fueron   81vb
entrando por vn monte espeso e alto, e Millon le trauo enel brial e dixole:
"Ora vo a guisa de fol. Tres dias ha que sodes en mj poder, e esta fue la
cosa que mas desee. E avn non conply convusco cosa de mj voluntad.
2135 Çertas, ora conplire mj deseo, mas catad que sol non baladredes njn
metades roido." "Maldigate Dios," diz Florençia, "Sennora ssanta Maria,

---

[127] Regarding the discussion of the *natura* doctrine discussed in p. 95 n. 45, Spaccarelli notes that Miles's behaviour negates the concept that birth determines an individual's actions. In other words, he is *endiablado* by choice, not as a result of his noble extraction (Spaccarelli, *Medieval Pilgrim's Companion*, 77).

Reyna, Virgen, Madre de Ihesu Xpisto, vos non sufrades quel mj cuerpo sea escarnido. ¡Traidor!", diz Florençia, "mugier sso de tu hermano. Aquel que dela Virgen santa Maria naçio me ssea defendedor contra ty."
2140 Entonçe la ssaco fuera dela ssenda e fue conella por vnos aruores mucho espesos, e paso vn rio e deçio de ssu cauallo, e desy deçio a ella muy paso. E desque fue atar ssu cauallo, dixo ella: "Dios, que guardastes a Daniel delos leones e Helias el profeta leuastes quando echo a su diçipulo su manto, e que guardastes a Dauit del jayan Golias,[128] assy commo vuestra
2145 madre naçio en Nazareht e que por vuestro mandado fue dada a Iosep que la guardase, asy me guardat uos deste traidor falso, que non aya en mj parte, ca ante me mataria con vn cochiello." Asy començo | la mes-   82ra quina de fazer su duelo. E dixo: "Ay, Sennor Dios, en mala ora fuy yo naçida. Dios Padre poderoso, ¿commo me auedes oluidada?[129] Sennora
2150 santa Maria, vos me sed oy defendedor." E el traidor trauo della muy fiera mente, e queria la forçar. Mas ella menbrose delos nonbres de Nuestro Sennor e començolos a nonbrar delos mas altos, ca bien los aprendiera. E Nuestro Sennor mostro y su virtud. E otrossy le valio y mucho vna piedra preçiosa que traya enla broncha entrelas otras que y eran
2155 engastonadas, que auja tal virtud que mientra la touiese, en njnguna guisa non poderia perder su virginidat. Agora oyd commo fizo la piedra su virtud por la misericordia de Dios, que do Miles cuydo fazer della su voluntad, perdio todo el poder del cuerpo e delos nienbros, e ssentiose asy tollido enel canpo. E despues que ouo poder dessy e de fablar, llamo
2160 a Florençia e dixole: "Puta, ¿commo sodes encantador?[130] Caratulas me auedes fechas, esto non sse puede encobrir. Mas para aquel Sennor que

---

[128] Florencia clearly sees her situation in light of these biblical figures' lives, and she therefore has much in common with many saints and prophets (Spaccarelli, *Medieval Pilgrim's Companion*, 83–84). This prayer not only is similar to others within this very codex but also resonates with the *ordo commendationis animae* found in the *CMC*, *PFG*, and *LBA*, among others. The repetition of this prayer helps both to weave a common thread throughout several pieces of this manuscript and to connect with a broader Castilian literary tradition.

[129] This passage reminds us of Christ's words on the cross: "And about the ninth hour Jesus cried with a loud voice, 'Eli, eli, la'ma sabachtha'ni?' that is, 'My God, my God, why hast thou forsaken me?'" (Matthew 27:6). The fact that Florencia has spent three days suffering, that she asks this question, and, as we shall see, that she is hung from a tree, makes of her a Christ figure.

[130] Miles's use of this particular word (*encantador*) recalls Maxentius's earlier accusation that Catherine of Alexandria was a victim of Christian *encantamento* (fol. 21va, p. 58, line 531). That a medieval public would have rejected the emperor's conclusion is a given. See Spaccarelli for a fuller treatment of how the *LH*'s audience must learn to perceive godly versus ungodly magic in *Otas de Roma* (*Medieval Pilgrim's Companion*, 86–89; idem, "Recovering," 220).

el mu*n*do fizo, sy las no*n* desfezierdes, yo uos tajare la cabeça." "¡Traidor!", diz Flore*n*çia, "dizes muy gra*n*t mentira. Mas la vi*r*tud de Dios me guardo dety." "Çertas," diz Millon, "de follia pensades. Todas v*ues*-
2165 *t*ras carautulas e v*ues*tras melezinas cuydo yo toller."[131] E saco | luego la  82RB
espada dela bayna e fue a vn ramo e tajolo, q*ue* era despino, q*ue* tenja mucho agudos espinos, e torno a Flore*n*çia, e diole vn costral en t*ie*rra. E firiola con*e*l por los pies e por las piernas e por los costados, q*ue* toda la ensangrento. E le ronpio la rica purpura de q*ue* era vestida. "¡Traidor!",
2170 diz Flore*n*çia, "e, ¿por q*ue* me matas? Dios nu*n*ca telo p*er*donara." "Çertas," dixo el, "mucho sodes parlera, ca yo fare de uos todo mjo plaz*er*. Desfazet ayna las carautulas." "¡T*r*aidor!", diz ella, "esto es gra*n*t sandez. Ante yo q*ue*rria s*er* toda desnenbrada." Q*u*ando oyo Miles q*ue* asy le respondia, tan gra*n*t pesar ouo ende q*ue* a pocas no*n* rraujaua, e erguyose
2175 e fuela tomar por los cabellos e puso la ençima de vn arbol e colgola por ellos. Despues atole las manos a tras muy rezia mente e metiole por entre los braços vn ramo. E dexola asy estar q*ue* sus pies no*n* tan*n*jan a t*ie*rra. "P*ar* mj cabeça," dixo Millon, "mal vos vay. Q*u*anto vos dezides no*n* vos valdra cosa sino*n* desfezieredes las caratolas." "¡Traydor!", diz Flore*n*çia,
2180 "esto no*n* s*er*a ya." Q*u*ando lo Mjles entendio, a pocas no*n* ensandeçio de pesar. E conla gra*n*t san*n*a, fue tomar vn rramo e firio la tanto e tan mal q*ue* toda la ensangrento de g*u*isa q*ue*le rronpio la carne en muchos logares, q*ue* el sangre corria della enla yerua.[132] E la mesq*u*ina començo a baladrar e dizia: "Ay, santa Maria, valed me q*ue* a uos | me encomende,  82VA
2185 e a Uos me do. Sen*n*or, non ssufrades q*ue*la mi alma sea p*er*dida." "Par mj cabeça," diz Miles, "venida es v*ues*tra fin ssylas carautulas no*n* desfazedes. Çertas, ya por mj no*n* s*er*edes descolgada." "Traidor," diz

---

[131] Miles's accusation that Florencia makes use of witchcraft is one of many instances in which he projects his own inner darkness onto another person. Spaccarelli argues that since she obtained the magic stone from the *apostoligo*, a medieval public would have condoned Florencia's use of magic (*Medieval Pilgrim's Companion*, 87).

[132] Walker illustrates similarities between the abusive behavior of Miles toward Florencia and that of the Infantes de Carrión toward doña Elvira and doña Sol in the *robledo de Corpes* episode of the *CMC*, which is not surprising given that the two episodes may have a French source in common: "A Possible Source for the *Afrenta de Corpes* Episode in the *Poema de Mio Cid*," Modern Language Review 72 (1977): 335–47. Yet there are also internal connections with other tales in the *LH*, for like the unnamed empress of Rome, Florencia "será sometida a un proceso de degradación moral y social; no sólo pierde su identidad, sino que irá pasando por estadios inferiores, constituidos como un camino de perfección del que, al final, emergerá triunfante" (Gómez Redondo, *Prosa medieval*, 2:1671). The plot of *Vna santa enperatris que ouo en Rroma*, in particular, follows many of the same patterns in *Otas de Roma*.

Florençia, "grant follia te coyta, ca jamas la tu carne non se juntara conla mja. Mas Dios te de ende tal gualardon qual yo querria, ca ssy El quesier,
2190 El me acorrera tan toste."
En tal guisa estaua colgada del aruol que non llegauan ssus pies a tierra. E el traidor Miles la leuaua en escarnio. Mas agora oyd commo la libro Nuestro Sennor, e por qual auentura. En aquella floresta auia vn buen castiello, çercado de buen muro, e buena caua, do moraua mucha
2195 gente. Al castiello dezian Castiello Perdido, e era sennor del Terryn, que tenja y ssus casas muy buenas, e ssu mugier,[133] e ssu fija, muy fermosa donzella, a que dezian Beatris, e mas de diez donzellas conella. Aquel cauallero era muy bueno, e aquel dia fuera a caça, e fallo vn çieruo, e corria en pos el con ssus caualleros e con ssu conpanna, que bien eran
2200 veynte e çinco, e los canes que yuan con aquel çieruo latiendo delante. E fueron por aquel logar por do estaua | Florençia en tal guisa commo 82vB oystes. Quando los Miles oyo, caualgo en su cauallo muy toste, ca ouo muy grant miedo. E fuese fuyendo, ca sse temjo que venjan en pos el, e metiose por la floresta. E el çieruo se paso por aquel logar corriendo. E
2205 la conpanna quelo seguian pasauan por so el aruol. E quando cataron, vieron a Florençia colgada e la claridat que dauan las piedras de ssu broncha. E dexaron de yr en pos el çieruo e pararonse. E llamaron ssu sennor e amostraronle la mula tan rica mente guarnida e Florençia, que estaua colgada, e dixieron: "¿Quien vio nunca tan rico guarnjmento de
2210 duenna?" Ca los arzones eran dalifante e cubierta de vn rrico baldoquin, e las camas del mueso e el mueso[134] e la plegadura de buen oro fino. E entonçe fue Terrin contra Florençia que vio planner e baladrar, e bien le ssemejo la mas fermosa cosa que nunca viera. "Duenna," dixo el, "¿cuya sodes, o donde?[135] Non melo neguedes. Ssy cosa buena sodes, dezit melo
2215 luego." E ella rrespondio assy commo pudo, ssolloçando mucho: "Ay, ssennor, merçet, por aquel[136] Dios quel mundo redemio. Yo sso esta mesquina que vedes que esto enesta pena e enesta tormenta. Non vos puedo ende mas dezir, tanto sso coitada, ca nunca fuy fuera de penas e de martirios. Non uos puedo ende mas dezir, tanto sso mal trecha.
2220 Non poderiades en poco tienpo | saber toda mi malandança." E quando 83RA Terrin lo oyo, deçio de su cauallo e fue a ella, e desliola e tomola en sus braços e asentola enel prado, e ouo della muy grant duelo, ca la vio tan sangrienta e tan mal ferida de las feridas que le feziera Miles, quela su faz tornara tal commo de muerta, e su brial rroto en muchos logares.

---

[133] Baird: *muger* (*Análisis lingüístico y filológico*, 87).

[134] Baird: *muesy* (*Análisis lingüístico y filológico*, 88).

[135] Baird adds *venides* before this question mark (*Análisis lingüístico y filológico*, 88).

[136] Scribal insertion: *aquel*.

2225 E todos avian della grant duelo e gra*n*t pesar. E desy llamo sus om*e*s e dixoles: "No*n* fagades grant rroydo, mas fablat paso, ca alguno fue aq*u*i q*ue* no*n* traxo[137] esta duen*n*a asu voluntat, asi com*m*o paresçe. Mas fazet me toste vnas andas en q*ue* la leuemos a Castil P*er*dido, e bien cuydo q*ue* no*n* tardara mucho q*ue* nos saberemos donde es esta duen*n*a o de q*u*al
2230 lynage, e q*u*ien la traxo aca e la ferio tan mal e la asy dexo asy colgada en este monte." E ellos fezi*er*o*n* luego su mandado, e fuero*n* luego tajar ramos e fezier*o*n las andas. Desy metiero*n* la su mula d*e*lant*e* e vn palafren detras, e leuaua*n* las andas, e echaro*n* y a Florençia, e acogieron sus can*e*s e metiero*n* se a la carrera, e leuaro*n* la al castiello. E desq*ue* la
2235 Terrin fizo meter en su palaçio, llamo asu mug*ier*[138] aq*ue* dezian Anglentina | e a su fija Beatriz, q*ue* era muy fermosa a marauilla, e dixo le: "Yo  83RB
no*n* q*u*erria por muy grant cosa de auer no*n* ser oy ydo a caça, e dezir vos he com*m*o. Oy de man*n*ana q*u*ando salimos, cogimos en pos de vn çieruo, e yendo asy corriendo por la montan*n*a, fallamos colgada de vn
2240 arbol[139] vna mesq*u*ina. No*n* se sy es condesa o duq*u*esa o de grant g*u*isa, mas nu*n*ca tan bella cosa vy, nj*n* tan bien fecha. De su guarnime*n*to vos digo q*ue* seria caro de conp*r*ar. Ora fazed della pensar, e faredes grant lymosna, segu*n*t cuydo. E fazed le fazer alg*u*na melezina, ca mucho es mal ferida, e meted la en ban*n*o, e den le a comer de vna gallina, e no*n* le
2245 demande ning*u*no de su fazie*n*da fasta q*ue* sea tornada bien en acuerdo." E la duen*n*a, q*u*ando le esto dixo su marido, q*u*ito luego desy su manto armj*n*nado e fuese con su fija Beatriz alas andas, q*ue* entraran ya en*e*l corral, e metiero*n* la en*e*l palaçio muy mansa ment*e*.
Asy fue la reyn*n*a Florençia en Castil P*er*dido, q*ue* era sen*n*ora de
2250 Rroma. Aueno[140] le bien, ca Terrin, el sen*n*or | del castiello, com*m*o era 83VA
om*m*e noble e de buen talant*e*, mando a su mug*ier* q*ue*la feziese muy bien s*er*uir e guardar asu volu*n*tad. E ella, q*ue* era muy buena duen*n*a, dixo q*ue*le faria q*u*anto ella mester ouiese, e fizo la meter en su camara, e ella e su fija Beatriz le desnuaro*n* primera ment*e* el brial, q*ue* fuera de fino
2255 oro, mas era ya rroto e mal trecho, desy la camisa, q*ue* era de seda muy blanca, mas tenja la pegada alas cuestas e alas yjadas en muchos logares dela sangre q*ue*l saliera mucha de las feridas muchas q*ue*le diera aq*ue*l traydor. E la duen*n*a e su fija, q*u*ando esto vieron, ouiero*n* della grant

---

[137] Baird: *traxo* (*Análisis lingüístico y filológico*, 88).

[138] Baird: *muger* (*Análisis lingüístico y filológico*, 89).

[139] Spaccarelli: "No Christian audience can miss the parallel between Florencia's suffering on the tree and Christ's suffering on the tree at Calvary" (*Medieval Pilgrim's Companion*, 83). In addition to being beaten and being anointed with precious ointment, her affliction is yet another way her experience is like that of Christ. Terrin is like the Good Samaritan.

[140] Baird adds an *e* before this word (*Análisis lingüístico y filológico*, 89).

duelo e grant manziella, e de piadat tomaronse a llorar. E desque la des-
2260 nudaron, echaron la en vn buen lecho muy mansa mente, e cobrieron la
muy bien. Desy fezieronle vn caldo e echaron gelo con vna cuchar de oro
por la garganta, e yogo asy. Despues tomo la buena duenna su vngento
muy preçiado, e vntola conel muy sabrosa mente, e su fija. Esto era enel
tienpo del estio. Desy destenpro de vna yerua de grant virtud e dio gela
2265 a beuer. Despues que acordo, dieron le gallina e lo que entendieron que
le aueria pro.
| Mucho[141] fue bien seruida la rreyna Florençia en aquella camara, e 83vb
bannada e guardada, asy que fue guarida. La fija de Terrin, que era muy
fermosa e mucho ensennada, se trabajaua dele fazer todo plazer, e yazian
2270 anbas en otra camara allende dela de Terrin, e ardia y vna lanpada toda
la noche. Los caualleros de Terrin e su conpanna yazian enel palaçio.
Las donzellas jogauan e solazauan de dia, e por catar a Florençia, que era
blanca commo nieue, e su faz tan clara que dezian los que la yuan ver que
nunca tan bella criatura vieran, e por ende la catauan muy de grado, e
2275 rrogauan la de amor e de tales peitos.[142] E ella se libraua dellos sin villania, que se rreyan ende. Mas quanto ellos demandauan, todo lo tenia ella
por follia. E toda via pensaua en Esmere, que nunca sele oluidaua, e
enmentaualo e llamaua a Dios e a santa Maria, e dezia: "Ay, Miles, ¡traydor!, Dios te maldiga, que asy me partieste de tan buen donzel." Mas
2280 Terrin, que bendito sea, la confortaua mucho e la fazia muy bien seruir e
guardar, e rrogaua a su mugier que asy lo feziese, mas nunca fizo seruiçio
quele tan bien saliese, ca despues le dio ella por ende a Plazençia a[143]
Lonbardia. Vn dia fue Terrin ala montanna por auer alguna caça con | 84ra
que feziese plazer a Florençia, e desque fizo meter los canes en las tray-
2285 llas e aguysar sus monteros, salio se de grant mannana. E desque entraron por el monte, fallaron vn puerco e soltaron le los canes e corrieron
conel. E alcançaronlo e touieronlo quedo. E Terrin, que era muy montero, metio toda la espada por el, ca asy lo matan en aquella tierra, e el
puerco cayo luego, que se non pudo erguir. E Terrin deçio del cauallo e
2290 abrio el puerco e çeuo los canes, e fizo leuar al venado para su casa. E
desto fizo commo cortes, que mando presentar a Florençia la cabeça del,
e digo vos que a mas alta donzella non la poderia presentar. Desy
demando agua e asentose ala mesa, e fizo asentar cabo sy ala reynna
Florençia, e dela otra parte se asento su mugier e su fija. Mucha le fazia
2295 de onrra e de bien e de algo.[144] Terrin fazia muy buen contenent, e seya

---

[141] Deleted superscript letters before *Mucho*: mu.
[142] Baird: *pleitos* (*Análisis lingüístico y filológico*, 90).
[143] Baird: *e* (*Análisis lingüístico y filológico*, 90).
[144] There is a hole in the parchment here that does not affect the text.

muy ledo. E desque comieron, entro en su camara con su mugier e con su fija e con Florençia, e viola tan blanca commo nieue e tan bien colorada que era grant marauilla. E dexieron entre sy que nunca tan bella criatura vieran. E[145] Terrin, quela mucho sienpre onrraua, dixo le: "Sen-
2300 nora buena, yo vos mande muy bien guardar e fize deuos pensar muy | 84RB bien, asy que me semeja loado sea Dios que sodes bien guarida e non vos lo digo por ningunt arreferimiento. Ora querria saber, sy a uos proguiese, quien sodes e donde, e sy sodes duquesa o reynna, o quien vos ato aquel arbol do vos yo falle tan mal meneada." "Sennor," dixo Florençia, "esto
2305 es bien sabido que me feziestes mucha onrra e mucho bien, que uos yo agradesco mucho, e veredes que en buen punto vos leuantastes aquel dia que me fallastes, ca mucho bien vos verna dende. Mas sennor, asy es que vos lo non puedo dezir, que non falsase mi lealtat.[146] Mas yo non cuydo que ante que[147] pase esta semana vos lo sabredes, ca se non puede enco-
2310 brir, ca bien sabed que en aquel tienpo era la fe tan bien guardada que so el çielo non auia tal despues quela jurase que ante non quesiese auer la cabeça tajada quela falsar. Mas agora de otra guysa se faze, ca mucho es a villanada e abaxada, ca muchos se perjuran, e a menudo." Verdat es que quando Miles se partio de Florençia, que yua con grant pesar, e fuese
2315 dende a Guillem de Duel, que auia muy grant guerra. E Millon, que era muy buen cauallero darmas, lo ayudo muy bien, ca mucho era sabidor de guerra e muy esforçado. E don Guillem lo amo mucho e fue del muy priuado, | ca mucho era sabidor en armas. Mucho era en grant cuydado 84VA e triste por la trayçion que auia fecha, e dezia muchas vezes entre sy
2320 quando sele menbraua: "Ay, Sennor Dios, en mal punto fuy nasçido, que trayçion fize a mj hermano, que era rey sagrado e coronado, que era menor que yo e mejor verdadera mente. El diablo entro en mj, ca fize commo tredor prouado,[148] e sere por ende escarnido do quier que me fallen." Millon auia desto tan grant pesar que por poco se maldexiera.[149]
2325 Dela otra parte Florençia era asy,[150] commo ya oyestes, en Castil Perdido, que nunca Terrin sopo quien era nin de qual lynaje. Vn cauallero auia en su casa que auia nonbre Macayre, Nuestro Sennor lo cofonda, ca nunca peor traydor fue naçido, pero que era ardido e mucho atreuido.

---

[145] Baird omits this letter (*Análisis lingüístico y filológico*, 91).
[146] The first *t* is superscript. MS: *lealdtat*.
[147] The words *ante que* are superscript.
[148] Cf. John 13:27; Luke 22:3.
[149] This passage is a good example of Spaccarelli's observation that the *LH* "consistently shows males to be the source of lasciviously inappropiate and sinful behavior" (*Medieval Pilgrim's Companion*, 63). This portrayal of males is the counterpoint to the codex's pro-feminine undercurrent.
[150] MS: *yaosy*. The letters *as* are superscript.

Aquel amaua tanto a Florençia que a pocas era sandio por ella, e prome-
2330 tiale oro e plata e piedras preçiosas e donas asaz, pennas veras e armjnnos en pannos de seda, mas ella dezia que los non querya, ca le non eran
mester. Mas el era tan tollido por ella que dezia que ante quer[i]a ser
desmenbrado quela non ouiese asu voluntade. Vn dia veno de vna alta
fiesta que deuian guardar bien, e Terrin fue con su mugier e con su fija
2335 Beatriz a vn monesterio de duennas que auia y çerca a oyr su misa. E
Florençia, que se dultaua mucho por que fincaua | sola, tomo vn libro 84vb
dela duenna e asentose cabo de vn pilar e començo arrezar por el e dezir
sus oraçiones. E siendo asy, menbrole de su madre e tomose a llorar. E
ella llorando asy, ahe aqui a Macayre, lleno de mal pensar. Quando Flo-
2340 rençia lo vio, ovo del miedo, e erguyose toste. "Sennor," diz la donzella,
"dexame estar en paz. Yd vos vuestra carrera de aqui, ca me non pago de
vuestra conpanna. Vos non sabedes quien me so, e demandas me grant
follia, lo que non podredes acabar, sy me Dios de mal guardar quesier,
por todo el oro del sieglo. Yd vos luego de aqui, sy non, yo me quexare
2345 dende a Terrin tanto que venga del monesterio donde fue." "Çertas,"
dixo Macayre, "vos me fazedes ensandesçer. Yo non puedo mas esta vida
endurar." Estonçe quiso[151] trauar enella por la echar en vn lecho. Mas
Florençia lo puxo de guysa que a poco lo derribo, e tomo vna piedra. E
commo el quiso trauar della, dio le conla piedra enel rrostro tal ferida
2350 quele quebro dos dientes dela boca delanteros, e cayeron le luego,[152] e fue
lleno de sangre. "Partid[153] vos de mi," dixo la donzella, "ca mal vos verna
dende, ca non so yo para vos, | nin uos para mj." Quando aquesto enten- 85ra
dio Macaire, a pocas non fue ssandio, e non pudo fablar por vna grant
pieça. E tanto auja miedo de Terrin que non oso y mas fincar. E cobrio
2355 la cabeça del manto e fuese parar ala puerta. E llamo sus dos escuderos
e mandoles ensillar su cauallo. E desque fue ensellado, caualgo. E mando
leuar su escudo e su lança asy commo ssy quesiese yr algunt torneo, e
penso que al quarto dia tornaria, que non tardaria mas, e diria que fuera
ferido enel torneo de vna justa enlos dientes. Asy que se fue que non oso
2360 catar a njnguno. Grant pesar ouo Macayre en su corasçon dela ferida
delos dientes quele diera la donzella, por que era mellado. Mas juraua que
ella lo conpraria cara mente, ssy el podiese. E desque Terrin veno del
monesterio, ssentose ala mesa e fizo asentar a Florençia a ssu senjestra
parte, e a su mugier e asu fija a su diestra parte, e ssus caualleros e ssu
2365 conpanna antel. E comjeron muy bien e muy auondada mente. Aquel dia

---

[151] There is a hole in the parchment at this point, but it does not affect the text.
[152] As Gómez Redondo notes, both of the aggressors of Florencia and Sevilla lose their teeth while the women defend themselves (*Prosa medieval*, 2:1672).
[153] Baird: *parad* (*Análisis lingüístico y filológico*, 92).

que llego Macaire, asentose ala mesa con los otros caualleros. E desque comieron, cato lo Terrin, e començo a burlar, e dixole desta guisa: "Par mj cabeça, vasallo, mucho andastes. El que assi justo convusco mal uos jogo. | Non uos amaua mucho. Cuydo yo que mejor vos fuera de folgar 85RB
2370 aqui connusco e comer desta caça e beuer de buen vjno." "Par Dios," diz Macaire, "verdat dezides. Desque vedes que non puede ya al ser, tomastes uos a escarnir demj." E dixo en su coraçson que commo quier que alguyen pesase, que ella lo conpraria cara mente. Agora oyd del greton falso en qual guisa obro. Fizo fazer vn cochiello mayor de dos palmos, e man-
2375 dolo bien amolar. Veredes el endiablado, commo lo tomo el diablo. Metiose enla camara ala noche e ascondiose tras la cortina. E Terrin e su mugier[154] echaronse en vn lecho. E Florençia e Beatris[155] çerraron bien la puerta por de dentro. Desy fueronse echar en su lecho, mas non adormeçieron tan ayna, ca esto es verdat, que quando alguna ocasion ha
2380 de venjr a omme o ala mugier,[156] non puede dormjr tan bien. E el traidor non quiso salir de tras la cortina en quanto las oyo tosser e bollir. E quando entendio ya que dormjan muy fiera mente, ssalio do yazia por fazer matar a Florençia e escarnjr, e fuese muy quedo al lecho delas donzellas. E la lunbre era grande enla camara delas lanpadas e de candelas
2385 de guisa que bien connosçio[157] a Florençia. E metio la mano por sso el cobertor, e alçolo escontra Beatris,[158] e metiole el cochillo[159] por so la teta senjestra que le dio enel coraçson, que nunca tannjo de pie njn de mano, njn fablo cosa, ca luego en prouiso le salio | la alma del cuerpo. E 85VA touo el cuchillo enella grant pieça. E desque lo tiro, metiolo asy san-
2390 griento a Florençia enla mano, que dormia. Asi que la sangre le corrio por la mano, que era muy blanca. Desy partiose dende. E Terrin començo a ssonnar entonçe commo caya vn rayo del çielo con fuego ardiente e yua dar a Beatris[160] e quela echaua muerta, e el fumo del rayo daua ende a Florençia de Rroma, e afumaua la toda. Mucho fue espantado el omme
2395 bueno de aquel ssuenno, e con pauor desperto, e erguyo la cabeça en alto. E por que non auia otro fijo, amaua la mucho. E non se pudo sofrir quela non fuese catar. E tanto ouo ende de grant coita que se erguyo del lecho commo adormido, e cobriose de vn manto de xamete, e fuese toste al lecho de las donzellas. E leuo en ssu mano vna candela, e vio a Beatris,[161]

---

[154] Baird: *muger* (*Análisis lingüístico y filológico*, 93).
[155] Baird: *Beatriz* (*Análisis lingüístico y filológico*, 93).
[156] Baird: *muger* (*Análisis lingüístico y filológico*, 93).
[157] Baird: *conosçió* (*Análisis lingüístico y filológico*, 94).
[158] Baird: *Beatriz* (*Análisis lingüístico y filológico*, 94).
[159] Baird: *cochiello* (*Análisis lingüístico y filológico*, 94).
[160] Baird: *Beatriz* (*Análisis lingüístico y filológico*, 94).
[161] Baird: *Beatriz* (*Análisis lingüístico y filológico*, 94).

2400 su fija, salir la sang*r*e por el costado e correr por todo el cue*r*po, e ella
yazer mue*r*ta e amarilla. E cato a Flore*n*çia, e viole tener el cochillo en
la mano sangriento, e q*ue* dormia muy fiera ment*e*. E el, q*ue* vio su fija
asy yazer muerta e sang*r*ienta, nu*n*ca tama*nn*o pesar ouo. Mas agora oyd
q*ue* fezo el om*m*e b*ue*no. Q*u*ando cato a Flore*n*çia de vna p*ar*te e de ot*r*a,
2405 penso q*ue* yria catar la camara, sy fallaria algu*n*o q*ue* aq*ue*llo feziera. E
fue ala puerta e fallola muy bien | çerrada. E cato so el lecho e sola[162]  85vb
rropa e cada log*a*r, e no*n* pudo cosa fallar. Mas no*n* cato tras el su lecho,
ca y lo fallara. Mas no*n* plogo a Dios. E q*u*ando no*n* fallo njngu*n*o,
cuydo verdadera ment*e* q*ue* Flore*n*çia le feziera aq*ue*l mal. E fue a su
2410 lecho e llamo a su mug*i*er,[163] e dixole muy paso: "Duen*n*a, por Dios uos
ruego q*ue* catedes q*ue* no*n* aya agora aq*u*i roido njn gra*n*t duelo. ¿Sabedes
aq*ue*lla q*ue* fallamos colgada del aruol agora puede auer vn mes, e la
troxiemos aq*u*i? Mato a Beat*r*is mj fija co*n* vn cochiello mucho agudo."
Q*u*ando esto entendio la duen*n*a, ouo muy gra*n*t coita, e vestio toste vna
2415 piel armjn*n*a e leuantose de ssu lecho e fuese al lecho delas donzellas. E
cato e vio aq*ue*lla mala vision. Desy fue abrir la camara, e tomose a baladrar e a carpir e a llamar los om*e*s de su casa. E ellos sse leuantaron toste
e fuero*n* alla corriendo, asy q*ue* la casa fue luego llena. E Terrin les mostro su fija Beat*r*is[164] q*u*al yazia. E todos fezi*er*o*n* por ella gra*n*t duelo, asy
2420 q*ue* los mas esmoreçian ende. Macayre el t*r*aidor, q*ue* todo lo ascuchaua,
ssalio de alli do estaua ascondido e fuese a la priesa e al duelo, e sola
ment*e* no*n* fablaua cosa.

| Mucho fueron en*e*l castiello espantados e esmaidos de aq*ue*l fecho,  86ra
mas Flore*n*çia yazia tan dormient*e* q*ue* nu*n*ca abrio mano del cochiello.
2425 E sson*n*aua q*ue* estaua en*e*l mont*e* mucho espeso, ally do Miles caual-
gara, e q*ue* sse fuera fuyendo por miedo de Terrin, e q*ue* treynta canes
lo cometian, q*ue* venian corrie*n*do derrendon. Mas Millon los cometia
muy fiera ment*e*, e ellos ta*n* grant miedo auian del q*ue* todos fuyan, e del
pauor q*ue* la donzella auia, esp*er*taua. Entonçe abrio la mano e dexo caer
2430 el cuchiello. "Çertas," diz Terrin, "mal me auedes escarnido. Yo cuydo
q*ue* asy feziestes a otros muchos." Mas Flore*n*çia, q*u*ando abrio los ojos,
fue espantada, e q*u*ando oyo el duelo, dixo: "Ay, Dios, ¿q*ue* es lo q*ue*
dizen? Nu*n*ca tal cosa oy." A tanto ahe aq*u*i Macaire e bien q*u*inze con*e*l.
E cada vno traya en su mano su espada muy linpia e mucho aguda. E
2435 venian mucho auiuados por matar a Flore*n*çia, e muerta la ouiera*n*, mas
Terrin les dixo: "Estad q*ue*dos, ca p*ar*a aq*ue*l Sen*n*or q*ue* nu*n*ca mentio,
e*n* mal punto s*er*a por aq*ue*l q*ue* sola ment*e* sse aballar por le faz*er* mal, | 86rb

---

[162] I.e., *so la*, "beneath the."
[163] Baird: *muger* (*Análisis lingüístico y filológico*, 94).
[164] Baird: *Beatriz* (*Análisis lingüístico y filológico*, 95).

ca yo non q*u*iero q*ue* muera syno*n* por juyzio. E faremos della tal justiçia com*m*o mereçio." Grande era el duelo por el castiello q*ue* por Beatris[165]
2440 fazian. Çerca daq*u*el castillo auia vna abadia de duen*n*as, e tan*n*ieron las canpanas, e la tesorera fizo tomar las cruzes, e fueron las monjas a casa de Terrin, e mucha ot*r*a gent*e* dela villa. E desq*ue* entraron enla villa e fueron ala camara, e Flore*n*çia vio el duelo tan gra*n*de, fue marauillada. Mas q*u*ando cato e vio aBeatris[166] muerta e sang*r*ienta cabo sy, era muy
2445 espantada, e dezia: "Ss*a*nta M*a*ri*a*, ¡valme!" E abaxaua la cabeça, e no*n* sabia q*ue* fazer. ¿Q*ue* uos dire mas? Non le valia y jurar njn saluarsse. Entonçe sse llamaua mesq*u*ina, mesq*u*ina, catiua. E Terrin le dixo: "Par Dios, donzella, ssy yo esto cuydara q*u*ando uos falle en*e*l monte, no*n* uos t*r*oxiera p*a*ra mi casa por todo el oro del mundo." Entonçe dixo
2450 *con*tra los cauall*e*ros: "Par Dios, ssen*n*ores, a dur lo cuydaria silo yo no*n* sson*n*ara. E desq*ue* lo sson*n*e, fuy entonçe catar la camara, e falle le q*ue* tenia el cochillo enla mano ssang*r*iento. Mas ssy om*m*e fuese, yo lo mataria luego en*e*ste punto. Agora, sen*n*ores, fablat vos ende e dat ende juyzio." E ellos | sse fablaron, e fallaron por derecho q*ue*la mandasen 86va
2455 quemar, pues q*ue* la asy fallaran en*e*l fecho. Grant duelo e gra*n*t llanto fazia Terrin por su fija, e ot*r*ossy fazian todos e todas por el castiello, com*m*o por fija de ssu sen*n*or, q*ue* no*n* auja ot*r*a. ¡Ay, mesq*u*ina de Flo-rençia! No*n*le valia saluarse njn jurar, por el cochiello q*u*ele fallaran[167] en*e*l pun*n*o. E desq*u*ela noche fue salida e la man*n*ana veno, tomaro*n* el
2460 cue*r*po e ag*u*isaronlo bien en pan*n*os de sseda, e leuaron lo ala abadia e y lo ssoterraron onrrada me*n*te. E desq*u*elo enterraron, t*r*oxiero*n* mucha len*n*a e muchas espinas e fezieron muy gra*n*t fuego fuera del muro en vn canpo. E despues fueron por Florençia, enperatris de Roma. E t*r*oxieron la ssyn manto en su brial. E q*u*ando fue antel fuego, con miedo e con
2465 tremor q*ue* auja, dixo por Dios q*u*ela dexasen fazer oraçion. E ellos gelo oto*r*garon. E ella finco los jnojos en tierra e començo a dezir: "Nues-t*r*o Sen*n*or Ih*es*u X*r*isto, q*u*ien en vos cree firme mente, com*m*o diz la Esc*r*iptura, no*n* puede s*e*r p*e*rdido.[168] Ay, Ssen*n*or, com*m*o uos fuestes traido de los judios descreidos e ferido e mal menado e enla vera cruz,
2470 | plegado e escopido, e prendiest*e*s muert*e* por los pecadores, e al terçer 86vb dia resuçitastes, asy, Sen*n*or, com*m*o esto fue verdat, asi vos prenda pia-dat desta mesq*u*ina pecador. ¡Ay, desaue*n*turada! Por mj fue el rey Otas mj padre guerreado e muerto enla gra*n*t batalla. E la reyn*n*a[169] mj madre murio de parto q*u*ando me pario. Grant pecado c*r*imjnal fizo q*u*ien me

---

[165] Baird: *Beatriz* (*Análisis lingüístico y filológico*, 95).
[166] Baird: *a Beatriz* (*Análisis lingüístico y filológico*, 96).
[167] Baird: *fallaron* (*Análisis lingüístico y filológico*, 96).
[168] John 3:16.
[169] Baird: *reyna* (*Análisis lingüístico y filológico*, 96).

2475 esto basteçio, por que avn muchos lloraran e faran duelo. Mas Aquel me perdone que sobre todas las cosas ha poder, e aya merçet de mj alma, ca el cuerpo en mal peligro se ve." Mucho era Florençia en grant miedo quando veya el fuego tan fuerte e tan açeso. E començauase[170] a coitar entre ssus enemigos: "¡Ay, catiua!", dixo ella, "¿quien me vusco este mal?
2480 Bien ssabe Nuestro Sennor que nunca fuy en muerte de omme njn de mugier, mas por mj fueron muchos caualleros en batalla muertos. El pecado de mj padre me conprende. Me semeja que resçibire aqui martirio, pues y al non puede sser, e nunca meresçy por que. Mas ruego aquel Sennor que fue puesto en cruz que aya merçet de mj alma e la meta enel
2485 ssu santo paraiso." | Luenga mente sse coito la mesquina. E estaua mas   87RA blanca que flor de lis, e la boca pequenna e la nariz bien puesta. E asy luzia ssu faz commo brasas bjuas. E ella asi estando, llego Terrin a pie, e bien ssesenta caualleros conel, e mucho era fermoso marques e noble. E cato a Florençia, que vio llorar e llanner, e tan fermosa criatura. E ouo
2490 della duelo e piadat, e mandola alongar vn poco del fuego, e dixole: "Par Dios, donzella, grant dapnno me auedes fecho, lo que non deuja vn enemigo fazer a otro. Mas por Dios, tanto me dezit, ¿donde ouiestes aquel cochillo conque matastes mj fija?, ca marauillado sso ende, o, ¿por que la matastes?" "Ay, buen sennor, merçet," dixo la reyna, "çertas, nunca la yo
2495 mate, ante he ende muy grant coita e muy grant pesar en mj corasçon de ssu muerte. Ay, mesquina, non sse que diga, ca me veo syn pariente, syn amigo. Alguyen fue que troxo aquel cochillo que esto fizo por mal demj, ca yo resçibire por ende muerte, que nunca fize por que. Mas mj alma sera salua pues quelo non meresçy."
2500   | Esto fue vn dia sabado de grant mannana. E todos los del castiello   87RB se salieron por los prados, asi que todo el pueblo dela villa y era ayuntado para ver aquella justiçia dela reyna Florençia, e clerigos, e monjas, e veyan commo la tenja Terrin vn poco alongada del fuego, e la preguntaua a guisa de omme mesurado. E estauan asperando quando la quemarian,
2505 e oyan commo ella dezia: "Ay, glorioso Dios, verdadero Sennor, ¡quanta coita he a endurar!, que eneste fuego he a ser quemada. Ay, Virgen santa Maria, Sennora, ¡acorreme! Ay, agora fuese aqui el papa mj padrino e el buen rey Esmere e el bueno de Agrauayn, e librar me yan desta coita. Mas ssemejame que esto non sera. ¡Ay, mesquina! Ya nunca vere la çiu-
2510 dat de Roma." Quando le esto oyo dezir Terrin e vio commo lloraua tan fiera mente, ouo della muy grant piadat. Desi era tan bella criatura que dixo contra ssus omes: "Çertas grant duelo he desta mesquina de mugier, de guisa que sy me oujese muerto mj padre e mj madre con ssus manos, e todo mj ljnage, nonla mataria por cosa." E dixo a Garlaynes, vn ssu

---

[170] The letters *ua* are superscript.

2515 omme: "Yd le por su mula, | ensellada e enfrenada con todo su guar- 87va
nimento, quele non mengue nada. E quiero que sse salga de mj tierra
luego. Mas syla enel monte comjeren leones o lobos o otras bestias, non
me yncal, ca non sere yo por eso reutado." Quando esto oyo la reyna Florençia, fue ya quanto confortada, pues que sopo quela non quemarian,
2520 e con alegria la sangre le bollia enel cuerpo. E por que non auja culpa,
acorriole Nuestro Sennor e fizo que el cauallero la quito. E la enperatriz
le dio ende graçias. Desy fue a la duenna quele mucho bien feziera, e
omildosele mucho. Desy espidiose della llorando mucho, e dixole que
Dios le diese buen gualardon del bien quel feziera. E Terrin e su mugier
2525 ouieron della grant piadat, e ella lloraua tan fiera mente que semejaua
que toda se ssoluja en lagrimas, tanto era desconfortada. E la duenna,
que era cuerda e muy entendida, penso que nunca su fija por ella fuera
muerta, mas que algunt traidor troxiera ally el cochillo quele matara su
fija. E dixo en ssu voluntad que se non podria encobrir que ala çima non
2530 fuese sabido. E rrogo a Dios en su coraçson que el descobriese quien
lo feziera, e que non poderia ser que asi non fuese. Garlaynes, a quien
fue mandado, fizo commo cortes. Fuese al establia, do estaua la mula,
e enfreno la e ensillola de su siella que ella ally troxiera, que cosa non
menguo. Desy leuola a ssu sennor. Florençia estaua | delante llorando 87vb
2535 muy fiera mente, e quando aquesto vio, dexose caer a sus pies e pedioles
merçet. Mas Terrin la tomo por la mano, e erguyo la. Mas ssy ella auia
pauor, non uos marauilledes, dela vna parte del fuego fuerte, que veya
ante ssy, dela otra, que todos le dezian mal e la culpauan. Mas Dios, en
que se ella fiaua, la guardo ende. "Sennor," diz Florençia, "por Dios,
2540 e, ¿do yre quando me agora de aqui partier? ¡Mesquina! Yo cuydo que
nunca mugier de tan alta guisa fue en tal coyta njn en tan mala andança,
sy lo yo osase dezir, mas nunca me perjurare. Mas a esta coitada mesquina Dios non le fallecera. Mas yo vos juro para aquel Dios que en cruz
se dexo prender muerte por nuestro amor, por nos librar delas penas del
2545 jnfierno, que nunca yo en tal guysa tannj a Beatriz con cochillo. E bien
veo que maguer vos lo jure que vos non melo creeredes. Mas pues que
esta catiua asy se ha de yr desanparada, por Dios, defendet a vuestros
omes que me non fagan mal, ca yo se bien pieça ha que tales y ha que me
farian onta e mal." "Par mj cabeça," dixo Terryn, "ya tal nonse mouera
2550 por esto que la cabeça non pierda. Ya tan alto omme non sera." Quando
Macayre esto oyo, pesole mucho, ca de buena mente fuera enpos ella,
mas non oso por miedo de Terrin. Entonçe le fizo dar Terrin todo lo
suyo, quanto alli troxiera, asy pannos commo el guarnimento dela mula.
Entonçe la pusieron enla mula, mas toda era mojada de ssus lagrimas,
2555 asy | que Terrin ouo ende grant piadat. E desque se espidio dellos torno 88ra
se, llorando mucho, e comendoles a Dios. E Terrin fizo a guisa de cortes. Caualgo en su cauallo e fue conella mas de media legua. Entonçe

*Otas de Roma*

sse torno, e Florençia fue su carrera. E non ando mucho que fallo vn monte, e sygno se mas de quatro vezes, e comendose a Dios e a su madre,
2560 e erguio los ojos al çielo, e firio sus culpas en sus pechos, e esforçose. E aguyjo su mula, que andaua muy bien e muy quedo, ca el bosque era grande, quele duro quatro leguas. E desto le aueno bien que non fallo ninguno. Mas ante que del fuese fuera, ouo vn enojo, ca el camjno ssele partio en dos carreras. E estudo queda vn poco, e non sopo qual dellos
2565 tomase. E puso en Dios ssu esperança, e aguyjo la mula que se fuese por qual quesiese, e la mula se fue por el de diestro. Asy se yua Florençia por el camjno de diestro, coitada e con pesar, pensando mucho. El dia fazia bueno e claro, e poderia ser ora de terçia quando ella ssalio del monte. Entonçe entro en vn grant llano contrar ribera dela mar, e alli era el
2570 puerto de aquellos que querian pasar ala tierra d'Ultramar. Entonçe cato e vio vna çiudat muy bien murada dalto muro, | e de buenas torres por el, 88RB do morauan muchos buenos caualleros e mucha otra gente buena. E vio salir vna grant conpanna de omes dela villa que leuauan vn ladron de y dela tierra a enforcar, que auia muertos e rrobados muchos omes. E dolo
2575 tenjan ya al pie dela forca e querian echar la cuerda suso por lo tirar, aqui viene Florençia atraujeso de vn canpo. E fue contra ellos, ca de grado querria fallar alguna buena gente quela connosçiesen. E aquellos que tenjan el ladron, la vieron luego e pararon le mjentes, e dixieron entre ssy: "Aqui viene vna fada," e mostraron la al sennor. E el la cato. "Vamos,"
2580 dixo el, "contra ella e saberemos quien es." Entonçe fueron contra alla, e el sennor, que yua delante. Quando llego e la vio tan bien guarnida, touo que era duenna de algunt buen logar, e saluola muy cortesa mente, e dixole: "Duenna, bien seades venida, e bien trobada. Fermosa, ¿quien vos fizo pesar?, ca me semeja que alguyen vos meno mal." "Sennor," diz
2585 ella, "esto non puede ser encubierto. Yo so vna catiua, que so salida de mj tierra. Asaz sso fija de algo e de alto ljnage, e non vos puedo dezer mas, que asy lo he jurado." E estido asy fablando conellos vna grant pieça, de guisa que lloraron mucho conella. E el sennor la tomo por la rienda de orofres. Desy leuola por delante las forcas donde tenja Clarenbart la soga
2590 ala garganta. Agora oyredes commo la reynna[171] Florençia guaresçio a Clarenbaut de muerte, que non lo enforcasen, donde ouo | el grant pla- 88VA zer. Mas ella lo conpro despues cara mente, commo podedes oyr, si uos ploguier.

"Sennor," diz Florençia, "por Dios, entendet mj razon. Quando uos
2595 agora dela primera[172] vy, cuyde que yuades en proçesion a seruiçio de Dios a algunt ssantuario." "Duenna," diz el, "ante venjmos enforcar vn ladron

---

[171] Baird: *reyna* (*Análisis lingüístico y filológico*, 100).
[172] Baird: *prima* (*Análisis lingüístico y filológico*, 100).

que ha fecho mucho mal enesta tierra, que non dexa eglesia njn casa de orden njn de otri[173] que non robase. Ayer ala noche despues que dormian, fue preso en vn monesterio de ssant Pedro d'Aualon. Mas poner lo an agora ally[174] enla forca e yr nos hemos luego." "Sennor," diz Florençia, "perdon y ha menester. E vos me semejades muy buen omme. Dat melo e guardar me ha esta mula, ca non trayo rrapaz, e helo mucho menester." "Duenna," diz el sennor, "dar vos lo hemos, que non a cosa por que uos lo dexase de dar, mas yo cuydo a buena fe que ayades enel mal conpannon." Entonçe mando quelo desatasen dela ssoga e le soltasen las manos e tolliesen el panno de ante los ojos, e asy fue fecho. E leuaron[175] lo a Florençia, e dieron gelo tan amarillo commo çera. "Amigo," diz Florençia, "¿commo as tu nonbre?" "Sennora," diz el, "Clarenbaut me llaman amj." "Par mj fe," dixo ella, "nonbre as de ladron. Agora | dexa tu menester e se bueno, e sy me quesieres seruir, tu aueras ende gualardon." Quando Clarenbaut entendio que por ella seria libre de muerte, dexo sele caer a los pies dela mula. E Florençia lo fizo leuantar e tomolo por el cuello. E el le juro quele non falleçeria por auer del mundo e quela seruiria leal mente. Mucho fue ledo Clarenbaut quando sse vio libre dela forca, e finco con Florençia, asy commo oydes, su jurado. Mas mala mente sse perjuro despues el aleuoso, ca era omme de mala natura, ca nunca touo a omme fe njn verdat. Agora oyredes delas grandes desauenturas que auenjeron a Florençia, que era de tan alto logar e tan noble, pero despues veno a Roma e fue juntada a Esmere, el buen cauallero, fijo del rey d'Ongria. E por ella gano el el enperio de Roma. Mucho fue aquel dia el alegria grande de quando fueron juntados, e el fue coronado, e ella otrosi. E este fue el mejor cauallero que en aquel tienpo sopieron. Mas de Clarenbaut uos digo que por Florençia fue libre, que non perno enla forca. Despues que fue ssu omme, commo era grant ribaldo traidor, nunca le touo fe njn verdat. Ante pensaua commo leuaria della los pannos. Assy se fue conella delante en pannos de ljno. E entraron enla villa por la puerta que dezian de Paris. E fueron posar a casa de | Peraut, e ssu mugier auia nonbre Ssolipsa, que non auia tan leal mugier en toda la tierra commo el cuento deuisa. Mas el marido era muy falso e muy cobdicioso, e quando el vio el ladron que fuera leuado a justiçiar, fue mas ledo que syle diesen veynte marcos de oro. E fue ael e abraçolo e prometiole su ayuda. E el ladron gelo gradesçio mucho, Dios los confonda. E desque Florençia fue desçendida dela mula, sentaron la en vn lecho. E Ssolipsa la burgesa, que muy grant piadat auja della, entremetiose dela seruir a todo su poder, ca

---

[173] Baird: *otra* (*Análisis lingüístico y filológico*, 101).
[174] Baird: *assý* (*Análisis lingüístico y filológico*, 101).
[175] Baird: *llevaron* (*Análisis lingüístico y filológico*, 101).

bien sabia que en malas manos era cayda. Mas penso que en quanto ella pudiese, quela guardaria de mal. E dixole: "Bien me ssemejades gentil duenna, par sant Donjs. Mugier de Rey njn de conde non ha menester antojança. Vedes, amiga, Nuestro Sennor Ihesu Xpisto sofrio en su carne mucha coyta e mucho martirio por nos tirar del jnfierno. E commo yo esto creo firme mente, asy le ruego que vos lieue con bien e con alegria ala tierra donde salistes."

| Aquella noche yogo Florençia en aquella çibdat en casa de Peraut, su buen huesped,[176] que Dios confonda. Clarenbaut, en quien sse ella mucho fiaua, consejo se conel huespede commo le vendiesen, ca la mula e los pannos tenja en su casa. Marauilla fue commo la non mataron. Mas Dios la guardo ende, quela non quiso olbidar, ca non puede ser perdido el que Dios quier ayudar. E por esto Florençia de Roma non podia ser escarnida, ca Dios la guardaua, e la Virgen Santa Maria, a que sse ella mucho encomendaua. Solipsa la burgesa, que Dios vendiga, la seruja a todo su poder. Mas mucho era esmaida de quela veya en poder de aquellos ladrones. Mas ya en tanto commo ella pudiese, non le farian escarnjo, e pusieron la mesa e comjeron bien, pan e vjno e pescado. E desque comieron, luego Peraut pregunto a Florençia e dixole por follonja: "Duenna, ¿quien sodes, sy Dios uos salue, o de qual tierra sodes natural? Non melo neguedes. ¿Sodes casada o soltera? Semejades me soldadera que ha muchos djneros. Ante que me escapedes de manos vos auere yo vendida." "Sennor," diz Clarenbaut, "vos dezides follia, ca mj ssennora vos dara mas que vos querriades, e ella e su auer aueredes vos[177] en vuestro poder todo. Yo sso su omme quito, e hele jurado quele non fallesca en toda mj vida." Mas commo quier quelo dezia | por la boca, non lo tenja asi enla voluntad. Nunca el traidor de Judas, que en Gehethsemanja vendio Nuestro Sennor alos judios, fizo mayor traiçion dela que fara çedo Clarenbaut a Florençia de Roma.[178] Mucho fazia por ella grant duelo el buen Esmere, e mucho era ende coitado e desmayado a grant marauilla, e buscola e fizo la buscar, mas nunca della pudieron saber parte, e non sabia que y cuydar. E quando vio que non podia ende saber nueuas torno

---

[176] This particular "good host" turns out to be not so good, as we shall see. As Spaccarelli delineates, the issue of discerning between the good and bad *huéspedes* comes to the forefront of the tale at this point. It resurfaces again in *Carlos Maynes* with regard to Griomoart, the thief who serves as a catalyst for the final reunion of the protagonists of that tale (Spaccarelli, *Medieval Pilgrim's Companion*, 84–85).

[177] Baird leaves out this word (*Análisis lingüístico y filológico*, 103).

[178] The analogy between Clarenbaut and Judas implicitly compares Florencia to Christ. Although some believe Jesus failed to discern properly when He decided to trust Judas with the charge of discipleship (Spaccarelli, *Medieval Pilgrim's Companion*, 85), this is not true because Christ had knowledge of the events to come.

se ala guerra por fazer ende lo mejor. Mas de Florençia vos digo que era mucho espantada dela mala palabra que oyera dezir a su huesped, asy que synon fuera por la huespeda, de noche fuyera. A atanto fueronse echar a dormir, e dormjeron fasta la mannana, que tannjeron la canpana en vna abadia que estaua y çerca. Quando la oyo Florençia, leuantose ella e su huespeda, e fueron alla oyr la misa. E desque fue dicha, salieron se dela eglesia. Florençia cato contra el puerto e vio estar las naues e las galeas, e penso que de grado yria ala tierra ssanta de Iherusalem, do Dios priso muerte e vida, sy ouiese quien la ayudase e la guiase. Desy tornaron sse las duennas ala posada. E la huespeda, commo era buena e de buena parte, presento que comiese a Florençia. E Peraut e Clarenbaut andauan assechando commo le poderian[179] quitar lo que | traya,[180] e muerta la ouieran o afogada, synon fuera por la buena duenna que auia della grant piadat e queles jurara par el verdadero Rey, Ihesu Xpisto, syle mal feziesen, que ella lo yria dezir alos juezes e al pueblo. E desque yantaron, Florençia llamo a Clarenbaut e dixo le: "¿Commo me catas asy commo follon? Ves, sy tu quesieres ser leal, yo te fare fazer çedo cauallero, e darte he tan grant auer por que nunca seras pobre en toda tu vida." "Duenna," dixo el ladron, "Dios ssabe mj voluntad. Yo non uos falleçere fasta la muerte." Despues dixo entre sus dientes muy paso que el la faria quexar ante dela noche. "Clarenbaut," diz Florençia, "agora entiende mj talante. Alla yuso enel puerto estan mercaderes que quieren pasar a Vltramar, sylos Dios quier ayudar, por yr en romeria al santo Sepulcro. Vay e cata, e pregunta sy fallaras algunt pelegrin que me quesiese leuar en su guarda, e yo le dare de mj auer lo que el toujer por bien." "Duenna," dixo el ladron, "a vuestra voluntad sea." E fueron el e Peraut corriendo para el puerto muy ledos, ca de grado venderian a Florençia sy pudiesen, e cataron e vieron vna naue a su diestro, muy grande e muy alta, e entraron dentro. E fallaron y Escot, | el maestre dela nao, que semejaua omme bueno e de buen talante, e ssus omes e su conpanna estauan aderredor del. E Clarenbaut lo saluo, e el le dixo que Dios le diese buena ventura e: "¿Que demandades, amigo?" "Sennor," diz el ladron, "yo uos lo dire. Yo tengo vn auer de vender, cortes e fermoso. Non cuydo que tan bel ha en todo el sieglo. E fazer uos he del buen mercado, ssy uos ende pagardes." Quando esto oyo Escote, fue mas deseoso delo saber e de ver aquella merchandia quele loaua tanto. E el marjnero le respondio: "Amigo, non dubdes de mj. Dyme tu voluntad, e non me mjentas, ca yo non me pago de omme mentidor, mas ssy el auer es tal commo tu dizes e tu quieres ganar, non ha omme aqui eneste puerto, bien te fago çierto, que comigo

---

[179] Deleted superscript letters after poderian: tra.
[180] MS: trayan.

ose almon*e*dear.[181] Por fe, sy me del pagar, yo vos digo ssyn chufa q*ue* de mj oro vos dare vna bestia cargada." "Sen*n*or," diz Clarenbaut, "esta es vna mug*ie*r q*ue* no ha tan fermosa de aq*ui* a Espan*n*a." Q*u*ando le esto oyo el marinero, creçiole el coraşcon. E llamo a Clarenbaut e començole
2710 a rrogar: "Yd toste por la duen*n*a, ca non auedes q*ue* demorar. E yo | vos  90RB
dare por ella muy gra*n*t cosa de oro." Entonçe le fizo t*r*aer delante las doblas. Q*u*ando el ladron vio el auer, alegrose mucho, e pe*n*so sylo pudiese auer syn destoruo q*ue* jamas nu*n*ca mengua aueria. "Amigo," dixo Escot, "yo non vos q*u*iero engan*n*ar. ¿Vedes uos aq*u*el ostal en par
2715 de aq*ue*l canpanario? Alli resçebit uos este saco salua ment*e*. Traed me aca la duen*n*a q*ue* dezides q*ue* es tan fermosa. E desq*ue* fuer en mj naue, tomad de ally v*ue*stro auer. Ya om*m*e del mu*n*do non vos lo enbargara." "Por fe," dize Clarenbaut, "pues conviene q*ue* m*e*lo juredes, e yo auos otrosy deuos la t*r*aer toste." "Pues yd uos ayna," dixo Escot, "ca el vie*n*to
2720 auemos bueno *p*ara xjnglar." E el dixo q*ue* se no*n* detern*j*a mas. Entonçe se torno Clarenbaut, Dios le de mal sieglo e mala perdida a el e a Peraut, su huesped, q*ue* se yua*n* a la villa por Florença. Ya Ssoplisa, su huespeda, no*n* le aueria y mester. Q*u*ando los ladron*e*s llegaro*n* ala posada, fallaron a Florença, q*ue* seya fablando con su b*ue*na huespeda. "Duen*n*a,"
2725 diz Clare*n*baut, "nos auemos fecha vna mercha*n*dia. Alq*u*ilamos vna naue, e el sen*n*or me juro sin falla q*ue* el vos leuaria a la tierra de Jerusalen, do Dios naçio, ante de vn mes. E la naue esta presta, e ha su t*ie*npo muy b*ue*no. E el sen*n*or de la naue es muy bue*n* om*m*e, e tien*e* ssu | naue  90VA
cargada, e non atiende ya sy no*n* auos." Q*u*ando ella esto oyo, dio ende
2730 graç*i*as a N*ue*stro Sen*n*or e dixo: "Sen*n*or Dios, uos me guyad por la v*ue*st*r*a santa piadat, e guardat mj c*ue*rpo de mal." Entonçe se espidio de su huespeda e gradeçiole q*u*anto amor le feziera, e dixole: "Duen*n*a, a Dios uos comiendo, ca me q*u*iero yr. Mas ant*e* uos q*u*iero dar este mj manto. E Peraut auera la mula por q*u*anto le despendi." E la huespeda le
2735 dixo q*ue*la comendaua aq*ue*l Dios q*ue* desçendio delos çielos ala tierra: "Dios prenda deuos g*u*arda, ca me ssemeja q*ue* gra*n*t pecado ha fecho q*u*ien vos en*e*ste trabajo echo." E al dep*a*rtir, comenc*c*aron anbas mucho a llorar. Entonçe sse fue asy la reyn*n*a Florença a pie ala ribera dela mar, e Clarenbaut ante ella, q*ue* auja pleitado com*m*o oyst*e*s. Mas fiera ment*e*
2740 codiçiaua el auer q*ue* en*e*l ostal estaua. E Escot, el marinero q*ue* aq*ue*llo auia vezado, canbio el auer del saco, e metio y cobre e plomo. E atolo muy bien e pusolo en ssu logar. E desq*ue* Clarenbaut llego ala ribera dela mar con ssu sen*n*or, fallaron y Escot, q*ue*los atendia. E q*u*ando vio la reyna Florença, loo mucho ssu merchandia, e ouo ende gra*n*t plazer. E

---

[181] The letters *al* are superscript. Baird: *almondear* (*Análisis lingüístico y filológico*, 104).

2745 fue contra ella e tomo la en sus braços e pusola enel batel. Desy tornose al ladron e fizole | dar el saco conel auer. E el lo tomo muy ayna. E echolo a su cuello e fuese conel. E Escot torno sse asu naue e fizo sennal a ssu gente que se acogiesen. E mando aguysar los aparejos. E alçaron las ancoras e xinglaron e fueron su via. Mas los ladrones que leuauan el saco
2750 del auer llegaron muy ledos ala posada. E desque lo toujeron, quesieron abrir el saco, que era bien çerrado. E detoujeronse ya quanto enlo descadenar. Mas desque lo abrieron e fallaron el cobre e el plomo, toujeronse por engannados. E non demandedes sy ende ouieron grant pesar. "Par fe," dize Clarenbaut, "aqui ha mala merchandia. ¡Malditas sean las
2755 fuentes donos bautizaron! Quien de traiçion vsa non gana nada, e por esto arderemos en jnfierno."

Assy se fueron por la mar Escot e su conpanna, e y yua Florençia. E auian el viento muy rezio que fazia ala naue correr muy fiera mente. Mas digo uos de Clarenbaut e de su huespede que sse toujeron por
2760 mucho escarnidos. E asy deuja ello ser, por que non deue njnguno toller el ladron dela forca, pues es culpado, njn destoruar la justiçia. La reynna Florençia seya en vna camara delas dela naue en vn almadraque. E Escot la | fue ver, que traya la barua muy luenga, e quando la vio tan fermosa fue en todo esbafarido, e cobdiçiauala mucho a marauilla, que dezia en
2765 su voluntad que non auia auer enel mundo por que dexase de conplir su deseo. Quando ella vio a Escot, que traya la barua muy luenga e la cabesça cana, e assy venja contra ella, ouo del tal miedo que perdio la color. E Escot la ssaluo de grado e dixole: "Dios uos salue, amiga fermosa, pues que deuos sso entregado, ca muy grant plazer he deuos ver.
2770 Çertas, yo non vos daria por mill marcos de oro." "¡Ay, Dios!", dize Florençia, "¿quiça sso traida? E, ¿do es Clarenbaut? ¿Assy me ha desanparada?" "Çertas, sy," dixo Escot, "partido es deuos, mas sy me bien seruierdes amj guisa, yo uos fare mucho algo. Yo uos dare mucho auer, por que uos fare muy rica, ca tanto me plaz de vuestro amor que non ha
2775 cosa que por vos non feziese." "Sennor," diz Florençia, "non me fabledes en tal pleito, njn uos entremetades ende jamas, ca esto seria follia. Ca par aquella fe que yo deuo a Dios, ante querria quel mj cuerpo fuese quemado en vna grant foguera o que me echasen enesta mar, do me comiesen peçes." Quando Escot esto entendio, pesole dende mucho. E fue
2780 la tomar enlos braços e erguyola a sus pechos. Mas | Florençia dios[182] grandes baladros e dixo: "Glorioso Sennor, verdadero Padre, con ssanto Spiritu, librad me oy mjo cuerpo de mal, que non finque escarnjda." A aquella ora ferio vn viento tan fuerte enla naue que quebro el mastel, e dio conla vela enla naue e con la entena, que a pocas non mato muchos delos

---

[182] Baird: *dió* (*Análisis lingüístico y filológico*, 107).

2785 que y yuan. Entonçe avrio Escot manos de Florençia e fuese corriendo al gouernalle, e trauo enel timon por endereçar la naue. Mas la tormenta començo de cresçer e el viento a esforçar e tronar, e caer piedras e rrayos por la naue tan espesa mente que non fue y tal que miedo non ouiese de muerte. El dia escureçio, asy que adur se podian ver vno a otro. La
2790 tormenta era tan grande que espanto tomaua omme dela ver, e vna onda con vn toruelljno ferio tan fuerte enla naue que quebro el gouernalle en dos pieças, e leuolo. De sy echaron dos anclas, e la naue se començo de abrir. E los cables se rroçaron, e Escot començo a baladrar e a dezir: "Ssennores, todos ssomos muertos, que non podemos escapar." Desy
2795 cato a Florençia, e llorando dixole muy piadosa mente: "Fermosa e muy sabrosa amiga, oy nos conviene finar. Çertas, sy yo de aqui pudiese escapar mas uos amaria e mas uos querria ca me dar todo el oro del mundo." "Ay, Ssennor," diz Florençia, "Tu seas bendito e aorado. Mas querria prender muerte | enesta mar que yo asi obrase, ca mas onrra me seria. Ay, 91va
2800 Sennor Dios, lieua me ala tierra do nasçi.[183] ¡Ay, Esmere, amigo! Aquel te salue que fizo Adan e Eua por poblar el mundo, ca me ssemeja que ya nunca veredes a Florençia vuestra esposa." Entonçe ferieron las ondas enla naue tan fuerte mente que quebraron el castil dauante, e la naue se començo dafondar. Quando esto vio Florençia, sy ouo grant pauor, non
2805 era marauilla, ca veya su muerte asus ojos. E començo a llorar e sospirar. E quando vio la naue fenderse e enchir se de agua, tomose a dezir los nonbres de Nuestro Sennor, que ella bien sabia, ca bien entendia que non podia morir en agua njn en peligro quien los dixiese. E trauo en vn saco de farina que vio enla naue. E despues quela naue fue llena de agua,
2810 ella se enpuxo en aquel saco por la mar. E desque la naue fue afondada, quantos enella yuan fueron muertos, que njnguno non escapo, synon sola mente Escot el maestre, quese pego avn gouernallo ante que su naue se afondase. Alongolo della, asy commo lo leuauan las vagas, e Florençia otrosi enel saco de farina de que se non quiso desaprender. E tendiose en
2815 çima del, e touose bien con anbas las manos commo con coita de muerte, sy poderia escapar. E asi fue, ca al que Dios quier ayudar, non lo puede njnguno estoruar.

| Assi commo oydes, fue la naue afondada, e morieron quantos ene- 91vb lla yuan, fuera sola mente Escot, el maestre della, e Florençia, la jnfante
2820 de Roma, que se tenja al saco con tal pauor commo podedes entender. E llamaua Nuestro Sennor e santa Maria su madre, e dezia: "¡Ay, Sennor

---

[183] Florencia has been in physical exile not only from her earthly home but also from her heavenly one. She thus speaks not of Rome but rather of her *patria celestial*. The subsequent mention of Adam and Eve underscores the symbolic exile of humankind from God since the Fall.

Dios, acorred e ama*n*sat estos vientos e esta tenpestad." E N*uest*ro Sen*n*or, q*ue* ouo piadat della, lo fizo asi luego. Mas ant*e*, leuaron las ondas e el viento el saco e aella cont*r*a vna rrocha, e dieron con ella fu*er*a. E ella, 2825 q*ue* de grado escaparia de aq*ue*l peligro en q*ue* se veya, q*u*ando se vio en t*ie*rra, loo mucho el nonb*r*e de Dios, q*ue*la librara del peligro dela mar. E echo mano a vn rramo de vn arbol q*ue* estaua enla rocha, e touose bien ael. E salio fuera, asi com*m*o pudo, e sobiose a suso por vn sendero q*ue* fallo desas bestias q*ue* andauan por aq*ue*l monte. E desq*ue* se vio ya en 2830 saluo dela mar, de q*ue* ella ouiera tan grant pauor, asentose e retorçio su brial, que era todo lleno de agua e muy pesado, e enxugolo. E fazia muy buen sol e cataua la mar. E dezia: "¡Ay, mar, ay, mar, en gra*n*t coita me metiste e en grant miedo!" E bien puede om*m*e creer q*ue* la amaua Dios q*u*ando de tal peligro | la libro. Mas Escot fue muy alongado dalli, ca lo 92RA 2835 leuaro*n* las vagas tanto fasta q*ue* fallo vna naue, e dio bozes, por Dios, q*ue*lo acorriese*n* e lo q*u*itasen de aq*ue*l peligro. E el maestre lo mando tomar, e metieronlo en ssu naue. Mas de Florençia no*n* sopo el cosa, ca mucho fuera alongado della.

Dize la estoria q*ue* aq*ue*l dia q*ue* alli arribo Florençia q*ue* era dia 2840 martes. E desq*ue* enxugo sus pan*n*os e el brial enq*ue* traya la rica broncha, de q*ue* uos fable ya, vestiose. E por q*ue* non sabia q*ue* faz*er* njn p*ar*a do yr, comendose a N*uest*ro Senn*or* Ih*es*u Xp*ist*o e a s*an*ta M*ar*ia, su Mad*r*e, e rogoles e pedioles merçet, q*ue* la leuasen a atal lug*a*r do su cuerpo fuese guardado de mal e de desonrra. Entonçe se signo e començose de 2845 yr. E no*n* ando mucho q*u*ando[184] cato asu diestro e vio a Bel Repayre, vna muy buena villa, do auia vna muy rica abadia de monjas q*ue* seya sobre vn rio, enq*ue* auia bie*n* çient duen*n*as q*ue* s*er*uian a Dios. Q*u*ando Florençia vio el monesterio e ssopo q*ue* era de duen*n*as, todo el coraçon ssele asosego, e deçiose dela rrocha e fuese cont*r*a la villa. E ta*n*to q*ue* 2850 entro por la puerta, començaronse a tan*n*er de suyo todas las canpan*n*as del monesterio. Q*u*ando | esto vieron las monjas, marauillaronse mucho, 92RB e venjeron todas corriendo. E el abadesa veno y, e mando tirar todas las reliq*u*ias delas arcas, e salieron fu*er*a conlas cruzes e con p*r*oçesion, e fueronse por la g*r*ant rua, q*ue* era muy buena. E yendo assy cantando con 2855 p*r*oçesion, llego Florençia, q*ue* era ta*n* fermosa cosa q*ue* dela claridat del su rostro toda la t*ie*rra alunbraua. E q*u*ando la vio la abadesa, mucho le plogo con*e*lla, ca luego touo q*ue* era algu*n*a cosa de Dios. E fue la tomar por la mano muy sabrosa ment*e* e fuela leuando muy paso p*ar*a el monesterio. E la buelta fue muy grande en*e*l monesterio delas gentes dela villa 2860 q*ue* alla yuan, cada vno com*m*o podian. Assy guardo Dios a Florençia, la reyna de Roma, de gra*n*t peligro, e la guyo aq*ue*l monesterio del Bel

---

[184] Baird: *cuando* (*Análisis lingüístico y filológico*, 101).

Repaire que llamauan abadia de Sso Rrosa Flor, do estaua a sabor desy.
E el abadesa le fazia mucho amor e mucha onrra. Vn dia fueron todas
las duennas a cabildo, e asentaronse aderredor de Florençia, que da cla-
2865 ridat de ssu faz todo el logar do estaua, alunbraua. E el abadesa le dixo:
"Amiga, Dios uos metio entre nos aqui eneste monesterio do uos faremos
seruir e onrrar, e querriamos saber deuos quien sodes." "Duenna," diz
Florençia, "bien sabed sin dubda que yo so vna mugier triste e cuytada.
Ya fue sazon que oue sennor, pero nunca comigo | ouo que ver cosa, 92va
2870 ca yo fuy traida de vn cauallero. E este era su hermano, a que de Dios
mala andança non uos puedo ende mas dezir, ca melo fizo jurar aquel
aleuoso falso. Ora sso aqui convusco. Por Dios, datme mj aujto dela
orden e fazet me monja." Pero bien fiaua en Dios que avn seria en poder
del buen Esmere, su esposo. Assy finco Florençia en aquel monesterio,
2875 onde a ella plazia mucho. E podedes creer que mucho la amo Dios, que
de tal peligro la echo. Escot, el marjnero, dela otra parte, leuaron lo
los marjneros a Satale,[185] mas poco y gano, ca non auja que despender.
E ssofria grant lazeria e grant mesquindat, e con todo esto començo de
engafeçer, e toruosele la catadura e perdio la fabla. Asi que sse enojaron
2880 tanto del quele fezieron fuera dela villa vna cabanna enque lo pusieron. E
alli pedia por Dios alos que pasauan por y. E Florençia, aquella que Dios
amaua e que feziera tan bella que par non auja, era, asy commo oystes,
enla santa abadia de Bel Repaire. Alli se fizo monja. E el abadesa le
troxo vna cagulla, e vestieron gela e cobrieron le la cabeça de vn velo,
2885 e desy ssantiguola tres o quatro vezes. | E despues que fue sagrada, asy 92vb
commo costunbre e vso, tannjeron todos los sygnos del monesterio. La
misa fue cantada muy ofiçiada mente, e detouieronse y mucho. E desque
salieron della era ya bien medio dia. Entonçe fueron comer. E desque
comieron muy bien, Florençia dio graçias a Dios, ca se touo por guarida,
2890 pues era en logar seguro do le njnguno non faria desonrra. Ally dixo que
atenderia bien la ventura que le Dios dar quesiese, e auia su esperança en
Nuestro Sennor, ca bien le dezia su coraçon que avn tornaria a Roma e
que y veria a Esmere, aquel que ella non podia oluidar.

Esmere, aca do era en Roma con muy grant pesar por que non podia
2895 saber njngunas nueuas dela jnfante Florençia, su esposa, leuantosele vna
guerra, ca el rey que tenja a Pulla le veno correr la tierra. E el buen rey
Esmere moujo contra el con grant cauallleria delos romanos. E oujeron su
batalla muy grande. Mas pulleses fueron vençidos, assy que pocos ende
escaparon. E Esmere, que yua enel alcanço, ouo † muy grant calura, e 93ra

---

[185] Also known as Satalía, Satalieh, and Adalia, this port city is located in the gulf of the same name along the southern coast of Asia Minor (Baird, ed., *Análisis lingüístico y filológico*, 110 n. 20).

2900 tollio el yelmo dela cabeça por tomar viento. E vn arquero le lanço vna saeta e llago lo enla cabeça, asy quel fierro le finco y e la asta quebro e recudio del. E el maestre que pensaua del, quando le cato la llaga, non le pudo fallar el fierro, ca era muy pequenno. E por [ende] cuydoo[186] que fuera enla asta. E dixo que bien lo guariria, ca se non cataua de
2905 aquello, mas falleçio. Asi se torno el rey Esmere con ssu conpanna a Roma. Mas mucho era mal trecho dela cabeça, assy quele semejaua que non podia beujr luenga mente. E desque fue enla çiudat, enpeoro cada dia. E quando le ssobresano la llaga, ouiera de ser sandio.[187] Assy que non preçiaua asi njn quanto auia vn dinero. E la jnfante Florençia era en
2910 Bel Repaire enla abadia monja, asy commo oystes. Mas en seruir a Dios era todo ssu pensar, e a santa Maria, su Madre. Ella oya muy conplida mente todas las oras e muy de grado. Non sse enfadaua de velar e de orar e de ayunar, e al dar delas ljmosnas del monesterio, ssienpre ella era presente. E de mejor mjente lo fazia, ca resçebir vn grant tesoro,[188] toda
2915 claridat era enella, e en ver las monjas dolientes e en seruir las e en aguardar las. Esto fazia ella por ganar la grant | lediçia del paraiso en que 93RB mora el Fijo dela beata Virgen, con Dios Padre e con santo Spiritu. Enla abadia auia muchas duennas, mas vna auia y que era y muy fermosa e muy fija dalgo. Mas auia vn tan grant mal que si çedo non ouiese acorro
2920 poderia morir ayna, ca los mjenbros tenja tollidos, assy que non se podia ayudar de njnguno dellos. E era ynchada e el veer auia mal parado, e la reyna Florençia, que ouo della grant piadat, fue la ver. E mostro y Dios por ella tan grant virtud, commo agora oyredes, ca la amaua mucho. E por ende la ensalço, asy commo podedes oyr. E desque Florençia entro
2925 enla camara conel abadesa e con otras muchas duennas, e fue ante el lecho dela doliente, que era muy coitada e que gemja mucho, e dixole: "Duenna, non seades esmayda, mas aved firme creençia en Dios, que quier que[189] las almas sean saluas, ca uos seredes çedo muy bien guarida." Entonçe sse echo a tierra en oraçion contra oriente[190] e dixo: "Sennor
2930 Dios, que feziste el çielo e la tierra e prendiste carne enla Virgen santa

---

[186] This passage could possibly read according to Baird's suggestion, "'e por ó cuydó'" (Análisis lingüístico y filológico, 111 n. 21), meaning, "for this reason he thought."

[187] Baird notes that this clause means that he was at the point of going mad (Análisis lingüístico y filológico, 111 n. 22).

[188] The first letter o here was reconstructed using ultraviolet light.

[189] Scribal insertion: que.

[190] Facing toward the East to pray is a Christian practice that began very early. Orienting churches derives from this custom. Given the East's theological associations with the Garden of Eden, Calvary, the Ascension, and the Return of Christ, this direction is synonymous with all that is good: Louis Gougaud, *Devotional and*

María, ssin corronpimiento de virginidat, e ella finco virgen ante del parto e despues del parto, e de vuestro nasçimiento veno grant alegría a todo el mundo. Sennor, uos que distes manos | ala donzela Anastasia de Roma,[191] que ella non las auia, e que andaua pediendo limosnas, e que guardastes los tres njnnos enla fornalla ardiente,[192] e que librastes ssanta Susanna del crimen en que era acusada,[193] e Daniel enel lago delos leones fanbrientos,[194] assy, Sennor, commo esto creo que fue verdat, asi uos pido que dedes, Sennor, ssalut a esta duenna e la libredes de ssu enfermedat, que se leuante de aquí do yaz." Desi alço la diestra mano, e signola dela sennal dela santa Cruz quatro vezes, e a si mesma. Desy començole a traer las manos por el cuerpo muy sabrosa mente e tanto que le tannjo el cuerpo e gelo ablando con sus manos, luego sele quito el dolor. Assy quel rostro le desincho e venole color muy buena e muy tenprada, e torno tan sana commo nunca mejor fuera.[195] Quando esto vio el abadesa, mucho le plogo por que fallara aquella santa duenna. Entonçe fezieron tanner todos los ssignos e començaron a cantar "Te Deum laudamus," e la gente começo a correr al monesterio, cada vno quanto mas podia, por veer aquel miraglo que dezian que Dios y feziera. Las nueuas fueron contadas desto por la tierra de aquella santa donzella del monesterio de Bel Repaire, que non auia[196] enel mundo doliente | de tan fuerte enfermedat tanto que lo ella tanniese que luego non fuese sano.[197] Onde començaron

2935

2940

2945

2950

93VA

93VB

---

*Ascetic Practices in the Middle Ages* (London: Burns Oates and Washbourne, 1927), 45–46.

[191] According to legend, Anastasia was born without hands, but these regrew in her effort to care for baby Jesus: Jan A. Nelson, ed., *The Old French Crusade Cycle*, vol. 2 (Tuscaloosa: University of Alabama Press, 1985), 501.

[192] Daniel 3:1–27.

[193] See the book of Susanna in the Apocrypha.

[194] Daniel 6:16–23.

[195] In contrast to the healing herbs given directly by the Virgin to the unnamed empress of Rome, Florencia's curative power comes about spontaneously as a product of her religious life (Gómez Redondo, *Prosa medieval*, 2:1673). Walker therefore describes her as a "secular saint" ("French Verse," 241). It is also for this type of miracle-working that Florencia is considered an embryonic saint whose reputation spawns a pilgrimage movement. Indeed, Spaccarelli sees her as a bridge between Christ and the pilgrim listeners striving to become more like Him (*Medieval Pilgrim's Companion*, 85–86). At the same time, the independent spirit that González notes makes of Florencia perhaps the strongest and wisest of all the women in the *LH* ("*Otas*," 188–89).

[196] Baird: era (*Análisis lingüístico y filológico*, 117).

[197] With regard to Florencia's previous exile from Castil Perdido, César P. Domínguez Prieto understands her newfound powers at the monastery in medieval terms: "La ordalía unilateral está representada aquí por una ordalía metafórica

a venjr dolientes de muchas p*ar*tes con grandes enfermedades, dellos en carretas, dellos en bestias, otros sobre palos, e no*n* venja y tal por buena creençia q*ue* luego no*n* fuese sano. Assy q*ue* no*n* finco dolient*e* nj*n* gafo por toda aq*ue*lla t*ie*rra fasta la mar q*ue*se y no*n* feziese t*ra*er por cobrar salut. Agora uos dexare de fablar dela jnfant*e* Florençia e fablar uos he de Millon, el desasperado de fe e de v*er*dat, q*ue* fizo tal traicio*n* co*n*tra ssu h*er*ma*n*o Esmere, com*m*o uos ya conte, q*ue*le q*ue*siera fazer desonrra, si pudiera. Mas Dios fue guarda de aq*ue*lla ssanta duen*n*a, q*ue*lo no*n* sufrio.

Despues q*ue*l malo de Miles fue foydo, asi com*m*o ya oystes, por el roido del mont*e* e por q*ue* cuydo q*ue* eran de conpan*n*a del bue*n* rey Esmere, ssu h*er*ma*n*o, q*ue* lo demandaua*n* por lo matar o prender, asy com*m*o el mereçia, tanto corrio e tanto ando de vna p*ar*te e de ot*ra* q*ue* llego a casa de G*ui*llem de Duel. E com*m*o q*ui*er q*ue* Miles fuese falso e desleal, mucho era esforçado en armas a marauilla, e don G*ui*llem lo touo | consigo. E plogole mucho conel, ca el auia gra*n*t guerra con vn su vezino muy poderoso, q*ue*le auia ya gra*n*t pieça destroido de ssu regno. E Miles lo ayudo tan bien q*ue*le mato aq*ue*l ssu enemigo, e por esto fue muy p*re*çiado e muy onrrado en aq*ue*lla t*ie*rra. Enpero nu*n*ca el malanant*e* pedio a Dios m*er*çet nj*n* p*er*don del mal q*ue* feziera a Florençia, com*m*o la q*ue*siera escarnir e desonrrar a todo su poder, ssy N*uest*ro Sen*n*or no*n* la acorriese q*ue*la libro ende, por su m*er*çet. Mas N*uest*ro Sen*n*or le dio ende ssu mal gualardon, com*m*o el mereçia, e cayo en la gafedat tan fuert*e* q*ue* todo el rostro le desfizo e p*er*dio la lunbr*e* delos ojos e yncharon le las piernas con podrez e resq*ue*braron le los pies,[198] e tanto era laido de ver e tan auorrido q*ue* ssol no*n* podia fablar njn refolgar. E por q*ue*lo non pudiero*n* ssofrir, pusieron lo fu*er*a dela villa en vna choça, e ally le fazia dar don G*ui*llem lo q*ue* menester auia. Aueno assy vn dia lunes de gra*n*t man*n*ana q*ue* llegaro*n* ally nueuas de q*ue* plogo mucho a Miles, ca le dixieron q*ue* en Bel Repaire, enla abadia delas duen*n*as, auia vna ta*n* | santa donzella q*ue* en*e*l mundo non podria s*er* dolençia nj*n* gafedat tan fuerte de q*ue*l[199] ella no*n* guareçiese a om*m*e, sy veniese a ella por buena cre*n*çia. Q*u*ando Millon oyo esto, gradeçiolo mucho a Dios.

2955
2960
2965
2970
2975
2980

94RA
94RB

---

mediante las sucesivas pruebas que la heroina ha logrado superar, pruebas que demuestran que goza del favor divino, simbolizado en su poder curativo": "'De aquel pecado que le acusaban a falsedat': Reinas injustamente acusadas en los libros de caballerías (Ysonberta, Florençia, la santa Enperatris, y Sevilla)," in *Literatura de caballerías y orígenes de la novela*, ed. Rafael Beltrán (València: Universitat de València, 1998), 159–80, here 176.

[198] For Spaccarelli, Miles's leprosy is an external sign that reflects a rotten inner self (*Medieval Pilgrim's Companion*, 63).

[199] Read *que le* (Baird, ed., *Análisis lingüístico y filológico*, 114 n. 23).

2985 E enbio dezir a Guillelme de Duel que se queria yr a Bel Repaire e quele feziese dar vn asno enalbardado, o vn mulo, enque fuese alla. E el lo fizo de buena mente, e mando avn ssu omme quele troxiese vn rroçin, e el lo fizo asy. E desquelo puso en su roçin, fueron su carrera a Bel Repaire, e tanto andaron que llegaron y, e albergaron aquella noche en casa delos
2990 gafos. E non cuydaua veer la ora enque viese aquella santa duenna de que tanto fablauan.

Sennores, agora escuchat e sabed verdadera mente que Terrin, el sennor de Castil Perdido, era omme bueno e de grant poder. El touo en ssu casa grant pieça la jnfante Florençia, muy viçiosa e muy bien guar-
2995 dada. Mas despues la echo dende por la muerte de su fija Beatris,[200] que cuydaua que le matara, de que el ouo tan grant pesar commo podedes entender, onde la mesquina de Florençia fue en grant balança e julgada a muerte. Mas Dios la guardo, en que sabia que non auja y[201] culpa. Mas aquel traidor que matara | la donzella, tomo ende Dios tal vengança 94va
3000 quele torno el rostro mas vermejo que brasa, e perdio el medio cuerpo, e yncho e perdio la vista, e assi fue contrecho. E Terrin auia ende muy grant pesar, ca era su vasallo jurado e su priuado, Dios lo confonda. Amen. Ca ssy el sopiese la su traiçion, feziera lo quemar en vna grant foguera, que non ouiera y al, o ancorar en vn rio. Macaire era tan podre e
3005 tan perdido que non ha omme enel mundo que se del mucho non enojase, e auia el vientre mayor que vn asno, de guisa era parado que fazia mala fin. Ssy quier todos sus parientes le murieran, quele non fincara ssynon vn ssu primo cormano. Este le fue ver vn dia e dixole commo en Bel Repaire auia vna monja por que Dios fazia tan grandes virtudes que enel
3010 mundo non era doliente que a ella fuese por buena creençia que luego non fuese guarido de qual quier enfermedat, tanto quelo ella tanniese. "E ssy estudiesedes agora al pino que esta çerca dela carrera, veriades todo el camjno yr lleno de contrechos e de gafos e de paraliticos, dellos de pie, dellos de bestias, asy que non vistes camino tan trillado. Pues
3015 amigo yd, e nonlo delonguedes. Confesad vos bien avn clerigo, e creo en Dios que uos seredes bien sano muy çedo." | "¿Commo, hermano?", 94vb dixo Macaire, "¿Tu dizes que a Bel Repaire va tan grant gente de dolientes e que y todos guareçen? ¿Dezides lo por escarnjo?" "Non," dixo el, "par sant Pedro, ante es muy grant verdade." "Cormano," dixo Macaire,
3020 "pues yd uos alla comigo. Yd me agora por mj sennor Terrin e dezilde que venga fablar coneste gafo mesquino." E Terryn caualgo e fue alla, e ouo del duelo quando lo vio tan mal parado, e dixole: "Macaire, nonbre as de malo. Mas commo quier que sea, mucho he de ty grant duelo. Mas

---

[200] Baird: *Beatriz* (*Análisis lingüístico y filológico*, 114).
[201] Baird omits *y* (*Análisis lingüístico y filológico*, 114).

non puedo y al fazer, ca te veo tan gafo e tan ynchado que non cuydo
3025 que te cosa pudiese ya[202] prestar." E el le respondio: "Sennor, Dios uos guarde de mal e de coita. Agora me dixieron vnas nueuas onde he grant plazer que en Bel Repaire auia vna santa monja por que Dios muestra tan grandes miraglos que non ha doliente que aquella abadia vaya por buena crençia que se non parta dende sano. Por Dios, sennor, sy me uos nunca
3030 amastes, agora paresca, que me fagades y leuar en vna bestia, e bestir me han vn tabardo, ca çedo poderemos llegar alla. Por buena fe, ante querria ser sano de mj cuerpo ca me fazer ssennor de todo el mundo." Terrin, aquel marques, commo era omme bueno e de buen talante, mando a ssu conpanna que sse |[203] aguisasen de andar, ca el queria yr a Bel Repaire
3035 ver aquella santa duenna por que Dios mostraua tan grandes miraglos. Desy tornose a Macaire e dixole: "Esforçat uos bien, ca yr querre yo con uos, e leuare alla mj mugier. Ca tanto me pesa de vuestro mal que uos lo non se dezir. E seria muy ledo sy y pudiesedes guareçer." "Sennor," diz Macaire, "pues non auedes que demorar, e tanto he deseo de ver aquella
3040 santa duenna que nunca folgare fasta que la vea, ca bien creo en Aquel que fue bautizado enel flume Jordan por manos de vn santo, ssu amigo, a que dezian sant Iohan, que me veredes ende venjr sano e guarido." "Amigo," dixo Terrin, "Dios te conseje." Terrin mando a ssu mugier, que era muy buena duenna e muy fermosa, que se aguisase de yr con el
3045 a Bel Repaire. "E veremos y," dixo, "vna santa duenna que llego y poco ha, segunt me dixieron, por seruir a Dios, e metiose monja. E Nuestro Sennor muestra y por ella tan grandes virtudes que non ha doliente de fiebre njn lepra njn de podraga njn de otra qual quier enfermedat que omme non sepa dezir, que luego non sea guarido tanto que lo ella tann-
3050 jer con ssu mano, asy que ssale sano del monesterio." "Sennor," dixo la mugier, "ya estas nueuas me contaron desde el otro dia, | e por ende he 95RB muy grant deseo de aquella santa duenna." "Pues," dixo el, "fazed aguisar vuestra conpanna, e leuad vna bestia cargada de auer, e faremos leuar a Macaire connosco. E si podier guareçer, avn nos auera mester." Mas sy
3055 el sopiera el mortal dapnno quele feziera de su fija, quele mato el traidor, ante lo feziera quemar. Mas Florençia de Roma, la santa duenna, le fezo manifestar por la boca ante muchos caualleros de commo matara con vn cuchiello a Beatris.[204] Terrin caualgo con su conpanna, e fizo leuar a Macaire en vnas andas que leuauan dos palafrenes, e y fue el su cormano
3060 conel. Desy fueronse por su camjno adelante, e Terrin se salio con ssu mugier, que era muy preçiada duenna, dela villa, e con toda su conpanna,

---

[202] Scribal insertion: *ya*.
[203] Deleted at the start of the new folio: *que se*.
[204] Baird: *Beatriz* (*Análisis lingüístico y filológico*, 116).

e cogieronse por el camjno derecho. E non quedaron de andar entodo aquel dia quanto pudieron, asy que ala noche llegaron muy çerca de Bel Repaire, e posaron en vnas muy buenas casas çerca de vna roca, que eran[205] çerca del monesterio. E deçendieron a Macaire en vna camara, e fezieron del pensar bien.

Assi llego Terrin con su mugier Anglentina a Bel Repaire, que era muy buena duenna e que deseaua mucho veer la santa duenna por que Dios tales virtudes fazia. Onde la priesa era tan grande delos | dolientes e delos çiegos e delos contrechos que non auian las gentes poder de entrar enel monesterio. Otrosi llego y aquel dia el traidor falso de Millon, que era tan ynchado que a poco non quebraua, e todo lleno de lepra e de podraga. E era tan gafo que morrer cuydaua. Otrossy Escot, el marjnero, alla do era, oyo aquellas nueuas de Bel Repaire. E fizose meter en vna naue, e xinglaron quatro dias, asy commo a Dios plogo. E al quinto aportaron al puerto de Bel Repaire, e el maestre dela naue, que grant duelo auia del, lo fizo tirar fuera. E el, que se dolia mucho e se coitaua quando sopo el logar do aportaran, dio ende graçias a Nuestro Sennor. Tanta era la gente que decorria de todas partes a Bel Repaire que las nueuas llegaron ende fasta oriente de aquella santa duenna que las gentes guareçia. Asi que non auia enel mundo enfermo, quier viejo, quier mançebo, njn gafo, njn gotoso, njn ynchado, sy y venja por buen entendimiento, que se dende non partiese guarido. Onde el ladron Clarenbaut, de que uos fable ya, cobriera lepra, e la gota le auia tollido las piernas, de guisa que andaua sobre dos bastones, que en otra guisa non se podia mouer. E oyo fablar otrosi delas nueuas de Bel Repaire, dela santa duenna que sanaua los dolientes de todas enfermedades. Entonçe dixo que yria alla, si Dios gelo consentiese. E fuese | asi sobre sus palos fasta el puerto, e fallo vna naue que queria yr para alla. E tanto pidio merçet por Dios al maestre quelo leuase, quelo metio en ella. Desi alçaron la vela, e ouieron buen viento que los leuo a Bel Repaire. Desi echaron las ancoras e salieron fuera. Mucho fue ledo Clarenbaut deste pleito, ca el venja por buen repentimiento, e por ende cuydaua ser guarido.

Agora, sennores, vn poco me ascuchat, e oyredes por qual marauilla fueron alli juntados los enemigos de Florençia, que tanto mal le fezieron e basteçieron, asi commo oystes. E fezieran mas, ssynon fueran destoruados. Mas Dios, que es poderoso de todas las cosas, la guardo ende por su piadat. Alli llego Miles e Escot el barbaro, mal aparejados,

---

[205] Spaccarelli's transcription suppresses the final *n* (*Text and Concordance*), as does Baird's (*Análisis lingüístico y filológico*, 116). The emendation assumes that the verb is supposed to agree with *roca*. However, it is possible for the verb to agree with *casas*. After all, there are numerous places in this manuscript where a verb comes significantly after its subject.

Macaire el falso, todo ynchado e astroso, e Clarenbaut el ladron, con-
3100 trecho e maldito e desfegurado. Asy venjeron todos de muy luenne por
que cuydauan guarir. Quando los vio Florençia, loo mucho la justiçia de
Nuestro Sennor, e dixo que esto era miraglo, que los Dios assy juntara.
Alli agora uos dexaremos de fablar de Florençia, e diremos de Esmere,
el enperador | de Roma, que era muy mal trecho, ca fuera llagado enla   96ra
3105 cabeça mas auia de dos meses de vna ssaeta. E la saeta le fincara y, que
era muy pequenna, ca fuera de arco, e non la pudieron fallar. E era tan
amarillo commo çera, e tenia el rostro jnchado, de guisa que perdia la
vista. Asy que sus omes cuydauan que non poderia guarir. E auian ende
grant pesar los omes buenos dela tierra e los prinçipes, e dezian entresy
3110 que sy el muriese, que todos eran perdidos. Las nueuas llegaron a Roma
de aquella santa monja del Bel Repaire, delas grandes virtudes e delos
miraglos que Dios fazia por ella, que non era omme que y fuese por buena
creençia, tanto que se confesase ssol, que lo ella tanniese con su mano,
que luego non guareçiese, e que asi venian ende todos sanos. Quando
3115 Esmere sopo que aquello era verdat, llamo Agrauain, que era muy ssu
priuado, e dixole: "Amigo, yo so muy mal trecho, asy que si otro consejo
non he que fasta aqui oue, çedo sera mi muerte. Dizen me que enel abadia del Bel Repaire, ha vna ssanta duenna por que Dios y muestra muy
grandes miraglos, asy que mas de quarenta çiegos fueron y ya alunbrados
3120 por ella, e contrechos e gafos guaridos e sanos. E yo querria yr alla, sy
melo vos loasedes." | "Sennor," dixo Agrauain, "commo uos quesierdes,   96rb
ca bien he fiuza sy uos aquella santa duenna rogardes de buena voluntad, por quanto ende ya oy dezir, que uos seredes luego guarido, que sol
non duldedes y. Pues moued de aqui de grant mannana. Non tardedes
3125 mas, e yd muy bien guisado e muy apostada mente. E leuad muy grant
auer que y dedes. Carguen ende rroçines de oro e de plata." E Agrauayn
mando aguisar toste la fazienda de ssu sennor. E el enperador mouio de
alli otro dia de grant mannana. E tanto ando por sus jornadas que veno
a Bel Repaire. Quando lo[206] sopieron enla villa, salieron contra ell[o]s[207]
3130 e tannieron todos los signos por la villa e enel abadia. E el abadesa salio
a el con ssus duennas e con grant proçesion. Mucho fue bien resçebido e
a grant onrra, ca bien lo deuia de sseer.

Mucho fue bien resçebido el enperador e a grant onrra. E desque
entro en la villa, fue deçender al alcaçar. Las nueuas fueron dichas enel
3135 monesterio que el enperador de Roma fuera ferido enla cabeça, e que era
ende muy mal trecho. E tenja el rostro ynchado e amarillo, e non fallauan
quien lo pudiese guareçer, e que por esto venia a aquella sant monja de

---
[206] Scribal insertion: *lo*.
[207] MS: *ellas*.

que tanto fablauan de ssus miraglos. E | quando esto sopo el abadesa, dio
ende graçias a Dios. Entonçe llamo a Florençia e dixole: "Amiga buena,
3140 bendita sea la ora que uos Dios aduxo a este monesterio e uos nos dio.
Duenna, sabed quel enperador de Roma, que agora llego, posa en aquel
alcaçar, e bien²⁰⁸ auos quelo guarescades." Quando esto entendio Florençia, tan grande fue el alegria que ouo en su corasçon que sol non pudo
fablar njn veruo, e del alegria el coraçon le començo a tremer, e tomo-
3145 ²²⁰⁹mas vermeja que vna rosa fresca. Ora sopo bien que era venido el
tienpo en que ella tornaria a Roma, ssy Dios le diese vida, e quela aueria
Esmere en su poder, ca bien la mereçia. ¡Ay, Dios! Ssy el esto sopiese, al
abadia se fuera derecha mente, que cosa nonlo detoujera. Mas bien creo
e non dubdo nada que quando anbos se conosçieren, que faran tan grant
3150 alegria que bien sera oyda. El enperador fue bien albergado, el e toda ssu
conpanna, e Terrin otrossy, alla do posaua. E ala noche fue ver el enperador, que lo resçebio bien, ca mucho era onrrado omme. Aquella noche
fezieron todos grant alegria por la villa, e folgaron e dormieron fasta la
mannana. Esmere, que andaua muy coytado, fue oyr la misa al moneste-
3155 rio, e Agrauayn conel. E desque entraron enel monesterio, fueronse ala
caustra. E las duennas salieron contra el enperador, e saluaronlo e omillaronsele | mucho, e dixieron: "Nuestro Sennor Ihesu Xristo salue el
enperador de Roma." E el enperador, que era muy cortes, les dixo que
Dios las bendixiese e guardase. Entonçe tomo ala abadesa por la mano
3160 e dixole: "Duenna, por Dios, mostrat me aquella santa monja de que
tanto fablan, ca çertas de la ver he grant sabor, e fazme grant mester. E
sy me ella pudier guarir demj cabesça, de que so tan mal trecho, yo vos
dare mas oro que non ha de plomo en vuestra abadia." "Sennor," diz la
abadesa, "bien vos fago yo çierto que ella uos guarira muy toste."
3165 "Duenna," diz el enperador, "oya uos Dios." E el abadesa leuo el enperador a vna muy rica camara, e alli se asento el enperador, e Agrauayn
conel, que mucho era su priuado, e el abadesa e bien diez duennas. E
desque asi estouieron, el enperador dixo: "Duenna, por Dios, mostradme
aquella santa monja, que tanto es de grant prez, por cuyo amor yo vyn a
3170 esta tierra, ca mal trecho sso, commo vedes, de vna ferida que toue enla
cabeça, de que me yncho asi el rostro, commo podedes ver. E pues que le
Dios dio tal virtud e que tan luenne van ende las nueuas, çertas, sy me
ella guareçiese, yo seria sienpre suyo quito. E daria por ende a este
monesterio diez cargas de oro e de plata." A tanto aqui viene Terrin, el
3175 sennor de Castil Perdido, e ssu | mugier Anglentina conel, que era muy
fermosa duenna e muy preçiada, e omillaronse mucho al enperador e

---

²⁰⁸ Read *viene* (Baird, ed., *Análisis lingüístico y filológico*, 119).
²⁰⁹ Baird: *tornó* (*Análisis lingüístico y filológico*, 119).

asentaronse çerca del. Entonçe enbiaron por la santa monja, e ella veno toste, que non se detouo. E andaua vestida de pannos negros e vn velo en su cabeça, asi que la claridat de ssu rrostro rayaua por çima del velo de que tenja el rostro cobierto. Mas quando ella vio a Esmere, tal alegria ouo que torno mas vermeja que vna rosa. E Esmere se leuanto contra ella, mas non pensaua que aquella era la enperatriz. E ella, por el grant amor que le auja, reyose muy amorosa mente contra el a desora. Mas syla el conosçiese, mas ledo ende fuera que avn que le dieran todo el auer del mundo. E desque el enperador e Terrin se leuantaron contra ella, tomola el enperador por la mano e sentola cabosy, e todos aderredor. E Esmere, que era muy cortes, començo de fablar conella. E dixole: "Duenna, yo oy fablar de uos en Roma. E dezian assy que en Bel Repaire ay vna santa monja de muy grant religion, que es enel monesterio delas duennas. E por muchas otras tierras corre grant nonbrada del grant bien que Dios | 97ʀʙ faz por vos, e da merçet alas gentes. E yo fuy llagado enla cabeça de vna saeta de que nunca pude fallar guarimento. E si me vos guareçiesedes, sienpre yo seria vuestro omme quito, e daria por ende muy grant auer eneste vuestro monesterio." "Sennor," dixo ella, "bien oy vuestra razon, e bien vos guariremos, con ayuda de Dios. Asi que uos seredes sano ante que nos partamos. Mas fazed agora tanto, mandat venjr ante mj todos los enfermos que aqui venjeren por guarir, donde enesta villa ha muchos." Entonçe fue dado el plegon que todos veniesen. Alli veriades venjr contrechos e çiegos con ssus bordones e de otros dolientes, tantos que toda la caustra²¹⁰ e las casas ende fueron llenas. E aqui viene Clarenbaut, el ladron, sobre dos palos e Escot otrosi, el marjnero, con su barua luenga, e Terrin fizo traer a Macaire el traidor e a Miles de Vngria. Trayan sus rapazes. Entonçe se leuanto Florençia, la fija del enperador Otas, e dixo alos dolientes: "Sennores, ora oyd mj palabra que uos qujero dezir. ¿Querriades vos ser guar[i]dos de vuestras dolençias?" E ellos respondieron que cosa del mundo non deseauan tanto. E ella les dixo: "Conviene acada vno de uos que manefieste todos sus pecados ante todos. Ora diga cada vno, e nos ascuchar lo hemos. | Mas aquel que mentier asu entendi- 97ᴠᴀ miento, sepa que non puede guareçer. E el que verdat dixier, nos le otorgaremos que se vaya sano, asy que el yra guarido para su tierra." Entonçe cato a su diestro e vio a Miles, e dixole: "Ora, amigo bueno, començad luego uos." E quando esto Miles entendio, baxo el rostro contra la tierra. "Duenna," dixo el, "muy de duro lo diria." "Par mi cabesça," dixo ella, "pues nunca seras sano synon manefestares todos tus pecados del comienço fasta la fin, asi que todos los oyamos." "Duenna," dixo Miles, "por Dios, merçet. Ssabet por verdat que yo so de alta guisa. El rey

---

²¹⁰ The letter *u* here is superscript.

d'Ongria fue mj padre. E Esmere es mj hermano, que es este enperador de Roma. El fue conplido de bondat, e seruio sienpre a Dios. E el se fiaua en mj, e yo tray a el, e quisieralo matar. E tan[t]o[211] andodi quele
3220 tolli su mugier, que era la mas fermosa duenna que yo nunca vy. Esta era Florençia, que tanto era amiga de Dios que la nunca pude vençer. E leuela fuyendo por vna floresta, asi que tres dias se fezieron que nunca comjmos. E[212] fallamos vn hermitanno en aquella montanna que seruiera y a Dios grant tienpo auia. E deçimos en su hermita e y fincamos, que
3225 era ya tarde. E dionos vn poco de pan de ordio, negro e duro, que comjmos. Mas a pocas me non esganno. | E por este bien que nos fizo, 97vb queme lo ael e a su hermita ante que me dende partiese. Esta fue muy grant traiçion, bien vos digo. Despues partimos nos dende, e fumos nos por vn monte muy espeso do nos comietieron leones e bestias malas.
3230 Mas yo me defendi bien con mi espada que traya. Desi caualgamos e andamos sienpre fasta medio dia. Entonçe deçendi a Florençia so vn arbol, e colguela por los cabellos della, e feri la muy mal. E muerta la ouiera sin dulda. Mas Dios la quiso guardar, que troxo por y vnos caçadores. E tanto que yo oy los latidos delos canes e el son delos cuernos,
3235 caualgue luego en mj cauallo con muy grant miedo, e començe a fuyr, ca me temj que eran del enperador que me andauan buscando. E tanto ande que llegue a casa de Guillelme de Duel, e seruilo mucho en su guerra. Mas non uos sse dezir commo escapo del monte aquella enperatriz de Roma que tan mal mene. Mas sse que por el pecado della, so yo tan mal
3240 aparejado, e fue grant derecho, ca partido era de Dios quando tan buena duenna tray. Agora sabed que uos dixe verdat, que cosa non uos menty." Entonçe se leuanto Terrin e dixo: "Sennor, agora oy marauillas. Sabed que yo corria monte vn dia por vn monte, e falle vna duenna | colgada 98ra por los cabellos de vn arbol, mal ferida a marauilla, asi commo aquel diz,
3245 e toda sangrienta delas feridas quele dieran. Non vy tan mal menada duenna. E su mula estaua çerca della, enssellada e enfrenada la mas rica mente que nunca omme vio, ca non era enla siella njn enel freno sy non oro e seda. E fiz la toste descolgar, ca muy grant piadat me tomo della, e leuela a mj mugier, que uos aqui vedes, e rroguele que pensase della. E
3250 ella tanto le fizo de bien que fue bien guarida. Mas bien vos digo que nunca tan fermosa duenna vy desque fuy naçido. Yo le fiz mucha onrra, mas mal melo gualardono, ca me mato mj fija Beatris[213] con vn cochillo. Nonse donde diablo selo ouo e quesimos la por ende quemar. Mas oue della piadat, asi quiso Dios que la dexe. E mandele que luego se saliese

---

[211] MS: *tando*.
[212] Deleted scribal insertion after *E*: *ech*.
[213] Baird: *Beatriz* (*Análisis lingüístico y filológico*, 123).

3255 demj tierra. E dile su mula e sus pannos que cosa non finco. E fiz la poner en su mula, e caualgue e fuy conella vna pieça. E desque la puse en el camjno, torne me para mi casa. Çertas, nunca la despues vy, njn sope della parte." Entonçe dixo ella a Macaire, que seya en vn tapete: "Amigo, avos conviene a dezir otrosi." Quando el esto oyo, | fue todo esbafarido, 98RB
3260 ca el non osaua fablar por miedo de su sennor Terrin. Mas ella lo començo a coitar, e dixole: "Dymelo todo. Non me niegues nada." "¡Di!", dixo Terrin. "Sennora," dixo el ala monja, "non osaria. Mas por el amor de Dios, que melo oyades en poridat." "Par mj cabeça," dixo Florençia, "ante uos lo conviene a dezir en conçeio, quelo oyan todos. Yo bien se el
3265 pleito commo fue, e tu baratas mal." "¡Dilo!", dixo Terrin, "¿Que diablo dubdas?" "Yo lo dire," dixo Macaire, "mas grant pesar he ende en mj coraçon e grant verguença. ¡Merçet, sennor Terrin, por el amor del verdadero Dios! Aquella santa duenna de que uos agora fablastes, que fallastes enel monte colgada del arbol, yo la amaua tanto quela demande de
3270 amor. Mas ella tanto curaua por mj quanto por vn perro. E yo la començe a tentar e trauar della, e diome de vna piedra cantuda enlos dientes, que me quebro ende dos. E yo me cuyde dela vengar vna noche, mas Dios la guardo ende, a mj entendimjento. ¿Para que uos lo encobrire mas? Yo mate a Beatris[214] con aquel cochillo que vistes. E la duenna nunca y ouo
3275 culpa, bien uos lo confieso." Quando esto oyo Terrin, erguyose toste e dixo: "¡Ay, traidor falso! ¡De|sperado! ¿Commo? ¿Tu mataste a Bea- 98VA triz, mj fija? Jamas nunca alegria auere en toda mi vida. Ay, Anglentina, amiga, que grant pesar he en mi corasçon dela muy buena donzella, que nos non errara. E asi la eche desaconsejada de mj casa. Çertas, Macaire,
3280 ya de aqui non yras comigo mas, ca yo te fare luego quemar." "Sennor," diz Florençia, "ora uos sofrid vn poco, e avn oyredes tal cosa onde seredes ledo." Estonçe se leuanto Clarenbaut, que era muy coitado, sobre sus bastones, a que estaua acostado, e dixo a Florençia: "Sennora, vn poco me ascuchat, ca yo quiero contar mis pecados ante todos. E si pudiere
3285 guareçer, grant bien me sera. Diez e nueue annos ande por la tierra, que nunca tome comunjon, quebrando eglesias e robando monesterios, que bien cuydo quemas seran de dozientas. E por el mal que fize. Sso asi aparejado commo vedes, e por esta rrazon fuy preso. E do me leuauan a enforcar, aqui viene aquella santa donzella, e pediome, e dieron mele, e
3290 fuy su omme quito e jurado. Mas mala fe le porte, e delo que fue peor, yo nunca | me trabaje synon dele buscar mal e dela vender." Despues desto, 98VB leuantose Escot, el marynero, e dixo: "Por buena fe, yo gela conpre. E nunca me tanto pague de merchandia. E fiz la meter en mj naue por grant amor. E quesiera fazer della mj amiga, sy melo ella otorgara. Mas

---

[214] Baird: *Beatriz* (*Análisis lingüístico y filológico*, 123).

3295 ella no*n* auia cura de mj amistad.[215] E do yua assi por mar a muy bue*n* velar, aq*u*i veno vn viento q*ue* firio sin sospecha tan fuert*e* enla naue q*ue* q*ue*bro el mastel, e dio conla vela enla barca. E asi avrio la naue, q*ue* se enchio de agua, asy q*ue* todos mjs om*e*s y fuero*n* muertos. E yo fuy al gouernalle, e fue me bien q*u*ando lo falle. E vi ella yr, no*n* se enq*ue*, asi
3300 com*m*o las vagas la leuaua*n*, Dios le aya mer*ç*et." E desq*ue* Floren*ç*ia lo oyo bien todo, erguyose e dixo: "Bien se q*ue* todos dexistes verdat." Enton*ç*e dixo ella al enp*e*rador: "Vos, buen sen*n*or, dezit lo v*ue*st*r*o. ¿Nienbra uos desto q*ue* contaron, o pesa uos de alg*u*na cosa?" "Duen*n*a," dixo el enp*e*rador, "para la fe q*ue* yo deuo a Dios, ssy por uos non finca,
3305 q*ue* ellos s*e*ran todos q*ue*mados de consuno e*n* vn fuego. Por aq*u*el q*ue* vedes aculla, gafo traidor, q*ue* es mj h*er*ma*n*o, p*er*di yo mj mugi*e*r e mj alegr*i*a, q*ue* era la mas | bella cosa del mu*n*do e de mas alto linage. ¡Dios 99RA lo maldiga! Mas, sen*n*ora guare*ç*ed me, por el amor de Dios, en man*e*ra q*ue* pueda folgar de mi cabe*ç*a." "Sen*n*or," diz Floren*ç*ia, "no*n* uos des-
3310 mayedes, ca ssy a Dios plaz e a su Madre, mucho guare*ç*eredes bie*n*." Enton*ç*e fue ella a el muy de buen talant*e*, e tirole el capirot*e* dela cabe*ç*a luego. E desq*ue* le cato la llaga, e le vio el cuero sob*r*e sanado, ssantiguo la tres vezes. E luego le recodio ende el fierro fuera, asi q*ue* ella lo tomo enla mano. Q*u*ando Esmere esto entendio, dio gra*ç*ias a N*ues*tro Sen*n*or,
3315 e luego se ssentio bien guarido. "Duen*n*a," dixo el, "mucho bien me auedes fecho, e vos aueredes ende gra*n*t gualardon ant*e* del medio dia." Enton*ç*e le dixo: "Por Dios, duen*n*a, dat me el fierro q*ue* me tirastes dela cabe*ç*a, q*ue* me assy mataua."[216] "Sen*n*or," dixo ella, "muy de grado. E otrosy do los pan*n*os e el belo a esta abadesa, ca yo no*n* atendia aq*u*i,
3320 saluo a uos." Enton*ç*e q*u*ito el belo e echo lo e*n* tierra. "Sen*n*or," diz Floren*ç*ia, "non vos | sera mas encobierto. Yo so Floren*ç*ia de Roma. 99RB Dios me guardo de mal e de ocasion fasta q*ue* uos aq*u*i falle." Q*u*ando la Esmere cato e la con*n*os*ç*io, corrio a ella, los bra*ç*os tendidos, e abra*ç*ola e besola mas de *ç*ient vezes. Q*u*ando Agrauay*n* vio q*ue* se fallaua*n* por tal
3325 auentura, omildose mucho a ssu sen*n*ora natural. El alegr*i*a fue alli muy grande maraui*ll*osa ment*e*. Esto sabed q*ue* es verdat. Don Clarenbaut el ladron, e Escot el barbudo, e Macaire el t*r*aidor, e Millon ot*r*osi, librose el enp*e*rador dellos, ca los fizo q*ue*mar en*e*l prado. E asi ouieron tal gualardon com*m*o mere*ç*ieron. Floren*ç*ia tomo a Terrin e a su mugi*e*r, e
3330 onrrolos mucho, e leuolos consigo p*a*ra Roma. E el enp*e*rador dio grant

---

[215] Baird: *amiztad* (*Análisis lingüístico y filológico*, 124).
[216] Lasry: "His punishment may symbolize his moral blindness . . . . Moral blindness is punished with threatened physical blindness, and once again the queen's surpassing virtue is her husband's salvation" ("Narrative Devices," 283).

auer enel monesterio. E Florençia sse espidio delas duennas. Desi salieron dende e venjeron se por sus jornadas para Roma.

E el apostoligo Symon los salio resçebir. Este era padrino de Florençia, e loo mucho a Dios por ende. Ally fueron las ricas bodas e muchos dones dados. A Terrin dieron Plazençia, con todo el reyno, por quanto bien fizo a Florençia. Aquella noche delas bodas, que anbos dormieron | de consuno, fue engendrado Otas d'Espoliça. Desi viuieron en grant plazer e con muy grant alegria, e fezieron muy santa vida de consuno. Aqui feneçe nuestro cuento. Dios nos de buen conseio atodos. Amen.

### Aqui comjença vn muy fermoso cuento de vna santa enperatris que ouo en Rroma e de su castidat.[1]

| El sabidor nos diz e nos muestra quel libro dela sabençia comiença: 99vb
"Jnitium[2] sapiençie timor Domini," que quier dezir: "el comienço dela sabençia es el temor de Dios," pues aquel es sabidor que Dios cree e teme. Quien bien cre en Dios, aquel es acabado e guarda se en todos sus fechos del errar. El omme que sienpre teme a Dios, aquel es bien auenturado, mas quien en Dios non cree njn teme, non dubda de fazer ningunt mal. E quien a Dios ama e teme, de todo mal fazer se guarda, e por ende uos contare de vna enperatris que amo e temio de todo su coraçon a Nuestro Sennor Ihesu Xpisto e a Santa Maria su madre. E por su amor amo mucho castidat asi enla njnnez commo enla mançebia commo enla vejez. E desto uos quiero retraer fermosos miraglos asy commo de latin fue trasladado en françes, e de françes en gallego. Mas aquella enperatris del grant enperio, que todo tienpo creçe e non mengua, aquella que es leuantamiento de castidat e fuente de linpiedunbre. Ella me faga asi fablar, que castidat ende pueda creçer alos altos sennores e alas grandes duennas, ca muchos e muchas y a que por los cuerpos pierden las almas

---

[1] González notes that this story, the "más chocante" and the "más representativo del espíritu" of the *LH*, is the only one of this codex's parts whose title mentions chastity or exclusively mentions the female protagonist ("*Vna santa*," 154–55). Furthermore, *Vna santa enperatris que ouo en Rroma* is "el relato más subversivo de la colección" because the sermon-like structure of the tale presents numerous digressions against nearly every woman, yet shows that it is nearly every man who is actually evil and harmful (González, "*Vna santa*," 161–62). Viña Liste describes the legend in more traditional terms, as a "*romance* de aventuras hagiográfico y mariológico, con proyecciones ascéticas explícitas" (*Textos medievales*, 265). Black notes that in Part 2 of *The Book of the City of Ladies*, Christine de Pizan gives the empress of Rome the name Florence (*Medieval Narratives*, 151), which may underscore the connection between *Otas de Roma* and this legend. *Carlos Maynes* features Sevilla, another falsely accused noblewoman.

[2] Anita Benaim de Lasry's edition provides the blundered *Intiun*: *"Carlos Maynes" and "La enperatris de Roma": Critical Edition and Study of Two Medieval Spanish Romances* (Newark, DE: Juan de la Cuesta, 1982), 177. The quotation is Psalm 111:10.

20  e dan conellas en jnfierno, ca por las riendas del freno que sueltan ala
cobdiçia catiua dela | carne dexan las almas enpos de ssi e non catan por   100ʀᴀ
ellas. La Escriptura diz asy que el grant Prinçipe de gloria que bjue e
regna sobre todos prinçipes,[3] que escogio el grant enperio de Roma para
ssy e quiso quela su fe fuese en Rroma ensalçada e mantenida. A poco
25  tienpo despues desto, vn enperador ouo en Roma muy creyente e muy
bueno e de todas buenas mannas sabidor, e de grant nobleza. El auia
mugier de muy grant guysa, njnna e muy fermosa, assi que de su bondat
corria grant nonbrada por la tierra. Desi auia todas buenas mannas que
duenna deuia auer, mas ssi fermosa era de fuera, muy mas fermosa era de
30  dentro, ca ella amaua a Dios e temia de todo su corasçon e de toda su
alma. E quien bien teme su criador non puede ser que tal non sea, ca enel
buen coraçon que a Dios bien teme, todo bien ssasenbra enEl e dulda
todos los ssantos.[4] Fermosa fue de dentro, fermosa fue de fuera. Fermoso ouo el corasçon, fermoso ouo el cuerpo, ca tanto amo a Dios e lo
35  temjo que dc todos peligros la guardo, e touo su cuerpo linpio e casto.
Ella amo tanto su castidat que por guardar commo linpia e sabidor lealtad de su casamiento, tantas sofrio de coitas e[5] de tormentas que duro
aueria el corasçon quien las oyese | si se le ende grant piadat non tomase.   100ʀʙ
La enperatris era muy fermosa e mucho ensennada, e mucho era njnna
40  quando el enperador caso conella. E tengo que fueron rrosados dela graçia del santo Spiritu que tanto que la el enperador tomo por mugier, tan
mucho se amaron anbos que fueron vna cosa mesma. Njnguno non ouo
entre ellos.[6] Mas asi commo dize sant Pablo, ella amo tanto a su marido
que por el dexo padre e madre, e fueron dos en vna carne.[7] Mas quien
45  tiene casamiento en escarnjo e quien lo quebranta e parte escarneçe a
Dios e ala santa Eglesia, ca omme nonlo deue quebrar njn partir, synon

---

[3] Cf. Proverbs 8:15.

[4] Lasry notes Mussafia's observation that the translator did not correctly render Gautier de Coincy's French original, *tot senz doute* (*Critical Edition*, 178 n. 6, 509 n. 2), however indirect a translation it may be. As Walker states, "Medieval examples of *direct* adaptations from French verse to Spanish prose are very rare indeed" (Review of Lasry, ed., *Critical Edition*, 299). If the assertion of Lasry and Mussafia is correct, there should be a *ssyn* in front of *dulda* to mean "without a doubt." However, *duldar (dubdar)* can also mean "to fear." In this instance, *dulda* is most likely the third person present tense singular of this verb, meaning that the *buen coraçon* "fears all the saints" in the same sense that it fears God.

[5] This reconstruction was done with the aid of ultraviolet light.

[6] Lasry, based on a French version, says that the likely meaning of this passage is that "there was no misunderstanding (spitefulness, unkindness) between them" (*Critical Edition*, 178).

[7] Matthew 19:5; Mark 10:7–8.

asi commo la ley manda. Onde sant Pablo diz: "Cada vno deue amar mucho su mugier asi commo Dios la santa Eglesia."[8] E otrosi diz la Escriptura quela deue amar commo Ihesu Xpisto la santa Eglesia, por que sofrio muerte en cruz, e commo a Dios meesma mente. Esta es la çima. E la mugier deue ser sogeta del ome e andar a su mandado. E el omme la deue tanto amar commo a su cuerpo e su alma. E si la mucho non ama e onrra, escarnjo faz de Dios e desonrra asi mesmo.[9] Mucho biujeron el enperador e la enperatris buena vida, e muy leal mente sse amaron anbos. Tanto los amo Dios e los guardo que el enperador non enpeoro njn menguo en su tienpo, ante emendo e creçio. Mucho fueron de grant poder, e mucho onrraron e ensalçaron la xristiandat en su | tienpo. Mas non biujeron mucho de consuno, ca aueno asi, commo plugo a Dios, que entro al enperador en voluntad de yr en rromeria a Jerusalen e de visitar los santos e las santas por que fuese su alma heredera enel regno delos çielos.[10] E quiso trabajar su cuerpo andando por muchas tierras estrannas que el alma ende[11] ouiese gualardon. E el enperador se guyso muy bien por yr demandar su Criador, e leuo consigo grant conpanna e muy buena, e mucho oro e mucha plata. Desi espidiose de su mugier e de vn su hermano que auia. Mas mucho pesaua ende ala enperatris, e muy de grado lo partiera de aquel viaje ssy ella osara. Llorando, sse partio della el enperador, e encomendo ssu enperio e su hermano a Dios e a[12] su mugier. Mucho finco la duenna triste deste departimjento. Asaz ssospiraua e lloraua e se coitaua mucho, pero despues[13] que[14] su sennor dende fue partido, ella touo el enperio en grant onrra. Conplida era de caridat. Mucho amaua a Dios e ala santa Eglesia, e amaua e seruia muy de corasçon ala su muy santa Madre. E a menudo fincaua los inojos ante la ssu jmagen ssospirando e llorando mucho, faziendo ssus oraçiones. Mucho amaua e onrraua el hermano | de su sennor. Ella le amaua e onrraua e le fazia tanta onrra que non osaria ende fazer tanta a otri,[15]

---

[8] Ephesians 5:25.

[9] Ephesians 5:22, 28. The emperor ultimately learns the lesson Paul's letter contains (Francomano, "'Lady'," 144–45). Because he hit his wife, the unnamed empress of Rome, in public, "she was entitled to abrogate her responsibilities to her husband because he had failed in his Christian duty to treat her honorably and to love her as he would his own body and soul" (Lasry, "Narrative Devices," 283).

[10] Lasry: *cielos* (*Critical Edition*, 179).

[11] Lasry leaves out this word (*Critical Edition*, 179).

[12] Lasry omits the *a* (*Critical Edition*, 179).

[13] The letters *des* are a scribal insertion.

[14] Scribal insertion: *que*.

[15] Lasry: *otro* (*Critical Edition*, 179).

ca tanto era cortes e ensennada que era ende[16] loada por todo el enperio sobre quantas duennas sabian. E esta onrra le[17] fazia ella por amor de su sennor quela ende tanto rogara. Tan mucho lo amaua e onrraua quele llamaua amigo e sabroso hermano. E el donzel era de tan grant beldat que en njnguna tierra non poderia omme[18] fallar mas fermoso njn de mejor donaire si el diablo non lo engannara. Mas el diablo, que es sotil[19] e aperçebido[20] de mal, e fazedor de todas maldades, lo fizo ser neçio[21] e triste e desmayado, ca bien cuydara engannar mas ayna por el la santa enperatris ca[22] por otro omme, ca el bien sabe qual sabor ha el omme mançebo dela mugier e commo le[23] plaz conella. Desi començo a tentar la buena duenna asi noche commo dia a poco quela non derribo, ca pues omme e mugier sson de consuno e se pueden venir fablar cada que q*ui*eren, ¿com*mo* sse pueden defender q*ue* no*n* caya*n* ssy los Dios ende no*n* guarda por ssu g*r*ant poder? Por aq*ue*l donzel q*ue* tanto era fermoso venja el diablo co*n* sus tentaçio*n*es e con ssus antojamje*n*tos tentar la b*ue*na duen*n*a. Mucho era fermoso el donzel e bie*n* | fecho e de muy alto linage, mas tanto lo fizo el diablo follon e asi lo abraso e ençendio q*ue*le fizo amar de mal amor[24] la mugier de su h*e*rma*n*o e de ssu sen*n*or, assy q*ue* cosa del mu*n*do no*n* amaua[25] tan mucho. Tanto la veya fermosa e apuesta q*ue* todo su pensar e su cuydar era en*e*lla. E de g*u*isa fue coitado q*ue* p*er*dio la color e torno feo, asi lo fazia laido e neg*r*o aq*ue*lla q*ue*l veya blanca com*mo* leche. Ental g*u*isa lo atizo el diablo al do*n*zel q*ue* tal fuego le metio en*e*l coraçon q*ue* el bien entendio q*u*al coita e q*u*al ardura an aq*ue*llos q*ue* son presos de fol amor. Mas la ssanta enp*er*atris no*n* sabia cosa de aq*ue*lla llama q*ue* el tenja en*e*l coraçon. Muchas vezes lo veya trassuar, asi q*ue* toda era ende maraujllada e auja ende gra*n*t pesar. Mas el no*n* le osaua descobrir su coita, ca bien creya q*ue* luego s*e*ria muerto tanto q*ue*lo ella sopiese. E bien le dezia ssu coraçon q*ue* nu*n*ca por ella tomaria conforto dela gra*n*t coita q*ue* auia, ca bien sabia della q*ue* era tan | santa duen*n*a q*ue* ant*e* se dexara q*ue*mar en vn fuego q*ue*

---

[16] Lasry omits *ende* (*Critical Edition*, 130).
[17] Lasry: *la* (*Critical Edition*, 179).
[18] Lasry leaves out this word (*Critical Edition*, 179).
[19] The *o* was reconstructed with ultraviolet light.
[20] Lasry: *apercebido* (*Critical Edition*, 179).
[21] Lasry: *necio* (*Critical Edition*, 179).
[22] Lasry believes that this word should be *que* (*Critical Edition*, 179 n. 8), but *ca* again functions as the comparative here.
[23] Lasry: *la* (*Critical Edition*, 179).
[24] This passage demonstrates that the evil of worldly love resides in its origin from a diabolical source (Spaccarelli, *Medieval Pilgrim's Companion*, 90–91).
[25] MS: *amaua*n.

fazer tuerto al enperador por cosa que enel mundo fuese. Dela otra parte era en grant cuydado, que sabia que era mugier de su hermano el enperador. E que silo el tan sola mente ventase que faria del tal justiçia fazer qual deuia ser de traidor. Desi mas sabia bien que si le ella vn uerbo tan
110 sola mente dixiese, que se fallaria ende mal. E por todas estas cosas que veya de su fazienda, pensaua de se partir deste amor e de se callar ende e vençer la mala cobdiçia de su carne, ca bien entendia que era vil cosa e mala. Todas estas cosas le mostrauan razon e gelo defendian, mas quando le venja la follia, echaualo de todo esto e tenjalo todo por nada quantas
115 razones le mostraua su seso, ca la follia lo coitaua, asi que non preçiaua nada su seso contra su cobdiçia. El dia e la noche era en este pensar, ca si pensar non fuera, ligera mente se podera ende partir.[26] E por esto non ama el fol, por que non sabe pensar. Mas el cuydar del omme es de tan sotil natura que luego sse lança[27] alli do omme quier, ca non puede ser
120 que aquella que mucho desea e en que mucho piensa que la non ymagine bien dentro enel corasçon. E por ende por esta sotileza se | parte omme  101va mucho a dur dende,[28] synon por la merçet de Dios. Mas pero el bien creyente muy toste lo parte desi, e malos pensares e fols deleites. Mas este de quenos fablamos non era tan sabidor nin de tal entendimiento, ca
125 bien puede saber quien quier que si buen seso ouiese non demandaria mugier en que tanta bondat viese, njn con[29] quien tanto debdo ouiese de bien. E por ende fazia follia de pensar e porfiar en ello, mas amor que se non puede encobrir mas que . . .[30] enel vino, ca tan toste lo tira asy e lo faz amargar bien, asi faz aquel que amor pone. Mas mucho penso ante
130 que le osase cosa dezir. Mas ala çima ouose a descobrir.

La enperatris sseya vn dia en ssu camara e vio ante sy su cunnado tan magro e tan descolorado que se marauillo ende, e preguntole que auia que tal era tornado. E el, quela cato vn poco, respondiole en ssospirando: "Sennora, non es marauilla sy yo so negro e amarillo, ca tan grant
135 coita me da el vuestro amor e el vuestro fermoso paresçer, a que yo nunca vi par, quela non puedo sofrir njn endurar, ca mas uos se amar

---

[26] Lasry translates this part as: "because if he were not to think about it, he could quickly end it (separate himself from this love)" (*Critical Edition*, 180 n. 11).
[27] Deleted after *lança*: *que luego se lança*.
[28] Lasry: *a dur ende* (*Critical Edition*, 180).
[29] Scribal insertion: *con*.
[30] There is a lacuna of one word here. Lasry believes that the intended meaning is unclear; yet one can deduce that it would have been a substance that makes wine bitter. Lasry notes that the original uses a different image, that of a dart in a bag, to compare with love (*Critical Edition*, 182 n. 15). The basic idea is that whatever is in the wine, like the dart in the bag (or love), cannot be concealed for long.

que Piramus a Tibes[31] njn que nunca omme amo | mugier. La vuestra 101vB
grant beldat me faz perder el comer e el beuer e el suenno en guisa quelo
non poderiades creer. Tan mucho uos se amar que non ha cosa enel
140 mundo que yo por uos non feziese." "Amigo," diz la enperatris, "callad
uos. Mucho auedes mal seso quando uos amades de tal amor vuestra
cunnada. Ya, si a Dios plaz, de tal amor non auere cura, ca tal amor
seria duro e amargo commo uos dezides que me auedes, ca bien sabed,
hermano, que aquel amor es malo que ala alma faze arder enel jnfierno,
145 que durara tanto commo Dios ha de durar. E Dios non sufra que entre
mj e uos nunca tal amor aya." Todo esto le[32] dixo ella muy mansa mente.
Asi lo castigaua la enperatris commo sabidora duenna e ensennada. E
desque la enperatris castigo el fol, dixole: "Hermano, ¿vedes ora? Ssi el
enperador sopiese que me vos desto demandarades, ssi me ayude Dios,
150 yo creo que vos aueriades ssu desamor para sienpre. Mas bien uos digo
que nunca lo por mi sabera. Ya desto non uos temades. Mas digo uos que
desoy mas, non uos terne commo fasta agora fize ssyn falla. Ante por
amor de mjo sennor, uos guardaria yo en mj seno, ca yo lo amo tan leal
mente que nunca connosçi ome en tal guisa fueras el, njn connosçere,
155 ssy a | Dios plaz. Mas uos yd demandar[33] vuestro plazer e vuestro solaz 102RA
alla por do quesierdes.[34] E asaz fallaredes a çerca e aluenne duennas e
donzellas con que conpliredes vuestras follias." Asi lo castigo la duenna.
Mas el era asi preso de su amor que quanto lo mas ella castigaua, tanto
se el mas açendia[35] en su amor, de guisa que todo era abrasado. ¿Que uos
160 dire? Non lo podia la buena[36] duenna partir dessy, ante la atentaua ende
cada dia e cada tarde, e[37] le pedia merçed, assy commo aquel que podia
fablar conella cada que queria. Non sabia la duenna que conseio feziese
con el, mas guardola el santo Spiritu quele fizo esquiuar aquel pleito, ca
silo non esquiuara, pudiera caer en mala ventura, ca non ha mugier tan
165 sabidora, ssi oyr quier amenudo lo quele omme dixier en pleito de follia,
que sse non aya de mouer a fazer mal. E por ende toda mugier que se
guardar quier de fazer follia, guardase de oyr ende las palabras, ca el que
cabosi dexa la culuebra, alguna vez lo fallara ende en tal punto quelo

---

[31] Burshatin suggests *Ti[s]bes* or *Ti[s]be(s)* (Review of Lasry, ed., *Critical Edition*, 117).
[32] Lasry: *lo* (*Critical Edition*, 183).
[33] Lasry: *demandad* (*Critical Edition*, 183).
[34] Lasry: *quisierdes* (*Critical Edition*, 183).
[35] Lasry: *ençendía* (*Critical Edition*, 183).
[36] Lasry omits this word (*Critical Edition*, 183).
[37] Lasry omits *e* (*Critical Edition*, 183).

mordera o poçonnara.[38] Asi aviene a la que de grado ascucha lo quele[39]
dezir quieren. Mas non digan por | esta, ca bien se guardo ende, ca por   102RB
cosa quel donzel dezir sopiese, non ssemejo ala velorta que esta enel
monte, que el viento la aballa atodas partes e la faz abaxar. E por esto
me semeja e es verdat que non van todas vna carrera njn sson todas de
vn acuerdo. Assy commo esta enperatris de que uos cuento, e la mugier
de Putifar que al tienpo de Faraon abaldonaua ssu cuerpo a Josep por
la grant fermosura que enel auia, e rogaualo ende mucho.[40] Asi fue que
aquella rrogaua e esta era rogada, aquella demandaua e esta era demandada. E por ende mereçio esta santa enperatris auer el amor de Dios e
asy lo ouo que tan mucho fue fermosa e enssennada, e sse guardo tan
bien enla njnnez e enla mançebia e en toda su hedat que viento njn tormenta njn mala andança non la pudo mouer. En esta ouo seso e rrazon.
Mas en aquella non ouo nin punto. Mas el donzel a menudo acometia la
enperatris por palabra e por ssenblante, todo tremiendo, commo aquel
quela amaua e temja e duldaua, e deziale que morreria ssy del non ouiese
merçet. E aquella, quelo amaua por amor del hermano, non sabia lo
que feziese e auia del piadat, e bien paresçia en ssu senblante. Mas non
sabia y auer consejo, ca sylo partiese desy e lo echase, los quel pleito non
sopiesen | non creerian quelo por aquello fazia. Pero a esto sse acordo   102VA
de sse librar del. Entonçe le defendio que jamas nunca le enello fablase,
ssynon, quele faria fazer escarnjo enel cuerpo. Quando esto entendio el
donzel, ssy ante auia alegria, torno tan triste e tan coitado que non sopo
que feziese njn que dixiese. Asi que dormiendo velaua e velando son-
naua, la mentira tenja por verdat e la verdat por mentira. Non auia cosa
enel mundo de que sabor ouiese njn podia yr njn venjr, njn se leuantaua
del lecho. Desi perdio el comer e el beuer, e torno magro e feo e amarillo,

---

[38] Lasry compares the didacticism of this message to that of Miguel de Cervantes's *El curioso impertinente*, a novella from Part I of the *Quijote*: *El ingenioso caballero Don Quijote de la Mancha*, ed. John Jay Allen, 21st ed., 2 vols. (Madrid: Cátedra, 2000). For this critic, the basic message is that the best way to conquer temptation is to remove oneself from it and that a woman cannot conquer enticements of the flesh without God's help (*Critical Edition*, 183–84 n. 20). However, despite the stereotypical descriptions of females throughout the *Quijote*, women time and again prove their ability to act more decisively than many of the males in the novel: Ruth El Saffar, "In Praise of What is Left Unsaid: Thoughts on Women and Lack in *Don Quijote*," *Modern Language Notes* 103 (1988): 205–22, here 210–11, 217–18. As the issue concerns *Vna santa enperatris que ouo en Rroma*, González repeatedly notes that the type of discourse in the above passage likewise stands in opposition to the action of the the legend's female characters ("*Vna santa*").

[39] Lasry leaves off the *le* of que*le* (*Critical Edition*, 183).

[40] Genesis 39: 6–21.

ca mucho auia grant mal, e bien le paresçia en la cara.[41] Quando esto dixieron ala enperatris, non sopo que feziese. E fue lo veer, e quando lo vio asi coitado e amortido,[42] pesole mucho por amor del enperador que gelo acomendara. E dixole asi commo buena e enssennada, mas non le
200 descobrio lo que tenja enel corasçon: "E hermano, ora non temades, mas confortad uos toste, ca yo bien veo que grant bien me queredes e yo auos otrossy. Pues punnad de oy mas de guarir e deuos confortar, e yo uos porne consejo | tanto que ssanardes."[43] Quando el esto oyo, estendiose enel lecho en que yazia e dixo: "Sennora guarido sso, magro sso yo e
205 amarillo, mas mj salut en vuestra mano es."

Aquella, que era leal e entendida, bien sopo que por ella auia el toda aquella coita. E penso que poderia fazer por que sse librase del ssesuda mente. E acordosse que desque fuese guarido quelo metiese en tal logar dola despues non podiese ver fasta que ssu marido veniese. E si aquello[44]
210 pudiese saber, quelo mataria por ende. Mas penso quelo nunca por ella saberia, ca mucho es loca la mugier e de poco ssesso que tal cosa va dezir a ssu marido, ca la nunca despues tanto ama njn sse fia enella commo de ante ella sse mata, ca ssienpre la despues ssospecha. Mas tales y ha que quieren chufar e dezir commo se quieren meter por buenas mugieres,
215 asi commo suelen fazer algunas que sse fazen ssantas e dinas. Mas | tales y ha que sy lo refusan a ora de nona, non las fallaredes tales ala viespra. Mas non era tal la santa duenna de que uos fablamos, ca non querria por cosa del mundo quelo sopiese el enperador njn que njnguno ouiese mal por ella, ca ssu corasçon e su alma era tan entera mente ensu
220 marido quele non falsaria su amor por cuydar ser desmenbrada. Ante sse dexaria bjua dessollar, e sy fuera mugier de vn labrador, bien atanto le feziera. Mas el donzel, que amor lo coitaua, demandauala ende quanto mas podia e pediale ende merçet, asi noche commo dia, commo aquel que podia entrar e salir cada que queria. Mas el diablo es sabidor de
225 ordir muchos males. Nunca le tanto pudo fazer que ssol le feziese pensar nungunt mal, ca el donzel non sopo tanto conloyar quela pudiese meter a follia, njn sola mente quelo quesiese[45] oyr en tal guisa. E ella

---

[41] The symptoms listed above epitomize the *mal de amor* associated with courtly love. Due to this characterization of love as a sickness, Spaccarelli believes that this legend is a denunciation of *amor loco* and, moreover, that it is the males in this text who are shown to pursue carnal sin (*Medieval Pilgrim's Companion*, 90). In other words, the pro-feminine message of the *LH* is at least partly due to its elevation of females who prefer the *buen amor* of God.

[42] Lasry: *amortecido* (*Critical Edition*, 184).

[43] Lasry: *sanarades* (*Critical Edition*, 184).

[44] Lasry: *aquél lo* (*Critical Edition*, 185).

[45] Lasry: *quisiese* (*Critical Edition*, 185).

fizo aguisar vna torre fuerte e alta, e enella auia dos camaras apartadas la
vna dela otra con fuertes puertas de fierro e con | buenas cerraduras. E
230  enla vna metio tal gente que bien entendio que farian su mandado. Desi
castigo los commo feziesen. E la duenna dixo en grant poridat al donzel:
"Hermano, guardat uos de dezir a ninguno nuestra fazienda, ca yo fiz
aguisar vna torre do vamos solazar a menudo. E mande estar y tales de
mj conpanna que nos ternan poridat." Quando el esto oyo, touose por
235  guarido, ca bien le semejo el mejor mandado que nunca oyera. E desque
la lauor fue acabada, aquella que era sabidor e mesurada vestiose vn dia
lo mas rica mente que pudo, e guyso su fazienda, e fuese contra la torre,
e el donzel cabo ella tal commo vn espejo, ssaltando e trebejando, ca
bien cuydaua auer bolsa trobada e que su plazer seria conplido. Mas, ¡ay,
240  Dios!, si el sopiese su voluntad, mas sse guardaria della que el rayo. La
duenna, desque llego ala torre, començo a sobir por los andamios e dixo
al donzel que se fuese meter en aquella camara que ella mandara aguisar.
"Ental," dixo ella, "que nos non vea njnguno y entrar ayuntados." E el
dio luego muy grandes saltos e dio consigo dentro, e ella, tanto que llego
245  alas puertas, tirolas assi, e dio de mano | al verrojo e çerro la puerta. Asi
se libro la duenna del a guisa de buena. Mas quando se el vio asi ençerrado, touose por engannado e por muerto. A pocas que se non mato con
sus manos por que la non podia ver. ¿Que uos dire mas? Asi lo touo la
duenna preso luengo tienpo. E ella fizo despues asi su fazienda que non
250  ouo omme nin mugier en todo el enperio quela mucho non amase. E su
buena nonbrada e su buen prez creçio e fue adelante, njn la ssanta Eglesia
non menguo en su tienpo, ante fue de bien en mejor, ca ella, quanto auia,
todo lo daua a pobres e a coitados. Visitaua los enfermos. De fazer bien
non sse enfadaua. Mas el diablo, que es enbidioso e ssotil en todo mal,
255  que ouo grant enbidia del bien que ella fazia, le ordio tal mal por aquel
mal donzel que por poco non fuera destroida si santa Maria non la acorriese. Mas ante sofrio tantas coitas e tantas tormentas que grant enojo es
delo dezir e grant piadat me toma.

    La enperatris touo asi el enperio grant tienpo ante que ssu sennor
260  veniese | d'Ultra mar. E mucho amenudo fincaua los jnojos ante la jma-
gen de santa Maria. E echauase en oraçion, e llorando le pedia merçet
quele troxiese çedo su sennor en que metiera su coraçon e ssu amor. El
enperador ando tanto en ssus romerias por muchas tierras estrannas fasta
que fue detornada e llego a tierra de Roma. Quando lo sopo la enper-
265  atris, su spiritu torno en su coraçson commo si resuçitase. Mas commo
dizen, e es verdat, quelo que omme desea quele viene, mas ssemejame
que luego sele llega su grant dapnno. ¡Ay, Dios, que duelo me toma! El
enperador ando tanto que veno a tres jornadas de Roma. Quando lo enla
çiudat sopieron, fezieron encortinar todas las ruas de muchos ricos pan-
270  nos de seda e de muchas joyas, e juncar las calles e aguisar lo mejor que

pudieron, ca mucho auian todos grant alegria de ssu venida, asi clerigos commo legos. La enperatris ssyn njngunt delongamiento vestiose e
aguysose lo mas rica mente que ser podia. E tan grant plazer auia dela
venida de su buen amigo e de su sennor que la nunca tan grande ouiera
275 desque naçiera. E bien paresçia en la su leda cara la grant alegria del ssu
corasçon. E por la | alegria que ende ouo, mando sacar dela torre el mal   104RA
donzel por amor del hermano, ca non pensaua y cosa del grant mal que
le por ende veno. Mas aquel, quela duenna non amaua, de cosa non ouo
talante dela atender por la traer e por la cofonder. E busco le tal mal,
280 commo agora oyredes, donde salieron por ende muchas lagrimas dolo-
rosas. E caualgo lo mas toste que pudo e fue ssu via quanto se pudo yr,
e tanto se coyto de andar que llego al enperador do venja por su camjno.
Mas mucho sse maraujllo el enperador de qual vio parado a su hermano
que tanto solia ser bel e bien fecho, e agora era tan magro e tan negro, e
285 tan descolorado e tan desfecho que a dur lo podia conosçer. "Hermano,"
dixo el, "¿e quc mal aucdes? Dezitmelo." "Sennor," dixo el, "bien uos
digo que non he mal ssynon de pesar e de ssanna tan grande que non
es synon tenpestad." E el enperador apartose conel, e abraçolo e besolo,
e dixole: "Hermano, mucho me fazedes triste de qual uos veo parado.
290 Mas ssi me algunt bien queredes, dezit me luego onde uos veno este
pesar tan | grande." "Sennor," dixo aquel en que yazia Ssatanas, "pues   104RB
que lo uos saber queredes, yo uos lo dire. Por uos he yo este pesar, que
non puedo comer njn beuer. Vos non poderiades creer commo he negro
e quebrantado el corasçon. Hermano sennor, ¡merçet! Vuestra mugier
295 escarnjo amy e auos. Non auia duenna de tan buena nonbrada en todo
vuestro enperio quando uos de aqui fuestes a Jerusalen. Agora sabed que
non ha y de peor. Todo vuestro thesoro ha dado, vuestro oro e vuestra
plata, a alcahuetes e a baratadores, que non venja y tal que desechase.
E por esto, sennor hermano, me tomo tan grant pesar que por poco me
300 non quebro el corasçon. Non fablan todos de al sinon della, fol en pleito,
fol en palabra. A todos se abaldona a quantos la quieren, asi a clerigos
commo a legos. ¿Que uos dire mas? Tanta ha fecha de desonrra auos
e al coronado enperio que nunca uos deuedes conella boluer en lecho
tanto commo fariades con vna rapaza.[46] Non venja fermoso clerigo njn

---

[46] Spaccarelli interprets this character's slander in the same way he does Miles's in the previous tale; the example is one of several in which the most egregious malefactors in the *LH* are the ones who accuse the innocent of wrongdoing (*Medieval Pilgrim's Companion*, 64). Margaret Schlauch is an authority on the falsely accused queen, and she includes a section solely dedicated to romances in which it is the brother-in-law who makes the accusations: *Chaucer's Constance and Accused Queens* (New York: New York University Press, 1927), 108–13. This particular model belongs to the Crescentia cycle, which explains why the example here

305 otro qual quier quele escapar pudiese, njn vedaua su cuerpo de njnguno. Mas desto me peso mas que commo quier quelos otros ouiese, quier por fuerça, quier por auer, que trauo comigo que me daria quanto yo quesiese. Mas hermano, ante me yo dexaria desfazer en pieças | que uos yo tuerto feziese de mas tan grant pecado. Quando ella vio que yo esto non queria
310 e demas que sabia su maldat, ençerrome en vna torre que fizo fazer la enemiga de Dios, ental que non viese njn sopiese mas de su mala vida. Assy me touo ençerrado dos annos e mas. E por la presion en que me touo e por el pesar que ende auja en mj corasçon, enflaqueçio me ende el cuerpo asi commo uos vedes. Mas bien sse yo agora quel su buen paresçer
315 e el su buen fablar es tan fermoso e de tal donaire e tanto falaguera, que luego uos fara ser ledo. E hermano, bien se yo que los sus falagos muy toste uos vençeran en guisa que ella uos fara luego creer que non ha tan buena duenna enel mundo e que la agua que para suso corre que non para fondo, ca desque la mugier vee su mejoria tan dulçe e tan sabrosa
320 e su palabra, e tanto sabe mentir e jurar e porfiar, que njnguno non sele poderia ygualar por sseso que oujese. Tanto diz e tanto faz e tanto mjente e jura que vençe a omme e faz le creyente, a mal su grado, quela capa blanca es negra, e desque esto le faz creer, faze le mas creer que ayer fue negra e oy es blanca. E tanto jura ella e assy conpone su mentira que
325 faz creyente que mas verdadera es | e mas derecha que vna monja santa e digna. Mas por Dios uos ruego, enperador, commo sennor e hermano, que non querades oyr sus palabras. Mas mandat mela meter en manos, o la mandat matar, e vengat uos della. E, sennor hermano, todos los altos omes de vuestro enperio ende son auergonçados e se tienen por ontados,
330 mas non se finco a njnguno tanto enel corasçon commo amj. E tanto uos erro, sennor, que deue por ende ser quemada. E ya en tanto commo ella bjua fuer, nunca uos onrra aueredes vn dia sola mente, ante aueredes desonrra para sienpre sy ella escapa. E los ojos me mandat sacar dela cabeça ssi ella sabe que uos esto sabedes, sy ante de vn anno uos non da a
335 beuer tales yeruas por que uos faga morir muerte sopitanna, ca desque la mugier mete su saber en pensar mal, non ha mal fecho que non piense e que non faga çient mill tanto quel omme. Mas de todas, esta sabe mas de enemiga e mas ende faz. Por ende uos loaria yo quela mandasedes luego matar, e semeja me que faredes y grant limosna."
340 | Quando el enperador oyo asi fablar aquel que era par de Galaron, e tal mal le dezia de su mugier, que amaua commo su alma, e gelo testimonjaua assy commo ssu hermano, bien gelo creyo e non dubdo y nada, ca bien sabia el quela mugier toste sse mueue. E tal pesar ende

resonates with events from the previous and subsequent tales, which also form part of this cycle.

ouo en su corasçon e tal coyta e tal rauja que fue tollido, e dexose caer
del palafren en tierra. E yogo asi vna grant pieça esmoreçido. E quando
acordo, trauo en su[47] cabesçon e ronpiose todo. Desi dio palmas grandes
e feridas en la su faz. E non sabia que feziese njn que dixiese. Por poco le
non quebraua el corasçon. E el mal donzel fue a el e erguyolo de tierra.
E los omes buenos que y eran otrossi, e confortaronlo lo mejor que sopieron. Desy pusieronlo enel palafren. Mucho fizo grant pecado e grant
traiçion el que tal cosa bastio. Entonçe llego la enperatris, mas Dios la
guarde, que mucho le | faz menester. Mucho auia grant sabor de llegar a 105RB
ssu marido e delo abraçar e besar, mas al tenja ya el enel corasçon. Non
sabia nada la mesquina dela mala andança que le estaua aparejada. Mas
aquella, que era sabidor e que era asaz ensennada en todo bien, troxo
consigo grant conpanna de caualleros e de clerezia, e venja tan bien vestida e guisada commo duenna poderia ser mejor. E quando fue çerca de
su marido, dolo fallo enel camjno e lo cato, nunca ouo tamanno plazer
commo aquel. Assy que bien le semejaua que veya a Dios e a su Madre e
a todos ssus santos. Mas ssi esta gloriosa Virgen, Madre de Dios, a que
ella auja grant amor, non ouiera della merçet. Presta estaua la espada
para le cortar la cabesça. Mas tantoste que ella llego a el, dela grant
alegria que ouo, non pudo tener que ael non llegase e non pudo fablar
njn veruo. Ante le echo los braços enderredor del cuello tan sabrosa
mente que non ha omme de tan duro corasçon syla viese a quele ende
non tomase piadat. Mas quando la mesquina lo quiso besar, el enperador, que venia todo tollido de sanna e de mal talante, ferio la tan toste
en medio del rostro de tan | grant ferida que dio conella del palafren en 105VA
tierra muy desonrrada mente. E non la quiso catar mas.[48] Llamo dos
de sus sieruos a grandes bozes, e dixoles: "Tomad esta aleuosa e echatle
vna soga ala garganta. E leuadla rastrando aquel monte al mas esquiuo
logar que y vierdes, e y la desmenbrat toda.[49] E cortad le los braços con
que me abraço por medio. Desi dexat la carne alos lobos e el alma alos
diablos, ca non deuia mugier beujr vn dia sola mente que rey escarneçe,
njn enperador. E yo fare y tanto que todas las otras ende tomen fazanna."
Desi fizo la tomar a dos de sus monteros, e asi rastrando, commo uos
digo, la leuaron ala floresta. Desi, commo estaua ssannudo e endiablado,
juroo que non auia tan bueno, que sola mente sse quesiese trabajar de
gela toller quelo non matase. Assy leuauan los villanos ala mesquina
dela enperatris, rastrandola por los ssus fermosos cabellos e faziendole

---

[47] Deleted scribal insertion after *su*: *corasçon*.
[48] Deleted after *mas*: *mas*.
[49] Spaccarelli observes that the emperor's nominal role is just sufficient to cast him as a cruel and unwise leader (*Medieval Pilgrim's Companion*, 91).

quanto mal podian. Mas el pesar que ende auian quantos y estauan, asi pequennos commo grandes, e el duelo que por ende fazian, ¿quien vos lo poderia contar? Mas los condes | e los altos omes tanto duldauan el 105VB enperador que ssol non se osaron trabajar dela acorrer, e llorauan todos
385 por ella, e fazian grant duelo. Mas los traidores delos villanos dieron conella enel monte, tirandola por ssus cabellos, que eran tales commo oro. E tanto la menaron mal que quando y fue, ssol non podia rresollar njn fablar veruo. E desque la touieron assy enla floresta, guysaronse de fazer lo que les era mandado. ¡Ay, Dios, Sennor, acorrela! E vno del-
390 los saco la espada dela bayna, que era bien cardena e mucho aguda, e ouierale de cortar la cabesça synon fuera por el otro quele dio bozes, e dixo: "Esta, esta, non la mates. Sandio eres. Esta es la mas fermosa duenna que omme sabe por todas estas tierras, e mas te digo, njn en todo el mundo. Ssy tu quesieres, dezir te he yo que fagamos. Ante quela
395 matemos, ayamos della nuestro plazer." "¡Ay, que bien dexiste!", dixo el otro, "Tu fablaste a mj voluntad." Entonçe la tomo vno dellos e reuolujo la en tierra. Mas la mesquina | encogiose toda con coita e con pesar, e 106RA dixo en boz baxa: "Ay, Ssennor Dios, semejame que te oluide yo."[50] Desy con coita dio vn grito muy grande e dixo: "¡Ay, Sennor Dios, acorreme
400 sy ende as poder, e non sufras que la mj carne, que nunca sopo que era ome en tal guisa synon el enperador, que me assy desterro a tuerto, que sea aujltada por estos villanos! E Sennor Dios, ssy te pluguyer, dame la muerte ante que estos villanos desonrren mj cuerpo." Mas aquellos, que non auian ensy njnguna piadat njn bien njn mesura, la començaron a
405 tirar por los cabellos e a dar grandes coçes enel pescueço e enla garganta. E tanto la ferian mal, por que non queria fazer ssu voluntad, que con coyta delas feridas ouo de dar bozes tan alto que toda la floresta ende retennja con tan grant pesar que por poco le quebraua el corasçon. E quanto mas ella podia, sse defendia. Mas su defensa poco le valera, ca
410 los villanos falsos tal la aparejaron, a coçes e a punnos e | a varas, quele 106RB fezieron salir la sangre por muchos logares, en guisa que todas las vnnas le arrencaron delas manos ala mesquina. "Çertas," dixo ella, "ante me podedes matar o desfazer pieza a pieza que yo esto faga. Ante querria ser desmenbrada que me esto conteçiese convusco. ¡Ay, Sennor Dios!", dixo
415 la coitada, "defendeme destos villanos que tanto me han ferida e mesada e mal trecha, que nunca asi fue çierua de canes. Mas, Ssennor Dios,

---

[50] Lasry notes that this passage mistranslates a French version, which expresses the unnamed empress of Rome's concern that God has forgotten her, not vice versa (*Critical Edition*, 190 n. 32). Lasry's reading seems more in keeping with the rest of the *LH* because other characters have expressed a similar concern, such as Florencia's reiteration of Christ's words on the cross, which are probably the statement's inspiration.

quela tu espada tienes sienpre presta para defender tus amigos, defiendeme destos enemigos, e por la tu misericordia guarda tu castidat,[51] que non sea quebrada." Entonçe dio grandes bozes e dixo: "Ay, santa Maria,
420 Virgen, Ssennora, quel fijo de Dios troxiste en tu cuerpo, ssocorreme ayna, ca mucho lo he menester. E ruega al tu glorioso Fijo queme acorra, ca me ssemeja que mucho me tarda."[52]

Mas el piadoso Dios, que ala ssu bendita Madre enbio el angel Grauiel e que libro a santa Ssusanna del testimonio falso por el profecta
425 Daniel, acorrio ala enperatris, ca non quiso quela ssu | amiga fuese dan- 106va nada por aquellos villanos malos. E aueno, assi commo Dios quiso, que vn muy alto prinçipe caualgaua por aquel monte que venja de aquella romeria do fuera el enperador, e yuase a su condado e traya consigo buena conpanna. E quando oyo las bozes e el carpir de la enperatris e
430 los gritos tan grandes que toda la floresta ende rretennja, aguyjaron e començaron de correr contra alla. Mas silos Dios en aquella ora non troxiera, creo que muerta fuera la mesquina, ca asi la arrastrauan los villanos por los cabellos e sacodian, que por poco la non mataron. Mas el conde e los caualleros aguyjauan quanto podian contra do oyan las
435 bozes, e vieron los villanos quela tan mal menauan, e dexaronsse correr a ellos, e mataronlos. Assy la acorrio Dios a aquella queLo tanto seruia e que tan mucho amaua e que tanto llamara. Mas tal era ya aparejada que sse non podia rreboluer njn meçer pie njn mano, e los caualleros, quando la tal vieron, ouieron della grant piadat, e llorauan con duelo della, de
440 que la veyan tan njnna e tan pagadora. Assy fue la duenna libre de tan grant peligro commo oydes.

| Entonçe le pregunto el prinçipe de qual tierra era, o do yua quando 106vb la fallaron aquellos villanos, e commo era su fazienda, que gelo dixiese todo. Mas la muy santa xristiana, que de todo en todo se queria quitar
445 dela gloria terenal, encobrio se commo ensennada, e dixo: "Sennor, yo so vna mugier pobre que pasaua por este monte, ca non cuydaua que me njnguno feziese mal, e salieron amj estos dos omes e trauaron comigo, e muerta me oujeran ssy uos Dios non troxiera." "Çertas," dixo el, "esto era muy grant mal, ca bien me semeja en vuestro fermoso paresçer que
450 de algunt alto linage sodes." "Buen sennor," dixo la duenna, "muchas vezes aviene que en cuerpo de vna mugier pobre pone Dios muy grant

---

[51] Lasry notes that an accurate translation of Gautier de Coincy's French version would read *mi castidat* (*Critical Edition*, 191 n. 33).

[52] Burshatin sees the unnamed empress of Rome's persecution—ever a constant in medieval saints' lives—in connection with similar episodes in the *CMC* and *Otas de Roma* (Review of Lasry, ed., *Critical Edition*, 116). Also of importance here is the function of the Virgin as intermediary between humankind and Christ, a crucial component of her role as the mother of of God, *Theotokos* (Θεοτόκος).

beldat, mas por Dios e por vuestra alma vos pido queme ayades merçet e que me pongades fuera deste monte." E aquel que era piadoso e de buen talante e que della auja duelo dixo: "Hermana, yo vos leuare para
455 mj mugier, que otrosi es | fermosa, e criar me hedes en mj casa vn mj 107ra fijo que he, muy fermosa criatura." E la enperatris sse tomo a llorar e dixo le que Dios le diese ende buen grado: "Mas ruego vos, sennor, por Dios e por vuestra grant cortesia, que non ssufrades[53] a njnguno que me faga villanja." "Par sant Pedro," diz el conde, "non ha tan alto
460 omme njn tan preçiado en mj casa, avn que fuese mj hermano, que uos onta fazer quesiese, quelo yo non echase demj para sienpre." "Sennor," dixo la enperatris en ssospirando, "Dios e santa Maria uos lo gradescan." Entonçe la mando poner en vn palafren e cogieronse por ssu camjno e andaron tanto que llegaron a su tierra. Quando el conde llego a su
465 condado, dio la duenna a ssu mugier quela seruiese e bjujese conella. E la enperatris lo gradeçio a Nuestro Sennor. Desy começo a sser tan mansa e tan omildosa e de tan buenas mannas e de tan buen recabdo que todos e todas la amauan e onrrauan e dezian que nunca vieran duenna tan enssennada njn de tan buen recabdo. Desy era de tan buena palabra
470 que a todas sse dexaua amar, | ca dize el sabidor en ssu escripto: "Quien 107rb bien fabla es sabidor e faz se amar alas gentes."[54] E Salamon diz en ssus prouerbios quela boca mentiral, assy e a otro faz mal.[55] Mas aquella en que non a cosa de amargura sse faz amar e onrrar. De otra guisa era la enperatris, ca tan enssennada era e tan buena e tan olmildosa que dez-
475 ian que el quele enojo feziese, que poco conosçeria que cosa era buena duenna. Ella non auia la lengua muy[56] polida commo fol, lo que an muchas, mas ella non auja menester mas njn menos. La ssennora le fazia grant fiesta e mucho la onrraua e sse pagaua della mas que de quantas duennas e donzellas auja en ssu casa. Pero y muchas auja e fermosas,
480 mas el paresçer dela enperatris a todas las otras quitaua el semejar. Pero que assy andaua desterrada a tuerto que non seria marauilla si fea tornase la cara dela mugier que tanto mal resçibe. Desy la duenna tanto la preçiaua e amaua que sobre todas la aconpannaua, e llamauale hermana e amiga. Desy diole ssu fijo a criar e a nodrir.[57] Mas bien poderian dezir
485 por verdat que nunca fide[58] tal padre tal ama oujera que sse asi abaxase

---

[53] Lasry: *sus[teng]ades* (*Critical Edition*, 192 n. 34).
[54] Proverbs 16:13.
[55] Proverbs 26:28.
[56] Scribal insertion: *muy*.
[57] In *Otas de Roma*, Florencia becomes a nurse to Beatriz, the child of Terrin and Anglentina. As Spaccarelli notes, the situation here marks a recurrence of nearly identical circumstances (*Medieval Pilgrim's Companion*, 91).
[58] Read *fi de*, that is, *fijo de*.

a tal cosa. Mas ella tan bien lo criaua com*m*o ssy fuese su fijo, e confortauase ya q*u*anto en ssu corasçon, e p*a*rtiase vn poco de su pesar, por q*u*e bien veya q*u*e N*u*est*r*o Sen*n*or q*u*eria ssu | alma esaminar e fazer morrer 107va en p*r*oueza por la fazer despues floreçer, ca ella bien sabia verdadera
490 ment*e* q*u*e N*u*est*r*o Sen*n*or Ih*e*s*u* X*r*ist*o* veno en t*i*erra com*m*o pobre, de su grado, sofrir mue*r*te por los pecadores.[59] Esto era ssu conforte. El sen*n*or de q*u*anto en*e*lla veya, mucho la p*r*eçiaua, ca ssylos ot*r*os reyan e trebejaua*n*, e fazian danças e cantauan, e avian sabor del mundo, por cosa non sse moueria ella atales pl*e*itos. Mas lo mas del dia ençerrauase
490 en vna egl*e*s*i*a en vna capiella e fazia a Dios de corasçon ssus pleglarias e ssus oraçiones. Desto sse marauillaua el sen*n*or a q*u*e venja*n* las ot*r*as aconpan*n*ar. Sseya*n* de dos en dos, e peynauanse e afeytauanse, e ponjan alfaytes e fazian dessy grandes marauillas. Desi reyan e jogaua*n* e escarneçia*n* delos cauall*er*os en*e*l palaçio, mas non sse afeytauan ellas tan de
495 grado enla camara q*u*ela s*an*ta enp*e*ratris non se metiese mas de grado enla egl*e*s*i*a.[60] E lauaua todas ssus fazes de sus lag*r*imas ant*e* la jmagen de s*an*ta M*ar*ia. Todas vanjdades e todas vanas palabras esq*u*iuaua a todo su poder. E non auia ojos con q*u*e catar a | derecho delos q*u*e fablasen en 107vb fecho de amor, e fazia g*u*isado, ca por catar puede ome conosçer lo q*u*e
500 tien*e* la mug*i*er en*e*l corasçon. Assy aviene dela sabidor e dela fol. Q*u*ando los ojos dela mug*i*er mucho bullen e catan a menudo *con*tra aq*u*el q*u*e la de vil pl*e*ito demanda, aq*u*ella ha menester q*u*e sea bien guardada. Mas la enp*e*ratris en ssu catar non paresçia q*u*e auia menester guarda, ca tan ssinple mente cataua los q*u*ela catauan q*u*e bie*n* entendian q*u*e su alma
505 guardaua e su cue*r*po. Ella auja los ojos tan ssinples e tan vergon*n*osos q*u*e non podria om*m*e dezir les mal por razon q*u*e se ma*n*tenja muy santa mente, e q*u*ien la bien conosçiese ant*e* todas la loaria en amar a Dios e

---

[59] Spaccarelli believes that this passage is an important example of *imitatio Christi* in the *LH*. This critic underscores the significance of the parallel between Christ's suffering and that of the *LH*'s female protagonists and argues that the unnamed empress of Rome's trials may have been reenacted in the difficulties of what he believes were the *LH*'s pilgrim listeners (*Medieval Pilgrim's Companion*, 92).

[60] The use of cosmetics stands in bold relief to the unnamed empress of Rome's holiness. This view stems from the Church Fathers who, among other things, associated make-up with slavery because slaves were the ones who applied cosmetics in Classical Rome. For more on classical and medieval concepts of beauty and views on the use of cosmetics, see Frank A. Domínguez, "Body and Soul: Jorge Manrique's *Coplas por la muerte de su padre*, 13:145–156," *Hispania* 84 (2001): 1–10. The *locus classicus* is Tertullian's *De cultu feminarum*, on the reception of which there is abundant bibliography.

en todo bien fazer. Mas el antigo enemigo que mucho mal sabe, el que[61]
ama [el] mal e desama el bien, guisose dela tentar. Mas ssi la Dios ende
non guardase, pudiera ser muerta o quemada en poca ora, o destroida
dela mas cruel muerte que podria seer. E el diablo, ¡commo es enbidioso,
e commo ha grant enbidia atodos aquellos que beujr quieren casta mente
e seruir a Dios! | ¡Tan ssuzias sson tus[62] maldades quelos cuerpos cas- 108ra
tos atizas el dia e la noche a luxuria, e mucho eres ledo quando puedes
mouer el omme casto o la casta mugier a luxuria! Mas aquellos e aquellas
que aman de corasçon la Virgen ssanta Maria e quieren mantener casto
corasçon, non los puedes assy engannar. Mas aquella que sin su grado es
casta, ¡que toste sse vençe ssy la tu tientas ya quanto!, ca a amidos es casta
la carne ssy linpia mente non ha deuoçion. Mas la santa enperatris era
casta de cuerpo e de corasçon e de alma. Por esto la non pudo desujar el
atizador de luxuria, ya tanto la non pudo tentar, ca assy firmo su coraçon
en castidat, ca asi fue esmerada commo oro en fornaz.

Assy bjuja la enperatris desterrada e mesquina, criando aquel
njnno, e veno sobre ella otra mala andança que uos contare. Vn cauallero auia en casa de aquel prinçipe que era ssu hermano, muy loçano e
muy onrrado e de grant barata, e muy buen cauallero de armas. | Este 108rb
començo mucho de catar la duenna, e bien le semejo que nunca viera
tan fermosa mugier njn que tan bien paresçiese en todo. E començo de
le fablar amorosa mente e dela plazentear encobierta mente. E aquella,
que non era neçia, por amor de ssu hermano onrraualo mucho mas que
alos otros, e deziale, commo aquella que era enssennada, quelo amaua
e preçiaua. Mas aquel fol cuydo por tanto que toste le otorgaria su amor
e que faria su voluntad. Asy que touo que muy çerca era de acabar todo
su fecho, mas muy luenne dende estaua. Avn los beços tenja amarillos
quando el cuydaua auer amor de aquella que por su mesura, e por amor
del hermano le dezia fermoso e ensennado. E andaua por ende el baujeca
mucho alegre, ca bien es torpe e neçio aquel a que alguna buena duenna
da buena respuesta, que luego la cuyda auer vençida e que tanto que la
tome en logar apartado, que luego se le dexara caer. E por ende echo
del fol follia e del cuero correa. Mas muchos y ha, bien vos digo, que de
aquellas[63] que cuydan bien estar, que al tienen enel coraçon ca non lo
que ellos piensan. Onde tal y ha que muestra al mundo leda cara e alegre
contenente, que mucho ha el corasçon ljnpio e casto e que mas a emjdos
erraria que faria vna monja virgen. De tal guisa era la enperatris, | ca 108va

---

[61] Deleted after que: el.

[62] The speaker is now directly addressing the devil (Lasry, *Critical Edition*, 194 n. 44).

[63] The first a of this word is superscript.

545 ella auia vna palabra tan buena e tan sabrosa que se fazia al mundo amar, tanto era bien ensennada. Mas aquel que auja enella metido su corasçon e sse entremetia de tan grant follia, ca tanto la poderia vençer commo sobir alos çielos, ca vos non era ella nesçia asi commo tales ha que vienen al brete. Mas el non poderia tanto bretar que esta y tomase a otra parte
550 si podera bretar e donnear. E por ende dixo Ouuidio: "Aquella es casta que njnguno non demanda."[64] E dixo verdat, ca tal ha preçio de buena duenna que muy toste se vençeria ssy ya quanto fuese demandada. Mas esta buena duenna non la poderian tanto demandar quela njnguno pudiese mouer. Mas aquella es de buena fama por fuerça que a njnguno non
555 ruega njn demanda. E asi es de buena fama ssin su grado. E por ende ayan mal grado e malas graçias aquellas que an las façes majadas e los pescueços arrugados con vejez sy an buen prez. Mas esta duenna deue ser loada, que tanto era fermosa e de tan buena hedat e tan mucho era demandada. E pues que sse guardo ende tan sola mente aya ende buen
560 grado, e guardela el ssanto Spiritu que njnguno nonle pueda enpeçer, ca ante ella querria ser muerta | que ssu castidat ser quebrada. Mas el 108vb cauallero mucho la demandaua, e rogauala e prometiale que faria todo ssu mandado. E quando vio que por aquello non podia cosa acabar con ella, demandola de casamiento e que en toda guisa queria que fuese ssu
565 mugier. E prometiole quela faria sennora e condesa de grant tierra e de grant auer. Mas la enperatris, quando vio tan connosçida su locura e que a fuerça sse queria casar con ella, punno delo partir de ssu pleito e dixole llana mente, ca bien vio quele non auia y menester al, que ssu mugier njn ssu amiga non seria por cosa quele ssopiese prometer njn dezir, e que
570 mucho era lleno de follia e de villanja por quela non dexaua estar en paz, ca non sse pagaua del, e que perdia y ssu afan e ssu connosçer, e que bien sopiese que su corasçon e ssu amor nunca aueria en tal guisa. Ante querria ser ancorada enla mar, e que perdia y su tienpo. Esto le dixo de llano, e que jamas non prenderia marido avn que fuese duque njn conde.
575    Mas aquel, que era de grant barata e que sse preçiaua mas que vn rey, ouo ende muy grant des|pecho, e touose por desdennado por que sele 109ra ponia en tales carezas que sol nunca lo despues quiso catar mas que sy fuese fijo de vn villano. "Duenna," dixo el tuerto, "he deuos por que me asi estrannades, e non ha agora tan alta duenna enesta tierra toda que ssy
580 yo conella quesiese casar aque ende mucho non ploguyese. Mas por vuestro amor do por ellas tan poco quelas non preçio cosa." "Esto es," dixo ella, "poco seso que me uos demandades, ca yo ante me dexaria matar que eso fazer." El cauallero fue muy ssannudo quando esto oyo, e dixo:

---

[64] Ovid, *Amores* 1.8.43. For instance, see Ovid, *"Heroides" and "Amores"*, trans. Grant Showerman (Cambridge, MA: Harvard University Press, 1914), 350.

"¡Par Dios, non es marauilla de ser las duennas de grant guisa e de buen linage brauas e desdennosas e escarnjdores, pues que vna villana coujgera senos pone en tal careza!" "Sennor," diz la santa duenna, "ssy so pobre non deuo por eso mj alma despreçiar mas que faria vna sennor de vn enperio, ca los pobres tanto deuen amar sus almas e tanto sse deuen trabajar delas saluar bien commo | los reys e las reynas, ca non desama Dios alas pobres gentes njn los huerfanos njn las huerfanas. Ante han tan gran derecho enel rregno delos çielos bien commo los reys e las reynas.[65] Mas tanto sse paga Dios dellos que por pobreza non desama njnguno, e ssemejame que non es pobre njn mendigo ssynon aquel que mal busca e que mal faz. E aquel es pobre el que Dios desama, ca non val cosa njn sabe nada." Quando el cauallero sse vio asy vençido, non ssopo que respondiese, mas por la cofonder començo a escarneçer della e despreçiarla, e dixole: "Sennora, bien paresçe en vos que fuestes barragana de preste, o mugier de rregatero o de pescador o de capellan, que tan bien sabedes plegar. Cuydo que muchos canes an roido vuestro baston e muchas tierras auedes andadas, e despertando e aballando andastes muchos prelados. Cuydo que en muchas comarcas tomastes tienda. Non cuydo que en toda la tierra tanto ssabe mugier de fecho de enganno commo uos sabedes. Bien semejades ypocrita. Ssy fuesedes condesa del condado de Griuas, grant mal ende poderia venjr ayna al enperador, ca meter lo querriades vos sso vuestro poder, que yo non uos sse tanto rrogar de que uos prenda njngunt amor, njn ssol que me querades catar, njn me preçiades nada. E yo non poderia creer que mucho mal non yaze en mugier que non quier catar a omme e fazesse | sinple e callada. Mas çertas tal uos vee solas tocas que sabe poco de vuestra voluntad." "Sennor," dixo ella, "Dios vee el coraçson e los omes la faz, e Dios, que sabe la mj entençion, me faga mejor que uos dezides, e guardeme el santo Spiritu, ca amj poco me jncal de vuestras palabras, ca njn me calientan njn me enfrian, e que poco me dan vuestros escarnios. Dios sabe bien de cada vno qual es, mas para la fe que deuo ala mj duenna santa Maria, vuestra mugier njn vuestra amiga non sere en quanto yo ssea bjua. De valde uos trabajades. Vos ssodes el que maja enel fierro frio."

Assi se defendio la duenna contra aquel que de todo en todo la queria auer e que era tollido por ella. Mas desque aquel vio quelo asy desdennaua que sol non queria catar por el njn yr a logar que supiese que el estaua, njn se queria erguyr a el, njn sseparar en logar do a el viese, torno muy follon

---

[65] For Spaccarelli, this response is representative of the *LH*'s egalitarian spirit and reflects the substance of *Maria Madalena* and *Santa Marta* (*Medieval Pilgrim's Companion*, 92). It is certainly in keeping with the *contemptus mundi* topos discussed in the first part of the introduction (p. xix).

e diole el diablo arte e engenno del buscar algunt mal por quela feziese quemar o destroir en qual quier guisa. E dezia contra ssy commo aquel que tenja el diablo enel corasçon: "Çertas, grant derecho fago de auer | 109vb despecho de vna villana truhana e vil que aqui llego mendiga, que me
625 assy despreçia que sol non me quier catar. Mas ssy yo y cuydase perder mj alma, avn que fuese la enperatris de Roma, yo la fare arder en vna llama ante que sea cras enla noche. En mal punto por sy me esquiuo. Mas yo non me preçiaria vn figo sy yo non fago aquella lixosa quemar enel arenal. E mugier que a omme non quier catar, bien deuia ser quemada."
630     Agora oyd lo que fizo aquel traidor por consejo del diablo quelo auja abrasado e açendido. Leuantose de noche e tomo vn cochillo mucho agudo, e veno a furto al lecho dela enperatris, que tenja ssu criado entre ssus braços dormjendo, e tajo toda la garganta al njnno. Desy metio el cochillo enla mano muy mansa mente, asy commo el diablo gelo
635 mostraua, ala enperatris, e despues que esto fizo, fuese echar muy paso a su lecho. ¡Ay, Dios, Sennor! ¡Que grant mal e que grant traiçion ha fecha! Ya dos tanto fizo peor este que el astroso de Cayn que mato ssu hermano Abel. Por ende fue | doblada esta traiçion que mato el njnno, 110ra por que cuydo luego por y fazer matar al ama que tanto amaua, por que
640 non queria fazer su voluntad. Mas la santa amiga de Dios querria ante quel su cuerpo fuese tormentado de graues martirios ante la gente que sse otorgar a aquel cauallero. E Cayn mato Abel despierto, mas este mato su sobrino en dormiendo. E aquel mato vno, mas este cuydo[66] matar[67] dos de vn golpe. Tanto fue villana traiçion que dela contar sse
645 faz enojo. Quando ssu duenna desperto, fue muy espantada, ca ssentio la mojadura dela ssangre que avn era caliente, e el lecho ende lleno, e dio grandes gritos e grandes baladros, e començo a llamar Dios e santa Maria. E el ssennor e su mugier despertaron e erguyeron se toste, e fezieron açender lunbre e fueron a ella al lecho, e fallaronle avn que tenja
650 el cochillo enla mano, e toda bannada en sangre, e el njnno degollado entre ssus braços. Mas ssi ende ellos ouieron grant pesar, esto non preguntedes. E començaron a dar baladros. E en poca de ora y fue grant gente assumada. Alli ouo grant lloro e grant llanto, e muchos cabellos mesados. Mas el ssennor fazia tal duelo que non | sabia que feziese. La 110rb
655 sennora carpia sus fazes e dexauase quebrantar en tierra, e baladraua de guisa quel palaçio ende retennja todo de caualleros, de clerigos, de legos, y fue tal buelta que non se podian oyr. Nunca omme vio mayor duelo del que alli era. Mas la mesquina dela enperatris era ende tan espantada que non sabia desi parte. E tanto era pasmada que non sabia que dixiese. Mas

---

[66] Scribal insertion: *cuydo*.
[67] MS: *matoar*. The letters *ar* are superscript.

660 los pueblos que llegauan de todas partes, que cuydauan toda via que ella
lo matara, dezian los mas dellos que deuja ser echada alos leones. Otros
dezian que deuia ser arastrada, otros quela ssoterrasen bjua, otros que
mejor vengança seria dela quemar. E assy serian el sennor e la sennora
ya quanto vengados del fijo que le dieran a criar e lo matara. A esto sse
665 acordauan muchos. Otros auian ende grant piadat e llorauan con duelo
dela grant beldat que enella veyan. E pesauales de su mala andança. Mas
el omezian, que aquella traiçion feziera, fue al lecho e fizose commo que
non sabia dende parte. E començose de marauillar, e cato el cochillo de
commo era sangriento commo espantado: "¡Ay, ladrona!", dixo el, "omj-
670 ziana bien paresçe que muchas carreras toujstes e que muchas gargantas
tajastes e que muchas eglesias auedes quemadas e robadas, e que muchas
muertes fezistes, e muchas maldades." | Desi tornose contra el prinçipe 110va
e dixole: "Hermano, ¡commo fuestes neçio e que mal uos guardastes
quando uos en vuestra camara metiades tal villana lixosa, que mas de
675 ssiete annos ha andado cossera por el mundo! E bien ssemejastes y ssyn
seso enla fazer priuada de vuestra camara, njn dele dar a criar mj sobrino.
Çertas, menester es quela sotierren bjua." Entonçe la tomo por los cabellos e dio conella tal tirada que toda la quebro en tierra. Desy aparejola tal
a coçes que por poco la non mato. "Hermano," dixo el, "mandat luego
680 fazer grant foguera ssin detenençia, e yo la quiero quemar. Ssynon, fagamos la ssoterrar bjua, o mela dat, e leuar la he a çima de aquella rocha
e despennar la he dende, o la fare rastrar tanto fasta que sea toda desfe-
cha. Desy demos la a comer a canes." Mas la mesquina dela enperatris
tanto auja de verguenna e donta que non sabia que dezir njn que fazer.
685 Mas en sospirando entre ssus dientes, pedia merçet de todo su corasçon
ala Reyna santa Maria, quela acorriese, ca non atendia al ssynon quela
quemasen o la matasen de muerte mala. Mucho era dura su vida, e tanto
auia de miedo e de verguenna que non osaua catar a | derecho omme 110vb
njn mugier. Mas la Madre de Dios, que ella llamaua tan piadosa mente
690 en ssu corasçon, non quiso sofrir que ella y prendiese muerte. E tal era
aparejada, que de pesar, que de ssanna, que donta, que delas feridas, que
sol non podia fablar palabra. E auia tal pauor de muerte que todas las
carnes e los mjenbros le tremian ayuntados. Mas la ssabrosa Sennora,
que ala coita non falleçe a ninguna alma que de corasçon la llama e ruega,
695 metio en voluntad ala duenna que ouiese della duelo e piadat.[68] Por ende
dixo a ssu marido: "Sennor, sennor, por Dios e por merçet, aved duelo
e piadat desta mugier mesquina, que tanto mal e tanta coita oy aqui ha.

---

[68] Gómez Redondo compares the Virgin's role here to that found in the writings of Berceo (*Prosa medieval*, 2:1369). Indeed, such is the case in many of the *LH*'s
parts.

Synos nuestro fijo matoo, otro nos puede Dios dar, ssyle ploglier. E amj non plaze que por esto sea quemada njn destroida. Mas pues que Dios
700 perdono ssu muerte, perdonemos nos a ella la de nuestro fijo, e otrosy por amor de santa Maria, ca tanto es fermosa e tan bien me ha seruida que me non plaze de su muerte por cosa. Duelo deuia omme auer de sse meter en tan fermoso cuerpo que el diablo le fizo esto fazer."
| Quando el sennor vio que su mugier auia tal piadat e quela queria 111RA
705 dexar de matar, el lo otorgo asi. Mas ssi asu hermano quesiera creer, mala muerte le diera. Desi mandola tomar el conde e fizola leuar ala mar, e mando avn marjnero quela metiese ensu barca e quela leuase a vna ysla muy luenne do la non viese gente, njn ouiese nunca buen dia.[69] Estonçe tomaron la mesquina e metieron la enla barca. E ella començo a tirar por
710 ssus cabellos, que eran tales commo el oro, e a fazer el mayor duelo del mundo. Mas aquellos, que eran mala gente e crueles, dixieron le quela ferrian ssy se non dexase de fazer aquel duelo. E asy la leuaron muy luenne a alta mar. Desi començaron a fablar entressy enla beldat de aquella mugier, que nunca tan fermosa duenna vieran, e dixieronle que feziese su
715 voluntad. Entonçe el marinero e los remeros, commo malos e desleales, pararon sele enderredor, e dixieronle: "Duenna, vuestra fazienda es asaz mal parada, pero non | dubdedes cosa ssy quesierdes conplir nuestras vol- 111RB untades. E sy nos bien estoujermos convusco, de njnguno non auemos[70] que temer." E la coitada erguyo los ojos al çielo e dixo en ssospirando:
720 "¡Ay, Sennor Dios! E, ¿quando feneçera esta batalla?, que non veo tal que me non cometa, njn puedo durar en tierra njn durar en mar. Por mj beldat me viene tanto mal que todos me demandan. ¡Mesquina! Mejor me fuera de ser tuerta o çiega o contrecha. E synon ouiese otro mal saluo esta tormenta desta mar, esto me seria grant martirio. ¿Commo puedo
725 sofrir tanto mal? ¡Mesquin! En negra ora fuy naçida." "¿Commo?", dixo el marjnero,[71] "çertas, ssi fuesedes ssennora de Ssuaua o condessa de Ssones, convien vos que fagades denos prez, ca yo vos metere sso el agua e pescaredes commo nuntria, o ssemejaredes mergollon, sy uos non otorgades anos. Mas por que esto ya rrefusastes, njn ssy muriesedes, por
730 ende non seria deuos tan escaso que todos non ayan su parte." E los

---

[69] The unnamed empress of Rome's exile is a result of treachery identical to that of Macaire toward Florencia from the previous legend (Spaccarelli, *Medieval Pilgrim's Companion*, 91).

[70] Lasry—based on Adolph Mussafia, ed., "Eine altspanische Prosadarstellung der Crescentiasaga," *Sitzungberichte der Kaiserlichen Akademie der Wissenschaften, philosophisch-historische Klasse* 53 (1867): 499–562, here 533 n. 1—believes this form should be *auedes* since the sailor and oarsmen are telling her that it is she who will not need to fear if she complies with their wishes (*Critical Edition*, 201 n. 62).

[71] Lasry: *Commo dixo el marinero* (*Critical Edition*, 202).

remeros traidores respondieron todos: "Ora aya ende mal grado e malas graçias, ca mal quele pese nos faremos enella nuestro talante." Estonçe trauaron della a fuerça, e la mesquina baladrando e carpiendo quanto mas | podia. E escarnida la ouieran, o muerta, mas el buen talante de 111va
735 Ihesu Xpisto nonlo quiso sofrir, ca vna boz de angel muy clara e muy alta veno sobre ellos que les dixo: "¡Malos! Non forçedes esta duenna, ca mucho es de grant linage. Ssuso enlos çielos esta la grant Guarda, que vee auos e todos vuestros fechos, noche e dia, e ssy tan follones queredes ser que querades fazer tan grant pecado, la mar vos ssoruera." E el mar-
740 jnero les dio entonçe bozes: "¡Dexalda, dexalda!, ca mucho es pequenno solaz quien mugier quier auer a fuerça." Entonçe dixo a ella: "Duenna, mucho sodes noble, e pues que sodes de tan grant barata, ora uos departo vn juego. O vos fazet de vuestro grado nuestro plazer, o toste prendet el salto del can e via ala mar. E ssy sola mente cosa desdezides fazer, uos
745 he tomar e dar convusco en esa agua." E aquella que auia el coraçson tan bueno que daua poco por el cuerpo por el alma ssaluar, llorando rrogaua a ssanta Maria quela acorreiese e la consejase ora toste. Dixieron ellos: "Tomat el salto. O leda mente e de grado fazet todo nuestro talante, o beuet dela agua salgada." Entonçe respondio | la enperatris muy mansa 111vb
750 mente: "Par Ihesu Xpisto mj Sennor e par su Madre, el vuestro amor me es tan amargo e tan salgado que ante quiero en vn salto morrer enesta mar que fazer eso que me uos dezides, ca mas me val quela mar me ssorua que ser vuestra abaldonada, ca non so de tan poco sseso que por pauor de muerte quiera perder mj Criador[72] e mj alma."
755   "Par los diablos," dixieron los villanos, "pues ala mar yredes toste, que uos fagades draga. E cuyda que por ssu sermonar sse nos canbiaran las voluntades, o nos tiene por neçios o por baujecas." Entonçe la tomaron de todas partes por los pies e por los cabellos por la echar enla mar, e la mesquina començo a baladrar e gritar e llorar muy fiera mente, e
760 rogaua a Dios que la acorriese, ca por su amor[73] seria afogada en aquella mar salgada. E a alta boz, otrossi llamaua ala Reyna ssanta Maria, e rrogauale quela acorriese e quele guardase la alma, ca el cuerpo la mar aueria por sepultura. E la madre de Dios, que bien la oyo, los fizo asy estar pasmados | que sse temieron[74] dela echar enla mar. Mas los enemi- 112ra
765 gos de Dios, que eran muy sannudos contra ella, vieron vna rroca en par dela barca, e tomaron la coitada e dieron y conella tan cruel mente que a poco non la mataron. E asi la dexaron baladrando e coitandose sobre aquella pen[n]a. E fueron ssu carrera los que de malas manzillas touiesen

---

[72] Lasry: *candor* (*Critical Edition*, 202).
[73] I.e., for the sake of her "love of God" (Lasry, ed., *Critical Edition*, 203 n. 66).
[74] Lasry: *tenneron* (*Critical Edition*, 203).

quebrados los ojos. Assy tenja la muerte a vn pie de ssy, e començo a batir
sus palmas e torçer sus dedos. Dezir puedo que bjua era muerta, ca bien
creo que la catiua mas querria ser muerta que bjua, e ninguno non deue
demandar sy bjujendo morria, quando a dos dedos o a vn pie tenja la
muerte. E ya le semejaua que era conella, ca non veya carrera njn ssendero por do le pudiese estorçer. Alli fazia su duelo e dezia: "Sennora, Virgen gloriosa ssagrada en que yo puse firme mente mj coraçson e todo mj
amor a grant tienpo, cata esta tu vasalla delos tus piadosos ojos, ca mas
çerca de vn pie esta demj la muerte. ¡Mesquina, mesquina! Ante quiero
que la mar me mate que me otorgar a aquellos gretones falssos, njn que
yo tal yerro feziese | contra Dios nin contra el enperador, que por aquel
aleuoso mezclador tal desamor me cogio que me desterro e me echo asy
por todo el mundo en mala ventura. ¡Mesquina, mesquina!, que de mal
non puedo durar en mar njn en tierra. Omes e tierra e mar me guerrean.
Ora me defienda e me vala e me guarde sobre esta piedra Aquel que en
la mar saluo a sant Pedro." Assy la mesquina fazia su duelo sobre aquella
penna. A pocas que sse non desesperaua e se dexaua caer enla mar, ca
non ha omme tan fuerte e tan valiente que si tal auentura sobre el venjese,
que toste non cayese en desconorto.

    Assy finco la enperatris sobre aquella penna que de todas partes firia
la mar e topaua en ella, e saltaua el agua tan alta que ssemejaua ala
mesquina que todo el mundo queria cobrir, e espesa mente pedia merçet
a Nuestro Sennor Ihesu Xristo que la acorriese. Ental guysa estouo la
mesquina faziendo su duelo fasta la noche. Mas quando la noche veno,
entonçe se le doblo su coita e su tormenta de frio e de fanbre e del pauor
dela mar, asi que a pocas le salia el fuelgo e dezia: "Ay, Sennor verdadero, Dios que en la cruz muerte prendiste por nos librar del poder del
diablo, Sennor que libraste Danjel e lo guardaste del | lago delos leones
fanbrientos, Sennor que guardaste los tres njnnos enla fornaz sanos e
ledos, e te loaron cantando, Sennor que guardaste Jonas tres dias enel
vientre dela ballena sano, que njngunt mal non prendio, Sennor, guarda
my catiuo cuerpo, e sy te plaz, echa me çedo deste peligro. Reyna de los
çielos, ruega al tu glorioso Fijo por mj, pobre mesquina, que me eche
fuera desta mar e me arribe atal puerto do pueda beujr en paz e do
pueda seruir tan bien que la mj alma aya parte enla su gloria." En tal
guysa paso la santa fenbra toda la noche en oraçiones e en ruegos. Asy
duro alla tres dias e tres noches,[75] e ya el rrostro le negreçiera con coita

---

[75] At the most fundamental level of interpretation, the symbolism of three days and nights (cf. Matthew 12:40) connects the suffering of the unnamed empress of Rome with Christ's descent into Hell, which was a time of exile from God. The unnamed empress of Rome seeks to be reconnected with God and ultimately does so by entering a convent.

e con fanbre, e desatauasele el corasçon. Asi la coitaua la fanbre e tormentauala la mar, e dezia con boz muy lassa: "¡Mesquina, mesquina! La fanbre me mata e la mar me coita mucho atanto que non catare la ora que me desfara toda. De todas partes me fieren los vientos tan fuerte mente
810 que a pocas me non derriban. ¡Mesquina! ¡Quanta mala andança!, que non veo cosa que me mal non faga. La tierra non me quiso sofrir e la mar me quier matar, e la fanbre me coita, | asi de dentro que me çierra 112vB los dientes. ¡Catiua, catiua! Aqui morre, que non auere conforto de njnguno. ¡Mesquina! Ssy fuese en tierra, yria pedir[76] el pan por las puertas
815 con esos pobres ante que sofrir tan grant fanbre. ¡Ay, Sennor Dios! E, ¿por que me desamas?, que sienpre te yo ame de mj catiuo corasçon. ¡Ay, mesquina, mesquina! Tantas he de tormentas e de pesares que por poco me non mato. ¡Coitada! Bien puedo dezir quel muy piadoso Dios me tienta mucho mas que non fizo a Job, que ya fue tienpo que fuy enperatris
820 de Roma. E agora so la mas catiua mugier e mas pobre que nunca naçio. ¡Ay, ventura! ¡Quanto moujste ensalçada, e commo me derribaste ende! E me fazes lo peor que tu puedes, ca en mas peligroso logar njn mas amargo non me poderias tu echar deste en que yo esto. Tanto falle en ty de contrario, que mas de mala ventura me das, me semeja que a todos
825 aquellos que enel mundo fueron. Tanto he de desconforto que me non puedes tu ende dar mas, njn as poder de me peor fazer delo que fazes. Nunca Job nin ssant Estaçio tanto perdieron commo yo | perdi,[77] ca yo 113RA perdi la tierra e el auer, de mas el cuerpo. Mas poco daria por el auer ssi pudiese en tierra auer vn pequenno lugar en que seruiese a Dios. Mas
830 todo es nada, ca non veo por donde pueda salir. ¡Mesquina! Si quier non auere preste aquien me manefieste, e dezir puedo que mucho me desama Dios quando non quier que ala mj fyn yo non pueda resçebir el su santo cuerpo, njn quela mj carne catiua aya ssepultura. Mas, ¡mesquina!, la mar me ssoruera, e mj cuerpo yra nadando por ella, e non sera soterrado
835 njn llorado, mas peçes lo despedaçaran e comer lo an. Nin he marido nin padre njn madre nin hermano njn pariente por que sea llorada. Silo Dios por bien touiese, de pannos de seda o ricos xametes o de purpura deuia la mj carne ser cobierta.[78] Mas, ¡catiua!, ¿que grant locura agora dixe?, ca si a Dios plaz quela my alma bjua por ssu merçet enla su santa

---

[76] Lasry: *podir* (*Critical Edition*, 204).

[77] Spaccarelli believes that this internal reference to Placidus reinforces the coherence of this codex (*Medieval Pilgrim's Companion*, 93). At the very least, it underscores the recapitulation of the Eustace legend in several parts of this codex. For more, see the first part of the introduction (pp. xxi–xxii).

[78] Sevilla expresses a similar lament over the loss of her wealth, but she falls ill instead of repenting as the unnamed empress of Rome does (Lasry, ed., *Critical Edition*, 205 n. 72).

840 gloria, non daria por la carne nada. Mas el buen Sennor piadoso en que
yo puse todo mj corasçon, por El ruego dela Gloriosa, su Madre, a quelo
yo rrogue, faga la mj alma entrar enla gloria del su santo parayso, | e le 113RB
de gualardon dela coita e del trabajo quel mj cuerpo catiuo endura, que
es tan graue e tan fuerte." E llamaua a santa Maria que la acorriese, e
845 dezia: "Virgen gloriosa, que vuestro Fijo e vuestro Padre engendrastes,
e que por vos quiso Dios el mundo redemir, non querades oluidar amj."
En tal guisa paso la postremera noche. E quando veno contra la luz fue
tan lasa e tan fanbrienta e tan coitada, que ya non podia mouer la lengua
njn fablar palabra. Enesta coita adormeçio la mesquina, pero tremiendo
850 e gemiendo mucho. Mas el santo lirio e la rrosa, que bien huele ssobre
toda cosa, conforto la fanbrienta del su olor santo e glorioso, en guisa
quela amortiguada ende fue confortada e abondada.

Assi dormia la coitada, e santa Maria era despierta. Pero, ¿que digo,
poco sseso?, ca santa Maria nunca duerme, mas sienpre vela por todos
855 aquellos quela de buen corasçon ruegan o an rogada, asi dia commo
noche. E otrosi vela sienpre por todo el mundo, ca ssy ella dormiese sola
vna ora, todo el mundo seria perdido e caeria por los | males que faze- 113VA
mos. Mas por esto dixe que era espierta, ca me marauillara que tantas
tormentas e tantas coitas endurara la mesquina sobre aquella penna. Pero
860 bien se que por su perseuerança, que queria bien prouar, que por tanto se
non coitaua. E con todo esto bien creo que Nuestro Sennor e la ssu gloriosa Madre la mantouieron toda uia, e la tenian por la mano, ca synon,
en otra guisa non podiera pasar por tantos peligros que non cayese. Mas
non nos deuemos marauillar, nos mesquinos pecadores, del grant Rey de
865 verdat en nos querer majar alguna vez, o dos o tres o quatro, quantas sse
El quesier quando sofrio que aquel santo cuerpo, que era mas linpio que
puro oro, ouiese tantas coitas e tantas tribulaçiones. Dios mesmo leuo
mucha persecuçion en su cuerpo. E diz la Escriptura que aquellos que
Dios mas ama, que a esos fiere mas que alos que non ama. E el padre,
870 el fijo que mas ama, esse castiga mas.[79] Assy nuestro Padre delos altos
çielos, aquellos que mas ama, esos fiere mas. En Dios non ha njn punto
de desmesura, mas todo quanto faz, todo es por mesura e por razon, e
contra nos non yerra njn punto de cosa que nos faga. | E grant follia 113VB
demanda quien quier al preguntar de Dios. Dios faz de nos commo de su
875 tierra asy commo el ollero sobre ssu rueda que faze de su barro qual olla
quier fazer. Dios fizo todas las cosas a ssu voluntad. Non y ha tan bien
commo que callemos ende, e reguardar e veer el su grant ssennorio e el su
grant poder. Dios nunca fizo cosa sin rrazon. Esto deue saber qual quier
lego, mas de saber los fechos de Dios, njn ssus poridades, poco mas sabe

---

[79] Deuteronomy 8:5; Proverbs 13:24; Hebrews 12:6–7.

880 y el clerigo que el lego si muy letrado non es, ca el poder de Dios e ssus
poridades e los ssus juyzios sson escuros tanto e tan encobiertos que bien
puedo dezir que tanto ssabe ende el lego commo el clerigo. Mas desto
so bien çierto por la ley que mucho es buena obra e de todo buen ensen-
namiento, ende viene grant pro ala alma e ala carne, quando el omme
885 bueno e la buena mugier sse mantienen en buenas obras. E otrosi por
auer omme viçio alguna vez le viene despues muy grant contrario. Çient
mill almas sson perdidas de ommes e de mugieres que sienpre ouieron
riqueza e buena ventura, e nunca sopieron que era mengua njn lazeria.
Onde la Escriptura diz que estos atales | son en auentura.[80] Mas la santa 114RA
890 enperatris muy santa alma deuia auer, que tantas sofrio de coitas e de
amarguras con tan grant omildat. Agora tornare ala mj materia e dezir
uos he commo la Madre del grant Rey delos reys, que todo gouierna, la
libro de todos ssus males.

Aquella que todo tienpo es piadosa e sabrosa e de buen talante, e que
895 apaga e adulça todas coitas e todos pesares, Aquella que es estrella dela
mar, Aquella que es Donzella e Madre Virgen, Aquella que es santa via
que los suyos endereça e guya al reyno delos çielos, Aquella que es tan
preçiada e tan buena e tan conplida que todos conseja e todos conforta,
conforto a[81] la enperatris, que tanto era triste e desmayada e amorteçida.
900 La sabrosa Virgen, pura e linpia, la Enperatris de todo el mundo, la
Madre del grant Enperador de que los reys e los condes han miedo, veno
confortar ala enperatris sobre la penna do seya, e mostrosele en vision
tan clara | que semejaua ala enperatris que la mar era esclareçida dela 114RB
claridat de su faz, e dixole: "Mja buena amiga, por que el tu fermoso
905 cuerpo guardaste tan bien, e por que mantouiste tan linpia mente castidat en todo tu tienpo, todas tus tribulaçiones e tus coitas falleçeran de oy
mas, e seran descobiertas e contadas las traiçiones e las falsedades que te
a grant tuerto fezieron. E sabe que aquellos que telo buscaron, que todos
sson gafos podridos." Entonçe le deuiso commo feziese: "E por que tu
910 non cuydes que esto que ves que es anteparança, tanto que despertares,
toda seras confortada de tu fanbre, e aueras alegria e plazer de que me
viste. Agora te auonda asi de la vista de mj faz que fanbre nonte faga
mal. E por que sepas mejor que me viste, tanto que despertares, cata so
tu cabeça, e fallaras vna santa yerua[82] a que yo dare tal virtud e tal graçia

---

[80] Matthew 19:23–24; Mark 10:23–25; Luke 16:19–31 and 18:24–25.
[81] Scribal insertion: *a*.
[82] The unnamed empress of Rome's ability to heal comes from the Virgin, just as that of Florencia does. The unnamed empress of Rome uses her power to heal her enemies, just as Florencia does. Furthermore, this particular magic is acceptable since it is divinely sanctioned (Spaccarelli, *Medieval Pilgrim's Companion*, 94–95). However, herbs are typically associated with the black arts in medieval Castilian

915 q*ue* atodos los gafos a q*u*ien la dieres a beuer en*e*l nonbr*e* dela madre del Rey de gloria, q*ue* luego s*er*an guaridos e sanos, ya tan p*er*didos no*n* seran."
　　La santa enp*er*atr*is* fue muy confortada de la vision q*ue* vio de la Gloriosa. Toda | su fanbre ssele oluido e sus males, e tan bien dormia e
920 tan a sabor desy q*ue*le ssemejaua q*ue* nu*n*ca en tan buen lecho dormiera njn tan a ssu plazer. E ssemejauale q*ue* mas luzient*e* era el rost*r*o de s*a*nta M*ari*a e mas claro q*ue*l ssol a mediodia. Asy q*ue* de ssu beldat non poderia njng*u*no fablar a derecho por muy sotil q*ue* fuese. E por esto me non es menest*er* delo mucho dep*ar*tir, ca njng*u*no no*n* puede razonar
925 mayor baueq*u*ia q*ue* de mantener razon onde non puede dar çima, ca non puede s*er* tan ssesudo q*ue* pueda fablar conplida ment*e* de aq*ue*lla sen*n*ora tan alta, njn q*ua*n mucho ama la b*ue*na mug*ie*r, aq*ue*lla q*ue* es fermosa de cu*er*po e fermosa de rostro. E bien deuemos de creer q*ue* mucho es fermosa la ss*a*nta Virgen, Madre e Do*n*zella, de cuya beldat
930 sson todos alunbrados e refechos q*ua*ntos en p*ar*ayso sson. Esta Sen*n*ora es tan fermosa e tanto es de gra*n*t poder q*ue* sse non enfadan dela ver los angeles njn arcangeles, njn los ssantos njn las ssantas. E bien deuemos crer q*ue* mucho es clara e de[83] esmerada nat*ur*a la ss*a*nta estrella do sse ençierra e dose asconde e do sse asenbra el claro sol, Aq*ue*lla q*ue* alun-
935 bra todos los corasçon*es* verdaderos, Aq*ue*lla q*ue* alunbra çielo e tierra. ¡Torpe es el q*ue* mas ende demanda![84]
　　| Quando sse la enp*er*atris desp*er*to, marauillose dela vision q*ue* viera, e fue muy confortada e muy folgada. Todo ssu cu*er*po e su alma fue en folgura dela vision q*ue* viera de ssanta M*ari*a, e cato sso su cabeça e
940 fallo la yerua q*ue* viera en vision. E bien ssopo luego q*ue* non fuera deua-neo njn anteparança. Desy finco los jnojos e dio gra*ç*ias a ssanta M*ari*a e tomo la yerua. Mas nunca om*m*e vio tan fermosa njn q*ue* tan buen olor diese, asi q*ue* todo el ayre aderredor ende era conplido. E desq*ue* sse asi vio confortada la enp*er*atris, penso muy bien de guardar la yerua, ca bien
945 sabia q*ue* do ella era tan desacorrida q*ue* non pudiera auer conforto de njng*u*no, q*ue*la veniera visitar e acorrer la Madre del Rey de gloria, en

---

literature. In Jorge Manrique's *Coplas*, for instance, the *yerbas secretas* poison the unvigilant, and in *La Celestina*, herbal healing is one of the *tercera*'s trades. The go-between's clear association with the devil means that the *yeruas* she employs are destined for evil ends. As a result, the *LH* provides an uncommonly positive vision of women in the healing arts.

[83] Scribal insertion: *de*.

[84] Gómez Redondo identifies this chapter as the primary axis of this tale's construction. It is the structural center of the tale because it serves as a transition between the destruction of the unnamed empress of Rome's worldly role in the first half, and her sanctification in the second half (*Prosa medieval*, 2:1369–70).

*Vna santa enperatris que ouo en Rroma* 235

tal guisa que la libro de quantas tormentas ante auia e de quantos contrarios. Assy la Ssennora, Madre del Rey verdadero, fizo de buen talante amansar la mar, que era muy braua quando los apostolos la llamaron con
950 miedo de muerte queles valiese. Otrossi fizo la mar amansar a esta santa mugier. E tanto era braua e espantosa, de guisa que bien le ssemejaua que por ella la acorriera Dios, do era en tan grant coita que tanto sse moueria quanto agua de pozo. Dela otra parte la ferian los vientos de muchas partes, que a pocas la non | derribaron, synon fuera la Madre de Dios 115RA
955 que la acorrio, que fizo quedar los vientos e la mar allanoo, e torno el ayre tan bueno e tan sabroso quela enperatris ende fue muy leda. Agora esta en paz e en folgança dela coita e del trabajo que fasta agora sofrio. Desy erguyo las manos e los ojos al çielo. E llorando dio graçias a Dios e a ssanta Maria de todo ssu corasçon e de toda ssu alma.
960 Assi la sabrosa Madre del Rey de gloria non oluido la su buena amiga que estaua sobre la penna, mas libro la de todo peligro, ca ante que prima fuese pasada, assy commo Dios quiso e lo guyso, vio venjr la ssanta mugier vna naue derecha mente contra la penna, vela tendida a buen xinglar. E fue ende muy leda, e loo mucho el nonbre de Dios llo-
965 rando. E quando vio la naue llegar çerca dessy, pedio merçet a grandes bozes alos que y venjan, que por Dios e por ssanta Maria la leuasen en su batel e la quitasen de aquel peligro en que estaua. E aquellos, que eran buena gente, quando la vieron assy sola estar en aquella penna, ouieron della grant piadat, e | metieron la en su naue e fezieronle mucha 115RB
970 onrra, ca bien les ssemejo alta duenna. E preguntaron le commo fuera echada en aquella penna, e ella les dixo ende ya quanto. E dieronle que comiese, e pensaron bien della en quanto fueron por la mar fasta que llegaron al puerto que deseauan. E desque salieron dela naue, fallo la duenna vn gafo enla plaça. E luego sse le nenbro dela yerua que ssanta
975 Maria le diera en vision, e destenpro[85] della con vjno, e veno contra el gafo llorando, e diogela a beuer. E tanto quela beujo fue luego ssano de toda su gafedat. Las nueuas fueron ende por toda la villa e por la tierra. E veriades gafos decorrer por todas partes en pos ella a grant priesa. E la buena duenna destenpraua de aquella yerua e dauales ende a todos a
980 beuer, e luego eran guaridos e purgados. Asi començo la buena duenna a andar por la tierra ssanando los gafos por do quier que yua. E commo quier quele dauan grant priesa, nunca sseles quexaua njn se enojaua por ende, mas lloraua mucho con piadat que ende auia. E grant marauilla era. Nunca Dios dio a njnguna yerua tal virtud commo a esta, njn tan
985 grant fuerça, que tanto que los gafos la beujan, luego mudauan todos los cueros, e las vnnas e fincauan sanos e folgados. Assy venian de todas

---

[85] MS: *destrenpro*.

p*ar*tes a pie e en bestias e en carretas por mont*es* e por vall*es* | en pos la 115va
buena duen*n*a por do andaua q*ue*la yerua de s*an*ta M*ari*a traya. E dezian
todos q*ue* de tal marauilla nunca oyeran fablar. Mucho era la duen*n*a
990 aconpan*n*ada por do q*u*ier q*ue* yua, asi por villas com*m*o por castillos
com*m*o por cada logar. E ella, por el amor de Dios, toda ssu cura metia
por los gafos sanar, asy enlos lechos com*m*o enlas carretas. Atodos daua
de aq*ue*llo a beuer, e tantoste eran guaridos. E muy gra*n*t auer le trayan
sylo ella tomar q*ue*sicsc. Mas nu*n*ca ende q*u*iso tomar valia de vna nuez,
995 ca dezia q*ue* non preçiaua nada el auer terenal. Mas en s*er*uir a Dios
metia assy su corasçon e su afan, q*ue* no*n* daua cosa por el mundo en
tal de saluar su alma. E tanto trabajo su cuerpo en velar e en orar e en
ayunar e en llorar q*ue* la ssu faz clara e vermeja torno negra e fea. Non
q*ue*ria loor nj*n* losenja de cosa q*ue* feziese. E asy fue demudada ssu faz e
1000 el fermoso paresçer del ssu rostro, q*ue* non semejaua en cosa la enp*er*atris
q*ue* tanto solia s*er* fermosa q*ue* de su beldat corria nonbrada por todo
el mundo. Mas la gr*a*ç*i*a del s*a*n*to* Sp*irit*u le escalento asy la volu*n*tad
q*ue* non daua cosa por la beldat del cu*er*po por su alma saluar. Njngu*n*t
viçio no*n* q*ue*ria p*ar*a su carne, ca bien sabia q*ue* q*u*anto el cu*er*po mas
1005 martiriase tanto esclareçeria mas la alma. Por esto njngu*n*a folgura no*n*
q*ue*ria p*ar*a ssy, ca bien ssabia q*ue* auia de podreçer e tornar poluo. Mas
la alma | non puede podreçer. Por ende lo q*ue*ria nodrir de castidat e de 115vb
oraçiones e de astenençia, ca por el cuerpo fazer trabajar e velar mucho
e orar de corasçon e por mucho llorar puede la alma entr*ar* enla glo-
1010 ria.[86] Por esto, la s*an*ta enp*er*atris en s*er*uir a Dios era toda ssu cura, asi
dia com*m*o noche, manteniendo toda via ssu menest*er* de sanar gafos
e gafas. E no*n* preçiaua cosa la gloria terenal. Asy fue tornada fisica, e
daua a todos de ssu s*an*ta yerua, e ssanaua de toda leura e de podraga
otrossi. Cuydo q*ue* no*n* farian los fisicos tal largueza de tal yerua ssyla
1015 touiesen en su cortinal com*m*o fazia ende la b*ue*na duen*n*a q*ue* era fisica
de s*an*ta Maria. E nunca ende q*u*iso loor. Mas todo lo fazia por el amor
de Dios e de su Madre.

Mas los maestros njn los fisicos no*n* vos sson todos de tal volu*n*tad
com*m*o era la s*an*ta enp*er*atris. Esto los mata e los folla,[87] que njngu*n*a
1020 cosa no*n* q*u*ieren vender por din*er*os. Ante uos digo q*ue* aquello q*ue* no*n*
vale dos din*er*os vos venderan ellos por veynt*e* o por treynta soldos. Mas
la s*an*ta enp*er*atris obraua muy mejor dela s*an*ta yerua de s*an*ta M*ari*a

---

[86] González compares the unnamed empress of Rome's loss of physical beauty to that of Mary of Egypt. This critic discerns that while the latter's ugliness was a product of her initial surrender to temptations of the flesh, the former's is a result of her initial submission to the temptations of worldly goods ("*Vna santa*," 164).

[87] While the literal meaning of *follar* is "to step on," the figurative meaning of *los folla* is that it greatly bothers them (Lasry, ed., *Critical Edition*, 211 n. 81).

que los fisycos delas suyas anos fazen. Mucho era la fisica de buen talante por el amor de Dios. | Tantos e tantas ende sano que uos lo non
1025 poderia omme contar. Mas agora me callare vn poco ende por uos contar commo guareçio a sus enemigos aquella enque Dios tanto bien puso. Aquel que mato el fijo de su hermano por fazer matar la duenna por que non queria fazer su voluntad, engafeçio, e fue tan desfecho el astroso en poco tienpo, que non semejaua omme, mas anteparança. El hermano
1030 ende auia grant coita e grant pesar. E enbio por toda la tierra buscar fisicos, mas non venieron y tantos que le pudiesen prestar. Tanto era podre e perdido, en guisa que tan sola mente non le podian fazer estannar el venjno que del salia. Entre tanto la nonbrada dela buena fisica fue por las tierras, asy quelo sopo el conde, que auia grant pesar de su
1035 hermano. E enbio a buscar a sus caualleros e a sus omes, e mandoles que andasen tanto fasta quela fallasen e quele diesen e prometiesen tanto fasta quela feziesen venir. Aquellos que alla fueron fallaron la. E tanto la rogaron que veno conellos por su alma saluar. Mas quando veno la enperatris e llego a ellos, non fue y tal | que la conosçiese, nin el conde
1040 nin su mugier, tanto era canbiada dela beldat que solia auer, ca tanto era magra e negra e amariella que nin el malo omeçida desleal que era podre commo can gusaniento non la pudo connosçer. E asi llego entre ellos commo estranna, mas fue muy confortada e ouo alegria en su coraçon de que vio asi gafo e perdido aquel quela ouiera a fazer matar e la fezi-
1045 era echar en esterramiento e en mala ventura contra el mundo a grant tuerto, mas non asi contra Dios, ante fue mas llegada a El. Mas la beldat del cuerpo faze la alma fea. Esto sabia la santa mugier, e bien entendia dessi que por su beldat que fuera su alma perdida sy mas fuerte non fuera que otra mugier. E bien sabia que a muchas aueno que por sus beldades
1050 las mas ende fueron engannadas. E quanto mas fermosas son e mas loçanas tanto mas toste y yerran, si sse mucho non esfuerçan en auer buenos coraçones e verdaderos. Por esto non pesaua ala santa mugier sy su beldat auia perdida, que atantas vezes guerreara con aquellos malos que a pocas la ouieran dannada, synon fuera por buen sseso e lealdat.

1055 | El conde rogo ala santa mugier por Dios e por su alma que punnase en le guareçer ssu hermano e quele juraria ante omes buenos que todo ssu thesoro le pararia delante, ssu oro e su plata e sus donas, para tomar ende ella quanto tomar quesiese, e que de todo quanto ouiese faria su voluntad. "Sennor," dixo la ssanta duenna, "non vyne yo aqui synon
1060 por el amor de Dios. Mas por la grant coita que prendiestes en me fazer demandar por las tierras e por que vos amo mucho por la franqueza que en vos veo, manefiestese vuestro hermano ante mj e ante quales siete uos yo dire, e ssy a Dios plaz, yo lo dare sano." Entonçe enbio el conde por su hermano, e fizolo ser antessy e ante su mugier e ante la buena duenna
1065 e ante los otros seys. E tanto era gafo e podre que venjno corria del,

asi que non auia enel mundo omme njn mugier que se del mucho non enojase. Entonçe le dixo la santa duenna que se manjfestase ante todos de sus pecados, que cosa non encubriese.[88] E el descobrio luego todos ssus yerros, synon aquel dela muerte del njnno de que Dios asy ven-
1070 gara la duenna, que tornara todo podre quelo comian todo gusanos. Mas quando ella vio que aquel non queria manjfestar, | dixole: "Hermano, 116vb hermano, maneﬁestate, maneﬁestate, ca para la fe que yo deuo a mj Sennora santa Maria, avn non te manifestaste del pecado que tu feziste que te mas agraua e que te mas nuze. E por que te Dios asy ﬁrio e jamas non
1075 puedes guarir de tu mal en tanto commo lo toujeres encobierto e tu nos dexiste grant pieça de tus pecados. Mas ssy te deste non libras, sabe que mj melezina non te prestara." Desto ouo el tan[89] grant pesar e tan grant verguenna que ssol non pudo cosa fablar. E començo de llorar e de gemer, sospirando mucho, ca vio que ssy aquello non descobriese, que
1080 nunca podia guarir. Desy auja tan grant verguenna e tan grant miedo de su hermano que por poco le non quebraua el coraçson.

   Quando el conde vio que su hermano non osaua manifestar aquel grant pecado, assannose contra el e dixole: "Hermano, dexate de gemer. Grant despecho he de ty por que te non libras de tu pecado. Echa lo
1085 fuera de ty, ssynon, cree que te querre grant mal por ende. E sy este pecado es de algunt tuerto que contra | mi fezieses, yo telo perdono de 117ra buena voluntad, e Dios faga e tu ruega a Dios e a santa Maria, que telo perdonen." Entonçe el omjziano desleal, sospirando e llorando, començo a contar en boz baxa commo matara el njnno por fazer matar la duenna,
1090 por que non queria fazer su voluntad. Quando el sennor esto oyo, dio muy grandes baladros e dixo: "¡Ay, Dios Sennor, que mal fecho! En mal punto tu naçiste, que mataste la mas bella criatura del mundo e enque era mj coraçson e mj alma. Mas mayor pesar he dela buena duenna que del ﬁjo, para la fe que deuo a Dios, que ﬁz echar en desterramiento por
1095 esa mar a grant tuerto." "¡Mesquina, mesquina!", dixo la duenna, "¡que malas nueuas estas sson! ¡Catiua! Agora sseme rrenouo el duelo de mj ﬁjo. ¡Mesquina! Si quier la buena duenna que nos lo criaua, que tanto era fermosa que nunca Dios mas bella criatura fezo, commo lazroo a grant tuerto, e que grant pecado y fezimos. Mas ssy ella es bjua, Dios,
1100 que es guardador de sus amigos, la guarde do quier que ella sea." Asy llannja la duenna e su marido su ﬁjo e su buena ama, e | ementandolos 117rb mucho. Mas quando la santa duenna asy vio llorar el sennor e la sennora, tomose a llorar conellos muy dolorida mente. E desque asi lloraron

---

   [88] This episode is analogous to Florencia's judgement scene from the previous tale. Both are similar to the biblical story of Joseph.
   [89] Scribal insertion: *tan*.

mucho, dixoles la enp*er*atris: "Mjo sen*n*or e mj duen*n*a, sabet verdadera
1105 ment*e* q*ue* yo sso aq*u*ella q*ue* fuy v*ues*tra ama a gra*n*t tie*n*po. Yo so aq*ue*lla
mesq*u*ina entre cuyos braços yazia v*ues*tro fijo dormiendo q*u*ando este
malo t*r*aidor q*ue* aq*u*i ssee le tajo la garganta por me faz*er* matar, e por
este pecado ssola ment*e* es marauilla com*m*o sse non sume la t*ie*rra con*e*l,
ssy no*n* q*ue* dios es tan misericordioso q*ue* lo sufre. ¡Ay, q*u*anto mal e
1110 q*u*anta onta me ha fecha! Mas no*n* q*u*iero mas dezir. Dios le p*er*done
q*u*anto me fizo e lo ssane de su mal." Q*u*ando el sen*n*or e su mug*ie*r
le esto oyero*n*, leuantaro*n* se toste e fuero*n* a ella, e comença*ron* la de
abraçar e de besar e echaro*n* se delant*e* della en ginollos. Desy todos
los dela villa y venjero*n*, q*ue* bien fuero*n* mas de tres mill, e tan gra*n*t
1115 priesa ouo en*e*l palaçio q*ue* a pocas la no*n* afogaron. E desq*ue* la saluaron
e abraçaron e feziero*n* con*e*lla gra*n*t alegria, el gafo podrido se echo a
pies dela duen*n*a e pidiole m*er*çet, llorando q*u*el*e* p*er*donase por Dios e
por su alma su mal talant*e* e q*ue*l diese del ssanto | beuer. E aq*ue*lla q*ue* 117va
era piadosa e mesurada le dio a beuer, e fezo le mudar todos los cueros
1120 e toda ssu leura, e cayeron le en tierra, e torno sano e linpio com*m*o vna
paloma. Q*u*ando esto vieron el conde e ssu mug*ie*r, rogaron mucho ala
ssanta duen*n*a a manos juntas q*ue* por amor de Dios q*ue* fincase con*e*llos
e q*ue* casase con su h*er*mano q*ue* ella guareçiera de tan vil enfermedat e
q*ue* fuese sen*n*or de q*u*anto ellos auian. Mas la ssanta duen*n*a les dixo
1125 q*ue* jamas nunca tomaria marido nj*n* amigo ssynon Aquel q*ue* es Sen-
*n*or del çielo e dela t*ie*rra. Despues desto, començo a guarir todos los
gafos dela çiudat, e mucho auian todos los dela villa e dela t*ie*rra gra*n*t
plazer con*e*lla, e mucho s*er*uiçio le fezieran, ssy ella q*u*esiera, e muy de
grado q*u*esieran q*ue* morase entrellos Mas ella no*n* q*u*iso. E q*u*ando sse
1130 ouo de yr, veriades salir muchas lagrimas de ojos e tan gra*n*t gent*e* yuan
enpos ella com*m*o farian enpos vn s*a*nto cuerpo. E asy llorauan por ssu
depa*r*timiento q*ue* todos sse mojauan de ssus lagrimas. ¿Que vos dire
mas? Por conde nin por co*n*desa, nin por cl*er*igos nin por legos non
q*u*iso fincar. E espediose dellos e fue su via ssola muy pobre ment*e*. Mas
1135 mucho auia el corasçon fuerte e entero en sofrir coita e p*r*oueza | por 117vb
ganar la vida del alma, e asi era conplida dela graçia del ssanto Sp*ir*it*u*,
q*ue* non amaua nj*n* preçiaua cosa su cue*r*po,[90] nj*n* q*ue*ria conpan*n*a nin
amor de om*m*e, ca bien sabia q*ue* era cosa vana.
En tal guysa se fue la s*a*nta duen*n*a com*m*o fisica pobre, q*ue* non
1140 q*u*iso ssolaz nin conpan*n*ia fuera de Dios, e q*u*antos la veyan todos

---

[90] Lasry's reading of this passage is as follows: "que non amava nin preçiava cosa. Su cuerpo nin queria conpaña" (*Critical Edition*, 214). Given the adverbial meaning of *cosa*, "at all," Lasry's reading is probably erroneous (Spaccarelli, *Medieval Pilgrim's Companion*, 118).

lloravan, asi ricos com*m*o pobres, con piadat, ca bien sabia q*ue* asaz
aueria de palafren*e*s e pan*n*os e dineros si ella q*ue*siese. Mas de todo
esto non auia cuydado. E asi ando en muchas romerias visitando ssantos
e s*an*tas, de g*u*isa q*ue* todos ssus pan*n*os fueron rrotos e vsados, e ssy
1145 su marido feziera su romeria de cauallo, non fue ella ssynon de pie. E
desq*ue* ando por muchas tierras estran*n*as, e por mont*e*s e por valles,
e por villas e por castillos, e acabo muchas buenas romerias, llego a
Roma,[91] asi com*m*o Dios q*u*iso. E folgo y, mas tan negra torno conla
lazeria q*ue* sofrio e tan magra q*ue* non fallo tal q*ue*la conosçer pudiese.
1150 Alli començo de sanar gafos e gafas e com*m*o q*u*ier q*ue* y sano muchos,
nunca la njng*u*no con*n*osçio nin fue ende aperçebido. Ant*e* dezian por
la çiudat q*ue* | muer*t*a era grant tienpo auia. E por esto era guysado q*ue* 118RA
se olujdase su nonbr*e* e q*ue* fuese muerta la fama q*u*anto alo del mundo,
p*er*o a menudo oya ella ementar a muchos e a muchas la enp*er*atris, e
1155 fablauan de com*m*o era tan fermosa e tan alua, e tan vermeja e tan njn*n*a,
e tan buena duen*n*a e tan ensen*n*ada, e q*ue* tanto valia en todas cosas.
Entonçe le veno emient*e* la viçiosa vida q*ue* ante vjuja q*u*ando era enp*er*-
atris de Roma, e començo a pensar, e fue vn poco toruada e mouida, e
lloro tan mucho q*ue* sse desuaneçio. Desy torno razon sobre ella, q*ue* le
1160 dixo: "Catiua, ¿q*ue* as? Esta auentura e esta coita q*ue* sufres te veno por
tu bien, e gradeçe a Dios esta p*r*oueza q*ue* te dio, e la riq*ue*za q*ue* auias
te echo en mal. E muchas vezes aviene asy q*ue* echa en mala vent*u*ra
aq*u*ellos q*u*ela mucho aman, e demas q*ue* da[92] con*e*llos en*e*l jnfierno, ca
los mas preçiados e mas rricos seran p*er*didos. Assy la riq*ue*za engan*n*a
1165 los ricos. E bien vee om*m*e llana ment*e* q*ue* riq*ue*za faz p*er*der muchas
almas e p*r*oueza ssalua muchas e da con*e*llas en | paraiso, ca los buenos 118RB
pobres an verdat e omildat e p*r*oueza." Asi la riq*ue*za del mundo nenbro
ala buena duen*n*a q*ue* auia el corasçon blanco e linpio, mas p*r*oueza era y
assy arreygada q*ue* despreçiaua la riq*ue*za e el auer terenal.
1170     El Sp*iri*tu santo asi alunbro la buena duen*n*a q*ue* non preçiaua vna
paja toda riq*ue*za terenal. E tanto era sotil fisica q*ue* bien sabia ssin judgar oryna q*ue*l sieglo es malo e falso. E eso mesmo entendia ssin catar
vena, q*ue*l amor terenal es malo e astroso. E otrosi sabia bien, sin pal-
par pulso, q*ue* tan buen esposo non poderia auer com*m*o Ih*e*su Xp*ist*o,

---

[91] Spaccarelli underscores that the unnamed empress of Rome is not only a symbolic pilgrim but also a literal one (*Medieval Pilgrim's Companion*, 92).

[92] Lasry: *queda* (*Critical Edition*, 215). Spaccarelli points out that her text's meaning would read something to the effect that their wealth "remains with them in Hell," as opposed to wealth "that sends them to Hell" (*Medieval Pilgrim's Companion*, 119). For a correct reading, we can note the poverty of the poor that "sends them" (*da con ellas*) to Paradise a few lines later (1166).

1175 que es piadoso e sabroso sobre toda cosa.[93] E por ende non entendia y auer otro amor synon de Dios e de su Madre. E por bien amar a ellos de consuno, e por ser linpia e sana, quisose estrannar del mundo, ca ninguno non puede bien amar a Dios en tanto commo oujer saber del sieglo, ca el amor del sieglo es mucho amargo e por ende lo desama
1180 Dios e su madre, e por esto non queria la enperatris amor de omme njn de mugier. Ante estrannaua todo amor terenal. Nin queria ver buena cozjna, | njn buen vjno njn buena carne, njn cortinas nin camaras, njn mulas njn palafrenes. Mas bien podia ser que alguna vez era tentada del sabor dela carne, mas muy poca daua por su tentaçion, ca sienpre la
1185 carne es contra la alma. Esto sabia bien la duenna, e mucho comeria e beueria quien consejo dela carne quisiese creer, de sy grant joya e grant solaz, e grandes gargantezes e otros pocos sesos. Mas todo esto non lo preçiaua la duenna cosa, ante entendia de saluar su alma. E por ende non daua cosa por la carne. Tanto le fazia el frio commo la calentura. Mucho
1190 martiriaua ssu cuerpo en belar e en ayunar, assi costrennja la carne por saluar el alma, ca por esquiuar toda riqueza e por mantener su cuerpo en lazeria, tenja que enrrequeçia ssu alma. E quando fincaua los jnojos ante la jmagen de santa Maria, asi era en[94] la voluntad alegre que buen comer njn buen beuer non preçiaua vna paja. Ella non comja buena carne njn
1195 buen pescado, mas comja muy poco de pan negro e mal fecho, e su alma peleaua conla carne, e deziale: "¡Costrengete, costrengete mejor!, ca me fazeras caer por tus viçios do caen aquellos que fazen el plazer dela carne." E deziale muchas vezes: "Fuy, | fuy, e fuy a Dios, ca dexe aty e fuy a Dios, ca non quiero perder por grandes bocados lo que pierden
1200 muchos ricos, que sus vientres engannan. Çertas, yo non te amo tanto que tu plazer faga por fazer mj danno, e demas, despues que te bien fartas, luego demandas aquello que la alma faz arder enel jnfierno. Por ende me quite de ty e de tu trebejo, e quiero ayunar e tener abstenençia." Assy entençiaua con ssu cobdiçia. Mas ala çima non daua por ella vna faua.
1205 La Escriptura diz que tres cosas con que cada vno denos sse ha de conbatir, e lo que ellos pueden derribar, sabet que es perdido. E estas tres, sabet que coitauan mucho ala enperatris, el mundo e la carne e el

---

[93] The simple and pure nature of the unnamed empress of Rome's erudition is representative of the wise words and learnedness of females throughout the manuscript. The unnamed empress of Rome and the rest of the romance heroines, as well as Catherine of Alexandria and the rest of the female saints, all have direct access to Christian teachings due to their unique relationships with Christ and the Virgin. As Francomano elucidates, "Their unmediated access to higher truths makes them persuasive speakers, discerning listeners, and miraculous healers" ("'Lady'," 147).

[94] Scribal insertion: en.

diablo,[95] mas ella era tan firme e tan fuerte, e tanto sse conbatia sesuda
mente, que todos tres los vençia e los derribo. E non es ningunt espiritual que non deua dubdar la batalla destos tres enemigos mortales, ca
tantos nos fazen de tuertos e de tantas guisas, e en tantas maneras nos
cometen, que ssy nos perezosos o vanos fallan, muy toste nos derriban e
dan connusco enlas penas | del jnfierno. Ca este mundo catiuo e aues-   119RA
sado tantos nos faz de tuertos e en tantas guisas que toste nos vençera
ssynos fallar flacos, ca la nuestra carne catiua que nos auemos, auemos
grant sabor dela tener viçiosa. E non entiende ella njnguna cosa de nuestra pro, ante nos tienta noche e dia, mas non a pro dela alma nin punto.
Ante es ssu mortal enemiga, ca los diablos ssienpre estan aparejados
denos tentar, desy de nuestras almas tormentar. E estos tres chanpiones
sson sienpre contrarios e auersarios del alma, e echan la a ssu perdiçion.
Mas ssy nos nos metemos en guarda dela Virgen ssanta Maria, que es
tan sabidor e de tan grant poder e tan firme, muy toste los vençeremos,
e daremos conellos a perdimiento. Mas el mundo abaldona e burla por
cofonder a sus amigos e dar conellos en jnfierno. Mas por abstenençia
es la carne duenda, e quanto la omme mas quebranta, tantola mejor ha,
ca los diablos e los enemigos, e los sseguydores e los deçebedores, que
sienpre estudian por la derribar, vençen | se por orar e por ayunar, e por   119RB
gemer e por llorar. Asi la santa enperatris, con ayuda dela gloriosa santa
Maria, vençio estos tres enemigos e los metio sso sus pies. E si nos assy
quesiermos fazer, non aueremos mjedo que njnguno nos pueda destoruar. Mas mal ssu grado a Dios yremos.

Desque la buena duenna fue en Roma, donde era natural, començo
a sanar gafos, e sano ende muchos. Asy quelo dixieron al enperador que
auia grant pesar dela mala ventura de su hermano que era tan perdido
que se non erguya del lecho, ca tanto que leuanto la traiçion ala enperatris, asi fue su carne llena de sarna e de postillas, que non poderia ser
mas. E ante quel anno fuese pasado, fue tan gafo e tan podre que todo
fue cobierto de gusanos. Asy lo ferio Dios de tan vil enfermedat por
la mentira e por la traiçion que leuantara ala santa duenna. E era tan
coitado que mas de veynte vezes enel dia maldezia la muerte por quele
non llegaua quelo matase. E asy raujaua de podraga que auia enlos pies,
que yazia baladrando enel lecho, llamandose catyuo, mesquino. E auia
el rostro tan | anpollado que non auia omme enel mundo que sse mucho   119VA
non enojase del. E tal era por todo el cuerpo que non auia enel tres dedos

---

[95] The traditional triad of the world, the flesh, and the devil is addressed in
St. Thomas Aquinas' *Summa Theologica* 1. 114. 1 and 2–2. 55. 1. See idem, *Summa
Theologica*, trans. Fathers of the English Dominican Province, vols. 1 and 3 (West-
minster, MD: Christian Classics, 1981), 1:555–56 and 3:1415–16.

1245 de carne sana, e asi era postelloso e lleno de venjno, e tan mal fedia que
non auia omme poder de sse llegar a el sy ante non atapase las narizes
asy commo faria por vn can podre. El enperador, desque sopo las nueuas
de la mugier fisica, enbio luego por ella, e desque veno antel, resçebio la
bien e dixole: "Duenna, vn mj hermano yaze aqui tan gafo e tan cuytado
1250 que bien cuydo que çerca es ssu muerte. E nunca tantos fisicos lo vieron
quele podiesen dar consejo, njn por ruego njn por auer. Ruegouos que
metades enel mano, e sy melo guarides, dar vos he por ende dos cargas
de oro e de plata e muchos Ricos pannos de seda." "Sennor," dixo ella,
"Dios, que es poderoso, me librara de yo eso querer. Atal es mj creençia
1255 e mj fe. De todo vuestro auer non quiero yo valia de vn hueuo. E Dios
non me desame tanto que yo prenda njn dinero dela graçia que El e la
santa bendita Madre me han dada. Ante sera por el su amor abaldonada
a todos aquellos que en Dios creyeren e quela por El demandaren. | Mas  119vb
sabet, sennor enperador, que si vuestro hermano se quesier manefestar
1260 por buena fe de todos sus pecados ante el apostoligo e ante mj e ante
todos los regidores de Roma, luego sera tan sano commo vna mançana.
E en otra guisa jamas nunca sera guarido, desto sea bien seguro. ¿Que
uos dire mas?" El apostoligo fue llamado e todos los otros regidores e
aquel quel grant mal enduraua, que auja muy grant sabor de guarir. Mas
1265 esto lo agrauiaua mucho que se auia de manifestar ante todos, mas toda
via de fazer era, e dixo quelo querria fazer.

Desque el apostoligo e los regidores fueron enel palaçio del enperador e tanta de otra gente que non podian y mas caber, el apostoligo dixo
al gafo ante todos: "Amigo, agora te guarda que non encubras cosa de
1270 tus pecados nin de tus yerros, ca por auentura este mal tan malo que tu
as non te veno synon por tu grant pecado que as fecho." Entonçe le dixo
eso mesmo el enperador, llorando mucho: | "Buen hermano, por Dios  120ra
te ruego que por poco nin por mucho, njn por verguenna nin por onta,
que ninguna cosa non encubras en tu coraçon. Ya tan grant villania non
1275 sea, avn que sea traiçion o cosa por que valas menos. Mas echalo todo
fuera de ty e dilo. Agora yo fuese ferido de dos lançadas o de espadadas,
en tal que te viese sano e andar sobre tus pies." Entonce respondio el
malato podre: "Sennor hermano, quien contra Dios obra traiçion encobierta ante todo el mundo deue ser descobierta. E por que me yo encobry
1280 contra Dios, quier El que sea sabido ante todo el mundo e que finque yo
por ende escarnido." Entonçe lo erguieron en pies, e llorando delos ojos
dixo: "¡Mesquino, mesquino! E esto, ¿que me val? Escarnido so por mj
grant pecado. ¡Mesquino! Tan grant pecado he fecho que sse que Dios
me majo por ende tan cruel mente que me torno gafo podre, en guisa
1285 que todo el mundo sse enoja demj, ca mas fiedo que vn can podrido. Ay,
catiuo, ¡catiuo maldito!", dixo el, "en mal punto fuy nado. ¡Ay, Dios!
Dios, Sennor, que en mal punto fuy nado, e commo fue grant danno de

que eneste mundo naçy. Sabed, | sennor enperador, e bien lo sepa esta duenna, que nunca fiz pecado tan mortal de que me non ouiese confesado, asy me ayude Dios al cuerpo e ala alma, fueras de vno de que me quiero agora manefestar ante todos los clerigos e ante quantos legos aqui son. E sennor enperador, bien sabet que sy me vos mandasedes tirar la lengua despues quelo yo ouier manifestado que fariades y grant derecho, ca yo erre tanto contra vos que si vos tantoste quelo oyerdes me non mandardes matar o meter en vn fuego, vos errariades mucho contra Dios. Yo mezcle vuestra mugier convusco falsa mente, que era ssanto cuerpo e santa duenna, que era mas salua e mas linpia que puro oro, que era piadosa e sabrosa a todas gentes. E por mj, catiuo, fue muerta a grant[96] tuerto e a grant pecado aquella santa enperatris, que era tan fermosa duenna e de tan grant bondat. ¡Mesquino mal auenturado! Por el bien que enella veya, la desame yo e tray contra vos asi commo Judas trayo a Nuestro Sennor. E por que non quiso fazer mj voluntad, me trabaje dela mezclar convusco, en guisa que uos la fize desamar tan mucho, assy commo el diablo lo guiso quele mandastes echar vna cuerda ala garganta, por que la leuaron rastrando avn monte do fue degollada."

| Quando el enperador esto entendio, por poco sele non partio el corasçon por medio. E tan grant pesar ouo e tan grant coita enel corasçon que sse dio conlos punnos grandes feridas enel rostro, e dixo: "¡Mesquino, mesquino! ¿Que sera demj o que consejo prendere quando la mas bella criatura que nunca Dios enel mundo fezo, e la mejor e la mas sabidor, fize degollar por mj sanna e por mj ssandeçe? ¡Ay, mj duenna e mj buena amiga! ¿Commo uos mate a grant tuerto? E asy me tajan estas nueuas el corasçon, que por poco me non fiero enel con vn cochillo. Ay, amiga hermana, ¿commo me puede durar el corasçon que non quiebre con vuestro pesar? E ssy yo sopiese do vuestros huessos sson, ya non seria tan lue[n]ga tierra que yo por ellos non fuese de pie, e descalço, que nunca folgaria, e besar los ya cada dia. E fazer les ya fazer muy rico monesterio." Entonçe sse dio grandes feridas enel rostro e enlas façes, e tan grant coita ouo que ronpio los pannos ricos de | sseda que vestia. E tiro mucho de sus cabellos e desfazia el rostro con ssus vnnas, e esmoreçio ende e cayo dela ssyella en tierra.

Quando el apostoligo e los regidores e los otros que y eran vieron tal duelo fazer al enperador, ouieron ende muy grant pesar e muy grant tristeza. E el gafo su hermano auia tal miedo que non sabia que feziese, ca muy grant pauor auia quelo mandasen matar. Desy començaron de yr faziendo tal duelo por la çiudat de Roma, asi clerigos commo legos, asi omes commo mugieres, que non oyrian y toruon avn quelo feziese, ca

---

[96] Deleted scribal insertion after grant: tienpo.

muy gra*n*t pauor auia*n* q*ue* sse matase el enp*er*ador con ssus manos. E
los mas llorauan la s*an*ta enp*er*atris q*ue* tanto era fermosa e sabidor e ens-
1330 sen*n*ada e q*ue*les ta*n*to bie*n* auja fecho, e yuan ementando mucho a ella e
las ssus buenas man*n*as e los sus b*ue*nos fechos e las ssus grandes limos-
nas. De cl*er*igos de legos, de viejos de ma*n*çebos, de njn*n*os de todos era
ende me*n*tada, e no*n* auja om*m*e nin mugier en toda la t*ie*rra q*ue* non
cuydase q*ue* era degollada. E por ende llorauan todos mucho, e otrosy
1335 por | el enp*er*ador, q*ue* veyan tan gra*n*t lla*n*to e tan gra*n*t duelo fazer. 121ra
Mas aq*ue*lla q*ue* Dios escogiera, q*ue* era tan buena e tan sesuda e tan
piadosa, q*u*ando vio su sen*n*or tan gra*n*t duelo fazer por ella, començo
mucho a llorar con piadat. Desy destenpro dela s*an*ta yerua e dio a beuer
en*e*l nonbr*e* del alto Rey de gloria al gafo. E tantoste q*ue* la beujo, mudo
1340 el cuero e la gafedat, e cayole en tierra toda, e finco tal com*m*o el peçe
escamado. E asi finco sano de dentro e de fuera, e ouo linpio el cuerpo
e el rostro. Q*u*ando Naaman fizo ban*n*ar ssant Helias siet*e* vezes en*e*l
flume Jordan, no*n* fue mas sano q*ue* el h*er*man*o* del enp*er*ador. Mas por
q*u*ela duen*n*a ouo pauor q*ue* se matase su marido, no*n* sse pudo tener
1345 q*ue* le non dexiese: "Sen*n*or enp*er*ador, dexat v*ues*tro duelo, ca v*ues*tro
h*er*man*o* es sano e aq*ue*lla por q*ue* uos este duelo fazedes es bjua e sana.
Agora, ssen*n*or, non lloredes mas, ca yo so v*ues*tra mug*ie*r. Yo so la mes-
q*u*ina dela enp*er*atris q*ue* N*ues*tro Sen*n*or de tantas coitas e de tantas
torme*n*tas guardo, q*ue* vos non sse dezir q*u*antas njn de q*u*al guysa. Dios
1350 p*er*done a v*ues*tro h*er*man*o*, e yo fago, q*ue* ssin meresçimiento me assy
fizo sofrir tanto[97] enojo e tanta mala ventura." Entonçe conto ant*e* todos
por q*u*antos peligros e por q*u*antas torme*n*tas | pasara. 121rb
    Q*u*ando el enp*er*ador esto entendio, catola e conosçiola luego, e ten-
dio las manos contr*a* el çielo e dio gr*a*çias e m*er*çedes al alto Rey delos
1355 reys, e erguyose toste e fue la abraçar, e començo la de besar por los ojos
e por las fazes mas de çient vezes ant*e* q*ue* le cosa pudiese dez*ir* con piadat
q*ue* della auia. E q*u*ando pudo fablar, dixo a muy alta boz: "¡Ay, Dios,
Sen*n*or, m*er*çet. Tu seas bendito e adorado, e loado sea el tu santo nonbre, q*ue* me tu feziste cobrar la cosa deste mu*n*do q*ue* nu*n*ca mas ame."
1360 E el apostoligo sse marauillo desto mas de çient vezes, e ssignose e dio
ende gr*a*çias al C*r*iador del çielo a manos juntas, e ala gloriosa s*an*ta
Mar*i*a. Por este miraglo tan marauilloso, mandaron tan*n*er los ssignos
por toda la çiudat e por toda la t*ie*rra. Por el cobramje*n*to dela fallada,
fezieron tan gra*n*t fiesta e tan gra*n*t alegria por Roma q*ue* vos lo no*n*
1365 poderia om*m*e contar, assy pequen*n*os com*m*o grandes, e loauan | a Dios 121va
e su gloriosa madre mucho de coraçon.

---

[97] There is a hole in the parchment at this point, but the text is not affected.

El enperador auia de su mugier tan grant plazer e tan sobeja alegria que uos la non saberia omme contar nin dezir. E quando la cataua enel rrostro e enlos ojos, ssemejauale que veya a Dios. De la otra parte, auia tan grant piadat dela coita e dela pobreza que sofriera tan luenga mente, e dixole: "Duenna, semejame que Dios uos resuçito verdadera mente quando vos libro de tantas tormentas e de tantos peligros. Desde oy mas, seredes sennora e poderosa mas que nunca fuestes. Duenna, non vos se mas que dezir. Mas evad aqui mj cuerpo e mj alma e mj enperio e todo quanto he, poco e mucho, todo lo meto en vuestro poder, ca yo bien veo, e asi fazen muchos, que Dios es convusco. E que El vos guardo, demi seredes onrrada e seruida mas que nunca antes fuestes, ca bien veo que saluo e leal es vuestro corasçon e vuestro cuerpo." E la duenna respondio entonçe e dixole: "Buen sennor, vuestro enperio e vuestra grant tierra vos dexe Dios asi mantener por que ganedes los reynos delos çielos do reynaran | todos aquellos que bien fezieron e faran. Mas yo me uos quito de todo vuestro enperio, nin quiero parte de vuestro oro nin de vuestra plata, nin de todo vuestro auer, e bien sabet en verdat que en mj tormenta, que fue tan grande e tan amarga, que promety a Dios e a santa Maria que sienpre mantouiese castidat. E ssy Dios quesier, en todos mis dias nunca auere marido nin sennor, synon el Rey de los altos çielos, que es bueno e verdadero, e sabroso e de buen talante. E su amor es en mj asi arreygado que eche todo otro amor de mi corasçon. E por su amor do muy poco por el mundo, ca el su amor asi me escalienta que del mundo non me jnchal. Ca bien he prouado que non ha fe synon en Dios, e tanto he prouado e ensayado que bien sse e non dubdo en cosa que fol es quien se en omme fia. E bien oso dezir, sennor enperador, que non ha omme que sin Dios sea que non sea vano e falso, e entrepeçador e buscador de mal, e grant rreboluedor, ca cosa de verdat non ha enel. Mas Dios es todo corasçon. Dios es toda fuerça, que non ha enEl mentira nin engaño. E quien sin Dios es, non es synon[98] mal afeitado e mal nodrido. El omme ala coita falleçe asu amigo. Esto he yo prouado por mj, mas Dios es asi entero | e asi verdadero que non puede caer nin tropeçar quien se a El touier. Pues buena conpanna es aquella que ala coita non falleçe a ninguno, e por que Dios es tan fuerte e tan poderoso que non dexa caer nin desujar sol vn paso a quien se enel tiene de buen corasçon, le promety e fiz voto verdadero, ca mejor esperar faz en Dios que en prinçipe nin en rey. Ante es loco quien en omme mete su esperança. Mas, sennor enperador, por que la fe enlos omes es corta e rrala, non me osaria desoy mas y fiar, ca sin Dios non es ninguno de buena fe. Ante es falso e mentiroso e engannador. E asi sson coita e rrecoita

---

[98] There is a hole in the parchment here that does not affect the text.

de las brasas bjuas que de todos omes me quite, ca amor de omme es tan peligroso e de tal auentura que el que ha mas poca cobdiçia, mejor sse ende falla. Mas en amar a Dios ssin dubda non y ha auentura njn caida. Mas quien lo mas ama e quien lo mejor sierue, tanto mas amado es dEl e mejor gualardon ende prende, e quien lo mas ama, mejor lo ha. Pues, buen sennor, buen amar faz aquel en quien buen amor non puede pereçer, ca Dios es tan largo que non puede enEl falleçer ninguno de quanto le | meresçe.[99] Non es verdadero amigo sy Dios non. E por ende mety enEl todo mi corasçon. E por que su amor non es de auentura, mas sienpre es estable e dura sienpre. Todo otro amor es de dexar e de esquiuar, mas el amor de Dios cosa non se estranna, ca Dios nunca sse mueue njn se canbia, mas en todo tienpo adelanta en bien. E quien quier que se mude, Dios non es cosa. E por que se Dios non puede mudar njn partir njn mouer, mj corasçon nunca dEl mudare, ante lo amare mas que todas las cosas del mundo, ca todo otro amor me es amargo. E por bien amar a El e ala su gloriosa Madre, desecho todo otro amor, ca njnguno non sabe amar synon Dios, njn ha njnguno verdadero amador fuera Dios. E asi commo la ljma tira asi el fierro, e lo quiere e lo prende, asi su amor prende mi corasçon, e mj corasçon asi se aprendio a El, que avn que me cortasen las venas e los nervios, njn avn que me despennasen, non seria ya mas[100] mugier njn amiga de ninguno ssy dEl non, por en quanto bjua. E conel es ya mj corasçon enlos çielos e con su Madre, que nunca de alla salyra, ca quando todo el mundo me echo e me falleçio e me fizo mal, entonçe me acorrio el piadoso Dios e me libro de todos mjs enemigos mortales. E por ende mety enel asy | mi corasçon que es conEl soldado e junto, que nunca ende sera desapreso nin partido por enperador terenal. E tan mucho lo amo e tanto me fio enel que por todo otro amor do muy poco, e por ser mas su amiga, los çiclatones e los pannos de seda, e los xametes e los anjllos de oro, e todo otro buen guarnjmento, e los buenos comeres e los buenos beueres, e todo lo otro viçio, por El dexe, e dexo la onrra e la corona del enperio por sermonja[101] pobre. E quiero ser esposa del Rey delos çielos. E pesame que non oue fecho quando fuy donzella lo que agora fago que[102] por auer reyno njn enperio. Njnguno tome por

---

[99] The unnamed empress of Rome's abandonment of worldly love differentiates her situation from Florencia's happy fulfillment in marriage toward the end of *Otas de Roma*. Because Florencia is the only woman to marry for love in all the tales of the *LH*, and due to the attractiveness of the convent in this codex, González believes this text would have been useful as propaganda to recruit nuns ("*Vna santa*," 164–65).

[100] Scribal insertion: *mas*.

[101] I.e., *por ser monja*.

[102] Scribal insertion: *q*ue.

1440 sennor fuera a Dios. Pero que bien sse que sienpre es Dios tan piadoso e tan sabroso que non desecha viejo njn mançebo. E tan grande es la ssu merçet e el su buen talante que non puede sseer tan viejo njn viene tan tarde ssy labrar quier en ssu vjnna quele non de tal preçio qual da alos que vienen ala terçia o ala prima. E ssy en mj vejez me fago monja e la
1445 ssu vjnna fuera ora de nona, avn bien podre cobrar, sy labrar quesier bien, el galardon e los dineros commo los dela prima. E esto ssinjfica amj entençion el gualardon | dela perdurable vida. Por ende dexe e dexo por 122vb El todos los sabores e los viçios del mundo, e aEl me do e a El me otorgo, e el voto e la promesa que fiz aEl e asu Madre tener gela he, e quiero
1450 agora contar aqui ante mj sennor el apostoligo quando me vos, sennor enperador, mandastes matar. Entonçe dexe yo la tierra por el ssol e quite a Roma por el parayso. E por Ihesu Xpisto me party de omme terenal, e ante uos e ante los rregidores e ante quantos aqui son, manefiesto de boca e de voluntad lo que puse enel mj corasçon a grant tienpo, e renun-
1455 çio este mundo e descchelo. Desoy mas me quito del e del enperio, e de toda otra onrra terenal, ca non fazen ala alma synon mal. E por ende lo renunçio todo ante quantos aqui son por amor del alto Sennor. E por auer parte enla su gloria, que sienpre ha de durar."

El enperador lloraua mucho e tremja todo con coita, e defendio al
1460 apostoligo quele non diese el velo, e | jraua que non auia clerigo en 123ra Roma njn abat que del quitase su mugier que lo non feziese ancorar en medio del rio. Mas aquella enque era la graçia del Spiritu ssanto demando mucho ardida mente al apostoligo que ssyn delongamiento le diese el floque[103] e el velo. E ssy lo dexase por dubda del enperador njn de omme
1465 nin de mugier, que a Dios respondiese por ssu alma. E el apostoligo sse tomo mucho a llorar, e començole a rrogar muy sabrosa mente e dixole: "Duenna, non fagades assy. Yo vos asueluo de vuestro voto, e prendo ende todo yerro sobre mj." E los clerigos e los legos, e el enperador e los regidores sse[104] echaron todos ante ella en jnojos, e a manos juntas la
1470 rogaron que por Dios que sse refrenase de su voluntad e que sse dexase dende, e que otorgase quel apostoligo lo leuase todo sobre ssy. Mas por todos ellos non quiso la enperatris cosa fazer. Ante dixo que sse dexaria quemar en vn fuego que por ninguno quebrar su voto, e que nunca jamas consentiese que njngun omme sse llegase a su carne.
1475 | El enperador lloraua por ende muy fiera mente con coita e con 123rb pesar por quela non podia de aquello partir. Mas ala çima, quando vio que su coraçon y era tan afincado quela non podia ende quitar, e que de cuerpo e de corasçon e de voluntad dexaua la corona del enperio e

---
[103] This word appears in red in the manuscript.
[104] Lasry: de (Critical Edition, 224).

del mundo, otorgogelo, llorando mucho. Por poco ssele el corasçon non partia con coita de que sse asi partian anbos, mas ella tanto rogo al apostoligo e tanto lo coito e afinco, e tantas le dixo de buenas razones, que mal su grado le dio leçençia ende. E ella se esforçaua de dexar el sennor terenal por yr al çelestial.

En tal guisa resçebio de la mano del apostoligo la bendiçion e floque[105] e el velo la santa enperatris, e asi la alunbro el santo Spiritu, que dexo todas riquezas, e fizo tajar los sus fermosos cabellos. E por se llegar mas a Dios, ençerrose en vna caseta pequenna, e fue enparedada. Por tanto dexo el enperio, e quiso sofrir lazeria, ca mas querria la santa mugier pensar | de su alma ca engrossar su carne, ca bien sabia 123va la santa duenna que quien bien quier pensar de su alma que le conviene enmagreçer el cuerpo, e afanar e trabajar, ca sienpre la carne es contra el alma. E bien sabia ella que se auia a desauezar de bien comer e de bien beuer, ca quien non costrinne la carne e doma, muy toste ensuzia el alma, e quien la non afana nin trabaja, todo tienpo la falla rebuscador e rrebelde. Por ende conviene martiriar la carne a quien delos pecados quier fuyr. E el que sse tiene viçioso e a ssu sabor, muy toste entrepieça en pecado. Por esto non sse deue omme echar a los sabores dela carne, ca por el vjno fuerte e por los grandes bocados caen muchos e muchas en pecado mortal. Por ende non deue dar la duenna a ssu cuerpo ningunt buen comer, mas apretarlo assy por abstenençia quele non rrodeen njn la tiente contra la alma nin cosa, njn lo enboluer en pannos de sseda, nin en cosa de que ala alma mal pueda venir.

Assy se descargo la ssanta enperatris del enperio por seruir a Dios e a ssu madre, e por que ssu alma fuese salua, e metiose enparedada do nunca mas viese a ninguno ssynon Aquel | que es verdadero e poderoso 123vb sobre todo el mundo, Nuestro Sennor Ihesu Xristo, que ella tenja escripto en su corasçon e en que folgaua. E por El dexo ella todo el mundo e todas las cosas que y sson. Non era dia que los rayos delas mjentes del su corasçon non sobiesen çient vezes alos çielos por lo veer, e el su grant sennorio e el su grant poder, e la ssu muy piadosa Madre, e sus arcangeles e los angeles, e los santos e las santas. E cataua se enel su corasçon enla grant beldat de santa Maria. ¿Que queredes mas? Ella era en tierra, e la alma enel paraiso folgaua. Ay, Dios, ¡que duenna e que monja, e que rendida a Dios e que enparedada! Amenudo se echaua estendida ante la jmagen dela Virgen santa Maria, de aquella que en su vientre troxo nueue meses a Ihesu Xpisto, que era su buen esposo e su amigo, que le metiera el anillo dela castidat enel dedo, por que deuia guardar tan linpia mente su corasçon e su cuerpo e su alma, que fuese mas linpia que oro puro. E

---

[105] This word appears in red in the manuscript.

firia sus pechos, e ella bien sabia que pues que era desposada e bendita e
sagrada del Sennor que todo cria, quele metiera el anjllo enel dedo que de
todos pecados sse deuia guardar, en fecho e en dicho e en pensamiento.
E otrossy sabia que su Esposo sabia bien e veya quanto ella pensaua, e
por ende se guardaua en su corasçon | assy de pensar villania, que todo
lo tenia linpio e ssyn manziella. Todo su corasçon era en Dios e non pensaua en al. E de pensar enEl auia tan grant sabor e tan grant viçio e tan
grant deleite, que mas la abondaua e mas rrefecha se fallaua ende la santa
xristiana que la vianda terenal. E por ser a Dios bien junta, se partiera
de todo el mundo, nin queria otra conpanna sinon de su libro, ca bien le
semejaua quando por el leya que fablaua con Dios, e que se aconsejaua
conEl. Onde sant Gregorio dize: "Quien quisier ssienpre estar con Dios,
amenudo deue leer e orar."[106] E otrossy diz la letra: "Quien ora, quien
obra, quien rreza, con Dios fabla e Dios conel."[107] Asi fazia ella. E por
ende non deue njnguno destoruar nin detener clerigo njn monge nin
monjas de ssus oraçiones, nin de leer a menudo por sus libros, e de oyr
sus oras, ca por estas tres cosas puede ome vençer este sieglo escarnido.
E el enemigo e fazer de Dios Sennor e Amigo, e por estas tres cosas sse
parten ligera mente los vanos pensamientos. E por estas tres cosas fue
tan guardado el santo cuerpo dela enperatris que olujdo | todo el mundo
por pensar enla gloria espiritual, e ally dio ssu alma a Dios.

---

[106] Cf. Gregorius I, *Sancti Gregorii Magni Pontificis in Librum Primum Regum, Qui et Samuelis Dicitur, Variarum Expositionum Libri Sex*, 4. 5, in *Patrologia Latina Database*, 79. 282–283 (Cambridge: ProQuest Information and Learning Company, 1996–2006), http://pld.chadwyck.co.uk.

[107] Cf. Gregorius I, *Sancti Gregorii Magni Registri Epistolarum*, 7. 36, in *Patrologia Latina Database*, 77. 895–896.

## Aqui comjença vn noble cuento del enperador Carlos Maynes[1] de Rroma e dela buena enperatris Seuilla, su mugier.[2]

| Sennores, agora ascuchat[3] e oyredes vn cuento marauilloso que deue ser   124va
oydo asy commo fallamos enla estoria, para tomar ende omme fazanna
de non creer tan ayna las cosas que oyer fasta que sepa ende la verdat,
e para non dexar nunca alto omme nin alta duenna sin guarda.[4] Vn
dia aueno quel grant enperador Carlos Maynes fazia su grant fiesta enel
monesterio real de sant[5] Donis[6] de Françia, e do sseya ensu palaçio, e
muchos altos omes conel. E la enperatris Seuilla, ssu mugier, seya cabo
el, que mucho era buena duenna cortes e ensennada e de maraujllosa
beldat. Entonçe llego vn enano en vn mulo mucho andador. E deçio e
entro por el palaçio, e fue ante el[7] rey. El enano era tal que de mas laida

---

[1] In contrast to a possible French source, the *Chanson de la reine Sebile*, as well as to the print versions in Castilian that followed that found in the *LH*, *Carlos Maynes* "otorgaba, en su título, una falsa primacía a Carlos Maynes, cuando la verdadera protagonista es su esposa, la reina Sevilla" (Gómez Redondo, *Prosa medieval*, 2:1605).

[2] *Muger* is provided in Hermann Tiemann, ed., *Der Roman von der Königin Sibille* (Hamburg: Dr. Ernst Hauswedell and Co., 1977), 33. This edition is more accessible than that of Adolfo Bonilla y San Martín, ed., *Carlos Maynes*, in *Libros de caballerías*, vol. 1, Nueva Biblioteca de Autores Españoles 6 (Madrid: Bailly/Bailliere, 1907), 503–33.

[3] Tiemann: *escuchat* (*Sibille*, 33).

[4] Francomano interprets this address to *altos ommes* and *altas duennas* in terms of her theory that the *LH* was possibly a manuscript for use in a noble household; if so, then "the intended audience was most likely mixed" ("Manuscript Matrix," 146). Additionally, the statement's emphasis on revealing the truth establishes the framework for understanding that which is said versus that which is done both in this text and throughout the manuscript: "Thus, the narrator's advice can also be read as a caution against accepting the truth-value of the traditional canon of women's faults" (Francomano, "'Lady'," 140).

[5] Lasry: *Santo* (*Critical Edition*, 113).

[6] As Lasry notes, the manuscript alternates between Donis and Denis (*Critical Edition*, 113 n. 1).

[7] Lasry: *antel* (*Critical Edition*, 113).

criatura⁸ non saberia om*m*e fablar. El era gordo e negro e beçudo, e auia
15 la catadura muy mala, e los ojos peq*ue*n*n*os e encouados, e la cabeça muy
grande, e las narizes llanas e las ventanas dellas muy anchas, e las orejas
peq*ue*n*n*as, e los cabellos erizados, e los braços⁹ e | las manos vellosas  124vb
com*m*o osso, e canos, las piernas tuertas, los pies galindos e resq*ue*bra-
dos.¹⁰ Atal era el enano com*m*o oydes. E começo a dar grandes bozes
20 en su lenguaje e a dezir: "Dios salue el rey Carlos e la reyn*n*a e todos sus
p*r*iuados." "Amigo," dixo el rey, "bien seades venido. Mucho me plaze
convusco, e fazer vos he mucho bien ssy comigo q*ue*sierdes¹¹ fincar, ca
me semejades muy estran*n*o om*m*e." "Sen*n*or," dixo el, "grandes merçedes, e yo s*er*uir vos he atoda v*ues*tra volu*n*tad." Entonçe se asento ant*e*l
25 rey, mas Dios lo co*n*fonda. Por el fueron despues muchos cabellos mesados e muchas palmas batidas, e muchos escudos q*ue*brados e muchos
caual*l*eros mu*er*tos e tollidos. E la reyna fue judgada a mu*er*te e Fra*n*çia
destruida gra*n*t p*ar*te, asi com*m*o oiredes, por aq*ue*l enano traidor, q*ue*
Dios confonda. Toda aq*ue*lla noche fezieron gra*n*t fiesta e gra*n*t alegria
30 fasta ot*r*o dia. Ala man*n*ana espedieronse los altos om*e*s del rey e los
caual*l*er*o*s, e fuero*n*se a sus logares, cada vno do auia de yr. E el enp*er*a-
dor se torno ala çiudat de Paris, q*ue* es de alli vna gra*n*t legua. Luenga
ment*e* estouo alli con su mug*ie*r, q*ue* amaua mucho.

| Un dia se leuanto el rey de su lecho gra*n*t man*n*ana e enbio por ssus  125ra
35 monteros, e dixoles q*ue* sse g*u*isasen de yr a caçar, ca yr q*ue*ria a mont*e*
por auer sabor dessy. E ellos fezier*o*n ssu mandado. E desq*ue* metieron
los canes enlas traillas e ouieron todo g*u*isado, el rey caualgo e fuese ala
floresta. E leuantaron vn çieruo e ssoltaron le los canes. E el rey cogio
en pos del e corrio con*e*l todo aq*u*el dia por montes e por riberas. Agora
40 dexa el cuento de fablar del rey e de su caça, e torna ala reyna.

Desq*ue* sse el rey salio dela cam*a*ra, finco la reyn*n*a en ssu lecho e
adormeçiose. E dormja tan fiera ment*e* q*ue* semejaua q*ue* en toda la noche
cosa non dormiera. | E las donzellas e las couigeras se salieron, e dexa-  125rb
ro*n* la ssola, e finco la puerta abierta, e fueronsse a vna fuent*e* muy b*ue*na
45 que naçia enla huerta a lauar sus manos e ssus rostros. E desq*ue* lauaron
ssus manos e sus rostros e folgaron por ese vergel, comença*ro*n de coger
flores e rrosas p*ar*a ssus guyrlandas, segu*n*t costunbr*e* de aq*ue*lla tierra. E
do la reyn*n*a dormja, asy sin guarda, ahe aq*u*i el enano q*ue* entro, e non

---

⁸ Tiemann: *catadura* (*Sibille*, 33); Lasry: *ca[ta]dura* (*Critical Edition*, 113).

⁹ Lasry: *brazos* (*Critical Edition*, 113).

¹⁰ This description is fairly similar to that of Barroquer, even though the latter works for good and the dwarf does not. See Maier for an analysis of how these two figures together constitute the folk motif of the "wild man" ("Accused Queens," 26–28).

¹¹ Lasry: *conmigo quisierdes* (*Critical Edition*, 113).

vio ninguno enla casa. E cato de vna parte e de otra, e non vio synon la
50 reynna que yazia dormiendo en su lecho, que bien paresçia la mas bella
cosa del mundo. E el enano sse llego a ella e començo dele parar mjentes.
E desque la cato grant pieça, dixo que en buena ora nasçiera quien della
pudiese auer su plazer. E llegose mas al lecho, e penssoo[12] que avnque
cuydase ser muerto o desmenbrado quela besaria. Entonçe sse fue con-
55 tra ella. Mas aquella ora desperto la reynna que auia dormido assaz, e
començo de alinpiar sus ojos, e cato aderredor dessy por la camara[13] e
non vio omme nin mugier synon al enano que vio junto al lecho, e dixole:
"Enano, ¿que demandas tu, o quien te mando aquj entrar? ¡Mucho | 125va
eres osado!" "Sennora," dixo el enano, "por Dios, aved merçet demj, ca
60 sy vuestro amor non he, muerto so, e prenda vos demj piadat, e yo fare
quanto uos quesierdes." La reynna[14] lo ascucho bien, pero que toda la
ssangre ssele bolujo enel cuerpo, e çerro el punno e apretolo bien e diole
tal punnada enlos dientes quele quebro ende tres. Asy que gelos fizo caer
en la boca. Desy puxolo e dio conel en tierra e saltole sobre el vientre,
65 asy quelo quebro todo. E el enano le começo a pedir merçet. E quando
le pudo escapar, començo de yr fuyendo, e fuese por la puerta, su mano
en su boca por los dientes que auia quebrados, jurando e deziendo contra
ssy que en mal punto la reynna aquello feziera, ssy el pudiese, ca ella lo
conpraria cara mente. Contra ora de viespras sse torno el rey de caça con
70 sus monteros, e troxieron vn grant çieruo. E desque sse asento ala mesa,
pregunto por su enano, que se feziera del que non venja antel asi commo
solia. Entonçe lo fueron buscar, e desque lo troxieron ssentose delante el
rey, ssu mano enlas quexadas e la cabeça baxa. "Dime," dixo el rey, "¿que
ouiste o quien te paro tal? Non sse quien te ferio, mas mal te jogo. Dime
75 quien | telo fizo, e yo te dare buen derecho." "Sennor," dixo el enano, "si 125vb
Dios me ayude, cay en vn andamjo, de guisa que me fery mal enel rostro
e me quebro vn diente, de que me pesa mucho." E el rey le dixo: "Çertas,
enano, e a mj faz."

Desque el rey comjo e las mesas fueron alçadas, quando la noche
80 veno, el rey se fue a su camara e echose conla reynna. Mas agora ascuchat
que fue a pensar el traidor del enano, que Dios destruya, que nunca otra
tal traiçion basteçio vn solo omme commo el basteçio ala reyna. Tanto
quela noche llego, entro ascusamente enla camara e fuese meter tras
la cortina, e ascondiose y, e yogo quedo, de guisa que nunca ende nin-
85 guno sopo parte. Despues que se el rey echo con su mugier, salieronsse
aquellas quela camara auian de guardar e çerraron bien las puertas, e

---

[12] Lasry: *penssó* (*Critical Edition*, 114).
[13] Lasry: *cama* (*Critical Edition*, 114).
[14] Lasry: *reyna* (*Critical Edition*, 115).

el rey adormeçio, commo estaua cansado dela caça. E quando tanjeron alos matines, desperto e penso que yria oyr las oras ala eglesia de santa Maria. E fizo llamar diez caualleros que fuesen conel. Agora ascuchat
90 del enano, que dios maldiga, lo que fizo despues | que el vio que el rey 126RA era ydo ala eglesia. Ssalio de tras la cortina muy paso, e fuese derecha mente al lecho dela reynna. E penso que ante querria prender muerte que la non escarneçiese. E alço el cobertor e metiose enel lecho. Mas aueno quela reyna yazia tornada dela otra parte, pero nonla osaua tanner, e
95 començo de pensar commo faria della ssu talante. E eneste pensar duro mucho, e dormjose fasta que el rey torno dela eglesia con ssus caualleros, e era ya el ssol salido. E desque entro enel palaçio, fuese derecha mente ala camara solo, muy paso. E desque fue antel lecho dela reynna, que yua ver muy de buena mente, erguyo el cobertor de que yazia cobierta e vio
100 el enano yazer cabo ella. Quando esto vio el enperador, todo el coraşcon le estremeçio. E ouo tan grant pesar, que non poderia mayor dezir[15] omme con verdat que mucho estaua de mal talante. "¡Ay, mesquino!", dixo el, "¿Commo me este coraşcon non quiebra? Sennor Dios, ¿quien sse enfiara jamas en mugier?, e por el amor de la mja, jamas nunca otra
105 creere." Entonçe sse salio dela camara | e llamo su conpanna a grant 126RB priesa. Ellos venjeron muy corriendo. "Vasallos," dixo el enperador, "ved que grant onta. ¿Quien cuydara que nunca mj mugier esto pensaria que amase tal figura, que nunca tan laida criatura naçio de madre? ¡Maldita sea la ora en que ella naçio!" Entonçe sse fue al lecho e çennjo ssu
110 espada que y tenja, e dixo a ssus omes que sse llegasen. E desque fueron llegados, dixoles el: "Judgad mela desta grant onta que me fezo, commo aya ende ssu gualardon." Entonçe estauan y los traidores del ljnage de Galalon, Aloris e Foucans, Goubaus de Piedra Lada e Ssanson, e Amaguins e Macaire, el traidor dela dulçe palabra e delos fechos amargos.
115 Estos andauan ssienpre conel rey asechando commo bastirian encobierta mente ssu mal e su onta. E Macaire el traidor adelantose ante los otros e erguyo el cobertor. E quando aquello vio, ssignose dela marauilla que ende ouo, e començo a llorar muy fiera mente, que entendiese el rey quele pesaua mucho. E quando vio al rey tan brauo e con talante de fazer matar
120 la reynna, dio muy grandes bozes al rey, e dixo quela reynna deuia ser quemada commo mugier que era prouada en tal traiçion.

| Desque los traidores judgaron quela reyna fuese luego quemada, 126VA el rey mando fazer luego muy grant fuego enel canpo de Paris. E desque fue fecho de lenna e de espinas e de cardos e de huessos, Macaire e aque-
125 llos aque fue mandado, tomaron la reyna e el enano, e sacaron los dela villa e leuaron los alla. Mas la reynna yua con tal coita e con tal pesar

---

[15] Deleted after *dezir*: *poderia*.

qual podedes entender. Entonçe los traidores començaron de açender el fuego, e llegaron[16] y la enperatris Seujlla, e desnudaron la de vn brial de panno de oro que fuera fecho en Vltra mar. Ella ouo muy grant espanto del fuego, que vio fuerte, e do vio el rey, començole a dar muy grandes bozes: "¡Sennor, merçet!, por aquel Dios que se dexo prender muerte enla vera cruz por su pueblo saluar. Yo sso prennada de uos. Esto non puede ser negado. Por el amor de Dios, sennor, fazet me guardar fasta que sea libre. Despues, mandat me echar en vn grant fuego, o desnenbrar toda. E asi commo Dios sabe que yo nunca fize este fecho de que me vos fazedes retar, asi me libre ende El del peligro en que sso."

| Despues que esto ouo dicho, tornose contra oriente e dio muy grandes bozes e dixo: "¡Ay, rica çiudat de Costantinopla!, en vos fuy criada a muy grant viçio.[17] ¡Ay, mj padre e mj madre!, non sabedes vos oy nada desta mj grant coita. Gloriosa santa Maria, e, ¿que sera desta mesquina que atal tuerto ha de ser destroida e quemada? E, ¿commo quier que de mj sea? Aved merçet desta criatura que en mj trayo que sse non pierda." Entonçe el rey mando tender vn tapete antel fuego, e mando leuar y la reynna, e quela assentasen y, e la desnudasen del todo, synon dela camisa. E luego fue fecho. Agora la guarde aquel Sennor que naçio dela Virgen santa Maria, que non sea destruida njn dannada. E do sseya asi enel tapete, la mas bella cosa que podia ser, pero que seya amarilla por el grant miedo que auia. Ella cato la muy grant gente que vio aderredor dessy, dela otra parte el fuego fiero e muy espantoso, e dixo: "Sennores, yo veo aqui mj muerte. Ruego uos por aquel Sennor que todo el mundo tiene en poder, sy vos erre en alguna cosa de que mj alma sea en culpa, que me perdonedes, que Nuestro Sennor enel dia del juyzio uos de ende buen galardon." Quando | los ricos omes e el pueblo oyeron asi fablar la enperatris, començaron a fazer por ella muy grant duelo, e tirar cabellos e batir palmas, e dar muy grandes bozes e llorar muy fiera mente duennas e donzellas e toda la otra gente. Mas tanto dubdauan al rey que ssola mente nonle osauan fablar nin merçet pedir. E el rey dixo alas guardas: "Ora tomad esta duenna, ca tal coita he enel corasçon que avn non la puedo catar." E ellos trauaron della e erguyeron la por los braços e liaronle las manos tan toste e pusieronle vn panno ante los ojos. E ella,

---

[16] Lasry: *lleuaron* (*Critical Edition*, 117 n. 12). However, as Spaccarelli notes, *llegar* is sometimes a transitive verb (Review of Lasry, ed., *Critical Edition*, 64).

[17] It is interesting that in the legend Charlemagne is married to a Byzantine bride. Carolingian-Byzantine relations were such that it was not uncommon for crusaders to establish "political and marital alliances" with Christians from the East: Sharon Kinoshita, "'Pagans are Wrong and Christians are Right': Alterity, Gender, and Nation in the *Chanson de Roland*," *Journal of Medieval and Early Modern Studies* 31 (2001): 79–111, here 88.

quando esto vio, començo a llamar a muy grandes bozes: "Santa Maria, Virgen gloriosa e Madre, q*ue* en ty troxiste tu Fijo e tu Padre q*u*ando veno el mundo saluar. Sen*n*ora, catad me de v*ues*tros piadosos ojos e saluad mj alma, ca el cu*er*po en gra*n*t peligro esta." A aq*u*ella ora llego el
165 duq*ue* Almeric e Guyllemer de Escoçia, e Gaufer de Vltramar, Almerique de Narbona e el muy buen don Aymes. E deçieron a pie e echaron | 127RB sse en jnojos ant*e* el enp*er*ador e pedieronle m*er*çet, e dixieron: "Sen*n*or, derecho enp*er*ador, fazet agora asi com*m*o vos consejaremos. Fazet la echar dela tierra, ca ella es pren*n*ada de uos e çerca de su t*er*mjno, ca ssi
170 la criatura peresçiese, todo el oro del mundo non nos guardaria q*ue* no*n* dixiesen q*ue* nos dieramos falso juyzio." "Çertas," dixo el enp*er*ador,[18] "non sse q*ue* y faga, mas fazet venjr el enano, e fablare con*e*l ant*e* vos, e saberedes la cosa, com*m*o fue dicha e fecha."
    Entonçe fueron por el enano, e traxieron lo vna cuerda ala garganta
175 e las manos atadas. E los traidores sse llegaron a el ala oreja alla do fueron por el. E consejaro*n*le q*ue* toda via feziese la rcyna q*ue*mar c q*ue* ellos lo guardarian e lo faria*n* rico de oro e de plata. E el enano les otorgo q*ue* faria toda su voluntad. E q*u*ando llego ant*e*l rey fue muy hardido e muy esforçado. "Enano," dixo el rey, "guardate, q*ue* me non njegues
180 nada. Dime, ¿com*m*o te osaste echar conla reyn*n*a?" "Sen*n*or, dixo el enano, par el cuerpo de | sant Denis, yo non vos mentiria por cuydar s*er* 127VA por ende desnenbrado. Ella me fizo venir anoche e entrar enla camara e yazer y, e tanto q*ue* uos fuestes ala egl*e*sia, ma*n*dome venjr p*ar*a ssy. E çertas, peso me ende, mas non ose al faz*er*." "¡Oid q*ue* marauilla!", dixo
185 el enp*er*ador. E de pesar nonlo pudo mas oyr. E mando dar con*e*l en*e*l fuego, q*ue*la carne fuese q*ue*mada e la alma leuasen los diablos. "Amigos," dixo el rey a don Aymes e alos ot*r*os om*e*s buenos q*ue* por ella rogaran. "Faz*er* q*u*iero lo q*ue* me rogastes. Yd desatar la reyn*n*a e vestidla de ssus ricos pan*n*os, ca no*n* q*ue*rria q*ue* fuese vergon*n*osa ment*e*." Q*u*ando
190 esto oyeron, todos ouieron gra*n*t plazer, e gradeçieron gelo mucho.
    "Duen*n*a," dixo el rey, "p*ar*a aq*u*el Sen*n*or q*ue* en ssy es t*r*inidat, ¿por q*ue* me auedes escarnjdo? Ssy avn ouiesedes muerto mj padre e todo mj linage, non vos faria mal. Tal volu*n*tad me veno. Mas agora luego vos salid demj tierra, ca si deman*n*ana vos aq*u*i fallo, p*ar*a aque-
195 lla cristiandat q*ue* tengo, yo vos fare destruyr, q*ue* vos no*n* guardara*n* | 127VB

---

[18] A medieval audience would have felt indignation at the injustice of the king's decision. Spaccarelli believes the anger would have been a result of the *LH*'s consistently ill-favored portrayal of kings such as the emperor of *Vna santa enperatris que ouo en Rroma* (*Medieval Pilgrim's Companion*, 95–96). Cruel kings are found in other Castilian works such as in chapter twenty-two of Diego de San Pedro's *Cárcel de amor*: *Cárcel de amor. Arnalte y Lucenda. Sermón*, ed. José Francisco Ruiz Casanova (Madrid: Cátedra, 1995).

ende quantos enel mundo bjuen." "Sennor," dixo la reynna, "por Dios, merçet. E, ¿do yra esta catiua quando se de uos partier?, que yo non se camjno njn ssendero. E, ¿que sera demj cuerpo catiuo e dela criatura que trayo en mj?" "Duenna," dixo el rey, "yo non se que sera, mas a salir vos
200 conviene de toda mj tierra. E Dios vos guiara e guardara, segunt commo vos mereçistes." El enperador cato enderredor dessy e vio vn cauallero en que sse fiaua mucho que llamauan Auberi de Mondisder, que era muy buen cauallero de armas e muy leal e de muy buenas maneras. "Aubery," dixo el Rey, "llegat vos aca. A yr vos conviene con esta duenna, e guardat
205 la fasta fuera dela grant floresta. E desque salier della, coger sse ha por el grant camjno, e yr se ha derecha mente al apostoligo e manefestar le ha sus pecados e fara dellos penitençia. Mucho fue çiega e astrosa quando echo el enano consigo." "Sennor," dixo Auberi, "yo fare vuestro mandado." Entonçe pusieron la reynna sobre vna mula mucho andador
210 ensellada e enfrenada de muy rico guarnjmento, e Auberi de Mondisder caualgo en su cauallo, e leuo consigo vn galgo grande e muy bien fecho que criara de pequenno e que amaua mucho | e nunca lo del podian 128RA partir. E non seria tan grande la priesa quando caualgaua o andaua a monte, quelo sienpre non aguardase. Entonçe fue Auberi ala duenna e
215 dixole: "Sennora, andat, pues que lo el rey manda, e guyar vos he." E ella dixo, llorando mucho delos ojos e del coraçson: "Afazer melo conviene, queriendo o non." E el rey, quando la vio yr, començo a llorar de piadat, mas ella, quando le paro mjentes, a pocas non cayo dela mula en tierra.

Asy se yua la reyna e Auberi conella, que non leuaua sy non su espada
220 çinta e su galgo, e andaron bien quatro leguas. Entonçe fallaron vna muy fermosa fuente en vn muy buen prado entre vnos aruoles e muchas yeruas aderredor, asi que el logar era muy sabroso. E Auberi deçio alli la duenna por folgar e por beuer del agua. E el quela vio llorar mucho dixole: "Duenna, por Dios, confortad uos, ca Nuestro Sennor vos puede
225 bien ayudar. | E quien enEl ha fiança, su vida sera salua." "¡Ay, coitada!," 128RB dixo ella, "e, ¿que sera agora demj quando vos de mj partierdes? O, ¿para do yre?, ca yo non se para do vaya." E asi seyan fablando ante la fuente, e Auberi de Mondisder auia della grant duelo e grant piadat. Mas agora vos dexaremos de fablar dela duenna e de Auberi de Mondisder, e tornar
230 uos he a fablar del enperador Carlos.

Grant pesar ouo el de su mugier que fizo echar dela tierra, e otrosi fezieron por ella muy grant duelo enla çiudat. Mas por sse confortar, mando poner la mesa ençima del canpo por comer con ssus caualleros e con ssu conpanna. E desque el Rey se asento a comer, Macaire, el
235 traidor de linage delos traidores, que esto estaua aguardando, quando aquello vio, defurtose e salio del palaçio. E fuese a su posada e armose, e mando ensellar su cauallo e caualgo muy toste, e fue ssu carrera enpos la enperatris e juro que ssile Auberi de Mondisder gela quesiese toller, quele

cortaria la cabeça e q*ue* faria | della su voluntad. Assi se fue el t*r*aidor a 128v*a*
240 furto com*m*o ladron q*u*anto mas podia yr. E desq*ue* ando g*r*ant pieça, vio yr ante ssy la reyna e Auberi, q*ue* caualgaran ya e yua*n* su carrera. E tanto q*u*elos vio, luego los con*n*osçio. E desq*ue* los fue alcançando, dioles bozes e dixo: "Estad q*u*edos." E Aubery, q*u*ando aq*u*ello vio, cuydo q*ue* venja con algu*nt* mandado del enp*er*ador. E parose so vna arbol por oyr
245 lo q*ue* q*u*eria dezir. E Macaire el t*r*aidor penso q*ue* meteria espanto a Auberi e q*u*ele aueria[19] de dexar la duen*n*a. E dixole tanto q*ue* ael llego: "Aubery, p*ar*a aq*u*el Dios q*ue* priso mue*r*te en cruz, ssy me esta duen*n*a non dexas e te no*n* vas tu carrera, q*ue* tu prenderas aq*u*i mue*r*te a mjs manos, ca toda esta la*n*ça metere por ty. Mas dexamela e barataras bien,
250 e yo fare della mj plaz*er*." Q*u*ando esto oyo Auberi, toda la sangre sele bolujo en*e*l cue*r*po e dixo: "Nu*estr*o Sen*n*or guarde ende la reyn*n*a por la su gra*n*t piadat, e la ponga en saluo. Macaire," dixo el, "ssy Dios vos vala, ¿q*ue* es lo q*ue* dezides o q*ue* pensades? ¿Fariades vos onta al rey desu mugi*er* avn q*ue* pudiesedes?" E el respondio: "Luego lo veredes,
255 e por ende vos digo q*ue* me dexedes | la reyn*n*a, ca mas non la leua- 128v*b* redes. E yo fare della lo q*ue* me q*u*esier, e sila dexar non q*ue*redes, vos lo conpraredes bien." "Auberi," dixo la reyn*n*a, "por Dios, aved demj piadat e defendet me deste t*r*aidor. E por b*ue*na fe, ant*e* lo yo q*ue*rria ver rrastrar a cola de caua*ll*o q*ue* mj sen*n*or el rey nu*n*ca por el p*r*ender
260 verguen*n*a." Q*u*ando esto oyo Macaire, a pocas no[n][20] ensandeçio, e firio el caua*ll*o delas espuelas e blandio la la*n*ça q*ue* tenja del fierro muy agudo e dexose yr a Auberi por lo ferir con ella. Q*u*ando lo Auberi vio venjr en tal g*u*isa, ssaco la espada dela bayna e desujose, e diole tal espadada enla la*n*ça q*u*ele fizo della dos p*ar*tes. E Macaire dexo caer lo
265 q*u*ele finco dela la*n*ça en tierra e saco la espada dela bayna. El estaua bien armado, mas Aubery[21] non auia ningu*n*a armadura. P*er*o por esto non se dexo de defender q*u*anto pudo. E Macaire le dio vn golpe tal enla espalda ssenjestra q*ue* gela derribo, e el golpe deçio al braço e corto le los nerujos e las venas. E q*u*ando sse Auberi sentio ta*n* mal ferido, dixo
270 a Dios: "Sen*n*or, aued m*er*çet demj. Ssanta Maria, Sen*n*ora, acorred me, q*ue* non pierda mj alma, e saluat a esta duen*n*a, q*ue* | non sea escarnida 129r*a* nin el rey desonrrado."

Mucho fue coitado con grant pesar Auberi q*u*ando sse sentio llagado, ca la sangre[22] sele yua tan fiera mente q*ue* todo ende era san-

---

[19] Tiemann: *auria* (*Sibille*, 41).
[20] Spaccarelli's transcription does not include this emendation (*Text and Concordance*).
[21] Aubery and Auberi refer to the same individual.
[22] Tiemann: *langre* (*Sibille*, 41).

275 griento, e goteaua[23] en tierra. Quando aquello vio la reynna, dio vn grito
con pauor e dixo: "Ssanta Maria, sennora, acorred me." E dio delas
correas ala mula e metiose por el monte e començo de fuyr quanto la
mula podia andar. Entre tanto aca los caualleros conbatiansse alas espadas, ca Auberi non se quiso dexar vençer al otro fasta la muerte, ante sse
280 defendio tanto que bien aueria la duenna andadas quatro millas al andar
que yua. Tanto se conbatieron anbos los caualleros que Macaire le dio vn
golpe desgremir por la anca que gela corto toda conla pierna. Quando
Auberi se ssentio tan mal llagado, dio vn baladro de muy grant dolor.
Quando lo el su galgo oyo, erguyo la cabeça. E fue en grant coita quando
285 vio a su sennor tan mal trecho e de que sele yua la sangre tan fiera mente,
e dexose yr muy ssannudo a Macaire e lançose a el e trauole enel vientre
dela pierna con los dientes que auia | mucho agudos, quele non valio y la 129RB
brafonera, quele non pusiese bien los dientes por la pierna quela sangre
cayo ende enla yerua. E de commo era grande e nenbrudo, a pocas ouiera
290 de dar conel en tierra, e Macaire cuydo le dar conla espada. Mas el can,
con miedo, abrio del[a] boca, e començo de fuyr e Macaire enpos el. E
el galgo con coita metiose enel monte. Grant pesar ouo el traidor por
que non matara el galgo. E Macaire torno a ferir a Aubery de tal golpe
dela espada por çima dela cabeça quelo llago a muerte, e dexolo caer en
295 tierra, Dios aya merçet de su alma. E alli do yazia, dixo a Macaire, asi
commo pudo: "¡Ay, traidor! Maldita sea tu alma, ca a grant tuerto me
as muerto. Dios prenda ende vengança." E dixo mas: "Ay, Sennor Dios,
padre poderoso, pido Uos por merçet que ayades piadat de mj alma." E
luego se partio el alma del. E el traidor de Macaire fue le al cauallo e
300 matolo, e eso mesmo feziera al galgo ssy pudiera, mas fuyole al monte.
Por tanto le escapo. Desque Macaire ouo fecho todo esto, non quiso mas
tardar, e fue buscar la reyna e penso que faria en ella toda su voluntad, e
despues, quele cortaria la cabeça con su espada. Mas Dios non touo por
bien quela el fallase, ca mucho se alongara de alli en quanto sse conba-
305 tieran. Mucho la busco el traidor de vna parte e de otra, mas quando vio
quela non podia fallar | tal pesar ende ouo que a pocas non rraujaua. E 129VA
desque vio que non podia della saber parte, punno de se tornar ala çiudat.
E llego y grant noche andada, e fuese a su posada. E fizo se desarmar.
Mas nunca descobrio a njnguno cosa delo que feziera. Mas Auberi, que
310 yazia muerto cabo dela fuente, oyd del su can lo que fizo. Quando vio su
sennor muerto, començo[24] de ladrar e de aullar e de fazer la mayor coita
por el que nunca fizo can por sennor. E començo a cauar con las vnnas
e a fazer cueua enquelo metiese. E lamjale las llagas muy piadosamente.

---

[23] Tiemann: *goteua* (*Sibille*, 41).
[24] Tiemann: *commenço* (*Sibille*, 43).

En tal manera fazia²⁵ que non ha enel mundo omme quelo viese a que se
315 ende grant duelo e grant piadat non tomase. Asi lo guardaua todo el dia
delas aues e toda la noche delas bestias del monte, donde auja y muchas,
que gelo non comiesen njn tannjesen. Asi guardo el can su sennor toda la
noche, que nunca bestia se llego ael, njn aue. E quando veno la mannana,
ouo muy grant fanbre, mas por amor de su sennor non quiso yr²⁶ buscar
320 cosa que comiese.²⁷ Agora vos dexare de fablar de Auberi e de su buen
galgo, e tornar vos he a fablar dela reyna.

| Toda la noche caualgo la mesquina por la floresta, que nunca 129vB
quedo de andar, e tan grant pauor auia de Macaire que nunca le veno
suenno al ojo. E yua dando ala mula quanto podia, ca sienpre cuydaua
325 del traidor que corria en pos ella. Aquesto era enel tienpo de Pascua de
Resureçion. E quando veno la mannana, salio fuera del monte, e desque
se vio enel llano, començo a llorar mucho delos ojos e del coraçon, e dixo
con muy grant coita: "Ay, Dios Sennor, e, ¿para do yre?" En esto que se
ella estaua asi coitando, cato e vio venjr vn grant villano fiero contra ssy
330 por vn camjno que yua por y, en su saya corta e mal fecha de vn burel, e
la cabeça por lauar, e los cabellos enrriçados, e el vn ojo auia mas verde
que vn aztor pollo e el otro mas negro quela pez. Las sobreçejas auia
muy luengas, delos dientes non es de fablar, ca non eran sinon commo
de puerco montes. Los braços e las piernas auia muy luengas, e vn pie
335 leuaua calçado e otro descalço por yr mas ligero.²⁸ E ssyle diesen a comer
quanto el quesiese, non aueria mas fuerte omme en toda la tierra, njn
mas arreziado. E ante ssi traya vn asno cargado de lenna. E el leuaua su
aguyjon enla mano | con quelo tannja. E quando cato e vio la reynna, 130RA
començo de menear la cabeça. E dio tan grant boz que toda la floresta
340 ende rete[n]jo,²⁹ e dixo: "Venjd adelante. ¡Dios, que buen encontrado
falle para mj cuerpo ssolazar!" Quando esto oyo la reyna, toda la color
perdio. Pero esforçose, e llamolo e dixole muy omildosa mente: "Buen
amigo, Dios vos ssalue. ¿Poder me ya en uos fiar? Ora me dezit, amigo,
¿a qual parte ydes?" "Duenna," dixo el, "e vos, ¿que auedes y de adobar?

---

²⁵ Tiemann: *faria* (*Sibille*, 43).
²⁶ Tiemann: *y* (*Sibille*, 43).
²⁷ This heroic restraint and loyalty were partly why Marcelino Menéndez Pelayo considered this *buen galgo* to be the main protagonist of this tale: *Orígenes de la novela*, 2nd ed., 4 vols. (Madrid: Consejo Superior de Investigaciones Científicas, 1962), 1:217. Tales of dogs' loyalty to their dead masters were numerous since classical times.
²⁸ Barroquer's physical description is similar to that of the dwarf. Again, see Maier for how these two constitute a wild-man composite figure ("Accused Queens," 26–28).
²⁹ MS: *retemjo*.

345 Mas, ¿quales diablos vos fezieron leuantar tan de mannana? Bien semejades mugier de dinero o de meaja, quando asi ydes ssola sin omme del mundo pequenno nin grande, e çertas, semejame grant danno, ca de mas fermosa duenna que uos non oy fablar, njn avn dela reyna Seuilla, que era tan fermosa duenna, que el rey fizo quemar anoche enel llano de
350 sso Mon Martir. Mucho fizo y mal fecho, Dios lo maldiga, ca mayor follonja non poderia fazer." Quando le esto oyo la reyna, començo a llorar muy fiera mente. "Duenna," dixo el villano, "par el cuerpo de Dios, mucho fue y villano el rey Carlos que tan buena reynna quemo, e tan sabidor, que | fasta çima de oriente non auia otra tal amj cuydar. E sy uos 130RB
355 troxiesedes convusco caualleros e conpanna, e non andasedes asi llorosa e mal trecha, vos la semejariades muy bien por buena fe." "Amigo," dixo la reynna, "desto non dubdedes, ca yo sso esa de que uos fablades, e verdat fue eso de que uos dezides, ca el rey mando fazer grant fuego en que me quemasen. E leuantome tal blasmo de que yo non auia culpa. E
360 quemada me ouiera por el consejo de Macaire, que Dios destruya, e de otros, mas Dios me guardo ende por la su santa piadat, que sabia que non auia y culpa. E pusole en voluntad quelo non feziese, e mando que me saliese de ssu tierra por tal condiçion, que ssi me despues y nunca fallase, que me feziese matar, que al y non ouiese. Desi fizome guardar por la
365 floresta a vn su cauallero bueno e que me guiase, que auia nonbre Auberi de Mondisder, e que el amaua mucho. E Macaire el traidor veno en pos nos, armado de todas armas en ssu cauallo, e quesiera me escarnjr. Mas Auberi punno deme defender. Mas ala çima, matolo Macaire. E quando yo[30] vi quel pleito yua assy, mety me por este monte e començe de fuyr
370 quanto pude, e non sse para do vaya, e sso muy coitada, ca ando prennada. E por Dios, omme bueno, consejad me oy, si uos plaz, | e tomad 130VA estos mjs pannos e mj mula, e fazet dello vuestra pro." Quando esto oyo el villano, alço la cabeça e feria los dientes vnos con otros. E començo de ferir de vn punno en otro, e despues dio delas manos en su cabeça e tiro
375 sus cabellos, e dixo: "Duenna, non temades, ca para aquel Dios que naçio en Betlem dela Virgen santa Maria por su plazer, que ya non yredes sin mj vna legua de tierra que yo non vaya convusco a toda vuestra voluntad. E de aqui uos juro que non vaya mas. Enpos este asno njn torne veer amj mugier, njn a mjs fijos, e leuar vos he derecha mente ala rica çiudat de
380 Costantinopla al enperador Richart, vuestro padre, que quando sopier las nueuas deuos e de vuestro mal, sse que enbiara en Françia ssus gentes e su hueste. E si Carlos non quesier fazer su voluntad deuos resçebir por mugier, asi commo ante erades, sse que sera grant destroimjento en Françia." "Ay, Dios," dixo la reyna, "que formaste a Adan e Eua onde

---

[30] Tiemann: *y* (*Sibille*, 44).

385 todos deçendemos, Ssen*n*or, acorreme, e echa me desta tormenta, e lieua me a logar do ssea en saluo."

Assy dixo la reyn*n*a com*m*o vos oydes, e el villano le dixo: "Duen*n*a, no*n* vos desmayedes. Yo he mi mugi*er* e mjs fijos en vna çiudat | donde 130vb so natural, e guareçia por esto q*ue* uos vedes, e desto gouernaua mj 390 conpan*n*a. Mas por vos q*u*iero desanparar la mugi*er* e los fijos por yr convusco[31] e vos s*er*ujr. E a uos converna de yr por estran*n*as tierras fasta q*u*e seades libre dela c*r*iatura q*ue* en vos traed*es*, e dar lo hemos y a c*r*iar.[32] E q*u*ando fuer grande, yr sse ha a Costantinopla. E nos yr nos hemos luego al enp*er*ador, v*u*es*t*ro padre, a Greçia, donde es sen*n*or. E q*u*ando 395 sopier v*u*es*t*ra fazienda, se q*u*e auera ende muy g*r*an pesar, e desq*ue* el njn*n*o fuer de hedat, ssy fue*r* de buen corasçon, dar[33] le ha su poder. E por aue*n*tura, avn s*er*a rey de Fra*n*çia, sy a Dios plaz." E la reyn*n*a dixo q*ue* Dios le diese ende bue*n* grado delo q*u*el*e* p*r*ometia. "Agora me dezit, amigo," dixo ella, "¿com*m*o auedes vos nonbr*e*?" E el respondio: "Amj 400 dizen Barroq*u*er." "Çertas," dixo la reyn*n*a, "el nonbre es muy estran*n*o, mas vos me ssemejades om*m*e bueno, e asi lo s*er*edes si Dios q*u*esier, q*u*e me vos tengades fe e lealtad, e com*m*o yo cuydo en buena ora vos fuest*es* nado, ca yo vos fare muy rico e muy bien andante." "Duen*n*a," dixo Barroq*u*er, "grandes m*er*çedes." "Agora me dezit, amigo," dixo ella, 405 "¿sabedes açerca de aq*u*i villa o castiello do pudiesemos fallar q*ue* | comie- 131ra semos?, ca yo he muy g*r*a*n*t fa*n*bre, q*u*e ya dos dias ha q*u*e non comy. E daredes este mj manto por dineros e venderedes la mula q*u*e ayamos q*u*e despender por do fuermos, ssylo asi touierdes por bie*n*." "Duen*n*a," dixo Barroq*u*er, "aq*u*i ante nos ay vn burguete muy b*u*eno q*ue* llaman Leyn.[34] 410 Vayamos alla derecha ment*e*, e y comeredes q*ue* uos abonde." "Buena vent*u*ra uos de Dios," dixo la reyn*n*a. Asy se fue la reyn*n*a e Barroq*u*er con*e*lla, e la bestia de Barroq*u*er sse torno p*a*ra la posada asi com*m*o yua cargada de len*n*a. Mas q*u*ando la su mugier vio, fue mucho espantada, ca ouo pauor q*u*e algu*n*o matara a Barroq*u*er ssu marido en*e*l mont*e* o 415 q*u*elo prendiera el q*ue* guardaua el monte, e començo a dar grandes bala- dros con su fijo e a llorar mucho. Mas la reyn*n*a e Barroq*u*er llegaron a Leyn despues del medio dia. E entrando e*n*la villa, fallaron muchos

---

[31] Tiemann: *con vusso* (*Sibille*, 45).

[32] This interchange between Barroquer and Sevilla is rich with pilgrimage imagery. For Spaccarelli, her exile in a pregnant state accompanied by a retinue echoes Mary and Joseph's flight from Herod into Egypt and serves as a reminder of the exiles that take place in *Plaçidas* and *Gujllelme* (*Medieval Pilgrim's Companion*, 96).

[33] Tiemann: *da* (*Sibille*, 45).

[34] Since Leyn is described as a "burguete" here, it probably is not meant to refer to the city of Lyon.

burgeses que preguntaron a Barroquer donde andauan, mas el abaxaua la cabeça e pasaua por ellos, e la duenna enpos el. E tales y auja que le
420 dezian:[35] "Villano, nonlo njegues donde fallaste tan fermosa duenna o dola tomaste." E la duenna les dezia: "Sennores, por Dios non digades villanja, ca el es | mj marido, e vome conel." "Por buena fe," dezian ellos, 131RB "asi fezo grant diablura quien atal villano dio tan fermosa mugier." Mas Barroquer non dezia nada, synon baxaua la cabeça. E dexaua acada vno
425 dezir su villanja, e fueronse a vna posada de cabo dela calçada, e Barroquer rogo mucho vn burges que y fallo quelos albergase aquella noche e faria grant cortesia. E el burges respondio e dixo ala duenna: "Amiga, yo non se quien vos sodes njn de qual linage, mas he deuos grant piadat en mj coraçon. E por ende aueredes la posada a vuestra voluntad que
430 vos non costara vna meaja." Quando Barroquer esto oyo, gradeçiogelo mucho. E entonçe deçendieron, e el huesped, que era sabidor e cortes, guysoles muy bien de comer. E desque comjeron quanto quesieron, el huesped, que era omme bueno e de buena parte, llamo a Barroquer, e preguntole en poridat e dixole: "Amigo, por la fe que deues a Dios, ¿es
435 esta duenna tu mugier?" "Ssennor," dixo Barroquer, "yo non vos negare la verdat para aquel Dios que el mundo fizo, por que vos tengo por omme bueno e leal. Ella non es mj mugier, bien vos lo juro, ante es vna duenna de luenga tierra, e yo sso su omme quito, e ymos nos a Roma. Mas ymos muy pobres de despensa." "Amjgo," dixo el huesped, "non vos desma-
440 yedes, ca Dios vos dara consejo." E | fezieron echar la duenna en vna 131VA camara en vn lecho muy bueno do dormjo aquella noche muy bien fasta enla mannana. Entonçe llamo Barroquer ala puerta e despertola.

Desque la reynna desperto, e sse bestio e aparejo, e abrio la puerta e llamo a Barroquer, e dixole: "Yo he grant pauor del rey. E ssy el sopier que
445 yo aqui sso, fazer me ha matar por su bravura." "Duenna," dixo Barroquer, "non temades, ca si Carlos agora aqui llegase, ante me yo dexaria matar que uos dexar mal traer avnque cuydase y ser todo desfecho. Mas aued en Dios buena esperança, ca de mannana moueremos de aqui ssyn mas tardar." "Barroquer," dixo la duenna, "agora me entendet. Yo sso
450 prennada. Para çedo, commo yo cuydo, e por Dios, fazet en manera que nos vamos. E dat esta mj mula con su guarnjmento por dineros, que despendamos por las tierras por do fuermos, e conprad me vn palafren refez en que yo vaya." "Sennor,"[36] dixo Barroquer, "commo uos mandardes." E vendio luego la mula con aquella rica silla que traya. E dieron el manto
455 de la reynna por vn palafren en que ella fuese, e conprole vn tabardo, e

---

[35] Tiemann: *dezeian* (*Sibille*, 46).
[36] Stemming from two different Latin roots, *señor* could be either masculine or feminine in medieval Castilian.

espedieronsse del huesped, q*u*elos come*n*do | a Dios e caualgo con*e*llos 131vb
vna pieça. Desi espediose dellos. Ora los guye N*u*est*r*o Sen*n*or.

Agora se va Barroq*u*er e la reyn*n*a con*e*l, q*ue* Dios guarde de mal.
Mas delas jornadas q*ue* fezieron yo non vos las sse contar, mas pasaron
460 por Vere[37] e desi por la Abadia,[38] e fueron sse albergar al Castiello de
Terruj.[39] Ot*r*o dia gra*n*t man*n*ana caualgaron, e fueron sse ala noble
çiudat de Renjs.[40] Desi pasaro*n* Canpana[41] e pasaro*n* a Musa[42] en vna
barca, despues en Ardan*n*a,[43] e a ora de cunpletas llegaron a Bullon.[44] E
pasaron la puent*e* e fueronse albergar ala abadia de sant Romacle.[45] Ot*r*o
465 dia gra*n*t man*n*ana salieronsse dende, e tomaron su camjno e pasaron
el mont*e* e la t*i*erra gasta.[46] E fueron maner a Ays dela Capilla[47] e de
alli se fueron ala buena çiudat de Colon*n*a,[48] e estudieron y tres dias.
Desy pasaron el rio q*ue* llama*n* Rin[49] en vna galea, e preguntaro*n* por
el camjno de Vngria, e ensen*n*aron gelo, e fueronse por el. Agora vos
470 dexaremos de fablar de la reyn*n*a e de Barroq*u*er, e fablar vos hemos de
Carlos, q*ue* fincara en Paris, triste e coitado el e toda su co*n*pan*n*a por
razon dela reyna.

---

[37] This place is most likely France's Brie province. The toponyms and geography of this part of the *LH* are reasonably accurate: Thomas Spaccarelli, "A Wasteland of Textual Criticism: A Note on Paleography in the *Noble cuento del enperador Carlos Maynes*," *Romance Notes* 25 (1984): 193–98, here 196.

[38] The meaning of this name is not clear: Reinhold Köhler, "Zu der altspanischen Erzählung von Karl dem Grossen und seiner Gemahlin Sibille," *Jarbuch für Romanische und Englische Literatur* 12 (1871): 286–316, here 293; Spaccarelli, "Wasteland," 198.

[39] Spaccarelli: "Chateau-Thierry" ("Wasteland," 196).

[40] Spaccarelli: "Reims" ("Wasteland," 196).

[41] Spaccarelli: "province of Champagne" ("Wasteland," 196).

[42] Spaccarelli: "river Meuse" ("Wasteland," 196).

[43] Spaccarelli: "province of Ardennes" ("Wasteland," 196).

[44] Spaccarelli: "Bouillon" ("Wasteland," 196).

[45] This place most likely refers to the Abbey of Stavelot, where Saint Remacle's cult was revived in the mid-eleventh century: Philippe George, "Un moine est mort: sa vie commence. *Anno 1048 obiit Poppo abbas Stabulensis*," *Le Moyen Âge* 108 (2002): 497–506.

[46] Lasry: *gasca* (*Critical Edition*, 126). For Spaccarelli, the *tierra gasta*, or wasteland, is a reflection of Sevilla's spiritual state, not a reference to Gascony ("Wasteland"). Additionally, Gascony is located on the opposite side of France from the area Sevilla is traversing (Spaccarelli, Review of Lasry, ed., *Critical Edition*, 64).

[47] Spaccarelli: "Aix-la-Chapelle (Aachen)" ("Wasteland," 196).

[48] Spaccarelli: "Cologne" ("Wasteland," 196).

[49] This is the Rhine River (Spaccarelli, "Wasteland," 196).

*Carlos Maynes* 265

|⁵⁰ El rey, que era en Paris, e muy grant conpanna de altos omes con 132ra
el, cato vn dia por el palaçio e non vio a Auberi de Mondisder, e dixo:
475 "Por Dios, ¿que se fizo de Auberi, que non veno? De grado lo querria
veer por saber nueuas dela reynna, o para do fue. Ella mereçio de yr en
tal proueza, mas ques[i]era auer perdida esta çiudat para sienpre que ella
ouiese errado tan mal contra nos. Mas a ssofrir nos conviene, pues que
asi aueno. Mas llamad a Auberi, e sabere la berdat dela reynna que fizo."
480 Quando Macaire esto entendio, toda la ssangre ssele bolujo enel cuerpo,
e despues veno antel rey e dixole: "Sennor amj dixieron que Aubery erro
mal contra uos, ca sse salio conla reynna por fazer della su voluntad.
Assy la leuaua commo vna ssoldadera." Quando el enperador esto oyo,
ouo ende grant pesar. "Macaire," dixo el enperador, "¿dizes me tu ende
485 verdat, que Auberi me desonrro assy?" "Sennor," dixo el, "jamas nunca
lo veredes en toda vuestra vida par mj fe. E sennor, sabed que el non ha
talante de tornar | nunca a Paris." 132rb

Desto que dixo Macaire al enperador, ouo el tan grant pesar que juro
par Dios quelo feziera a su jmagen, que ssy Aubery cogiese enla mano
490 quelo faria morir de muerte desonrrada, ca bien entendia quele feziera
Auberi muy grant onta, segunt commo dezia Macaire el follon. Mas el
otro yazia muerto cabo dela fuente, que este traidor matara quelo mezclaua e el su galgo antel, quelo aguardaua delas aues e delas bestias quelo
non comiesen. Mas comjan⁵¹ el cauallo que yazia y muerto. Quatro dias
490 e quatro noches guardo el can su sennor, que non comjo njn beujo, e era
ya tan lasso que marauilla. E leuantose a grant pena de cabo su sennor,
e arrenco dela yerua con sus manos e conlos dientes, e cobrio lo conella.
E tanto lo coito la fanbre que se fue contra Paris por el camjno derecha
mente. E llego y a ora⁵² de medio dia e fue se al palaçio derecha mente.
495 E aueno asi quel rey sseya yantando e muchos omes buenos con el. E
Macaire acostarase çerca del rey e dezia le que muy mal le auia errado
Aubery, que se fuera conla reynna por estrannas tierras. "Macaire," dixo
el rey, | "mucho he dello grant pesar. Mas para aquel Sennor que priso 132va
muerte en cruz, yo fare buscar por cada lugar do sopiere que se fue-
500 ron. E si a Dios plugier que lo fallen e lo traen a mj poder, todo el oro
del mundo nonlo guarira que non sea arrastrado o quemado, quelo non
dexaria por cosa del mundo." A aquella ora entro el galgo enel palaçio, e
las gentes lo començaron a catar. Mas el galgo tanto que vio a Macaire,
dexose correr a el e trauole por detras enla espalda senjestra e puso bien

---

⁵⁰ This section is the most important and longest group of chapters of the entire plot. Until his death, the dog is the key player in each section (Gómez Redondo, *Prosa medieval*, 2:1611–13).
⁵¹ Lasry: *comía* (*Critical Edition*, 127).
⁵² Tiemann: *era* (*Sibille*, 49).

505 los dientes por el e rroyolo muy mal. E Macaire dio muy grant baladro
quando sse sentio llagado. E el enperador e los caualleros fueron desto
muy marauillados. E erguyeron se algunos e dixieron: "¡Matad aquel
can, matad aquel can!" E començaron dele lançar palos e delo ferir muy
mal. E el dexo a Macaire e començo a fuyr quanto pudo por el palaçio.
510 E al ssalir echo la boca en vn pan dela mesa e fuese conel contra la floresta por do venjera a aquella parte do su sennor dexara yazer muerto,
con su pan en la boca, e echose cabo el. E començo a comer su pan, que
ssele fizo muy poco, ca mucho auia grant fanbre, mas mal coitado finco
Macaire dela mordedura del can, ca[53] mucho lo royo mal. E el enpera-
515 dor, que fue ende maraujllado, | dixo contra los caualleros: "Amigos, 132vb
¿vistes nunca tal marauilla? Este era el buen galgo que Auberi de aqui
leuo consigo. Yo non sse donde se veno njn a qual[54] logar se va, mas del
querria yo saber do es." "Non vos coitedes, sennor," dixo el duque don
Aymes, "ca non tardara mucho quelo non sepamos por este can mesmo,
520 que sse non puede encobrir. Mas curen entre tanto de Macaire, ca mal
lo royo aquel can."

Agora oyd del galgo que yazia cabo su sennor lo que fizo. Otro dia
de mannana quando lo coito la fanbre, erguyose e fuese contra Paris, e
desque paso la puente, entro por la villa. Los burgeses lo començaron
525 a catar, quelo conosçian, e dixieron: "Por Dios, ¿donde viene este can?,
ca este es el galgo de Aubery," e quesieron lo tomar, mas non podieron,
ca el galgo començo de correr e fuese contra el palaçio. E desque entro
dentro, vio ser el rey e Macaire fablar en poridat. Mas quando Macaire
vio el galgo, ouo del muy grant miedo, e leuantose e començo | de fuyr. 133ra
530 Quando quatro de sus parientes que y estauan vieron esto, dexaronse
yr al can con palos e con piedras. Mas don Aimes, que esto vio, dioles
bozes e dixoles: "¡Dexaldo, dexaldo! Yo vos digo de parte del rey quele
non fagades mal." Quando ellos esto oyeron, fueron muy ssannudos e
dixieron: "Sennor, dexat nos. Este can que veedes llago a Macaire muy
535 mal enla espalda." "Amigos," dixo el duque, "non lo culpedes. Bien sabe
el can donde viene este desamor, o de viejo o de nueuo." El conde don
Aymes de Bayuera, que era muy preçiado e mucho entendido, tomo el
galgo por el cuello e diolo a Goufredo, que era padre d'Ougel, quelo
guardase. E el can estouo conel de buena mente. Quando Macaire esto
540 vio, ouo muy grant pesar, e y estauan conel entonçe sus parientes, que
Dios maldiga, Malyngres e Eruj, e Baton e Berenguer, e Focaire e Aloris, e Beart e Brecher, e Grifes de Alta Folla e Alart de Monpanter, que
quisieran matar el can de grado. Quando el buen duque don Aymes esto

---

[53] Scribal insertion: *ca*.
[54] Tiemann: *quel* (*Sibille*, 49).

vio, començo a dar baladros. E metio bozes a Rrechart de Normandia
545 e a Jufre e a Ougel, | e a Terri Lardenois e a Berart de Mondisder, e al
viejo Simon de Pulla e a Galfer d'Espoliça. "Barones," dixo el duque,
"ruego vos por Dios que nos ayudedes a guardar este galgo." E ellos
respondieron que de todo en todo lo farian. Entonçe trauaron del can
e leuaronlo antel enperador e fincaron los enojos antel. E el duque don
550 Aymes lo tenja por el cuello, e fablo primero e dixo: "Sennor enperador,
mucho me maraujllo delas grandes bondades que en vos soliades auer.
Vos me soliades amar e llamar a vuestros grandes consejos e alos grandes
pleitos, e enlas vuestras guerras yo solia ser el primero. Agora veo que
me non amades njn preçiades. Yo non uos lo quiero mas encobrir, mas
555 guardat vos de traidores, que muy menester es." "Don Aymes," dixo el
enperador, "yo non me puedo ende guardar si me Dios non guarda, que
ha ende el poder." "Yo le pido por merçet," dixo don Aymes, "que uos
guarde de todo mal. Mas sennor, agora me entendet sy uos plaze, por
el amor de Dios. Aqui non ha cauallero njn escudero, njn clerigo njn
560 serujente aquien este galgo mal quiera fazer, synon a Macaire, este vuestro priuado. E sse que Auberi, su sennor, a que uos mandastes guiar[55] la
reynna quando fue echada de vuestra tierra, que este can fue conel, que
crio[56] mas ha de vn anno, e sienpre andaua conel, quelo non podian del
quitar. E sennor, por vuestra merçet, | fazet agora vna cosa, que caual-
565 guedes en vn buen cauallo, e saliremos convusco fasta çient cauallleros,
e iremos enpos el galgo e veremos do nos leuara. E asy me ayude Dios,
que todo el mundo tiene en poder, commo yo cuydo que Macaire ha
muerto a Aubery de Mondisder, el vuestro leal cauallero, tan preçiado e
tan bueno." Quando esto oyo Macaire, fue muy sannudo.
570 Mucho peso a Macayre quando esto ouo dicho el duque don Aymes,
e dixole: "Mejor lo diriades, sennor, si vos quesiesedes. E sy vos non
fuesedes e de tan grant linage commo sodes, yo daria luego agora mjs
gajas contra uos, que nunca fiz esto que me vos aponedes, njn sol non
me veno a corasçon." Don Aymes dexo entonçe el galgo, e el can se fue
575 luego para el rey e asentose antel e començo de aullar e de se coitar, asi
que bien entendian que se querellaua, e trauo conlos dientes enel manto
del rey que tenja cobierto, e tiraua por el, e fazia senblante quelo queria leuar contra la floresta a aquella parte do ssu sennor yazia muerto.
Quando el rey esto vio, tomose a llorar de piadat e demando luego su
580 cauallo, e troxieron gelo. E el enperador caualgo, | que non tardo mas, e
el duque don Aymes conel, e Ougel el senescal e muchos omes buenos,

---

[55] Tiemann: *guardar* (*Sibille*, 51).
[56] Some critics provide *tanto*: Tiemann, ed., *Sibille*, 51; Lasry, ed., *Critical Edition*, 129.

mas Macayre el traidor non quiso yr alla. Ante finco enla çiudat sannudo e con grant pesar, amenazando mucho al duque don Aymes, el e todo su linage. Mas el duque non daria por ende dos nuezes.

585 En tal guisa se fue el enperador e sus omes buenos conel, e caualgaron fasta enla floresta, e el galgo yua delante, que fazia muy fiero senblante delos guyar e delos leuar a la floresta, que nunca se detouo. E fuese por el camjno que sabia que yua derecho ala fuente do su sennor yazia muerto, e todos yuan en pos el. E desque llego a su sennor, des-
590 cobrio lo dela yerua que sobre el echara. Quando esto vio el enperador e los que con el andauan fueron esmarridos. E el deçio primero, e quando connosçio que aquel era Auberi de Mondisder, començo a llorar e a fazer el mayor duelo del mundo. "Amigos," dixo el enperador, "esto non puede ser negado. Vedes aqui Auberi do yaz muerto, a que yo mande que guar-
595 dase la reyna e la guiase. Yo non sse della do se fue. | Mas dixieron me 134RA que Macaire fuera en pos ellos solo, sin conpanna, muy ascusa mente, e yo cuydo que este lo ha muerto. Mas para aquel Sennor que todo el mundo fizo, que esta traiçion non sera tan encobierta, quela yo non faga descobrir. E si sse Macayre ende non puede saluar, non escapara que por
600 ende non sea enforcado." Entonçe començaron a fazer tan grant duelo por Aubery que marauilla, ca mucho lo preçiauan todos de ssesso e de lealtad e de cortesia.

Desque⁵⁷ fezieron por el muy grant duelo grant pieça, fezieron fazer vnas andas que echaron a dos cauallos e pusieron y Aubery e leuaron lo
605 ala çiudat. E quando entraron conel enla villa, veriades tan grant duelo de duennas e de burgesas e de otras gentes, que non ha enel mundo omme de tan duro corasçon que por el non llorase. Asy lo leuaron ala eglesia de santa Maria. E desque le dixieron⁵⁸ la misa e el cuerpo fue enterrado, el rey tomo el galgo e leuolo consigo e fizo lo muy bien guardar. E man-
610 dole dar muy bien de comer, mas el can sienpre aullaua e fazia duelo. El rey fizo prender a Macaire entre tanto | e otro dia mando llamar sus 134RB omes e fue conellos oyr mjsa ala eglesia de santa Maria. E desque torno a su palaçio, asentose triste con muy grant pesar e dixo a sus priuados: "Varones, por Dios vos ruego que me judguedes que deuo fazer en pleito
615 de Auberi de Mondisder a quien yo di la reyna, que era mi mugier, quela guardase fasta que fuese en saluo. E ninguno non sabe della nueuas do es yda. E yo mande prender a Macaire por pleito del galgo, que sse non dexo yr a otro en todo el palaçio do tantos estauan, sy a el solo non. E por ende me semeja que alguna culpa y ha, que el can non quier a otro
620 roer si aquel non." "Sennor," dixo el duque don Aymes, "yo uos conse-

---

⁵⁷ MS: *ddesq*ue.
⁵⁸ There is a hole in the parchment here that does not affect the text.

jare lo q*ue* y fagades." "Par Dios," dixo el enp*er*ador, "mucho me plaz."
Entonçe sse erguyo el duq*ue* don Aymes e llamo los doze pares[59] sso vn
aruol, Richarte de Normandia, e Jufre e Ougel, e Terrin Lardenois e
Berart de Mo*n*disder, e Simon, el viejo de Pulla, e Gaufer d'Espoliça, e
625　Salamon de Bretan*n*a e muchos ot*r*os om*es* bue*n*os. E desq*ue* fueron a
p*ar*te, Galalon[60] de Belcaire fablo p*r*imero, q*ue* era parie*n*te de Macaire,
e auia gra*n*t sabor delo ayudar. "Sen*n*ores," dixo el, "mucho uos deue
pesar q*ue* el rey q*u*ier fazer judgar de c*r*imen de | mue*r*te a Macaire, ca　134va
diz q*ue* el mato a Auberi de Mondisder. Mas por Dios, ¿com*m*o puede
630　el esto saber? Mas bien cuydo q*ue* non ha en*e*sta cort*e* caualleo njn escudero njn ot*r*o om*m*e q*ue* cont*r*a Macaire desto osase dar su gaje por se
conbatir con*e*l. Ssy el can q*u*ier roer a Macaire, non es marauilla, ca
lo ferio el muy mal, e por ende sse q*ue*rria el can vengar. Mas ssy me
q*ue*sierdes creer, nos yremos al rey, e dezir le hemos q*ue* dexe a Macaire
635　estar en paz, q*ue* fizo p*r*ender, e q*ue* le no*n* faga mal njn onta, ca el es de
alto linage e de muy b*uen*os caualleros, e muy fiero e mucho orgulloso, e
sile tuerto feziese, grant mal ende poderia venjr. Mas q*u*ite lo de todo, e
finq*ue* en paz. Este es el mejor consejo q*ue*l om*m*e poderia dar."
 Quando los ricos omes oyeron asi fablar a Galalon, non osaron y al
640　dezir por que era de muy alto linage e muy poderoso. Mas el duque don
Aymes sse erguyo entonçe e dio bozes, e dixo: "Varones, oyd me lo que
uos quiero dezir. Galalon ssabera muy bien vn buen consejo dar. Mas
pero otro consejo auemos aqui menester de auer, de guisa que non caya-
mos | en verguenna del rey. Vos bien sabedes que quando el rey echo su　134vb
645　mugier de su tierra, quela dio a Auberi de Mondisder quela guiase, onde
aquel quelo mato ha fecha grant onta al rey e grant yerro. E quando el
moujo de aqui conla reynna, leuo consigo este galgo por quelo amaua
mucho. Mucho leal es el amor del can. Esto oy prouar. Njnguno non
puede falsar lo que ende dixo Merlin, ante es grant verdat lo que ende
650　profetizo.[61] Onde aueno asy que Çesar, el enperador de Roma, lo tenja

---

[59] The use of *doze pares* evokes the knights of Roland, in whose camp the friends of Duke Aymes are. Macaire, on the other hand, would be equated with the likes of Ganelon (rendered as Galalon and Galaron), the archetypal medieval traitor who betrayed Roland. He is second only to the traitor *sine qua non*, Judas Iscariot.

[60] The naming of this character is probably not a coincidence.

[61] The fullness of Merlin's knowledge stems from his link to the supernatural. Medieval collections of his prophecies appear in Castilian, English, and French (Peter Goodrich, ed., *The Romance of Merlin: An Anthology* [New York: Garland Publishing, 1990], xi). In the two extant medieval and early modern Castilian versions of *El baladro del sabio Merlín con sus profecías* (Burgos: Juan de Burgos, 1498; Seville, 1535), the magician's grasp of things past and future is explicit. See each

en prision, e este fue aquel que fizo las carreras por el monte Paues. Vn dia fizo venjr ante ssy a Merlin por lo prouar de ssu seso, e dixole: 'Merlin, yo te mando, asy[62] commo amas tu cuerpo, que tu trayas ante mj a mj corte tu joglar e tu sieruo e tu amjgo e tu enemigo.' 'Sennor,' dixo
655 Merlin, 'yo vos los traere delante sylos yo puedo fallar.' Sennores," dixo el duque don Aymes, "verdat fue quel enperador tiro de presion a Merlin, e el fuese a su casa, e tomo su mugier e su fijo e[63] su asno e ssu can, e troxolos ala corte ante el enperador, e dixole: 'Sennor, vedes aqui lo que me demandastes. Catad esta es mj mugier, que tanto es fermosa e de que
660 me viene mj alegria e mj solaz e a que digo todas mjs | poridades, mas 135RA pero si me viene alguna enfermedat, ya por ella non sere confortado. E si acaesçiese asi que yo ouiese muertos dos omes por que deuiese ser enforcado e njnguno non lo sopiese fuera ella sola mente, si conella oujese alguna sanna e la feriese mal, luego me descobriria. E por esto digo
665 que este es mj enemigo, ca tal manera ha la mugier. Asi diz la otoridat. Sennor, vedes aqui mj fijo. Este es toda mj vida e mj alegria e mj salut. Quando el njnno es pequenno, tanto lo ama el padre e tanto se paga delo que diz que non ha cosa de que se tanto pague njn de que tal alegria aya. E por ende le faz quanto el quier. Mas despues que es ya grande, non da
670 por el padre nada, e ante querria que fuese muerto que bjuo ental quele fincase todo su auer. Tal costunbre ha el njnno. Sennor, vedes aqui mj asno que es todo dessouado.[64] Çertas, aqueste es mj sieruo, ca tomo el palo e la vara. E dole grandes feridas e quanto le mas do, tanto es mas obediente. Desi echo la carga ençima del e lieuala por ende mejor. Tal
675 costunbre ha el asno, esta es la verdat. Sennor, vedes aqui mj can. Este es mj amigo, que non he otro que me tanto ame, ca ssilo fiero mucho, avn quelo dexe | por muerto, tanto quelo llamo, luego se viene para mj 135RB

---

of the following: Pedro Bohigas, ed., *"El baladro del Sabio Merlín" según el texto de la edición de Burgos de 1498*, 3 vols. (Barcelona: Selecciones Bibliófilas, 1957–1962); Adolfo Bonilla y San Martín, ed., *Baladro del Sabio Merlín*, in *Libros de caballerías*, 1:3–162.

[62] Tiemann omits this word (*Sibille*, 53).

[63] There is a hole in the parchment here that does not affect the text.

[64] This word has been misread as *desollado*, "to skin": Juan Manuel Cacho Blecua, "El *Cuento del Emperador Carlos Maines* y el *exemplum* del mejor amigo de Merlín (tipo 921B)," in *Tipología de las formas narrativas breves románicas medievales (III)*, ed. idem and María Jesús Lacarra (Zaragoza-Granada: Universidad de Zaragoza and Universidad de Granada, 2003), 111–42, here 122. The misunderstanding would seem to stem from a lack of awareness of one of *desovar*'s Portuguese meanings, "to unburden."

muy ledo, e afalagame e es le ende bien. Tal manera es la del can.'[65] 'Ora
sse verdadera mente,' dixo Çesar, 'que sabedes mucho, e por ende quiero
680 seeades[66] quito dela presion e que vayades a buena ventura, ca bien lo
meresçedes.' E Merlin gelo gradeçio mucho, e fue su via para su tierra.
Sennores," dixo el duque don Aymes, "por esto podedes entender que
grant amor ha el can a su sennor verdadera mente, e por ende deue ser
Macaire rebtado de traiçion, e enforcado sile prouado fuer." Asi fablo el
685 duque don Aymes commo vos conte: "Varones," dixo el, "ora oyd lo que
quiero dezir, por que de parte de Aubery non ha omme de su linage njn
estranno que contra Macaire osase entrar en canpo. Por que veo que el su
galgo asi muere por se lançar enel. Yo[67] dire aquelo dexasemos conel en
tal manera que Macaire este a pie en vn llano conel e tenga vn escudo
690 redondo enel braço e enla mano vn palo de vn codo de luengo e conba-
tase conel lo mejor que pudier, e silo vençiere, por ende veremos que non
ha y culpa e sera quito, e silo vençier el can, yo digo çierta mente que el
mato a Auberi. Este es el mejor consejo que yo y sse dar, que non se otro,
por que se tan bien pueda prouar. E si Macaire fuer[68] vençido, aya ende
695 tal gualardon commo mereçio de tal fecho, quelo faga el rey justiçiar
commo deue." Quando esto entendieron | los ricos omes, erguyeronse 135va
e llegaron sse a el, e gradeçieron gelo, e dixieron que dixiera bien e que
Dios le diese buena andança por quanto dezia e que asi fuese commo el
deuisaua. Entonçe se fueron todos antel rey, e don Aymes le conto todo
700 quanto dixieran[69] de commo se auian de conbatir el can e Macaire en
canpo, e el rey lo otorgo de grado. Desque este[70] pleito fue deuisado, el
rey fizo tirar de presion a Macaire e traer lo ante ssy, e deuisole el juyzio
que dieran los omes buenos de su corte con don Aymes. Quando esto
Macaire oyo, fue ende muy ledo e gradeçiolo mucho al rey, ca touo que
705 por alli seria libre. Mas Dios, que es conplido de verdat, que nunca mentio njn mentira, e que da a cada vno commo meresçe, o muerte o vida,
non se le oluida cosa.

Otro dia de mannana, tanto que se el sol leuanto, leuantose Macaire
e fuese con pieça de caualleros e de conpanna para el rey. E tanto quelo

---

[65] This story within a story not only serves as the basis for following Auberi's dog into the woods but also illustrates the perceptiveness of animals who can see truth beyond human capability. These perspicacious animals therefore contrast with the group of *malos mestureros* (Maier, "Accused Queens," 26). For story background see Tiemann, *Sibille*, 9–13.

[66] MS: *seereades*. The final letters *ades* are superscript.

[67] Tiemann: *y* (*Sibille*, 54).

[68] Tiemann: *fue* (*Sibille*, 55).

[69] Tiemann: *dixiera* (*Sibille*, 55).

[70] Tiemann: *esto* (*Sibille*, 55).

710 el rey vio, dixole: "Macaire, vos bien sabedes que sienpre uos ame mucho
por vos e por vuestro ljnage bueno onde venides. E dixieronme que judgara mj corte vn juizio[71] que yo non puedo esquiuar, que por que Aubery
| non ha cauallero njn otro omme que sse convusco osase conbatir en      135vb
canpo, que uos conviene conbatir con aquel su galgo por tal condiçion
715 que vos tengades vn escudo redondo e vn baston de[72] vn cobdo. E sy vos
vençieredes el can, fincaredes quito de aquella traiçion que vos aponen de
Auberi de Mondisder, que yo tanto amaua e de que tan grant pesar he de
su muerte. Mas si uos sodes vençido, sabet verdadera mente que yo fare
deuos justiçia qual deue ser fecha de quien tal fecho faz." "Sennor," dize
720 Macaire, "Dios lo sabe que Auberi nunca me erro, njn me mato hermano
njn pariente por que desamor conel ouiese,[73] e desta batalla vos do ende
grandes merçedes. Mas de sse conbatir con vn can vn cauallero muy
valiente non semeja guisado. E agora me dezit, por Dios, sennor, ¿non
semeja grant onta e grant villanja de me conbatir con vn can en canpo?"
725 "Non," dixo el enperador, "pues que assy es judgado delos que han de
judgar la corte e el reyno, mas yd vos guisar." Quando Macaire esto
entendio, todo el coraçon le tremjo, e quisiera ser de grado allen mar, ssi
quier enel reyno de Ssuria, e tanto gana[74] quien faz follia contra Dios e
contra derecho. Entonçe sse partio de alli Macaire con su conpanna, e
730 fuese | armar, asi commo fue deuisado, de vn baston de vn cobdo e de vn   136ra
escudo redondo muy fuerte e muy bien fecho, e sus parientes le dixieron
quese non espantase de cosa njn dubdase al can quanto vna paja: "Ssy se
dexare correr auos, dat le tal ferida enla oreja que dedes conel muerto en
tierra. E si uos por auentura troxier mal, luego vos acorreran dela parte
735 de Galaron vuestro tio." "Bien dezides," dixo Macaire.

Macaire fizo y venir los de su parte, todos muy bien guisados para
lo acorrer ssile menester fuese, e andaua y vn traidor de muy grant nonbrada, Gonbaut, auia nonbre, de Piedra lada. Aquel llamo a Macaire e
dixole en poridat: "Amigo, Macaire, aquesto es bien sabida cosa, que
740 aquel galgo non podera durar contra uos, e desquelo vos matardes, aueremos todos grant alegria. E ayuntar nos hemos entonçe todos a desora,
e matemos a Carlon, que tantas viltanças nos ha fechas por toda su tierra.
E seale bien arreferida la muerte de Galalon, que era nuestro pariente,
que se me nunca olujdara. E la reynna de Françia, su mugier prennada,
745 la echo el de su tierra, que jamas el fijo nunca | y tornara. E sy y entra,   136rb

---

[71] Tiemann: *juiçio* (*Sibille*, 55).

[72] Deleted after *de*: *de*.

[73] Lasry interprets the words from *por que* through *ouiese* as a question (*Critical Edition*, 133–34). However, the use of the subjunctive is the result of a causative clause (Spaccarelli, Review of Lasry, ed., *Critical Edition*, 64).

[74] Tiemann: *gania* (*Sibille*, 56).

perdera la cabeça. E vos seredes sennor de toda la tierra, que pese aquien pesar, o quele plega." "Gonbaut," dixo Macaire, "aqui ha buena razon. E si yo bjuo luengamente, en buen punto lo cuydastes." Mas al taja Dios enel çielo. Entonçe salio el rey de su palaçio e mando quela batalla fuese
750 luego guysada. E fizo y meter a Macaire e el galgo. "Macaire," dixo el rey, "pennos ha menester que me dedes." "Sennor," dixo el, "esto non puedo yo esquiuar." E el traidor se torno e llamo a Beringuer e Trieebaut d'Orion, e Fotaut e Roger Sanson, e Amagin Aston e Berenguer, que eran parientes de Galaron.[75] "Amjgos," dixo Macaire, "entrat en pennos
755 por mj. Este rey uos quier, e yo uos ruego ende. Yo so vuestro pariente, e deuedes me ayudar, que me non deuedes fallleçer fasta la muerte." E ellos dixieron que asy lo farian. Entonçe fueron al rey e dixieronle: "Sennor, bien queremos entrar por el en fiadoria delos cuerpos e delos aueres." E el rey dixo que asi los resçibiria. Entonçe fizo traer el galgo a Ougel,
760 quelo tenja por el[76] cuello. Desi mando el rey dar plegon, que non ouiese y tan ardido | que sol fablase nin palabra por cosa que oyese, sopena de 136va perder vno delos mjenbros. Mas bien poderia omme creer que adur finco en Paris omme njn mugier, clerigo nin lego, nin religioso que al canpo non saliese ver la batalla. E el rey mando enla plaça estender vn tapete,
765 e fizo y poner la arca de las relicas de sant Esteuan. "Macaire," dixo el obispo, "yd besar aquellas santas reliquias, e asi seredes mas seguro de vuestro fecho acabar." "Sennor," dixo Macaire, "por buena fe, non y besaria, njn ruego a Dios que contra vn can me ayude."[77] Asi dixo el malandante, mas non ouo ome enel canpo quelo oyese que se non san-
770 tiguase e que non dixiese que malandante fuese e malapreso escontra el galgo, asy commo le tenja tuerto. Entonçe fezieron leuar las reliquias a la eglesia, pues vieron que Macaire non seles quesiera omillar njn llegar se a ellas. Mas el metio bozes a las guardas quele feziesen venir el can al canpo, e silo non matase del primer golpe, quese non preçiaria vn djnero.
775 E Gaufre le dixo: "Vos lo aueredes tan toste." Entonçe dexo yr el galgo, e començole de gritar e dixo: "Ora te vee e Dios que sofrio en su cuerpo la lançada e ser puesto en cruz, asi commo te tu conbates por tu sennor

---

[75] Calling these men relatives of Ganelon is a way of calling them traitors. There is an inverted relationship between this clan of traitors and the falsely accused but blameless queen: Maier, "Accused Queens," 22; Schlauch, *Chaucer's Constance*, 95.

[76] Deleted scribal insertion after *el*: *cuerpo*.

[77] For Spaccarelli, this response probably would have cast Macaire even further in disfavor with an audience of pilgrims. After all, this critic explains, one of the main purposes of their journey was to visit holy relics (*Medieval Pilgrim's Companion*, 101–2).

derecha ment*e*, q*ue* te tanto amaua, asi te dexe el matar a Macaire e vengar tu sen*n*or."

780   | Assy fablo Gaufre com*m*o uos oydes. Mas mucho fue ledo el can q*u*ando lo soltaro*n* e sacudiose tres vezes. Desi dexose yr al canpo a vista de toda la gente. E do vio a Macaire, q*u*elo con*n*osçio bien, fuese a el lo mas rezio q*ue* pudo yr, e ant*e* q*u*el traidor sse ouiese aparejado, njn se cobriese del[78] escudo, njn alçase el palo cont*r*a suso, le trauo el galgo en*e*l
785   vientre conlos dientes q*ue* auja mucho agudos, e mordiolo mal. Q*u*ando esto vio el t*r*aidor, a pocas no*n* fue sandio, e alço su baston, q*ue* era fuerte e q*u*adrado, e dio tal ferida al galgo entre la fruente e las narizes q*ue* dio con*e*l tendido en*e*l prado, asi q*u*ela sangre salio del. Q*u*ando el galgo sse sentio ta*n* mal ferido, erguyose toste e fue muy san*n*udo. Mucho fue
790   catada la batalla del galgo e de Macaire delas gentes todas dela[s] plaças e delos muros, q*ue* eran cobiertos. E todos rogauan a Dios, q*ue* el mundo formara, q*ue* ayudase al galgo si derecho tenja e q*ue* el t*r*aidor fuese enforcado por la garganta. E Macaire se dexo correr al galgo, ca ferir lo cuydara del baston. Mas el galgo le trauo enla garganta de tal g*u*isa q*ue*
795   dio con*e*l en t*i*erra e la tarja | le cayo dela mano. Q*u*ando esto vieron las gent*e*s q*ue* aderredor estaua*n*, loaron mucho a Dios. Asy cayo Macaire en tierra, mas ssy tantoste non se leuantara, pudiera s*er* mal rroso. E el galgo se asa*n*no de q*ue* se vio ferido, e cato al t*r*aidor e arremetiose a el, e trauole en*e*l rostro, asi q*u*elas narizes le leuo, e lo paro mal. Quando
800   esto sentio el t*r*aidor, a pocas no*n* fue sandio, e con desesperamje*n*to dio bozes asus parient*e*s q*u*elo acorriesen, ca synon, luego s*e*ria[79] comido. Desq*ue* ellos esto oyeron, dexaronse correr con sus espadas. Mas el rey se leuanto e dioles bozes e dixo q*ue* sse non meçiese*n*, ca p*ar*a aq*u*el Sen*n*or q*ue* mu*er*te prendiera enla vera cruz, q*ue* el p*r*imero q*ue* diese al galgo
805   q*ue* s*e*ria rastrado. Q*u*ando aq*u*ello oyeron los t*r*aidores, tornaronse. Mas grandes baladros daua Macaire, ca much*o* era mal tresnado en*e*l rrostro, asi q*ue* toda la boca tenja llena de ssangre, de g*u*isa q*ue* non podia rresollar. P*er*o dexose correr al galgo con coita, mas el galgo se desujo dela otra p*ar*te e trauole en el pun*n*o, e apretogelo tan de rezio conlos dientes
810   q*ue*le fizo caer el baston dela mano.

   | Mucho fue el t*r*aidor coitado q*u*ando se sentio ta*n* mal trecho dela mano onde le corria la sangre. P*er*o despues, tomo el palo e dio al can grandes feridas con el, mas mucho estaua mal trecho dela sangre, q*ue* p*er*dia mucha. Mas gra*n*t duelo fazian por el los t*r*aidores de sus
815   parient*e*s, e Galerans de Belcaire, vn traidor malo, llamo delos otros do auja çie*n*to o mas, e dixo les: "Varon*e*s, gra*n*t pesar he de n*ues*t*r*o pariente

---

[78] Tiemann: *des* (*Sibille*, 58).
[79] Tiemann: *fuera* (*Sibille*, 58).

Macaire que veo tan malandante, e vos asi deujades fazer. E si el fuer vençido por vn can, todo nuestro linage ende sera desonrrado. Mas, ¿ssabedes lo que pense? Yo me armare toste e subire en mj cauallo e leuare
820 mj lança enla mano e yre acorrer a Macaire, ca le matare el galgo que nos ha escarnidos. Mas si me el rey pudier prender, prometedle por mj mill marcos e muchos pannos de seda, e el tomar los ha de buena mente. E asi sera Macaire acorrido e redemjr se ha, e el galgo sera muerto." E todos dixieron que dezia bien e gradeçieron gelo mucho, ca mucho sse
825 dolian de Macaire en quan mal estaua su pleito. E dezian que en buen punto el fuera nado sy lo librase. Entonçe sse torno Galeron e fizo se bien armar. E caualgo en su cauallo e aguyjo sin detenençia, e paso por la priesa dela gente que | fallo delante e fazian le carrera, e dexose correr 137va al can e diole vna lançada quele paso la lança por anbas las piernas, de
830 guisa quela lança ferio en tierra e quebro en dos partes, onde peso mucho a el. E tiro la espada dela bayna por matar el can. Mas el galgo tomose a fuyr e metiose por entre la gente por guareçer. Quando Carlos vio esto, fue muy sannudo, e metio bozes alas guardas que si aquel dexasen yr, que los non fallase en toda su tierra, ca ssy los y podiesen fallar, que
835 los mandaria meter en presion donde jamas non salirian. E qual quier quelo tomase e gelo metiese enla mano, quele daria çient libras. Quien viese aquella ora burgeses deçer delos muros, e la mesnada del rey coger se alos cauallos, e salir escuderos e seruientes con armas e con porras e con visarmas, e otrosi los ribaldos lançar palos e piedras. Bien entende-
840 ria que querian ganar los dineros quel rey prometiera aquien lo tomase. Mas el traidor punno de aguyjar e de sse salir quanto lo podia leuar el cauallo. Mas tantos corrian en pos el, e asy lo enbargaron e lo ençerraron entressy, quelo presieron. A atanto aqui viene vn villano grande e fiero, que traya enla mano vna grant piedra, e dexose yr a el, e diole tal ferida
845 conella enlos costados de traujeso que dio conel del cauallo en tierra, e matarallo ssy gelo non tollieran. A atanto llego y el rey ante quelo leuantasen de tierra, e fizo luego dar el auer al villano | de que despues fue 137vb rico e bien andante. E otrosy llegaron y luego los del linage de Macaire, que dixieron al rey: "Sennor, bien sabet que nos nunca sopimos parte
850 de Galeran quando se armo para acorrer a Macaire, que uos tenedes preso. Ssy el fizo follia, sennor, fazet vos vuestra merçet. Prendet auer por el, e riendase uos." E el enperador les defendio que nunca y fablasen jamas, que para aquel Sennor que muerte priso en cruz, dixo el, que non prenderia por el el mayor auer del mundo que ante non fuese rastrado,
855 e despues enforcado por la garganta commo ladron e traidor. Entonçe mando quelo guardasen bien. Desy tornose al canpo.

Mucho fue el traidor coitado a desmesura por el conde Galeran, que era preso, que era su tio, e todos ssus parientes, los grandes e los pequennos, estauan enel canpo, e las guardas estauan otrossy armadas.

860　E el duque don Aymes tenja el galgo por el cuello, e las guardas le dezian
　　quelo ssoltase. Entonçe ssolto el duque el galgo, e dixole: "Vete, aDios te
　　acomiendo, que faga que te vengues de aquel que te tu sennor mato e que
　　muestre y su miraglo por la su santa merçet." E el galgo sse dexo correr
　　a Macaire muy sannudo, ca mucho lo desamaua. Quando Macaire vio
865　venjr el can, tomo su baston e cuydolo | ferir, mas el galgo se desujo e　138RA
　　salio en trauieso, e non lo pudo ferir. E dio tal ferida del baston en tie-
　　rra que mas de vn palmo lo puso por ella. E el galgo ando le aderredor
　　e asecho de qual parte lo poderia coger. E Nuestro Sennor, por mos-
　　trar y su miraglo, lo quiso ayudar, que prendiese vengança de Auberi de
870　Mondisder, su sennor, que le el matara a traiçion enel monte. E tanto
　　ando assechando quele fue trauar enla garganta ante quele uviase[80] a dar
　　conel baston, e touo lo quedo commo vn puerco, que sse non pudo librar
　　del, ca non era derecho, ca se non oluido a Nuestro Sennor la traiçion
　　que el feziera. Mas quando vio el traidor quelo non podia mas durar,
875　començo de llamar alas guardas e pedir merçet al rey. Atanto aqui el rey
　　do viene, e Guyllemer d'Escoçia, e Ougel e Lardenois, e Gaufre d'Ultra
　　mar e Almerique de Narbona, e el bueno de don Aymes e Bernalt de
　　Brunbant, e todos los doze pares fueron al galgo por gelo quitar, mas
　　a muy grant pena lo podian partir del. "Sennores," dixo Macaire, "por
880　Dios fazet me oyr. Yo bien veo que so muerto do al non ha. Mas si me
　　quesiese el enperador perdonar este yerro, yo le diria toda la verdat, pues
　　que non | puedo guarir." "Çertas," dixo el enperador, "nonlo faria por tu　138RB
　　peso de oro, que te non faga arrastrar." "Sennor," dixo el traidor, "bien
　　veo que so muerto e que non puedo escapar, e quiero vos manefestar la
885　verdat. Quando vos distes a Aubery de Mondisder la reynna a guardar, e
　　quela guiase, yo fuy en pos ellos por tomar la Reynna. Mas Aubery mela
　　defendio, e llaguelo muy mal, ca el era desarmado, con mj espada enla
　　espalda. Quando lo vio la reyna todo ssangriento, começo de sse yr,
　　fuyendo por guarir, por la floresta. Asy quela nunca despues pude veer
890　por quanto[81] la pude buscar. Asy, me ayude aquel Sennor quel mundo
　　tiene en poder, que nunca y mas ouo. E fallo me mal delo que fize a
　　Aubery, e non es marauilla delo conprender.[82] Sennor, agora fazet demj
　　lo que uos quesierdes." "Çertas," dixo el enperador, "non sse lo que diga,
　　mas bien se que de traiçion non se puede omme guardar." Grant pesar
895　ouo el enperador quando le esto oyo contar, e el duque don Aymes dixo
　　a muy grandes bozes a guisa de bueno: "¿Oystes deste malo commo se
　　sopo encobrir? Çertas, pues que el mato a Aubery de Mondisder, bien

---

[80] Lasry: *[oviese]* (*Critical Edition*, 138).
[81] Tiemann: *guanto* (*Sibille*, 61).
[82] Tiemann: *conprar* (*Sibille*, 61).

meresçe pena de traidor." "Ay, buen fidalgo," dixo el enperador, "¡por
qual vos prouastes! Ora se puede entender que de grant traiçion vos acu-
900 saua este can." Entonçe mando echar a Macaire vna cuerda ala garganta
e a Galeran, ssu tio otrossy, e liarlos a dos cauallos, | e fizo los rastrar 138va
por toda la çiudat, ca tal gualardon meresçen los traidores. Desy el enperador mando muy bien guardar el galgo por amor de Aubery, que el
amaua mucho. Mas el galgo se fue al monjmento dolo viera enterrar e
905 echose sobre el. E dexose morrer de duelo e de pesar. Ally veriades llorar
mucha gente de piadat. E el rey, que fuera en pos el, e muchos omes
buenos conel, e començaron lo a catar, e oujeron ende todos grant pesar.
Desi mando lo el rey enboluer en vn panno de seda muy bueno, e fizo lo
soterrar en cabo del çemjterio de aquella parte do yazia su sennor. Ora
910 vos dexaremos de fablar del enperador e del galgo, e fablar vos hemos
dela reyna, que Dios ayude, que sse yua derecha mente a Costantinopla,
e Barroquer conella, sin mas de conpanna.[83]

Desque pasaron el rio de Ryn e fueron de la otra parte, entraron
en Vngria e fueron se derecha mente a Urmesa, vna muy buena çiudat.
915 E posaron en casa de vn rico burges que auja su mugier muy buena, e
de buena | vida que fezieron muy bien serujr la reynna, mas quando 138vb
veno ala media noche llegole el tienpo de parir. E ella començo de baladrar e de llamar Ssennora santa Maria quela acorriese. Tanto baladro
la reynna quela duenna se desperto e fuese para ella e leuo consigo tres
920 mugieres quela ayudasen a su parto. E tanto trabajo la duenna fasta que
Dios quiso que ouo vn njnno, muy bella criatura, que fue despues rey
de Françia, asi commo cuenta la estoria. Desque la reyna fue libre del
njnno, las duennas lo enbolujeron en vn panno de seda muy bien e leuaronlo luego a Barroquer. E tanto quelo el vio, tomolo luego entre ssus
925 braços e començo mucho a llorar, e desenbolujolo e fallole vna cruz enlas
espaldas mas vermeja que rrosa de prado.[84] "¡Ay, Dios!", dixo Barroquer,
"por la tu bondat, Tu da proeza a este njnno, que tanto es pequenna criatura, por que avn sea sennor de Françia, que es su reyno." Quando el dia
apareçio bel e claro, el burges, que era omme bueno, veno ver la reynna,
930 e saluola muy omjldosa mente e dixole: "Duenna, conviene que lieuen
este njnno ala eglesia e que sea bautizado." "Sennor," dixo la reynna,
"ssea commo vos mandardes, e Dios vos agradesca el bien e la onrra que

---

[83] According to Gómez Redondo, these words mark the end of the principal chapter nucleus of this legend (*Prosa medieval*, 2:1611–13).

[84] This sign marks Loys as an individual set apart from the rest (Thomas Spaccarelli, "The Symbolic Substructure of the *Noble cuento del enperador Carlos Maynes*," *Hispanófila* 89 [1987]: 1–19, here 11), and it also serves as an element of foreshadowing (Maier, "Accused Queens," 23); additionally, it is reminiscent of the symbol used to mark pilgrims on fols. 1vb–2ra (p. 6, line 80).

me vos feziestes." E Barroquer tomo el njnno enlos braços, | e leuolo ala 139ra eglesia, e el huespet e su mugier conel. Mas agora oyt la ventura quele 935 Dios fue dar. El rey de Vngria, que auia tienpo que moraua en aquella çiudat, leuantarase de mannana por yr a caça con su conpanna, e caualgo e topo enla rua conla huespeda, quel preçiaua mucho, e dixo le: "¿Que es eso que y leuades?" "Ssennor," dixo ella, "vn njnno que ha poco que naçio, que es fijo de vna duenna de muy luenga tierra, e ayer ala noche la 940 albergamos por el amor de Dios, e demandamos padrinos quelo tornen xristiano." E el rey dixo: "Non yredes mas por esto, ca yo quiero ser su padrino, e criar lo he." "Sennor," dixo la huespeda, "Dios vos de ende buen grado." Entonçe se fueron ala eglesia e pararon sse aderredor dela pila, e el rey tomo el njnno enlas manos e catolo, e quando le vio la cruz 945 enlas espaldas, omillo se contra la tierra. "Ay, sennor Dios," dixo el rey, "bien veo que de alto logar es este ninno. Fijo es de algunt buen rey coronado." Entonçe llamo el rey el burges a que dezian Joserant e dixole: "Guardat bien este njnno, ca por ventura avn por el seredes ensalçados." | "Sennor," dixo el clerigo, "¿commo auera nonbre?" "Loys," dixo el rey, 139rb 950 "le llamen. Bien se que fijo es de rey e por ende quiero que aya nonbre commo yo por tal pleito que Dios le de onrra e bondat."

Despues que el njnno fue batizado, el rey le mando dar çient libras, e dixo al huesped que quando el njnno fuese tamanno que podiese andar quelo leuase ala corte e quelo faria traer[85] onrrada mente e dar le ya 955 quanto ouiese menester, pannos e dineros e palafrenes. Desi espediose de aquella conpanna. E el huespede se torno a su casa. E Barroquer conto a su sennora la reynna commo el rey era padrino de su fijo e que el lo tomara con sus manos enla pila. Quando esto la duenna entendio, sospiro mucho e tomose a llorar, e dixo: "¡Ay, Sennor Dios, a quan 960 manno tuerto me echo mj sennor, el rey de França, por el enano traidor que me cuydara escarnjr! Mucho feziera Nuestro Sennor, bien que es ssyn pecado, que feziese saber al rey e alos omes buenos commo me traxo aquel falso. Mas despues que oujer mucho mal endurado, ssy plazer de Dios fuer, El me vengara ssylo por bien oujer. EnEl he yo mj 965 esperança, e dar me ha despues onrra syle ploguyer, ca fol es quien sse desespera por coita que | aya. Tal es rico ala mannana que a las viespras 139va non ha nada. E tal es pobre que sol non ha nada, njn vn pan que coma, a que da Dios mas que ha menester. Assy va de ventura." Mucho avia la reynna grant pesar de que era echada en estranna tierra do non veya 970 amigo njn pariente, e ementaua a Carlos e su franqueza. "¡Mesquina!", dixo la Reynna, "¡commo so echada en grant proueza! Ssy yo de buena ventura fuese en Paris, deuja yo agora yazer enla mja muy rica camara

---

[85] Tiemann: *tener* (*Sibille*, 63).

bien encortinada e enel mjo muy rico lecho, e ser aguardada e aconpan-
nada de duennas e de donzellas, e auer caualleros e seruientes que me
seruiesen. Marauillome commo Dios non ha demi piadat. Mas El faga
demj todo su plazer, e a El me acomiendo de todo mj corasçon e rue-
goLe que aya demj merçet, ca mucho so mal doliente." E de aquel parto
que ally ouo, priso vna tal enfermedat quele duro diez annos que se
nunca leuanto del lecho. Mucha sofria de coita e de trabajo. E el huesped
e su mugier sse entremetian dele fazer quanto podian fazer, e Barroquer
punnaua en seruir al burges a su voluntad en sus cauallos e en las cosas
de su casa. En grant dolor e en grant coita yogo la reyna Seuilla todo
aquel pleito, e el njnno creçio en aquel tiempo tanto que fue muy fermoso
donzel. E Barroquer | le dixo: "Fijo, ¿sabedes lo que vos digo? El rey que 139vb
es desta tierra es vuestro padrino, ca el vos saco de fuente, e quando esto
fue, dixo nos que quando fuesedes tal que pudiesedes caualgar[86] que uos
leuasemos a su corte." "Padre," dixo el donzel, "amj plaze mucho, si mj
madre quesier, que es doliente. Mas ya me semeja, padre, que guareçe,
loado a Dios." Desy fueron lo dezir ala reynna. E quando lo ella oyo,
ouo ende grant plazer, e llamo a Joserant su huesped e dixole: "Buen
amigo, yo vos ruego que me presentedes mj fijo al Rey e vaya convusco
Barroquer, que uos lo lieue." "Duenna," dixo el huesped, "yo fare vuestro
mandado de buena mente." Entonçe leuaron el njnno ala corte, e desque
fueron antel rey, omillaron sele mucho e dixieron: "Sennor rey, aquel
Dios que uos fizo vos de vida e salut." El rey los resçebio muy bien e preguntoles aque venjan, e dixo a Joseran: "¿A vos ese njnno alguna cosa?"[87]
"Ssy," dixo el, "es mj afijado e vuestro otrosi, e vedes aqui Barroquer, su
padre, asi commo yo creo e commo el diz." E el rey cato a Barroquer en
ssonrreyendose por quelo vio feo e de fuerte catadura e quelo non ssemejaua el moço en alguna cosa. "Joserant," dixo el rey, "grandes graçias
demj afijado que me criastes tan luenga mente e tan bien, e vos auerdes
ende buen galardon, si yo bjuo." E el rey | llamo entonçe vn su omme 140ra
mucho onrrado que auia nonbre Elynant, e dixole: "Mandamos vos que
ayades este donzel en guarda e quelo enssennedes a buenas maneras
e atodas aquellas cosas que a cauallero convienen saber, el axedrez e
tablas." E el dixo quelo faria de grado, e asi lo fue despues, ca mas sopo
ende que otro que sopiesen en ssu tienpo e el njnno finco conel e yua a
menudo ver a su madre. E el burges e su mugier guardauan e seruian la
duenna mucho onrrada mente e fazian le quanto ella queria. El burges
auia dos fijas njnnas e fermosas, e la mayor auia nonbre Elisant, que era

---

[86] I.e., *andar*.
[87] There is a missing verb here; contemporary Castilian would require the use of a form such as *significa* before *alguna*.

mas bella. E esta amaua mucho al donzel, e deziale amenudo en poridat: "Buen donzel, nos vos criamos muy bien e muy viçiosa mente, e vos bien sabedes que vuestro padre Barroquer traxo aqui a vuestra madre muy pobre mente, e vos sodes muy pobre conpanna. E si quesierdes ser sabidor, non yredes de aqui adelante. Mas tomad me por mugier e seredes rico para sienpre, que vos non fallecera cosa, ca bien sabedes que non ha cosa enel mundo que tanto ame commo auos." "Duenna," dixo Loys, "vos ssodes muy fermosa a marauilla e muy rica, e yo muy pobre, que non he njnguna cosa, nin mj madre otrossy, que non ha ningunt consejo synon mj padre Barroquer, quela sirue. E | vuestro padre me crio muy bien por su mesura, que nunca por mj ouo nada. Mas sy me Dios llegase ende a tienpo, yo le daria ende buen gualardon. Mas guardat uos amiga, que tal cosa non me digades njn vos lo entienda njnguno." Quando esto oyo la donzella mucho fue desmayada, e perdio la color, e fue mucho coitada de amor del donzel. Mas el donzel, que desto non auia cura, yuase para el rey, e seruia antel. E dauale Dios tal donayre contra el e contra todos quelo amauan mucho. E salio tan bofordador e tan conpannero e tan cortes que todos lo preçiauan mucho. E desque Barroquer vio la duenna guarida, fue a ella, e dixole llorando: "Sennora, nos auemos aqui mucho morado. Por Dios, pues que sodes guarida ala merçet de Dios e vuestro fijo es ya grande e fermoso. Punnemos denos yr de aqui e sera bien. E llegaremos a Costantinopla al enperador vuestro padre. E quiero fazer saber a vuestro fijo, silo por bien toujerdes, que es fijo de Carlos, rey de Françia. E sse que auera grant pesar dela villanja que el rey contra vos fizo,[88] que uos echo de ssu tierra, a tan grant tuerto por mezcla delos traidores que Dios maldiga." E la duenna respondio: "Barroquer, yo fare lo que me vos loades." Entonçe llamo la duenna a su fijo Loys e dixole: "Amigo, fijo, ssy vos quesiesedes, yo me querria yr de aqui para Costantinopla, do mora mj padre e mj madre e mj linage que son | muy ricos e muy onrrados." "Sennora," dixo el donzel, "yo presto so para fazer lo que uos mandardes. Ya agora querria que fuesemos fuera de aqui."

Entonçe fezieron saber al huespet e ala huespeda que sse querian yr, e la huespeda le dixo: "Duenna, vedes aqui vuestro fijo, que es fermoso e bueno. Çertas, que yo lo amo mucho, que es mj afijado. E bien cuydo, e asy melo diz el corasçon, que avn dende me verna bien. Pues que asi es que uos yr queredes, tomad de mjs djneros quantos menes-

---

[88] Spaccarelli observes a crucial disparity between Carlos and Barroquer: "Carlos, the highest of nobles, is accused of such a 'common' act, a *villanja*, by Barroquer the *villano*, whose actions and thoughts are consistently 'noble'" ("Symbolic Substructure," 8).

ter ayades." "Duen*n*a," dixo Barroqu*er*, "grandes m*er*çedes. Ssy yo bjuo
luenga ment*e*, q*u*anto bie*n* vos feziestes, todo vos s*er*a bie*n* gualardo-
1050 nado, sy Dios q*u*esier." Entonçe troxieron ala duen*n*a vna muleta. E el
donzel se fue al rey e espediose del. Desy tornose e fuese con su madre,
e Barroqu*er* yua delant*e*, ssu sonbrero enla cabeça e ssu bordon grande
e bien ferrado fiera ment*e*. Mucho era grande el villano a desmesura, e
mucho arreziado, e de com*m*o era grande e fuert*e* e feo, Loys, q*u*elo cato,
1055 tomose a reyr. Desta g*u*isa ent*r*aron en su camjno, e andaron tanto fasta
q*ue* llegaron a vn mo*n*te q*ue* auja siet*e* leguas de ancho e | ot*r*o tanto de 140vb
luengo do no*n* auja villa njn poblado mas de vna hermita mucho metida
en*e*l mont*e*. Enel mo*n*te andauan doze ladron*es* q*ue* fazian gra*n*t mal
e gra*n*t muerte enlos q*ue* pasauan por el camjno. E Barroqu*er*, q*ue* vio
1060 el mont*e* verde e las aues ca*n*tar por los ramos a gra*n*t sabor de ssy, por
sabor del bue*n* tienpo e por alegrar a su sen*n*ora començo de yr cantando
a muy gra*n*t voz, asi q*u*el[89] mont*e* ende reten*n*ja muy luen*n*e.[90] Q*u*ando
los ladrones lo oyeron, llegaron sse al camjno, e el mayoral dellos, q*ue*
auja nonb*r*e Pinçenart, llamo ssus conpan*n*eros e dixoles: "Amigos, yo
1065 non sse q*u*ien es aq*u*el q*ue* canta, mas gra*n*t follia me semeja q*ue* ha fecha
q*u*ando tan çerca denos se tomo a cantar, ca lo no*n* guarira[91] todo el oro
de Fra*n*çia q*ue* non p*r*enda agora muert*e*." Entonçe sse g*u*isaron todos
e ssacaron las espadas delas baynas q*ue* t*r*ayan sobarcadas, e estoujeron
asechando. Atanto vieron venjr a Barroqu*er* e ala reyn*n*a e su fijo Loys.
1070 Mas q*u*ando el cabdillo delos ladron*es* vio la duen*n*a ta*n* fermosa, cob-
diçiola mucho, ca bie*n* le semejo la mas fermosa duen*n*a q*ue* nu*n*ca viera.
E dixo passo a ssus conpan*n*eros: "Par Dios, mucho nos aueno bien, ca
aq*u*ella auere yo. E despu*es* dar la he a todos. E el donzel e el villano,
matemos los." Entonçe diero*n* todos bozes. "¡Ay, don viejo, q*ue* | en mal 141ra
1075 punto uos tomastes a cantar, ca p*er*deredes por ende la cabeça, e nos
faremos dela duen*n*a n*ues*tro plazer." Tanto q*ue* Loys esto entendio, tiro
luego la espada dela bayna. E Barroqu*er*, q*ue* esto vio, dixole: "Fijo, non
uos desmayedes. Çertas, yo non los p*r*eçio vna nuez, ca non son cosa.
E tomo el bordon con anbas las manos e alço lo e dio tal ferida con*e*l

---

[89] MS: q*ue*lo.
[90] The portrayal of Barroquer evokes the scene in *Maria Egiçiaca* that describes Zozimas. As in that tale, Barroquer's exterior ugliness coupled with interior goodness match Mary of Egypt's qualities. But because the *LH* contains other physically unattractive characters who are spiritually unfit (such as the lepers of *Otas de Roma* and *Vna santa enperatris que ouo en Rroma*), the importance of discernment once again rises to the fore. An important example later in this tale is Loys's ability to perceive the magician Griomoart's goodness in spite of his role as a thief (Spaccarelli, *Medieval Pilgrim's Companion*, 97, 99).
[91] Tiemann: *guaria* (*Sibille*, 66).

1080 al primero que ante ssy cogio enla tiesta quele fizo salir los ojos dela cabeça. Desy ferio luego otro, quelo metio muerto en tierra, que nunca mas fablo. E dio muy grandes bozes e dixo: "¡Ladrones! ¡Traidores!, non leuaredes la duenna." E Loys, quelo cataua e tenja la espada sacada, dio tal ferida a vn ladron quelo fendio fasta los ojos.

1085 Mucho fue el donzel alli aspro e ardit, e Barroquer estaua cabo el, e punnaua delo ayudar e de matar los ladrones. Muchos cochillos les lançaron, e la duenna daua grandes baladros e dezia: "¡Ai, Dios, Sennor verdadero, ayudanos! ¡Gloriosa santa Maria, acorre nos a esta coita!" E el mayoral delos ladrones tenja vn cochillo grande que era muy tajador, e 1090 dio conel tal ferida a Barroquer quele corto la saya e la camjsa, e llagolo. Mas Barroquer, que era mucho esforçado, alço el bordon e | dio tal golpe 141RB a Pinçenart enla cabeça quele fizo salir los meollos, e dio conel muerto en tierra. Desy dixole: "Ya y yazeredes, ladron, ¡traidor!" "¡Ay, Dios!", dixo la reyna, "ayudat a Barroquer e amj fijo Loys que estos ladrones non 1095 les puedan nozir." Quando los ladrones otros vieron su sennor muerto, començaron de fuyr, mas don Barroquer, con su bordon, non les dio vagar e mato ende los seys, e Loys los çinco con su espada, e el dozeno[92] finco bjuo, que pedio merçet a Loys a manos juntas en jnojos quelo non matase, e dixole: "Ay, buen donzel, por Dios vos pido merçet que ayades 1100 demj piadat e que me non matedes. E sy me dexardes beujr grant pro vos ende verna. E dezir vos he commo. Non ha enel mundo thesoro tan ascondido njn tan guardado en torre njn en çillero que uos lo yo non de todo, njn cauallo, njn palafren, njn mula non sera tan ençerrada que vos la yo dende non saque, e vos la non de ssy me convusco leuardes." A 1105 tanto aqui viene Barroquer corriendo do fuera en pos los que matara, e dio grandes bozes e dixo: "E, ¿que es esto, Loys? Sennor, ¡por Dios! E, ¿que estades faziendo que non matades ese ladron?" "Non lo fare padre," dixo el, "si fezier lo que me prometio. Padre, ¿oydes las maraujllas que me promete. Diz que non auera tan grant thesoro en njnguna parte njn 1110 tan guardado quesi el quesier, quelo non saque, e melo non de, e otrosi cauallos e mulas e palafrenes." "Buen fijo," diz Barroquer, "nunca te fies en ladron, ca aquel quelo quita dela forca a ese furta el mas toste e ese sse falla | del peor." "Non," dixo Loys, "mas veamos lo que nos dende verna. 141VA Mas avn creo que nos ayudemos del si lo bien quesier fazer." Entonçe 1115 dixo Barroquer al ladron: "¿Commo as tu nonbre? Non melo nieges." "Sennor," dixo el, "njn fare. Yo he nonbre Griomoart." "Ay, Dios," dixo Loys, "que estranno nonbre."

"Griomoart," dixo Loys, "ssy Dios me vala, tu as nonbre de ladron. Mas ssy andas bien contra mj, tu faras tu pro." "Sennor," dixo Grio-

---

[92] Tiemann: *dizeno* (*Sibille*, 67).

1120 moart, "asy me salue Dios, que me non saberedes cosa deuisar que yo por uos non faga, que non dexaria delo fazer por cuydar y prender muerte." "Amigo," dixo el jnfante, "mucho telo gradesco. Mas agora me dy, amigo, ¿somos çerca de alguna villa? ¿Do podamos albergar?, ca mj madre va muy lassa e es le muy menester de folgar, ca ya es muy tarde." "Sennor,"
1125 dixo el ladron, "esta floresta dura mucho, que mas auedes avn de andar ante quela pasedes de quatro leguas, que non fallaredes villa njn poblado. Mas açerca de aqui ha vna hermita do poderedes yr por vn ssendero do uos yo[93] ssabere guiar, e y mora vn ssanto hermjtanno que es muy buen clerigo. Muchas vezes fuemos a el por lo ferir o matar. Mas asi lo guar-
1130 daua Dios de mal, que ssienpre nos fazia tornar atras, | que nunca podia- 141vb mos açercar enla hermjta. E este es hermano del enperador de Costantinopla, que ha nonbre Ricardo, que ha dos fijos los mas fermosos del mundo. El vno es cauallero a tan bueno quele non fallan par, el otro es vna fija que es la mas fermosa duenna que pueden saber, e tiene la casada
1135 conel rey de Françia a que dizen Carlos." Quando Barroquer oyo fablar del hermjtanno e del rey Carlos, cato ala reyna e viola llorar muy fiera mente, e dixole: "Por Dios, sennora, non lloredes. Ssi quier por amor de Loys, vuestro fijo, vos conviene delo encobrir. Mas pensemos de andar, e llegaremos a vuestro tio, e veer lo hedes." Entonçe non sse detoujeron
1140 mas e fueronse por aquel ssendero quel ladron sabia, e Barroquer yua sienpre delante la reynna. E andaron tanto que llegaron ala hermjta, e vieron la morada del hermjtanno, que auia la puerta muy pequenna. E enla entrada estaua vna canpana colgada entre vna fenjestra, e Barroquer fue a ella e tannjola, e el hermjtanno, que yazia ante el altar en oraçion,
1145 tanto que oyo el sson, leuantose e salio fuera dela eglesia. E quando cato e vio la duenna e el donzel e Barroquer e el ladron, marauillose mucho e dixoles: "Por Dios, ¿que gente sodes, o que demandades?, ca vos non leuaredes delo mjo valia de | vn dinero. Ante seredes todos muertos, 142ra commo yo cuydo, ca aqui çerca andan ladrones que tienen las carreras,
1150 queles non puede escapar grande njn pequenno." "Sennor," dixo Loys, "non dubdedes, ca ya nos desos fezimos justiçia aca donde venjmos." E el hermitanno respondio: "Vos feziestes y muy gran ljmosna. Mas de vna cosa me marauillo mucho, que bien ha treynta annos pasados, segunt yo cuydo, que non vy omme nin mugier por aqui pasar fuera auos
1155 solamente. Mas, ¿quien es aquella duenna que tan fermoso fijo trae?,[94] que bien deuia ser sennor de vn reyno, e ssemeja me dela duenna que va despagada." "Sennor," dixo Loys, "la duenna es mj madre, non y dubdedes, e este es mj padre, que ha nonbre Barroquer, muy buen omme. Este

---

[93] Tiemann: *y* (*Sibille*, 68).
[94] Lasry: *tien* (*Critical Edition*, 146).

otro es nuestro seruiente, e albergad nos e faredes grant merçet e grant
limosna." "Sennor," dixo el hermitanno, "para el cuerpo de Dios, que
yo non he feno njn auena, nin pan njn çeuada, njn otra cosa, e pesa me
ende, synon vn pan de ordio sola mente, muy mal fecho, njn ropa njn
camara do uos yo pueda albergar." "Sennor," dixo Loys, "Aquel quelo dio
a Moisen enel desierto[95] nos dara del ssu bien ssy enEl ouiermos nuestra
esperança." E el hermitanno respondio: "Pues venjt adelante e tomad
todo quanto yo tengo."

| Desque entraron enla casa, el omme bueno, que era de buen seso 142rb
e de alto linage, llamo a Loys a parte e dixole: "Buen donzel, e, ¿que
comeredes de tal bien commo yo dare auos e a vuestra conpanna?" "Sennor," dixo Loys, "grandes merçedes." Entonçe entro el hermitanno ensu
çelda e ssaco dende vn pan de ordio e de auena, e non lo quiso tajar con
cochillo, mas partio lo conlas manos en quatro partes, e dio acada vno
su quarto. E desque comieron, Sseuilla la reynna sse llego al hermitanno e començo de fablar conel, e dixole: "Sennor, por Dios, consejat me, ca mucho me faz menester." E el hermitanno le respondio muy
sabrosamente: "Duenna, dezit me donde sodes o de qual tierra andades."
"Sennor," dixo ella, "yo non vos lo encobrire. Yo sso natural de Costantinopla e so fija del enperador e de su mugier Ledima, e el enperador de
Françia Carlos me demando a mj padre por mugier. E my[96] padre mele
enbio muy rica mente, e muchos omes buenos venieron entonçe comigo
e leuaron me a Paris, e alli caso comigo e touo me vn anno consigo. Non
vos negare nada. E echo me de su tierra por mezcla falsa de traidores,
por los parientes de Galaron. Sennor," dixo la duenna, "asi me salue
Dios, que todo esto fue verdat que me | oydes contar, que me basteçieron 142va
aquellos traidores, que mal apresos sean. E Carlos me dio entonçe a vn
su cauallero que me guiase que llamauan Aubery de Mondisder, muy
leal e muy cortes. E Macaire el traidor veno en pos de nos por me escarnir si pudiese, mas Aubery punno de me defender del con su espada.
Mas el otro, que andaua armado, lo llago muy mal. E quando yo esto
vy, metime por el monte e començe a fuyr. E asy ande fuyendo toda la
noche fasta el alua del dia que falle aquel omme bueno que alli vedes,
e contele toda mj coita. E quando lo el oyo, tomose a llorar con duelo
demj, e desanparo su mugier e ssus fijos e quanto auia, e venose comigo
por me guardar e me seruir. Non vos sse contar todas nuestras jornadas,
mas venjmos nos a Vrmesa. E posamos en casa de vn buen omme a que
Dios de buena ventura. E ally pary en su casa a Loys, que vos vedes,
que es fijo del enperador Carlos, que es sennor de Françia e njeto del

---

[95] Cf. Exodus 16.
[96] MS: *moy*. The *y* is superscript.

enperador de Costantinopla." Quando el hermitanno oyo asy fablar la duenna, començo de ssospirar muy de coraçon e a llorar mucho delos
1200 ojos. "Duenna," dixo el hermjtanno, "vos sodes mj sobrina, non dubdedes y, e dezir vos he que faredes. | Aqui uos conviene de folgar, e yo yre 142vb al apostoligo. Fazer le desto querella e contar le he vuestra fazienda. E echara escomunjon sobre Carlos ssy vos non quesier resçebir. Despues yr me he a Costantinopla a vuestro padre, e dezir le he todo esto e fazer
1205 le he ayuntar sus huestes, e y vernan grifones e pulleses e lonbardos por guerrear a Françia. E ssy Carlos vos non quesier resçebir, non puede falleçer dela guerra, en guisa que yo lo cuydo echar dela tierra a ssu desonrra. E quierom me partir desta hermita, que mas y non morare, e tornare al sieglo a traer armas. E la lazeria que fasta aqui[97] sofri por
1210 Dios, quiero la toda olujdar e punnar de comer bien e de beuer bien e de me tener viçioso." Assy dixo el hermjtanno, que Dios ssalue. E llamo a Barroquer e dixole: "Amigo, conviene que vayades a vn castiello, que es aqui çerca, por conprar que comamos." "Sennor," dixo Barroquer, "yo yre y muy toste." Quando la duenna oyo asi fablar el hermjtanno, començo
1215 a llorar de alegria que ende ouo.
 Entonçe se guiso Barroquer de yr que ende auia grant sabor, e Griomoart sse adelanto e dixo: "Sennor," . . .[98] | "que yo uos fare ricos e bien 143ra

---

[97] Tiemann: *agora* (*Sibille*, 71). The *i* of *aqui* is superscript.
[98] There is a lacuna of four folios at this point. Maier and Spaccarelli use the remains of the original Roman folio numeration to determine exactly which numbers are missing from the sequence ("Approaches to a Medieval Anthology," 18-19). Furthermore, an examination of the quire gatherings reveals that just as with the first lacuna of this manuscript, the four internal folios of this quaternion have fallen out (see p. xxvi of the introduction). Spaccarelli has reconstructed the missing contents using the earliest version in print of the *Hystoria de la reyna Sebilla*, Toledo, 1498, Biblioteca Central de Barcelona (*I*) ("Recovering"). Köhler reconstructs the missing text using the 1551 edition of the same story ("Karl dem Grossen," 300-10), while Tiemann uses the 1532 edition (*Sibille*, 71-79). Lasry summarizes the subject matter of the lacuna in succinct fashion:
 "Griomart obtains the food he was asked to bring by stealing from a rich miser. Facing the problem of how to carry the stolen goods, he steals a donkey. The hermit [Sevilla's uncle] leads the empress, Loys and Barroquer to Rome, where they meet the Pope. Together with the Pope, they all go to Constantinople, where they find Sevilla's father. Emperor Richard marches on France at [t]he head of his army in order to avenge his daughter. Almerique de Narbona offers Loys his support. Seeing the empress well protected, Barroquer decides to go to visit his family, disguised as a pilgrim." (*Critical Edition*, 149 n. 58)
 Sevilla is talking to Barroquer where the text resumes. She offers him money and gifts to take to his family, which precedes a promise to provide for them until the end of their days, so long as her position of honor is restored. For Spaccarelli,

andantes p*ar*a en todos v*uest*ros dias." "Sen*n*ora," dixo Barroqu*er*, "grandes mereçedes." Ento*n*[çe] sse g*u*iso Barroqu*er* aguysa de penjtençial e
1220 tomo vna gra*n*t esclaujna e vna esportilla e bordon enla mano, e v*n* capirote e ssonbrero grande q*ue* todo el rostro le cobria, mas co*n* todo esto, non oluido el auer e los pan*n*os. Desy espidiose e fue su carrera, e fue de alli maner a Proyns. Ot*r*o dia de man*n*ana sse salio de alli e fue maner a Emaus[99] ala noche. E desq*ue* ent*r*o por la villa, come*n*ço de yr finca*n*do
1225 ssu bordon, e fuese derecha ment*e* a su casa, e llego ala pu*e*rta e vio sseer asu mug*ie*r muy pobre ment*e* vestida e muy lazrada, e dezia al mayor de sus fijos: "Fijo, e, ¿por q*ue* beujmos[100] tanto, pues p*er*djmos a Barroqu*er*, tu padre, q*ue* nos mantenja e pensaua denos. Ya non auemos q*ue* comer njn de q*ue* beujr. ¡Ay, mesq*u*ina, catiua, q*ue* gra*n*t pesar del he, e q*ue*
1230 gra*n*t mengua me faz!" Assy dezia la duen*n*a muy dolorida ment*e*, su mano en su faz e llorando mucho. Q*u*ando esto vio Barroqu*er*, come*n*ço a llorar de piadat, e llegose mas ala pu*e*rta e dixole: "Duen*n*a, por Dios, albergat me ya oy e faredes gra*n*t ljmosna." E la mug*ie*r, q*ue* seya triste, q*ue*sierase dende escusar a todo ssu grado, e dixole: "Yd a Dios, amigo,
1235 ca | non es g*u*isado de albergar auos njn a otri,[101] ca non tengo en q*ue*, 143RB Dios lo sabe, e pesame ende. Mas yd a Dios, q*ue* uos guye." Asy fablo la duen*n*a, q*ue* seya muy desconfortada por su marido, q*ue*le tardaua tanto. "Duen*n*a," dixo Barroqu*er*, "q*ue* Dios vos salue. Albergat me, ca non se p*ar*a do vaya." E la duen*n*a ouo del piadat, e otorgolo e dixo:
1240 "Venjt adelante." E come*n*ço mucho a llorar, e dixole: "Vos s*er*edes aq*u*i albergado, mas ruego uos q*ue* roguedes a Dios, q*ue*l mu*n*do fizo e formo, q*ue* el me dexe avn ver mj marido Barroqu*er*, q*ue* me tanto sabia amar, q*ue* ya tan gra*n*t tienpo ha q*ue* sse demj p*ar*tio, e nu*n*ca lo despues mas vy. E por ende cuydo q*ue* es mu*er*to, ca el desanparo ssu asno por q*ue*
1245 guareçiamos, q*ue* sse veno p*ar*a mj casa cargado de len*n*a, q*ue* oy man*n*ana leuo mj fijo por nos ganar q*ue* comiesemos muy catiua ment*e*, de q*ue* me pesa mucho, ca non he q*ue* uos dar." Q*u*ando Barroqu*er* oyo asi fablar asu mug*ie*r, ouo ende tal piadat q*ue* sse tomo a llorar sso su capirote. Assy q*ue* todas las baruas e las façes ende era*n* mojadas, e dixole:
1250 "Duen*n*a, por Dios, ¿com*m*o auedes nonbr*e*?" "Sen*n*or," dixo ella, "amj dizen M*ar*ia, e fincaron me dos fijos de mj marido. El mayor es ydo al

---

these missing contents are valuable to this codex's equilibrium and organization, because they depict Griomoart's first use of magic and the uncle's transformation from hermit to warrior ("Recovering").

[99] That Barroquer's home village is named thus prompts Spaccarelli to view this episode in terms of the biblical story of Emmaus (*Medieval Pilgrim's Companion*, 102).

[100] I.e., *vivimos* (Lasry, *Critical Edition*, 149 n. 59).

[101] Tiemann: *otro* (*Sibille*, 81).

monte por dela len*n*a q*ue* carga en*e*l asno q*ue* su padre dexo. El ot*r*o anda pediendo las limosnas por la villa." Ent*r*e tanto ent*r*o el moço q*ue* fuera dema*n*dar las ljmosnas, ssu pan en su saq*ue*te q*ue* ganara. | Quando lo 143va
1255 Barroq*ue*r vio, todo el coraçon le tremio, e metio mano asu bolsa e saco din*e*ros, e dixo al moço: "Fijo, saberas tu conp*r*ar pan e vino e carne q*ue* comamos?" "Ssy," dixo el. Entonçe le dio los din*e*ros, e desq*ue* los el moço tomo, fuese ala villa e conpro todo q*u*anto su padre le mando, e troxolo, e candelas ot*r*osi. Entre tanto Barroq*ue*r fendio len*n*a e fizo
1260 fuego. E en q*u*anto se g*u*isauan de comer, llego el ot*r*o fijo, su asno ant*e* ssy cargado de len*n*a. Tanto q*ue* lo vio Barroq*ue*r, luego conosçio q*ue* era ssu fijo. E el coraçon le salto de alegria, q*ue* ende ouo, e dixo a muy alta boz: "La bestia fara cont*r*a su sen*n*or lo q*ue* non fezieron sus fijos." Tanto q*ue* el asno oyo fablar a Barroq*ue*r, començo a rrebuznar de tal g*u*isa q*ue*
1265 bien entenderia q*u*ien q*u*ier q*u*elo con*n*osçia. E fuese p*a*ra el, q*u*elo non podian del q*u*itar. Q*u*ando esto vieron los fijos, marauillaro*n* sse ende mucho por q*ue* el asno fazia esto cont*r*a su huesped. Desi tomaronlo e fueron lo p*r*ender en su peseure. Desy posaronse ala mesa. E Barroq*ue*r comjo con su huespeda e los fijos anbos de consuno, e desq*ue* comieron
1270 bien e asu vagar q*u*anto men*e*ster ouieron, Barroq*ue*r, q*ue* metia en*e*llos mjent*e*s, era ende muy ledo ensu volu*n*tad. "Ay, Dios," dixo el fijo mayor, "¡com*m*o somos guaridos! Bue*n* padre auemos fallado. Bendito sea q*u*ien lo crio, ca bien nos auondo de comer. Sen*n*or palmero," dixo el, "por Dios, palmero, non vos vayades p*a*ra ningu*n*a p*a*rte | e fincat con*n*usco." 143vb
1275 E Barroq*ue*r, q*u*ando esto oyo, tomose a llorar, e la duen*n*a se marauillo ende.¹⁰²

Despues de comer, leuantaronse anbos los mançebos e alçaron las mesas. Desi pusieron dela len*n*a enel fuego por amor del buen huesped, e desq*ue* anocheçio, Barroq*ue*r llamo su huespeda e dixole: "Duen*n*a, ¿do
1280 yare yo esta noche?" "Palmero," dixo ella, "yo uos lo dire. Vos yaredes çerca el fuego e ternedes vn saco fondon deuos, ca yo no*n* he chumaço q*ue* uos dar." "Duen*n*a," dixo Barroq*ue*r, "non sea asy. Mas durmamos de consuno, ca yo no*n* he mugi*e*r nin uos marido, e q*u*iero uos dar por ende çient sueldos." Q*u*ando aq*u*esto oyo la mugi*e*r, torno tal com*m*o
1285 caruon, e cato a Barroq*ue*r muy san[*n*]uda e de mal talant*e*, e dixole a muy grandes bozes: "¡Garçon lixoso, fideputa, salid de mj casa!, ca sy ay mas estades tantas palancadas uos fare dar enlos costados q*ue* todos uos los q*ue*brantaran, ca llamare agora atodos mjs vezinos q*ue* vos apa-

---

¹⁰² Spaccarelli sees parallels between the above section of this legend and the Emmaus tale, for Barroquer is a classic pilgrim who fulfills this biblical story's requirements (*Medieval Pilgrim's Companion*, 103). The parallel is also to the return of Odysseus, whose dog recognizes him.

lanquen." Barroquer, quando vio su mugier tan sannuda e por que la auia
tan bien prouada, non se quiso mas encobrir contra ella. Entonçe des-
nudo su esclaujna que traya vestida, e finco en saya el muy buen vejaz,
e fue abraçar asu mugier. E ella lo cato, e començose a marauillar, e
desquelo cato, dixole: "¿Quien [sodes]¹⁰³ | uos, buen sennor? Non melo 144ra
neguedes." "Duenna," dixo el, "yo so Barroquer, vuestro marido, que uos
tanto soliades amar. Vos non me connosçiades ante, quando aqui llegue ala viespra, mas connosçio me el mj asno, que tanto que me oyo,
luego se tomo a cantar." Quando la mugier lo entendio, toda la color sele
mudo,¹⁰⁴ e connosçio lo luego, e fue lo abraçar e besar muy de corasçon,
e Barroquer otrosi a ella, e non sse podian abondar vno de otro. Despues
desto, Barroquer fue abraçar e besar a sus fijos. E començaron todos a
llorar de alegria, e los fijos dixieron a Barroquer: "Ssennor, bien seades
venido." Barroquer sse asento con ssu mugier a fablar, e dixole: "Amiga,
de oy mas ssed alegre, ca yo so muy rico, ca yo he ganado tal auer e tal
thesoro por que seremos ricos e bien andantes para sienpre." Entonçe
le conto commo fallara la reynna de Françia desanparada e commo se
fuera con ella e la guardara e dixo le: "Tomad este don que uos enbia
ella, e confortad uos bien, ca a mj conviene de me partir cras de mannana e yr me he derecha mente a Paris por veer los traidores que amj
sennora la reyna fizieron¹⁰⁵ mezclar, donde el enperador Carlos fue mal
aconsejado." "Sennor," dixo la mugier, "Dios uos guie¹⁰⁶ e vos guarde de
mal. E guardat uos de entrar en poder de aquellos." "Ssy fare," dixo el,
"non y dubdedes." Entonçe sse | fueron echar a grant plazer de ssy. Otro 144rb
dia mannana se leuanto Barroquer, que auja muy a coraçon su carrera,
e bestio su esclaujna, e tomo su bordon e su esportilla, e espediose de
su mugier, quelo amaua tan mucho que non cuidaua ver la ora en que
tornase a Emaus. E partiose¹⁰⁷ de su casa por yr a Paris.

Agora se va Barroquer, que Dios guarde de mal, su esclaujna vestida
e su bordon enla mano, e començo a trotar. E llego a Paris a ora de yantar e entro por la villa, e vio las gentes ayuntar por la çiudat e vio fincar
tiendas fuera dela villa por los canpos. Quandesto vio Barroquer,
començo mucho a llorar, e dixo: "Ay, Sennor Ihesu Xpisto, que en la vera
cruz te dexaste prender muerte por los pecadores saluar, tu faz a Carlos
que sse acuerde e que resçiba la reyna, su mugier, derecha mente commo
deue." E desque comjo en casa de vn omme do poso, saliose fuera dela

---

¹⁰³ I follow Lasry's emendation here (*Critical Edition*, 151), which Spaccarelli's transcription does not provide (*Text and Concordance*).
¹⁰⁴ Deleted after *mudo*: *e toda la color sele mudo*.
¹⁰⁵ MS: *fizieron*. The letters *ieron* are superscript.
¹⁰⁶ Scribal insertion: *guie*.
¹⁰⁷ Tiemann: *pario-se* (*Sibille*, 83).

1325 çiudat e fuese por ribera del rio de Ssena donde posauan muchos altos omes e poderosos, e y eran delos traidores. Mas tanto sabet todos que non ouo rey en Françia del tienpo de Merlin fasta entonçe que non ouiese traidores que le feziesen muy grant danno, mas non tanto commo a este. Desi fuese contra la tienda del rey e violo ser muy triste, e conel
1330 seya don Aymes, que era muy buen omme. "Don Aymes," dixo el enperador, "aconsejar me deuedes. Yo ayunte aqui mjs gentes, asi commo vos vedes, por defender mj tierra. ¿Que uos pareçe y?" "Sennor," dixo el duque don Aymes, | "yo uos dare[108] buen consejo si me vos crer[109] que- 144vA sierdes. Yo oy dezir, e asi es verdat, que Lois, vuestro fijo, es entrado en
1335 Chanpayna e conel el enperador Ricaldo su abuelo, sennor de Greçia. E ya son con vuestro fijo acordados Almerique de Narbona e sus fijos, que sson tan poderosos e tan buenos caualleros, e çertas, mucho faria contra razon quien contra el fuese. E seria muy grant danno de vuestros omes. Mas, sennor, resçebit vuestra mugier, que es tan buena duenna, e Dios e
1340 el mundo uos lo ternan[110] a bien." "Sennor," dixo Mançions, vn gran traidor, "aquel dia que la uos tomardes, sea yo escarnido. Mugier que asi ando abaldonada a quantos la querian por la tierra, que non ouo garçon que non feziese enella ssu voluntad." Quando esto oyo Barroquer, que y paraua mjentes, a pocas non fue ssandio, e non sse pudo tener que non
1345 dixiese: "Çertas, greton lixoso, mentides. E synon fuese por que estades antel enperador, tal palancada uos daria deste bordon que la sentiriades para sienpre." Quando aquesto el enperador oyo, tomose a reyr, e Ougel otrossy, e los otros omes buenos que y sseyan. E dixieron entressy que sandio era el palmero. "Palmero," dixo el rey, "¿donde venides?" "Sen-
1350 nor," dixo el, "yo uos lo dire. Yo vengo de Jerusalen, do Dios fue muerto e bjuo, e pase por Bregonna,[111] e y fue[112] robado de vna gente mala que y falle. E era tan grant caualleria que despues quel mundo fue fecho, non fue ayuntada tan grande, | e son ya en Tria.[113] E esto faz el enperador 144vB Ricardo que trae y su fija e su njeto que es ya bueno e arreziado. E

---

[108] Tiemann: *dire* (*Sibille*, 84).
[109] Tiemann: *creer* (*Sibille*, 84).
[110] Tiemann: *terna* (*Sibille*, 84).
[111] Tiemann: *Bregona* (*Sibille*, 84).
[112] Both *fue* and *fui/fuy* were possible forms of the first person singular preterite in medieval Castilian, which is an element also found in Galician. See the description of the manuscript in the introduction to the present edition (pp. xxxii–xxxv) for a discussion of the Galician influence in the *LH*.
[113] Lasry: *tierra* (*Critical Edition*, 153). This place is modern-day Troyes (Spaccarelli, Review of Lasry, ed., *Critical Edition*, 64).

1355 todos[114] dizen[115] del njnno que es vuestro fijo e que por fuerça sera rey de Françia e que porna auos fuera dela tierra. E por el mj consejo, vos non los atenderiades, ca el jnfante muy fuerte es e muy dultadorio, e diz que ha derecho de heredar a Françia e que se quier entregar de la tierra, aquien quier que pese o plega,[116] e que sera rey coronado. E yo le oy jurar
1360 por todos los santos de Dios que ssy pudiese coger enla mano los traidores que convusco son, que su madre trayeron e la fezieron echar tan viltada mente dela tierra, quelos non guariria todo el oro del mundo quelos non feziese quemar. E vos mesmo podedes y prender grant verguenna asi commo el dezia. Por lo qual vos yo loaria que vos fuesedes de aqui
1365 ante que fuesedes preso njn mal trecho." Quando esto oyo el enperador, fue muy sannudo e ouo ende grant pesar. Mas Barroquer non semejaua omme que pauor oujese, ante dixo al rey muchas cosas del jnfante Loys de menazas, e el enperador lo llamo e dixole: "Palmero, ¿que dizen aquellas gentes? ¿Vernan mas adelante, o que cuydan de fazer?" "Sen-
1370 nor," dixo Barroquer, "asy aya Dios parte enla mj alma, que ellos amenazan fiera mente los traidores de Fra[n]çia, que ssy los cogen en poder quelos | non guarira cosa que non sean destruidos o trainados." "Sen- 145ra nor," dixo Mançion, "yo vos digo bien que este palmero es esculca. Mandat le sacar los ojos. Desy enforquenlo." "Non lo fare," dixo el rey,
1375 "ante quiero fablar conel e oyr de ssus nueuas. Palmero," dixo el rey, "¿ssabes algunt menester?" "Ssy, sennor," dixo el, "sso tal mariscal de conosçer buen cauallo o buen palafren, que enel mundo non ha mejor njn quelo mejor sepa guareçer de su enfermedat njn mejor afeitar." "Certas, palmero," dixo el rey, "tu deues ser muy onrrado sy verdat es lo que
1380 dizes, e quiero que finques comigo e fazer te algo, ca yo he vn cauallo ruçio muy preçiado, tan fuerte e tan fiero que ninguno non se osa llegar a el ssynon yo e los omes que lo guardan." E Barroquer dixo: "Veamos lo. Quiça yo uos dare y recabdo." "De grado," dixo el rey. Entonçe enbio por el cauallo. Mas quatro mancebos quelo auian de guardar fueron a el,
1385 e enfrenaronlo e tiraronle las cadenas e las presiones otras. E leuaronlo todos quatro al rey e descobrieronlo de vna purpura de que estaua cobierto, e el cauallo alço la cabeça e tomose a rrenjnchar muy fiera mente e a soplar mucho. Era el cauallo bel, de guisa quele non ssabian par, njn auja omme que sse enfadase delo ver. E dezian todos e jurauan
1390 que nunca tan fermoso cauallo | vieran. E Barroquer, quelo cataua, 145rb començo a pensar e dixo en su coraçon: "¡Ay, Dios, Sennor! Dame, Sennor, si te plaz, que yo pueda leuar este cauallo a mj sennor. Mas sy enel

---

[114] Deleted scribal insertion after *todos*: *dezian*.
[115] Scribal insertion: *dizen*.
[116] Tiemann: *ploga* (*Sibille*, 84).

caualgase ssin siella, cuydo que caeria muy toste, ca non sso acostun-
brado de caualgar en cauallo en hueso." E do el rey estaua, asy en riba de
1395 Ssena, e catando su cauallo, de que se pagaua mucho, dixo contra don
Aymes: "Duque, ¿vistes desque naçistes tal cauallo commo este?" E el
dixo que non. E Barroquer se adelanto e dixo: "Sennor, sy el cauallo
fuese ensellado, por la virtud de Dios, yo cuydaria prouar su bondat."
Quando esto oyo el rey, mando lo ensillar toste. E desque lo troxieron,
1400 Barroquer quito dessy su esclaujna, e puso el pie enla estriuera e caualgo
muy ayna. E el cauallo començo a tomar conel muy esquiuos saltos e de
esgremjr sse en manera que a pocas non dio conel en tierra. E Barroquer
echo mano alas crines, e los caualleros quelo vieron dixieron: "Agora[117]
veredes el gritar fiero e el roido quando el palmero cayer." E Barroquer,
1405 quelo oyo, non daua por ende nada, mas dezia entre sus dientes que non
seria, si a Dios ploguyese, ante sse ternja bien enla ssiella. E el metio el
bordon so el braço derecho, e conlos grandes çapatos q*ue* tenja, aguyjo el
cauallo e soltole la rienda, e el cauallo començo de correr ta*n* fiera me*nte*
q*ue* semejaua q*ue* bolaua. Assy lo arremetio por el prado. Desy veno sse
1410 contra el enp*er*ador e dixole a muy alta boz: "Rey, yo sso Barroqu*er* dela
barba cana. Ssy yo vjne auos por esculca | agora me tornare a Loys, vues- 145VA
*t*ro fijo, el muy preçiado, e a v*ues*tra muj*er*, la reyna Seuilla, q*ue* yo por
mj cu*er*po guarde de mal, e guye e s*er*uj a mal grado delos *t*raidores
qu*e*la fezieron desterrar a tuerto. E si v*ues*tra muj*er* no*n* resçibierdes,
1415 sabet q*ue* Françia sera por y destruida. Mas com*m*o qu*i*er q*ue* auenga,
este bue*n* cauallo leuare yo, e finq*ue* uos la mj esclaujna, ca bien la auedes
conp*r*ada."[118] Entonçe ferio el cauallo delas espuelas e fue ssu carrera. E
el enp*er*ador metio grandes bozes: "Varone*s*, ydme en pos el, por el amor
de Dios, ca si asi pierdo mj cauallo, jamas no*n* auere alegria. E q*u*ien me
1420 pudier p*r*ender el palmero, çient marcos de plata le dare en alujstras."
Entonçe caualgaron cauall*er*os e escuderos, e s*er*uiente*s* e p*r*iuados, e
vnos e ot*r*os, e y fue el duq*ue* don Aymes, e Ougel e Galter de Corau*j*na,
e los pariente*s* de Galaro*n*, que Dios maldiga. ¿Que uos dire? Quien
qu*i*er q*ue* buen cauallo tienja, caualgo en*e*l ssyn detene*n*çia, e el enp*er*a-
1425 dor mesmo y fue. Assy fueron todos en pos el. Mas Barroquer, q*ue* yua
delant*e* en*e*l bue*n* cauallo, rogaua, yendo mucho a Dios qu*e*lo guardase

---

[117] Tiemann provides this word twice (*Sibille*, 86).

[118] In Spaccarelli's judgement, the most significant implication of this symbolic exchange—Barroquer's gift of the *esclaujna*, an important piece of his pilgrim's garb—is that Carlos is urged to undertake a pilgrimage of penitence ("Symbolic Substructure," 9). For an investigation as to the meaning of this suggested
pilgrimage relative to the myth of Charlemagne as the first pilgrim to Compostela,
as well as in relation to the role of the listeners of the *LH*, see Spaccarelli, *Medieval
Pilgrim's Companion*, 102–5.

de caer. E asi corrio fasta Ormel, que se nunca detouo. Entonçe cato en possy, e vio muy grant gente venjr en pos el por lo prender. Entonçe aguijo mas el muy buen cauallo e fuese a Gornay e paso por y, que se non detouo cosa, e llego a Lenj, mas non quiso y fincar. E yua tan rezio por medio la plaça que ssemejaua tenpestad, de guisa que non auia y tan ardido que ssele osase parar | delante nin preguntar.

Assi se paso Barroquer por Lenj enel buen cauallo, e desque fue fuera de la villa, cogiose por el camjno de Proins e fuese quanto el cauallo lo podia leuar, asi que poco daua por los del rey Carlos que enpos el corrian. Entre tanto llego el duque don Aymes[119] a Lenj, e Ougel, e con ellos bien quatro mill françeses, e fueron preguntando ssy vieran por y pasar vn villano en vn buen cauallo muy corredor. "Ssy," dixieron los burgeses, "que mal apreso vaya el alla do va. Por aqui paso tal commo el viento." Atanto llego el rey, que venja metiendo bozes: "Varones, agora, por Dios, yd en pos el, ca sy me asy escapa, jamas otro tal non auere ami cuydar." Entonçe caualgaron todos dela villa, burgeses e caualleros e seruientes, e fueron en pos el. Mas Barroquer, que yua adelante alongado dellos, llego a vn monte a ora de viespras, que era çerca de Emaus, e fallo asu fijo enla carrera, que leuaua su asno cargado de lenna, e connosçiolo luego e dixole: "Fijo, saludame a tu madre, ca yo[120] non he vagar de fablar mas contigo, ca bien[121] en pos demj el rey Carlos con muy grant conpanna. Agora te ve a Dios, ca non he poder de mas contigo estar." Tanto estouo ally el fablando con su fijo fasta que vio el rey Carlos, e de tan luenne quelo vio, metiole bozes: "¡Ay, fide puta! Non me escaparedes que non seades enforcado." | E Barroquer, quelo oyo, le respondio: "Non sera assy, si a Dios plaz." E començole de gritar. Entonçe aguyjo el cauallo, que sse non detouo mas e mas toste se alongo dellos que marauilla. E fuese por Columersablia, e la luna era muy clara. E llego a ora de matines a Proins e passo por y syn enbargo ninguno. E el Rey Carlos llego y al alua del dia, e Ougel e el duque don Aymes e conellos bien trezientos a cauallo. E fueron preguntando a los dela villa: "¿Vistes por aqui pasar vn villano ençima de vn buen cauallo?" E ellos dixieron que non sabian del parte. E Barroquer, que yua enel buen cauallo ruçio, tanto ando de dia e de noche que llego a Tria,[122] do fue muy bien reçebido. Mas tanto cuyto el cauallo que era todo trassuado, e asi fue ante el jnfante Loys e presentogelo, e dixole: "Tomad este cauallo, sennor jnfante, que es el mas marauilloso que nunca omme vio, que fue del rey Carlos, vuestro padre."

---

[119] Deleted after *Aymes*: *e*.
[120] Tiemann: *y* (*Sibille*, 87).
[121] I.e., *viene*.
[122] Lasry: *tierra* (*Critical Edition*, 156).

Entonçe le conto com*m*o Carlos feziera ayu*n*tar su hueste en Paris, muy
1465 gra*n*de, e q*ue* yazia en ribera del rio. "E q*u*ando el rey me vio leuar su
cauallo, ma*n*do venir[123] su hueste en pos dem*j*. E el venja delant*e* mas
brauo q*ue* vn leo*n*, e poder los hedes fallar a siet*e* leguas de aq*u*i, muy
pequen*n*as." "¡Por Dios!", dixo el jnfant*e*, "¿assy corrio en pos de vos m*j*
padre por su cauallo?" "Çertas, ssy," dixo Barroq*u*er. "Barroq*u*er," dixo
1470 el jnfa*n*te, "¿q*u*e gente anda con*e*l? Non melo njeges."[124] "Sen*n*or," dixo
el, "bien sson trey*n*ta mill, los vnos viene*n* delante e los ot*r*os det*r*as, asi
com*m*o les atura*n* | los cauallos. Mas bien los podedes todos p*r*ender sy   146RB
q*u*esierdes." Quando esto Loys oyo, començo a dezir: "¡Armas, armas,
cauall*e*ros!, ca yo prenderia de grado a m*j* padre ent*a*l q*ue*lo feziese otor-
1475 gar con m*j* madre." Entonçe veriades griegos, asi los altos com*m*o los
baxos, correr a armarsse, q*ue* no*n* fue y tal q*ue*se dende escusar q*u*esiese.
E el enp*er*ador Ricardo fue armado enlos p*r*imeros muy rica ment*e*, e
subio en su cauallo, e don Almeriq*ue* de Narbona, e Guyllemer el gue-
rreador, e todos los otros de su conpan*n*a, e asy sse ayu*n*taron en vn pu*n*to
1480 bien trey*n*ta mill. E Barroq*u*er dezia: "Todos los poderedes p*r*ender si
q*u*esierdes." Qua*n*do esto vio Loys, començo a dar bozes q*ue* moujesen.
Entonçe fuero*n* su carrera, aguyjando q*u*anto podian cont*r*a los fra*n*çeses. E yendo asy, dixo el jnfante: "Ay, Dios, Sen*n*or q*ue*l mundo formaste
por tu gra*n*t poder e q*u*esiste q*ue* fuese poblado de gent*e*, da al rey m*j*
1485 padre coraço*n* q*ue* resçiba a m*j* madre por mug*i*er, asi com*m*o deue."
Assy se fue la hueste delos griegos muy esforçada ment*e*, asi q*ue* de los
pies delos cauallos ssalia tan gra*n*t poluo q*ue* muy de luen*n*e paresçia.
Quando esto vio el enp*er*ador Carlos, fue mucho esmayado. E el duq*ue*
don Aymes le dixo: "Sen*n*or, en barata somos. Mucho corrimos, me
1490 semeja, en pos el penjtençial. Ahe aq*u*i los griegos viene*n* de rrandon
con Loys, v*ues*t*r*o fijo, q*ue* es muy san*n*udo de su madre q*ue* echastes de
v*ues*t*r*a tierra, e con*e*l viene Almeriq*ue* de Narbona e sus fijos, e mucha
otra cauall*e*ria, e el enp*er*ador Ricardo de Costantinopla, q*ue* vos desama
| mortal mente por su fija q*ue* auedes dexada onde entonçe creyestes los   146VA
1495 traidores, q*ue* Dios maldiga. Ora es por eso v*ues*t*r*a tierra metida en
duelo e en torme*n*ta, e nos por[125] ende s*er*emos todos presos ant*e* del ssol
puesto, e sera muy gra*n*t derecho, p*ar*a la fe q*ue* deuo a Dios, desy q*ue*
todos somos desarmados, sino*n* de n*ues*tras espadas, si nos no*n* uviamos
acoger a algu*n*t castiello. Nunca tal p*er*dida p*er*dimos desq*ue* p*er*dimos
1500 Oliuer e Roldan, com*m*o esta s*er*a. Nunca desde entonçe aca oue tan
gra*n*t pauor com*m*o agora he. ¡Dios nos acorra!"

---

[123] Tiemann omits this word (*Sibille*, 88).
[124] Tiemann: *niegues* (*Sibille*, 88).
[125] Scribal insertion: *por*.

"Don Aymes," dixo el enperador, "por buena fe, non sse lo que y podamos fazer. Bien sse quel enperador de Costantinopla me desama mortal mente e ha razon por que, ca eche su fija de mj tierra muy mala mente. E nos non auemos castillo a que nos acojamos." "Sennor," dixo Salamon, "aqui non auemos que tardar, ca el prouerujo diz que mejor es buen foir, que mal tornar." Entonçe sse asenbraron los françeses antel rey Carlos, mas non auia y tan bueno que pauor non oujese, ca mucho dubdauan los griegos que venian derrendon. "Sennor," dixo el duque don Aymes, "entendet lo que uos quiero dezir. A ssiete leguas de aqui ha vn castiello en vna montanna a que dizen Alta foja. Ya lo uos toujestes çercado quando yazia dentro Grifonet, que fizo la traiçion quando vendio Rolan al rey Marssil, e non uos pudo escapar, | ante ouo su gualardon dela traiçion que feziera, ca fue quemado. Pues vayamos a Alta Foja, e sy nos y çercaren, muy bien nos defendere[m]os, si Dios quesier. E mal aya el que non se defendiere fasta su muerte." E Carlos dixo: "Agora, ¡via de parte de Dios!" Estonçe moujeron de rendon contra Alta Foja. E el enperador cato la grant gente delos griegos que enpos ellos yuan quanto mas podian. Assy que ante que fuesen ençima dela montanna los alcançaron los griegos. Alli podriades ver mucho golpe de espada e de lança e de porra. Mas los françeses punnaron de se acoger ala rocha, ca bien veyan que los non podian durar, e desque fueron enel castiello, çerraron muy bien las puertas. Asy fueron los françeses encerrados, onde sse desmayaron mucho. E los griegos los çercaron aderredor e mandaron tender tiendas e tendejones en que posasen, e fezieron choças de ramas. Mas pero ante quelos françeses se acogiesen, prendieron dellos los griegos veynte e çinco. E destos eran dos delos traidores, que Dios maldiga. El vno dellos era Mançion e el otro Justort de Claurent, e por estos dos fuera la reyna traida e echada a dolor e a desonrra dessy. E leuaron los al jnfante Loys, a que plogo con ellos, e dixoles: "¿Quien sodes? Non melo neguedes." E ellos respondieron: "Sennor, nos ssomos de França. E esto sabredes por verdat, e somos vuestros presos. Agora fazet denos lo que uos plogier." E entre tanto llego Barroquer, ssannudo e de mal talante, e catolos traidores muy sannuda | mente, e dixo a muy alta boz: "Yo non seria tan ledo sy me diesen dozientos marcos[126] de plata commo sso conestos dos falsos que aqui veo presos, que non sse peores en toda la tierra. Sennor," dixo el al jnfante, "estos malos sson de contar por culpantes. Este vno ha nonbre Mançion e el otro Justort de Monte Claro. Estos dezian al rey que me mandase sacar los ojos. Mas agora los mandat uos por eso rastrar o enforcar por las gargantas." "Yo lo otorgo,"

---

[126] Tiemann: *maravedis* (*Sibille*, 90). However, the *marco* is a weight measurement for precious metals, not a monetary unit.

dixo el jnfante. Entonçe fezieron traer dos roçines e ataron los a ellos e rastraron los a vista del rey que estaua ençima del muro d'Alta Foja. "¡Ay, Dios!", dixo el rey, "¡Commo non ensandezco de pesar, por que asi veo arastrar mjs omes e los non puedo acorrer! El coraçon me deuia por ende
1545 quebrar. Grant pesar auia por ellos el rey Carlos." E despues que fueron arastrados, mandaron erguyr forcas, e pusieronlos y, e asy ouieron los traidores lo que mereçian dela buena duenna que trayeron e fezieron desterrar a tuerto. E el jnfante Loys, que era de prestar, fizo traer ante ssy todos los otros presos. E dixoles su razon tal: "Sennores," dixo el,
1550 "¿sabedes lo que uos demando? Quiero que uos vayades quitos para el rey Carlos. E saludat me primeramente a mj padre e desi a don Aymes e a Ougel. Estos dos nunca yo vy, mas oy los preçiar. E dezit les que si yo pudiese, que de grado me aconpan*n*aria a ellos, e, por Dios, dezit les demj p*ar*te q*ue* rueguen al rey q*ue* resçiba a mj madre por mug*ie*r e q*ue*
1555 fara muy gra*n*t limosna." E los presos respondieron q*ue* su ma*n*dado farian de b*ue*na ment*e*, e dieron le gra*ç*ias e m*er*çedes de q*ue*los quitaua e comendaron lo a Dios, e espedieron sse | e p*ar*tieron se del, e fueronse a 147RB Alta Foja. E desq*ue* fueron antel rey, saluaron a el e atoda su conpan*n*a. E ot*r*osi saluaron a don Aymes e Ougel de p*ar*te del jnfant*e*, e dixiero*n*
1560 les su mandado. "Sen*n*or," dixero*n* ellos al rey, "el buen Loys, v*ue*st*r*o fijo, nos q*u*ito, e enbia uos dezir por nos q*ue* resçibades a su madre e q*ue* faredes y muy gra*n*t bie*n* e muy gra*n*t limosna. E el apostoligo, q*ue* es sen*n*or dela ley, verna auos a pie por este pl*e*ito e esta auene*n*çia t*r*aer, si uos q*ue*sierdes, e don Almeriq*ue* de Narbona co*n* todos sus amigos,
1565 e sabet q*ue* Manço*n* es enforcado e Justort su cormano, ca el palmero, q*ue* uos sabedes, los fizo enforcar, e dize q*ue* ot*r*o tal fara delos ot*r*os traidores q*ue* buscaron mal ala reyna, bien ante vos, q*ue*los non poderedes ende guardar." "¡Ay, Dios!", dixo el rey, "¡Q*u*antas ontas me ha fechas aq*ue*l maldito de palmero! Non folgare si del no*n* fuer vengado."
1570 Gra*n*t pesar ouo el rey q*u*ando oyo menazar sus om*e*s. Entonçe llamo a don Aymes e Lardenoys e Ougel. "Amigos," dixo el rey, "consejat me q*ue* fare sob*r*e esto." "Sen*n*or," dixo don Aymes, "yo vos lo dire. Q*u*ando anocheçier, nos saliremos fuera e yremos cont*r*a la hueste, e ellos non sse guardaran denos, e feriremos en*e*llos ssin sospecha, e mataremos e
1575 prenderemos dellos muchos." "Yo lo oto*r*go," dixo el rey, "ssi q*u*ier q*ue* non prendiesedes ot*r*o, ssyno*n* el palmero q*ue* leuo el mj cauallo, e pues esto dexistes, ponet lo por obra." Entonçe se p*ar*tieron de allj e fueron se guysar. E armaronse delas armas delos burgeses dela villa lo mejor q*ue* podian. E desq*ue* fueron armados e la noche veno, salieron fuera del
1580 castiello e fueronsse deçiendo por la montan*n*a. Asi q*ue* llegaron al llano do yazia la hueste delos griegos. Asi fueron ascusa ment*e*, q*ue*los griegos nu*n*ca dellos fuero*n* ap*er*çebidos, fasta q*ue* ferieron en*e*llos ssin sospecha. | E comença*r*on a ementar a altas bozes: "¡Monjoya, monjoya!", la sen*n*a 147VA

del rey Carlos. E los griegos, q*ue* seyan comie*n*do muy segurada ment*e*, salieron toste, q*ue* no*n* cataron por pan nj*n* por vjno nj*n* por carne. Mas los fra*n*çeses los cometiero*n* muy fiera mente. El roido fue muy gra*n*de por la hueste, e fueron armados mas de veynt*e* mill e dexaron sse correr alos fra*n*çeses. Mas los fra*n*çese*s*, q*u*ando esto entendiero*n*, comença*r*on se de allegar cont*r*a el castiello, ca bien vieron q*u*e ssu fuerça non les valdria nada. E do sse yuan acogiendo, fallaron a Barroqu*er*, q*ue* andaua en vn buen cauallo de Aleman*n*a q*ue*le diera el jnfant*e*, e saliera con*el* e co*n* el enp*er*ador. Mas aveno assy q*ue* se espidiera dellos, e cogiose por ot*r*a carrera. P*er*o tanto q*ue* Barroqu*er* a Ougel vio, alço ssu bordon por lo ferir, mas Ougel le desujo el golpe, ca ouo del miedo. E echole mano e trauole enla barua, q*ue* t*r*aya grande com*m*o griego, e cogiolo so el braço, e començolo de apretar, asy q*ue*lo desapodero. E Barroqu*er* começo a dezir: "¡Ay, santa M*a*ria, valme!, ca sy me lieua*n*[127] al castiello, yo[128] muerto sso." E el jnfant*e* Loys, q*ue* ende la boz oyo, començo de correr contra aq*ue*lla p*a*rte. Mas nonlo pudieron acorrer, ca Ougel, q*ue* non auia sabor de lo dexar, lo tenja toda via, e lo leuaua suso cont*r*a el castiello. E el jnfante desq*ue* vio q*ue*lo no*n* podia auer, tornose ala hueste. Mas mucho fazia gra*nt* duelo por Barroqu*er*, ca muy gra*nt* mjedo auia q*ue*lo matasen.

El enp*er*ador, q*ue* seya en Alta Foja atendiendo, llego Ougel ala puerta e llamo e abrieronle, e desq*ue* entro, lleuo a Barroqu*er* ant*el* e diogelo, e los fra*n*çeses sse ayuntaron y e dixeron: "Buen vejaz es este." Entonçe | se leuanto en pie vn t*r*aidor, Aloris, cormano de Galaron, e dixo al rey: "Sen*n*or enp*er*ador, p*a*ra el apostol sant Pedro, vos juro q*ue* este es el palmero q*ue* vos fuyo con*el* v*uest*ro buen cauallo del canpo de Paris. Fazet le agora por ende tirar los ojos dela cabeça. Desi enforqu*e*nlo." Quando le esto oyo Barroqu*er*, començolo de catar tan fiera mente q*ue* marauilla. E enrrugo la tiesta e apreto los dientes e alço el pun*n*o e fuese a el, e diole tal pun*n*ada enlos dientes q*ue*le q*ue*bro los beços e le fizo saltar los dientes, e dio con*el* en t*i*erra a pies del rey Carlos. "Tirate[129] de aq*u*i," dixo el, "¡lixoso malo t*r*aidor q*ue* por ty e por tu linage fue echada la reyna Seuilla, mj sen*n*ora, mugi*er* del rey Carlos, en desterramie*n*to. Mas ssy vos coge enla mano su fijo, non vos puede guarir cosa q*ue* vos atodos non enforq*ue* o no*n* q*ue*me." Quando esto vio el enp*er*ador a com*m*o sseya de mal talante,[130] metio bozes: "¡Prendet lo, prendet lo! E yd lo luego enforcar." Entonçe fue p*r*eso Barroqu*er*, e ata-

---

[127] Tiemann: *lieua* (*Sibille*, 92).
[128] Tiemann: *yo* (*Sibille*, 92).
[129] Tiemann: *tira-le* (*Sibille*, 93).
[130] The letters *ta* were reconstructed with ultraviolet light.

ronle las manos e pusieron le el pan*n*o ante los ojos. Agora le vala Dios ssyno*n* agora lo enforcan.

 Entonçe presieron a Barroqu*er* aq*u*ellos a q*u*ien lo el rey ma*n*do e fezieron erguyr la forca ençima dela rocha al pie del castiello, asy q*ue* bien lo poderia*n* de alli ver los griegos. "Agora," dixo el rey, "guardat lo, q*ue* se no*n* vaya, ca p*ar*a aq*u*el Dios q*ue* veno enla vera cruz, no*n* ha cosa q*ue* melo q*u*itase de manos q*ue*lo no*n* enforcase. En mal pu*n*to p*ar*a ssy me leuo el mj bue*n* cauallo." Desq*ue* las forcas fueron alçadas, los traidores feziero*n* alla leuar a Barroqu*er*. Desq*ue* se el vio en tal peligro, començo mucho a plan*n*er e dixo a Dios: "Sen*n*or q*ue* mue*r*te p*r*endieste e*n*la vera | cruz por los pecadores saluar, aue m*er*çet de mi alma, ca el cu*er*po llegado es a ssu fin. ¡Ay, jnfant*e* Lois! Dios te guarde de mal, ca yo jamas nu*n*ca te vere. Dios ponga paz entre ty e tu padre, e q*ue* uos acordedes de consuno." En todo esto, los traidores fezieron erguyr vna escalera por q*ue*lo sobiesen suso. Entonçe le echaron vna soga ala garganta. "Ay, vejancon," dixo Aloris, "venida es v*ues*tra fin. Assy q*ue* Dios njn om*m*e nin mug*i*er non uos pueden guardar q*ue* no*n* seades colgado." Quando esto Barroqu*er* oyo, tomose mucho a llorar. Desi començo a rrogar aq*ue*l Sen*n*or q*ue* ende ha el poder q*ue*le guardase el alma, q*ue* non fuese p*er*dida. E desq*ue* le ataron la cuerda ala garganta aquellos, q*ue* Dios confonda, le echaron el pan*n*o ante los ojos. A atanto llego y el duq*ue* don Aymes e Ougel con*e*l e toda su conpan*n*a. E desq*ue* y fueron, el duq*ue* dixo: "Palmero, mucho feziestes gra*n*t follia q*u*ando uos leuastes el muy bue*n* cauallo del rey. Ora s*er*edes[131] por ende enforcado a vista de todos los dela hueste." "Sen*n*or," dixo Barroqu*er*, "por Dios, fide s*an*ta Mar*i*a, auet m*er*çet demj, q*ue* me non enforqu*en*. E yo vos dire v*er*dat. Yo he nonb*re* Barroqu*er* e sso natural de Emaus. E por guardar la reyn*n*a q*u*ando fue echada a tuerto, dexe mj mug*i*er e mjs fijos. Tanto oue della gra*n*t duelo q*u*ando la falle sola en*e*l monte muy triste e muy esmayada. Aq*u*el t*i*enpo q*ue* Macaire fizo la gra*n*t traiçion, q*u*ando mato a Auberi de Mondisder q*u*ela andaua buscando porla escarneçer, mas a Dios no*n* plogo q*u*ela el fallase. Mas yo la falle en aq*u*ella ora muy gra*n*t man*n*ana en salie*n*do de vn mont*e*. Desy guyela e fuy me con*e*lla, e andamos tanto q*ue* llegamos | a vna villa q*ue* dizen Vrmesa, e y encaesçio de vn fijo, q*ue* es muy buen jnfante, a q*ue* dio el no*n*bre el rey de Vngria, Loys, q*u*ando lo tiro de fuent*e*s, e yo lo crie siemp*re*. E agora he por ende tal gualardon de su padre q*ue* prendere por ende mu*er*te. Ay, enp*er*ador de Fra*n*çia, Dios te lo demande, ca tu echaste de t*i*erra la b*u*ena reyna, tu mug*ie*r. E Dios no*n* aya p*ar*te enla tu alma syla no*n* resçibier*e*s, e estas por ende en ora de p*er*der la vida." Quando esto oyo don Aym*e*s, fue ende muy ledo,

148RA

148RB

---

[131] Tiemann: *sedes* (*Sibille*, 94).

e llamo a Ougel e dixole: "Agora non ha cosa en el mundo por que dexase de ser vengado delos traidores que a tan grant tuerto fezieron echar la Reyna." Desi dixo al palmero: "Amigo, dime verdat, e non me njegues cosa. El jnfante que tu dizes, ¿es aca yuso en aquella hueste, e su madre, la reyna Seuilla, mugier del rey Carlos? Ssy fue verdat, asi commo tu dizes quela guareçiste, çertas que tu deues por ende auer muy grant onrra, e por buena fe quela yria ver de buena mente e que todo quanto ouiese pusiese en ssu seruiçio e en su ayuda." "Sennor," dixo Barroquer, "bien vos lo juro para la fe que deuo a Dios que yo la guarde sienpre e que y es." Quando esto oyo el duque don Aymes, ssaco su espada dela bayna e dixo a aquellos quelo tenjan quelo dexasen, ssynon queles tajaria las cabeças. Entonçe lo fizo desliar e quitar le el panno delante los ojos. E los traidores sse fueron quexar al enperador del duque don Aymes e del bueno de don Ougel e de Lardenois queles quitaran el palmero, e el enperador enbio por ellos e ellos venjeron. "Don Aymes," dixo el enperador, "por Dios, ¿por que non dexastes enforcar aquel ladron?" "Sennor," dixo don Aymes, "yo vos los dire." "Non vos lo quiero oyr mas," dixo el enperador. "Oy este ya asy. Mas de mannana non me puede escapar." Entonçe llamo a Focart e Gonbaut e Guynemer. Estos eran delos traidores, e fizo gelo dar. E dixoles quelo guardassen, queseles non fuese, ssynon, quelos enforcaria | por ende, que por al non pasarian. E ellos dixieron que bien lo sabrian guardar. E los de la hueste sse asentaron a comer, mas el jnfante Loys non comja, ante començo a fazer el mayor duelo del mundo por Barroquer e a llorar. E el enperador, su avuelo, quelo sopo, e el apostoligo lo fueron confortar, e dixieronle: "Amigo jnfante, agora dexat vuestro duelo, ca Dios lo puede muy bien guardar."

"Sennores," dixo el, "ssilo mj padre mata, yo jamas non auere alegria en quanto vjua." A atanto aqui viene Griomoarte antel, e quando lo cato, commo lloraua, ouo ende muy grant pesar. E dixole a muy altas bozes: "E, ¿que auedes, muy buen sennor? Non melo neguedes, ca so el çielo non ha cosa que vos querades que uos lo yo non vaya demandar e vos lo non traya." "Amigo," dixo el jnfante, "yo vos amo mucho, e por ende uos lo dire. Barroquer, que uos sabedes, leuaronlo preso al castiello, de que me pesa tanto que uos lo non se dezir, e bien cuydo que non ha cosa quelo guarezca que mj padre nonlo faga enforcar." "Sennor," dize Griomoart, "non uos desmayedes, ca yo vos lo cuydo dar ante del medio dia sano e saluo, ca yo sse vn tal encantamento por quelo quitare dende e uos lo traere sin ningunt dapnno." "Amigo," dixo el jnfante, "ssy uos esto fazedes, non ha cosa que me demandedes que uos lo yo non de." Entonçe fazia vn poco escuro. E Griomoart se aparejo e començo a dezir sus conjuraçiones e a fazer ssus carautulas, que sabia muy bien fazer. Entonçe se començo a canbiar en colores de muchas guisas, jndio e jalne e varnjzado, e los omes buenos quelo catauan sse marauillauan ende mucho. "Senno-

res," dixo Griomoart, "non vos desmayedes, ca ante | que yo torne, auere 148vb
1705 muertos dellos bien catorze." "Amigo," dixo el apostoligo, "non fagas, ca
tal omme y poderia morrer que tu non conosçerias, de que seria grant
danno, e naçeria ende grant guerra. Mas piensa denos traer a Barroquer
ayna. E si fezieres alguna cosa de que ayas pecado, perdonado te sea de
Dios e demj." Entonçe se salio Griomoart dela tienda e fue su carrera
1710 contra la montanna, e tanto ando que llego ala puerta del grant alcaçar,
e ençima del muro estaua vn velador que tannia su cuerno. E quando vio
a Griomoart, dio muy grandes bozes, e dixo: "¿Quien anda y? ¿Quien
anda y? Euar piedra, ¡vay!"[132] Quando esto oyo Griomoart, ouo pauor,
e començo luego a fazer su encantamento e a dezir sus conjuraçiones,
1715 ental guisa que el velador adormeçio. E Griomoart se fue ala puerta e
metio mano a su bolsa, e tyro vn poco de engrudo que auia tan grant
fuerça que tanto que tannjo conello, las çerraduras luego cayeron en tierra. E desque entro, fuese al palaçio e sol que puso la mano enla puerta,
començo a dezir sus conjuraçiones. E el portal, que era alto e lunbroso,
1720 fue luego escuro, e Griomoart entro muy segura mente, e ala puerta del
palaçio fallo diez omes armados que tenian sus espadas muy buenas. E
Griomoart, que lo entendio, fizo su encantamento, e adormeçieronse
luego de tal guisa quese dexaron caer estendidos, vnos cabo otros, atales
commo muertos. Quando esto vio Griomoart, entro luego en el palaçio,
1725 e fallolos todos dormiendo, e paso por ellos, toda via echando su encantamento, e tanto que fue fecho, asi adormeçieron todos, caualleros e
vnos e otros, queles tajarian las | cabeças e non acordarian. E Barroquer 149ra
mesmo, que alla dentro yazia preso en la camara, adormeçiera tan fiera
mente que marauilla, e bien otrosi el enperador Carlos, e don Aymes, e
1730 Ougel, e los otros altos omes yazian asi dormiendo que nunca pudieron
acordar. E enel palaçio ardian quatro çirios que dauan muy gran lunbre,
e Griomoart, que dentro estaua, en su mano vn baston, cataua a cada
parte sy veria a Barroquer, e dixo: "Ay, Dios Sennor, e, ¿a qual parte
yaz Barroquer? Yo juro a Dios que sy lo fallar non puedo, que yo porne
1735 fuego al palaçio e a todo el alcaçar." E començo de andar buscando de
camara en camara, assy quelo fallo preso a vna estaca, e vnos fierros
en los pies, dormiendo muy fiera mente. E Griomoart lo desperto, e
soltole los fierros e las liaduras por su encantamento. E Barroquer fue
muy espantado quando vio a Griomoart. "Via suso,"[133] dixo Griomoart,
1740 "muy toste, ca tu eres libre, si a Dios plaz." "Sennor," dixo el, "fablat mas
paso, que sse non espierten estos que me guardan, ca nos matarian toste,

---

[132] According to Lasry, when the guard says "Euar piedra, ¡vay!", he is telling his men to cast stones at those who are encroaching (*Critical Edition*, 163 n. 82).

[133] He is telling Barroquer to "get up" (Lasry, *Critical Edition*, 164 n. 84).

que cosa non nos guarira." "Barroquer," dixo el ladron, "en mal punto te espantaras, ca sse non despertaran fasta la luz." Entonçe se començaron de salir. E Barroquer yua adelante e dixo al ladron: "Amigo, vayamos nos toste, ca el corasçon me trieme de guisa que a pocas non muero de miedo." "Barroquer," dixo el, "¿por que te espantas tu? Yo ssennero entre aqui. Mas vayamos ver a Carlos, commo le va." "¡Callate!", dixo Barroquer, "Grant follia dizes, par sant Donjs," dixo el, "Yo non yre ael por lo ver, ca mucho es fuerte omme. Mas vayamos nuestra carrera. A diablos lo encomiendo." E Griomoart non demoro mas. E dexo a Barroquer estar cabo de vn pilar, e fuese contra el lecho de Carlos e descobriole el rostro por lo ver mejor. | E desque lo cato, dixo: "Ay, Dios, ¡commo es dultadorio el rey Carlos! Mal venga aquien le fizo que echase su mugier. Esto fezieron los traidores, que Dios confonda. Non puede ser, si se junta la hueste delos griegos e la deste, que y non aya muy grant danno de anbas las partes, ca este non se querra dexar vençer. Nunca tan fuerte rostro vi de omme." Entonçe llamo a Barroquer por le mostrar el rey Carlos, mas el otro non fuera alla por cosa del mundo. Despues desto, Griomoart començo de catar de vna parte e de otra, e vio estar ala cabesçera del enperador lasu buena espada, que llamauan Joliosa, a que non sabian par, synon era Duradans,[134] e tomo la luego e dixo quela leuaria al jnfante Loys. A tanto se torno e fallo a Barroquer estar tras el pilar muy callado, que rogaua mucho a Dios quese non despertasen los de dentro njn lo fallasen ssuso. "Conpannero," dixo el, "ora pensar de andar. Bien me semeja que si me alguno quesiese mal fazer, que me non acorreriades. Non me semejades mucho ardido. Nunca peor conpannero vy para escodrunnar castiello." "Por Dios," dixo Barroquer, "dexat estar, e vayamos toste e pensemos nos de acoger." Entonçe se fueron ala puerta del castiello e salieron fuera, e fueron se quanto mas podian yr contra hueste. E aueno que aquella noche rondaua el buen enperador de Greçia. E el jnfante Loys, ssu njeto, conel, e quando los vio venjr, aguyjo el cauallo contra ellos. Mas quando conosçio a Barroquer, abraçolo mas de çient vezes, e besole los ojos e las façes, e fizo conellos anbos la mayor alegria del mundo. E el ladron presento la buena espada al jnfante e dixole: "Tomad, sennor, la espada de vuestro padre que llaman Joliosa, que es preçiada tan mucho." E el la tomo, e fue el mas ledo del mundo conella, e dixole: "Amigo non ha enel mundo dos cosas | de que tan ledo pudiese ser commo de Barroquer e de esta buena espada. E dela vna e dela otra aueredes ende buen gualardon, si Dios quesier."

Entonçe los leuo el jnfante ala hueste, e fezieron por ende todos muy grant alegria. Mas la alegria dela reynna, esta non auia par quando vio

---

[134] This latter sword belonged to Roland (Lasry, *Critical Edition*, 165 n. 85).

a Barroqu*e*r. Mas del enp*e*rador Carlos vos fablare e de su conpan*n*a. El velador adormeçio, q*ue* nu*n*ca desp*er*to fasta la man*n*ana. E q*ua*ndo acordo, dixo q*ue*le dolia mal la cabeça. E cato aderredor dessy e vio la
1785 pu*er*ta avierta del castiello, e fuele mal, e metio bozes: "¡Ora suso, varo n*e*s! ¡T*r*aidos ssomos!" A estas vozes acordo el enp*e*rador e todos ssus altos om*e*s q*ue* albergaua*n* en el palaçio con*e*l, q*ue* cuydaua*n* auer p*er*dido q*ua*nto auian. Mas q*ua*ndo el enp*e*rador cuydo tomar su espada, q*ue* cuydaua q*ue* tenja cabossy e la no*n* fallo, a pocas no*n* p*er*dio el sseso. E
1790 do vio a don Aymes e don Ougel cabossy, llamolos e dixoles: "Varon*e*s, ¿q*ue* se fizo demj espada Joliosa? Non melo neguedes, si sabedes do es." "Sen*n*or," diz el duq*ue* don Aymes, "non sabemos ende mas q*ue* uos." "Par Dios," dixo el enp*e*rador, "asaz la busq*ue* dola tenja ala cabeçera, e nu*n*ca la pude fallar. Mas bie*n* fue q*ue* es furtada e q*ue* yo sso encantado.
1795 E ssy esto fizo el palmero, sea luego enforcado." Entonçe fuero*n* buscar a Barroqu*e*r aq*ue*llos q*ue*lo auia*n* de guardar, e q*ua*ndo lo no*n* fallaron, come*n*çaron a llorar por q*ue*les fuyera. Entonçe se tornaro*n* al rey e dixie ronle: "Sen*n*or, Barroqu*e*r nos escapo e fuese ala hueste. Asi nos encanto a todos, q*ue* no*n* dio por nos cosa. Mas silo ot*r*a vez pudiermos coger en
1800 la mano, luego sea enforcado, no*n* aya y al." "Traidores," | dixo el Rey, 149vb "e, ¿q*ue* es lo q*ue* dizides? Despues q*ue*l cauallo es p*er*dido çerrades bien la establa. Mas en mal punto vos fuyo, ca vos lo conprarede*s* bien."

Grant pesar ouo el enp*e*rador q*ua*ndo le mostraro*n* los fierros e las cadenas q*ue* tenja Barroqu*e*r, q*ue* alli fincara*n*. "Por Dios," diz el enp*e*ra
1805 dor, "asi vos escapo aqu*e*l q*ue* tanto mal me ha fecho. ¡Ay! E, ¡com*m*o me ha t*r*aido aq*ue*l viejo malo, q*ue*la mj b*ue*na espada me tomo por la leuar al jnfant*e* Lois! Nunca desq*ue* naçi fuy asi dormjent*e* com*m*o esta noche. Mas p*ar*a la fe q*ue* deuo a Dios, lixosos malos, en mal punto dexastes yr a Barroqu*e*r, aq*ue*l ladron malo." Entonçe llamo a[135] don Aymes e a
1810 Ougel delas marchas e dixoles: "Prendet me aq*ue*llos dos falsos malos q*ue* auian de guardar el palmero." "Ssen*n*or," dixieron ellos, "fecho sea." Por estos dos fueron p*r*esos aq*ue*llos traidores e enforcados, q*ue*los no*n* detouieron mas. E el enp*e*rador dixo entonçe: "!Ay, Dios! E, ¿q*ua*l caua ll*e*ro sera agora q*ue* me leuara my mandado a Paris, q*ue* me acorran?, ca
1815 muy gra*n*t menest*e*r me faz." Entonçe se leuanto luego Ougel e fuese luego armar. E desq*ue* caualgo en su b*ue*n cauallo Broyefort, veno ant*e*l enp*e*rador e dixole: "Sen*n*or, ¿com*m*o mandades?" "Yd uos," dixo el, "q*ua*nto pudierdes, e dezit q*ue* me acorran." Entonçe sse fue el deçiendo por la montan*n*a, e desq*ue* llego al llano, començo de aguyjar. Mas gri
1820 fon*e*s q*ue*lo viero*n* cogieron en pos el a poder de cauallos, baladrando e

---

[135] Scribal insertion: *a*. Spaccarelli's transcription deletes this word (*Text and Concordance*).

gritando: "¡Preso sodes! ¡Non vos yredes mas!" El bueno de don Ougel non respondio a cosa que ellos dixiesen. Mas quando vio logar e tienpo, enbraço el escudo e torno la cabeça del cauallo, e metio la lança so el braço e fue ferir a aquel quelo mas alcançaua de tal lançada quelo metio
1825 muerto en tierra del cauallo. Desy | boluiose, e començo de yr quanto 150RA pudo, ca muy cer[c]a[136] venian del bien quatro çientos griegos quelo alcançauan fiera mente. Mas el que vio esto cogiose a vn monte e fue se por el quanto pudo, e alli lo perdieron, e desquelo non pudieron fallar, tornaronse. Mas Ougel se fue quanto se pudo yr e delas jornadas que
1830 fizo, nin por do fue, non uos se contar. Mas llego a Paris vn dia martes, e desque entro por la villa, fue metiendo por la plaça muy grandes bozes: "Agora via todos, varones, pequennos e grandes, al rey Carlos, que es çercado en Alta Foja dolo[137] çercaron griegos e moros e persianos, e silo non acorredes, toste puede ser perdido."
1835 Assy llego don Ougel a Paris a vna alua de dia, e fizo a grant priesa ayuntar las gentes por la villa, assi que en otro dia auian de mouer por acorrer a su sennor. Mas don Ougel les dixo: "Amigos, non uos cuytedes, e dexat yr amy a Normandia por traer ende el duque con todo ssu poder." E ellos respondieron que bien lo farian. Despues desto, fuese el sin dete-
1840 nençia a Quarren e fallo y a Rechart, el buen duque quelo resçebio muy bien, e preguntole a que veniera. E el le conto de commo el enperador de Greçia tenja cer[c]ado[138] al rey Carlos en Alta Foja con muy grant gente a marauilla: "E conviene que vos aguysedes delo acorrer." Quando el duque esto oyo, començo mucho a llorar, e despues dixole: "Don Ougel,
1845 mucho es eneste fecho culpado el rey Carlos por que asi echo la reynna de su tierra. E dixieron me que auia della vn muy buen fijo a que dizen Loys. Mas, ¿quien cuydades que se quiera yr matar con su fijo? Por Dios, dezit me lo que vedes y, ca yo non ayuntare mj gente contra el, ante le quiero yr pedir merçet. E non me mandara ya cosa que yo por el non
1850 faga, ca | es mj sennor natural." "Sennor," dixo Ougel, "por cosa del 150RB mundo uos no dexedes de acorrer a vuestro sennor e delo ayudar en toda guisa. E desque ael llegardes, tanto le rogaremos que resçiba su mugier quelo fara." "Don Ougel," dixo el duque al jnfante, "nonlo falleçere toda via en quanto bjujer." Entonçe enbio por toda Normandia e fizo ayuntar
1855 sus caualleros, que fueron bien catorze mill de muy buenos. Entonçe se partieron de Ruen e andaron tanto por sus jornadas que llegaron a Paris. Entonçe sse yuntaron todos los de Paris e los de Normandia, e mouieron de y por yr a Alta Foja. E desque y llegaron, posaron dende

---

[136] MS: *cerça*.
[137] Tiemann: *do* (*Sibille*, 100).
[138] MS: *cerçado*.

vna legua, e fezieron lo saber a ssu sen*n*or, el rey Carlos. Quando el ende
1860 oyo las nueuas, fue muy ledo a marauilla, e ssalio del castiello e fue los
ver. Mas q*u*ando ellos vieron a[l] rey ssano e ledo, ouieron ende gra*n*t
plazer. Entonçe llego mandado ala hueste de los griegos com*m*o venja el
poder muy grande del rey Carlos. Quando esto entendio el jnfant*e* Loys,
comen*ç*o a meter bozes: "¡Armas, armas, agora vayamos cont*r*a el rey
1865 Carlos!" El roido fue muy grande por la hueste, e fueron todos armados
muy ayna. E mouiero*n* co*n*tra el rey Carlos, e asi fezieron los ot*r*os *contra*
estos. E al juntar, fueron los baladros muy grandes e el sson de las armas
e delos golpes q*u*ese feria*n*. E ouo mucha gent*e* muerta de vna e de ot*r*a
p*ar*te, e si mucho en*e*sto demoraran, ouiera y muy gra*n*t dapn*n*o fiero.
1870 Mas llegoles la noche[139] q*u*elos fizo p*ar*tir. E el apostoligo veno y, q*u*eles
ssermono q*u*e dexasen la batalla fasta ot*r*o dia. E fueron dadas t*r*eguas
dela vna p*ar*te e dela ot*r*a fasta la man*n*ana a t*i*e*n*po de misas dichas.
    Entonçe se p*ar*tieron. E el enp*er*ador Carlos se fue posar assus | 150va
tiendas. Mas Barroqu*er*, q*u*elo vio yr e lo conosçio, mostrolo al jnfant*e*
1875 Loys, e dixole: "Sen*n*or, vedes alli do va el b*u*eno de v*ues*tro padre, q*u*e
tanto es de preçiar q*u*e fizo a v*ues*tra madre echar de la tierra?" Quando
esto oyo el jnfant*e*, aguyjo toste co*n*tra alla e deçio, e fue fincar los jnojos ant*e*l, pedie*n*dole m*er*çet: "Sen*n*or enp*er*ador," dixo el, "por amor de
aq*u*el Sen*n*or q*u*e fizo el çielo e la t*i*erra, resçebit amj madre por mug*i*er,
1880 asi com*m*o deuedes, sy q*u*ier non ha tan b*u*ena duen*n*a, njn tan bella, en
ning*u*na tierra." Quando el rey vio ante ssy su fijo estar en jnojos e pedir
le m*er*çet, de piadat tomose a llorar, de guysa q*u*ele non pudo fablar nin
veruo. Desy fuese asu tienda p*ar*a su mesnada, e el jnfant*e* Lois fue se
asu hueste. Aquella noche yoguyero*n* anbas las huestes muy q*u*edas e en
1885 paz. Otro dia muy gra*n*t man*n*ana sse leua*n*to el apostoligo, e desqu*e*
canto la mjsa en su tienda con su clerezia, fizo llamar al enp*er*ador e la
reyna Seuilla e el jnfant*e* Loys. E desq*u*e fueron ayu*n*tados, el apostoligo
les come*n*ço a dezir: "Amigos, el enp*er*ador Carlos es muy buen om*m*e e
q*u*e ha gra*n*t sen*n*orio. Por el amor de Dios e de s*a*nta M*ar*ia, su madre,
1890 q*u*e fagamos agora vna cosa q*u*e nos no*n* sera villanja, mas omildat e seso
e cortesia. Vayamos todos a el por ant*e* todos sus om*e*s, q*u*e non finq*u*e
ningu*n*o de n*u*est*r*a conpan*n*a, njn duen*n*a njn donzella, e los om*e*s vayan
todos desnudos en pan*n*os menores e las mugier*e*s desnudas fasta las
çintas. Asi yredes co*n*tra el rey. E q*u*ando viere q*u*ele asi pedides m*er*çet,
1895 mucho auera el cora*ç*on duro ssy sele no*n* amollantar." Quando los altos
om*e*s esto oyeron, toujeron lo por bien e otorgaro*n*lo. Estonçe dixo el
apostoligo al jnfant*e* Loys | q*u*e feziese dar pregon por la hueste, q*u*e 150vb
non fincase om*m*e njn mugier, q*u*e todos no*n* fuesen pedir m*er*çet al

---

[139] MS: *nocyhe*. The *h* is superscript.

rey Carlos en tal guysa commo era deujsado. Mas quien viera a Barro-
1900 quer messar la barua e sus cabellos canos dela cabeça quando vio des-
nudar a su sennora la reynna fasta la çinta, piedat ende aueria, e dezian:
"¡Ay, Dios, que buen vejaz e que leal!"[140] Los ricos omes e los cauelleros,
todos fueron en pannjcos desnudos commo bestias, asi yuan vnos ante
otros por pedir merçet. Mas quando los asi vio venjr el rey, maraujllose
1905 e dixo: "¡Ay, Dios! E, ¿que piensa aquella que veo venjr en tal manera?"
"Sennor," dixo el duque don Aymes, "derecho auedes delos amar, ca me
semeja que viene y el jnfante Loys, vuestro fijo, por vos pedir merçet, e el
enperador de Greçia e el apostoligo, que sson tan altas dos personas." E
desque fueron antel, dixieron todos a vna boz: "Sennor, derecho enpera-
1910 dor, pedimos vos merçet por Dios, que resçibades la reynna Seuilla, vuestra mugier, que es la mas fermosa duenna de mundo e la mejor." Quando
esto entendio el rey Carlos, començo a pensar. Desy tomo el rico manto
que cobria de panno de seda, e cobriola del, e erguyola de jnojos enque
estaua antel, e començola de besar los ojos e las façes. Quando esto los
1915 omes buenos vieron, dieron ende graçias a Nuestro Sennor. E despues
quel rey Carlos beso su mugier e la resçibio a grant plazer, llamo a Loys
su fijo, e abraçolo e besolo. Despues cato e vio a Barroquer ante ssy estar,
e llamo a su fijo Loys e dixole ssonrreyendose: "Fijo, amigo, por Dios
que me digades, ¿quien es aquel viejo malo cano que me tanto pesar ha
1920 fecho?" "Sennor," dixo el jnfante, "asi me vala Dios, que este es el que
fallo mj madre enel | monte quando fue echada tan mesquinamente, 151RA
e seruiola sienpre muy bien e crio amj desde pequenno. Nunca en su
dolençia ouo otro maestre. Este nos buscaua que comiesemos e que
beujesemos, asy que ssy por el non fuera, amj cuydar muertos fueramos
1925 de fanbre e de lazeria." Quando esto entendio el rey Carlos, erguyose
corriendo e fue a Barroquer, e abraçolo e besolo, e perdonole todo su mal
talante. "Sennor," dixo Barroquer, "çient mill graçias." Entonçe llamo
el rey a Ougel e a don Aymes de Bayuera, e Galter de Tolosa. "Ora yd
todos corriendo," dixo el, "e prendet los traidores parientes de Galaron

---

[140] In regard to Sevilla's act of humility, Lasry states: "In danger of being defeated by his father-in-law and robbed of his horse and sword, the adjuncts of his military valor, Carlos was disgraced. He had lost standing as husband, soldier, and ruler. Sevilla's greater act of charity and humility restored him to his former glory. This romance dramatically shows both the punishment of impetuosity and the salvation of the hero through the moral greatness of his queen" ("Narrative Devices," 283). González observes that for the first time Sevilla's nudity is voluntary. Also, given the emasculation of Charlemagne due to the loss of his horse and sword, and to the probability of his imminent defeat, this critic interprets Sevilla's physical nudity as a reflection of her husband's political vulnerability: "*Carlos Maynes* o las ropas de la emperatriz," *Bulletin of Hispanic Studies* 83 (2006): 15–25.

1930 que toda esta onta buscaron, e fazet los treynar a colas de cauallos." E ellos dixieron que todo su mandado farian. Entonçe se fueron, mas non fallaron ende mas de çinco que prendieron, ca todos los otros fuyeran ya. E fue luego dellos fecha justiçia qual el rey mando. Despues desto, fue el pleito bien allanado, e fezieron muy grant alegria. Assy ouo resçebida
1935 su mugier Carlos, commo oydes. Entonçe caualgaron todos los griegos e el apostoligo, e el rey Carlos e los françeses, e todos los altos omes, faziendo grant fiesta e grant alegria, e fueronse contra Paris. E llegaron y vn martes a ora de viespras. E quando los dela villa sopieron que venjan, encortinaron todas las ruas de muy ricos pannos de seda, e echaron
1940 juncos por las calles, e salieron los a resçebir, grandes e pequennos, con muy grant fiesta. E resçebieron la reynna con muy grant alegria a ella e a su fijo e al buen enperador, sennor de Greçia, ca assy lo auja mandado el rey Carlos. E non finco obispo njn abat bendito njn clerigos que alla non saliesen con muy grant proçesion, e conlas arcas relicas e con todas las
1945 cruzes dela çiudat. Muchos | ricos dones presentaron aquel dia al jnfante 151RB Lois e ala reynna su madre otrosi.

Mucho fue grande la corte quel rey Carlos fizo en Paris en aquel tienpo. Alli fueron ayuntados todos los ricos omes que del tenjan tierras. Y fue Salamon de Bretanna e el duque de Longes, e don Almerique de
1950 Narbona e el duque don Aymes, e Trancrer e el muy bueno Buemont, e el conde don Mourant e Guyllem d'Ourenga, e los buenos dos marqueses, el vno auja nonbre Bernalt e el otro Ougel de Buena marcha. Alli fue fecho el casamjento del jnfante Loys e dela fija de don Almerique de Narbona a que dezian Blanchaflor, donde enbiaron luego por ella.
1955 E alli en aquella çiudat fueron fechas las bodas ricas e buenas. Aquel dia tomo Loys a Barroquer por la mano, e fuelo enpresentar ante el enperador su padre: "Sennor, yo vos do este omme por tal pleito que uos le dedes en vuestra casa tal cosa que uos gradeçamos, ca mucho nos serujo bien en estrannas tierras, que asy bien meresçia por ende ducado
1960 o condado por tierra." "Buen fijo," dixo el rey, "yo fare lo que uos quesierdes. Dole el mayordomadgo de mj corte e el castiello de Menleut por heredat, e entrego gello luego."[141] E Barroquer fue besar las manos al rey e dixole: "Sennor, grandes merçedes. Agora me auedes fecho de pobre, rico para sienpre jamas amj e a mjs fijos. Ya nunca tornare a andar
1965 en pos el asno." Entre tanto llego el buen enperador Ricardo, e dixole por buen[142] talante: "Rey Carlos, enperador, sy vos quesierdes, yo fare

---

[141] In Spaccarelli's view, this rewarding of the hosts and helpers reinforces the positive qualities of commoners while standing in contrast to the evil of much of the nobility (*Medieval Pilgrim's Companion*, 100).

[142] Tiemann: *bien* (*Sibille*, 104).

cauallero a Barroquer." "Bien," dixo el rey Carlos, "commo touierdes por bien." Entonçe mando llamar el enperador su mayordomo, e mandole que guysase muy ricamente a Barroquer de pannos e de cauallo e | de 151va armas e de todo quanto menester ouiese, e asi fue todo fecho. Otro dia fizo el enperador cauallero a Barroquer, e pusole en tierra[143] mill marcos[144] de renta, e luego que le dio ende grandes graçias, desy fizo le enbiar por su mugier e por sus fijos, que veniesen ally a Paris. E desque y fueron, resçebio los muy bien e fizoles mucha onrra. E desde alli adelante, non ouieron mengua de auer, nin de pannos nin de donas. Assy faze Nuestro Sennor a quien quier de pobre faze rico e abondado,[145] e el quese a El tiene, jamas non sera pobre. Despues desto, llamo el jnfante Loys a Griomoart e dixole: "Amigo, tu me serujste muy bien, e quierote por ende que seas mj copero mayor." E casolo muy bien enla çiudat de Paris. E por esto es verdat lo que dizen: "Quien a buen sennor sirue, non pierde ssu tienpo,"[146] que asi fue a Barroquer e Griomoart que oujeron buen gualardon de su seruiçio e dela reyna ouieron otrossy grant bien. Assy faze Dios a quien se paga, donde fue por ende fecho muy grant alegria. E la reyna, por que sse non oluidara el mucho, bien quele feziera el su huespet e la su huespeda de Vrmesa, enbioles luego vn mandadero con ssu carta, e el mandadero sse fue[147] quanto se pudo yr. E delas jornadas que fizo, non vos sse contar. Mas tanto ando que llego a Vrmesa. E pregunto por la casa del omme bueno Joçeran, e mostraron gela. E desque entro, ssaluo el huesped e la huespeda de parte dela duenna e de su fijo, que fueran tan luengo tienpo en su casa. El huesped fue marauillado de quien fablaua e el mandadero, que era enssennado, les dixo: "Vuestro afijado vos enbia mucho saludar, aquel a que pusistes nonbre Loys, que era fijo del enperador Carlos. E agora es ya resçebido por rey de França, e la duenna que vistes, su madre, era reynna de França, que aqui touistes en vuestra casa tan luengo | tienpo e que andaua tan 151vb pobre mente. E Barroquer andaua conella, quela seruja e la guardaua, vos saluda mucho, e enbia vos estas letras la reynna." E el huesped reçibiolas con muy grant alegria e abrio las. E fallo y quela reynna le enbiaua dezir que el e su mugier, con toda su conpanna, se fuesen a França derechamente ala çiudat de Paris, e que verian y a aquel que criaran por amor de Dios, Loys, el jnfante, que era ya resçebido por rey de França, e que auerian grandes riquezas e grandes aueres a sus voluntades. Quando esto

---

[143] Tiemann omits *en tierra* (*Sibille*, 104).

[144] Tiemann: *marauedis* (*Sibille*, 104).

[145] Cf. 2 Corinthians 8:9.

[146] This proverb is comparable to sayings in the *CMC* (the section on the sale of Alcocer) and in *Zifar* (the part on the King of Menton).

[147] The letters *ue* were reconsctructed with ultraviolet light.

oyeron el burges e su mug*i*er, començaro*n* de llorar de alegria q*ue* ende
ouiero*n*. E fezieron mucha onrra al mandadero e pusieronle la mesa, e
dieron le muy bien de comer e mandaron pensar muy bie*n*. Entonçe el
burges fue ver el rey, q*ue* era enla villa, e dixole las saludes de su afijado Loys, q*ue* era ya resçebido por rey de Françia, aq*ue*l q*ue* el sacara
de fuen*te*s e q*ue*l mandara q*ue*lo criase. Q*u*ando el rey esto entendio,
tomose a llorar de plazer q*ue* ende ouo. Despues desto, el burges dixo al
rey: "Sen*n*or, v*uest*ro afijado me enbio dezir q*ue* fuese a el a Françia. E yo
yria alla de grado, ssy a uos ploguyese." "Joçaran," dixo el rey, "amj plaz
ende mucho. E yd ala graçia de Dios, e saludat me mucho amj afijado e
atodo su linage, e dezit al jnfant*e* q*ue* Dios le de la mj bendiçio*n*. Otrossi
me saludat mucho a mi comadre e a Barroq*ue*r el vejancon." "Sen*n*or,"
dixo Joçaran, "todo fare q*u*anto vos mandardes." Entonçe le beso el pie,
e espidiose del. E tornose a su posada e aguyso su fazie*n*da. Assy q*ue*
otr*o* dia de man*n*ana sse metiero*n* al camino sin mas tardar, e leuo co*n*-
sigo su mug*i*er e sus dos fijas e ssus om*e*s q*ue*lo s*e*ruiesen enla carrera, e
tanto andaron q*ue* llegaron ala çiudat de Paris. E fueron posar çerca del
palaçio. E desq*ue* deçieron, el burges sse vestio e se guyso muy bien, e
fuese con su mensagero al |[148] palaçio. E q*u*ando lo sopo el infante, salio   152RA
a el e resçebiolo muy bien e a grant alegria. E desq*ue* lo abraço mucho
por muy g*ra*n amistad, dixole: "Padrino, por Dios dezit me com*m*o uos
va." "Çertas, afijado," dixo el, "muy bien, pues q*ue* uos veo ala m*e*rçet
de Dios." Entonçe lo tomo por la mano e fuese con*e*l, e leuolo antel
rey e contole com*m*o lo criara, e com*m*o touiera a el a su madre en su
casa gra*n*t tienpo. Otrossy lo mostro ala reyna q*ue* fue muy leda con*e*l a
marauilla. Despues Loys mostrolo alos altos om*e*s e dixoles[149] com*m*o lo
criara, e com*m*o mantouiera a el e a ssu madre en su p*r*oueza, e com*m*o
yoguyera la reyna dolien*te* ensu casa bie*n* diez an*n*os. E q*u*ando los ricos
om*e*s oyeron en com*m*o lo el contaua, llorauan . . .[150] de piadat q*ue* ende
auian. "Fijo," dixo el enp*er*ador, "el auera ende buen gualardon, e fagolo
por ende mj repostero e pongole çient marcos de renta en*e*sta çiudat
p*a*ra el e p*a*ra quantos del veniere*n*." E Joçeran gelo gradeçio mucho, e
fue luego entregado del reposte e del heredamiento, e la reyna caso muy
bien las fijas e muy alta mente. Despues q*ue* todo esto fue fecho e acabado, p*a*rtiose la corte. E los ricos om*e*s sse espedieron, e fueronse a ssus
tierras. E el enp*er*ador Ricardo sse espedio del enp*er*ador Carlos e beso

---

[148] Deleted at the start of the new folio: *al*. Spaccarelli: "This last folio is in a state of extreme mutilation" (*Medieval Pilgrim's Companion*, 135). In fact, less than half of it remains. Additionally, much of the text that is present is faded and/or rubbed away.

[149] Tiemann: *dico-les* (*Sibille*, 106).

[150] The manuscript folio is torn here.

a su fija e a ssu njeto muy amorosa mente, e comendolos todos a Dios.
2040 Otrossy el apostoligo de Roma sse espedio de Carlos, e encomendo a el e ssu enperio a Dios e a santa Maria. E al partir,[151] ...[152]

---

[151] Tiemann: <par> (*Sibille*, 106). The last part of this word is visible when consulting the manuscript *in situ*.

[152] The manuscript is incomplete at this point, but the text is cut off close to the end of the narrative.

# Appendix

Adapted and translated from MS 734-456 (MS F) of the Musée Conde in Chantilly as found in Rees Smith, ed., *Lives*, 23–28[1]

Saint Martha, blessed and honored hostess of our Lord Jesus Christ, was born in Bethany, in a castle near Jerusalem. She was noble and of royal blood. Her father was Lyrus and her mother Ankarie, and Mary Magdalen was her sister and Saint Lazarus, whom our Lord resurrected, her brother.

She loved the Creator, and she did so as early as her childhood. She knew Hebrew, and she was subject to the commandments of the law. Her body was also noble and beautiful. She was well spoken, well learned of all tasks pertaining to women. Among all women, she was the most virtuous, and she was more beautiful than any other. She was very compassionate and generous, and very chaste. She avoided all physical contact with men. There was none she would have taken either as a companion or as a husband.

Martha was very wealthy, too wealthy and too generous. To her knights and all her followers, she gave generously. She always gave enough to eat and always divided food and goods justly. As the Gospels say: "Everywhere our Lord went, she went." She helped every day. Thus, when Jesus Christ was in Bethany in the house of Simon the leper[2] and the latter made Him a great meal, Saint Martha helped, and she did so for the love of her brother, Lazarus, whom He had resurrected. It is said also that Martha hastened to do common tasks. She was the greatest hostess. All those who came to her home in Bethany obtained all they needed, and thereby, began to love Jesus Christ, who loves us all.

The Gospels say that when Jesus Christ had preached in Jerusalem, He returned in the evening to Bethany, where Saints Lazarus, Mary Magdalen, and Martha were. He stayed in their home. And so the prophecy was fulfilled which said that He would come as a stranger and a wanderer[3] who seeks a shelter in which to stay. And Saint Martha was so glorious and blessed and our Lord loved

---

[1] The following text completes that part of *Santa Marta* missing from the lacuna between the second and third folios of the manuscript. See above, p. 11, n.1.

[2] Matthew 26:6; Mark 14:3.

[3] Psalm 119:19.

her so much that He wanted her to host Him. She fed Him. She hosted in her home more people than Abraham himself.[4] She hosted God and men, the King of kings, Lord of lords, who in His hands holds everything more beautiful than the heavens, and as Job says, who is longer than the earth, larger than the ocean,[5] the one so many kings and prophets would like to see but cannot.[6] She hosted the Lord and fed Him. May this beautiful thing be worthy of praises and joy!

Martha and Mary Magdalen chose the tasks that they thought would be more pleasing to the Lord. Mary Magdalen chose to be at his feet and listen to Christ's words. Martha hastened to prepare the food. Because she had such a great guest in her house, she took great pains to serve Him well.[7] She had the house cleaned, and the beds and the meat prepared. It seemed that no one minded to serve such an important guest. Yet her sister did not help in any way. Martha complained to the kind judge and said: "Sire, does it not bother you that my sister lets me prepare all this on my own? Tell her to help me."

"Martha, Martha," He replies, "You are very anguished and troubled by many things. One thing is necessary. Mary Magdalen has chosen the very good part, which is the spiritual life, which will not be taken away from her, for she will have eternal life. May each of you do the service that each of you has chosen. Each struggles for the sake of the body. To be safe, do what you began to do. For to all of those who began well, the crown is promised to them, and it is given to those who show good examples through their deeds."

May great good be done to all who graciously greet their hosts, and by this hostess [Martha] Jesus Christ began. Thus for the love of the blessed Martha, Jesus Christ resurrected her brother Lazarus. For as the Gospels say, our Lord loved Martha, Mary Magdalen, and their brother Lazarus.[8] And I know what the Father says: "I love those who love me."[9]

Martha knew she was loved by the Lord and had no doubt she would obtain what she wanted.[10] And she had heard that He had resurrected Arthymagoge's[11] daughter. When He came back to Bethany, she complained about her brother's death and told Him: "My Lord, if only you could make my brother no longer dead. And I know that when you will ask God, He will grant it to you." How sure was she of her faith! She thought Jesus Christ could ask his Father, whom she does not see, and thought that Jesus Christ would get whatever He would request from his Father, and thought that the Holy Spirit would be a way between the

---

[4] Cf. Genesis 18:1–16.
[5] Job 11:9.
[6] Matthew 13:17; Luke 10:24.
[7] Luke 10:38–42.
[8] John 11:5.
[9] Cf. John 14:23.
[10] John 11:1–45 for all this.
[11] I.e., *archisynagogos*—Mark 5:22–24, 25–43; Luke 8:41–42, 49–56.

Son and the Father through which she thought her brother could be resurrected. Our Lord replied: "Your brother will rise again!" And she replied that she knew so. And thus she was taught the commandments of the law. She had read the prophets who said that the dead will rise again. The Lord told her He was the resurrection and the life: "And those who believe in me, should they be dead, will live. And those who live and believe in me will no longer die forever." He asked her: "Do you believe so?" And she replied: "Yes, Sire." She said: "I believe you are the son of our Lord God who came down to this world." Thus she became a companion of the Holy Father, Prince of the apostles, and of Job, and of Abraham, and of the blessed Virgin Mary. The Holy Father's companion, for as the Holy Father, she believed in the Father, the Son and the Holy Spirit, and said to the Son: "You are Jesus Christ, son of God." Job's companion for, like Job, she said that she believed she would rise on the last day and that God her Savior would retrieve her skin and flesh.[12] Thus Martha, who believes in the universal resurrection, said that she knew that her brother would be resurrected on the last day. Abraham's companion for, like him, she hosted three angels, God, and men, and fed them. The Virgin Mary's companion, for like her, she hosted the Lord in her house. But there is a difference. For the one who is blessed among all other women, with whom no one can compare in dignity, she received in her virgin belly, uncorrupted, the Son of God, but Martha received Him in her house, which is corruptible.

---

[12] Job 19:25–26.

# GLOSSARY

This glossary is designed to benefit the student of medieval Castilian. It was prepared using several authorities—Martín Alonso Pedraz, *Enciclopedia del idioma: Diccionario histórico y moderno de la lengua española (siglos XII al XX) etimológico, tecnológico, regional, e hispanoamericano* (Madrid: Aguilar, 1982); Corominas, *Diccionario crítico etimológico*; Covarrubias, *Tesoro de la lengua castellana*; Lloyd A. Kasten and Florian J. Cody, *Tentative Dictionary of Medieval Spanish*, 2nd ed., greatly expanded (New York: Hispanic Seminary of Medieval Studies, 2001)—and, above all, the text of the *LH*. If more than one form of a word appears, the first one alphabetically is listed; variants are placed in parentheses. High-frequency words whose meanings are clear (i.e., *poder, venir, ver*, etc.) or that merely possess non-standard spellings (i.e., *ascuchar* for *escuchar, sunnar* for *sonnar, seer* for *seyer* or *ser, yr* for *ir*, etc.) are not included. However, common words that have some uncommon meanings (i.e., *tener*) and/or that are associated with low-frequency idiomatic expressions (i.e., *prender*) are included. With nouns, gender is not indicated unless it makes a difference in meaning (i.e., *peçe [pez]*). To locate each instance of a form or word, see Spaccarelli's concordance, which appears with his transcription (*Text and Concordance*).

## A

abaldonar . . . . . . . . . . . . . *inf.*:[1] abaldonarse; *pres.*: abaldona; *pret.*: abaldonastes, abaldono; *imperf.*: abaldonaua; *fut.*: abaldonare; *p.p.*: abaldonada.
         *v.r.*: to entrust, commend, give up oneself.
         *v.t.*: to overcome.
         *v.t.*: to defile.

---

[1] Abbreviations are as follows: *adj.* = adjective; *adv.* = adverb; *conj.* = conjunction (*sub. conj.* = subordinate conjunction); *interj.* = interjection; *n.* = noun (*n.m.* = masculine noun, *n.f.* = feminine noun); *v.aux.* = helping verb; *v.impers.* = impersonal verb; *v.i.* = intransitive verb; *v.t.* = transitive verb; *v.recip.* = reciprocal verb; *v.r.* = reflexive verb. The order of the abbreviations for verb forms is the following: *inf.* = infinitive; *pres.* = present tense; *pret.* = preterite; *imperf.* = imperfect; *fut.*: future; *cond.*: conditional; *pluperf.* = pluperfect; *pres. subj.* = present subjunctive; *imperf. subj.* = imperfect subjunctive; *fut. subj.* = future subjunctive; *imper.* = imperative; *p.p.* = past participle; *pres.p.* = present participle.

**abaldonada** . . . . . . . . . . . . . *n.*: kept woman.
**aballar** . . . . . . . . . . . . . . . *inf.*: aballar; *pres.*: aballa; *pret*: aballaron; *pres.p.*: aballando.
    *v.t.*: to knock down.
    *v.r.*: to humble oneself.
    *v.t.*: to move, rouse.
**abarca** . . . . . . . . . . . . . . . *n.* leather-soled shoe with laces.
**abeurar** . . . . . . . . . . . . . . *inf.*: abeurar.
    *v.t.*: to give to drink.
**acapellar** . . . . . . . . . . . . . *inf.*: acapellar.
    *v.t.* to slaughter.
**açender** . . . . . . . . . . . . . . *inf.*: açender; *pret.*: açendio; *imperf.*: açendia, açendian; *p.p.* açeso, açendido.
    *v.t.*: to light.
    *v.r.*: to inflame, burn.
**acostar** . . . . . . . . . . . . . . . *inf.*: acostar; *pret.*: acostose; *imperf.*: acostaua; *pluperf.*: acostarase *p.p.*: acostado.
    *v.t.*: to approach.
    *v.r.*: to place.
    *v.r.*: to rest, lean upon.
**achaque** . . . . . . . . . . . . . . *n.*: cause, motive.
**adobar** . . . . . . . . . . . . . . . *inf.*: adobar.
    *v.t.*: to prepare.
**Adonay** . . . . . . . . . . . . . . *interj.*: Hebrew for God.
**adur (a dur)** . . . . . . . . . . . *adv.*: with difficulty.
**afalagar** . . . . . . . . . . . . . . *pres.*: afalagame.
    *v.t.*: to treat generously.
**afemençar** . . . . . . . . . . . . *pret.*: afemenço; *imperf.*: afemençiauan.
    *v.t.*: to gaze, stare at.
**afijado** . . . . . . . . . . . . . . . *n.* godson.
**afleitar** . . . . . . . . . . . . . . . *inf.*: afleitar.
    *v.t.*: to load, prepare.
**afollado** . . . . . . . . . . . . . . *adj.* wounded, injured, afflicted.
**agrauar** . . . . . . . . . . . . . . *pres.*: agraua; *p.p.*: agrauadas.
    *v.t.*: to overwhelm.
    *v.t.*: to worsen.
**aguijar (aguyjar)** . . . . . . . . *inf.*: aguyjar; *pret.*: aguijo, aguyjo, aguyjaron; *imperf.*: aguyjauan; *pres.p.*: aguyjando.

|               |                                                                 |
|---------------|-----------------------------------------------------------------|
|               | *v.i.*: to hurry.                                               |
|               | *v.t.*: to spur on (a horse).                                   |
|               | *v.i.*: to move ahead.                                          |
| **aguyjon**   | *n.*: staff with spur attached.                                 |
| **aguisar (aguysar,** |                                                         |
| **guisar, guysar)** | *inf.*: aguisar, aguysar, guisar, guysar; *pret.*: aguyso, aguysose, guiso, guisose, guyso, guysoles, aguisaronlo, guisaron, guysaronse; *imperf.*: guisaua, guisauan; *pres. subj.*: aguysedes, guysedes; *imperf. subj.*: aguisase, aguisasen, guisasen, guysase; *imper.*: guisat, guysad; *p.p.*: aguysada, guisada, guysada, guisadas, guisado, guysado, guisados, guysados. |
|               | *v.r.*: to dress oneself.                                       |
|               | *v.t.*: to get ready, prepare.                                  |
|               | *v.r.*: to get oneself ready, prepared.                         |
| **ajubre**    | *adv.*: elsewhere.                                              |
| **alano**     | *n.*: mastiff.                                                  |
| **alfage**    | *n.*: barber.                                                   |
| **alfayte**   | *n.*: cosmetic adornment.                                       |
| **algo**      | *n.*: favor, service; /*fazer a.*: to be generous, give property or wealth. |
| **alifante (almafy)** | *n.*: ivory.                                            |
| **aljuba**    | *n.*: short-sleeve overcoat worn by christianized Moors.        |
| **almadraque**| *n.*: mattress, cushion.                                        |
| **almonedear**| *inf.*: almonedear.                                             |
|               | *v.t.*: to bargain, sell publicly.                              |
| **alujstras** | *n.*: payment given in reward for something.                    |
| **amidos**    | *adv.*: unwillingly; /*a as.*: by force, against one's will.    |
| **amolar**    | *inf.* amolar.                                                  |
|               | *v.t.*: to sharpen.                                             |
| **amollantar**| *inf.*: amollantar.                                             |
|               | *v.t.*: to soften.                                              |
| **anca**      | *n.*: hip of a person.                                          |
| **andamjo**   | *n.*: parapet walk.                                             |
| **andança**   | *n.*: journey, trip.                                            |
|               | *n.*: fortune, luck.                                            |

**anda** . . . . . . . . . . . . . . . . *n.*: bier made with beams to carry someone.
**ante**. . . . . . . . . . . . . . . . . *adv.*: before, first, to the contrary, but rather.
                                  *prep.*: in front of, in the presence of.
**anteparança** . . . . . . . . . . . *n.*: apparition, phantasm.
**antojança** . . . . . . . . . . . . . *n.*: wish, desire, whim.
**aorar**. . . . . . . . . . . . . . . . .*pres. subj.*: aore.
                                  *v.t.*: to predict.[2]
**aparejar** . . . . . . . . . . . . . . *pret.*: aparejo, aparejola, aparejaron; *p.p.*: aparejada, aparejado, aparejados.
                                  *v.t.*: to prepare.
                                  *v.t.*: to provide.
                                  *v.r.*: to prepare oneself.
**aparejo** . . . . . . . . . . . . . . . *n.:* apparatus.
**apertado**. . . . . . . . . . . . . . *adj.*: pressed hard.
**apertar** . . . . . . . . . . . . . . . *imperf.*: apertauase.
                                  *v.r.*: to squeeze up, huddle tightly.
**apostoligo**. . . . . . . . . . . . . *n.*: the Pope.
**arame (aramen)** . . . . . . . . *n.*: bronze.
**ardido (ardit)** . . . . . . . . . *adj.*: bold, brave.
**arganna** . . . . . . . . . . . . . . *n.*: kernel of wheat or other grain.
**argen** . . . . . . . . . . . . . . . . *n.*: silver.
**arlotar**. . . . . . . . . . . . . . . . *inf.*: arlotar.
                                  *v.t.*: to commit malice, play dirty tricks on.
**arminno (armjnno)** . . . . . *n.*: ermine.
                                  *n.*: Armenian.
**arastrar (arrastrar, rastrar, rrastrar)** . . . . . . . . *inf.*: arastrar, arrastrar, rastrar, rrastrar; *pret.*: rastraron; *imperf.*: arrastrauan; *p.p.*: arastrada, arastrados, arrastrado, rastrada, rastrado; *pres.p.*: rastrando, rastrandola, rrastrando.
                                  *v.t.*: to drag (as a punishment).
**arrefezar**. . . . . . . . . . . . . . *inf.*: arrefezar.
                                  *v.r.*: to make vile, lowly.
**arreferimiento** . . . . . . . . . *n.*: harm.

---

[2] The form *aorado* is a variant of *adorado*, not the past participle of the verb with this meaning.

**arreferir** . . . . . . . . . . . . . . . *p.p.*: arreferida.
                                    *v.t.*: to damage.
**arreziado** . . . . . . . . . . . . . *adj.*: strong.
**arzon** . . . . . . . . . . . . . . . . *n.*: saddletree of the riding saddle.
**asaz**. . . . . . . . . . . . . . . . . . *adv.*: enough.
                                    *adv.*: in abundance.
**aspro**. . . . . . . . . . . . . . . . . *adj.*: tough, harsh.
                                    *adj.*: fighter-like.
**ascusa mente** . . . . . . . . . . *adv.:* hidden from view.
**asechar (assechar)** . . . . . . *pret.*: asecho; *pres.p.*: asechando, assechando.
                                    *v.t.*: to spy on.
**asserrar**. . . . . . . . . . . . . . . *pret.*: asserrosele.
                                    *v.t.*: to saw.
**assonada**. . . . . . . . . . . . . . *n.*: gathering of troops.
**asta**. . . . . . . . . . . . . . . . . . *n.*: wooden shaft of a lance or pike.
**astragar** . . . . . . . . . . . . . . *pret.*: astragaron; *p.p.*: astragadas.
                                    *v.t.*: to destroy.
**astroso** . . . . . . . . . . . . . . . *adj.*: vile, villainous.
                                    *adj.*: disgraced, cursed.
**atizar** . . . . . . . . . . . . . . . . *pres.*: atizas; *pret.*: atizo.
                                    *v.t.* to burn with temptation.
**aturar** . . . . . . . . . . . . . . . . *pres.*: aturan.
                                    *v.i.*: to last.
**auante**. . . . . . . . . . . . . . . . *adv.*: forward (nautical).
**auenir (auenjr,**
**avenir, avenjr)**. . . . . . . . . . *pres.*: aviene; *pret.*: aueno, auenoles, aveno; *imperf.*: auenja, auenjan; *pluperf.*: avenjera, auenjera, auenieran; *pres. subj.*: auenga; *imperf. subj.*: auenjese.
                                    *v.i.*: to happen.
**aujltado** . . . . . . . . . . . . . . *adj.*: defamed, slandered.
**ayna (aynda)**. . . . . . . . . . . *adv.*: quickly.
                                    *adv.*: as yet, until now.
**ayoz** . . . . . . . . . . . . . . . . . *interj.*: oh.
**az (faz, haz)** . . . . . . . . . . . *n.*: troop of knights formed along a battle line.

**aztor pollo** . . . . . . . . . . . . . *n*.: chicken hawk.

## B
**baladro**. . . . . . . . . . . . . . . *n*.: shout.
**balança (balax)**. . . . . . . . . *n*.: danger; /*ser en b*.: to be in danger; /*andar en b*.: to travel precariously, literally, in danger of losing balance.
**baldon** . . . . . . . . . . . . . . . *n*.: offense; /*a/por grant b*.: aggressively, offensively.
**baldoqui (baldoquin)**. . . . *n*.: silk brocade.
**barata**. . . . . . . . . . . . . . . . *n*.: confusion.
                              *n*.: deceit.
                              *n*.: business, dealing. /*en b*.: in negotiations.
                              *n*.: advantage.
**baratador** . . . . . . . . . . . . . *n*.: cheat, liar.
**baratar** . . . . . . . . . . . . . . . *pres*.: baratas; *fut*.: baratara, barataras, bataredes.
                              *v.i*.: to make a deal (used with *bien* or *mal*).
**barragana**. . . . . . . . . . . . . *n*.: concubine.
**bastir** . . . . . . . . . . . . . . . . *pret*.: bastio; *cond*.: bastirian; *p.p*.: bastido, bastidos.
                              *v.t*.: to prepare.
                              *v.t*.: to supply.
**baujeca** . . . . . . . . . . . . . . . *n*.: fool, idiot.
**beço** . . . . . . . . . . . . . . . . . *n*.: lip.
**beçudo** . . . . . . . . . . . . . . . *adj*.: thick-lipped.
**bel**. . . . . . . . . . . . . . . . . . . *adj*.: handsome, noble.
**bericle**. . . . . . . . . . . . . . . . *n*.: precious or semi-precious stone (i.e., aquamarine or emerald).
**bielso (vielso)** . . . . . . . . . . *n*.: line of text.
**biespra (viespra)**. . . . . . . . *n*.: vespers, the sixth canonical hour; /*ala v*./*a las vs*.: in the evening; /*ora de b*./*vs*.: the vesper hour.
**blasmar**. . . . . . . . . . . . . . . *p.p*.: blasmada.
                              *v.t*.: to blaspheme.
**blasmo** . . . . . . . . . . . . . . . *n*.: accusation, condemnation.
**bofordar** . . . . . . . . . . . . . . *inf*.: bofordar; *pret*.: bofordaron.
                              *v.i*.: to launch short lances in games of chivalry.
**bollir (bullir)** . . . . . . . . . . *inf*.: bollir; *pres*.: bullen; *imperf*.: bollia.
                              *v.i*.: to stir, move about.
                              *v.i*.: to boil (figuratively).

**bordon** . . . . . . . . . . . . . . . *n.*: staff, walking stick.
**borno** . . . . . . . . . . . . . . . . *n.*: railing, edge (of a boat).
**brafonera** . . . . . . . . . . . . . *n.*: piece of armor to protect the arms and legs.
**brasil** . . . . . . . . . . . . . . . . . *n.*: tree that produces brazil wood, a material used in dyeing and make-up.
**bretar** . . . . . . . . . . . . . . . . *inf.*: bretar.
                             *v.i.*: to play the tune of a bird-call.
**brete** . . . . . . . . . . . . . . . . . *n.*: net used to trap birds
                             *n.*: bird call.
**brial** . . . . . . . . . . . . . . . . . *n.*: a fine dress befitting an woman of importance.
**broca** . . . . . . . . . . . . . . . . . *n.*: metal defensive instrument worn on the center of the shield.
**buelta** . . . . . . . . . . . . . . . . *n.*: mixture; /*de b.*: confusedly.
                             *n.*: fighting.
                             *n.*: opposite or reverse side.
**bullir** . . . . . . . . . . . . . . . . *See* bollir.
**burel** . . . . . . . . . . . . . . . . . *n.*: thick fabric made of wool and dyed dark brown or gray.

## C, Ç

**ca** . . . . . . . . . . . . . . . . . . . *conj.*: than (comparative).
                             *prep.*: because (causal).
**cabdal** . . . . . . . . . . . . . . . . *adj.*: principal, noble; /*aguyla c.*: golden eagle; /*senna c.*: battle standard.
                             *n.*: money, capital.
**cabe** . . . . . . . . . . . . . . . . . *n.*: end portion, extremity.
**cabeço** . . . . . . . . . . . . . . . *n.*: hill.
**cabeçon (cabesçon)** . . . . . . *n.*: opening of the shirt through which the head goes.
**cachero** . . . . . . . . . . . . . . *n.*: see *erizo*.
**caçon** . . . . . . . . . . . . . . . . *n.*: dogfish.
**cagulla** . . . . . . . . . . . . . . . *n.*: chasuble.
**calagrenton** . . . . . . . . . . . *n.*: vile person.
**calendas** . . . . . . . . . . . . . . *n.*: the first day of the month.
**cana** . . . . . . . . . . . . . . . . . *n.*: desire.
**cano** . . . . . . . . . . . . . . . . . *adj.*: white, gray.

canto . . . . . . . . . . . . . . . . . *n.*: song.
                               *n.*: edge, rim.
can*n*amo . . . . . . . . . . . . . . *n.*: hemp.
capirote . . . . . . . . . . . . . . *n.*: hooded cloak that covers the shoulders.
carautula . . . . . . . . . . . . . *n.*: sorcery, spell, witchcraft.
carbuncla . . . . . . . . . . . . . *n.*: lantern.
carcaua . . . . . . . . . . . . . . . *n.*: defensive moat.
carcax . . . . . . . . . . . . . . . . *n.*: quiver of arrows.
cardeno . . . . . . . . . . . . . . . *adj.*: purple.
cardo . . . . . . . . . . . . . . . . *n.*: thistle.
careza . . . . . . . . . . . . . . . . *n.*: shortage, lack; /*poner en tal(es) c(s)*.: to put into dire straits.
carpir . . . . . . . . . . . . . . . . *inf.*: carpir; *imperf.*: carpia; *p.p.*: carpida; *pres.p.*: carpiendo.
                               *v.t.*: to scratch.
castigar . . . . . . . . . . . . . . . *inf.*: castigar; *pres.*: castigo, castiga; *pret.*: castigo; *imperf.*: castigaua, castigauanla.
                               *v.t.*: to instruct, advise.
                               *v.t.*: to scold, reprimand.
castigo . . . . . . . . . . . . . . . *n.*: advice.
                               *n.*: punishment.
castil . . . . . . . . . . . . . . . . . *n.*: castle
                               *n.*: that part of a ship's deck between the foremast and bow.
catadura . . . . . . . . . . . . . . *n.*: appearance.
catar . . . . . . . . . . . . . . . . . *inf.*: catar; *pres.*: catas, cata, catan; *pret.*: cato, catola, catole, catolo, catolos, cataron; *imperf.*: cataua, cataualos, catauan; *fut.*: catare, catara, cataremos; *cond.*: cataria; *pres. subj.*: catedes, catemos; *pres.p.*: catando.
                               *v.t.*: to look at, see.
                               *v.t.*: to pay attention to, note.
çatiquero . . . . . . . . . . . . . *n.*: palace official whose job was to take care of the bread and clear the table.
caua . . . . . . . . . . . . . . . . . *n.*: moat (of a castle).
caustra . . . . . . . . . . . . . . . *n.*: cloister.
çedo . . . . . . . . . . . . . . . . . *adv.*: at once, instantly.
çendal . . . . . . . . . . . . . . . . *n.*: fine silken fabric.

**çentella** . . . . . . . . . . . . . . . *n.*: spark.
**çertas** . . . . . . . . . . . . . . . *adv.*: certainly.
**çeuar**. . . . . . . . . . . . . . . . *pret.*: çeuo.
                               *v.t.*: to feed, especially animals.
**chufa** . . . . . . . . . . . . . . . *n.*: boast, brag.
**chufar** . . . . . . . . . . . . . . *inf.*: chufar; *pres.*: chufan.
                               *v.i.*: to boast, brag
**chumaço** . . . . . . . . . . . . . *n.*: feather mattress.
**çiclaton** . . . . . . . . . . . . . . *n.*: damask silk embroidered in gold.
**çillero** . . . . . . . . . . . . . . . *n.*: granary, storehouse.
**çisimo** . . . . . . . . . . . . . . . *n.*: Siberian marmot.
**cobrar** . . . . . . . . . . . . . . . *inf.*: cobrar; *fut.*: cobrara, cobrare; *pluperf.*: cobrara;
                               *p.p.*: cobrada, cobrado.
                               *v.t.*: to recover, recuperate.
                               *v.r.*: to recover, recuperate.
**cofia** . . . . . . . . . . . . . . . . *n.*: cloth cap to pull back one's hair or to be worn underneath one's helmet.
**cofonder (confonder)** . . . . *inf.*: cofonder, confonderlos; *pres.*: confonde, confondennos; *pres. subj.*: cofonda, *p.p.*: cofondida, cofondidos, confondidos.
                               *v.t.*: to disconcert, overwhelm, confound.
**coger** . . . . . . . . . . . . . . . . *inf.*: coger; *pres.*: coge, cogen; *pret.*: cogio, cogiolo, cogiose, cogimos, cogieron, cogieronse; *imperf.*: cogia; *imperf. subj.*: cogiese.
                               *v.t.*: to take hold of, gather.
                               *v.t.*: to leave.
                               *v.r.*: to meet, gather together.
                               *v.r.*: to leave.
**coitar (cuitar, cuytar)** . . . . *inf.*: coitar; *pres.*: coita; *pret.*: coitaron, coito, cuyto; *imperf.*: coitauase, coitauan, coitauanlo, coitauanse, cuytauan; *pres. subj.*: coitedes, cuytedes; *p.p.*: coitada, coitado, coitados, cuitado, cuytada, cuytado, cuytados; *pres.p.*: coitando, coitandose.
                               *v.t.*: to afflict, plague.
                               *v.r.*: to complain.
                               *v.r.*: to be in a hurry.
**colpe** . . . . . . . . . . . . . . . . *n.*: blow.
**conloyar** . . . . . . . . . . . . . *inf.*: conloyar.
                               *v.t.*: to praise.

**consuno** . . . . . . . . . . . . . . *n.*: unity; /*de c.*: together, in union.
**contrecho** . . . . . . . . . . . . *adj.*: deformed, lame, damaged.
                              *n.*: deformed or lame person.
**convenente** . . . . . . . . . . . . *n.*: promise, covenant
**copa** . . . . . . . . . . . . . . . . . *n.*: arch, vault.
**copero** . . . . . . . . . . . . . . . *n.*: cup-bearer.
**çopo** . . . . . . . . . . . . . . . . *adj.*: missing the hand or foot.
**corço** . . . . . . . . . . . . . . . . *n.*: roe deer.
**corisco** . . . . . . . . . . . . . . . *n.*: light; /*golpe de c.*: bolt of lightning.
**cormano** . . . . . . . . . . . . . . *n.*: cousin.
**correa** . . . . . . . . . . . . . . . . *n.*: leather strap.
                              *n.*: whip.
                              *n.*: harness strap.
**cortinal** . . . . . . . . . . . . . . *n.*: fenced-in land.
**cosa** . . . . . . . . . . . . . . . . . *n.*: object, thing.
                              *n.*: matter, issue.
                              *n.*: person, creature.
                              *n.*: something.
                              *n.*: nothing (when used with a negative).
                              *adv.*: at all.
**cossero** . . . . . . . . . . . . . . *adj.*: fast.
**costral** . . . . . . . . . . . . . . . *n.*: knock to the ribs.
**costrennir** . . . . . . . . . . . . *pres.*: costrinne, costrinnes; *imperf.*: costrennja.
                              *v.t.*: to oblige, compel.
                              *v.t.*: to constrict, afflict.
**cotado** . . . . . . . . . . . . . . . *adj.*: surveyed, delimited.
**couigera (coujgera)** . . . . . . *n.*: chambermaid.
**cras** . . . . . . . . . . . . . . . . . *n.*: tomorrow.
**criado** . . . . . . . . . . . . . . . *n.*: someone raised, fed, and educated in another's house.
**crin** . . . . . . . . . . . . . . . . . *n.*: hair.
**cuidar** . . . . . . . . . . . . . . . *inf.*: cuydar; *pres.*: cuydo, cuyda, cuydas, cuydades, cuydanos, cuydamos, cuydan; *pret.*: cuydo, cuydolo, cuydoo, cuydaron; *imperf.*: cuydaualo, cuydauan; *fut.*: cuydara; *cond.*: cuydaria; *pluperf.*: cuydara; *pres. subj.*: cuyde, cuydes; *imperf. subj.*: cuydasedes; *p.p.*: cuydado; *pres.p.*: cuydando.
                              *v.t.*: to think, believe.

Glossary 323

        *v.t.*: to be focused on.
        *v.t.*: to intend, propose.
        *v.r.*: to think, believe.
cuitar . . . . . . . . . . . . . . . . . *See* coitar.
çulame . . . . . . . . . . . . . . . *n.*: Berber cloak, overcoat.
cuytar . . . . . . . . . . . . . . . . *See* coitar.

## D

deçer (deçir) . . . . . . . . . . . *inf.*: deçer *pret.*: deçio, deçiose, deçimos, deçieron; *imperf.*: deçia, deçian; *pres.p.*: deçiendo.
        *v.i.*: to alight, descend, dismount.
defurtar (enfurtar) . . . . . . *pret.*: defurte; defurtose; *pres.p.*: enfurtando.
        *v.r.*: to steal away, flee.
demandar . . . . . . . . . . . . . *inf.*: demandar; *pres.*: demando, demandas, demanda, demandagela, demandades, demandamos; *pret.*: demandaste, demando, demandola, demandole, demandastes, demandaron; *imperf.*: demandaua, demandauala, demandauan; *fut.*: demandara; *cond.*: demandaria; *pluperf.*: demandara, demandarades; *pres. subj.*: demande, demandedes; *fut. subj.*: demandaren; *p.p.*: demandada.
        *v.t.*: to ask for, beg.
        *v.t.*: to look for.
        *v.i.*: to inquire.
deparar . . . . . . . . . . . . . . . *imperf. subj.*: deparase.
        *v.t.*: to grant, provide.
desconoçençia . . . . . . . . . *n.*: lack of recognition.
        *n.*: ingratitude.
desconorto . . . . . . . . . . . . *n.*: discomfort. /*caerse en d.*: to feel uneasy.
desdezirse . . . . . . . . . . . . . *inf.*: desdezir; *pres.*: desdezides; *pres.p.*: desdiziendo.
        *v.t.*: to deny, renounce.
        *v.t.*: to offend, disagree with.
desfondrar . . . . . . . . . . . . *imperf.*: desfondraua.
        *v.r.*: to sink, break open.
desmaido (esmaido) . . . . . *adj.*: discouraged, intimidated.
desmallar (desmayar) . . . . *pret.*: desmayaron; *imperf.*: desmayaua; *imperf. subj.*: desmayedes; *p.p.*: desmallada, desmayada, desmayado, desmayados.

                    *v.i.*: to be disheartened.
                    *v.t.*: to cut, destroy protective meshing.

**desmenbrar (desnenbrar)**   *inf.*: desnenbrar; *imper.*: desmenbrat; *p.p.*: desmenbrada, desmengrado, desnenbrada, desnenbrado.
                    *v.t.*: to dismember.

**desollar**. . . . . . . . . . . . . . .*pret.*: desollaron.
                    *v.t.*: to skin.

**desonrrar** . . . . . . . . . . . . .*inf.*: desonrrar; *pret.*: desonrro; *pres. subj.*: desonrren; *p.p*: desonrrada, desonrrado.
                    *v.t.*: to remove one's honor.

**desora**. . . . . . . . . . . . . . . .*adv.*: /a d.: immediately.

**dessouar**. . . . . . . . . . . . . .*p.p.*: dessouado.
                    *v.t.*: to unburden.

**destenprar** . . . . . . . . . . . .*pret.*: destenpro; *imperf.*: destenpraua.
                    *v.t.*: to steep, infuse.

**desy** . . . . . . . . . . . . . . . .*adv.*: from there.
                    *adv.*: afterwards, then.
                    *adv.*: besides, moreover.

**deujsar**. . . . . . . . . . . . . . . *pres.*: deujsamos; *pret.*: deujsaste, deujso; *imperf.*: deujsauan; *fut. subj.*: deujsare, deujsares; *p.p*: deujsado, deujsados.
                    *v.t.*: to distinguish, see vaguely.
                    *v.t.*: to plan, arrange.
                    *v.t.*: to indicate.

**diaspre** . . . . . . . . . . . . . .*n.*: luxurious, multi-colored silk fabric adorned with gold.

**draga** . . . . . . . . . . . . . . .*n.*: drag, as in something that delays or impedes. / *fazer d.*: to move slowly, stall.

**dubdar (duldar, dultar)** . .*inf.*: dubdar; *pres.*: dubdo, dubda, dulda, dubdas, duldan; *pret.*: dubdaste, dubdo; *imperf.*: duldaua, dubdauan, dultaua, duldauan; *subj.*: dubdes, dubdedes, duldedes, duldara, dubdase, dubden; *p.p.*: duldado, dultado.
                    *v.t.*: to doubt.
                    *v.t.*: to fear.
                    *v.r.*: to fear, be afraid.

**duendo**. . . . . . . . . . . . . . .*adj.*: tame.

**dultadorio** . . . . . . . . . . . .*adj.*: fearsome.

## E

ementar (enmentar) . . . . . *inf.*: ementar; *imperf.*: ementaua, enmentaualo; *pres.p.*: ementando, ementandolos.
    *v.t.*: to mention, name.
    *v.t.*: to remember.

ençemar . . . . . . . . . . . . . *pret.*: ençemo.
    *v.t.*: to finish.

enchir . . . . . . . . . . . . . . . *inf.*: enchir; *pret.*: enchio; *cond.*: enchirian.
    *v.t.*: to fill, cover.
    *v.r.*: to become filled or swollen with something.

encortar . . . . . . . . . . . . . *p.p.*: encortadas.
    *v.t.*: to end, cut off.

enfadar . . . . . . . . . . . . . . *pres.*: enfadan; *imperf.*: enfadaua; *imperf. subj.*: enfadase.
    *v.r.*: to tire, become bored.

enfiar . . . . . . . . . . . . . . . *fut.*: enfiara.
    *v.t.*: to have confidence in.

enfinta (enfynta) . . . . . . . *n.*: deception, disimulation, trickery.

enforcar . . . . . . . . . . . . . *inf.*: enforcar; *pres.*: enforcan; *cond.*: enforcaria; *pres. subj.*: enforque, enforquen, enforquenlo; *imperf. subj.*: enforcase, enforcasen; *p.p.*: enforcado, enforcados.
    *v.t.*: to hang.

enfurtar . . . . . . . . . . . . . *See* defurtar.

engafeçer . . . . . . . . . . . . *inf.*: engafeçer; *pret.*: engafeçio.
    *v.i.*: to contract leprosy.

engen*n*o . . . . . . . . . . . . . . *n.*: war machine.
    *n.*: ingeniousness.
    *n.*: skill.

engrudo . . . . . . . . . . . . . *n.*: magic potion.

enpeçer (enpesçer) . . . . . . *inf.*: enpeçer; *imperf.*: enpesçia.
    *v.t.*: to damage

enpero . . . . . . . . . . . . . . *conj.*: however.
    *conj.*: although.

enplear (enplegar) . . . . . . *p.p.*: enpleada, enpleado, enpleados, enplegado; *pret.*: enplego.
    *v.t.*: to employ, use, apply.

enrriçado . . . . . . . . . . . . *adj.*: curly.

**ensandeçer (ensandesçer)** *inf.*: ensandesçer; *pres.*: ensandezco; *pret.*: ensandeçio.
    *v.i.*: to go crazy.
**entena** . . . . . . . . . . . . . . . *n.*: sail suspended from a short mast.
**entençiar** . . . . . . . . . . . . . *imperf.*: entençiaua.
    *v.t.*: to contend, struggle.
**entrepeçador** . . . . . . . . . . *n.*: someone who slips up.
**erguir (erguyr)** . . . . . . . . . *inf.*: erguir, erguyr; *pret.*: erguio, erguyo, erguyo, erguyola, erguyolo, erguyose, erguieron, erguyeron, erguyeronse, erguieronse; *imperf.*: erguia, erguya; *imper.*: erguideuos; *p.p.*: erguyda.
    *v.t.*: to lift.
    *v.r.*: to get up.
**erizo** . . . . . . . . . . . . . . . . . *n.*: hedgehog; /*e. cachero*: porcupine.
**esbafarido** . . . . . . . . . . . . . *adj.*: afraid, stunned, surprised.
**escançiano** . . . . . . . . . . . . *n.*: cupbearer.
**escarneçer** . . . . . . . . . . . . *inf.*: escarneçer; *pres.*: escarneçe; *imperf.*: escarneçian; *pres. subj.*: escarnezca; *imperf. subj.*: escarneçiese.
    *v.t.*: to ridicule, mock.
**escarnir (escarnjr)** . . . . . . *inf.*: escarnir, escarnjr; *fut.*: escarnire; *p.p.*: escarnida, escarnjda, escarnido, escarnjdo, escarnidos.
    *v.t.*: to insult, mock.
**escatima** . . . . . . . . . . . . . . *n.*: injury, insult.
**esclaujna** . . . . . . . . . . . . . . *n.*: pilgrim's cloak.
**escodrunnar** . . . . . . . . . . . *inf.*: escodrunnar.
    *v.t.*: to reconnoiter.
**esculca** . . . . . . . . . . . . . . . *n.*: spy.
**esculcar** . . . . . . . . . . . . . . *inf.*: esculcar; *pres.*: esculca.
    *v.t.*: to spy.
**esgannar** . . . . . . . . . . . . . . *pret.*: esganno.
    *v.t.*: to strangle, choke, suffocate.
**esgremir** . . . . . . . . . . . . . . *inf.*: esgremir, esgremjr.
    *v.i.*: to swordfight.
    *v.r.*: to defend oneself.
**esleido (esleydo)** . . . . . . . . *adj.*: elect, chosen.
**esmaido** . . . . . . . . . . . . . . *See* desmaido.
**esmarnjdo (esmarrido)** . . . *adj.*: sad, disheartened.
**esmoreçer** . . . . . . . . . . . . . *inf.*: esmoreçer; *pret.*: esmoreçio, esmoreçiosse; *imperf.*: esmoreçia, esmoreçian; *p.p.*: esmoreçida,

                       esmoreçido.
                       *v.i.*: to become weak, lose breath.

**esportilla** .............. *n.*: pilgrim's scrip.

**establia** ................ *n.*: stable.

**estamenna (estramenna)** . *n.*: wool fabric that uses the longest fibers in the warp and weft.

**estorçer** ................ *inf.*: estorçer.
                       *v.t.*: to save.

**estornino** .............. *n.*: starling.

**estrado** ................ *n.*: room, or the elevated portion of a room, used to receive visitors.
                       *n.*: the set of pillows, carpets, and chairs used to furnish this space.

**estremar** ............... *inf.*: estremar.
                       *v.t.*: to distinguish, differentiate.

**euat** ................... *interj.*: behold.

**exe** .................... *n.*: axle.

**exido** .................. *n.*: exile.

# F

**falleçer** ................ *inf.*: falleçer; *pres.*: falleçe; *pret.*: falleçio, falleçiole, falleçioles; *imperf.*: falleçia; *fut.*: falleçere, falleçera, falleçeran; *cond.*: falleçeria; *pluperf.*: falleçiera; *imperf. subj.*: falleçiese.
                       *v.t.*: to lack.
                       *v.i.*: to diminish.
                       *v.i.*: to die.
                       *v.i.*: to prevent; /*f. de*: to keep from doing, avoid.
                       *v.t.*: to abandon, fail.

**falsar** .................. *inf.*: falsar; *pret.*: falso, falsole; *imperf.*: falsaua; *cond.*: falsaria; *imperf. subj.*: falsase; *p.p.*: falsada.
                       *v.t.*: to break or penetrate defensive arms.
                       *v.t.*: to falsify.
                       *v.t.*: to violate (an obligation).
                       *v.t.*: to deny, claim as untrue.

**faz** .................... *See* az.

**fazanna** ................ *n.*: exploit, notable deed.
                       *n.*: account, narrative of an act or deed.
                       *n.*: example, model.

**fazienda** . . . . . . . . . . . . . . *n.*: business.
*n.*: property, wealth.
*n.*: matter.
*n.*: care of one's soul.
*n.*: situation, condition.
*n.*: battle strategy.
*n.*: fortune, luck.

**fellonja (follonja)** . . . . . . . *n.*: betrayal.

**fender** . . . . . . . . . . . . . . . *inf.*: fenderse; *pret.*: fendio; *p.p.*: fendido.
*v.t.*: to cleave, split.
*v.t.*: to enter, penetrate.
*v.r.*: to crack open.

**feneçer (fenesçer)** . . . . . . . *inf.*: fenesçer; *pres.*: feneçe; *fut.*: feneçera, feneçeras.
*v.i.*: to die.
*v.i.*: to end.

**feniestra** . . . . . . . . . . . . . . *n.*: window.

**feria** . . . . . . . . . . . . . . . . . *n.*: weekday; /*quarta f.*: Wednesday; /*quinta f.*: Thursday; /*sesta f.*: Friday.
*n.*: public market.

**fexe (fi, fijo, fija)** . . . . . . . . *n.*: son.
*n.*: daughter.

**fiador (fiadora,**
**fiadoria, fiaduria)** . . . . . . . *n.*: surety, security, pledge.

**fieramente (fiera mente)** . *adv.*: gravely.
*adv.*: fiercely, violently.
*adv.*: very, a lot; /*tan f.*: so much.

**fjnamiento** . . . . . . . . . . . . *n.*: death.

**finar** . . . . . . . . . . . . . . . . . *inf.*: finar; *pret.*: finaron.
*v.i.*: to die.

**fincar** . . . . . . . . . . . . . . . . *inf.*: fincar; *pres.*: finca; *pret.*: finco, fincole, fincamos, fincaron; *imperf.*: fincaua, fincauan; *fut.*: fincaredes, fincara, fincaran; *pluperf.*: fincara; *imperf. subj.*: fincasedes, fincase, fincasen; *fut. subj.*: fincaren; *imper.*: fincad, fincat; *p.p.*: fincados; *pres.p.*: fincando.
*v.t.*: to plant, place on the ground.
*v.i.*: to stay, remain.
*v.r.*: to stay, remain.
*v.t.*: figuratively, to fix.
*v.i.*: to become, turn.
*v.i.*: to be left over.

fisica . . . . . . . . . . . . . . . . . *n*.: female physician, healer.
fiuza . . . . . . . . . . . . . . . . . *n*.: faith, confidence.
                        *n*.: hope.
floque . . . . . . . . . . . . . . . . *n*.: figuratively, the cloth.
flume (flumen) . . . . . . . . . *n*.: river.
fol . . . . . . . . . . . . . . . . . . . . *n*.: fool.
                        *adj*.: foolish.
folgar . . . . . . . . . . . . . . . . *pres*.: fuelga, fuelgas; *pret*.: folgo, folgaron; *imperf*.: folgaua; *fut*.: folgare; *cond*.: folgaria; *p.p*.: folgada, folgados.
                        *v.i*.: to rest; /*f. de*: to be free of.
                        *v.i*.: to rejoice.
folgura . . . . . . . . . . . . . . . *n*.: pleasure.
                        *n*.: rest.
follar . . . . . . . . . . . . . . . . *pres*.: folla.
                        *v.t*.: to greatly disturb.
follon . . . . . . . . . . . . . . . . *adj*.: despicable.
                        *adj*.: angry, mad.
                        *n*.: traitor.
fondon . . . . . . . . . . . . . . . *n*.: base, foot, support. /*f. deuos*: underneath you.
força . . . . . . . . . . . . . . . . *n*.: force. /*por f*.: with violence.
fornaz . . . . . . . . . . . . . . . *n*.: oven, furnace.
                        *n*.: goldsmith's crucible.
fornizio . . . . . . . . . . . . . . *n*.: fornication.
franqueza . . . . . . . . . . . . *n*.: fairness, impartiality.
                        *n*.: laws.
fuelgo . . . . . . . . . . . . . . . *n*.: breath.
fuesa . . . . . . . . . . . . . . . . *n*.: tomb.
fuste . . . . . . . . . . . . . . . . *n*.: truncheon, staff.
                        *n*.: piece of wood.

# G
gafedat . . . . . . . . . . . . . . *n*.: leprosy.
gafo . . . . . . . . . . . . . . . . *adj*.: leprous.
                        *adj*.: vile, miserable.
                        *n*.: leper.

gaja (gaje) . . . . . . . . . . . . . *n.*: stipend or salary that a nobleman paid to the members of his house.
galea . . . . . . . . . . . . . . . . *n.*: galley.
galgo . . . . . . . . . . . . . . . . *n.*: greyhound.
galindo . . . . . . . . . . . . . . *adj.*: suffering from bunions.
garçon . . . . . . . . . . . . . . . *n.*: young person.
gargantez . . . . . . . . . . . . . *n.*: gluttony.
garnacha . . . . . . . . . . . . . . *n.*: robe.
gaujlan . . . . . . . . . . . . . . . *n.*: sparrow hawk.
gentil . . . . . . . . . . . . . . . . *adj.*: noble.
         *n.*: pagan.
ginollo . . . . . . . . . . . . . . . *n.*: knee.
gota . . . . . . . . . . . . . . . . . *n.*: gout.
gotoso . . . . . . . . . . . . . . . *adj.*: gout-ridden.
gouernar . . . . . . . . . . . . . *inf.*: gouernar; *imperf.*: gouernaua; *p.p.*: gouernados.
         *v.t.*: to rule over, control.
         *v.t.*: to provide for, maintain.
gouernalle (gouernallo,
gou*er*nario) . . . . . . . . . . . *n.*: rudder.
grado . . . . . . . . . . . . . . . . *n.*: will, pleasure; /*de g.*: willingly, with pleasure; /*a mal g. de*: to the dismay of.
         *n.*: thankfulness.
         *n.*: rank; /*de g. en g.*: successively, by degrees.
gran*n*on . . . . . . . . . . . . . . *n.*: hair.
greton . . . . . . . . . . . . . . . *n.*: despicable person.
grifon . . . . . . . . . . . . . . . *n.*: Greek.
guareçer (guaresçer) . . . . *inf.*: guareçer; *pres.*: guareçedes, guareçe, guareçen; *pret.*: guaresçio; *imperf.*: guareçia, guareçiamos; *pluperf.*: guareçiera; *pres. subj.*: guarezca; *imperf. subj.*: guareçiesedes, guareçiese; *imper.*: guareçed.
         *v.t.*: to heal, cure.
         *v.i.*: to be healed or cured.
         *v.i.*: to prosper.
guarir . . . . . . . . . . . . . . . . *inf.*: guarir; *pres.*: guarides, guarimos; *fut.*: guarira, guariremos; *cond.*: guariria; *p.p.*: guarida, guarido, guaridos.
         *v.t.*: to heal, cure.
         *v.t.*: to save.

**guisado** . . . . . . . . . . . . . . . *adj.*: seemly (not the *p.p.* of *guisar* but rather the word on folios 37ra, 37va, 107vb).
**guisar** . . . . . . . . . . . . . . . *See* aguisar.
**gusaniento** . . . . . . . . . . . *adj.*: wormy.
**guysar** . . . . . . . . . . . . . . . *See* aguisar.

## H

**haz** . . . . . . . . . . . . . . . . . *See* az.
**hospedado** . . . . . . . . . . . *n.*: hospitality.
**huesped (huespeda,**
**huespeda, huespet)** . . . . . . *n.*: guest.
                        *n.*: host, hostess.
**hueso (huesso)** . . . . . . . . . *n.*: bone; /*en h.*: bareback.

## J

**jalne** . . . . . . . . . . . . . . . . *adj.*: yellow.
**jayan** . . . . . . . . . . . . . . . . *n.*: giant.
**jncaler (yncaler,**
**ynchaler)** . . . . . . . . . . . . . *pres.*: jncal, yncal, ynchal.
                        *v.impers.*: to be important, significant.
**jndio (yndio)** . . . . . . . . . . *n.*: indigo, blue.
**judgar (julgar)** . . . . . . . . . *inf.*: judgar; *pret.*: judgaron; *fut.*: judgara; *pres. subj.*: judgues, judguedes; *imper.*: judgad; *p.p.*: judgada, judgado, julgada.
                        *v.t.*: to judge, sentence, condemn.
                        *v.t.*: to determine.
                        *v.t.*: to find, consider.
                        *v.i.*: to decide (as a judge).
**juncar** . . . . . . . . . . . . . . . *v.t.*: to strew rushes.

## L

**lago** . . . . . . . . . . . . . . . . . *n.*: den.
**laido** . . . . . . . . . . . . . . . . *adj.*: ugly.
**lande** . . . . . . . . . . . . . . . . *n.*: acorn.
**lanpada** . . . . . . . . . . . . . . *n.*: lamp.
**laso** . . . . . . . . . . . . . . . . . *adj.*: tired, weak.
**latido** . . . . . . . . . . . . . . . *n.*: bark of a dog on a hunt.

**leda**. . . . . . . . . . . . . . . . . *n.*: elm tree.
**lediçia**. . . . . . . . . . . . . . . *n.*: joy, happiness.
**ledo**. . . . . . . . . . . . . . . . . *adj.*: happy, satisfied.
**lepra (leura)** . . . . . . . . . . . *n.*: leprosy.
**lisongero (losengero)** . . . . *adj.*: given to flatter.
**lixoso (lyxoso)** . . . . . . . . . *adj.*: dirty, filthy.
                                 *adj.*: repugnant.
                                 *n.*: vile, base person.
**ljma**. . . . . . . . . . . . . . . . . *n.*: tool used for filing or polishing.
**llaner (llanner)** . . . . . . . . . *inf.*: llaner, llanner.
                                 *v.i.*: to lament, mourn.
**loçanja** . . . . . . . . . . . . . . . *n.*: pride.
**loçano**. . . . . . . . . . . . . . . *adj.*: alert, sharp.
                                 *adj.*: proud.
**lomo** . . . . . . . . . . . . . . . . . *n.*: kidney.
**losenjar**. . . . . . . . . . . . . . *inf.*: losenjar; *pres.*: losenja.
                                 *v.t.*: to flatter.
**lua**. . . . . . . . . . . . . . . . . . . *n.*: glove.
**luenne**. . . . . . . . . . . . . . . *adv.*: far away.
                                 *adj.*: distant.
**lunar**. . . . . . . . . . . . . . . . . *adj.*: of or pertaining to the moon; *non fazia l.*: there was no moon.

## M

**magro**. . . . . . . . . . . . . . . . *adj.*: thin.
**maguer**. . . . . . . . . . . . . . . *sub.conj.*: although.
**majar** . . . . . . . . . . . . . . . . *inf.*: majar; *pres.*: maja; *pret.*: majo; *p.p.*: majadas.
                                 *v.t.*: to hit, damage.
                                 *v.t.*: to pound malleable metal.
                                 *v.t.*: to afflict, punish.
**malanante (malandante)** . *adj.*: disgraced, unfortunate.
                                 *n.*: perverse, evil person.
**malapreso**. . . . . . . . . . . . . *adj.*: luckless.
**malato** . . . . . . . . . . . . . . . *n.*: leper.
**mallada** . . . . . . . . . . . . . . *n.*: servant, maidservant.
**mandadero**. . . . . . . . . . . . *n.*: messenger.
                                 *n.*: ambassador.

*Glossary*

**maner** . . . . . . . . . . . . . . . . *inf.*: maner.
                                      *v.i.*: to stay, dwell.

**manziella (manzilla)** . . . . *n.*: moral stain.
                                      *n.*: sorrow, grief.

**manno** . . . . . . . . . . . . . . . *adj.*: large, great.

**marauilla** . . . . . . . . . . . . . *n.*: something extraordinary, that produces wonderment; /*a m.*: in a marvelous way.

**marina** . . . . . . . . . . . . . . . *n.*: the seashore and adjacent land.

**mariscal** . . . . . . . . . . . . . . *n.*: veterinarian, farrier.

**marisma** . . . . . . . . . . . . . . *n.*: lowland that floods.

**martel (martyr)** . . . . . . . . *n.*: martyr.

**mastel** . . . . . . . . . . . . . . . . *n.*: mast.

**mato** . . . . . . . . . . . . . . . . . *n.*: forest.

**matin (matyn)** . . . . . . . . . *n.*: dawn.

**meaja** . . . . . . . . . . . . . . . . *n.*: coin of small value equivalent to the *duro de vellón*, or one sixth of a *maravedí*.
                                      *n.*: extremely small quantity.

**meçer** . . . . . . . . . . . . . . . . *inf.*: meçer; *pres.*: meçe; *pret.*: meçio; *imperf. subj.*: meçiese, meçiesen.
                                      *v.t.*: to move, shift, shake.
                                      *v.r.*: to move, move over.

**mellado** . . . . . . . . . . . . . . *adj.*: missing teeth.

**menar** . . . . . . . . . . . . . . . . *pret.*: mene, menaron; *imperf.*: menauan; *p.p.*: menado, menada.
                                      *v.t.*: to carry; /*mal m.*: to treat badly.

**menbrar (nenbrar)** . . . . . . *inf.*: nenbrar; *pret.*: menbrole, menbrose, menbrosele, nenbro, nenbrole; *imperf.*: menbraua, nenbraua, nenbrauan; *fut.*: nenbrare, nenbrara; *pres. subj.*: menbre, nenbredes; *fut. subj.*: nenbraren; *imper.*: nenbrat.
                                      *v.t.*: to remember.
                                      *v.i.*: to be reminded.

**menear** . . . . . . . . . . . . . . . *inf.*: menear; *p.p.*: meneada; *pres.p.*: meneando.
                                      *v.t.*: to shake, move.

**menester** . . . . . . . . . . . . . . *n.*: job, profession.
                                      *n.*: need.
                                      *adj.*: necessary.

**meollo** . . . . . . . . . . . . . . . *n.*: brain matter.

**mercar** . . . . . . . . . . . . . . *pluperf.*: mercara.
                            *v.t.*: to trade.
**mergollon**. . . . . . . . . . . . . *n.*: loon, as in the bird that submerges itself in water.
**mesar (messar)** . . . . . . . . . *inf.*: mesar, messar; *p.p.*: mesada, mesados.
                            *v.t.*: to pull out hair.
                            *v.r.*: to pull out one's hair.
**mesnada**. . . . . . . . . . . . . . *n.*: group of knights, or vassals of a lord.
**miente (mjente)** . . . . . . . . *n.*: mind, thought; /*meter ms.*, /*parar ms.*, /*tener ms.*: to pay attention to, to observe, watch, to consider.
**mezclar**. . . . . . . . . . . . . . . *inf.*: mezclar; *pres.*: mezcla; *pret.*: mezcle; *imperf.*: mezclaua; *p.p.*: mezcladas, mezclado.
                            *v.t.*: to divide people by means of false accusation.
                            *v.t.*: to calumniate.
                            *v.t.*: to engage in battle.
**mondado** . . . . . . . . . . . . . *adj.*: purified, cleansed.
**monjmento**. . . . . . . . . . . . *n.*: sepulchre, tomb, grave.
**montanero (montannero, montero)**. . . . . . . . . . . . . . *n.*: he who guides the hunted to the hunter.
                            *n.*: guardian, protector.
**mortaja**. . . . . . . . . . . . . . . *n.*: sheet used to wrap the dead.
**mudar**. . . . . . . . . . . . . . . . *inf.*: mudar; *pret.*: mude, mudo; *imperf.*: mudauan; *fut.*: mudare; *cond.*: mudaria.
                            *v.t.*: to move.
**morzillo** . . . . . . . . . . . . . . *adj.*: black with a reddish sheen (in reference to horses).
**mueso**. . . . . . . . . . . . . . . . *n.*: bit of the bridle of a mule or horse.
**muradal** . . . . . . . . . . . . . . *n.*: dungheap.

# N

**nao** . . . . . . . . . . . . . . . . . . *n.*: boat, small vessel.
**nenbrar**. . . . . . . . . . . . . . . *See* menbrar.
**nenbrudo** . . . . . . . . . . . . . *adj.*: robust, corpulent.
**nienbro**. . . . . . . . . . . . . . . *n.*: any of the body's extremities or limbs.
**nonbrada** . . . . . . . . . . . . . *n.*: renown.
**nonbrado** . . . . . . . . . . . . . *adj.*: famous.
**nonbreza** . . . . . . . . . . . . . *n.*: courage, strength.

**nozir (nuzir)** . . . . . . . . . . . *inf.*: nozir; *pres.*: nuze; *imperf. subj.*: noziese.
*v.t.*: to harm.
**nuntria** . . . . . . . . . . . . . . *n.*: otter.

## O

**ocasion** . . . . . . . . . . . . . . *n.*: grave damage, loss.
*n.*: danger.
*n.*: opportunity.
**ofiçiada mente** . . . . . . . . . *adv.*: administratively, officially.
**ofres (orofres)**. . . . . . . . . . *n.*: orphrey.
**omezian (omeziano,
omjziano)** . . . . . . . . . . . . . *n.*: killer.
**onta** . . . . . . . . . . . . . . . . *n.*: insult, offense.
**ontado** . . . . . . . . . . . . . . *adj.*: insulted.
**ordio**. . . . . . . . . . . . . . . . *n.*: barley.
**orizo**. . . . . . . . . . . . . . . . *n.*: thistle.
**orlado**. . . . . . . . . . . . . . . *adj.*: adorned along the border.
**ortalia**. . . . . . . . . . . . . . . *n.*: fertile area.
**ortizuela**. . . . . . . . . . . . . *n.*: vegetable garden.
**ostalage** . . . . . . . . . . . . . *n.*: the price of lodging.
**otero**. . . . . . . . . . . . . . . . *n.*: height.
**otrosi (otrossy,
otrossi, otrosy)** . . . . . . . . . *adv.*: moreover, besides, in addition to, also.

## P

**pagador** . . . . . . . . . . . . . . *adj.*: pleasing, attractive.
**pagar** . . . . . . . . . . . . . . . *inf.*: pagar; *pret.*: pague, pago, pagose; *imperf.*:
pagaua; *fut.*: pagare, pagardes, pagaredes; *pres. subj.*:
pague; *imperf. subj.*: pagase, pagasedes; *p.p.*: pagado,
pagada, pagados.
*v.t.*: to pay in exchange for something bought.
*v.t.*: to please.
*v.i.*: to please, satisfy.
*v.r.*: to be satisfied, content.
*v.r.*: to desire.
**palafren** . . . . . . . . . . . . . . *n.*: tame horse used for riding in public by people of
wealth.

**palio** . . . . . . . . . . . . . . . . *n.*: blanket.
**palma** . . . . . . . . . . . . . . . *n.*: palm of the hand, fore foot.
**paralitico (parlitico)** . . . . . *n.*: one who suffers from paralysis.
**parar** . . . . . . . . . . . . . . . . . *inf.*: parar; *pret.*: pararon, pararonse; *imperf.*: paraua; *cond.*: pararia; *p.p.*: parada, paradas, parado, parados.
*v.t.*: to put in a certain condition.
*v.t.*: to place, situate; /*p. mientes (p. mjentes)*: to consider, pay attention to.
*v.r.*: to place, situate oneself.
*v.r.*: to detain oneself.
*v.t.*: to detain, halt.
**paso** . . . . . . . . . . . . . . . . . *n.*: step, pace.
*adv.*: quietly.
*adv.*: calmly, slowly.
**peçe (pez)** . . . . . . . . . . . . . *n.m.*: fish.
*n.f.*: pitch, tar.
**pelar** . . . . . . . . . . . . . . . . . *pret.*: se pelaron.
*v.recip.*: to pluck each other's feathers.
**peliçon** . . . . . . . . . . . . . . . *n.*: pelt, animal-skin garment.
**pelleteria (pelliteria)** . . . . *n.*: the trade of pelt buying.
**pellote** . . . . . . . . . . . . . . . *n.*: saddle blanket.
**penjtençial** . . . . . . . . . . . . *n.*: penitent.
**penno** . . . . . . . . . . . . . . . . *n.*: guarantee, pledge.
*n.*: resolve, determination.
**pernar** . . . . . . . . . . . . . . . . *pret.*: perno.
*v.i.*: to kick fitfully.
**pescueço** . . . . . . . . . . . . . . *n.*: neck.
**pez** . . . . . . . . . . . . . . . . . . *See* peçe.
**pilar** . . . . . . . . . . . . . . . . . *n.*: column, pillar.
**pistola** . . . . . . . . . . . . . . . . *n.*: that part of mass after first prayers.
**plan*n*er** . . . . . . . . . . . . . . . *inf.*: planner; *imperf.*: plannja.
*v.i.*: to mourn, grieve.
**plegadura** . . . . . . . . . . . . . *n.*: pleating.
*n.*: pleats.
**plegar** . . . . . . . . . . . . . . . . *inf.*: plegar; *p.p.* plegado.
*v.t.*: to nail.
*v.t.*: to convoke, call.

pleitar . . . . . . . . . . . . . . . . *p.p.*: pleitado.
         *v.t.*: to make a pact; in context, to conspire (fol. 90va).
pleito . . . . . . . . . . . . . . . . *n.*: lawsuit, litigation; /*en p. de*: in pursuit of.
         *n.*: dispute, fight.
         *n.*: battle.
         *n.*: deed, action.
         *n.*: matter, affair.
         *n.*: agreement, contract.
podraga . . . . . . . . . . . . . . *n.*: the disease gout.
podre . . . . . . . . . . . . . . . . *adj.*: putrid, rotten.
popar . . . . . . . . . . . . . . . . *pret.*: popo.
         *v.t.*: to pardon one's life.
poridad (poridat) . . . . . . . *n.*: secret; /*en p.*: secretly, in secrecy; /*en grant p.*: very secretly; /*tener p.*: to keep secret.
porquerizo . . . . . . . . . . . . *n.*: keeper of pigs.
portadgo . . . . . . . . . . . . . . *n.*: toll.
porra . . . . . . . . . . . . . . . . . *n.*: heavy stick, club.
postremero . . . . . . . . . . . . *adj.*: last, final.
prea . . . . . . . . . . . . . . . . . . *n.*: prey.
pregar . . . . . . . . . . . . . . . . *inf.*: pregar.
         *v.i.*: to pray.
pregol (pregon) . . . . . . . . . *n.*: proclamation, news; /*dar p., dar el p.*: to send proclamation, news, to announce.
prender . . . . . . . . . . . . . . . *inf.*: prender; *pres.*: prendo, prendes, prende; *pret.*: prendy, prendieste, prendiestes, prendiste, prendio, priso, prendimos, prendjmos, prendieron, prendieronlo; *imperf.*: prendian; *fut.*: prendere, prenderas, prendera, prendran; *cond.*: prenderia, prenderian; *pluperf.*: prendiera; *pres. subj.*: prenda; *imperf. subj.*: prendiese, prendiesen; *imper.*: prendet, prendetlos.
         *v.t.*: to apprehend, capture, catch.
         *v.t.*: to receive.
         *v.t.*: to take, carry, hold on to.
         *v.t.*: to undertake; /*p. carne*: to conceive; /*p. puerto*: to disembark; /*p. humanidat*: to conceive humanity; /*p. guarda*: to guard; /*p. casamiento*: to get married; /*p. el salto de can*: to walk the plank.
         *v.t.*: to attack, set upon.
         *v.t.*: to trap, surprise.

**prennada (prenne)** . . . . . . *adj.*: pregnant.
**prestar** . . . . . . . . . . . . . . *inf.*: prestar; *pret.*: presto; *fut.*: prestara.
                                 *v.i.*: to benefit, be of use, help.
**preste** . . . . . . . . . . . . . . . *n.*: priest.
**presto** . . . . . . . . . . . . . . . *adj.*: prepared, ready.
                                 *adj.*: available, at hand.
**prez** . . . . . . . . . . . . . . . . . *n.*: honor, glory, esteem.
**prima (primera)** . . . . . . . . *n.*: the second of the canonical hours, which takes place at the first hour of the day, six a.m.
**pro** . . . . . . . . . . . . . . . . . *n.*: advantage, benefit.
**proeza** . . . . . . . . . . . . . . . *n.*: valiant deed.
                                 *n.*: courage, valor.
**profaço** . . . . . . . . . . . . . . *n.*: discredit, bad reputation.
**proueza** . . . . . . . . . . . . . . *See* pobreza.
**prouiso** . . . . . . . . . . . . . . *n.*: short amount of time; /*en p.*: immediately, directly.
**punnar** . . . . . . . . . . . . . . *inf.*: punnar; *pres.*: punna; *pret.*: punno, punnaron; *imperf.*: punnaua; *cond.*: punnaria; *pres. subj.*: punnemos; *imperf. subj.*: punnase; *imper.*: punnad.
                                 *v.i.*: to strain, make an effort.
                                 *v.i.*: to fight.
**purpura** . . . . . . . . . . . . . *n.*: purple fabric.

## Q
**quedo** . . . . . . . . . . . . . . . *adj.*: quiet, still.
                                 *adj.*: silent.
                                 *adv.*: quietly, silently.
**quexada (yjada)** . . . . . . . . *n.*: mandible.
**quitaçion** . . . . . . . . . . . . . *n.*: pay, salary.
**quita mente** . . . . . . . . . . *adv.*: completely, entirely.
**quito** . . . . . . . . . . . . . . . . *adj.*: free or exempt (of a debt or obligation).

## R
**rracha** . . . . . . . . . . . . . . . *n.*: shaking, din, uproar.
**rralo** . . . . . . . . . . . . . . . . *adj.*: rare, uncommon.
**rrandon (rendon)** . . . . . . *adv.*: suddenly; /*de r.*: abruptly, all of a sudden.

**rapaz (rrapaz,**
**rapaza, rrapaza)** . . . . . . . . *n.*: servant.
                              *n.*: thief.

**rastrar.** . . . . . . . . . . . . . . . *See* arastrar.

**reboluer (rreboluer)** . . . . . *inf.*: rreboluer; *p.p.*: rebuelto.
                              *v.t.*: to move.
                              *v.i.*: to be agitated, in an uproar.

**recabdo.** . . . . . . . . . . . . . . *n.*: prevention, precaution, care; /*de buen r.*: carefully.
                              *n.*: sense, discretion.
                              *n.*: message, news.

**reçelar (rreçelar, resçelar)** *pres.*: resçelo; *pret.*: resçele, reçelo; *imperf.*: reçelaua, rreçelauase; *fut.*: reçelare, reçelaredes.
                              *v.t.*: to fear, be afraid of.
                              *v.r.*: to fear, be afraid of.

**recordar** . . . . . . . . . . . . . . *pret.*: recordo.
                              *v.i.*: to awaken.

**recreudo** . . . . . . . . . . . . . . *adj.*: reinjured.

**recudir** . . . . . . . . . . . . . . . *pret.*: recudio.
                              *v.i.*: to withdraw.

**refez** . . . . . . . . . . . . . . . . . *adj.*: low-quality, cheap.

**refolgar.** . . . . . . . . . . . . . . *inf.*: refolgar.
                              *v.i.*: to catch one's breath.

**rregatero.** . . . . . . . . . . . . . *n.*: vendor.

**regidor (rregidor)** . . . . . . . *n.*: town councilor, city councilman.

**ren** . . . . . . . . . . . . . . . . . . *indef. pron.*: anything, nothing.

**rencura.** . . . . . . . . . . . . . . *n.*: pain, affliction.

**render (rendir)** . . . . . . . . . *inf.*: render, rendir; *pres.*: rendides; *pret.*: rendi, rendy, rendiole; *fut.*: rendiredes; *cond.*: renderiades; *imperf. subj.*: rendiese; *p.p.*: rendida.
                              *v.t.*: to give in payment.
                              *v.t.*: to surrender, conquer, subject.
                              *v.r.*: to turn oneself in, submit.

**rendon** . . . . . . . . . . . . . . . *See* rrandon.

**rrepilar** . . . . . . . . . . . . . . . *pret.*: rrepilaron.
                              *v.t.*: to remove one's hair (in context, to stand on end [fol. 79va]).

**repostero** . . . . . . . . . . . . . *n.*: steward.

**resquebrar** . . . . . . . . . . . . *pret.*: resquebraron; *p.p.*: resquebrados.
　　　　　　　　　　　　*v.t.*: to break, split.
　　　　　　　　　　　　*v.i.*: to crack, split.
**rresollar** . . . . . . . . . . . . . . *inf.*: rresollar.
　　　　　　　　　　　　*v.i.*: to breathe.
**rretennjr** . . . . . . . . . . . . . . *inf.*: rretennjr; *imperf.*: rretennja; *pres.p.*: rretennjendo.
　　　　　　　　　　　　*v.i.*: to resound.
　　　　　　　　　　　　*n.*: resounding.
**retraer** . . . . . . . . . . . . . . . . *inf.*: retraer.
　　　　　　　　　　　　*v.t.*: to tell, narrate.
　　　　　　　　　　　　*n.*: fable, proverb, story.
**retar (reutar)** . . . . . . . . . . . *inf.*: retar; *p.p.*: reutado, retados.
　　　　　　　　　　　　*v.t.*: to accuse, blame.
　　　　　　　　　　　　*v.t.*: to challenge.
**ribaldo** . . . . . . . . . . . . . . . *adj.*: wicked, cunning, sly.
　　　　　　　　　　　　*n.*: scoundrel, rogue.
**roca (rocha)** . . . . . . . . . . . *n.*: rock, stone.
　　　　　　　　　　　　*n.*: large stone, crag.
　　　　　　　　　　　　*n.*: cleared land.
**roer** . . . . . . . . . . . . . . . . . . *inf.*: roer; *pret.*: royo; *p.p.*: roido, rroso.
　　　　　　　　　　　　*v.t.*: to cut with teeth.
**romanço** . . . . . . . . . . . . . . *n.*: poem in Castilian.
**rua** . . . . . . . . . . . . . . . . . . . *n.*: street.
**ruçio** . . . . . . . . . . . . . . . . . *adj.*: gray.
**ruvio** . . . . . . . . . . . . . . . . . *adj.*: of a light reddish color similar to that of gold (in context, red as in the Red Sea [fol. 3vb]).

## S

**sacramento**
**(sagramento)** . . . . . . . . . . *n.m.*: church sacrament
　　　　　　　　　　　　*n.m.*: oath.
**saltar** . . . . . . . . . . . . . . . . . *inf.*: saltar; *pret.*: salto, saltole, saltaron; *imperf.*: saltaua.
　　　　　　　　　　　　*v.i.*: to leap, jump.
　　　　　　　　　　　　*v.i.*: to fly, fall out.
　　　　　　　　　　　　*v.t.*: to assault.
**salto** . . . . . . . . . . . . . . . . . *n.*: action and effect of leaping; /*s. del can*: walking plank (on a ship); /*dar un s.*: to leap, jump.

## Glossary

**saluar** . . . . . . . . . . . . . . . . *inf.*: saluar, saluarse, saluarsse; *pres.*: salua; *pret.*: saluo;[3] *pres. subj.*: salue; *imper.*: saluad, saluat.
        *v.t.*: to save.
        *v.r.*: to justify oneself, prove one's innocence.
**sandez** . . . . . . . . . . . . . . . *n.*: craziness, foolishness.
**sandio** . . . . . . . . . . . . . . . . *adj.*: ignorant, simple.
        *adj.*: foolish, crazy.
        *n.*: idiot, fool.
**sannudo** . . . . . . . . . . . . . . *adj.*: angry, furious.
**sarmiento** . . . . . . . . . . . . . *n.*: vine shoot or sprout.
**sarna** . . . . . . . . . . . . . . . . . *n.*: the disease scabies.
**saya** . . . . . . . . . . . . . . . . . . *n.*: a type of tunic used by men.
**seda** . . . . . . . . . . . . . . . . . *n.*: thread or fabric made of silk.
        *n.*: bristle from a pig, horse, or other animal.
**segur** . . . . . . . . . . . . . . . . . *n.*: large axe for cutting.
**sen** . . . . . . . . . . . . . . . . . . . *n.*: sense, judgment, discretion.
**senescal** . . . . . . . . . . . . . . *n.*: steward, butler.
**senna (ssenna)** . . . . . . . . . *n.*: ensign, standard.
**ssennera mente** . . . . . . . . . *adv.*: alone.
**ssennero** . . . . . . . . . . . . . . *adj.*: alone.
**sermonar** . . . . . . . . . . . . . *n.*: speech, words.
**sesudo** . . . . . . . . . . . . . . . . *adj.*: prudent, rational.
        *adj.*: wise, knowledgeable.
        *n.*: one who is sensible.
**siquier** . . . . . . . . . . . . . . . . *conj.*: or; /s. . . . . s.: either . . . or.
**sobarcado** . . . . . . . . . . . . . *adj.*: placed under the armpit.
**sobejo** . . . . . . . . . . . . . . . . *adj.*: great, abundant.
**sol (ssol)** . . . . . . . . . . . . . . *adv.*: only; /s. *non*: not even; /s. *que*: as soon as.
**soldada** . . . . . . . . . . . . . . . *n.*: military salary.
**soldadera** . . . . . . . . . . . . . *n.*: prostitute.
**son** . . . . . . . . . . . . . . . . . . . *n.*: sun.
        *n.*: sound, melody.
        *prep.*: below.

---

[3] Another instance of *saluo* and the forms *saluola, saluolo, saluolos, saluaron,* and *saluaronlo* all appear to be variants of *saludar* in the sense of "to greet."

suera................ *n.*: saddle blanket.
suso ................ *adv.*: up, upwards, high above.

# T

tabardo............... *n.*: cloak, overcoat.
talante ............... *n.*: will, desire, pleasure.
tanner (tannjer) ........ *inf.*: tanner; *pret.*: tannj, tannjo, tannjola, tannjolo, tannieron, tannjeron; *imperf.*: tannia, tannja, tannjan; *imperf. subj.*: tanniese, tannjese, tannjesen; *pres.p.*: tannjendo.
*v.t.*: to play (an instrument).
*v.t.*: to touch, feel.
*v.recip.*: to touch one another.
tarja ................. *n.*: shield.
tendejon .............. *n.*: military campaign tent.
tenedor............... *n.*: road bandit.
tener................. *inf.*: tener; *pres.*: tengo, tiene, tienes, tenemos, tenedes, tienen; *pret.*: toue, touistes, toujiestes, touo, touogelo, touola, touolo, touose, touiemos, touieron, toujeron, touieronlo, toujeronse; *imperf.*: tenia, tenja, tenjalo, tienja, tenjamos, tenian, tenjan; *fut.*: terne, ternas, terna, ternemos, ternedes, ternan; *cond.*: ternja, ternjan; *pluperf.*: touiera; *pres. subj.*: tenga, tengades; *imperf. subj.*: touiese, toujese, toujesedes, touiesen; *fut. subj.*: touier, toujer, toujeres, touierdes, toujerdes; *imper.*: tened; *p.p.*: tenida; *pres.p.*: tenjendo.
*v.t.*: to hold.
*v.t.*: to keep, maintain.
*v.r.*: to hold oneself, sustain oneself.
*v.r.*: to maintain oneself, abide.
*v.t.*: to have.
*v.t.*: to consider; /*t. por*: to consider; /*t. con*, to agree.
*v.t.*: to possess.
*v.aux.*: used with past participles to form perfect constructions (i.e., *t. preso*, to have imprisoned or hold imprisoned [fol. 137vb]).
tiesta................. *n.*: head.
*n.*: forehead.
toller................. *inf.*: toller; *pret.*: tolli, tolliestes, tollio, tolliogela, tollieron; *cond.*: tolleria; *pluperf.*: tolliera, tollieran;

                          *imperf. subj.*: tolliese, tolliesen; *fut. subj.*: tollere; *imper.*: tollet.
                          *v.t.*: to wrench away, remove violently.
                          *v.t.*: to deprive, take away.
                          *v.t.*: to expell, throw out.
                          *v.t.*: to take off, remove.

**tollido** . . . . . . . . . . . . . . . *adj.*: paralyzed, crippled.

**toruar** . . . . . . . . . . . . . . . . *inf.*: toruar; *pret.*: toruose, toruosele; *p.p.*: toruada, toruado, toruados.
                          *v.r.*: to be agitated, disturbed.

**toruon (turbon, turvon)** . . *n.*: shower, downpour.

**toste** . . . . . . . . . . . . . . . . . *adv.*: at once, quickly.

**traer**[4] . . . . . . . . . . . . . . . . *inf.*: traer; *pres.*: trayo, trae, traedes, traes, traemos, traedes, traen; *pret.*: tray, troxe, troxiestes, troxiste, troxo, troxole, troxolo, troxolos, troxome, trayo, traxo, troxiemos, trayeron, traxieron, troxieron, troxieronlo; *fut.*: traere; *cond.*: traerian; *pluperf.*: troxiera, troxieran; *pres. subj.*: traya, trayas, trayan *imperf. subj.*: traxiese, troxiese, troxiesedes, troxiesen; *fut. subj.*: troxier, troxierdes; *imper.*: traed, traelos; *p.p.*: traida, traido, traydo, trecha, trecho.
                          *v.t.*: to carry, bear.
                          *v.t.*: to bring.
                          *v.t.*: to wear.
                          *v.t.*: to treat; /*mal t.*: to mistreat, injure.
                          *v.t.*: to deceive, betray.
                          *v.t.*: to trick, rob.

**trailla (traylla)** . . . . . . . . . *n.*: lead, leash.

**trainar (treynar)** . . . . . . . . *inf.*: treynar; *p.p.*: trainados.
                          *v.t.*: to drag.

**trançon** . . . . . . . . . . . . . . . *n.*: shaft (of a lance).

**trasuar (trassuar)** . . . . . . . *inf.*: trassuar; *imperf.*: trasuaua; *p.p.*: trassuado.
                          *v.i.*: to sweat.
                          *v.i.*: to be fatigued, exhausted.

**trauar** . . . . . . . . . . . . . . . . *inf.*: trauar; *pres.*: trauo; *pret.*: trauo, trauose, trauole, trauaron; *imperf.*: trauauan; *p.p.*: trauados; *pres.p.*: trauandose.

---

[4] *Traer* has two Latin roots: *trahere*, which produces the first four meanings given here, and *tradere*, which creates the final two meanings. The forms generated by the two etymons appear to be employed interchangeably with either set of meanings.

                *v.t.*: to tangle, tangle up, cut off.
                *v.t.*: to grab, seize.
                *v.r.*: to grab, seize oneself.
                *v.recip.*: to grab, seize one another.

**trauieso (traujeso)** ...... *adv.*: across, crossways; /*en t.*, /*t. de.*: obliquely, sideways.

**trebejar**............... *inf.*: trebejar; *pret.*: trebejaron; *imperf.*: trebejauan; *pres.p.*: trebejando.
                *v.i.*: to play, have fun, rejoice.

**trebejo** ............... *n.*: frivolity.
                *n.*: game, fun.

**trecho**................ *n.*: distance; /*t. de vallesta*: the distance a catapult launches an arrow.

**tredor**................ *n.*: traitor.

**tregua**................ *n.*: treaty, truce.

**tremer**............... *inf.*: tremer; *pres.*: trieme; *pret.*: tremio, tremjo; *imperf.*: tremja, tremian; *cond.*: tremerian; *pres.p.*: tremiendo.
                *v.i.*: to tremble, quake.
                *v.i.*: to be very afraid.

**tremor** ............... *n.*: trembling, quaking fear.

**tresnado**.............. *adj.*: beaten.

**treynar** ............... *See* trainar.

**truhan** ............... *n.*: rogue, crook.

**tuerto**................ *adj.*: lacking sight in one eye.
                *adj.*: crooked, bent.
                *n.*: injustice, injury; /*a t.* (/*a grant t.*): unjustly, without cause.

# U

**uviar**................. *pret.*: uvio, uviamos; *pluperf.*: uviara; *imperf. subj.*: uviase.
                *v.aux.*: to have time to complete something.
                *v.aux.*: to begin to do something.

# V

**vado** ................. *n.*: river ford.

**vaga** ................. *n.*: wave, swell, surge.

**vagar**............... *n.*: time.
                         *n.*: leisure.
                         *n.*: opportunity.
**vallesta**.............. *n.*: catapult.
**varnjzado**............ *adj.*: colored.[5]
**vaylido**............... *adj.*: injured.
**vegada**............... *n.*: instance, time.
**vejancon**.............. *n.*: elder.
**vejaz**................ *n.*: old man.
**velar**................ *inf.*: velar; *pres.*: vela; *pret.*: velaron; *imperf.*: velaua; *imperf. subj.*: velasen; *pres.p.*: velando.
                         *v.i.*: to keep vigil, watch.
                         *v.i.*: to look out.
                         *n.*: sail, sailing; /*a muy buen v.*: at a very good clip.
**velorta**............... *n.*: rope made of twisted fibers.
**venjno**................ *n.*: pus.
**ventana**............... *n.*: window.
                         *n.*: nostril.
**ventar**................ *imperf. subj.*: ventase.
                         *v.t.*: to sniff out, discover.
**verça**................ *n.*: vegetables, greens (plural).
**vergel**............... *n.*: kitchen garden.
**vergonnoso**............ *adj.*: modest, humble.
                         *adj.*: ashamed.
**vermejo**.............. *adj.*: red.
**verrojo**............... *n.*: bolt, latch.
**veruo**................ *n.*: word.
**vezado**............... *adj.*: accustomed.
**via**.................. *interj.*: let us go, come on; /*v. suso*: get up.
                         *n.*: way, road; /*yr su v.*: to go away.
**viçio**................ *n.*: delight, pleasure.
**vielso**............... *See* bielso.
**viespra**.............. *See* biespra.
**viltada mente**.......... *adv.*: vilely, shamefully.

---

[5] Although word denotes some color, the exact hue cannot be determined (see fol. 148va).

**viltança**. . . . . . . . . . . . . . . *n.*: affront, insult.
**visarma**. . . . . . . . . . . . . . . *n.*: halberd.

## X
**xamete** . . . . . . . . . . . . . . . *n.*: rich, silken fabric.
**xara**. . . . . . . . . . . . . . . . . . *n.*: forest, thicket.
**xinglar (xjnglar)** . . . . . . . . *inf.*: xinglar, xjnglar; *pret.*: xinglaron.
        *v.i.*: to sail; *la grant x.*: at full sail.

## Y
**y** . . . . . . . . . . . . . . . . . . . . *adv.*: there, in that place.
**yantar**. . . . . . . . . . . . . . . . *inf.*: yantar; *pret.*: yantaron; *p.p.*: yantado; *pres.p.*: yantando.
        *v.i.*: to dine.
**yazer**. . . . . . . . . . . . . . . . . *inf.*: yazer; *pres.*: yazes, yaz, yaze, yazedes, yazen; *pret.*; yogo, yoguieron, yoguyeron; *imperf.*: yazia; *fut.*: yare, yaras, yaredes, yazeredes, yaran; *pluperf.*: yoguyera; *imperf. subj.*: yoguyesen; *pres.p.*: yaziendo.
        *v.i.*: to lie down.
        *v.i.*: to be situated.
**yjada**. . . . . . . . . . . . . . . . . *See* quexada.
**yncaler (ynchaler)** . . . . . . *See* jncaler.
**yndio** . . . . . . . . . . . . . . . . *See* jndio.
**ysca**. . . . . . . . . . . . . . . . . . *n.*: bait.
**yuso** . . . . . . . . . . . . . . . . . *adv.*: below.

# Works cited

## Edition of the *LH*

Spaccarelli, Thomas, ed. *Text and Concordance of "El Libro de los huéspedes" (Escorial MS. h.I.13)*. Madison: Hispanic Seminary of Medieval Studies, 1996.

## Partial Critical Editions

### 1. Editions of *Maria Madalena* and *Santa Marta*

Michel, Sister Eleanore, ed. "*Vidas de Santa Maria Madalena y Santa Marta*: An Edition of the Old Spanish Text." Ph.D. diss., University of Chicago, 1930.

Rees Smith, John, ed. *The Lives of St. Maria Madalena and St. Marta (MS Esc. h-I-13)*. Exeter: University of Exeter Press, 1989.

Ruggieri, Jole, ed. "Frammenti castigliani delle leggende di SS. Marta e Maddalena." *Archivum Romanicum* 17 (1933): 189–204.

Walsh, John K., and B. Bussell Thompson, eds. *The Myth of the Magdalen in Early Spanish Literature (with an Edition of the Vida de Santa Maria Madalena in MS. h-I-13 of the Escorial Library)*. New York: Lorenzo Clemente, 1986. [In spite of the title, this volume edits the lives of both Mary Magdalen and Martha.]

### 2. Editions of *Maria Egiçiaca*

Alvar, Manuel, ed. *Vida de Santa Maria Egiciaca: Estudios, vocabulario, edición de los textos*. 2 vols. Madrid: Consejo Superior de Investigaciones Científicas, 1972.

Knust, Hermann, ed. *Geschichte der Legenden der h. Katharina von Alexandrien und der h. Maria Aegyptiaca*. Halle: Niemeyer, 1890.

Walker, Roger M., ed. *Estoria de Santa María Egiçiaca (MS Escurialense h-I-13)*. 2nd ed. Exeter: University of Exeter Press, 1977.

### 3. Edition of *Costantino*

Knust, Hermann, ed. *Geschichte der Legenden der h. Katharina von Alexandrien und der h. Maria Aegyptiaca*. Halle: Niemeyer, 1890.

### 4. Editions of *Plaçidas*

Knust, Hermann, ed. *Dos obras didácticas y dos leyendas: Sacadas de manuscritos de la biblioteca del Escorial*. Madrid: Dalas á luz, La sociedad de bibliófilos españoles, 1878.

Walker, Roger M., ed. *El cavallero Pláçidas (MS Esc. h-I-13)*. Exeter: University of Exeter Press, 1982.

### 5. Editions of *Gujllelme*

Knust, Hermann, ed. *Dos obras didácticas y dos leyendas: Sacadas de manuscritos de la biblioteca del Escorial*. Madrid: Dalas á luz, La sociedad de bibliófilos españoles, 1878.

Maier, John R., ed. *El Rrey Guillelme*. Exeter: University of Exeter Press, 1984.

### 6. Editions of *Otas de Roma*

Amador de los Ríos, José, ed. *Historia crítica de la literatura española*, vol. 5. Madrid: José Fernández Cancela, 1864.

Baird, Jr., Herbert L., ed. *Análisis lingüístico y filológico de "Otas de Roma"*. Madrid: Anejos del BRAE, 1976.

### 7. Editions of *Vna santa enperatris que ouo en Rroma*

Lasry, Anita Benaim de, ed. *"Carlos Maynes" and "La enperatris de Roma": Critical Edition and Study of Two Medieval Spanish Romances*. Newark, DE: Juan de la Cuesta, 1982.

Mussafia, Adolph, ed. "Eine altspanische Prosadarstellung der Crescentiasaga." *Sitzungberichte der Kaiserlichen Akademie der Wissenschaften, philosophisch-historische Klasse* 53 (1867): 499–562.

### 8. Editions of *Carlos Maynes*

Amador de los Ríos, José, ed. *Historia crítica de la literatura española*, vol. 5.

Bonilla y San Martín, Adolfo, ed. *Carlos Maynes*. In *Libros de caballerías*, 1: 503–33. Nueva Biblioteca de Autores Españoles 6. Madrid: Bailly/Bailliere, 1907.

Lasry, Anita Benaim de, ed. *"Carlos Maynes" and "La enperatris de Roma": Critical Edition and Study of Two Medieval Spanish Romances*. Newark, DE: Juan de la Cuesta, 1982.

Tiemann, Hermann, ed. *Der Roman von der Königin Sibille*. Hamburg: Dr. Ernst Hauswedell and Co., 1977.

## Other Primary Sources

Alfonsi, Petrus. *Petri Alfonsi "Disciplina clericalis"*, ed. Alfons Hilka and Werner Söderhjelm. 3 vols. Acta Societatis Scientiarum Fennicæ 38. Helsinki: Finnische Literaturgesellschaft, 1911.

Alfonso X. *"Cantigas de Santa María": Edición facsímil del Códice T.I.1 de la Biblioteca de San Lorenzo el Real de El Escorial, siglo XIII*. Madrid: Edilán, 1979.

———. *The Text and Concordance of "Las siete partidas de Alfonso X" Based on the Edition of the Real Academia de la Historia, 1807*, ed. Jerry R. Craddock, John J. Nitti, and Juan Carlos Temprano. Madison: Hispanic Seminary of Medieval Studies, 1990.

Alonso Asensjo, Julio, ed. "Orfeo y Eurídice: Entretenimiento de la *Comedia de Santa Catalina* de Hernando de Ávila." *Teatresco* 0 [*sic*] (2202[*sic*]-2004): 1–144. http://parnaseo.uv.es/Ars/teatresco/textos/Orfeo.pdf.

Amezúa, Agustín C., ed. *La historia de la reina Sevilla*. Madrid: La Arcadia, 1948.

Andrés Castellanos, María S., ed. *"La vida de Santa María Egipciaca," traducida por un juglar anónimo hacia 1215*. Madrid: Anejos del Boletín de la Real Academia Española, 1964.

Aquinas, Thomas. *Summa Theologica*, trans. Fathers of the English Dominican Province. Vols. 1 and 3. Westminster, MD: Christian Classics, 1981.

Berceo, Gonzalo de. *Los milagros de Nuestra Señora*, ed. Brian Dutton. London: Tamesis, 1971.

Bohigas, Pedro, ed. *"El baladro del Sabio Merlín" según el texto de la edición de Burgos de 1498*. 3 vols. Barcelona: Selecciones Bibliófilas, 1957–1962.

Bonilla y San Martín, Adolfo, ed. *Baladro del Sabio Merlín*. In *Libros de caballerías*, 1:3–162.

Cervantes, Miguel de. *El ingenioso caballero Don Quijote de la Mancha*, ed. John Jay Allen. 21st ed. 2 vols. Madrid: Cátedra, 2000.

Chamberlin, John, ed. *"The Rule of St. Benedict": The Abingdon Copy*. TMLT 13. Toronto: Pontifical Institute of Mediaeval Studies, 1982.

Charcán Palacios, José Luis, ed. *Vida de Santa María Egipciaca*. Madrid: Miraguano, 2002.

Cruz, Sor Juana Inés de la. *Obras completas*, ed. Alfonso Méndez Plancarte and Alberto G. Salceda. 4 vols. Mexico: Fondo de Cultura Económica, 1951.

Dinis, Dom. *Cancionero*, ed. Nuno Júdice. Lisbon: Editorial Teorema, 1997.

Foulché-Delbosc, R., ed. *Vida de Santa Maria Egipciaqua: Edición conforme al códice del Escorial*. Barcelona: L'Avenç, 1907.

Geary, John S., ed. *"Historia del Conde Fernán González": A Facsimile and Paleographic Edition with Commentary and Concordance*. Madison: Hispanic Seminary of Medieval Studies, 1987.

González, Cristina, ed. *Libro del caballero Zifar*. 3rd ed. Madrid: Cátedra, 1998.

Gregorius I. *Sancti Gregorii Magni Pontificis in Librum Primum Regum, Qui et Samuelis Dicitur, Variarum Expositionum Libri Sex*. In *Patrologia Latina Database*, 79. Cambridge: ProQuest Information and Learning Company, 1996–2006. http://pld.chadwyck.co.uk.

———. *Sancti Gregorii Magni Registri Epistolarum*. In *Patrologia Latina Database*, 77.

*Libro del caballero Zifar: Códice de París*. 2 vols. Barcelona: Moleiro Editor, 1996.

Hugh Magennis, ed. *The Old English Life of Saint Mary of Egypt: An Edition of the Old English Text with Modern English Parallel-text Translation*. Exeter: University of Exeter Press, 2002.

Manrique, Jorge. *[Coplas] de Don Jorge Manrique por la muerte de su padre: Poesía*, ed. Jesús-Manuel Alda Tesán. Madrid: Cátedra, 1998.

Manuel, Don Juan. *Libro de los enxiemplos del Conde Lucanor e de Patronio*, ed. Alfonso I. Sotelo. 19th ed. Madrid: Cátedra, 1997.

May, Herbert G. and Bruce M. Metzger, eds. *The New Oxford Annotated Bible with the Apocrypha: Revised Standard Version; Containing the Second Edition of the New Testament and an Expanded Edition of the Apocrypha*. New York: Oxford University Press, 1962.

Melczer, William, trans. *The Pilgrim's Guide to Santiago de Compostela*. New York: Italica Press, 1993.

Menéndez Pidal, Ramón, Alfonso Reyes, Martín de Riquer, and Juan Carlos Conde, eds. *Cantar de Mio Cid*. 20th ed. Madrid: Espasa Calpe, 1999.

Moignet, Gérard, ed. and trans. *La Chanson de Roland*. Paris: Éditions Bordas, 1969.

Murray, Jessie, ed. *La vie de Saint Eustace: Version en prose française du XIIIe siècle*. Paris: Librairie Ancienne Honoré Champion, 1929.

Ovid. *"Heroides" and "Amores"*, trans. Grant Showerman. Cambridge, MA: Harvard University Press, 1914.

Ruiz, Juan. *"Libro del arcipreste": También llamado "Libro de buen amor"*, ed. Thomas McCallum and Anthony N. Zahareas. Madison: Hispanic Seminary of Medieval Studies, 1989.

San Pedro, Diego de. *Cárcel de amor. Arnalte y Lucenda. Sermón*, ed. José Francisco Ruiz Casanova. Madrid: Cátedra, 1995.

Teresa de Jesús. *La poesía de Santa Teresa*, ed. Ángel Custodio Vega. 2nd ed. Madrid: Biblioteca de Autores Cristianos, 1975.

Thompson, B. Bussell, and John K. Walsh, eds. *"La vida de Santa María Egipçiaca": A Fourteenth-century Translation of a Work by Paul the Deacon*. Exeter: University of Exeter Press, 1977.

Voragine, Jacobus de. *"The Golden Legend": Readings on the Saints*, trans. William Granger Ryan. 2 vols. Princeton: Princeton University Press, 1995.

Wagner, Charles Philip, ed. *El libro del Cauallero Zifar (El Libro del Cauallero de Dios)*. Part I. Ann Arbor: University of Michigan Press, 1929.

## Sources Directly Pertaining to the *LH* and Its Tales

Ardemagni, Enrica J. "Hagiography in Thirteenth-century Spain: Intertextual Reworkings." *Romance Languages Annual* 2 (1990): 313–36.

Baños Vallejo, Fernando. *Coordinación de la Edición de la Hagiografía Castellana (CEHC)*. Universidad de Oviedo. http://web.uniovi.es/CEHC/index.htm.

Black, Nancy B. *Medieval Narratives of Accused Queens*. Gainesville: University Press of Florida, 2003.

Burshatin, Israel. Review of *"Carlos Maynes" and "La enperatrís de Roma": Critical Edition and Study of Two Medieval Spanish Romances*, by Anita Benaim de Lasry, ed. *Speculum* 59 (1984): 114–17.

Cacho Blecua, Juan Manuel. "El *Cuento del Emperador Carlos Maines* y el *exemplum* del mejor amigo de Merlín (tipo 921B)." In *Tipología de las formas narrativas breves románicas medievales (III)*, ed. idem and María Jesús Lacarra, 111–42. Zaragoza-Granada: Universidad de Zaragoza and Universidad de Granada, 2003.

Connor, Carolyn L. *Women of Byzantium*. New Haven: Yale University Press, 2004.

Dagenais, John. Review of *A Medieval Pilgrim's Companion: Reassessing "El libro de los huéspedes" (Escorial MS. h.I.13)*, by Thomas Spaccarelli. *Speculum* 77 (2002): 994–95.

Díez Borque, J. M., dir. *Historia de la literatura española: I. La Edad Media*. Madrid: Taurus, 1980.

Domínguez Prieto, César P. "'De aquel pecado que le acusaban a falsedat.' Reinas injustamente acusadas en los libros de caballerías (Ysonberta, Florençia, la santa Enperatris, y Sevilla)." In *Literatura de caballerías y orígenes de la novela*, ed. Rafael Beltrán, 159–80. València: Universitat de València, 1998.

Faulhaber, Charles, ed. *Philobiblon*. The Regents of the University of California, 1997. http://sunsite.berkeley.edu/Philobiblon/phhm/html.

Francomano, Emily C. "'Lady, You Are Quite a Chatterbox': The Legend of St. Katherine of Alexandria, Wives' Words, and Women's Wisdom in MS Escorial h-I-13." In *St. Katherine of Alexandria: Texts and Contexts in Medieval Europe*, ed. Jacqueline Jenkins and Katherine Lewis, 131–52. Turnhout: Brepols, 2003.

———. "Manuscript Matrix and Meaning in Castilian and Catalan Anthologies of Saints' Lives and Pious Romance." *Bulletin of Hispanic Studies* 81 (2004): 139–53.

Gómez Redondo, Fernando. *Historia de la prosa medieval castellana*. 2 vols. Madrid: Ediciones Cátedra, 1999.

González, Cristina. "*Carlos Maynes* o las ropas de la emperatriz." *Bulletin of Hispanic Studies* 83 (2006): 15–25.

———. "*Otas* a la luz del folklore." *Romance Quarterly* 35 (1988): 179–91.

———. "*Vna santa enperatris*: novela esquizofrénica." In *Homenatge a Josep Roca-Pons: Estudis de llengua i literatura*, ed. Jane White Albrecht, Janet Ann De Cesaris, Patricia V. Junn, and Josep Miquel Sobrer, 153–65. Barcelona: Publicacions de l'Abadia de Montserrat and Indiana University Press, 1991.

Green, James Ray. Review of *"Carlos Maynes" and "La enperatrís de Roma": Critical Edition and Study of Two Medieval Spanish Romances*, by Anita Benaim de Lasry, ed. *Hispanic Review* 52 (1984): 527–29.

Greenia, George D. Review of *A Medieval Pilgrim's Companion: Reassessing "El libro de los huéspedes" (Escorial MS. h.I.13)*, by Thomas Spaccarelli. *Hispanic Review* 70 (2002): 270–71.

Gumpert Melgosa, Carlos. Review of *El Rrey Guillelme*, by John R. Maier, ed. *El Crotalón: Anuario de Filología Española* 2 (1985): 581–87.

Jansen, Katherine Ludwig. *The Making of the Magdalen: Preaching and Popular Devotion in the Later Middle Ages*. Princeton: Princeton University Press, 2000.

Köhler, Reinhold. "Zu der altspanischen Erzählung von Karl dem Grossen und seiner Gemahlin Sibille." *Jarbuch für Romanische und Englische Literatur* 12 (1871): 286–316.

Krappe, Alexander Haggerty. "La leggenda di S. Eustachio." *Nuovi Studi Medievali* 3 (1926–1927): 223–58.

Lasry, Anita Benaim de. "Narrative Devices in Fourteenth-century Spanish Romances." *La Corónica* 11 (1983): 280–85.

Liffen, Shirley. "The Transformation of a *passio* into a Romance: A Study of Two Fourteenth-century Spanish Versions of the Legends of St. Eustace and King William of England." *Iberoromania* 41 (1995): 1–16.

Maier, John R. "Of Accused Queens and Wild Men: Folkloric Elements in *Carlos Maynes*." *La Corónica* 12 (1983): 21–31.

———. "Sainthood, Heroism, and Sexuality in the *Estoria de Santa Maria Egipçiaca*." *Revista Canadiense de Estudios Hispánicos* 8 (1984): 424–35.

———, and Thomas Spaccarelli. "MS. Escurialense h-I-13: Approaches to a Medieval Anthology." *La Corónica* 11 (1982): 18–34.

Menéndez Pelayo, Marcelino. *Orígenes de la novela*. 2nd ed. 4 vols. Madrid: Consejo Superior de Investigaciones Científicas, 1962.

Moore, Jr., John K., and Thomas Spaccarelli. "*Libro de los huéspedes* (Escorial MS h.I.13): A Unified Work of Narrative and Image for Female Pilgrims." *La Corónica* 35 (2006): 249–70.

Morrás, María. Review of *The Lives of St. Mary Magdalen and St. Marta*, by John Rees Smith, ed. *La Corónica* 21 (1992–1993): 115–21.

Morreale, Margherita. Review of *Estoria de Santa Maria Egiçiaca*, by Roger M. Walker, ed. *Zeitschrift für Romanische Philologie* 90 (1974): 400–4.

Norris, Robin. "*Vitas Matrum*: Mary of Egypt as Female Confessor." In *The Old English Life of Mary of Egypt*, ed. Donald Scragg, 79–109. Kalamazoo: Medieval Institute, 2005.

Romero Tobar, Leonardo. "*Fermoso cuento de una enperatriz que ovo en Roma*: entre hagiografía y relato caballeresco." In *Formas breves del relato*, ed. Yves-René Fonquerne, 7–18. Zaragoza: Universidad de Zaragoza, 1986.

Snow, Joe. Review of *A Medieval Pilgrim's Companion: Reassessing "El libro de los huéspedes" (Escorial MS. h.I. 13)*, by Thomas Spaccarelli. *Hispania* 84 (2000): 803–4.

Spaccarelli, Thomas. *A Medieval Pilgrim's Companion: Reassessing "El libro de los huéspedes" (Escorial MS. h.I.13)*. Chapel Hill: University of North Carolina Department of Romance Languages, 1998.

———. "Recovering the Lost Folios of the *Noble cuento del enperador Carlos Maynes*: The Restoration of a Medieval Anthology." *Romance Quarterly* 43 (1996): 217–33.

———. Review of *"Carlos Maynes" and "La enperatris de Roma": Critical Edition and Study of Two Medieval Spanish Romances*, by Anita Benaim de Lasry, ed. *Journal of Hispanic Philology* 8 (1982): 61–65.

———. "The Symbolic Substructure of the *Noble cuento del enperador Carlos Maynes*." *Hispanófila* 89 (1987): 1–19.

———. "A Wasteland of Textual Criticism: A Note on Paleography in the *Noble cuento del enperador Carlos Maynes*." *Romance Notes* 25 (1984): 193–98.

Tkacz, Catherine Brown. "Byzantine Theology in the Old English *De Transitu Mariae Ægyptiace*." In *The Old English Life of Mary of Egypt*, ed. Scragg, 9–29.

Thompson, B. Bussell. "'Plumbei cordis, oris ferrei': La recepción de la teología de Jacobus a Voragine y su *Legenda aurea* en la Península." In *Saints and Their Authors: Studies in Medieval Hispanic Hagiography in Honor of John K. Walsh*, ed. Jane E. Connolly, Alan Deyermond, and Brian Dutton, 97–106. Madison: Hispanic Seminary of Medieval Studies, 1990.

Viña Liste, José María. *Cronología de la literatura española*. Madrid: Cátedra, 1991.

———, ed. *Textos medievales de caballerías*. Madrid: Cátedra, 1993.

Walker, Roger M. "From French Verse to Spanish Prose: *La Chanson de Florence de Rome* and *El cuento del enperador Otas de Roma*." *Medium Aevum* 49 (1980): 230–43.

———. "A Possible Source for the *Afrenta de Corpes* Episode in the *Poema de Mio Cid*." *Modern Language Review* 72 (1977): 335–47.

———. Review of *"Carlos Maynes" and "La enperatrís de Roma": Critical Edition and Study of Two Medieval Spanish Romances*, by Anita Benaim de Lasry, ed. *La Corónica* 13 (1984): 298–301.

Walsh, John K. "The Chivalric Dragon: Hagiographic Parallels in Early Spanish Romances." *Bulletin of Hispanic Studies* 54 (1977): 189–98.

———. *Relic and Literature: St. Toribius of Astorga and his "Arca Sancta"*, ed. Alan Deyermond and B. Bussell Thompson. Fontaine Notre Dame Series 2. St. Albans: David Hook, 1992.

Zarco Cuevas, P. Fr. Julián. *Catálogo de los manuscritos castellanos de la Real Biblioteca de el Escorial: Dedicado a S. M. El Rey Don Alfonso XIII; I:a.I.8-H. III.29.* Madrid: Imprenta Helénica, 1924.

## Other Secondary Sources

Astell, Ann W. *Job, Boethius, and Epic Truth*. Ithaca and London: Cornell University Press, 1994.

Bandera Gómez, Cesáreo. *El "Poema de Mío Cid": Poesía, historia, mito*. Madrid: Editorial Gredos, 1969.

Burke, James F. *Structures from the Trivium in the "Cantar de Mio Cid"*. Toronto: University of Toronto Press, 1991.

Burrus, Victoria. *A Manual of Manuscript Transcription for the Dictionary of the Old Spanish Language*, ed. David Mackenzie. 4th ed. Madison: Hispanic Seminary of Medieval Studies, 1986.

Burrus, Virginia. "Queer Lives of Saints: Jerome's Hagiography." *Journal of the History of Sexuality* 10 (2001): 442–79.

Busby, Keith. "Doin' Philology while the –isms Strut." In *Towards a Synthesis? Essays on the New Philology*, ed. idem, 85–96. Amsterdam and Atlanta: Rodopi, 1993.

———. "*Variance* and the Politics of Textual Criticism." In *Towards a Synthesis? Essays on the New Philology*, ed. idem, 29–45.

Clendenin, Daniel B. *Eastern Orthodox Christianity: A Western Perspective*. 2nd ed. Grand Rapids: Baker Academic, 2003.

Collins, Michael. "St. George." *Britannia Internet Magazine*. Britannia.com, 1996. http://www.britannia.com/history/stgeorge.html.

Dagenais, John. *The Ethics of Reading in Manuscript Culture: Glossing the "Libro de buen amor"*. Princeton: Princeton University Press, 1994.

———. "That Bothersome Residue: Toward a Theory of the Physical Text." In *Vox intexta: Orality and Textuality in the Middle Ages*, ed. A. N. Doane and Carol Braun Pasternack, 246–62. Madison: University of Wisconsin Press, 1991.

Dahmus, Joseph. *Dictionary of Medieval Civilization*. New York: Macmillan Publishing, 1984.

Davies, Mark, and Michael J. Ferreira, eds. *O Corpus do Português.* http://www.corpusdoportugues.org.

Davis, Stephen J. *The Cult of Saint Thecla: A Tradition of Women's Piety in Late Antiquity.* Oxford: Oxford University Press, 2001.

de Chasca, Edmund. *The Poem of the Cid.* Boston: Twayne Publishers, 1976.

Domínguez, Frank A. "Body and Soul: Jorge Manrique's *Coplas por la muerte de su padre*, 13:145–156." *Hispania* 84 (2001): 1–10.

El Saffar, Ruth. "In Praise of What is Left Unsaid: Thoughts on Women and Lack in *Don Quijote*." *Modern Language Notes* 103 (1988): 205–22.

Ferreiro, Manuel. *Gramática histórica galega.* 2 vols. Santiago de Compostela: Edicións Laiovento, 1997.

Fone, Byrne. *Homophobia: A History.* New York: Picador USA, 2000.

Foulet, Alfred, and Mary Blakely Speer. *On Editing Old French Texts.* Lawrence: Regents Press of Kansas, 1979.

García Villada, Zacarías. *Paleografía española: v. 1 t. I-II.* Barcelona: Ediciones el Albir, 1974.

Gardiner, F. C. *The Pilgrimage of Desire: A Study of Theme and Genre in Medieval Literature.* Leiden: E. J. Brill, 1971.

George, Philippe. "Un moine est mort: sa vie commence. *Anno 1048 obiit Poppo abbas Stabulensis*." *Le Moyen Âge* 108 (2002): 497–506.

Gerli, E. Michael. "Poet and Pilgrim: Discourse, Language, Imagery, and Audience in Berceo's *Milagros de Nuestra Señora*." In *Hispanic Medieval Studies in Honor of Samuel G. Armistead*, ed. idem and Harvey L. Sharrer, 139–51. Madison: Hispanic Seminary of Medieval Studies, 1992.

Goldberg, Harriet. *Motif-Index of Medieval Spanish Folk Narratives.* MRTS 162. Tempe: ACMRS, 1998.

———. *Motif-Index of Folk Narratives in the Pan-Hispanic Romancero.* MRTS 206. Tempe: ACMRS, 2000.

Goodrich, Peter, ed. *The Romance of Merlin: An Anthology.* New York: Garland Publishing, 1990.

Gougaud, Louis. *Devotional and Ascetic Practices in the Middle Ages.* London: Burns Oates and Washbourne, 1927.

Greenia, George D. "The Bigger the Book: On Oversize Medieval Manuscripts." *Revue Belge de Philologie et d'Histoire* 83 (2005): 723–45.

Kinoshita, Sharon. "'Pagans are Wrong and Christians are Right': Alterity, Gender, and Nation in the *Chanson de Roland*." *Journal of Medieval and Early Modern Studies* 31 (2001): 79–111.

Ladner, Gerhart B. "*Homo Viator*: Mediæval Ideas on Alienation and Order." *Speculum* 42 (1967): 233–59.

López Estrada, Francisco. *Panorama crítico sobre el "Poema del Cid"*. Madrid: Editorial Castalia, 1982.

Mackenzie, David. *A Manual of Manuscript Transcription for the Dictionary of the Old Spanish Language*. 3rd ed. Madison: Hispanic Seminary of Medieval Studies, 1984.

Meyendorff, John. *Byzantine Theology: Historical Trends and Doctrinal Themes*. 2nd ed. New York: Fordham University Press, 1979.

Moore, Jr., John K. "Conventional Botany or Unorthodox Organics?: On the *Meollo/Corteza* Metaphor in *Admiraçión operum Dey* of Teresa de Cartagena." *Romance Notes* 44 (2003): 3–12.

Mujica, Bárbara. *Women Writers of Early Modern Spain: Sophia's Daughters*. New Haven and London: Yale University Press, 2004.

Nelson, Jan A., ed. *The Old French Crusade Cycle*. 2 vols. Tuscaloosa: University of Alabama Press, 1985.

*Neobyzantine Web Site*. Neobyzantine Movement, 1997. http://www.neobyzantine.org/document.php.

Paden, William D. "Is There a Middle in This Road? Reflections on the New Philology." In *Towards a Synthesis? Essays on the New Philology*, ed. Busby, 119–30.

Penny, Ralph J. *Gramática histórica del español*, ed. José Ignacio Pérez Pascual. Barcelona: Editorial Ariel, 2001.

Rosenberg, Harry. "The Western Attitude toward the Greeks during the Middle Ages." Ph.D. University of California, 1959; anonymous review in *Church History* 29 (1960): 205.

Sánchez-Prieto Borja, Pedro. *Cómo editar los textos medievales: Criterios para su presentación gráfica*. Madrid: Arco Libros, 1998.

Schlauch, Margaret. *Chaucer's Constance and Accused Queens*. New York: New York University Press, 1927.

Seidenspinner-Núñez, Dayle. "'El solo me leyó': Gendered Hermeneutics and Subversive Poetics in *Admiraçión operum Dey* of Teresa de Cartagena." *Medievalia* 15 (1993): 14–23.

Simon, Eckehard. "The Case for Medieval Philology." In *On Philology*, ed. Jan Ziolkowski, 16–19. University Park and London: Pennsylvania State University Press, 1990.

Špidlík, Tomáš. *The Spirituality of the Christian East: A Systematic Handbook*, trans. Anthony P. Gythiel. Kalamazoo: Cistercian Publications, 1986.

Spina, Segismundo. *Introdução à Edótica: Crítica textual.* 2nd ed. São Paulo: Ars Poetica, 1994.

Sumption, Jonathan. *Pilgrimage: An Image of Mediæval Religion.* London: Faber and Faber, 1975.

Walker, Roger M. *Tradition and Technique in "El libro del cavallero Zifar".* London: Tamesis Books, 1974.

Westra, Hajo J. "New Philology and the Editing of Medieval Latin Texts." In *Towards a Synthesis? Essays on the New Philology,* ed. Busby, 49–58.

Williams, Edwin B. *From Latin to Portuguese: Historical Phonology and Morphology of the Portuguese Language.* Philadelphia: University of Pennsylvania Press, 1938.

Willis, Raymond S. "Mary Magdalene, Mary of Bethany, and the Unnamed Woman Sinner: Another Instance of Their Conflation in Old Spanish Literature." *Romance Philology* 24 (1970): 89–90.

## Authoritative Etymological Dictionaries and Database

*ADMYTE (Archivo de manuscritos y textos españoles)* II. Madrid: MICRONET, 1999. CD-ROM.

Alonso Pedraz, Martín. *Enciclopedia del idioma: Diccionario histórico y moderno de la lengua española (siglos XII al XX) etimológico, tecnológico, regional, e hispanoamericano.* Madrid: Aguilar, 1982.

Corominas, Joan. *Diccionario crítico etimológico de la lengua castellana.* 6 vols. Madrid: Editorial Gredos, 1980–1991.

Covarrubias Orozco, Sebastián de. *Tesoro de la lengua castellana o española,* ed. Felipe C. R. Maldonado. Madrid: Editorial Castalia, 1994.

Kasten, Lloyd A., and Florian J. Cody. *Tentative Dictionary of Medieval Spanish.* 2nd ed., greatly expanded. New York: Hispanic Seminary of Medieval Studies, 2001.